中国社会科学院学部委员专题文集
ZHONGGUOSHEHUIKEXUEYUAN XUEBUWEIYUAN ZHUANTI WENJI

谢伏瞻理论与政策研究文集

谢伏瞻 ◎ 著

中国社会科学出版社

图书在版编目（CIP）数据

谢伏瞻理论与政策研究文集/谢伏瞻著. —北京：中国社会科学出版社，2022.8
（中国社会科学院学部委员专题文集）
ISBN 978-7-5227-0427-2

Ⅰ.①谢⋯ Ⅱ.①谢⋯ Ⅲ.①社会科学—文集 Ⅳ.①C53

中国版本图书馆 CIP 数据核字（2022）第113173号

出 版 人	赵剑英
责任编辑	张 潜 侯聪睿 党旺旺
责任校对	王佳玉
责任印制	王 超

出 版	中国社会科学出版社
社 址	北京鼓楼西大街甲158号
邮 编	100720
网 址	http://www.csspw.cn
发 行 部	010-84083685
门 市 部	010-84029450
经 销	新华书店及其他书店
印刷装订	北京君升印刷有限公司
版 次	2022年8月第1版
印 次	2022年8月第1次印刷
开 本	710×1000 1/16
印 张	45.5
字 数	592 千字
定 价	268.00元

凡购买中国社会科学出版社图书，如有质量问题请与本社营销中心联系调换
电话：010-84083683
版权所有 侵权必究

《中国社会科学院学部委员专题文集》
编辑委员会

主　任　谢伏瞻
委　员　(按姓氏笔画排序)
　　　　马　援　王　巍　李　扬　李培林
　　　　卓新平　周　弘　赵剑英　郝时远
　　　　高培勇　朝戈金　谢伏瞻　蔡　昉
统　筹　郝时远
编　务　李　沫　黄海燕

前　　言

哲学社会科学是人们认识世界、改造世界的重要工具，是推动历史发展和社会进步的重要力量。哲学社会科学的研究能力和成果是综合国力的重要组成部分。在全面建设小康社会、开创中国特色社会主义事业新局面、实现中华民族伟大复兴的历史进程中，哲学社会科学具有不可替代的作用。繁荣发展哲学社会科学事关党和国家事业发展的全局，对建设和形成有中国特色、中国风格、中国气派的哲学社会科学事业，具有重大的现实意义和深远的历史意义。

中国社会科学院在贯彻落实党中央《关于进一步繁荣发展哲学社会科学的意见》的进程中，根据党中央关于把中国社会科学院建设成为马克思主义的坚强阵地、中国哲学社会科学最高殿堂、党中央和国务院重要的思想库和智囊团的职能定位，努力推进学术研究制度、科研管理体制的改革和创新，2006年建立的中国社会科学院学部即是践行"三个定位"、改革创新的产物。

中国社会科学院学部是一项学术制度，是在中国社会科学院党组领导下依据《中国社会科学院学部章程》运行的高端学术组织，常设领导机构为学部主席团，设立文哲、历史、经济、国际研究、社会政法、马克思主义研究学部。学部委员是中国社会科学院的最高学术称号，为终生荣誉。2010年中国社会科学院学部主席团主持进行了学部委员增选、荣誉学部委员增补，现有学部委员57名（含已故）、荣誉学部委员133名（含已故），均为中国社会科学院学养深厚、贡献突出、成就卓著的学者。编辑出版《中国社会科学院学部委员专题文集》，即是从一个侧面展示这些学者治学之道的重要举措。

《中国社会科学院学部委员专题文集》（下称《专题文集》），是中国社会科学院学部主席团主持编辑的学术论著汇集，作者均为中国社会科学院学部委员、荣誉学部委员，内容集中反映学部委员、荣誉学部委员在相关学科、专业方向中的专题性研究成果。《专题文集》体现了著作者在科学研究实践中长期关注的某一专业方向或研究主题，历时动态地展现了著作者在这一专题中不断深化的研究路径和学术心得，从中不难体味治学道路之铢积寸累、循序渐进、与时俱进、未有穷期的孜孜以求，感知学问有道之修养理论、注重实证、坚持真理、服务社会的学者责任。

2011年，中国社会科学院启动了哲学社会科学创新工程，中国社会科学院学部作为实施创新工程的重要学术平台，需要在聚集高端人才、发挥精英才智、推出优质成果、引领学术风尚等方面起到强化创新意识、激发创新动力、推进创新实践的作用。因此，中国社会科学院学部主席团编辑出版这套《专题文集》，不仅在于展示"过去"，更重要的是面对现实和展望未来。

这套《专题文集》列为中国社会科学院创新工程学术出版资助项目，体现了中国社会科学院对学部工作的高度重视和对这套《专题文集》给予的学术评价。在这套《专题文集》付梓之际，我们感谢各位学部委员、荣誉学部委员对《专题文集》征集给予的支持，感谢学部工作局及相关同志为此所做的组织协调工作，特别要感谢中国社会科学出版社为这套《专题文集》的面世做出的努力。

《中国社会科学院学部委员专题文集》编辑委员会
2012年8月

目 录

经济篇

❖ **一 中国经济与经济学**

中国经济发展与发展经济学创新 …………………………（5）

新中国70年经济与经济学发展 ……………………………（16）

中国经济学的理论创新：政府与市场关系的视角 …………（44）

社会主义基本经济制度的新概括 ……………………………（51）

中国经济在大战大考中跃上新的大台阶 ……………………（57）

跨越百年风雨征程　从容应对风险挑战 ……………………（64）

中国经济学的形成发展与经济学人的使命 …………………（75）

❖ **二 改革开放**

新时代继续推进改革开放的纲领性文献 ……………………（103）

深入学习习近平总书记关于改革开放的重要思想 …………（111）

全方位理解改革开放40年来的中国发展 …………………（117）

扎根改革开放新实践　开辟21世纪马克思主义

新境界 …………………………………………………（126）

《中国改革开放：实践历程与理论探索》序言……………（130）

❖ 三　构建新发展格局与推动高质量发展

准确把握构建新发展格局的核心要义与丰富内涵…………（137）

加快构建新发展格局　推动经济高质量发展………………（142）

加快培育完整内需体系………………………………………（150）

百年变局下的中国经济新发展格局…………………………（157）

加快构建"双循环"新发展格局　努力实现

"十四五"良好开局 ………………………………………（166）

充分发挥金融在构建新发展格局中的关键作用……………（178）

中国经济社会中长期发展面临的形势、任务、

机遇和挑战 ………………………………………………（188）

准确把握"十四五"规划的几个重大问题…………………（195）

❖ 四　脱贫、全面小康与共同富裕

全面建成小康社会是中华民族发展史上的重要里程碑……（223）

设置过渡期　推动贫困治理顺利转型………………………（232）

深化新时代中国脱贫攻坚研究………………………………（237）

弘扬脱贫攻坚精神　全面推进乡村振兴……………………（244）

全面建设小康社会的理论与实践……………………………（249）

扎实推进全体人民共同富裕…………………………………（281）

如何理解促进共同富裕的重大意义…………………………（284）

推动共同富裕取得更为明显的实质性进展…………………（288）

激发高质量发展新动能　扎实有序推进共同富裕…………（294）

五　城镇化、区域、产业与金融

以高水平城镇化推动中国经济高质量发展 …………………（309）

推动新型城镇化高质量发展 …………………………………（315）

新型城镇化战略优化应重点关注的几个问题 ………………（319）

抓住战略机遇　推进粤港澳大湾区高质量发展 ……………（323）

推动长江经济带高质量发展 …………………………………（333）

持续推动黄河流域生态保护和高质量发展 …………………（341）

推动能源生产和消费变革　加速能源清洁化进程 …………（344）

深化能源体制机制改革　加快构建新型能源体系 …………（349）

提升制造企业国际化水平　促进制造业全球价值链

  攀升 ………………………………………………………（355）

打造非对称依赖优势　更好参与全球产业链重构 …………（360）

人民币汇率形成机制改革：进程、成效和经验 ……………（365）

"过度负债"与金融危机 ………………………………………（378）

稳字当头　科学谋划中国金融发展 …………………………（382）

国际篇

一　世界经济与全球治理

论新工业革命加速拓展与全球治理变革方向 ………………（395）

积极推动共建开放型世界经济 ………………………………（415）

在全球疫情背景下积极探索国际合作新机遇 ………………（419）

团结合作　开放合作　共同提振世界经济 …………………（424）

共克时艰　推动世界经济复苏 ………………………………（428）

顺应时代发展潮流　共建开放型世界经济 …………………（432）
积极应对更趋复杂严峻的国际环境 ………………………（437）
为破解全球治理赤字难题贡献智慧和力量 ………………（442）
加强智库国际合作　推动解决全球性问题 ………………（448）

❖ 二　中美

中美应共同维护好双边经贸关系 …………………………（455）
中国改革开放成就及对世界经济的贡献 …………………（461）
推动中美关系继续向前发展 ………………………………（468）
经济全球化时代的中美关系 ………………………………（471）
美国制造经贸摩擦无理无据 ………………………………（476）

❖ 三　中俄

世界大格局的变化与中俄战略合作 ………………………（485）
中俄携手共同维护世界反法西斯战争的胜利成果 ………（489）
共同抗疫　增进中俄双方战略协作 ………………………（492）
进一步深化中俄关系发展 …………………………………（495）
推动中俄共同发展与现代化 ………………………………（498）

❖ 四　中欧

亚欧携手合作　共同应对挑战 ……………………………（505）
中国经济发展、中波经贸关系与中波合作 ………………（511）
中国经济发展与中波合作前景 ……………………………（517）
中国的改革开放与中意、中欧合作 ………………………（522）
塑造更加公正合理的国际新秩序 …………………………（528）
中希携手推进"一带一路"高质量发展 …………………（534）

以战略胆识推进中欧合作取得突破性进展 …………… （542）

　　中国经济发展与中欧合作前景 ………………………… （546）

❖ **五　中日**

　　弘扬条约精神　深化友好合作　推动中日关系

　　　　长期健康稳定发展 …………………………………… （553）

　　抓住时代机遇　开创合作新局　谱写中日关系

　　　　新篇章 …………………………………………………… （560）

　　以坚强战略定力推进中日关系向好发展 ……………… （567）

❖ **六　中国、非洲与中东**

　　促进中非治国理政经验交流　推动构建更加紧密的

　　　　中非命运共同体 ……………………………………… （573）

　　同心共筑更加紧密的中非命运共同体 ………………… （578）

　　共商中阿合作抗疫　共谋中阿关系发展 ……………… （582）

　　深化传统友谊　共促创新发展 ………………………… （586）

❖ **七　周边及其他**

　　于变局中开创中国与周边关系发展新局面 …………… （593）

　　引领区域经济合作新实践　深入构建周边

　　　　命运共同体 …………………………………………… （598）

　　深化中白合作　推动"一带一路"高质量发展 ………… （608）

　　加强中印战略合作　增进中印学术智库交流 ………… （613）

　　推动建设中柬命运共同体 ……………………………… （617）

　　推动上合组织为地区和平与发展做出更大贡献 ……… （620）

"三大体系" 建设篇

深入学习习近平新时代中国特色社会主义思想 ……………（625）

深刻领悟党的十九届六中全会的核心要义 ………………（646）

加快构建中国特色哲学社会科学学科体系、

  学术体系、话语体系 ………………………………………（657）

谱写加快构建中国特色哲学社会科学新篇章 ……………（686）

建构中国自主的知识体系 …………………………………（694）

推动基础理论研究与应用对策研究融合发展 ……………（701）

经济篇

一 中国经济与经济学

中国经济发展与发展经济学创新[*]

2018年是中国改革开放40周年。过去40年，中国经济发展成为全球经济发展的一道亮丽风景线。如何认识这一现象及其深层次原因？有专家认为，中国经济发展成就源于发展经济学理论在中国的实践。应该说，中国的发展吸收了人类文明的先进成果，但根本上还是中国人民的伟大创造。

改革开放前30年，我们在旧中国的废墟上建立起比较完整的工业体系，为之后发展打下了基础。但总体上讲，那时候中国经济体制的特点表现为：所有制结构单一，经济决策高度集中，资源配置采取实物计划形式，收入分配平均主义严重，对外封闭，经济组织方式具有动员色彩。其经济落后的状况是，中国工业化和城市化水平低，农村以自然经济为主，二元经济特征明显；社会阶层横向和纵向流动不充分，生产力水平低下，人民生活水平低，贫困人口规模很大。

改革开放40年来，从1979年至2016年中国经济实现了年均

---

[*] 原文刊载于《中国社会科学》2018年第11期。

9.6%的高速增长,[①] 工业化、信息化、城镇化、农业现代化同步推进，交通、通信、电力、水利等城乡基础设施极大改善和提升，综合国力极大提高，城乡面貌发生翻天覆地的变化，人民生活水平大幅提高，创造了世界发展史上的伟大奇迹。40年沧桑巨变的动力与活力，主要来自以下几个方面的发展变化。

一 计划经济向社会主义市场经济转变

以解放和发展生产力为根本目的、推动经济体制为重点的全面改革，使生产关系与生产力发展水平相适应。经济体制改革在微观和宏观两个层面展开。从农村到城市，从体制外到体制内，从增量到存量，从双轨到单轨，从易到难，从重点到全面，步步深入，次第推进。

在微观层面，一是深化所有制改革。改变单一公有制结构，逐步形成公有制为主体、多种所有制经济共同发展的基本经济制度，国有经济在国民经济中的占比大幅降低，但整体实力明显增强；外资和民营经济快速增长，在国民经济中的比重逐步提高。大中小企业协调发展，现代企业制度基本建立，充分激发微观经济主体的积极性、主动性和创造性，微观经济基础不断夯实，市场活力不断增强。二是逐步建立健全各类市场，包括产品市场、劳动力市场、资本市场、外汇市场、技术市场等，尊重经济发展的客观规律，充分发挥市场在资源配置中的基础性作用，并最终转变为决定性作用，提高资源配置的有效性和效率。

在宏观层面，主要是正确处理政府和市场的关系，大幅简政放

[①] 参见中华人民共和国国家统计局编《中国统计年鉴2017》，中国统计出版社2017年版，第4—5页。

权,改变政府对经济的直接控制和对资源的直接分配方式。改指令性计划为指导性计划,改直接调控为间接调控,深化财税、金融、外贸等体制改革,充分发挥价格、利率、税率、汇率等政策工具的作用,不断建立健全社会保障制度和收入分配制度,实现了从计划经济向社会主义市场经济的根本性转变。

二 实现封闭经济向开放经济的转变

改革开放是决定当代中国命运的关键一招,开放也是改革。20世纪70年代,我国相继与意大利、希腊、日本、联邦德国、西班牙、美国、葡萄牙等国家建立外交关系,为对外开放创造了有利的外部环境。

1979年8月,中国设立深圳经济特区,由此迈出了对外开放的步伐。中国的对外开放从创办4个经济特区到开放14个沿海港口城市,再到沿边沿江开放以及建立浦东新区等,开放的步伐越来越大,影响越来越深。早期的开放主要体现在吸引外商投资,鼓励外商以合资、独资和合作的方式在中国从事经济活动。外商进入带来了市场经济理念,带来了资金、技术和管理经验,同时也带动了中国产业结构升级和技术水平提高,推动中国企业进入和开拓国际市场。

2001年加入世界贸易组织,是中国对外开放的一个里程碑,标志着中国的开放提升到全方位、多领域、深层次的境界,有力地推动了市场经济体制改革,有力地促进了中国经济的高速发展,有力地提高了中国企业的竞争能力和水平,使中国经济有效融入经济全球化,并成为全球化的积极参与者和推动者。

党的十八大之后,中国对外开放进一步扩大。2013年,习近平主席提出"一带一路"合作倡议,对外开放向纵深发展,中国与各国的经贸往来规模更大,对外投资规模不断扩大,与世界各国关系愈加紧密。1979 年至 2017 年,中国累计实际使用外资 21031.6 亿美元;[①] 至 2017 年末,中国对外直接投资存量 18090.4 亿美元。[②] 通过对外开放,中国较好地融入了全球化进程,有效提高了中国企业的国际竞争力,促进了中国经济增长,使中国成为世界经济增长的重要引擎。

三　实现各类生产要素的优化配置

中国经济的高速增长除了缘于要素投入的大幅增加,还有赖于要素配置效率的提升,主要通过劳动力自由流动、人力资本积累以及金融市场发展等途径实现。

劳动力自由流动是实现劳动力部门转移进而配置效率提升的必要前提。改革初期,随着农村联产承包责任制的全面深入实施,农村出现了大量富余劳动力。在长三角、珠三角地区和部分大中城市周边等开放度较高的地区,大批劳动力流入外商投资、民营和乡镇企业;在一些欠发达地区,富余劳动力亦开始跨区域流动,进入就业限制较少的非公企业。同时,城市新增劳动力和公有部门在职人员跨部门、跨地区流动的步伐加快,促进了人力资源的优化配置。随后,中小城市户籍制度限制逐步放松和放开,劳动力大规模流动明显加快。除少数部门及行业还存在一些进入限制外,总体上劳动

---

① 根据相关数据计算得到,其中 1979—2016 年数据来自中华人民共和国国家统计局编《中国统计年鉴2017》,第 365 页;2017 年数据来自商务部网站《2017 年 1—12 月利用外资统计简表》,2018 年 1 月 19 日,http：//www.fdi.gov.cn/CorpSvc/Temp/T3/Product.aspx? idInfo = 10000499&idCorp = 1800000121&iproject = 33&record = 10079。

② 参见《商务部、国家统计局、国家外汇管理局联合发布〈2017 年度中国对外直接投资统计公报〉》,2018 年 10 月 10 日,http：//www.fdi.gov.cn/CorpSvc/Temp/T3/Product.aspx? idInfo = 10000499&idCorp = 1800000121&iproject = 33&record = 11535。

力市场的城乡、区域分割局面已经基本消除,劳动力市场基本形成,劳动力资源配置效率大大提高。

人力资本积累是提高劳动生产率和促进技术进步的主要途径。全面普及九年制义务教育,允许民营资本兴办大中小学,大力发展职业教育,大学生扩招,明确要求国家财政性教育经费支出不得低于 GDP 的 4%,[①] 这些政策显著提高了中国的人力资本水平。2015 年底,国家适时调整了计划生育政策,放宽生育限制,从"单独两孩"调整为"全面两孩"。同时,旨在提升人力资本素质和社会福利而进行的医疗卫生体制改革初见成效。社会医疗保险覆盖率大幅度提高。

在资本积累方面,中国具有重视储蓄的良好传统,并一直保持着较高的储蓄率,但资本使用效率不高。完善的金融市场是实现资本供需匹配、提高资本配置效率的前提。改革开放以来,中国金融市场经历了从无到有,再到建立现代化金融体系并逐步市场化的发展过程。加入世界贸易组织之后,中国的金融体系进一步与国际标准接轨,开始加快对外开放和全面推进市场化,并逐渐融入全球金融体系。金融市场的发展有效提高了资源配置效率,支持了中国经济的转型和发展。

四 经济增长与结构升级相互促进

农业转型与发展,为中国经济发展和结构升级打下了重要基础。农村改革大幅提高了农业生产力水平,中国已基本实现粮食和食品的自给自足,以不到世界 7% 的耕地,养活了世界 20% 的人口。

[①] 参见《国务院办公厅关于进一步调整优化结构提高教育经费使用效益的意见》,2018 年 8 月 27 日,http://www.gov.cn/zhengce/content/2018-08/27/content_5316874.htm。

与此同时，第一产业占国内生产总值的比重从1978年的27.7%下降到2016年的8.6%。①农村改革成为农村发展进步之源。

农村改革和农业转型对于中国经济发展具有根本性的重大作用和意义。中国的改革发轫于农村，实行家庭联产承包责任制并长久不变，推进农村土地集体所有权、家庭承包权和经营权的"三权分置"改革，促进了农村土地流转和集约化经营，提高了农民生产积极性和农业生产效率。农业科技体系改革促进农业科技进步和农业产出的提高；价格在农业生产和农业资源配置中发挥重要作用，并进一步促进了农业生产和农产品结构的优化升级。这些都大大解放了长期滞留在农村的富余劳动力，为工业化提供了源源不断的低成本劳动力资源，也打破了长期存在的城乡壁垒，推动了社会结构的调整，加快了农业现代化进程。

农业现代化与工业化相互促进，又加快了工业化、城镇化进程。工业化的演进始终与经济发展和收入水平提高相适应。改革开放初期，工业化的重点是解决消费品市场供给不足的短缺经济问题，主要发展轻纺工业和农产品加工业。随着对外开放不断扩大和发展外向型经济，促进出口导向的劳动密集型及部分资本和技术密集型产品出口形成了新的支撑。为适应工业化水平提升和城镇化的快速发展，也为了应对亚洲金融危机和国际金融危机，中国加快了重化工业化的进程。2002年到2016年，我国规模以上工业钢铁产能从1.8亿吨（生铁）提高到10.7亿吨（粗钢）、水泥产能从7.3亿吨（2001年）提高到34.4亿吨；发电装机容量从3.6亿千瓦提高到16.5亿千瓦；高速公路里程从2.51万千米提高到13.1万千米；铁路营业里程从7.19万千米提高到12.4万千米（其中，高速

---

① 参见中华人民共和国国家统计局编《中国统计年鉴2017》，第12页。

铁路营业里程从2008年的672千米,提高到2016年的22980千米)。① 随着人民收入水平提高,以金融、电信、房地产、教育、科技、医疗卫生、文化旅游为重点的现代服务业快速发展。2017年,服务业占比已提高到51.6%,成为经济增长的主要动力和劳动就业的重要渠道。②

五 从经济增长到经济全面发展

经济增长并不完全体现为经济发展。改革开放前期做出的一系列制度变革和政策调整,主要以提高生产积极性和经济增长效率为目的。鼓励一部分人先富起来,坚持效率优先、兼顾公平的指导思想,在实现经济高速增长的同时,也出现了明显的收入差距扩大趋势。这一变化暗合了库兹涅茨倒"U"形曲线的变动趋势。此外,条块分割、资本市场的管制和垄断、资源类生产要素分配不公、户籍制度及其附带的福利差异,都是收入差距扩大的重要原因。

针对经济增长中存在的包括收入分配在内的一系列发展问题,党的十六大提出了以人为本、全面协调可持续发展的科学发展观,强调增长与公平并重。党的十八大以来,中央提出创新、协调、绿色、开放、共享新发展理念,进一步将缩小收入差距逐步实现共同富裕作为经济发展的重要内容。

为缩小区域差距,国家相继制定了西部大开发、东北振兴和中部崛起战略,以防止区域发展差距的进一步扩大。为防止不同人群

---

① 参见中华人民共和国国家统计局编《中国统计年鉴2004》,中国统计出版社2004年版,第566页;中华人民共和国国家统计局编《中国统计年鉴2003》,中国统计出版社2003年版,第516页;中华人民共和国国家统计局编《中国统计年鉴2017》,第287、451、520、534页。其间国家统计局曾对规模以上工业企业的界定进行多次调整。

② 参见国家统计局服务业司《服务业已成为我国经济发展的主动力》,2018年4月14日,http://www.stats.gov.cn/tjsj/sjd/201804/t20180414_1593908.html。

收入差距扩大,从 1981 年开始征收个人所得税以来不断提高起征点,2018 年 10 月起提高至 5000 元;累进税率最高为 45%。① 同时,从 1997 年开始建立具有中国特色的社会保障制度,包括正在并轨的公务员养老保险和职工养老保险,城乡居民养老保险制度,城市职工医疗保险、城乡居民医保制度,以及最低工资制度和城乡低保制度。这些制度在相当程度上改善了收入分配的状况。

另外,经济发展的一个重要目的是实现贫困人口尤其是农村贫困人口的脱贫,中国在这方面的成就举世瞩目。中国的扶贫开发大致经历了四个阶段。第一阶段是 1978 年至 1985 年,体制改革推动经济增长,经济增长带动减贫。第二阶段是 1986 年至 1993 年,中国政府在全国范围内开展了有计划、有组织、大规模的开发式扶贫。第三阶段是 1994 年至 2013 年的扶贫攻坚阶段,先后实施多个扶贫攻坚计划或扶贫开发纲要。第四阶段是党的十八大以后,中央制定了精准扶贫的战略和政策,确定到 2020 年全面建成小康社会时实现全面脱贫的目标,以"两不愁三保障"为标准,出台了财政、金融、产业、教育、医疗卫生、易地搬迁扶贫等综合性扶贫政策措施,减贫进程明显加快。改革开放 40 年,取得了 7 亿多人口摆脱贫困的骄人业绩,并将继续见到成效。

在反腐败方面,党的十八大以来,以习近平同志为核心的党中央坚定不移地推进党风廉政建设和反腐败斗争,以壮士断腕、刮骨疗毒的决心强力反腐。当前,反腐败斗争压倒性态势已经形成,反腐工作取得丰硕成果,得到全国人民的高度肯定,赢得了国际社会的普遍好评,在一定程度上改善了收入分配。

---

① 参见《中华人民共和国个人所得税法》(最新修正本),中国民主法制出版社 2018 年版,第 3—4、10 页。

六　挑战和应对：新发展理念引领新时代发展

毋庸讳言，经历多年快速发展的中国经济仍然面临着一系列挑战。由于人口增长拐点的出现和劳动力成本的不断上升，我国劳动密集型产业的要素禀赋优势正在减弱。经济进入新常态，绝大部分产业仍然处在世界产业链的中低端，高科技产业发展不快、实力不强，一些低端产业存在产能过剩，动力转换还需假以时日。虚拟经济与实体经济脱节，资本脱实向虚，房地产领域存在不少难题。生态建设和环境保护任务很重，成本较高。城乡、区域居民收入差距仍然较大，减贫在13多亿人口的大国将是一项长期的艰巨任务。

面对挑战，党的十八大以来，习近平总书记及时做出"经济发展新常态"的科学判断，党中央积极推进供给侧结构性改革，实施去产能、去杠杆、去库存、降成本、补短板的"三去一降一补"政策。

2016年，习近平总书记提出创新、协调、绿色、开放、共享的新发展理念。创新发展解决发展动力问题，协调发展解决发展不平衡问题，绿色发展解决人与自然和谐问题，开放发展解决发展内外联动问题，共享发展解决社会公平正义问题。2018年，习近平又进一步提出高质量发展的目标，将经济增长从重视量的增长转变为重视质的提高，努力建设现代化经济体系，进而实现可持续发展。党的十九大明确提出，到2035年基本实现社会主义现代化，到2050年建成富强民主文明和谐美丽的社会主义现代化强国。我们对此充满信心。

七 中国经济发展经验与发展经济学的关系

习近平总书记在党的十九大报告中指出,"经过长期努力,中国特色社会主义进入了新时代,这是我国发展新的历史方位。中国特色社会主义进入新时代,意味着近代以来久经磨难的中华民族迎来了从站起来、富起来到强起来的伟大飞跃,迎来了实现中华民族伟大复兴的光明前景;意味着科学社会主义在二十一世纪的中国焕发出强大生机活力,在世界上高高举起了中国特色社会主义伟大旗帜;意味着中国特色社会主义道路、理论、制度、文化不断发展,拓展了发展中国家走向现代化的途径,给世界上那些既希望加快发展又希望保持自身独立性的国家和民族提供了全新选择,为解决人类问题贡献了中国智慧和中国方案。"①

中国改革开放的40年,是中国经济高速发展,赶上时代前进步伐的40年;是人民生活水平显著提高,幸福感、安全感、民族自豪感显著增强的40年;是不断探索和形成中国特色社会主义发展道路、发展模式的40年。40年成就的主要经验概括起来,一是始终坚持党在社会主义初级阶段的基本路线,不断完善社会主义市场经济体制,解放和发展生产力并使生产关系与生产力水平相适应。二是始终坚持解放思想、实事求是、与时俱进的思想路线,紧密结合中国实际,一切从实际出发,遵循经济和社会发展的客观规律。三是坚持以人民为中心的发展思想,坚持发展为了人民,发展依靠人民,发展成果由人民共享。四是始终坚持和平发展道路,努力创造有利的和平发展环境,致力于建设人类命运共同体。

---

① 习近平:《决胜全面建成小康社会 夺取新时代中国特色社会主义伟大胜利——在中国共产党第十九次全国代表大会上的报告(2017年10月18日)》,人民出版社2017年版,第10页。

中国经济40年的发展，固然借鉴并印证了发展经济学的一般原理，但更重要的是从中国改革开放的实际国情出发，推动理论创新、制度创新，探索形成了中国特色社会主义道路。

第一，中国的发展是建立在公有制为主体、多种所有制经济共同发展的基本经济制度之上的，公有制经济和非公有制经济同步发展，共同构成了中国经济的微观基础。

第二，中国的发展是在实行了近30年高度集中计划经济体制的基础上起步的，通过渐进式、摸着石头过河的改革，逐步确立社会主义市场经济体制，既发挥市场在资源配置中的决定性作用，又充分发挥政府作用以弥补市场缺陷。

第三，中国的发展是在一个世界人口规模最大、超过当前发达国家人口总规模，且城乡高度分割、城乡差距很大的大国实现的，在这一过程中保持了政治稳定和社会稳定。

第四，中国的发展是在一个地域广阔、东中西区域差异显著的空间内实现的，通过在不同时期调动和发挥各个地区的优势，实施区域协调发展战略，充分挖掘经济发展潜力，充分利用了大国经济的回旋余地。

显然，以上这些经历和特点都不是传统发展经济学能够解释的，需要广大经济学理论工作者深化研究和深入总结，为新时代中国经济健康发展提供更好的理论分析。

新中国 70 年经济与经济学发展[*]

新中国成立 70 年来，中国共产党团结带领全国各族人民勇于探索、不断实践，成功探寻出符合中国国情、充满生机活力的社会主义市场经济制度，极大地解放和发展了社会生产力。70 年来，我国综合国力显著增强，全面小康社会即将建成，中华民族迎来了从站起来、富起来到强起来的伟大飞跃，创造了"当惊世界殊"的发展成就。伟大的实践产生伟大的理论。70 年来，我国的经济学研究始终立足当代中国实践，在总结历史经验、回应时代主题、探索未来发展中不断创新发展，形成了中国特色社会主义政治经济学。党的十八大以来，面对国内外环境复杂而深刻的变化，习近平总书记科学把握世界发展大势和我国发展阶段性特征，先后作出我国经济发展进入新常态、已由高速增长阶段转向高质量发展阶段的科学判断，提出新发展理念，作出推动高质量发展、把握好政府和市场的关系、把推进供给侧结构性改革作为主线、建设现代化经济体系等重大战略决策，引领我国经济发展取得历史性成就，并在历史性变

---

[*] 原文刊载于《中国社会科学》2019 年第 10 期。

革中，形成了习近平新时代中国特色社会主义经济思想，书写了当代马克思主义政治经济学的新篇章，开辟了中国特色社会主义政治经济学的新境界。

一 新中国 70 年经济发展的辉煌成就

经济持续快速增长，综合国力极大提高。按不变价计算，1952—2018 年，我国国内生产总值从 679 亿元增长到 90 万亿元，年均增长 8.1%。[①] 我国国内生产总值占世界总值的比重从 1960 年的 4.37% 上升至 2018 年的近 16%，经济总量稳居世界第二位，自 2006 年以来对世界经济增长贡献率稳居第一位。[②] 2018 年，我国人均国内生产总值接近 1 万美元，[③] 比 1952 年增长约 77 倍，由低收入国家成功跨入中等偏上收入国家行列。财政实力极大增强，全国财政收入从 1950 年的 62 亿元大幅跃升至 2018 年的 18 万亿元，1951—2018 年的年均增长率约为 12.5%，为促进经济发展和改善人民生活提供了资金保障。[④]

现代经济体系基本建立，创新驱动发展成果丰硕。新中国成立之初，我国农业吸纳就业人口占比高达 83.54%，[⑤] 主要工业产品基

[①] 参见中华人民共和国国务院新闻办公室《新时代的中国与世界（2019 年 9 月）》，《人民日报》2019 年 9 月 28 日第 11 版。

[②] 参见国家统计局《国际地位显著提高国际影响力持续增强——新中国成立 70 周年经济社会发展成就系列报告之二十三》，2019 年 8 月 29 日，http://www.stats.gov.cn/tjsj/zxfb/201908/t20190829_1694202.html。

[③] 参见何立峰《促进形成强大国内市场大力推动经济高质量发展》，《求是》2019 年第 2 期。

[④] 参见国家统计局《沧桑巨变七十载民族复兴铸辉煌——新中国成立 70 周年经济社会发展成就系列报告之一》，2019 年 7 月 1 日，http://www.stats.gov.cn/tjsj/zxfb/201907/t20190701_1673407.html。

[⑤] 参见国家统计局《经济结构不断升级发展协调性显著增强——新中国成立 70 周年经济社会发展成就系列报告之二》，2019 年 7 月 8 日，http://www.stats.gov.cn/tjsj/zxfb/201907/t20190708_1674587.html。

本依靠进口。我国三次产业比例从1952年的50.5∶20.8∶28.7，变为2018年的7.2∶40.7∶52.2，实现了从传统农业社会向现代工业社会的跃升，是世界上唯一拥有联合国产业分类中全部工业门类的国家，制造业增加值稳居世界第一位。[①] 2018年，我国全社会研究与试验发展经费达到1.97万亿元，规模跃居世界第二位；[②] 科技进步贡献率提高到58.5%。[③] 国家创新能力在2019年全球创新指数排名上升至第14位，是唯一进入前20名的中等收入经济体。[④] 我国科技实力显著提升，一些领域从跟跑向领跑转变，彻底改变了科技水平全面落后的局面。"两弹一星"、载人航天、超级杂交水稻、高性能计算机、人工合成牛胰岛素、青蒿素、深海探测、量子通信、大飞机等重大科技成果，为经济社会发展提供了有力支撑。[⑤] 航空航天、人工智能、第五代移动通信网络、移动支付、新能源汽车、金融科技等处于世界领先地位，为世界经济增长注入了新动能。[⑥] 城镇化水平不断提升，区域协调发展成效显著。我国城镇化率从1949年的10.6%提高到2018年的59.58%，年均提高0.71个百分点。[⑦] 特别是改革开放后，农村富余劳动力大规模向城镇转移，我

[①] 参见国家统计局《沧桑巨变七十载民族复兴铸辉煌——新中国成立70周年经济社会发展成就系列报告之一》。

[②] 参见国家统计局《科技发展大跨越创新引领谱新篇——新中国成立70周年经济社会发展成就系列报告之七》，2019年7月23日，http://www.stats.gov.cn/tjsj/zxfb/201907/t20190723_1680979.html。

[③] 参见《让科研人员有更好的环境》，《人民日报》（海外版）2019年3月12日第2版。

[④] 参见中华人民共和国国务院新闻办公室《新时代的中国与世界（2019年9月）》，《人民日报》2019年9月28日第11版。

[⑤] 参见中华人民共和国国务院新闻办公室《新时代的中国与世界（2019年9月）》，《人民日报》2019年9月28日第11版。

[⑥] 参见中华人民共和国国务院新闻办公室《新时代的中国与世界（2019年9月）》，《人民日报》2019年9月28日第11版。

[⑦] 参见国家统计局《城镇化水平不断提升城市发展阔步前进——新中国成立70周年经济社会发展成就系列报告之十七》，2019年8月15日，http://www.stats.gov.cn/tjsj/zxfb/201908/t20190815_1691416.html。

国经历了人类历史上规模最大、速度最快的城镇化进程。21世纪以来，西部大开发、东北等老工业基地振兴和中部地区崛起等区域发展战略相继实施，有效改善了区域发展不平衡的状况。党的十八大以来，在"一带一路"建设、京津冀协同发展、长江经济带发展、粤港澳大湾区建设等重要战略的推动下，形成了区域经济发展良性互动的局面。1952—2018年，我国人均地区生产总值最高地区和最低地区之间的相对差值从2.6倍缩小为1.8倍。[1]

基础设施实现跨越发展，支撑保障能力明显增强。我国已经建成发达的现代综合交通体系。2018年，铁路营业里程达到13.2万千米，比1949年增长5倍，其中高铁里程达到3万千米，占世界高铁总里程2/3以上；公路里程达到485万千米，比1949年增长59倍，其中高速公路里程达到14.3万千米，居世界第一位；内河航道里程达到12.7万千米，比1949年增长72.7%；民航定期航班航线里程达到838万千米，比1950年增长734倍。[2] 2018年，我国能源生产达到37.7亿吨标准煤，比1949年增长158倍；发电装机容量达到19亿千瓦时，比1949年增长1026倍，连续八年保持世界第一位。[3] 2018年，我国邮政营业网点达到27.5万处，邮路总长度达到985万千米，分别是1949年的10.4倍和14倍。[4] 2018年，我国移动宽带用户达到13.1亿户，基本建成全球最大的移动宽带网，信息

---

[1] 参见国家统计局《重大战略扎实推进区域发展成效显著——新中国成立70周年经济社会发展成就系列报告之十八》，2019年8月19日，http://www.stats.gov.cn/tjsj/zxfb/201908/t20190819_1691881.html。

[2] 参见国家统计局《交通运输铺就强国枢纽通途邮电通信助力创新经济航船——新中国成立70周年经济社会发展成就系列报告之十六》，2019年8月13日，http://www.stats.gov.cn/tjsj/zxfb/201908/t20190813_1690833.html。

[3] 参见国家统计局《沧桑巨变七十载民族复兴铸辉煌——新中国成立70周年经济社会发展成就系列报告之一》。

[4] 参见国家统计局《交通运输铺就强国枢纽通途邮电通信助力创新经济航船——新中国成立70周年经济社会发展成就系列报告之十六》。

化水平全面提升。①

人民生活发生翻天覆地变化,阔步迈向全面小康。1949—2018年,我国居民人均可支配收入从49.7元增加到28228元,实际年平均增长6.1%。② 2018年,全国居民恩格尔系数为28.4%,比1978年下降35.5个百分点,③ 居民消费水平显著提升,消费结构从温饱型、小康型向富裕型、享受型转变。2018年,我国城镇居民人均住房建筑面积达到39平方米,比1956年增长5.8倍;农村居民人均住房建筑面积达到47.3平方米,比1978年增长4.8倍。④ 2018年,我国公共图书馆、文化馆、博物馆分别达到3176个、44464个、4918个,分别为1949年的57.7倍、49.6倍、234.2倍。⑤ 新中国成立之初,我国的文盲率高达80%,适龄儿童小学入学率不足20%;2018年,粗文盲率下降到4.9%,大专及以上受教育程度人口占比达到13%,6岁及以上人口平均受教育年限达到9.26年。⑥ 1953年我国仅有17.24%的职工享受劳动保险,⑦ 1958年仅有

---

① 参见国家统计局《沧桑巨变七十载民族复兴铸辉煌——新中国成立70周年经济社会发展成就系列报告之一》。

② 参见国家统计局《人民生活实现历史性跨越阔步迈向全面小康——新中国成立70周年经济社会发展成就系列报告之十四》,2019年8月9日,http://www.stats.gov.cn/tjsj/zxfb/201908/t20190809_1690098.html。

③ 参见国家统计局《沧桑巨变七十载民族复兴铸辉煌——新中国成立70周年经济社会发展成就系列报告之一》。

④ 参见国家统计局《人民生活实现历史性跨越阔步迈向全面小康——新中国成立70周年经济社会发展成就系列报告之十四》。

⑤ 参见国家统计局《文化事业繁荣兴盛文化产业快速发展——新中国成立70周年经济社会发展成就系列报告之八》,2019年7月25日,http://www.stats.gov.cn/tjsj/zxfb/201907/t20190724_1681393.html。

⑥ 参见国家统计局《人口总量平稳增长人口素质显著提升——新中国成立70周年经济社会发展成就系列报告之二十》,2019年8月22日,http://www.stats.gov.cn/tjsj/zxfb/201908/t20190822_1692898.html。

⑦ 参见严忠勤《当代中国的职工工资福利和社会保险》,中国社会科学出版社1987年版,第306—307页。

0.94%的农村人口享受"五保"待遇。① 当前，我国已经初步建成世界上规模最大、覆盖人口最多，包括养老、医疗、低保、住房、教育等民生领域的社会保障体系。② 2018年，我国基本养老保险覆盖超过9亿人，基本医疗保险覆盖超过13亿人，基本实现全民医保。③ 居民预期寿命从新中国成立初的35岁上升到2018年的77岁，婴儿死亡率由200‰下降到6.1‰。④ 脱贫成就亘古未有，农村贫困发生率从1978年的97.5%下降到2018年的1.7%。⑤ 按照世界银行标准，1981—2015年我国贫困人口规模从8.8亿人减少到960万人，成为首个实现联合国减贫目标的发展中国家，对全世界减贫的直接贡献达到76.2%。⑥

从相对封闭走向全方位开放，国际影响力持续提升。1950年，我国货物进出口总额为11.3亿美元；2018年，我国货物和服务进出口总额分别为4.6万亿美元和7919亿美元，占世界的11.8%和7%，稳居世界第一大贸易国地位。⑦ 我国已经成为33个国家的最大出口目的地、65个国家的最大进口来源国。⑧ 新中国成立初期，我国利用外资和对外投资微乎其微；2018年，我国吸引非金融类外

---

① 参见崔乃夫《当代中国的民政》（下），当代中国出版社1994年版，第105—106页。
② 参见中华人民共和国国务院新闻办公室《新时代的中国与世界（2019年9月）》，《人民日报》2019年9月28日第11版。
③ 参见国家统计局《沧桑巨变七十载民族复兴铸辉煌——新中国成立70周年经济社会发展成就系列报告之一》。
④ 参见国家统计局《沧桑巨变七十载民族复兴铸辉煌——新中国成立70周年经济社会发展成就系列报告之一》。
⑤ 参见国家统计局《沧桑巨变七十载民族复兴铸辉煌——新中国成立70周年经济社会发展成就系列报告之一》。
⑥ 参见蔡昉《全球化、趋同与中国经济发展》，《世界经济与政治》2019年第3期。
⑦ 参见国家统计局《对外经贸开启新征程全面开放构建新格局——新中国成立70周年经济社会发展成就系列报告之二十二》，2019年8月27日，http://www.stats.gov.cn/tjsj/zxfb/201908/t20190827_1693665.html。
⑧ 参见燕妮·李《数据图表印证中国经济崛起》，乔恒译，《环球时报》2019年9月26日第6版。

商直接投资达 1349.66 亿美元，非金融类对外直接投资 1205 亿美元，均居世界第二位；1978—2018 年，我国累计吸引非金融类外商直接投资达 20343 亿美元。① 1952 年，我国外汇储备仅为 1.08 亿美元；2018 年，我国外汇储备超过 3 万亿美元，连续 13 年保持世界第一位。② 党的十八大以来，我国推进共建"一带一路"，自由贸易区不断扩容，人民币正式加入国际货币基金组织特别提款权货币篮子，同世界各国人民一道，推动构建人类命运共同体，为全球治理体系变革贡献中国智慧，在国际事务中发挥着愈加重要的作用。③

二　坚持和加强党对经济工作的集中统一领导，是新中国 70 年经济发展取得辉煌成就的根本保证

办好中国的事情，关键在党。中国特色社会主义最本质的特征是中国共产党领导，中国特色社会主义制度的最大优势是中国共产党领导。正如习近平总书记所指出的，"党是总揽全局、协调各方的，经济工作是中心工作，党的领导当然要在中心工作中得到充分体现"。④ 党的十一届三中全会以来，数届党的三中全会对国家经济发展作出重要部署。党的十四届三中全会作出了建立社会主义市场经济体制若干问题的决定，十六届三中全会作出了完善社会主义市

---

① 参见国家统计局《沧桑巨变七十载民族复兴铸辉煌——新中国成立 70 周年经济社会发展成就系列报告之一》。

② 参见国家统计局《沧桑巨变七十载民族复兴铸辉煌——新中国成立 70 周年经济社会发展成就系列报告之一》。

③ 2018 年底，环球舆情中心在全球开展的一项调查显示，认为世界局势发生颠覆性变化的海外民众中，有约 70% 的受访者认为，中国正在不断崛起，国际地位及影响力不断提升。参见《环球舆情调查中心报告：中国 70 年巨变，世界有目共睹》，《环球时报》2019 年 9 月 26 日第 7 版。

④ 中共中央文献研究室编：《习近平关于社会主义经济建设论述摘编》，中央文献出版社 2017 年版，第 318 页。

场经济体制若干问题的决定,十八届三中全会作出了全面深化改革若干重大问题的决定。这些重大决策坚持和完善了中国特色社会主义制度,对经济发展产生了深远影响。改革开放以来,历届党的五中全会就国民经济规划提出建议。1994年以来,党中央在每年年底召开中央经济工作会议,对本年度的经济工作进行总结,并对下一年的经济工作作出部署。中央政治局和中央政治局常委会经常性地审议关系经济发展全局的重大问题,及时作出重大部署,并直接领导中央财经委员会,研究确定经济社会发展重要方针政策。新中国70年经济发展的辉煌成就无可辩驳地证明,党对经济工作的集中统一领导是中国特色社会主义制度的一大优势,是我国经济持续健康发展的根本保证。

新中国成立之初,党中央就实行了"公私兼顾、劳资两利、城乡互助、内外交流"的经济方针,采取财政、商业、货币等一系列经济政策,有效稳定了经济局面,领导团结全国各族人民在一片废墟上迅速而全面地恢复了国民经济。在农村,党中央领导开展了土地改革,大规模兴修水利,推广农业技术,有效促进了农业生产。城乡经济稳定以后,党中央不失时机地提出过渡时期总路线,确立了社会主义基本经济制度,为当代中国的一切发展奠定了根本政治前提和制度基础。在党中央领导下,全国各族人民不断探索符合我国国情的经济建设道路,在一个落后的农业国快速建立起独立的较为完整的工业体系和国民经济体系,并取得了"两弹一星"等重大成就,为新的历史时期开创中国特色社会主义事业提供了物质基础和经验借鉴。

党的十一届三中全会深刻总结了新中国成立以来社会主义建设正反两方面的经验,作出把党和国家工作中心转移到经济建设上来的历史性决策。党中央以非凡的战略思维,提出了社会主义初级阶段理论和基本路线,成功开辟了中国特色社会主义道路。在党中央领导下，我国推动以经济体制为重点的全面改革，推进农村家庭联产承包责任制、国有企业、分税制、金融体制、外贸综合体制等一系列重大改革，建立健全商品市场、劳动力市场、资本市场、外汇市场、技术市场等各类市场，充分发挥价格、利率、税率、汇率等各种经济调控工具的作用，使市场在资源配置中起基础性作用。建立并完善以国家发展战略和规划为导向、以财政政策和货币政策为主要手段的宏观调控体系。在党中央领导下，我国顺应经济全球化的时代潮流，实施对外开放基本国策，从创办4个经济特区到开放14个沿海港口城市，从沿边沿江开放、建立浦东新区到加入世界贸易组织（WTO），充分发挥我国比较优势，有效利用全球资源，不断提高开放的领域、水平、层次，使我国实现了从相对封闭经济向开放经济的全面转变。在党中央领导下，我国成功应对了1997年亚洲金融危机和2008年国际金融危机等重大外部冲击，保持经济持续健康发展，在全球率先实现经济企稳回升，对世界金融稳定和经济复苏做出了贡献。

党的十八大以来，面对国内外形势复杂而深刻的变化，党中央坚持以经济建设为中心，坚持发展是执政兴国的第一要务，不断加强和改善党对经济工作的集中统一领导，全面提高党领导经济工作的水平，推动新时代我国经济社会持续健康发展，为实现"两个一百年"奋斗目标、实现中华民族伟大复兴的中国梦提供坚强保证。

第一，坚持和加强党的集中统一领导，保证了我国经济发展始终沿着正确方向前进。以习近平同志为核心的党中央站在新时代的历史方位，观大势、谋大局，发挥总揽全局、协调各方的领导核心作用，坚持以人民为中心的发展思想，深刻回答了新时代我国经济态势怎么看和经济工作怎么干等重大问题，提出了使市场在资源配置中起决定性作用，更好发挥政府作用，以新发展理念引领经济新常态，以供给侧结构性改革为主线推动经济转型升级和持续健康发展等一系列原创性理论,在实践中形成了习近平新时代中国特色社会主义经济思想,系统发展了马克思主义政治经济学的研究体系与研究内容,科学有力地指导了新时代我国经济发展。

第二,坚持和加强党的集中统一领导,促进了稳中求进工作总基调的形成和实施。习近平总书记强调:"稳中求进工作总基调是我们治国理政的重要原则,也是做好经济工作的方法论。"[①] 在"稳"的方面,习近平总书记高度重视防范和化解金融风险,强调要保持对经济运行中各类矛盾和问题的高度敏感性,守住底线,及时化解矛盾风险。在"进"的方面,党中央明确了全面深化改革的总目标,坚决破除各方面的体制机制弊端,极大地凝聚起共同推进改革的强大合力,基本确立了改革的主体框架,对重要领域和关键环节的改革取得突破性进展,全面深化改革展现了新作为、实现了新突破。

第三,坚持和加强党的集中统一领导,引领并推动形成全面开放新格局。面对世界百年未有之大变局,党中央坚持对外开放的基本国策不动摇,强调要顺应并引领经济全球化,打开大门搞建设、办事业。2018年中央经济工作会议提出,要推动由商品和要素流动型开放向规则等制度型开放转变,以放宽市场准入及营造良好的营商环境,作为提升对外开放水平的重要手段,体现出我国在复杂多变的国际环境下,坚定维护开放型世界经济的决心。正是在党的集中统一领导下,我国不断提高参与全球治理的能力,以共商共建共享原则和"一带一路"建设为重点,形成陆海内外联动、东西双向互济的开放格局,为推动构建人类命运共同体做出了积极贡献。

---

① 中共中央文献研究室编:《习近平关于社会主义经济建设论述摘编》,中央文献出版社2017年版,第332页。

三 坚持"两个毫不动摇",完善社会主义基本经济制度

社会主义制度能够做到全国一盘棋,集中力量办大事,是党领导的伟大事业成功的重要法宝。以公有制为主体,多种所有制共同发展的社会主义基本经济制度,为新中国70年经济发展提供了坚实的制度基础,为调动各方面积极因素做出了重要贡献。

新中国成立之初,党中央就注重发挥各种经济成分在经济建设中的积极作用。按照马克思主义经典作家的设想,社会主义只能是单一公有制。但是,党中央在谋划施政准则和构思建设蓝图时,没有简单地从本本出发,而是注重将马克思主义的基本原理同我国具体实际相结合。早在新中国成立之前,毛泽东同志从我国实际出发,明确提出:"有些人怀疑中国共产党人不赞成发展个性,不赞成发展私人资本主义,不赞成保护私有财产,其实是不对的","在现阶段上,中国的经济,必须是由国家经营、私人经营和合作社经营三者组成的"。[①] 在我国这样一个经济落后的国家如何建立社会主义公有制,新中国经历了长期探索。1949年9月通过的《中国人民政治协商会议共同纲领》,曾用六条篇幅专门阐述新中国成立后的所有制结构总体格局,对国营经济、合作社经济、农民和手工业者的个体经济、私人资本主义经济和国家资本主义经济五种经济成分的定位作出了明确论述。在过渡时期,我国存在着多种经济成分,允许多种所有制经济发展。从"一五"计划开始,我国为了实现赶超,确立了优先发展社会主义大工业的战略,建立社会主义经济体制,加之受苏联模式和苏联政治经济学的影响,逐渐把多种经济成

[①] 《毛泽东选集》第3卷,人民出版社1991年版,第1058页。

分并存的国民经济改变成为单一的社会主义经济，形成以"国有制＋计划经济"为基本特征的经济体制。在生产力水平低下的历史条件下，这一体制对建立独立自主的工业体系和国民经济体系发挥了至关重要的作用，但由于生产关系与生产力水平不适应，"统得过死"造成资源配置效率低下、结构扭曲，反而制约了生产力的进一步发展。

改革开放以来，党中央从我国处于社会主义初级阶段的基本国情出发，科学总结所有制探索方面的经验教训，提出社会主义的本质要求是解放和发展社会生产力，在实践中不断完善社会主义基本经济制度，创新和发展了马克思主义所有制理论。我国在深化国有经济改革、创新公有制实现形式的同时，不断放开对非公有制经济发展的限制，既坚持和发展社会主义制度，又不断激发经济发展和人民生活改善的新活力。党的十二大、十三大提出非公有制经济是公有制经济必要的和有益的补充，在坚持公有制经济主体地位的同时，为非公经济的发展注入了强大动力。1992年，邓小平同志在南方谈话中提出"三个有利于"标准，从根本上突破了单一公有制经济体制的理论基础，为非公有制经济的繁荣发展提供了重要理论依据。党的十四大确立了公有制经济和非公有制经济共同发展的方针。党的十五大明确提出，公有制为主体、多种所有制经济共同发展是我国社会主义初级阶段的基本经济制度，将非公有制经济的地位从"有益补充"上升到"社会主义市场经济的重要组成部分"，以及混合所有制经济的股份制也可以成为公有制的一种实现形式。这就把多种所有制和社会主义性质融合在一起，把非公有制经济纳入了社会主义制度框架内，大大拓展了基本经济制度的内涵，是对马克思主义所有制理论的重要发展。党的十六大对社会主义初级阶段基本经济制度理论作出重大发展，提出"两个毫不动摇"的方针，强调必须毫不动摇地巩固和发展公有制经济，必须毫不动摇地鼓励、支持和引导非公有制经济发展，坚持公有制为主体，促进非公有制经济发展，将二者统一于社会主义现代化建设的进程中。"两个毫不动摇"的提出，超越了把公有制经济和非公有制经济对立起来的认识，成为社会主义初级阶段基本经济制度的重要理论基础。党的十七大进一步提出，平等保护物权，形成各种所有制经济平等竞争、相互促进新格局，推进公平准入、破除体制障碍，促进个体、私营经济发展，为促进公有制经济和非公有制经济平等发展提供了更好的制度保障。

党的十八大以来，围绕深化国资国企改革、加强产权保护、扩大非公有制经济市场准入与平等发展等关键问题，社会主义基本经济制度理论得到进一步发展。党的十八大提出，保证各种所有制经济依法平等使用生产要素、公平参与市场竞争、同等受到法律保护，形成了完整的"两平一同"原则。党的十八届三中全会提出，国有资本、集体资本、非公有资本等交叉持股、相互融合的混合所有制经济，是基本经济制度的重要实现形式，公有制经济和非公有制经济都是社会主义市场经济的重要组成部分，都是我国经济社会发展的基础，进一步丰富和发展了"两个毫不动摇"理论。党的十八届四中全会提出，"健全以公平为核心原则的产权保护制度，加强对各种所有制经济组织和自然人财产权的保护"。[①] 2016 年和 2017 年，我国相继出台完善产权保护制度、依法保护产权以及激发和保护企业家精神的纲领性文件。党的十九大报告提出了新时代建设现代化经济体系的战略目标，把"激发和保护企业家精神，鼓励更多社会主体投身创新创业"，作为深化供给侧结构性改革的重要任务，把"全面实施市场准入负面清单制度，清理废除妨碍统一市

---

① 《中共中央关于全面推进依法治国若干重大问题的决定（2014 年 10 月 23 日中国共产党第十八届中央委员会第四次全体会议通过）》，《人民日报》2014 年 10 月 29 日第 1 版。

场和公平竞争的各种规定和做法,支持民营企业发展,激发各类市场主体活力",作为加快完善社会主义市场经济体制的重要内容。[①]不仅如此,党的十九大还把"两个毫不动摇"写入新时代坚持和发展中国特色社会主义的基本方略,作为党和国家一项大政方针进一步确定下来。特别是2018年11月,习近平总书记主持召开民营企业座谈会并发表重要讲话,强调发展非公有制经济方针政策的三个"没有变",充分体现了党中央毫不动摇坚持和完善社会主义基本经济制度的立场和决心。

伴随着所有制改革理论的不断创新与发展,我国对公有制及其实现形式、国有企业改革、国有经济地位等也进行了富有成效的理论创新。总之,新中国成立70年来,我国所有制改革波澜壮阔,从打破传统僵化的所有制结构开始,按照增量改革的整体路径,从发展非公有制经济突破,同时启动经营制度层面的农村和城市微观主体改革。随着社会主义市场经济体制的确立,所有制改革的路径逐步从传统体制外以及体制内的外围,过渡到传统体制内特别是其内核部分,深入到国有企业深层的产权制度变革,不同经济成分共同发展的所有制结构日趋完善。

四 坚持正确处理政府与市场关系,使市场在资源配置中起决定性作用和更好发挥政府作用

正确处理政府与市场的关系,是经济体制改革和发展的核心问题,贯穿于70年经济体制演进和经济研究的全过程,是理解中国经

[①] 习近平:《决胜全面建成小康社会 夺取新时代中国特色社会主义伟大胜利——在中国共产党第十九次全国代表大会上的报告(2017年10月18日)》,人民出版社2017年版,第31、33—34页。

济发展"奇迹"的主线。对于社会主义经济制度，马克思主义经典作家曾作出过一般性的设想，认为社会主义只能实行国家计划下的产品经济，不可能搞商品经济，更不可能搞市场经济，而且只有国家计划才能克服资本主义生产的无政府状态和经济危机。这种观念为几代马克思主义者所坚持，曾长期指导社会主义国家的实践。中国共产党在领导我国经济建设实践中，历经艰辛探索，形成了符合我国经济发展实际的政府与市场关系理论。

新中国成立之初，在"节制资本"的原则下允许其他经济成分和商品经济的存在，逐步增强国家计划下国有经济在国民经济建设中的主导作用。随着"国有制+计划经济"体制的建立，我国实行物资切块分配，直接干预企业经营活动，政府计划指令完全代替了市场机制。在这种体制下，配置资源的经济协调仅限于政府和国有企业、中央政府和地方政府之间。由于市场在资源配置中长期缺位，加之受"左"倾错误的影响，一度把搞活企业和发展社会主义商品经济的种种措施当成"资本主义"，导致经济体制日渐僵化，资源配置效率低下、结构失衡等问题不断积累。其间，虽然多次调整中央和地方、条条和块块的管理权限，但都没有触及政府与市场的关系。对此，一些经济学家立足我国实际，提出了社会主义计划经济体制下仍然存在商品生产和商品经济的观点，主张价值规律在调节社会生产、提高劳动生产率和升级技术装备方面发挥重要作用，成为社会主义市场经济理论的重要先声。[①]

改革开放以来，我国在经济体制改革的过程中不断调整优化政府与市场的关系。党的十二大提出"以计划经济为主、市场调节为辅"的"主辅论"，要求正确划分指令性计划、指导性计划和市场

---

① 参见孙冶方《把计划和统计放在价值规律的基础上》，《经济研究》1956年第6期；顾准《试论社会主义制度下的商品生产和价值规律》，《经济研究》1957年第3期。

调节各自的范围和界限；十二届三中全会提出社会主义经济是有计划的商品经济理论，使价格能够比较灵敏地反映生产率和市场供求关系的变化。党的十三大进一步提出建立"国家调节市场，市场引导企业"的机制。党的十四大正式提出建立"社会主义市场经济"的经济体制改革目标后，我国积极调整政府职能，以坚韧的改革精神破除制约市场机制发挥作用的藩篱，建立完善市场体系，有效发挥价格、竞争、供求等市场机制；建立健全以间接调控为主的宏观经济管理体系，保持宏观经济稳定；发挥国家发展计划和规划的战略导向作用，健全财政、货币、产业和区域等经济政策的协调机制，在推动创新驱动发展，缩小收入、城乡、区域发展差距，增加基础设施和公共服务供给，改善营商环境等方面发挥着积极作用。

党的十八大以来，习近平总书记强调，"要讲辩证法、两点论，'看不见的手'和'看得见的手'都要用好，努力形成市场作用和政府作用有机统一、相互补充、相互协调、相互促进的格局，推动经济社会持续健康发展"。[1] 党的十八届三中全会首次提出"使市场在资源配置中起决定性作用，更好发挥政府作用"，对政府与市场的关系作出新定位。党的十九大报告再次予以强调。这是对马克思主义政治经济学和社会主义政治经济学的重大发展，是新中国70年经济和经济理论发展中具有里程碑意义的重大实践和理论创新，为新时代树立政府与市场关系的正确理念提供了基本遵循。经过40余年的实践，我国社会主义市场经济体制已经初步建立，但市场秩序不规范、生产要素市场发展滞后、市场规则不统一、市场竞争不充分等问题表明，必须进一步发挥市场在资源配置中的决

---

[1] 中共中央文献研究室编：《习近平关于社会主义经济建设论述摘编》，中央文献出版社2017年版，第58页。

定性作用,这是坚持社会主义市场经济改革方向的必然要求。必须明确的是,使市场在资源配置中发挥决定性作用并不是发挥全部作用。提升国家治理体系和治理能力的现代化水平,是发挥社会主义市场经济体制优势的内在要求。政府要在健全宏观调控体系、加强市场活动监管、强化公共服务、加强生态环境保护、推动创新驱动发展、促进社会公平正义和社会稳定、促进共同富裕等方面更好发挥作用。

五 坚持以人民为中心的发展思想,走共同富裕的道路

为人民谋幸福、为民族谋复兴是中国共产党的初心和使命,实现共同富裕是社会主义的本质要求。新中国成立70年来经济发展之所以能够取得历史性成就,其中一条宝贵经验,就是中国共产党始终坚持发展为了人民,发展依靠人民,发展成果由人民共享,致力于实现共同富裕。

党的七大将"全心全意为人民服务"作为党的根本宗旨写入党章总纲。新中国成立后,从实现"国家富强和人民幸福"需要强大的物质基础出发,党中央确定了优先发展重工业的战略,[①] 以生产资料的生产促进生活资料的生产,丰富了民生日用产品的供应,对改善人民群众的生活发挥了积极作用。党的八大提出,国内的主要矛盾,已经是人民对于建立先进的工业国的要求同落后的农业国的现实之间的矛盾,已经是人民对于经济文化迅速发展的需要同当前经济文化不能满足人民需要的状况之间的矛盾。毛泽东同志在《论十大关系》中提出:"重工业是我国建设的重点……但是决不可以

---

① 参见李富春《关于发展国民经济的第一个五年计划的报告》,《经济研究》1955年第3期。

因此忽视生活资料尤其是粮食的生产。"① 然而在实践中受多种因素制约，没有正确处理生产资料和消费资料、积累与消费之间的关系，没有坚持按劳分配原则，平均主义和"大锅饭"严重挫伤了劳动者的生产积极性，造成了资源投入产出低下、人民生活水平提高缓慢等问题。

改革开放以来，党中央坚持以人民对美好生活的向往作为经济发展的出发点和目标，在领导推进改革开放的伟大历程中，始终坚持以人民为中心，把人民拥护不拥护、赞成不赞成、高兴不高兴作为制定政策的依据，顺应民心、尊重民意、关注民情、致力民生，让人民共享改革开放成果。党的十一届六中全会实事求是地作出我国社会的主要矛盾是人民日益增长的物质文化需要同落后的社会生产之间矛盾的科学判断，提出必须解放和发展生产力，增加社会财富，作出了改革开放的历史性决策。正如邓小平同志所指出的，"贫穷不是社会主义，更不是共产主义"，"不坚持社会主义，不改革开放，不发展经济，不改善人民生活，只能是死路一条"，"发展才是硬道理"。② 改革开放是我们党带领人民不断完善社会主义制度的社会变革，目的是更好地发挥社会主义制度的优越性，不断满足广大人民群众的物质文化需要，促进人的全面发展。党的十三届四中全会以后，形成了"三个代表"重要思想。江泽民同志强调，中国共产党要始终"代表中国最广大人民的根本利益"。③ 党的十六大以后，形成了科学发展观。胡锦涛同志强调，"坚持发展为了人民、发展依靠人民、发展成果由人民共享"，④ 由此确立了全面建设小康社会的奋斗目标，在科学发展观和构建社会主义和谐社会思想的指

---

① 《毛泽东文集》第 7 卷，人民出版社 1999 年版，第 24 页。
② 《邓小平文选》第 3 卷，人民出版社 1993 年版，第 64、370、377 页。
③ 《江泽民文选》第 3 卷，人民出版社 2006 年版，第 279 页。
④ 《胡锦涛文选》第 3 卷，人民出版社 2006 年版，第 4 页。

导下，以人为本和共同富裕目标得以坚持和发展。在领导推动改革开放的进程中，党中央坚持依靠人民推动改革，尊重人民的主体地位和首创精神，充分发挥人民的聪明才智，及时把来自基层的改革实践升华为科学理论再用于指导改革实践，使人民实践创造和发展要求成为改革前进的动力。正确处理效率和公平的关系，建立合理的分配制度，是坚持以人民为中心、实现共同富裕目标必须解决的问题。在深刻总结历史经验的基础上，邓小平同志明确指出："我们坚持走社会主义道路，根本目标是实现共同富裕，然而平均发展是不可能的。过去搞平均主义，吃'大锅饭'，实际上是共同落后，共同贫穷，我们就是吃了这个亏。改革首先要打破平均主义，打破'大锅饭'，现在看来这个路子是对的。"① 共同富裕不等于同步富裕，不等于平均主义。邓小平同志提出的允许和鼓励一部分人、一部分地区先富起来，先富带动后富、最终实现共同富裕的原则，为社会主义初级阶段打破平均主义和"大锅饭"，为激发广大劳动者生产积极性，致富奔小康、实现共同富裕提供了理论基础。与此同时，邓小平同志反复告诫，"社会主义的目的就是要全国人民共同富裕，不是两极分化。如果我们的政策导致两极分化，我们就失败了；如果产生了什么新的资产阶级，那我们就真是走了邪路了"。② 为了解决经济发展中出现的收入差距扩大问题，我国逐步建立起税收调节制度和覆盖城乡居民的全民社会保障制度等再分配制度，对调节收入差距发挥了重要作用；通过西部大开发、振兴东北等老工业基地、中部崛起等区域发展战略，推动区域协调发展，缩小区域收入差距；给农业、农村和农民提供更多的政策支持，实现城乡协调发展，缩小城乡收入差距。自1986年，我国开启了制度化扶贫阶

---

① 《邓小平文选》第3卷，人民出版社1993年版，第155页。
② 《邓小平文选》第3卷，人民出版社1993年版，第110—111页。

段，在开发式扶贫政策和扶贫开发纲要等相关政策的作用下，农村贫困问题得到有效缓解，贫困人口总数持续下降。

经过70年发展，我国社会生产力显著提高，长期存在的短缺经济和供给不足状况已经发生根本性变化。随着人们生活水平显著提高，人民群众的需要呈现多样化多层次多方面的特点。党的十八大以来，以习近平同志为核心的党中央高度重视社会公平公正问题，强调共同富裕目标，强调坚持以人民为中心的发展思想，将增进人民福祉、促进人的全面发展作为发展的出发点和落脚点。党的十八届五中全会提出的新发展理念包括共享发展理念，充分体现了全民共享、全面共享、共建共享、渐进共享的内涵，要求充分调动人民群众的积极性、主动性、创造性，举全民之力推动中国特色社会主义事业，不断把"蛋糕"做大，同时把不断做大的"蛋糕"分好，让社会主义制度的优越性得到更充分体现，让人民群众有更多获得感幸福感安全感。立足新时代，党的十九大报告深刻指出，我国社会主要矛盾已经转化为"人民日益增长的美好生活需要和不平衡不充分的发展之间的矛盾"，并将"坚持以人民为中心的发展思想，不断促进人的全面发展、全体人民共同富裕"作为新时代中国特色社会主义思想的重要内容。① 这是对马克思主义以及新中国成立以来我国经济发展思想的继承和发展，也是对中国经济发展实践经验的科学总结。习近平总书记指出："以人民为中心的发展思想，不是一个抽象的、玄奥的概念，不能只停留在口头上、止步于思想环节，而要体现在经济社会发展各个环节。"② 党中央坚持从人民群众最关心最直接、最现实的利益问题入手，把做到幼有所育、学有所

---

① 习近平：《决胜全面建成小康社会　夺取新时代中国特色社会主义伟大胜利——在中国共产党第十九次全国代表大会上的报告（2017年10月18日）》，人民出版社2017年版，第19页。
② 中共中央文献研究室编：《习近平关于社会主义经济建设论述摘编》，中央文献出版社2017年版，第40—41页。

教、劳有所得、病有所医、老有所养、住有所居、弱有所扶作为工作的出发点和落脚点，努力实现全体人民共同富裕。一大批惠民举措落地实施，人民生活明显改善，人民群众在改革发展中的获得感、幸福感明显增长。脱贫攻坚战取得决定性进展，低收入群体收入加快增长，中等收入群体持续扩大。农村居民收入增长速度超过城镇居民，城乡居民收入增长高于经济增长，城乡居民收入差距持续缩小，基本公共服务均等化水平显著提高。

六 坚持绿色发展，推动生态文明建设

新中国70年来，中国对环境保护与经济社会发展关系的认识逐步深化，科学地扬弃了"先污染后治理、以牺牲环境换取经济增长、注重末端治理"的传统发展模式，推动生态文明建设，实现了从征服自然、改造自然向尊重自然、顺应自然、保护自然的历史性转变。

新中国成立之初，由于经济发展水平较低，生态环境问题还没有凸显出来。党中央在十分困难的条件下，仍然开展了淮河、长江、黄河和海河流域治水工程。根据预防性卫生监督理念，探索城市和工业污染的防治工作。毛泽东同志向全党全国发出了"绿化祖国"的号召。国民经济调整时期，针对"大跃进"运动导致的环境污染和滥伐林木问题，我国一方面强化了城市和工业"三废"治理与综合利用，另一方面着力恢复林业经济秩序。① 在周恩来同志的积极推动和联合国第一次人类环境会议的促动下，1973年8月召开

---

① 我国经济学界也开始探讨资源、人口和环境问题，推进了人们对环境与经济发展关系的思考。例如，早在1959年，于光远提出必须重视经济效益，支持生产力经济学、国土经济学和环境经济学等一些新的经济学科建设。

了第一次全国环境保护会议，标志着中国环保意识觉醒和现代环境保护事业的正式起步。

改革开放以来，随着我国经济高速发展，环境问题集中凸显，生态环境日益成为制约经济发展的硬约束。党中央开始着力推动环境保护政策和法律制度的建立和完善，将保护环境确立为我国一项基本国策，要求实施"三同步与三统一"方针。即经济建设、城乡建设、环境建设同步规划、同步实施、同步发展；实现经济效益、环境效益、社会效益的统一。我国环境保护进入新的发展阶段。20世纪90年代，党中央将可持续发展战略确立为我国经济社会发展的重大战略，要求实现由粗放型经济增长方式向集约型经济增长方式的根本性转变，提出了确保国家生态环境安全的方略。党的十六大提出，树立科学发展观、构建社会主义和谐社会的重大战略理念，要求坚持人与自然和谐，统筹人与自然发展，全面建设资源节约型、环境友好型社会。党的十七大把"生态文明建设"首次写进党代会政治报告，标志着我国的环境保护跨入人与自然和谐共处的历史新征程。

党的十八大以来，以习近平同志为核心的党中央把生态文明建设纳入"五位一体"总体布局，坚持人与自然和谐共生的自然观，坚持绿水青山就是金山银山的发展观，以"生态文明体系"构筑集生态文化体系、生态经济体系、生态环境质量体系、生态文明制度体系和国家生态安全体系于一体的生态文明建设基本方略，形成了习近平生态文明思想，不仅为推动中国由工业文明社会向生态文明范式转型提供了根本理论指引，而且为人类社会实现绿色发展做出了重大贡献。习近平生态文明思想与中国特色社会主义政治经济学在内在逻辑上是有机统一的。一方面，绿水青山是经济发展中自然资源永续和持久供给的前提和基础，也包括在环境阈值内永续持久容纳、消化和吸收环境污染的潜力和耐力。另一方面，正确处理经济社会发展与环境保护的关系，始终是事关人类发展的主题，以往那种 GDP 至上、把发展和保护割裂乃至对立起来的发展观，以及先污染后治理、边污染边治理的老路再也不能延续了；好的经济质量也是好的环境质量，好的环境质量能够促进和提升人与自然和谐发展的现代化水平。

我国经济已由高速增长阶段转向高质量发展阶段，建设现代化经济体系是跨越关口的迫切要求和我国发展的战略目标。现代化经济体系的绿色属性，要建设人与自然和谐的生态经济体系，强调以产业生态化和生态产业化为路径，坚持传统产业绿色化、绿色产业常态化。习近平总书记指出："绿水青山既是自然财富、生态财富，又是社会财富、经济财富。保护生态环境就是保护自然价值和增值自然资本，就是保护经济社会发展潜力和后劲，使绿水青山持续发挥生态效益和经济社会效益。"[1] 这奠定了"绿水青山就是金山银山"的自然价值理论基石，充分体现了尊重自然、重视资源全价值、谋求人与自然和谐发展的价值理念，是马克思主义政治经济学的重大理论创新。

七 坚持全方位对外开放，积极参与推动全球化进程

新中国 70 年的历程充分表明，对外开放是我国经济发展的重要动力。党中央在领导经济建设的过程中，牢牢把握历史规律，深入分析对外开放的机遇与挑战，创立了一系列对外开放的新理论、新理念，引领和推动我国对外开放事业不断取得进步。

新中国成立之初，面对艰难的国际环境，我国形成了独立自主

---

[1] 习近平：《推动我国生态文明建设迈上新台阶》，《求是》2019 年第 3 期。

发展国民经济的理论,建立起对外经济贸易体制。毛泽东同志指出:"我们的方针是,一切民族、一切国家的长处都要学,政治、经济、科学、技术、文学、艺术的一切真正好的东西都要学"。[①] 旧中国的对外经贸被帝国主义及官僚买办所控制,生产、技术等大幅落后于发达国家,作为原料来源地和工业品倾销地的依附性对外开放是完全不平等的。刚成立的新中国按照《中国人民政治协商会议共同纲领》关于"中华人民共和国可在平等和互利的基础上,与各外国的政府和人民恢复并发展通商贸易关系"的规定,[②] 逐步建立起以国营专业外贸公司为主体、国家统一管理的社会主义对外经济贸易体系。毛泽东同志在党的八大以及《论十大关系》和《关于正确处理人民内部矛盾的问题》中提出,一切国家的长处和好的经验都要学,明确了我国对外开放的对象和领域。但因主客观条件的制约,当时我国的对外开放主要是与苏联和东欧等社会主义国家开展经济技术合作。我国通过出口原材料和初级品换取外汇,进口技术和机器设备促进工业化,为建设独立自主的国民经济和工业体系做出了积极贡献。我国还通过对外援助的方式,积极与一些亚非拉国家开展经济技术往来。毛泽东同志提出的"三个世界"划分理论,至今仍然具有重要影响。

改革开放以来,在实践发展和时代进步的推动下,我国对外开放理论与格局日臻完善。邓小平同志关于"和平和发展是当代世界的两大问题"[③] 的战略判断,继承和发展了"三个世界"理论,为对外开放提供了重要的理论指导。邓小平同志指出,"对外开放具有重要意义,任何一个国家要发展,孤立起来,闭关自守是不可能

[①] 《毛泽东文集》第7卷,人民出版社1999年版,第41页。
[②] 参见《中国人民政治协商会议共同纲领(1949年9月29日)》第57条,中央档案馆编《中共中央文件选集(1948—1949)》第14册,中共中央党校出版社1987年版,第743页。
[③] 《邓小平文选》第3卷,人民出版社1993年版,第104页。

的，不加强国际交往，不引进发达国家的先进经验、先进科学技术和资金，是不可能的"。[①] 对外开放被确立为我国的基本国策。我国在积极扩大对外经济技术交流合作的实践中，总结出充分利用"两种资源""两个市场"和学会"两套本领"等重要的对外开放理论，开辟了吸引境外资本、技术和人才建设中国特色社会主义的新道路。1992年邓小平的南方谈话和党的十四大确立建立社会主义市场经济体制的改革目标，突破了扩大对外开放的思想束缚，极大地推动了我国积极参与全球分工体系和全球价值链。2001年12月，我国正式加入世界贸易组织。对外开放全面升级为世界贸易组织框架下的体制性多边开放，连续多年成为对外投资的主要目的国，快速成长为世界第一大贸易国和主要对外投资国。党的十六大以后，针对国际金融危机影响持续加深等国际局势的变化，党中央强调坚持独立自主同参与经济全球化相结合，引导对外开放从"引进来"为主向逐步扩大"走出去"力度的方向转变。这一时期，我国逐步形成中国特色的世界经济、国际贸易、国际金融、开放宏观经济学等学科，针对外资和技术的溢出效应、攀升全球价值链、引进创新和自主创新之间的关系等，开展了大量理论和经验研究。

党的十八大以来，随着我国对外开放实践的深化和发展，对外开放理论取得新的重大进展，构建起全面开放理论与新格局。习近平总书记站在历史和全局的高度，提出了"百年未有之大变局"的重大论断，强调："改革开放是决定当代中国命运的关键一招，也是决定实现'两个一百年'奋斗目标、实现中华民族伟大复

[①] 《邓小平文选》第3卷，人民出版社1993年版，第117页。

兴的关键一招"。① 党的十八届五中全会将开放确立为五大新理念之一。党的十九大报告进一步提出"推动形成全面开放新格局"。② 与此同时，我国发出共商共建共享的"一带一路"倡议，提供了一种反对霸权主义、不采取海陆对立"两分法"视角的国际公共品供给模式，形成了涵盖国际经济、国际关系等多学科的创新型理论框架。习近平总书记还强调："中国对外开放，不是要一家唱独角戏，而是要欢迎各方共同参与；不是要谋求势力范围，而是要支持各国共同发展；不是要营造自己的后花园，而是要建设各国共享的百花园。"③ 这一中国同世界各国人民一道推动构建人类命运共同体的理念，将区域经济一体化和共同体理论上升到促进人类共同发展、共同繁荣的高度。面对近年来全球范围内单边主义、霸权主义和冷战思维抬头，我国坚定支持多边体系和开放型世界经济。我国不谋求贸易顺差，主动扩大进口，带动了世界贸易和经济的稳步增长。习近平总书记亲自谋划、部署和推动的中国国际进口博览会，是世界上第一个以进口为主题的大型国家级展会，也是国际贸易发展史上的一大创举。我国还积极参与全球治理体系改革，推动成立了亚洲基础设施投资银行、丝路基金和金砖国家新开发银行等。作为世界上最大的发展中国家，为了更好地促进发展中国家的发展，我国于 2018 年专门组建国家国际发展合作署，设立南南合作援助基金等，为最不发达国家提供发展支持。这些措施超越了西方经济学中的"经济人"假设与零和博弈思维，为完善全球治理贡献了中国智慧、中国方案，赢得了国际社会的广泛认同和赞誉。

---

① 习近平：《在庆祝改革开放 40 周年大会上的讲话》，人民出版社 2018 年版，第 19 页。
② 习近平：《决胜全面建成小康社会 夺取新时代中国特色社会主义伟大胜利——在中国共产党第十九次全国代表大会上的报告（2017 年 10 月 18 日）》，人民出版社 2017 年版，第 34 页。
③ 习近平：《中国发展新起点全球增长新蓝图——在二十国集团工商峰会开幕式上的主旨演讲》，《人民日报》2016 年 9 月 4 日第 3 版。

中国特色的对外开放理论，特别是习近平总书记关于新时代对外开放的重要论述，既充分吸收对外开放经典理论中的有益成分，如我国基于自由贸易和比较优势的对外开放实践等，又不断创新，如提出构建人类命运共同体、共建"一带一路"倡议等，体现了马克思主义与时俱进的品格。展望新时代，我国将以更高水平的对外开放，为人类发展进步做出更大贡献。

八　结语

新中国70年经济发展成就，有许多弥足珍贵的经验与启示，本文总结了其中至为重要的"六个坚持"。这"六个坚持"构成了习近平新时代中国特色社会主义经济思想的重要内容，是我国解决经济社会发展新问题新挑战、应对世界百年未有之大变局必须坚持的理论指导，为我国实现"两个一百年"奋斗目标和中华民族伟大复兴的中国梦，提供了强大的思想引领和行动指南。

纵观历史，大国崛起不仅要在经济发展方面取得举世瞩目的成就，更要在经济理论上做出原创性的重大贡献，二者相辅相成、相得益彰。例如，英国崛起时期的重商主义与崛起后的自由贸易理论，后发国家如19世纪德国赶超时期政治经济学的国民体系和战后的社会市场经济理论，美国早期政治经济学的美国学派及后来的新古典经济学，以及战后日本复兴时代形成的产业政策与规制理论，等等。这些经济学理论不仅充分体现了对一国经济发展经验的理论概括，还深深地打上了一国的历史、哲学、制度、文化等方面的烙印，可供其他国家比较借鉴，但不可能被完全复制。

经济发展史和经济思想史的研究还表明，世界经济中心的转移往往伴随着经济学体系的重构。回首过去，新中国70年经济发展创造了人间奇迹，但还需要关于中国发展的经济学说对此作出充分的理论阐释和解答,需要广大经济学理论工作者深化研究和深入总结。放眼未来,我国在建设社会主义现代化强国、实现中华民族伟大复兴的新征程上,要正确应对一系列重大风险和挑战,迫切需要在加快构建中国特色经济学学科体系、学术体系和话语体系方面,作出更大的努力,取得更大的成就。

中国经济学的理论创新：
政府与市场关系的视角[*]

新中国70年的发展，既是伟大的社会主义实践创新的历史性成就，也是中国经济学理论探索的光辉结晶。这里仅就政府与市场关系谈一点感受和认识。

一 政府与市场：人类的社会实践 与理论探索

"放任"与"统制"，构成政府与市场关系完整谱系的两极。从斯密"守夜人"式小政府，到"从摇篮到坟墓"无所不包的"父爱主义"大政府，人类沿着这一谱系进行了全方位的探索。历史钟摆也随着社会语境的变化在这个谱系上来回运动。

在思想谱系的一极，秉持"自由放任主义"观点的学者认为，市场机制是调节经济运行最有效的手段，因此，小政府就是好政府，只要市场能解决的问题，就不需要政府干预。政府的作用仅限

---

[*] 原文刊载于《经济研究》2019年第8期。

于处理那些市场无法做好，但对社会而言又不可或缺的事情。斯密的"守夜人"政府是这种观点的典型代表。在思想谱系的另一极，赞同中央计划经济的学者则认为，市场机制在公平和效率两方面都存在严重弊端，导致收入分配不公，经济危机频发。代表国家利益的政府应当取代市场机制来配置资源，以维护社会公正，保障全民的根本利益。传统计划经济学派是这一观点的主要代表。

处在思想谱系两极之间，则是更加丰富多彩的观点，大体可分为三类。

第一类，虽不认同政府越小越好，但仍信奉新古典教条，相信市场机制可以在资源配置中发挥主导作用，而政府作用则是有限的。弗里德曼和科斯的观点比较典型。弗里德曼认为应把政府定位为市场竞争规则的制定者和维护者，只要清晰且公平的市场规则得以确立，自由市场经济将有效配置资源，直至实现帕累托最优。科斯和诺斯等新制度经济学家则强调政府主要职责应集中于界定和保护产权；因为有效的产权制度是市场交易顺利开展的前提，也是一国经济长期增长的根本所在。

第二类，高度重视市场失灵现象，强调政府必须在经济运行中有所作为。在经历了大萧条之后，凯恩斯发现，如果任由市场机制自发调节，则可能导致经济陷入长期衰退；政府必须承担起管理宏观经济的职能。萨缪尔森则进一步指出，即便市场经济高度成熟，也会存在微观无效率、宏观不稳定和分配不公等市场失灵现象，政府必须出手干预，克服市场失灵。

第三类，认为政府作用不应局限于弥补市场失灵，有效政府可以增进市场功能。奥尔森的"强化市场型政府"强调政府应成为市场运行的前提与保障；青木昌彦的"市场增进型政府"则认为政府、市场与民间组织的互动可以形成更有效率的资源配置机制；马祖卡托的"企业家型政府"则可以发挥塑造和创造市场的功能，在创新活动中发挥引领作用。

无论诉诸理论逻辑还是历史逻辑,政府与市场关系的边界都处在不断的变动之中。实现政府与市场之间的完美组合与微妙平衡,将一直是人类在经济制度建构上孜孜以求的目标。

二 70年来政府与市场关系的伟大实践和创新

新中国成立70年来的经济发展,也是一段探索政府与市场关系的伟大实践和创新的历史。

新中国成立之初,施行的是新民主主义经济制度的纲领,在"节制资本"的原则下允许私人资本主义的存在,是一种政府主导的市场经济体制。在1953年提出过渡时期总路线之后,社会主义改造迅速推进,公有制成为国民经济的唯一基础,并在此之上建立了高度集中的计划经济体制。至此,政府完全取代了市场。

传统计划经济体制虽然能够有力地动员资源,快速推进重工业优先发展战略,但也存在不少弊端。1956年,毛泽东同志在《论十大关系》中指出,这一体制的弊病主要在于权力过分集中于中央,管得过多,统得过死;我们要以苏联为戒,探索中国自己的社会主义建设道路。从1958年到1976年,进行了多次"体制下放",通过向各级地方政府放权让利来激发活力。这种变革始终在政府内部进行,没有触及政府与市场关系层面。

1978年党的十一届三中全会开启了中国市场化改革的大幕,政府与市场关系的探索进入新阶段。在改革开放之初,通过不断强化市场的调节作用,向以"国有制+计划经济"为基本特征的传统体制中注入更多市场化因素,调动了各方面的积极性,改进了资源的配置效率。

1992年初小平同志在南方谈话中指出："计划多一点还是市场多一点，不是社会主义与资本主义的本质区别。……计划经济不等于社会主义，资本主义也有计划；市场经济不等于资本主义，社会主义也有市场。……计划和市场都是经济手段。"[1] 一举突破了在处理计划与市场关系中意识形态方面的束缚，是一次伟大的理论创新。1992年10月召开的党的十四大确立了建立社会主义市场经济体制的改革目标，提出要让市场在社会主义国家宏观调控下对资源配置发挥基础性作用。之后党的十五至十八大，对于市场基础性作用的强调越来越突出。

党的十八届三中全会，对于政府与市场作用的认识又进入了一个新境界，第一次提出市场在资源配置中的"决定性作用"。习近平总书记指出："坚持社会主义市场经济改革方向，核心问题是处理好政府和市场的关系，使市场在资源配置中起决定性作用和更好发挥政府作用。"[2] 这是我们党在理论和实践上的又一重大突破。它是我们党对中国特色社会主义建设规律认识的一个新飞跃，标志着社会主义市场经济发展进入了一个新阶段。理论和实践都证明，市场配置资源是最有效率的形式。市场决定资源配置是市场经济的一般规律，市场经济本质上就是市场决定资源配置的经济。更好发挥政府作用，不是要更多发挥政府作用，而是要在保证市场发挥决定性作用的前提下，管好那些市场管不了或管不好的事情。

---

[1] 《邓小平文选》第3卷，人民出版社1993年版，第373页。
[2] 《习近平谈治国理政》，外文出版社2014年版，第95页。

三 政府与市场关系的实践推动着中国经济学理论创新

政府与市场关系的中国实践，突破了主流新古典经济学的教条，也不是传统发展经济学理论所能概括的。这需要我们认真总结，以体现中国经济学的理论创新。

第一，中国的实践表明，政府与市场之间不是新古典经济学教科书中所说的对立互斥关系，二者的作用是互补的。中国在改革发展的实践中始终坚持辩证法、两点论，把"看不见的手"和"看得见的手"都用好。数十年来，中国一直致力于寻找市场功能和政府行为的最佳结合点，切实把市场和政府的优势都充分发挥出来，更好地体现社会主义市场经济体制的特色和优势，努力形成市场作用和政府作用有机统一、相互补充、相互协调、相互促进的格局。实践表明，要形成这一良好局面，首先要以"使市场在资源配置中起决定性作用和更好发挥政府作用"为基本原则，划清政府和市场的边界，凡属市场能发挥作用的，政府要简政放权，要松绑支持，不要去干预；凡属市场不能有效发挥作用的，政府应当主动补位，该管的要坚决管，管到位，管出水平，使政府成为市场发挥决定性作用的前提和保障。政府只告诉市场主体不能做什么，至于能做什么，该做什么，由市场主体根据市场变化作出判断和决策。

第二，中国的实践表明，在经济发展的不同阶段，政府与市场之间的互补形式有着很大不同，政府与市场之间的关系是动态演进的。在后发赶超阶段，中国面临着市场体系发育程度不高、结构性扭曲严重、要素资源稀缺的局面。同时，我们一直面临着发达经济体的外部竞争压力，在特定时期还遭受一些发达经济体的刻意打压与扼制。想要在处处落后的情况下实现比发达经济体更快的经济发展，就要求政府在动员资源方面发挥重要甚至是主导作用。在特定条件下和特定领域，强政府与举国体制确有其存在的必要性。但随着市场经济体制逐步健全和完善，中国经济完成了"起飞"，逐步迈向高收入经济体，政府过度干预导致的各种扭曲就可能成为中国实现高质量发展的障碍。在中国经济发展进入新时代的现实背景下，中国探索政府与市场关系的重点应进一步转向市场体系不完善、政府干预过多和监管不到位问题。值得一提的是，近期的中美经贸摩擦使得强政府、举国体制甚至计划经济成为热议的话题。但笔者认为，党的十八届三中全会确立的关于政府与市场关系的大政方针决不能因一时一事而易；冷战时期苏联的教训值得吸取：那种完全或主要依赖政府配置资源的方式是难以持续提高国际竞争力的。

第三，地方政府的作用是理解中国发展模式的重要维度。长期以来，地方政府高度关注辖区内经济发展的速度、结构和效益，由此形成的地方竞争机制是中国经济发展进程中重要而独特的现象。数十年来，各级地方政府充分发挥蕴藏于其中的"企业家才能"来促进市场发育，推动经济发展，成为中国经济奇迹的"密钥"。但同时，地方政府主导的竞争也带来地方保护、市场分割、重复建设、产业同构、债务高企等一系列问题。一分为二地剖析地方政府在中国经济发展中的作用，不仅有助于我们更好地理解中国经济发展模式，也可以为政府与市场关系的理论探索提供新的素材和灵感。

总之，与西方经济学中占据主流地位的自由放任主义传统截然不同，自秦汉以来中国政府的干预作用就非常凸显。政府显然不是越小越好；经济高质量发展需要政府有为、有效。但政府作用要以市场发挥决定性作用为前提，法治政府、责任政府和服务型政府是

"十四五"以及未来更长一段时期政府转型的方向。着眼于中国的伟大实践,提炼出政府与市场关系变迁的典型化事实,我们将可能揭示中国经济发展的内在逻辑,为构建和完善中国特色社会主义政治经济学理论体系做出贡献。

社会主义基本经济
制度的新概括[*]

党的十九届四中全会审议通过的《关于坚持和完善中国特色社会主义制度、推进国家治理体系和治理能力现代化若干重大问题的决定》（以下简称《决定》）的一项重大创新在于，对社会主义基本经济制度作出了新的概括，即公有制为主体、多种所有制经济共同发展，按劳分配为主体、多种分配方式并存，社会主义市场经济体制三项制度并列，都作为社会主义基本经济制度，这是对社会主义基本经济制度内涵的重要发展和深化。如何将社会主义基本经济制度坚持好、巩固好，完善好、发展好，使其更加成熟、更加定型，对于更好发挥社会主义制度优越性、不断解放和发展社会生产力、推动经济高质量发展具有重大意义。

[*] 原文刊载于《经济研究》2020年第1期，原文题目为《完善基本经济制度 推进国家治理体系现代化——学习贯彻中共十九届四中全会精神笔谈》。

一 公有制为主体、多种所有制经济共同发展

中国共产党在领导中国革命、建设和改革的长期实践中，坚持将马克思主义基本原理同中国具体实际相结合，成功建立了以公有制为主体、多种所有制共同发展的经济制度，为我国创造世所罕见的经济发展奇迹提供了根本制度保障。《决定》强调坚持"两个毫不动摇"，明确了公有制经济和非公有制经济都是社会主义市场经济的重要组成部分，都是我国经济社会发展的重要基础。同时，《决定》对坚持和完善公有制为主体、多种所有制经济共同发展提出了明确要求，将有助于进一步激发各类市场主体的活力，增强经济高质量发展的微观动力。

毫不动摇地发展公有制经济，立足于我国公有制总体上已经同市场经济相融合的改革成果，同时对深化国资国企改革提出新任务。一是要积极探索公有制多种实现形式，鼓励发展国有资本、集体资本、非公有资本等交叉持股、相互融合的混合所有制经济，使我国基本经济制度发挥出更大优越性。二是要推进国有经济布局优化和结构调整，服务国家战略目标，增强国有经济竞争力、创新力、控制力、影响力和抗风险能力。三是要进一步推进国有企业改革，完善中国特色现代企业制度，激发国有企业发展活力和内生动力。四是要形成以管资本为主的国有资产监管体制，有效发挥国有资本投资、运营公司的功能作用，强化国有企业的市场主体地位。

毫不动摇发展非公有制经济，进一步增强了民营企业家的发展信心和财产安全感，同时提出要为非公有制经济营造更好环境。一是在法治环境方面，要实现各种所有制经济权利平等、机会平等、规则平等。二是在政策体系方面，要把构建亲清政商关系落到实

处，推动领导干部同民营企业家交往既坦荡真诚、真心实意靠前服务，又清白纯洁、守住底线、不碰红线，促进非公有制经济健康发展和非公有制经济人士健康成长。三是在市场环境方面，要支持各种所有制主体依法平等使用资源要素、公开公平公正参与竞争，同等受到法律保护，深化市场准入改革，对国有和民营经济一视同仁，对大中小企业平等相待。

二 按劳分配为主体、多种分配方式并存

《决定》将社会主义分配制度上升为社会主义基本经济制度，凸显了分配制度对推动高质量发展的重要性。从全球看，当前保护主义、民粹主义回潮，与一些国家尖锐的分配问题密切相关。从国内发展看，我国如何分好不断做大的蛋糕，还有很多工作要做。我国仍处于并将长期处于社会主义初级阶段，社会主义分配制度既要最大限度激发活力，鼓励艰苦奋斗，勤劳致富，又要确保人民群众共享改革发展成果，逐步实现共同富裕。《决定》提出，按劳分配为主体、多种分配方式并存，从初次分配、再分配和第三次分配三个方面，对完善社会主义分配制度提出明确要求。

第一，完善初次分配制度，充分发挥市场作用。一是强调按照各生产要素对国民收入贡献的大小进行分配，坚持多劳多得，着重保护劳动所得，增加劳动者特别是一线劳动者劳动报偿，提高劳动报酬在初次分配中的比重。二是强调市场机制在初次分配中的主要作用，提出健全生产要素由市场评价贡献、按贡献决定报酬的机制，继续实现居民收入增长与经济发展同步、劳动报酬增长与劳动生产率提高同步。三是把知识、技术、管理、数据等作为生产要素，特别是首次将"数据"增列为生产要素，体现了现代经济增长的新特征新趋势，体现了收入分配制度尊重知识、尊重人才、尊重

创新的导向。

第二，健全再分配调节机制，更好发挥政府和社会作用。一是在初次分配的基础上，通过税收、社会保障、转移支付等主要手段，对部分国民收入进行重新分配，合理调节城乡、区域、不同群体间分配关系。二是突出税收在调节收入分配中的作用，提出完善直接税制度并逐步提高其比重。三是随着我国经济发展和社会文明程度不断提高，全社会公益慈善意识日渐增强，民间捐赠、慈善事业、志愿行动等第三次分配方式在济困扶弱中的作用不断加大，对再分配起到有益的补充作用。

《决定》提出鼓励勤劳致富，保护合法收入，增加低收入者收入，扩大中等收入群体，调节过高收入，清理规范隐形收入，取缔非法收入，有助于形成强大国内市场、推动经济高质量发展、维护社会和谐稳定，有助于形成正确的激励导向，有助于推进收入分配的法治化水平。

三　社会主义市场经济体制

自党的十四大确定了我国经济体制改革的目标是建立社会主义市场经济以来，我国社会主义市场经济体制在发展实践中不断完善。高质量发展对加快完善社会主义市场经济体制提出了更高要求。党的十八届三中全会提出，要让市场在资源配置中起决定性作用。《决定》明确提出建立高标准市场体系，对推进社会主义市场经济改革做出全面系统部署。

一是完善公平竞争制度，强调竞争政策在市场经济中的基础地位，提出全面实施市场准入负面清单制度，改革生产许可制度，健全破产制度，落实公平竞争审查制度，加强和改进反垄断和反不正当竞争执法。《决定》特别提出要强化消费者权益保护，探索建立集体诉讼制度。这有助于改善消费环境，引导良性竞争，形成提高供给质量的倒逼机制。

二是完善产权制度，要健全以公平为原则的产权保护制度，推进各类产权依法得到平等保护。针对我国知识产权保护侵权赔偿标准低等不利于推动创新驱动发展的问题，《决定》提出要建立知识产权侵权惩罚性赔偿制度，同时强调加强商业秘密保护。

三是完善要素市场化配置，推进要素市场制度建设，重点是在土地、金融、科技、数据等领域健全制度规则，深化市场化改革，实现要素价格市场决定、流动自主有序、配置高效公平。《决定》提出，要加强资本市场基础制度建设，健全具有高度适应性、竞争力、普惠性的现代金融体系，明确了提高金融服务实体经济能力的重点和方向。

四是完善科技创新体制机制，加快建设创新型国家的重大制度支撑，构建社会主义市场经济条件下关键核心技术攻关新型举国体制，把社会主义集中力量办大事的制度优势同市场在资源配置中起决定性作用结合起来。《决定》提出，要弘扬科学精神和工匠精神，完善科技人才发现、培养、激励机制，健全符合科研规律的科技管理体制和政策体系，改进科技评价体系，有利于进一步调动人才第一资源的创造精神。

五是推动城乡区域协调发展，完善农业农村优先发展和保障国家粮食安全的制度政策，健全城乡融合发展体制机制，构建区域协调发展新机制，形成主体功能明显、优势互补、高质量发展的区域经济布局，为区域协调发展赋予新内涵，对于发挥各地区比较优势、促进各类要素合理流动和高效集聚，加快构建高质量发展动力系统具有深远意义。

六是建设更高水平开放型经济新体制，从实施更大范围、更宽领域、更深层次的全面开放，促进内外资企业公平竞争，健全外商投资准入前国民待遇加负面清单管理制度，健全促进对外投资政策和服务体系，推动建立国际宏观经济政策调控机制，完善涉外经贸法律和规则体系等方面作出了重要部署，有利于提高我国利用好"两种资源、两个市场"的能力和水平。

总之，《决定》对社会主义基本经济制度的新概括，有力巩固了改革开放的成果，为高质量发展提供了坚实的制度保障，充分展现了我们党在新时代不断推进国家治理体系与治理能力现代化所做出的伟大创新，向中国特色社会主义制度更加成熟、更加定型迈出了重要而坚实的一步，为实现"两个一百年"奋斗目标、实现中华民族伟大复兴的中国梦做出积极贡献。

中国经济在大战大考中
跃上新的大台阶[*]

2020年是打赢精准脱贫攻坚战、实现"十三五"规划收官之年,也是应对新冠肺炎疫情大考的特殊之年。面对突如其来的疫情冲击,在以习近平同志为核心的党中央坚强领导下,中国统筹疫情防控和经济社会发展,如期完成新时代脱贫攻坚目标任务,高质量发展取得重要成果,全面深化改革迈出坚实步伐,高水平对外开放稳步推进,人民群众获得感幸福感安全感持续提高,"十三五"规划主要目标任务即将完成,全面建成小康社会胜利在望,经济发展跃上新的大台阶,为开启全面建设社会主义现代化国家新征程奠定了坚实基础。

一 坚持统筹疫情防控和经济社会发展,推动经济持续向好

新冠肺炎疫情是一次危机,也是一次大考。习近平总书记亲自

---

[*] 原文刊载于《人民日报》2020年12月16日第9版。

指挥、亲自部署,统揽全局、果断决策,为全国人民抗击疫情坚定了信心、凝聚了力量、指明了方向,中国抗击新冠肺炎疫情斗争取得重大战略成果。在党中央坚强领导下,中国坚持扩大内需这个战略基点,把实施扩大内需战略同深化供给侧结构性改革有机结合,科学把握宏观政策逆周期调节力度,积极的财政政策更加积极有为,稳健的货币政策更加灵活适度,就业优先政策全面强化,全年宏观政策有力有效、科学合理,在扎实做好"六稳"工作的基础上,圆满完成"六保"任务,稳住了经济和就业基本盘。

经济恢复走在世界前列。2020年前三季度,中国国内生产总值同比增长0.7%,成为疫情发生以来第一个恢复增长的主要经济体,预计全年国内生产总值突破100万亿元。数字经济增长强劲,"云经济"、"云消费"、无接触交易服务较快发展,新业态新模式不断释放新增长动能。世界第二大经济体地位愈加巩固,综合国力和国际影响力进一步提升。国际机构预测,2020年全球经济萎缩4.4%,而中国将是全球唯一保持正增长的主要经济体。

就业形势总体改善并保持向好态势。2020年以来,各级党委政府全面强化稳就业举措,减负、稳岗、扩就业并举,平台就业、网络就业等新就业模式快速发展。1—10月,全国城镇新增就业1009万人,提前完成全年目标任务。城镇调查失业率从2月的峰值6.2%回落至10月的5.3%。围绕市场主体特别是中小微企业和个体工商户,创新实施直达机制,助企纾困和激发市场主体活力并重,上亿市场主体展现出强大韧性。前三季度,全国新设市场主体1845万户,同比增长3.3%。1—10月,全国规模以上工业企业实现利润总额同比增长0.7%,实现由负转正。

二 坚持精准扶贫方略，如期完成新时代脱贫攻坚目标任务

全面建成小康社会，是我们党向人民、向历史作出的庄严承诺。党的十八大以来，以习近平同志为核心的党中央团结带领全党全国各族人民，把脱贫攻坚摆在治国理政突出位置，充分发挥中国共产党领导和中国社会主义制度的政治优势，采取了许多具有原创性、独特性的重大举措，组织实施了人类历史上规模最大的脱贫攻坚战。

面对突如其来的新冠肺炎疫情，习近平总书记指出："我们必须采取有效措施，将疫情的影响降到最低。"[①] 据世界银行估算，2020年新冠肺炎疫情可能使极贫人口增加8800万人到1.15亿人。党中央在统筹推进疫情防控和经济社会发展工作中，特别要求克服新冠肺炎疫情影响，凝心聚力打赢脱贫攻坚战。一年来，我们继续聚焦"三区三州"等深度贫困地区，落实脱贫攻坚方案，瞄准突出问题和薄弱环节狠抓政策落实，对52个未摘帽贫困县和1113个贫困村实施挂牌督战。经过持续奋斗，我们如期完成了新时代脱贫攻坚目标任务，现行标准下农村贫困人口全部脱贫，贫困县全部摘帽，消除了绝对贫困和区域性整体贫困，取得了令全世界刮目相看的重大胜利，为实现第一个百年奋斗目标打下坚实基础。

三 坚持新发展理念，高质量发展取得新成效

习近平总书记指出："高质量发展，就是能够很好满足人民日

[①] 习近平：《在决战决胜脱贫攻坚座谈会上的讲话》，人民出版社2020年版，第8页。

益增长的美好生活需要的发展,是体现新发展理念的发展。"① 2020年以来,以习近平同志为核心的党中央更加强调要把新发展理念贯穿发展全过程和各领域,高质量发展取得新成效。

面对人类未知的新冠病毒,党中央组织全国精锐力量开展疫情防控科技攻关,加速推进科技研发和应用,为打赢疫情防控阻击战提供强大科技支撑。重大科技成果丰硕,北斗卫星导航系统全面建成,"天问一号"探测火星,嫦娥五号登陆月球,"奋斗者"号下潜万米深海。科技基础设施升级持续培育新动能,5G网络加速覆盖,数据中心蓬勃发展,AI(人工智能)技术不断进步,为数字经济发展提供了坚实基础。空间环境地基综合监测网络、大型光学红外望远镜、超重力离心模拟实验装置建设稳步推进。北京、上海、粤港澳大湾区国际科技创新中心加快建设,区域协同创新发展成效进一步显现,多层次、各具特色的区域创新体系更加完善。以知识价值为导向的社会价值取向正在形成,保护知识产权制度进一步激发创新热情,适应创新驱动的体制机制逐步完善,创新对现代化经济体系的战略支撑明显增强。

在新冠肺炎疫情冲击、经济下行压力剧增的情况下,中国推进绿色发展的决心坚定不移。1—10月,全国337个地级及以上城市空气质量平均优良天数比例为87.7%,同比上升5.5个百分点;地表水质量达到Ⅲ类水体以上比例为81.8%,同比上升6.4个百分点。单位GDP能耗和水耗明显下降,清洁能源占一次能源消费比例进一步提高,主要污染物和碳排放量继续下降,污染防治阶段性目标顺利实现,生态环境质量总体得到改善。

---

① 《习近平谈治国理政》第3卷,外文出版社2020年版,第238页。

四 坚持全面深化改革开放，加快形成新发展格局

面对深刻变化的国内外环境，以习近平同志为核心的党中央提出"加快形成以国内大循环为主体、国内国际双循环相互促进的新发展格局"，强调要善于运用改革思维和改革办法，加快推进有利于提高资源配置效率的改革，有利于提高发展质量和效益的改革，有利于调动各方面积极性的改革。一年来，中国深化"放管服"改革，推进资本、土地、技术和数据等要素市场化配置改革，实施国有企业改革三年行动，优化民营经济发展环境，以高标准市场体系建设激发市场主体活力，经济发展新动能不断增强，国内市场主导国民经济循环特征更加明显。

中国率先恢复经济正增长而且国内循环顺畅，形成了对全球资源要素的引力场，对外贸易和投资回稳向好。2020年前11个月，中国货物贸易进出口总值达29.04万亿元人民币，比去年同期增长1.8%，与东盟、欧盟、美国前三大贸易伙伴贸易总额分别增长6.7%、4.7%、6.9%。前三季度，对"一带一路"沿线国家进出口合计6.65万亿元，增长9.5%，占同期中国外贸总额的29%。"引进来"的吸引力和"走出去"的竞争力稳步上升。1—10月，全国实际使用外资8006.8亿元，同比增长6.4%；中国企业在"一带一路"沿线对57个国家非金融类直接投资983.4亿元，同比增长24.8%，中国装备、技术和服务越来越具有国际竞争力。

新发展格局不是封闭的国内循环，而是开放的国内国际双循环，我们以高水平对外开放促进形成新发展格局。全国外商投资准入负面清单由40条减到33条。自由贸易试验区再扩容，已在东西南北中设立21个自贸试验区。赋予自贸试验区更大改革自主权，向

全国复制推广260项制度创新成果。落实海南自由贸易港建设总体方案,以贸易投资自由化便利化为重点,加快建设中国特色自由贸易港。签署全球最大的自贸协定——《区域全面经济伙伴关系协定》(RCEP),全面提高对外开放水平。积极推进国际抗疫合作,向150多个国家和国际组织提供抗疫援助,有力保障全球抗疫物资的生产和供应,充分彰显了大国担当。

五 坚持以人民为中心,人民群众获得感幸福感安全感持续提高

习近平总书记指出:"要抓住人民最关心最直接最现实的利益问题,扭住突出民生难题,一件事情接着一件事情办,一年接着一年干,争取早见成效,让人民群众有更多获得感、幸福感、安全感。"[1] 在抗击新冠肺炎疫情斗争中,中国把人民生命安全和身体健康放在第一位,充分彰显了"人民至上、生命至上"理念,有力保障了人民生命安全和身体健康。

疫情防控促进强大公共卫生服务体系加速形成。习近平总书记指出:"既要立足当前,科学精准打赢疫情防控阻击战,更要放眼长远,总结经验、吸取教训,针对这次疫情防控中暴露出来的问题和不足,抓紧补短板、堵漏洞、强弱项。"[2] 在党中央坚强领导下,中国疾病预防控制体系不断改革完善,监测预警和应急反应能力不断增强,重大疫情救治体系不断健全,爱国卫生运动深入开展,中医药和科技在重大疫病防治中的作用充分发挥,国际卫生交流合作不断加强。中国应对突发重大公共卫生事件的能力和水平进一步提

---

[1] 《习近平谈治国理政》第3卷,外文出版社2020年版,第346页。
[2] 《中国政府白皮书汇编(2020年)》,人民出版社、外文出版社2021年版,第21页。

高，为维护人民健康提供了有力保障。

民生福祉持续增进。养老护理体系不断完善，大城市养老难问题得到缓解。多措并举解决基层群众"看病难、看病贵"问题，鼓励社会资金进入养老和医疗领域。在加快省级统筹的基础上，推进养老保险全国统筹，把更多救命救急的好药纳入医保范围。全口径基本医疗保险参保人数超过13.5亿人，城乡居民大病保险已覆盖10.5亿人。教育水平位居世界中等偏上层次，义务教育普及程度达到发达国家水平，城乡义务教育差距逐渐缩小，农村地区学生接受优质高等教育机会显著增加，婴幼儿照料和儿童早期教育服务加快完善。坚持房子是用来住的、不是用来炒的定位，因城施策、分类指导，更好满足基本住房需求和改善性住房需求。城乡居民最低生活保障标准不断提高。幼有所育、学有所教、劳有所得、病有所医、老有所养、住有所居、弱有所扶的国家基本公共服务制度体系进一步健全。

2020年，在错综复杂的国际形势和突如其来的新冠肺炎疫情冲击下，中国能够率先控制住疫情并牢牢把握主动权，率先推进复工复产并有效控制疫情扩散，率先在全球主要经济体中实现经济正增长并推动经济持续向好，根本在于以习近平同志为核心的党中央坚强领导，在于习近平新时代中国特色社会主义思想的科学指引，在于中国特色社会主义制度的巨大优势，在于全党全国各族人民同心同德。党的十九届五中全会通过《中共中央关于制定国民经济和社会发展第十四个五年规划和二〇三五年远景目标的建议》，为中国未来5年乃至更长时期发展擘画了新蓝图。我们要更加紧密地团结在以习近平同志为核心的党中央周围，增强"四个意识"、坚定"四个自信"、做到"两个维护"，努力在危机中育先机、于变局中开新局，为夺取全面建设社会主义现代化国家新胜利而不懈奋斗。

跨越百年风雨征程
从容应对风险挑战[*]

习近平总书记指出，中国作为一个人口众多和超大市场规模的社会主义国家，在迈向现代化的历史进程中，必然要承受其他国家都不曾遇到的各种压力和严峻挑战。[①] 一百年来，面对革命、建设和改革开放各个历史时期的重大风险考验，中国共产党人始终致力于将马克思主义普遍原理与中国实际相结合，不断增强机遇意识和风险意识，勇于开顶风船，善于转危为机，克服各种艰难险阻，闯过无数激流险滩，走出了一条富有中国特色的社会主义道路，创造了世所罕见的经济持续高速增长与社会长期稳定发展的双重奇迹。

历史是最好的老师。回顾中国共产党从容应对重大风险的历程，可以启迪我们的思维，激发我们的斗志，增强为实现中华民族伟大复兴而奋斗的信心，从胜利走向新的胜利。

---

[*] 原文刊载于《经济研究》2021年第6期。
[①] 习近平：《把握新发展阶段 贯彻新发展理念 构建新发展格局》，《求是》2021年第9期。

一 执政之初，不惧西方封锁、苏联决裂，独立自主探索社会主义建设道路

第二次世界大战结束后，国际上存在着以美国为首的资本主义阵营与以苏联为首的社会主义阵营的尖锐对立和斗争。新中国"不是倒向帝国主义一边，就是倒向社会主义一边，绝无例外"[①]，走社会主义道路的中国选择了与苏联建立同盟关系。资本主义阵营企图用封锁打压等手段将新中国扼杀在摇篮之中。新中国成立不久，美国便对中国实行了政治上孤立、经济上封锁、军事上包围的战略，管制中国在美的公私财产，实行全面的封锁禁运，切断中国与西方世界的经贸往来。

恶劣的外部环境，非但没有压垮我们，反而激发了中国人民自力更生建设社会主义现代化国家的雄心壮志。中国共产党人意识到，必须要迅速改变旧中国落后的面貌，建立起一个独立完备的工业体系，以尽快实现对发达国家的经济赶超。这是事关我们能否自立于世界民族之林的战略抉择，也是事关国家安危的头等大事。党中央提出，社会主义工业化是我们国家在过渡时期的中心任务，而社会主义工业化的中心环节，则是优先发展重工业。[②] "一五"期间，中国集中力量进行以苏联帮助设计的 156 个建设项目为重点的工业建设，逐步构建起一个门类比较齐全的工业体系雏形，初步打破了西方的封锁。

在当时，可资借鉴的社会主义经济建设成功经验主要源自苏

[①] 《毛泽东选集》第 4 卷，人民出版社 1991 年版，第 1473 页。
[②] 《中华人民共和国第一次全国人民代表大会第二次会议文件》，人民出版社 1955 年版，第 161 页。

联。在中国"一五"计划的实施过程中,苏联方面给予了多方面支援,派来中国的技术专家就达三千人之多。在用好外援的同时,党中央仍强调自力更生、独立自主。毛泽东同志要求全党"自力更生为主,争取外援为辅,破除迷信,独立自主地干工业、干农业、干技术革命和文化革命"。[①] 这对中国在变幻莫测的世界风云中有效应对外部冲击,具有重要而深远的意义。

中苏矛盾加剧后,苏联政府突然照会中国,单方面决定立即召回在华工作的全部苏联专家,废除两国经济技术合作的各项协议,停止供应中国建设需要的重要科研设备。这种背信弃义的行为发生在中国正经受严重经济困难的时期,导致许多重大项目被迫停工或中断,不少正在试验生产的厂矿企业无法按期投产,可谓雪上加霜。

面对困局,全党上下团结一致,顶住压力,迎难而上,艰苦奋斗。一方面,毛泽东同志强调,科学技术这一仗,一定要打,而且必须打好。不搞科学技术,生产力无法提高。中国以"两弹一星"的研制为中心,加速国防科研和工业发展的重大决策,打破了超级大国的核垄断。另一方面,努力排除苏联毁约造成的负面干扰,力求开辟一条不同于苏联模式的中国工业化道路。在反思"大跃进"教训的基础上,党中央决定实行"调整、巩固、充实、提高"八字方针,将主要注意力放在调整国民经济,恢复和发展生产方面。国民经济计划安排的优先序为:解决吃穿用,加强基础工业,兼顾国防和突破尖端。经济结构的调整优化促进了国民经济的综合平衡和综合国力的提升。

---

① 《毛泽东文集》第7卷,人民出版社1999年版,第380页。

二 国民经济濒临崩溃边缘，果断结束"以阶级斗争为纲"，拉开改革开放大幕

新中国成立后的 30 年，中国经济社会发展既取得了历史性成就，也犯了急于求成的错误。特别是"文化大革命"导致中国经济濒临崩溃的边缘，人民温饱都成问题，国家建设百业待兴。而当时的世界经济正快速发展，科技进步日新月异。

中国共产党勇于正视前进道路上的挫折，勇于改正自身的错误。粉碎"四人帮"之后，中央派出大批考察团，赴日本、西欧等国家考察，真切感受到了中国同发达国家的巨大差距。中国共产党人认识到，除了深化改革，加快发展，中国再无其他出路。正如邓小平同志所说："我们实行改革开放政策，大家意见都是一致的，这一点要归'功'于十年'文化大革命'，这个灾难的教训太深刻了。"[1]

党的十一届三中全会冲破长期"左"的错误的严重束缚，批评"两个凡是"的错误方针，果断结束"以阶级斗争为纲"，实现了具有深远意义的伟大转折，开启了改革开放和社会主义现代化建设历史新时期。

邓小平同志强调："经济工作是当前最大的政治，经济问题是压倒一切的政治问题。不只是当前，恐怕今后长期的工作重点都要放在经济工作上面。"[2] 这一论断体现了马克思主义的历史观。生产力是推动社会进步最活跃、最革命的要素。社会主义的根本任务是解放和发展社会生产力。在社会主义初级阶段，只有通过解放和发

---

[1] 《邓小平文选》第 3 卷，人民出版社 1993 年版，第 265 页。
[2] 《邓小平文选》第 2 卷，人民出版社 1983 年版，第 194 页。

展中国的社会生产力，逐步实现对资本主义国家经济发展水平的超越，才能真正彰显中国特色社会主义制度的优越性。要大力发展生产力，就必须在整个社会主义初级阶段，始终坚持以经济建设为中心。抓住了经济建设这个中心，就抓住了中国社会主义现代化建设的"牛鼻子"。

党的十一届三中全会以后，以邓小平同志为主要代表的中国共产党人，团结带领全党全国各族人民，深刻总结中国社会主义建设正反两方面经验，借鉴世界社会主义历史经验，作出把党和国家工作中心转移到经济建设上来、实行改革开放的历史性决策。实践证明，改革开放是我们党的一次伟大觉醒，是党和人民大踏步赶上时代的重要法宝。

三 世界社会主义遭遇严重挫折，坚定捍卫中国特色社会主义，确立社会主义市场经济体制改革目标

20世纪80年代末至90年代初，国际形势波谲云诡，国内形势错综复杂。国际上，苏联东欧发生剧变，这些国家的共产党相继失去执政地位，世界社会主义遭遇严重挫折。在国内，1989年春夏之交发生了政治风波。随后，以美国为首的部分西方国家宣布对中国进行经济制裁。一些人对社会主义的前途感到迷茫，甚至产生了怀疑，同时"左"的思潮有所抬头。中国向何处去，社会主义向何处去，成为亟待回答的重大问题。

在紧要关头，中国共产党不仅高举社会主义旗帜，坚定捍卫中国特色社会主义，而且敏锐地抓住了问题的关键，指明了中国的前进方向。邓小平同志指出："世界上一些国家发生问题，从根本上

说，都是因为经济上不去。"① 世界各国的经济发展史表明，市场经济的充分发展是一国实现经济现代化不可逾越的阶段。市场作用发挥比较充分的地方，经济活力就比较强，发展态势也比较好。建设社会主义现代化强国，必须要善于运用市场机制。

邓小平同志强调："计划多一点还是市场多一点，不是社会主义与资本主义的本质区别。计划经济不等于社会主义，资本主义也有计划；市场经济不等于资本主义，社会主义也有市场。计划和市场都是经济手段。"② 这些论断帮助人们挣脱了"姓社姓资"争论的束缚，打破了改革停滞不前的僵局。

在邓小平同志上述战略论断的指引下，党的十四大确立了社会主义市场经济体制的改革目标和基本框架，避免了理论上无休止的争论和实践中的徘徊，为此后的经济体制改革指明了方向。围绕这一改革目标，中国逐步搭建起社会主义市场经济体制的基本框架，社会生产力得到极大解放，为中国经济的高速发展提供了基础性制度条件，开创了全面改革开放新局面，成功把中国特色社会主义推向21世纪。

四　面对世界百年未有之大变局，统筹发展与安全，协调效率与公平，开启全面建设社会主义现代化国家新征程

中国经济的持续高速增长明显改变了世界政治经济格局，世界面临百年未有之大变局。中国发展的外部环境由此变得更为复杂，风险挑战空前上升。中国特色社会主义进入新时代，中国社会主要

---

① 《邓小平文选》第3卷，人民出版社1993年版，第354页。
② 《邓小平文选》第3卷，人民出版社1993年版，第373页。

矛盾转化为人民日益增长的美好生活需要和不平衡不充分的发展之间的矛盾。城乡区域发展和收入分配差距较大，群众在就业、教育、医疗、居住、养老等方面面临不少难题，共同富裕还未取得明显的实质性进展。

面对世界百年未有之变局与中国社会主要矛盾变化，习近平总书记做出了立足新发展阶段、贯彻新发展理念、构建新发展格局的重大战略部署。新发展阶段是我们党带领人民迎来从站起来、富起来到强起来历史性跨越的新阶段。进入新发展阶段，意味着我们正在此前发展的基础上续写全面建设社会主义现代化国家新的历史。贯彻新发展理念，就是要把新发展理念贯穿新发展阶段的全过程，实现更高质量、更有效率、更加公平、更可持续、更为安全的发展。构建新发展格局，最本质的特征是实现高水平的自立自强，坚持创新在中国现代化建设全局中的核心地位，塑造发展新优势。

以"三新"应对国内外风险挑战，关键在于处理好两组关系：一是统筹发展与安全，实现高水平自立自强；二是协调效率与公平，以高质量发展促进共同富裕。

统筹发展与安全是构建新发展格局的基本遵循。以习近平同志为核心的党中央统筹国内国际两个大局，办好发展安全两件大事，把安全问题摆在非常突出的位置，强调要把安全发展贯穿国家发展各领域和全过程。从根本上说，发展与安全是辩证统一的：一方面，安全是发展的基础，如果安全这个基础不牢，发展的大厦就会地动山摇；另一方面，发展是安全的保障，切实推动高质量发展，全面做强自己，增强威慑的实力，是维护国家安全的根本保证。习近平总书记指出："积极应对外部环境变化带来的冲击挑战，关键在于办好自己的事，提高发展质量，提高国际竞争力，增强国家综合实力和抵御风险能力，有效维护国家安全，实现经济行稳致远、社会和谐安定。"① 说到底，统筹发展与安全，就是要办好自己的事，把发展的立足点放在国内，提升中国面对风险挑战时的生存力、竞争力、发展力、持续力，确保中华民族伟大复兴历史进程不被迟滞甚至中断。

协调效率与公平，以高质量发展扎实推动共同富裕，是新发展阶段的基本要求和重要特征。全面建设社会主义现代化国家、基本实现社会主义现代化，既是社会主义初级阶段中国发展的要求，也是中国社会主义从初级阶段向更高阶段迈进的要求。在"更高阶段"，以共同富裕为根本特征的社会主义规定性应有更加鲜明的体现；在"日益接近质的飞跃的量的积累和发展变化的过程"中，共同富裕将是"质的飞跃"的一个最显著标志。在这个意义上，共同富裕、美好生活是中国特色社会主义迈向更高阶段的社会形态。扎实推进共同富裕，需要处理好做大蛋糕与分好蛋糕的关系。这就要求我们始终坚持以经济建设为中心，坚持社会主义基本经济制度，坚持两个毫不动摇，在持续推动质量变革、效率变革、动力变革的同时，把促进全体人民共同富裕摆在更加重要的位置，以解决地区差距、城乡差距、收入差距问题为主攻方向，让发展成果更多更公平惠及全体人民，不断增强人民群众获得感、幸福感、安全感和认同感。

五　从成功应对危机的经验中总结中国智慧

百年风雨路，砥砺新征程。中国共产党迄今走过的百年，是不断应对风险挑战、筚路蓝缕奠基立业的百年。求索路上，中国共产

---

① 《中国共产党第十九届中央委员会第五次全体会议文件汇编》，人民出版社2020年版，第80页。

党团结带领人民克服重重艰难险阻,不断把革命、建设、改革、强国事业推向前进。中国共产党从容应对风险挑战、由小变大、由弱变强的成功经验,不仅为实现第二个百年目标提供了有力保障,也为面临百年未有之大变局、充满不确定性的世界提供了中国智慧与中国方案。

第一,坚持以人民为中心的发展思想,一切为了人民,一切依靠人民。

坚持以人民为中心的发展思想是把中国共产党与世界上其他政党区别开来的试金石。一切为了人民。习近平总书记指出:"我们党来自于人民,党的根基和血脉在人民。为人民而生,因人民而兴,始终同人民在一起,为人民利益而奋斗,是我们党立党兴党强党的根本出发点和落脚点。"[①] 一切依靠人民。淮海战役胜利是靠老百姓用小车推出来的,渡江战役胜利是靠老百姓用小船划出来的,社会主义革命和建设的成就是人民群众干出来。人民群众是我们党从容应对风险挑战的力量之源。时代是出卷人,人民是阅卷人。能否做到以人民为中心,是否符合最广大人民利益,是衡量我们道路、方针、政策是否正确的根本标准。

第二,中国共产党的坚强领导是涉险滩闯难关、从胜利走向胜利的根本保证。

领导核心是中国共产党坚强领导的基本前提。遵义会议前,我们党缺乏坚强有力的领导核心,革命事业几经挫折失败。遵义会议确定了毛泽东的领导核心地位后,中国革命的事业才转危为安。新中国成立至今,几代领导人统揽全局、领航掌舵,团结带领人民不断化解风险挑战,使中国特色社会主义事业不断向前推进。坚持党的领导,必须不断改善党的领导,让党的领导更加适

---

① 习近平:《在党史学习教育动员大会上的讲话》,《求是》2021年第7期。

应实践、时代、人民的要求。前进道路上，不可避免会面临这样那样的风险挑战，甚至会遇到难以想象的惊涛骇浪。我们党始终总揽全局、协调各方，坚持科学执政、民主执政、依法执政，完善党的领导方式和执政方式，提高党的执政能力和领导水平，不断提高党把方向、谋大局、定政策、促改革的能力和定力。这是确保改革开放这艘航船沿着正确航向破浪前行，中国特色社会主义事业从胜利走向胜利的根本保证。

第三，将马克思主义基本原理同中国具体实际相结合是成功应对风险挑战的关键。

从站起来、富起来到强起来的三次飞跃，是马克思主义基本原理与中国具体实际相结合、应对风险挑战的成功范例。建党早期，我们把马克思主义基本原理同中国革命和建设的具体实际相结合，完成新民主主义革命和社会主义革命，建立起中华人民共和国和社会主义基本制度，突破西方封锁，摆脱苏联掣肘，独立自主进行社会主义建设的艰辛探索，实现了中华民族从东亚病夫到站起来的伟大飞跃。改革开放以来，我们把马克思主义基本原理同中国改革开放的具体实际相结合，团结带领人民进行建设中国特色社会主义新的伟大实践，大踏步赶上了时代，实现了中华民族从站起来到富起来的伟大飞跃。在新时代，我们把马克思主义基本原理同新时代中国具体实际相结合，在中国社会主要矛盾发生转化和国际环境日趋复杂的背景下，团结带领人民进行伟大斗争、建设伟大工程、推进伟大事业、实现伟大梦想，推动党和国家事业取得全方位、开创性历史成就，发生深层次、根本性历史变革，中华民族迎来了从富起来到强起来的伟大飞跃。

第四，不断解放生产力，发展生产力，增强抵御风险挑战的硬实力。

我们党一贯强调坚持解放和发展生产力原则，这是马克思历史唯物主义和辩证唯物主义的基本方法和历史观的要求。从新中国成立初期快速工业化战略，使中国摆脱发达国家封锁；到改革开放初期确立党在社会主义初级阶段的基本路线，使中国走出国民经济濒临崩溃的境地；再到新发展阶段贯彻新发展理念、构建新发展格局，着力实现高水平的自立自强；在危机挑战面前，发展始终是解决一切问题的基础和关键，是最可靠的安全保障。坚持不断解放生产力，发展生产力，推动经济社会持续健康发展，才能全面增强中国经济实力、科技实力、国防实力、综合国力，才能为坚持和发展中国特色社会主义、实现中华民族伟大复兴奠定雄厚物质基础，为抵御各类风险挑战甚至惊涛骇浪增强自身的硬实力。

中国经济学的形成发展
与经济学人的使命*

一 引言

《中共中央关于党的百年奋斗重大成就和历史经验的决议》指出,中国共产党自1921年成立以来,始终把为中国人民谋幸福、为中华民族谋复兴作为自己的初心使命,始终坚持共产主义理想和社会主义信念,团结带领全国各族人民为争取民族独立、人民解放和实现国家富强、人民幸福而不懈奋斗,书写了中华民族几千年历史上最恢宏的史诗。[①]

新中国成立70多年特别是改革开放40多年来,创造了世所罕见的经济快速发展奇迹和社会长期稳定奇迹。2010年中国国内生产总值超过日本,成为世界第二大经济体;2020年中国国内生产总值达到100万亿多元人民币,占世界经济总量的比重超过17%;2021年中国实现第一个百年奋斗目标,在中华大地上全面建成小康社

---

* 原文刊载于《经济研究》2022年第1期。
① 《中共中央关于党的百年奋斗重大成就和历史经验的决议》,人民出版社2021年版,第1—2页。

会，历史性地解决了绝对贫困问题，人均国内生产总值超过1.2万美元，接近高收入国家门槛。到"十四五"末，中国将达到现行高收入国家水平；到2035年，中国经济总量或人均收入将实现翻一番，人均国内生产总值达到中等发达国家水平。

中国共产党在领导中国人民创造经济奇迹的过程中，不断进行经济理论探索并取得巨大成就。习近平总书记在哲学社会科学工作座谈会上指出，只有以中国实际为研究起点，提出具有主体性、原创性的理论观点，构建具有自身特质的学科体系、学术体系、话语体系，中国哲学社会科学才能形成自己的特色和优势。[①] 系统总结、提炼、完善中国社会主义经济建设实践中形成的具有原创性、民族性、时代性、系统性、专业性的经济学理论成就，是加快构建中国特色社会主义政治经济学学科体系、学术体系、话语体系的基础。在中国共产党成立100周年之际，总结中国经济发展的成功经验，提炼出更具一般意义的中国经济理论体系，将为中国立足新发展阶段、贯彻新发展理念、构建新发展格局，推动更高质量的经济增长、更高水平的改革开放、更加可持续的经济发展提供严谨、有力、可靠的理论支持，还将为全人类发展提供中国智慧和中国方案。

二 中国经济学的理论来源

伟大的实践产生伟大的理论。中国共产党立足社会主义建设实践，把马克思主义政治经济学基本原理与中国具体实际相结合，充分吸收中国优秀传统文化精髓，并科学借鉴人类一切优秀成果，创造性提出了一系列中国特色社会主义经济理论，构建和发展了中国

[①] 《习近平谈治国理政》第2卷，外文出版社2017年版，第342页。

经济学。

（一）马克思主义政治经济学的中国化与时代化

习近平总书记指出，坚持以马克思主义为指导，是当代中国哲学社会科学区别于其他哲学社会科学的根本标志。[①] 对中国经济学而言，马克思主义政治经济学既是指导思想，为中国经济实践和中国经济学发展提供科学的世界观和方法论，又是理论源泉，为中国经济学提供更符合国家发展目标的分析对象、立场、观点和分析框架。

马克思主义政治经济学在充分占有历史和现实材料基础上，运用科学的抽象方法，透过纷繁复杂经济现象探讨一般经济规律。这里所指的科学方法，就是唯物辩证法和历史唯物主义。与西方主流经济学的机械论和原子论研究方法不同，马克思主义政治经济学以有机的、整体的思维对待人类经济社会发展，研究其发展变化的客观规律，其科学性被人类社会历史的进程所证明，也在我国社会主义建设的历程中反复得到证明。

马克思主义政治经济学在分析对象上，为中国经济学提供了宏大的历史视域。尽管马克思主义政治经济学不乏对市场经济运行规律的分析，但其研究对象是资本主义经济制度或生产关系，目的是揭示资本主义市场经济制度（生产关系）产生、发展和消亡的一般规律。如果脱离了宏大的历史维度，必然缺乏对长期制度演化趋势的关注；如果缺乏长期的宏观视域，必然导致对所处阶段的误判和长期发展目标的动摇。正由于具有这种宏大的历史视角，我们党才能对社会主义发展阶段、社会主义本质、社会主义与市场经济的关系、社会主义生产资料所有制等根本性、关键性问题，做出科学的分析和判断。

---

① 习近平：《在哲学社会科学工作座谈会上的讲话》，《人民日报》2016年5月19日第2版。

马克思主义政治经济学的立场，为中国经济学发展提供了指南。发展为了人民，是马克思主义政治经济学的根本立场。马克思、恩格斯指出："无产阶级的运动是绝大多数人的，为绝大多数人谋利益的独立的运动。"① 在未来社会"生产将以所有的人富裕为目的"。② 马克思主义政治经济学的立场，决定了我国经济发展的最终目的是满足人民需要，这也是社会主义市场经济与资本主义市场经济的本质区别。尽管同样要充分发挥市场在配置资源中的基础性作用，但社会主义与资本主义经济活动在目的上是截然不同的。资本主义经济活动的最终目的服从于资本逻辑，缓解资本积累的矛盾，满足资本增殖的诉求；社会主义国家发展经济则是为了满足最广大人民的需要，把增进人民福祉、促进人的全面发展、朝着共同富裕方向迈进作为出发点和落脚点。

中国共产党始终坚持把马克思主义基本原理与中国具体实际相结合，不断推进马克思主义政治经济学中国化。中国经济发展的践行者和理论工作者并没有局限于经典作家的论述，也没有局限于以苏联政治经济学教科书为代表的传统社会主义政治经济学，更没有将马克思主义关于社会主义经济的理论设想直接照搬到我国社会主义建设实践中，而是在吸收传统社会主义政治经济学科学成分的同时，从社会主义经济建设实践面临的客观条件和实际问题出发，认识和探究社会主义的本质、发展阶段和社会主义市场经济建设等重大问题，不断推进理论创新。从新民主主义经济纲领理论到马克思主义政治经济学在社会主义过渡时期的运用和发展；从"政治经济学的初稿"到中国特色社会主义政治经济学逐步形成，再到习近平

---

① 参见《共产党宣言》，载《马克思恩格斯选集》第 1 卷，人民出版社 1995 年版，第 283 页。
② 参见《政治经济学批判（1857—1858 年草稿）》，载《经济学手稿（1857—1858 年）》，《马克思恩格斯全集》第 46 卷下，人民出版社 1980 年版，第 222 页。

经济思想形成，马克思主义政治经济学始终是中国经济学发展的理论源泉和思想指南。实践发展永无止境，理论创新永无止境，在全面开启建设社会主义现代化国家新征程中，中国特色社会主义政治经济学必将得到新的丰富和发展。

（二）中国共产党领导社会主义经济建设实践的成功经验

中国经济学理论体系最主要的来源，是我国社会主义经济建设伟大实践的成功经验。新中国成立后，经过较短时间的努力，我国经济社会发生了翻天覆地的变化。通过和平过渡确立了社会主义制度的所有制基础，成功实现了我国历史上最广泛、最深刻、最伟大的社会变革；通过"一五"计划，建立起社会主义工业化初步基础，包括飞机、汽车、发电设备、重型机器、新式机床、精密仪表、电解铝、无缝钢管、合金钢、塑料、无线电等，从无到有地建设起来，改变了我国工业部门残缺不全的状况；到改革开放前，我国已经建立起独立的比较完整的工业体系和国民经济体系，这些为在中国这样一个社会生产力水平十分落后的东方大国进行社会主义建设积累了重要经验。例如，毛泽东同志在《论十大关系》中提出的重工业和轻工业、农业的关系，沿海工业和内地工业的关系，经济建设和国防建设的关系，国家、生产单位和生产者个人的关系，中央和地方的关系等都是社会主义初级阶段需要始终注重协调的重要基本经济问题；党的八大提出社会主要矛盾及其转化的判断依据，即人民对于建立先进的工业国的要求同落后的农业国的现实之间的矛盾，人民对于经济文化迅速发展的需要同当前经济文化不能满足人民需要的状况之间的矛盾；面对经济困难，中央提出"调整、巩固、充实、提高"八字方针，实现了经济结构优化调整，促进了国民经济的综合平衡；通过工农业产品价格"剪刀差"，在落后的农业国快速实现资本积累，等等。在此期间，虽受社会政治环境干扰，以孙治方、顾准、马寅初等为代表的经济学家们仍然提出了社会主义制度下的商品生产和价值规律、社会主义商品经济论、生产力标准理论、新人口论等重要理论与观点。

党的十一届三中全会深刻总结新中国成立以来社会主义建设正反两方面的经验,作出把党和国家工作中心转移到经济建设上来的历史性决策。在理论上,党中央作出社会主义初级阶段重大判断,确定党在社会主义初级阶段的基本路线,提出和平与发展是时代主题,为推动以经济体制改革为重点的全面改革和加速社会主义经济建设提供了理论基础。在实践上,农村家庭联产承包责任制、国有企业、分税制、金融体制、外贸综合体制等一系列重大改革持续推进;商品市场、劳动力市场、资本市场、外汇市场、技术市场等各类市场逐步建立,价格、利率、税率、汇率等成为调节市场供需的主要工具,市场在资源配置中从辅助性作用转变为发挥基础性作用到起决定性作用;政府作用从制定经济计划和主办公有制企业等直接参与经济活动,转向以国家发展战略和规划为导向、以财政政策和货币政策等为主要手段,间接调控经济运行,成功应对外部冲击,保持经济持续健康发展;实施对外开放基本国策,从经济特区到开放沿海港口城市,从沿边沿江开放到加入世界贸易组织(WTO),充分利用两个市场和两种资源,并不断提高开放的领域、水平、层次。在机制上,党的十一届三中全会后,基本形成了由中央政治局、中央政治局常委会会议、中央财经委员会会议、中央经济工作会议,决定经济工作大政方针,每五年一次中央全会研究提出国民经济社会发展五年规划的建议,提出重大方针政策,党中央经常性地审议关系经济发展全局的重大问题,作出重大战略部署,及时提炼总结领导经济实践形成的重要经验。

中国改革开放和向市场经济转型的过程,是党领导人民不断进行实践创新和理论创新的结果。安徽凤阳小岗村的包产到户催生了农村家庭联产承包经营责任制改革;从放权让利到承包制,再到抓大放小和股份制改革使国有企业成为真正的市场主体；从以计划经济为主、市场调节为辅，到有计划的商品经济，再到建立社会主义市场经济体制，这一系列对中国改革开放产生重大影响的重大创新，既包括领导人的智慧，理论工作者的努力，也有对实践经验的总结和深化。在党和国家领导人提出科学技术是第一生产力、生产力标准、社会主义初级阶段论、社会主义市场经济论等的同时，学术界在这一时期也做出诸多贡献，比如蒋一苇提出"企业本位论"，董辅礽首倡政企分开和政社分开以及所有制实现形式，杨坚白的国民经济综合平衡论，厉以宁倡导的股份制改革，吴敬琏坚持的好的市场经济，刘国光、张卓元提出"稳中求进"的改革和发展思路等；此外，价格双轨制、渐进式改革、"北京共识"、财政分权等也都体现了中国特有的经济转型道路。

党的十八大以来，以习近平同志为核心的党中央深刻洞悉国际形势变化，把握世界发展大势，统筹国内国际两个大局，坚持以人民为中心的发展思想，科学研判经济社会发展的阶段性特征，加强和改善党对经济工作的集中统一领导，先后提出一系列重大判断、重大理论和重大方针政策，形成了习近平经济思想。坚持稳中求进的总基调，坚持以高质量发展为主题、以供给侧结构性改革为主线、建设现代化经济体系。毫不动摇巩固和发展公有制经济，毫不动摇鼓励、支持、引导非公有制经济发展。坚持实施创新驱动发展战略，把科技自立自强作为国家发展的战略支撑，加快建设创新型国家和世界科技强国。全面实施供给侧结构性改革，推进制造强国建设，加快发展现代产业体系，壮大实体经济，发展数字经济。完善宏观经济治理，实施积极的财政政策和稳健的货币政策，保障粮食安全、能源资源安全、产业链供应链安全，防范化解经济金融领域风险，防止资本无序扩张。实施区域协调发展战略，推进以人为核心的新型城镇化，实施乡村振兴战略，加快推进农业农村现代化。我国经济发展平衡性、协调性、可持续性明显增强，国家经济实力、科技实力、综合国力跃上新台阶，我国经济迈上更高质量、更有效率、更加公平、更可持续、更为安全的发展之路。

新中国70多年经济发展取得的辉煌成就，无可辩驳地证明，党对经济工作的集中统一领导既是我国取得经济成就的原因，也是我国经济持续健康发展的根本保证。中国经济学最重要的内容，就是对党领导经济工作的实践经验总结、提炼并进一步学理化。

（三）国外经济理论和政策合理成分的科学借鉴

中国经济学植根于中国社会主义建设的伟大实践，但不排斥人类社会创造的文明成果。2015年11月23日，习近平总书记在中共中央政治局第二十八次集体学习时明确指出："我们坚持马克思主义政治经济学基本原理和方法论，并不排除国外经济理论的合理成分。西方经济学关于金融、价格、货币、市场、竞争、贸易、汇率、产业、企业、增长、管理等方面的知识，有反映社会化大生产和市场经济一般规律的一面，要注意借鉴。"[1]

建设中国特色社会主义市场经济，首先需要理解市场经济的运行机制、动力和结果，把握市场经济运行的一般规律。西方经济学重点关注既定制度体系下的资源配置和经济增长、市场经济的运行机制和内在动力等问题，有助于我们把握和理解在不同于西方国家的社会制度和发展目标下，如何更好地发挥市场的作用，这是中国经济学可以借鉴西方经济学的价值之一。同时，西方经济学的大量成果，主要来自欧美等工业化国家数百年经济社会发展的实践，具有"原型"价值。这里所谓"原型"，并非代表性或典型事实，而是一些经济现象较早出现在早期工业化国家，人们对其理论化、概念化、模型化，从而成为西方经济学理论体系的一部分。随着中国

---

[1] 习近平：《不断开拓当代中国马克思主义政治经济学新境界》，《求是》2020年第16期。

特色社会主义市场经济的不断发展，这些现象也不同程度地、以不同形式出现在我国经济建设实践中，这些西方经济学中的"原型"就具有了参考、对照的价值，这是中国经济学可以借鉴西方经济学的另一个理由。

第一种类型借鉴的关键在于把握"一般"。市场机制已经深刻地嵌入一国的制度体系和文化背景中，其表象背后的深层机制不会自动彰显，必须通过科学的方法加以探究和剖析。虽然在西方资本主义阵营内部，因企业治理结构、政府与市场关系等方面的巨大差异，形成了诸如莱茵模式、日韩模式和盎格鲁—撒克逊模式等类型多样的资本主义模式，但仍存在基本的市场经济规律，例如，价格波动与供求变化的关系，失业、通货膨胀的原因，经济增长的动力源泉；仍存在优化市场效率的共同途径，例如，保障市场要素的自由流动，保持市场的可竞争性、消除信息不对称和信息不完全。这些是任何市场经济都具有的共性问题。

第二种类型借鉴的关键在于把握"特殊"。"原型"植根于他国历史与实践，所对应的现实来源是西方发达国家经济发展实践，其典型表现和所对应的时代也不一样，主要意义在于提供参照，而非终极答案或一成不变的理论范畴。以地方政府竞争为例，早在20世纪五六十年代，西方学者就提出了基于公共物品竞争模型和财政联邦主义模型，为分析地方政府竞争关系提供了"原型"，但由于发展阶段、财政税收体制的差异，这些"原型"不可能直接用于解释中国实践，我国学者基于国情和发展经验，为地方政府竞争赋予了新的含义。再如，市场和政府关系，一直是经济学关注的核心问题，围绕这一问题，在西方经济学内部形成了多个观点"原型"，如斯密的守夜人政府，萨缪尔森的克服市场失灵的政府，奥尔森的强化市场型政府、青木昌彦的市场增进型政府、马祖卡托的企业家型政府，等等。但是，我国实践表明，政府与市场之间并不是对立互斥关系,在经济发展的不同阶段,政府与市场之间的互补形式有着很大不同,政府与市场之间的关系是动态演进的,这就突破了主流新古典经济学的教条。以上说明,在中国经济学发展过程中,既要重视"原型",也要看到这些"原型"和现实的差异,并且以中国实践丰富拓展"原型"的内涵。这些带有中国色彩的"原型",又将成为后续研究新的参照。

必须认识到,西方经济学根植于欧美国家的文化传统,发端于西方资本主义的产生过程,并伴随欧美国家经济实践不断发展,其不仅有明确的历史特定性,也暗含意识形态指向,不可能完全适应中国特色社会主义经济实践。习近平总书记指出:"对国外特别是西方经济学,我们要坚持去粗取精、去伪存真,坚持以我为主、为我所用,对其中反映资本主义制度属性、价值观念的内容,对其中具有西方意识形态色彩的内容,不能照抄照搬。"[1] 借鉴西方经济学,必须明确其理论假说、观点和概念的适用条件,产生的特定背景,结论的潜在含义和政策取向,对其进行甄别、筛选和必要的发展与修正,从而使其更好为中国特色社会主义市场经济建设服务。

经济发展史和经济思想史的研究表明,不加区别、不分良莠地采取理论的拿来主义,不仅不利于理论本身的发展,也必然会对实践产生不利影响。在美国取代英国成为世界经济中心的过程中,美国没有无条件接受英法等国的经济理论,也没有盲目照搬其政策主张,而是根据国情和发展过程出现的问题,创新和发展了经济学理论。正如经济思想史学者埃里克·罗尔(Eric Roll)所指出的:"美国经济学走了一条与欧洲有所不同的道路。凡早期输入美国的经济学理论,其系统阐述都得到了改造,以符合于新的环境。"[2] 20 世纪

---

[1] 习近平:《不断开拓当代中国马克思主义政治经济学新境界》,《求是》2020 年第 16 期。
[2] [英] 埃里克·罗尔:《经济思想史》,商务印书馆 1981 年版,第 409 页。

80年代末90年代初以来,"华盛顿共识"在一些国家造成经济崩溃、社会矛盾激化等严重问题,与这些国家不加鉴别、无条件地采用新自由主义经济学理论和政策主张直接相关。

借鉴西方经济学,要放宽视野,善于从西方社会科学界中听取多种声音、汲取多重营养。西方经济学不仅包括以凯恩斯主义、货币主义、供给学派、新古典宏观经济学、新凯恩斯主义等为代表,主要关注资本主义市场运行机制及其经济效率等相关问题的主流经济学,还包括演化经济学、后凯恩斯主义经济学、激进政治经济学、新熊彼特学派等为代表的非主流经济学,主要从经济制度、权力关系、技术变迁、收入分配、阶级关系等更宽泛的视角,对现代市场经济进行分析,其中不乏可资借鉴的营养,例如,新熊彼特经济学关于创新的研究,后凯恩斯经济学关于货币和经济周期的研究,演化发展经济学关于高质量生产性活动的研究,等等。

(四)中国传统优秀经济思想的汲取融通

习近平总书记指出:"中华民族有着深厚文化传统,形成了富有特色的思想体系,体现了中国人几千年来积累的知识智慧和理性思辨。"[①] 中国经济学的发展,离不开传统中国思想养分的供给。

春秋时期,孔子就提出了"义利观""生产与商业观""分配和消费观"等思想;孟子又进一步提出"恒产论""社会分工论";荀子提出"富国论";墨子认识到商品具有其内在价值,商品的价格以其价值为依据;[②]《管子·轻重篇》中关于货币、价格、市场的论述,体现出重商主义倾向;《管子·侈靡篇》强调通过财政支出刺激经济,肯定商业以及消费对促进国家经济活力的贡献。先秦、秦汉时期针对生产与分工、商品交换、价值与价格等论述已形成了

---

① 《习近平谈治国理政》第 2 卷,外文出版社 2017 年版,第 340 页。
② 《墨子·经说上》。

较为完善的解释体系。①西汉时期，国家对工商业的掌控和干预，引起了经济自由主义与国家干预主义之间的思想论争，集中反映在《盐铁论》中。

"食货"体系在传统中国的经济思想中占据极为重要的地位。《尚书·洪范》记载：八政"一曰食、二曰货。""食"可引申为农业生产，"货"可理解为商业贸易。因此"食货"可视为传统中国对农业生产和商业贸易的总体认知。传统典籍中，《史记》最早对"食货"展开系统论述。《史记·平准书》详细记载了商品经济的变动以及运用市场规律稳定物价的均输、平准政策。《史记·货殖列传》则讨论了如何发展商品生产，如何进行市场预测。历代二十四史中，有十五部专门设置《食货志》，记录历代的经济政策，总结经济发展规律，并提出了颇多创见，包括市场运行的理念，强调增加财富的意义，肯定地区行业分工与交换以及商人沟通财货的作用，明确指出经济发展在国家富强中的基础作用。

熊彼特指出，历史、统计和理论三门基础学问合在一起构成"经济分析"。经济学的内容实质上是历史长河中一些现象的集合。如果不掌握历史事实，不具备适当的历史感或历史经验，就难以理解任何时代（包括当前）的经济现象。对历史的充分认知与理解是我们把握当下、走向未来的基础。传统中国文化中关于经济的思考和讨论，为中国经济学的发展提供了思想养分，对中国经济学理论的创新有着重要的意义。

三　中国经济学的重要特征

当前，关于中国经济学的共识还处于酝酿形成过程中，最终如

---

① 胡寄窗：《中国经济思想史》（上册），上海人民出版社1962年版，第507页。

何称呼、如何界定还有待大家共同努力，但这并不妨碍对中国经济学的重要特征进行描述，提出中国经济学质的规定性。

（一）中国经济学是社会主义的经济学

中国经济学是对中国经济发展的系统理论总结。中国经济发展是在中国共产党领导下的经济发展，是以马克思主义及其中国化理论为指导的经济发展，是社会主义经济发展成功经验的系统总结，这就决定了中国经济学首先是社会主义经济学。"社会主义的本质，是解放生产力，发展生产力，消灭剥削，消除两极分化，最终达到共同富裕。"① 社会主义本质的两重含义，即促进生产力持续发展的效率标准与逐渐实现共同富裕的价值标准，是中国经济学的内在约定性和制度约定性双重表现，同时也决定了中国经济学与西方经济学的本质差异，即西方经济学的理论内核是个体理性下的资源优化配置，而社会主义经济学的理论内核是促进生产力发展和实现共同富裕。

从生产力视角看，社会主义经济优于资本主义经济。马克思、恩格斯在理论上给出了社会制度演进发展的基本动力——生产资料私有制与生产力的发展存在着不可调和的矛盾。当"生产资料的集中和劳动的社会化，达到了同它们的资本主义外壳不能相容的地步。这个外壳就要炸毁了。资本主义私有制的丧钟就要响了。剥夺者就要被剥夺了"。② 现实中，"资产阶级在它的不到一百年的阶级统治中所创造的生产力，比过去一切世代创造的全部生产力还要多，还要大"。③ 这是资本主义战胜封建制的现实表现。在共产主义第一阶段——社会主义社会，重要任务就是发展生产力，要"尽可

---

① 《邓小平文选》第 3 卷，人民出版社 1993 年版，第 373 页。
② 参见《资本论》第 1 卷，载《马克思恩格斯全集》第 23 卷，人民出版社 1972 年版，第 831—832 页。
③ 参见《共产党宣言》，载《马克思恩格斯选集》第 1 卷，人民出版社 1995 年版，第 277 页。

能快地增加生产力的总量"。① 社会主义制度建立后，我国用几十年的时间走完了资本主义几百年的路，成为第二次世界大战以来为数不多实现成功赶超的后发国家。不仅如此，社会主义经济始终坚持生产关系和生产力矛盾运动的观点，会通过持续调整生产关系促进生产力发展。因此，社会主义经济是持续发展的经济。

从价值追求的优越性看，社会主义的本质要求是克服资本主义的两极分化，逐步实现共同富裕，这是社会主义经济独特的价值追求，是中国式现代化的重要特征。从发展生产力到实现共同富裕，从国家整体站起来到居民普遍富起来，再到国家整体强起来，是不同阶段中国共产党以人民为中心发展理念在不同阶段的不同表现。在改革开放前的社会主义经济建设探索中，以动员有限资源尽快实现生产力发展为目标，通过压缩消费和工农产品"剪刀差"实现快速积累，建立起来较为完备的以工业为主的经济体系。这一阶段的发展是基于国家整体视角的发展，带有特殊性。虽然居民生活水平不高，但居民之间的差距较小，基尼系数长期在 0.3 左右。改革开放以后，通过打破平均主义大锅饭，恢复按劳分配制度，调动了人们的积极性，提高了生产效率，使经济总量快速成长，居民收入快速增长，人民生活水平普遍提高。但与效率改善和经济快速增长相伴，居民收入差距、地区发展差距逐渐拉大成为国内经济循环梗阻，约束经济发展的短板。进入新发展阶段，党中央把促进共同富裕，消除绝对贫困，使经济发展成果真正实现人民共享作为重中之重。在解放和发展生产力方面，畅通经济的国内大循环和扩大再生产在生产、流通、交换、消费四个环节之间的循环，在缩小地区差距和居民收入差距方面，实施精准扶贫、精准脱贫的战略，通过党的十八大以来的持续努力，到 2020 年实现消除绝对贫困目标并提出

---

① 参见《共产党宣言》，载《马克思恩格斯选集》第 1 卷，人民出版社 1995 年版，第 293 页。

了促进全体人民共同富裕取得更为明显的实质性进展的中长期目标和规划。

（二）中国经济学是具有理论创新性的经济学

中国经济学是以马克思主义理论为指导的，但是，"马克思主义理论不是教条，而是行动指南，必须随着实践的变化而发展。马克思主义能不能在实践中发挥作用，关键在于能否把马克思主义基本原理同中国实际和时代特征结合起来"。[①] 中国经济学的理论创新性来自中国共产党领导中国社会主义现代化建设中所形成的独创性重大理论成果。在毛泽东思想、邓小平理论、"三个代表"重要思想、科学发展观、习近平新时代中国特色社会主义思想等重大理论成果指导下，中国经济学既不同于马克思主义经典作家描述的政治经济学，更不同于流派众多、纷繁复杂的西方经济学，中国经济学逐步形成了自己的具有中国特色的原创性的理论观点和知识体系。比如，在中国经济学中，十分重视对经济发展阶段的认识和判断，这包括毛泽东同志提出的社会主义社会是一个很长的历史阶段，邓小平同志提出社会主义初级阶段，习近平总书记提出的经济"新常态"、高质量发展阶段、新发展阶段，等等；又如，社会主义市场经济体制是中国共产党的伟大创造，而社会主义市场经济理论则构成了中国经济学的重大理论创新；再如，公有制为主体、多种所有制经济共同发展，并将股份制作为公有制主要实现形式，这是中国经济学关于所有制理论的重大突破；还有，按劳分配为主、多种分配方式并存、生产要素按贡献参与分配则是中国经济学关于分配理

[①] 《习近平在省部级主要领导干部学习贯彻党的十九届六中全会精神专题研讨班开班式上发表重要讲话强调　继续把党史总结学习教育宣传引向深入　更好把握和运用党的百年奋斗历史经验》，《人民日报》2022年1月12日第1版。

论的重大创新。① 实际上，这些中国经济学原创性的新概念、新范畴、新理论还可列出很多。

党的十八大以来，中国特色社会主义进入新时代，以习近平同志为核心的党中央对国内外经济形势、基本经济国情和经济发展阶段进行科学判断，对经济发展理念和思路作出及时调整，提出了一系列新理念新思想新战略，从理论和实践相结合上系统回答新时代中国经济发展和现代化建设的一系列重大问题，深化了对经济现代化规律的认识，在实践中形成了并还在不断丰富发展的习近平经济思想，为马克思主义政治经济学开辟了新境界，成为中国经济学创新发展的新内涵，具体可以概括为以下方面：坚持加强党对经济工作的集中统一领导，从根本上保证我国经济沿着正确方向发展；坚持以人民为中心的发展思想，坚定不移走共同富裕的道路，努力促进全体人民共同富裕取得更为明显的实质性进展；树立正确的发展观，不再简单以国内生产总值增长率论英雄，立足提高质量和效益，以创新推动经济持续健康发展；对新发展阶段做出准确判断，指出我国经济处于增长速度换挡期、结构调整阵痛期、前期刺激政策消化期叠加的"三期叠加"时期；指出我国经济发展进入新常态，认识新常态、适应新常态、引领新常态是当前和今后一个时期我国经济发展的大逻辑；明确政府和市场关系，作出使市场在资源配置中起决定性作用、更好发挥政府作用全新定位；树立绿水青山就是金山银山的理念，提出建设生态文明、建设美丽中国的战略任务；坚持创新、协调、绿色、开放、共享的新发展理念，引领我国发展全局发生深刻变革；把推进供给侧结构性改革，作为当前和今后一个时期我国经济工作的主线；准确判断我国社会主要矛盾已经

---

① 张卓元：《新中国70年经济学研究的八大进展》，载张卓元、张晓晶主编《新中国经济学研究70年》，中国社会科学出版社2019年版，第1—75页。

转化为人民日益增长的美好生活需要和不平衡不充分的发展之间的矛盾,我国经济已由高速增长阶段转向高质量发展阶段,作出推进经济高质量发展的战略部署;建设现代经济体系,这是跨越经济发展方式转变关口的迫切要求和我国经济发展的战略目标;构建以国内大循环为主体、国内国际双循环相互促进的新发展格局;统筹发展和安全,牢固树立安全发展理念;等等。

(三)中国经济学是具有世界意义的经济学

中国经济学理论不仅是指引和解释中国经济实践的经济理论,也是发展中国家实现赶超的经济理论。第二次世界大战以后,只有极少数国家实现了低收入到中高收入的跃迁,富国恒富,穷国恒穷的普遍存在令经济学家感到长期困惑。我国是第二次世界大战以后成功实现经济赶超的最大规模的社会主义国家。为什么我国能实现这样的赶超奇迹?在对我国经济奇迹的解读中,一些国外学者,习惯于将中国奇迹归因于国家主导的发展,尤其是将中国与东亚的发展型国家特征比较,认为中国与这些国家具有一些共性,如高储蓄率、高投资率和政府主导等;也具有某些独有特征,如地方政府竞争、国有企业主导等,这些从发展型国家视域对我国的研究,或者认为我国只是在再现东亚发展型国家的历史,或者认为我国是新出现的新的发展型国家。

但是,将我国经济奇迹简单地归结为发展型国家,或者更为粗略地归因于国家主导的发展,只是一个过于简单,甚至会失掉关键元素的认识。我国经济赶超过程中的高储蓄率,促进工业化的政策,强大的中央政府和经济管理体系等多个方面虽然都符合发展型国家的某些特征,但在经济规模、制度取向以及实现赶超过程中所面临的内外部约束条件,都远非国家主导的发展或发展型国家所能概括。例如,东亚发展型国家规模有限,或不具备完全国家自主性,不仅发展目标的设定相对单一,而且缺乏一种探索自己独有的政治和经济体制的信心和可能性，均在不同程度上得益于冷战体系下的外部经济援助，在经济赶超的过程中，全球价值链尚未形成，产品间分工为国际分工的主要形式，这些都与我国的经济赶超完全不同。

理解我国经济赶超的奇迹，一条理论上的脉络就是把握经济赶超过程中来源于实践的中国概念和范畴，如家庭联产承包责任制、双轨制、温州模式、苏南模式、抓大放小、小康社会、乡村振兴、新发展理念、新发展格局等，与这些概念对应的，则是中国经济赶超发展过程中的实践进程，尤其是这一进程中的路线和思想。概括而言，中国社会主义建设尤其是改革开放以来的主要经验有：坚持和加强党的集中统一领导，保证我国经济发展始终沿着正确方向前进。坚定不移实施对外开放战略，始终坚持独立自主，不断形成全面开放新格局；坚持全面深化改革，完善社会主义基本经济制度，正确处理政府与市场关系，使市场在资源配置中起决定性作用和更好发挥政府作用；坚持以人民为中心的发展思想，坚定不移走共同富裕的道路；坚持绿色发展，推动生态文明建设；坚持走和平发展道路，推动构建人类命运共同体，积极参与推动全球化进程。[①]

四　中国经济学人的使命

经济史和经济思想史的研究表明，世界经济重心的转移，往往伴随着经济学体系的变革和经济学话语权的更替。英国取代欧洲大陆成为世界经济中心的过程，同时也是古典自由主义从重商主义中脱胎并最终成为其对立面的过程；美国取代英国成为世界经济翘首的过程，同时也是与古典自由主义经济学分野，倡导制造业立国和

---

① 谢伏瞻：《新中国70年经济与经济学发展》，《中国社会科学》2019年第10期。

生产力至上的美国学派兴起，直至新古典经济学成形并奠定主流地位的过程。中华民族的伟大复兴，不仅要在经济发展上取得举世瞩目的成就，而且要在经济理论上做出原创性重大贡献，经济理论与发展实践相辅相成，相得益彰。但是，这一过程并不是自动、必然完成的，从发展实践的总结、提炼，到理论体系的形成与完善，还需要无数理论工作者付出巨大的、不懈的努力。中国经济学自形成起，在不断发展中就需要满足多方面的要求，中国经济学人亦由此肩负着多方面的使命。

（一）形成更具学理化和系统化的知识体系

并非所有能解释实践、指导实践的观点、政策以及范畴，都能成为一个系统化的理论体系，从有实践价值和解释价值的观点、概念，到系统化、学理化的理论体系，还有漫长的道路要走。

习近平总书记指出，要善于提炼标识性概念，打造易于为国际社会所理解和接受的新概念、新范畴、新表述，引导国际学术界展开研究和讨论。这项工作要从学科建设做起，每个学科都要构建成体系的学科理论和概念。[①] 新中国经济发展所创造的伟大成就，还需要中国经济学工作者作出充分的阐释、解答和提炼；在迈向和实现第二个百年目标的过程中，还需要理论工作者进一步的丰富、发展与完善中国经济学的相关范畴、概念与理论体系。

构建更具学理化和系统化的中国经济学，并不是单纯倡导构建一种放之四海而皆准的普适性理论。恩格斯指出，经济学是一门历史的科学。在不同的历史条件下，经济学理论会因国家、文化和社会背景不同而有所不同，正如古典经济学有英国的古典经济学和法国的古典经济学之分一样。作为中国的经济学，首先是扎根中国经济实际，揭示中国社会主义市场经济运行机制和发展趋势的经济

---

① 习近平：《在哲学社会科学工作座谈会上的讲话》，《人民日报》2016年5月19日第2版。

学,但作为学理化、系统化的中国经济学,不能止步于经济政策的注释学,也不能仅满足于针对特定时期的特定问题提供解决方案,而是要对经济发展进程中的客观规律进行系统化的理论说明,不仅要继续发现、解释市场经济的一般规律,而且要系统总结和深入探究社会主义市场经济的一般规律。

当前,中国经济学的发展正面临着两大机遇:第一,中国社会主义建设尤其是改革开放以来所取得的巨大成就,以及正在朝着第二个百年目标奋进的伟大实践,为中国经济学的发展提供了取之不尽用之不竭的源头活水。作为身处其中的经济学工作者,有责任也有义务从中国经济发展的伟大实践中去提炼和锻造更加体系化的理论;第二,当前世界经济正在经历着以信息技术、生物技术和新能源为代表的新一轮技术革命浪潮,新的经济现象层出不穷,经济学的研究对象、研究方法正处在急剧变革之中,在这种新的技术变迁引发的理论变革的当下,几乎所有国家的经济学工作者都处在同一起跑线,中国的经济理论工作者正面临着类似技术赶超中的"第二种机会窗口",而中国庞大的数字经济规模和蓬勃发展的新能源革命,又为中国经济学工作者提供了鲜活的研究对象,这就需要中国经济学工作者充分抓住机遇,努力推动中国经济学成为一个公认的系统性、专业性与严谨性的理论体系。

习近平总书记还指出:"我们的哲学社会科学有没有中国特色,归根到底要看有没有主体性、原创性。"[①] 原创能力是哲学社会科学的核心竞争力,中国经济学能不能成为一个公认的系统化理论体系,能不能形成中国特色,能不能影响世界,归根到底要看有没有这样的原创能力。原创能力的前提,首先是道路自信、理论自信、制度自信和文化自信,没有这四个自信,就缺乏原创的勇气和底

---

① 习近平:《在哲学社会科学工作座谈会上的讲话》,《人民日报》2016年5月19日第2版。

气，就难免产生"中国经验、范畴只适用于中国，无法推而广之"或者"只有一种经济学，中国只是既有经济学的现实印证"的误判，前者过分强调中国实践的独特性，后者过分强调既有理论的普适性，但本质都是缺乏原创勇气和底气的表现。在总结提炼中国实践经验并升华为学理化、体系化的系统理论的过程中，这两种观念都不利于实现原创性的理论贡献。从世界经验来看，资本主义生产方式在英国、德国和美国的崛起，都伴随着富有其国家特色的资产阶级经济学的创建；第二次世界大战后东亚一些国家和地区的复兴与崛起，也都伴随着一些特定理论的兴起与发展，如发展型国家理论、产业政策与规制理论等，这些理论和学说至今仍有一定的理论和实践价值。我们没有理由不相信，当代中国的伟大社会变革，必然也应该孕育伟大的、系统的理论，对此，中国经济学的理论工作者应有充分的自信，同时也应牢记，原创性的中国经济学，正如当代中国的伟大社会变革一样，也必然不是简单延续我国历史文化的母版，不是简单套用马克思主义经典作家设想的模板，不是其他国家社会主义实践的再版，也不是国外现代化发展的翻版，不可能找到现成的教科书。

（二）推进新时代重大理论和实践问题的研究

中国特色社会主义的伟大实践，始终坚持从中国改革开放的实际国情出发，在与之相伴随的中国经济学的形成、发展与创新的过程中，本土意识、自主意识、问题意识始终是推动理论创新的关键所在。党的十八大以来，面对国内外环境复杂而深刻的变化，以习近平同志为核心的党中央成功驾驭中国经济发展大局，引领我国经济发展取得历史性成就，发生历史性变革，形成了习近平经济思想。这是马克思主义政治经济学中国化时代化的最新成果，是基于中国实践和中国经验的系统化和规律化学说，也是开启全面建设社会主义现代化国家新征程，迈向第二个百年目标的过程中经济现代化建设的行动指南，书写了当代马克思主义政治经济学的新篇章，开辟了中国特色社会主义政治经济学的新境界。研究、阐释习近平经济思想，将其有机融入到中国特色社会主义政治经济学理论体系中，从而极大地丰富和发展中国经济学，是当前乃至今后较长一段时间的重中之重。

"当代中国正在经历人类历史上最为宏大而独特的实践创新，改革发展稳定任务之重、矛盾风险挑战之多、治国理政考验之大都前所未有，世界百年未有之大变局深刻变化前所未有，提出了大量亟待回答的理论和实践课题。"[①] "我国哲学社会科学应该以我们正在做的事情为中心，从我国改革发展的实践中挖掘新材料、发现新问题、提出新观点、构建新理论，加强对改革开放和社会主义现代化建设实践经验的系统总结，加强对发展社会主义市场经济、民主政治、先进文化、和谐社会、生态文明以及党的执政能力建设等领域的分析研究，加强对党中央治国理政新理念新思想新战略的研究阐释，提炼出有学理性的新理论，概括出有规律性的新实践。这是构建中国特色哲学社会科学的着力点、着重点。"[②] 经济学界要勇于回答时代课题，从当代中国经济的伟大变革中发现研究的主题、捕捉创新的灵感，深刻揭示时代变迁的内在逻辑，提出有针对性的、有操作性的、有效力的解决问题的方案，从而在实践中丰富和发展中国特色社会主义政治经济学。在当前和今后一个时期，无论是实现第二个百年奋斗目标，还是把握百年未有之大变局的机遇和挑战，都有不少重大课题需要我们深入研究。比如中国特色社会主义进入新时代，社会主要矛盾变化与人的全面发展；发展社会主义市

[①]《习近平在省部级主要领导干部学习贯彻党的十九届六中全会精神专题研讨班开班式上发表重要讲话强调　继续把党史总结学习教育宣传引向深入　更好把握和运用党的百年奋斗历史经验》，《人民日报》2022年1月12日第1版。

[②] 习近平：《在哲学社会科学工作座谈会上的讲话》，《人民日报》2016年5月19日第2版。

场经济，处理好政府与市场关系；推进国家治理体系和治理能力现代化；推进实现共同富裕，取得更为明显的实质进展；构建人类命运共同体；等等。站在新的历史起点上，我们要以强烈的责任感、紧迫感和担当精神，立足中国实际，以马克思主义政治经济学为指导，不断完善中国特色经济学理论体系。

（三）为世界经济贡献中国智慧、中国方案

虽然中国经济学来源于中国特色社会主义经济建设已有的实践，但是另一方面，同样不能单纯认为中国经济学只能是解释和指导当前中国实践的"独门"理论和政策指引，而不可能对其他国家未来经济发展具有理论借鉴意义和实践参考价值。恰恰相反，构建中国经济学的意义和价值，不仅在于系统总结中国社会主义市场经济体制建设的已有经验，指导未来较长一段时间里中国的社会主义经济建设，而且在于通过学理化、系统化的理论构建，通过对市场经济规律一般和特殊的系统分析，为世界经济发展特别是落后国家未来长期经济发展提供中国智慧、中国方案。

伟大的实践孕育伟大的理论，而实践之所以成功，恰好是因为有正确理论的指导。作为全球最大的发展中国家，中国和大部分第二次世界大战之后独立的发展中国家有相似的历史和追求，但中国在更为落后的基础、更为残酷的环境下，在旧中国半殖民地半封建社会的废墟上开辟出来了一条中国特色的社会主义道路，在短短数十年时间里完成了西方发达国家数百年的工业化历程，完成了世界上最大规模人口的脱贫，经济总量跃升世界第二，对世界经济增长贡献率长期超过30%。在这一过程中，中国也曾经面临许多发展中国家发展初期面临的困境，如工业化和城市化水平低，典型二元经济特征；社会阶层横向和纵向流动不充分，生产率水平低下等；也曾经面临发展过程中出现的许多问题，如环境污染、收入差距过大等；还曾经面临更多发展中国家未曾出现过的问题和经历过的挑战。如在一个人口规模巨大、生产力发展水平底下且极不平衡的国家搞现代化；处于冷战环境，面对保护主义、单边主义的挑战等；在复杂多变的国际国内环境下，中国经济始终保持良好的发展态势，保持了社会稳定和政治稳定，这充分说明，只要找到合适的方案，发展中国家同样可以实现经济社会的持续、快速和健康发展。

值得指出的是，中国经济学为世界经济发展特别是落后国家经济发展展现中国智慧、中国方案，并不能提供包罗一切的、放之四海而皆准（one-fits-all）的具体原理和办法。中国的经济理论与实践的成功本身首先说明了一个基本原则：众多发展中国家在发展之路上，必须结合本国实际，融汇本国历史、文化和社会的有益元素，保持充分的自主性，而不是简单照搬别国的经济发展理论与经验。中国经济发展所取得的伟大成就，不仅说明中国共产党领导、社会主义制度、强有力的政府、以人民为中心、混合所有制经济等特征可以成为现代化的成功元素，而且是必不可少的成功元素；不仅说明社会主义和市场经济可以兼容并存，而且两者可以获得更好、更快和更高质量的发展；不仅说明全球化可以助力后发国家经济发展，而且后发国家可以在这一过程中在保持自主性的前提下，实现合作共赢，共同繁荣；创新、协调、绿色、开放、共享的新发展理念不仅符合中国国情，对发展中国家破解长期发展难题也具有重大借鉴意义，"一带一路"、人类命运共同体、人类文明新形态等倡议和理念不仅对中国的发展具有重大意义，而且能不断加深中国与世界的联系，促进中国与其他国家共同发展，为世界的长期和平与稳定提供中国智慧、做出中国贡献。中国特色社会主义的巨大成就拓展了发展中国家走向现代化的途径，中国发展的经验和理论给世界上那些既希望加快发展又希望保持自身独立性的国家和民族提供了全新选择，为解决人类问题贡献了中国智慧和中国方案。

五　结语

中国社会科学院推出工具类图书《中国经济学手册》，旨在全面回顾、系统反映中国人民在中国共产党的领导下取得的中国经济发展原创性理论成就，推动中国特色社会主义政治经济学学科体系、学术体系、话语体系建设，为中国经济学发展贡献力量，为党的二十大胜利召开献礼！

本手册由中国社会科学院经济研究所组织编撰，由《经济研究》编辑部负责日常事务。手册采用分领域条目列举与说明的方式，条目包括三类：一是理论工作者提出的经济理论和概念；二是党和国家重要政策法规文件提出的经济方针、政策、概念及理论；三是现实中的重要经济现象和问题。在条目选择上力求代表性和权威性，充分反映中国经济学发展各个阶段，特别是新时代以来的主要进展和学术成就，展现真正代表中国经济学的经济概念、理论、问题和政策等；在条目撰写上力求原创性和严谨性，并列出切合、可靠、详尽的文献依据，科学分析中国经济学者在相关中国问题研究方面的贡献。

本手册得到了全国广大科研工作者的热情支持，他们或亲自撰写有关条目，或为相关条目提出宝贵修改意见，或为手册整体编撰提出建议，等等。手册的成功出版是大家共同努力的结果，在此表示衷心感谢与诚挚敬意！

二 改革开放

新时代继续推进改革开放的纲领性文献[*]

习近平总书记在庆祝改革开放40周年大会上的重要讲话，站在新时代党和国家事业发展全局的高度，贯通历史、现实和未来，从理论和实践的结合上全面总结了40年改革开放的光辉历程和伟大成就，精辟阐释了改革开放的宝贵经验和深刻启示，科学回答了一系列方向性、根本性、全局性、战略性重大问题，对建设社会主义现代化强国、实现中华民族伟大复兴作出战略部署。讲话高瞻远瞩、内涵丰富、思想精深，闪耀着马克思主义真理光芒，是指导新时代继续推进改革开放的纲领性文献。

一 40年改革开放光辉历程和伟大成就的全面总结

改革是一个国家、一个民族的生存发展之道。只有顺应历史潮流，积极应变，主动求变，才能与时代同行。习近平总书记在讲话

---

[*] 原文刊载于《人民日报》2018年12月21日第7版。

中指出:"我们党作出实行改革开放的历史性决策,是基于对党和国家前途命运的深刻把握,是基于对社会主义革命和建设实践的深刻总结,是基于对时代潮流的深刻洞察,是基于对人民群众期盼和需要的深刻体悟。"① 这四个"基于"深刻表明,改革开放是我们党顺应历史发展规律、把握历史发展大势、抓住历史变革时机的关键抉择,既反映了历史发展的客观必然性,又体现了我们党奋发有为、锐意进取的主观能动性,是我们党的一次伟大觉醒,孕育了我们党从理论到实践的伟大创造。

改革开放是中国人民和中华民族发展史上一次伟大革命,推动了中国特色社会主义事业的伟大飞跃。党的十一届三中全会的胜利召开,实现了新中国成立以来党的历史上具有深远意义的伟大转折,开启了改革开放和社会主义现代化的伟大征程。经过几代中国共产党人的接续奋斗,从开启新时期到跨入新世纪,从站上新起点到进入新时代,我们党引领人民绘就了一幅波澜壮阔、气势恢宏的历史画卷,谱写了一曲感天动地、气壮山河的奋斗赞歌。特别是党的十八大以来,以习近平同志为核心的党中央以巨大的政治勇气和智慧,提出全面深化改革的总目标是完善和发展中国特色社会主义制度、推进国家治理体系和治理能力现代化,着力增强改革系统性、整体性、协同性,着力抓好重大制度创新,着力提升人民群众获得感、幸福感、安全感,推出1600多项改革方案,啃下了不少硬骨头,闯过了不少急流险滩,改革呈现全面发力、多点突破、蹄疾步稳、纵深推进的局面,推动党和国家事业发生历史性变革、取得历史性成就,推动中国特色社会主义进入了新时代。

40年来,我们党始终坚持解放思想、实事求是、与时俱进、求真务实,坚持马克思主义指导地位不动摇,坚持科学社会主义基本

---

① 习近平:《在庆祝改革开放40周年大会上的讲话》,人民出版社2018年版,第3页。

原则不动摇；始终坚持以经济建设为中心，不断解放和发展社会生产力；始终坚持中国特色社会主义政治发展道路，不断深化政治体制改革；始终坚持发展社会主义先进文化，加强社会主义精神文明建设；始终坚持在发展中保障和改善民生；始终坚持保护环境和节约资源，坚持推进生态文明建设；始终坚持党对军队的绝对领导，不断推进国防和军队现代化；始终坚持推进祖国和平统一大业，实施"一国两制"基本方针；始终坚持独立自主的和平外交政策；始终坚持加强和改善党的领导。习近平同志用这十个方面的"始终坚持"高度概括了 40 年改革开放的光辉历程和伟大成就，鼓舞人心，催人奋进。

改革开放极大改变了中国的面貌、中华民族的面貌、中国人民的面貌、中国共产党的面貌。中华民族迎来了从站起来、富起来到强起来的伟大飞跃，中国特色社会主义迎来了从创立、发展到完善的伟大飞跃，中国人民迎来了从温饱不足到小康富裕的伟大飞跃，中华民族正以崭新姿态屹立于世界的东方。现在，我们比历史上任何时期都更接近中华民族伟大复兴的目标，比历史上任何时期都更有信心、有能力实现这个目标。改革开放是发展中国、发展社会主义、发展马克思主义的强大动力。40 年的伟大实践充分证明：党的十一届三中全会以来我们党团结带领全国各族人民开辟的中国特色社会主义道路、理论、制度、文化是完全正确的，形成的党的基本理论、基本路线、基本方略是完全正确的；中国发展为广大发展中国家走向现代化提供了成功经验、展现了光明前景，是促进世界和平与发展的强大力量，是中华民族对人类文明进步做出的重大贡献；改革开放是党和人民大踏步赶上时代的重要法宝，是坚持和发展中国特色社会主义的必由之路，是决定当代中国命运的关键一招，也是决定实现"两个一百年"奋斗目标、实现中华民族伟大复兴的关键一招。

二 40年改革开放宝贵经验和重要启示的精辟概括

40年来，我们党在带领全党全国各族人民推进改革开放的过程中，积累了弥足珍贵的丰富经验。总结好改革开放的经验和启示，不仅是对40年艰辛探索和实践的最好庆祝，而且能为新时代推进中国特色社会主义伟大事业提供强大动力。

习近平总书记立足于40年伟大实践，高度概括了改革开放的宝贵经验：必须坚持党对一切工作的领导，不断加强和改善党的领导；必须坚持以人民为中心，不断实现人民对美好生活的向往；必须坚持马克思主义指导地位，不断推进实践基础上的理论创新；必须坚持走中国特色社会主义道路，不断坚持和发展中国特色社会主义；必须坚持完善和发展中国特色社会主义制度，不断发挥和增强我国制度优势；必须坚持以发展为第一要务，不断增强我国综合国力；必须坚持扩大开放，不断推动共建人类命运共同体；必须坚持全面从严治党，不断提高党的创造力、凝聚力、战斗力；必须坚持辩证唯物主义和历史唯物主义世界观和方法论，正确处理改革发展稳定关系。这九个"必须坚持"是一个有机统一的整体，具有丰富的思想内涵，是我们党领导改革开放伟大革命的生动记录和智慧结晶，贯穿基本理论、基本路线、基本方略的要求，体现共产党执政规律、社会主义建设规律和人类社会发展规律，必须倍加珍惜、长期坚持，在实践中不断丰富和发展。

这些宝贵经验为新时代继续推进改革开放提供了重要启示：中国共产党领导是中国特色社会主义最本质的特征，是中国特色社会主义制度的最大优势；为中国人民谋幸福，为中华民族谋复兴，是中国共产党人的初心和使命，也是改革开放的初心和使命；创新是改革开放的生命；方向决定前途，道路决定命运；制度是关系党和国家事业发展的根本性、全局性、稳定性、长期性问题；解放和发展社会生产力，增强社会主义国家的综合国力，是社会主义的本质要求和根本任务；开放带来进步，封闭必然落后；打铁必须自身硬，办好中国的事情，关键在党，关键在坚持党要管党、全面从严治党；我国是一个大国，决不能在根本性问题上出现颠覆性错误。这些重要启示是党和人民弥足珍贵的精神财富，标志着我们党对改革开放的理论探索和规律性认识达到了一个新的历史高度，对新时代坚持和发展中国特色社会主义有着极为重要的指导意义，能够引导广大干部群众增强"四个意识"、坚定"四个自信"，为夺取新时代中国特色社会主义伟大胜利而努力奋斗。

我们党不仅善于总结经验，而且善于把经验升华为理论，不断丰富马克思主义理论宝库。习近平总书记的重要讲话展现了我们党在改革开放进程中的理论创新逻辑和重大创新成果：勇敢推进理论创新、实践创新、制度创新、文化创新以及各方面创新，不断赋予中国特色社会主义以鲜明的实践特色、理论特色、民族特色、时代特色；坚持理论联系实际，及时回答时代之问、人民之问，积极探索共产党执政规律、社会主义建设规律、人类社会发展规律；不断推进马克思主义中国化时代化大众化，创立了邓小平理论、"三个代表"重要思想、科学发展观、习近平新时代中国特色社会主义思想，不断开辟马克思主义发展新境界。

实践发展永无止境，解放思想永无止境，理论创新永无止境。面对新时代的任务和要求，习近平总书记明确提出了继续推进理论创新的重大任务："发展21世纪马克思主义、当代中国马克思主义，是当代中国共产党人责无旁贷的历史责任。"[①] 我们要强化问题

[①] 《习近平谈治国理政》第3卷，外文出版社2020年版，第183页。

意识、时代意识、战略意识，用深邃的历史眼光、宽广的国际视野把握事物发展的本质和内在联系，紧密跟踪亿万人民的创造性实践，借鉴吸收人类一切优秀文明成果，不断回答时代和实践给我们提出的新的重大课题，让当代中国马克思主义放射出更加灿烂的真理光芒。

三　新时代继续推进改革开放的宣言书和行动纲领

习近平总书记的重要讲话宣示了新时代继续推进改革开放的决心和信心。他指出："改革开放已走过千山万水，但仍需跋山涉水，摆在全党全国各族人民面前的使命更光荣、任务更艰巨、挑战更严峻、工作更伟大。"[①] 推进改革开放，不仅顺应我国人民要发展、要创新、要美好生活的历史要求，而且契合世界各国人民要发展、要合作、要和平生活的时代潮流。改革开放不仅使中国大踏步赶上了时代，而且使中国更加自信地引领时代。改革开放铸就的伟大改革开放精神，成为当代中国人民最鲜明的精神标识。新时代继续推进改革开放的强大动力来自我们的信仰、信念、信心。无论过去、现在还是将来，对马克思主义的信仰，对中国特色社会主义的信念，对实现中华民族伟大复兴的信心，都是指引和支撑中国人民站起来、富起来、强起来的强大精神力量，也是继续推进改革开放的强大精神力量。

讲话发出了新时代继续推进改革开放的攻坚动员令。习近平同志指出："我们现在所处的，是一个船到中流浪更急、人到半山路更陡的时候，是一个愈进愈难、愈进愈险而又不进则退、非进不可

[①] 习近平：《在庆祝改革开放40周年大会上的讲话》，人民出版社2018年版，第41页。

的时候。"① 新时代改革开放要进一步解放思想，冲破思想观念的障碍，突破利益固化的藩篱，找准突破的方向和着力点，拿出创造性的举措。新时代改革开放要聚力于过险滩和啃硬骨头，既要面对前进道路上难以想象的惊涛骇浪，不断回答时代和实践给我们提出的新的重大课题、应对重大风险挑战，又要回答改什么、怎么改，解决好人民日益增长的美好生活需要和不平衡不充分的发展之间的矛盾。社会主义是干出来的，新时代也是干出来的。新时代改革开放绝不能有丝毫犹豫不决、徘徊彷徨，我们必须苦干、实干，干出一番新天地。

讲话阐明了新时代继续推进改革开放的现实路径。全面深化改革的总目标是完善和发展中国特色社会主义制度，推进国家治理体系和治理能力现代化。围绕这一总目标，要加快形成系统完备、科学规范、运行有效的制度体系，推动中国特色社会主义制度更加成熟、更加定型。必须毫不动摇巩固和发展公有制经济，毫不动摇鼓励、支持、引导非公有制经济发展，使市场在资源配置中起决定性作用，更好发挥政府作用；坚持党的领导、人民当家作主、依法治国有机统一，坚持和完善中国特色社会主义根本政治制度和基本政治制度，切实保证人民当家作主；加强文化领域制度建设，努力创造光耀时代、光耀世界的中华文化；加强社会治理制度建设，促进社会公平正义和安定有序；加强生态文明制度建设，把伟大祖国建设得更加美丽；落实新时代党的建设总要求，保持党的先进性和纯洁性，为全面深化改革提供坚强政治保证。

讲话诠释了新时代继续推进改革开放的科学方法。习近平同志指出："必须坚持辩证唯物主义和历史唯物主义世界观和方法论，

---

① 习近平：《在庆祝改革开放 40 周年大会上的讲话》，人民出版社 2018 年版，第 41 页。

正确处理改革发展稳定关系。"① 我们要站在历史发展长河中把握改革开放的未来趋势、发展方向、客观规律，增强战略思维、辩证思维、创新思维、法治思维、底线思维。要坚持加强党的领导和尊重人民首创精神相结合，坚持"摸着石头过河"和顶层设计相结合，坚持问题导向和目标导向相统一，坚持试点先行和全面推进相促进，既鼓励大胆试、大胆闯，又坚持实事求是、善作善成，确保改革开放行稳致远。要不断提高改革决策的科学性，着力增强改革系统性、整体性、协同性，促进各项改革举措在政策取向上相互配合、在实施过程中相互促进、在改革成效上相得益彰，朝着全面深化改革总目标聚焦发力。

"四十载惊涛拍岸，九万里风鹏正举。"习近平总书记的重要讲话既是改革开放40年历史足音的回荡，又吹响了新时代改革开放再出发的号角。我们要紧密团结在以习近平同志为核心的党中央周围，高举中国特色社会主义伟大旗帜，坚持以习近平新时代中国特色社会主义思想为指导，在新时代的"接力跑"中将改革开放进行到底，夺取新的更大胜利，创造新的更大奇迹！

---

① 习近平：《在庆祝改革开放40周年大会上的讲话》，人民出版社2018年版，第36页。

深入学习习近平总书记关于
改革开放的重要思想*

2016年5月17日，习近平总书记主持哲学社会科学工作座谈会并发表重要讲话，深刻地阐明了新时代哲学社会科学的重要地位作用、指导思想、主攻方向和基本方针，提出了加快构建中国特色哲学社会科学的战略任务。2017年5月17日，习近平总书记专门就中国社会科学院建院40周年发来贺信，对中国社会科学院的同志们和广大哲学社会科学工作者提出了殷切希望，发出了"繁荣中国学术、发展中国理论、传播中国思想"的号召。在这样一个具有特殊意义的日子，举办2018年经济研究高层论坛，意义重大。

2018年是我国改革开放40周年。以党的十一届三中全会为标志，我国开启了改革开放波澜壮阔的历史进程。正如习近平总书记所说，从农村到城市，从试点到推广，从经济体制改革到全面深化改革，40年众志成城，40年砥砺奋进，40年春风化雨，中国人民用双手书写了国家和民族发展的壮丽史诗。

党的十八大以来，以习近平同志为核心的党中央，举旗定向、

---

* 节选自作者2018年5月17日在"经济研究高层论坛2018"上的演讲。

谋篇布局，坚定不移全面深化改革，创造和积累了一系列改革的新鲜经验，创造性地提出了一系列新的重要思想、重要观点、重大论断、重大举措，回答了向什么方向改、为谁改、改什么、怎么改等重大理论和实践问题，形成了习近平新时代关于改革开放的重要思想，成为习近平新时代中国特色社会主义思想的重要组成部分。

一　改革开放是党在新的时代条件下带领人民进行的新的伟大革命

习近平总书记指出，改革开放是党和人民事业大踏步赶上时代的重要法宝，是党和国家保持生机活力的关键，是当代中国最鲜明的特色，也是当代中国共产党人最鲜明的品格。改革开放是决定当代中国命运的关键一招，也是实现"两个一百年"奋斗目标、实现中华民族伟大复兴的关键一招。只有改革开放才能发展中国、发展社会主义、发展马克思主义。没有改革开放，就没有中国的今天，也就没有中国的明天。总书记强调，全面深化改革，关系党和人民事业前途命运，关系党的执政基础和执政地位。在整个社会主义现代化进程中，我们都要高举改革开放的旗帜，决不能有丝毫动摇。我们要咬定青山不放松，坚定不移坚持中国特色社会主义道路，坚定不移走改革开放这条正确之路、强国之路、富民之路。逢山开路，遇水架桥，将改革进行到底。进一步解放思想、进一步解放和发展社会生产力、进一步激发和增强社会活力。

二　坚持全面深化改革的正确方向和道路

习近平总书记指出，我们的改革是有方向、有立场、有原则的。我们的改革是在中国特色社会主义道路上不断前进的改革，既不走封闭僵化的老路，也不走改旗易帜的邪路。总书记强调，不实行改革开放死路一条，搞否定社会主义方向的"改革开放"也是死路一条。在方向问题上，我们头脑必须十分清醒。我们的方向就是不断推动社会主义制度自我完善和发展，而不是对社会主义制度改弦更张，要始终牢牢把握改革开放的正确方向。

三　牢牢把握全面深化改革的总目标

习近平总书记指出，要把坚持和完善中国特色社会主义制度，推进国家治理体系和治理能力现代化作为全面深化改革的总目标。国家治理体系和治理能力是一个国家制度和制度执行能力的集中体现。推进国家治理体系和治理能力现代化，是完善和发展中国特色社会主义制度的必然要求，是实现社会主义现代化的应有之义。总书记强调，我们要更好发挥中国特色社会主义制度的优越性，必须从各个领域推进国家治理体系和治理能力现代化。要使各方面制度更加科学、更加完善，实现党、国家、社会各项事务治理制度化、规范化、程序化。提高党领导下科学执政、民主执政、依法执政水平。

四　改革必须以增进人民福祉为出发点和落脚点，紧紧依靠人民推动改革

习近平总书记指出，必须始终把人民利益摆在至高无上的地位，让改革发展成果更多更公平惠及全体人民，朝着实现全体人民共同富裕不断迈进。"人民有所呼，改革就要有所应。"全面深化改革必须以促进社会公平正义、增进人民福祉为出发点和落脚点。这是坚持我们党全心全意为人民服务根本宗旨的必然要求。总书记强

调，要更加有利于实现好、维护好、发展好最广大人民利益。要尊重人民主体地位，发挥群众首创精神。坚持一切为了人民、一切依靠人民，发挥好广大人民群众的积极性、主动性、创造性，把最广大人民智慧和力量凝聚到改革上来，同人民一道把改革推向前进。

五 科学认识和把握全面深化改革规律，坚持正确的方法论

习近平总书记指出，我国改革已进入攻坚期和深水区，进一步深化改革，必须更加注重改革的系统性、整体性、协同性，统筹推进重要领域和关键环节改革。我们在研究和思考全面深化改革问题时，必须科学认识改革的本质要求、把握全面深化改革的内在规律，特别是要把握全面深化改革的重大关系，更加富有成效地把改革推向前进。总书记强调，实践发展永无止境，解放思想永无止境，改革开放也永无止境；改革开放只有进行时，没有完成时，停顿和倒退没有出路。全面深化改革，必须从纷繁复杂的事物表象中把准改革脉搏，把握全面深化改革的内在规律，坚持正确的思想方法，坚持辩证法，正确处理好解放思想和实事求是的关系、整体推进和重点突破的关系、顶层设计和摸着石头过河的关系、胆子要大和步子要稳的关系、改革发展稳定的关系。

六 使市场在资源配置中起决定性作用，更好发挥政府作用

习近平总书记指出，经济体制改革仍然是全面深化改革的重点，经济体制改革的核心问题仍然是处理好政府和市场关系。市场配置资源是最有效率的形式。市场决定资源配置是市场经济的内在

要求和一般规律,但市场机制也有它固有的缺陷和局限。我国实行的是社会主义市场经济体制,在充分发挥市场机制积极作用的同时,还要充分发挥我国社会主义制度的优越性、更好发挥政府的作用。总书记强调,科学的宏观调控,有效的政府治理,是发挥社会主义市场经济体制优势的内在要求。因此,既要用好"看不见的手",也要用好"看得见的手",既要提高经济效益,也要促进社会公平,在改革中不断完善社会主义市场经济体制。

七 推动形成全面开放新格局

开放也是改革。习近平总书记指出,开放带来进步,封闭必然落后。中国开放的大门不会关闭,只会越开越大。经济全球化是社会生产力发展的客观要求和科技进步的必然结果。经济全球化为世界经济增长提供了强劲动力,促进了商品和资本流动、科技和文明进步、各国人民交往,符合各国共同利益。我们的事业是同世界各国合作共赢的事业。国际社会日益成为一个"你中有我,我中有你"的命运共同体。要共同维护和发展开放型世界经济。"一花独放不是春,百花齐放春满园。"我们必须顺应时代潮流,反对各种形式的保护主义,统筹利用国际国内两个市场、两种资源。

八 坚持和加强党对改革开放的全面领导

习近平总书记指出,推进改革的目的是要不断推进我国社会主义制度的自我完善和发展,赋予社会主义新的生机活力。这里面最核心的是坚持和改善党的领导,坚持和完善中国特色社会主义制度,偏离了这一条,那就南辕北辙了。总书记强调,全面深化改革,对党的执政能力和领导水平是一个新的考验,对做好党的建设各项工作提出了新的更高的要求。要着眼于领导好全面深化改革这场攻坚战,加强学习和实践,努力提高各级领导干部的思想政治能力、动员组织能力、驾驭复杂矛盾能力。既要政治过硬,也要本领高强,增强宗旨意识、进取意识、机遇意识、责任意识,团结带领广大人民群众共同把改革蓝图变成现实。

习近平新时代关于改革开放的重要思想,是视野宏阔、思想深邃、理论完备、内容丰富、逻辑严密的科学体系,把我们党对改革开放的规律性认识提升到一个新的高度。这一思想为推进全面深化改革事业指明了前进方向,提供了重要遵循。

全方位理解改革开放 40 年来的中国发展[*]

党的十九大报告指出，经过长期努力，中国特色社会主义进入新时代，伟大的中华民族迎来了从站起来、富起来到强起来的伟大飞跃。中国仍处于并将长期处于社会主义初级阶段的基本国情没有变，中国是世界上最大发展中国家的国际地位没有变。这为我们正确认识中国发展实际，准确把握中国国际地位指明了方向。

一 改革开放 40 年，中国取得了伟大的历史性成就

一是经济持续快速增长，发展质量不断提高。改革开放 40 年来，中国人民始终坚持以经济建设为中心，经济持续快速增长，社会生产力得到极大解放和发展。2017 年，按不变价格计算的 GDP 比 1978 年增长了 33.5 倍，年均增长 9.5%，书写了人类发展史上的辉煌篇章。

---

[*] 节选自作者 2018 年 11 月 27 日在"中国经济运行与政策国际论坛 2018（中国香港）"上的演讲。原文刊载于《紫荆》2019 年第 1 期。

40年来，中国持续推动工业化进程，经济结构不断优化升级，发展质量和效益不断提升。1978—2017年，第一、第二和第三产业增加值占国内生产总值的比重分别从27.7%、47.7%和24.6%调整至7.9%、40.5%和51.6%。农业现代化稳步推进，粮食生产能力屡创新高，中国人的饭碗牢牢端在自己手里。在新中国成立后打下的工业基础上，我们加快发展工业，逐步形成了门类齐全、结构较为均衡的现代化工业体系，成功实现了从农业大国向工业大国的历史性转变。数字经济等新兴产业蓬勃发展，交通、通信、能源、城市基础设施建设快速推进，不断完善。创新型国家建设成果丰硕，近年来天宫、蛟龙、天眼、悟空、墨子、大飞机、高铁、特高压等重大科技成果相继问世。

40年来，中国经历了人类历史上最快速的城镇化，常住人口城镇化率年均提高1个百分点，京津冀、长三角、珠三角等大城市群成为带动中国经济快速发展的增长极。乡村发展呈现新面貌，城乡生产要素配置显著提高，城乡居民收入差距逐步缩小，城乡关系已由改革开放前的城乡分割向城乡一体化协调发展转变。区域经济协调性不断增强。新型工业化和城镇化相互促进，城乡面貌发生了举世瞩目的历史性变化。

党的十八大以来，习近平主席提出创新、协调、绿色、开放、共享的新发展理念，进一步指明了中国经济长期健康发展的正确方向。

二是融入世界经济体系，推动形成全面开放新格局。40年来，中国始终坚持对外开放的基本国策，顺应并引领经济全球化进程，成功实现从封闭半封闭到全方位开放的伟大转变，综合国力不断增强。1978—2017年，中国GDP年均增速高于世界平均水平6.6个百分点，经济总量从位居世界第11位成长为世界第二大经济体，占世界经济总量的比重从1.8%提高到15%。

40 年来，特别是加入世界贸易组织以来，中国深入推动贸易自由化便利化，货物进出口总额占世界的比重由 1978 年的 0.8% 上升为 2017 年的 11.5%。一般贸易占比超过加工贸易，以电子和信息技术为代表的高新技术产品出口占比稳步提高，中国外贸竞争新优势不断提升。服务贸易进出口总额从世界第 34 位上升为世界第 2 位。随着经济发展与开放水平的提升，中国实现了从外汇短缺国向世界第一外汇储备大国的转变。人民币已经成为全球主要贸易融资货币、外汇交易货币和支付货币之一，并于 2016 年 10 月被正式纳入国际货币基金组织特别提款权货币篮子。中国还积极打造国际合作新平台，提出"一带一路"倡议，发起创立了亚洲基础设施投资银行和金砖国家新开发银行，为全球合作发展增添新动力。

40 年来，中国不断优化投资环境，一直是最受外资青睐的投资国之一。按照联合国贸发会的数据，1979—2017 年，中国吸引外商直接投资年均增长 46.1%，利用外资规模不断扩大。近年来，中国高技术产业对外资的吸引力不断增强，中西部地区成为实际利用外资的重点地区，全国利用外资结构日趋优化。中国坚持"引进来"和"走出去"相结合，已经成为世界第二大对外投资国和资本净输出国。

三是人民生活显著改善，脱贫攻坚成效卓著。40 年来，中国始终坚持以人民为中心的发展思想，人民生活发生了翻天覆地的变化。1978—2017 年，中国就业人员年均增长近 1000 万人，大量农村富余劳动力向高效率、高收入的非农产业转移，全国居民人均可支配收入从 171 元大幅增长至 25974 元，年均实际增长 8.5%，人民生活从温饱不足迈向全面小康。40 年来，特别是党的十八大以来，中国实施精准扶贫、精准脱贫，坚决打赢脱贫攻坚战，取得巨大成就。按照 2010 年标准，中国农村 7.4 亿人口摆脱绝对贫困，贫困发生率从 97.5% 显著下降至 3.1%，对全球减贫贡献超过 70%，创造了人类减贫史上的奇迹。这为2020年全面建成小康社会奠定了坚实基础，届时中国将在中华民族历史上首次整体消除绝对贫困现象。

40年来，中国逐步建成了世界上最大的社会保障安全网，社会事业不断发展。城镇职工基本养老保险、失业保险、工伤保险等从无到有，从小到大，基本实现了全民医保。居民预期寿命由1981年的67.8岁提高到2017年的76.7岁。全国15岁及以上人口平均受教育年限由1982年的5.3年提高到2017年的9.6年，劳动年龄人口平均受教育年限达到10.5年。义务教育进入全面普及巩固新阶段，高等教育向普及化阶段快速迈进，中国正在从人口大国向人力资源大国转变。

改革开放40年，中国发展取得的成就是全方位的、开创性的，中国的变革是深层次的、根本性的。这一切成就，都源于我们选择了符合中国国情的发展道路，坚持了改革开放的基本国策，顺应了和平发展合作的时代潮流。

二 全球经济新格局下，中国仍然是发展中国家

随着中国综合国力和国际地位不断提升，近年来出现了一些质疑"中国仍然是发展中国家"的声音。对中国这样一个地域辽阔、人口众多的国家而言，如果不进行全面、立体、多角度的观察，那么判断其发展阶段就容易出现偏差。

一是只看到单一的总量指标，忽视了中国人均发展指标较低的现实。中国人民以自己的汗水和智慧，成长为世界第二大经济体、第一大工业国、第一大货物贸易国、第一大外汇储备国。一些观点认为，像中国这么大的体量，不是一个发展中国家所能够达到的。

事实上，权威的国际机构按照以人为本的发展理念，衡量发展水平最权威的标准并不是总量指标，而是人均指标。中国是世界上人口最多的国家，以人均指标度量，今天的中国仍处于全球中等发展水平。按照世界银行的图集法，2017年中国人均国民收入为8690美元，低于世界平均水平的10366美元，仅为美国的15%，距离高收入经济体门槛的12235美元还有较大差距，在189个经济体中排名第70位。即便按照购买力平价计算，2017年中国人均国民收入为16760国际元，全球排名第77位。根据联合国开发计划署发布的"人类发展指数"，1990—2018年，中国的该指数从0.502稳步提高到0.752，目前在联合国的189个成员中排名第86位，距离人类发展程度门槛"非常高"的0.8还存在较大差距。同时，在国际货币基金组织、世界贸易组织、联合国贸易和发展会议、联合国统计署、国际标准化组织等国际组织中，中国均位列"发展中国家"或"新兴市场与发展中国家"之列。这些都说明，中国的发展中国家地位是存在广泛的国际共识并被高度认可的。

二是只看到局部的发达地区，忽视了中国区域和城乡发展不平衡的现实。一些观察家仅看到中国部分现代化的国际大都市，看到中国奢侈品和高档汽车等消费增长较快，便认为中国已经是高收入发达国家。但事实上，中国还有近6亿农民、2亿多农民工，生产生活条件远未达到城市居民水平。更不应该忽视的是，中国还有3000万左右建档立卡的农村贫困人口，人均年收入不到3000元人民币。如果按照世界银行的标准，中国贫困人口群体还要更大。全国还有8500万左右的残疾人。在全社会层面，居民财富积累仍然薄弱，总体生活水平同发达国家相比仍有较大差距，教育、医疗、住房、社会保障、食品安全、生态环境等领域的民生建设任重道远。因此，既要看到在中国大地上崛起了少数现代化的世界城市，更要看到辽阔的大地上仍有近600个国家级贫困县；既要看到现代交通方式拉近了中国城市间的距离，更要看到广大农村和一些偏远地区基础设施和公共服务仍很落后；既要看到一部分先富起来的中国人民享受了丰裕的生活，更要看到还有数以千万计的人民仍生活在贫困线以下。

三是只看到贸易规模的增长，忽视了中国在全球价值链中仍处于中低端的现实。一些人士看到中国货物出口快速增长，少数中国高端产品开始受到市场青睐，便主观认为中国已经是发达国家了。实际上，中国产业自主创新能力偏弱，高端装备制造业和生产性服务业发展滞后，产品档次偏低，缺乏世界知名品牌，总体上还处于全球价值链的中低端，与世界工业强国相比还有较大差距。近年来，由 OECD 和 WTO 合作推出的"贸易增加值核算"方法，是计算各国参与国际分工的实际地位和收益的权威方法。以中美贸易为例，2016 年根据该方法计算的中国对美国的贸易差额为 1394 亿美元，仅为按照传统海关贸易总值统计的 55.6%。可见，中国贸易规模的庞大掩盖了贸易附加值偏低的事实，严重高估了中国在全球分工中的地位和收益。在客观度量中国在全球产业链中真实地位方面，另一个广为接受的案例，便是美国苹果公司的 iPhone 手机。按照全球价值链分解，中国组装一部 iPhone 手机所获得的附加值，仅为其批发价的 3.6%，其余大部分的附加值则被美国、日本和德国等工业强国所占有。在这种情况下，中国产品出口规模越大，发达国家实际获得的附加值越多。

四是只看到中国在促进全球发展中的作用不断增强，忽视了中国参与全球治理的话语权不强的现实。一些人士认为中国对外援助快速增长，且已成为资本净输出国，与其发展中国家身份不相符。实际上，中国在对外经济合作中讲求"授人以鱼，不如授人以渔"，帮助受援国提高自主发展能力，在互惠发展中共同进步。更不容忽视的是，当今世界正在发生广泛、深刻且复杂的变化，但全球治理体系及其规则仍然是由发达经济体主导的，中国在很多情况下仍然是现行规则的接受者。在推动全球治理体系变革方面，发达经济体在市场准入、知识产权、环境保护、最惠国待遇、技术援助等规则的制定上仍具有明显优势，中国和其他发展中国家的话语权都还有待提高。

总之，无论是从中国要务实解决自身发展不平衡不充分的问题看，还是从全球相对发展水平与治理体系的实践看，中国目前是并且在未来相当长一段时间内仍是一个发展中国家，发展仍然是解决中国所有问题的关键。对于那些质疑中国是发展中国家的论调，既有罔顾中国发展实际造成的认知偏差因素，也有个别国家出于私利而罔顾国际道义的价值偏差因素。这也凸显了推动全球治理体系朝着更加公正合理方向变革的必要性、紧迫性。

三 进入新时代，中国将担负起与实力和权利相适应的国际责任与使命

目前，中国的发展中国家地位仍未发生改变，但同时中国又是一个举足轻重的全球性大国。作为世界第二大经济体，中国在国际社会逐步展现出负责任大国形象。与此同时，作为发展中国家的一员，中国发展不平衡不充分的一些突出问题尚未解决，满足人民日益增长的美好生活需要还存在许多制约因素，承担的国际责任要与国家实力和国际权利相适应。在新的时期，作为一个负责任大国，中国将与世界共享改革开放的历史经验，履行与自身实力和发展阶段相适应的国际责任。

首先，中国将积极推动建设开放型世界经济。过去40年来，中国经济的巨大成就是在改革开放的进程中实现的。历史一再证明，封闭最终只能走进死胡同，只有开放合作，道路才能越走越宽。如

今，中国提出了"发展更高层次的开放型经济""推动形成全面开放新格局"和"推动建设开放型世界经济"等新的重大举措。这是经济全球化时代中国分享给世界各国的宝贵经验。经济全球化是历史大势，能为世界经济增长提供强劲动力，并促进商品和资本流动、科技和文明进步、各国人民交往，因此符合各国共同利益。但在不公正、不合理的国际经济旧秩序未能得到根本改变的情况下，经济全球化深入发展加剧了国际竞争和世界经济的不平衡和不平等，也给世界经济带来了许多新的风险和挑战。一些国家大肆推行单边主义和保护主义，经济全球化和开放型世界经济因此经受前所未有的挑战。在此背景下，中国坚持开放的政策取向，旗帜鲜明反对保护主义、单边主义，提升多边和双边开放水平，推动各国经济联动融通，共同建设开放型世界经济。中国举办全球首个以进口为主题的国家级博览会，主动向世界打开开放之门，将助力建设一个开放、包容、普惠、平衡、共赢的经济全球化。

其次，中国将积极促进世界各国共同发展。人类只有一个地球，各国共处一个世界。追求幸福生活是各国人民共同愿望。共同发展是持续发展的重要基础，让各国人民共享经济全球化和世界经济增长成果符合各国人民长远利益和根本利益。40年来，在经济发展方面，中国积累了丰富的经验。并且，作为一个发展中国家，中国的发展经验能够为其他发展中国家提供更加重要的参考和启示。当前，中国正处于着力推进供给侧结构性改革、加快新旧发展动能接续转换和经济结构加快优化升级的关键时期。中国提出的新发展理念和具体落实行动将为那些正面临经济转型和经济发展动力不足的国家提供新的发展思路。总之，世界繁荣稳定是中国的机遇，中国发展也是世界的机遇。在经济全球化深入发展的今天，弱肉强食、赢者通吃是一条越走越窄的死胡同，包容普惠、互利共赢才是越走越宽的人间正道。

最后，中国将积极推动构建人类命运共同体。当前，全人类正面临和平赤字、发展赤字、治理赤字的严峻挑战。在一个世界各国高度相互依存和全球性问题日益凸显的时代，任何国家都不可能独善其身，并且一些长期处于世界体系边缘的发展中国家也能够在全球经济体系中发挥不可替代的作用。然而，一些国家人类命运共同体的意识淡薄，以强国自居，为了实现自身利益而不惜以牺牲他国利益为代价。坚持多边主义，谋求共商共建共享，建立紧密伙伴关系，构建人类命运共同体，成为新形势下全球经济治理的必然趋势。2013年，习近平主席提出"一带一路"倡议，在共商共建共享原则下致力于推动实现中国与世界的互利共赢。"一带一路"倡议顺应了全球治理体系变革的内在要求，彰显了同舟共济、权责共担的命运共同体意识，为完善全球治理体系变革提供了新思路、新方案。

当前，中国已开启全面深化改革开放的新征程。中国开放的大门不会关闭，只会越开越大。这是中国经济实现高质量发展的必由之路。新时代的中国将在创新、协调、绿色、开放、共享的发展理念指引下，不断激发增长动力和市场活力，积极营造稳定公平透明、可预期的营商环境，大力建设共同发展的对外开放格局，促进全球经济治理体系改革，共商共建共享"一带一路"倡议，为世界各国的发展和繁荣注入新的动力。

扎根改革开放新实践
开辟 21 世纪马克思主义新境界[*]

2018 年 12 月 18 日，党中央隆重举行庆祝改革开放 40 周年大会，习近平总书记发表了重要讲话，宣示了新时代继续推进改革开放的决心和信心，发出了新时代继续推进改革开放的攻坚动员令。

改革开放是党和人民大踏步赶上时代的重要法宝，是坚持和发展中国特色社会主义的必由之路，是决定当代中国命运的关键一招，是决定实现"两个一百年"奋斗目标、实现中华民族伟大复兴的关键一招，也是推动马克思主义中国化不断前进的动力源泉。正如习近平总书记在庆祝改革开放 40 周年大会上的讲话中所强调的，改革开放是我们党的一次伟大觉醒，正是这个伟大觉醒孕育了我们党从理论到实践的伟大创造。我们坚持理论联系实际，及时回答时代之问、人民之问，廓清困扰和束缚实践发展的思想迷雾，不断推进马克思主义中国化时代化大众化，不断开辟马克思主义发展新境界。

---

[*] 节选自作者 2018 年 12 月 26 日在"改革开放 40 年与马克思主义中国化——庆祝改革开放 40 周年学术研讨会"上的演讲。原文刊载于旗帜网。

一 改革开放是马克思主义中国化伟大实践成果

马克思主义是实践的理论，也是不断发展的开放的理论。马克思主义中国化的进程，本质上是马克思主义理论创新与中国革命、建设和改革实践创新相互作用、相互促进的历程。40年来的改革开放，就是马克思主义基本原理与中国具体实践相结合，推进马克思主义中国化的实践成果。

改革开放是建立在科学认识党和国家所处历史方位基础之上的。党的十一届三中全会以来，我们党把正确认识和分析党和国家所处的历史方位作为制定方针政策的重要依据，作出了我国处于并将长期处于社会主义初级阶段的科学判断，为推进马克思主义中国化、坚持改革开放奠定了重要理论基石。解决社会主义初级阶段的基本矛盾，不断解放和发展社会生产力，建立起充满生机和活力的体制机制，让制度更加成熟、更加定型，进行改革开放是必然选择。这正是40年来改革开放已经、正在和今后还要继续做的事情。

改革开放是建立在坚持问题导向、解决问题的基础上的。坚持问题导向是马克思主义的鲜明特点。问题是创新的起点，也是创新的动力源。40年来的改革开放，就是不断研究解决我国发展和我们党执政面临的重大理论和实践问题的过程。在对内改革的同时，我们党确立对外开放的基本国策，坚持互利共赢的开放战略，不断拓展同世界各国的合作，积极参与全球治理，在更多领域、更高层面上实现合作共赢、共同发展。

二 改革开放不断推动马克思主义中国化实现历史性飞跃

我们党是高度重视理论指导并在实践中不断推进理论创新的马克思主义政党。改革开放40年的伟大实践，成功地开辟了中国特色社会主义道路，形成了中国特色社会主义理论体系，有力地推动了马克思主义中国化的发展。

党的十一届三中全会以来，我们党进行艰辛理论探索，取得了重大理论创新成果，形成了邓小平理论、"三个代表"重要思想、科学发展观、习近平新时代中国特色社会主义思想。习近平新时代中国特色社会主义思想是马克思主义中国化的最新成果，是当代中国马克思主义、21世纪马克思主义，是马克思主义中国化的又一次历史性飞跃。这些重大理论成果既一脉相承又与时俱进，体现了改革开放以来我们党理论创新成果的科学性体系、阶段性成果和发展性要求的内在统一，使马克思主义中国化不断达到新境界，指引中华民族大踏步赶上时代前进潮流、迎来伟大复兴的光明前景！

三 以改革开放继续推进马克思主义中国化

改革开放没有止境，理论创新也没有止境。世界每时每刻都在发生变化，中国也每时每刻都在发生变化，我们必须在理论上跟上时代，在新的历史方位上锲而不舍推进马克思主义中国化，使马克思主义在改革开放的伟大进程中放射出更加灿烂的真理光芒。

马克思主义中国化的核心是"马克思主义"，而不是什么别的主义。马克思主义是我们党和人民事业不断发展的参天大树之根本，是我们党和人民不断奋进的万里长河之泉源。背离或放弃马克思主义，我们党就会失去灵魂、迷失方向。在坚持以马克思主义为指导这一根本问题上，我们必须坚定不移，任何时候任何情况下都不能动摇。

马克思主义中国化的关键是把马克思主义基本原理同当代中国具体实践相结合。要立足改革开放的生动实践，以我们正在做的事情为中心，聆听人民心声，回应现实需要，深入总结中国特色社会主义实践，不断深化对共产党执政规律、社会主义建设规律、人类社会发展规律的认识，不断开辟当代中国马克思主义、21世纪马克思主义新境界，使马克思主义充分彰显中国特色、中国风格、中国气派。

《中国改革开放：实践历程与理论探索》序言[*]

中国的改革开放已经走过40余年的光辉历程。改革是一个国家、一个民族的生存发展之道。只有顺应历史潮流，积极应变，主动求变，才能与时代同行。习近平总书记在庆祝改革开放40周年大会上的讲话中指出："我们党作出实行改革开放的历史性决策，是基于对党和国家前途命运的深刻把握，是基于对社会主义革命和建设实践的深刻总结，是基于对时代潮流的深刻洞察，是基于对人民群众期盼和需要的深刻体悟。"[①] 习近平总书记的讲话深刻表明，改革开放是我们党顺应历史发展规律、把握历史发展大势、抓住历史变革时机的关键抉择，既反映了历史发展的客观必然性，又体现了我们党奋发有为、锐意进取的主观能动性，是我们党的一次伟大觉醒，孕育了我们党从理论到实践的伟大创造。

改革开放是中国人民和中华民族发展史上一次伟大革命，推动了中国特色社会主义事业的伟大飞跃。党的十一届三中全会的

---

[*] 本文系《中国改革开放：实践历程与理论探索》（中国社会科学出版社2021年版）的序言。
[①] 习近平：《在庆祝改革开放40周年大会上的讲话》，人民出版社2018年版，第2页。

胜利召开，实现了新中国成立以来党的历史上具有深远意义的伟大转折，开启了改革开放和社会主义现代化的伟大征程。经过几代中国共产党人的接续奋斗，从开启新时期到跨入新世纪，从站上新起点到进入新时代，我们党引领人民绘就了一幅波澜壮阔、气势恢宏的历史画卷，谱写了一曲感天动地、气壮山河的奋斗赞歌。

特别是党的十八大以来，以习近平同志为核心的党中央以巨大的政治勇气和智慧，提出全面深化改革的总目标是完善和发展中国特色社会主义制度、推进国家治理体系和治理能力现代化，着力增强改革系统性、整体性、协同性，着力抓好重大制度创新，着力提升人民群众获得感、幸福感、安全感，推出1600多项改革方案，啃下了不少硬骨头，闯过了不少急流险滩，改革呈现全面发力、多点突破、蹄疾步稳、纵深推进的局面，推动党和国家事业发生历史性变革、取得历史性成就，推动中国特色社会主义进入了新时代。

改革开放极大改变了中国的面貌、中华民族的面貌、中国人民的面貌、中国共产党的面貌。中华民族迎来了从站起来、富起来到强起来的伟大飞跃，中国特色社会主义迎来了从创立、发展到完善的伟大飞跃，中国人民迎来了从温饱不足到小康富裕的伟大飞跃，中华民族正以崭新姿态屹立于世界的东方。现在，我们比历史上任何时期都更接近中华民族伟大复兴的目标，比历史上任何时期都更有信心、有能力实现这个目标。改革开放是发展中国、发展社会主义、发展马克思主义的强大动力。

40余年的伟大实践充分证明：党的十一届三中全会以来我们党团结带领全国各族人民开辟的中国特色社会主义道路、理论、制度、文化是完全正确的，形成的党的基本理论、基本路线、基本方略是完全正确的；中国发展为广大发展中国家走向现代化提供了成功经验、展现了光明前景，是促进世界和平与发展的强大力量，是中华民族对人类文明进步做出的重大贡献；改革开放是党和人民大踏步赶上时代的重要法宝，是坚持和发展中国特色社会主义的必由之路，是决定当代中国命运的关键一招，也是决定实现"两个一百年"奋斗目标、实现中华民族伟大复兴的关键一招。

40余年来，我们党在带领全党全国各族人民推进改革开放的过程中，积累了弥足珍贵的丰富经验。习近平总书记在庆祝改革开放40周年大会上的讲话，高度概括了改革开放的宝贵经验：必须坚持党对一切工作的领导，不断加强和改善党的领导；必须坚持以人民为中心，不断实现人民对美好生活的向往；必须坚持马克思主义指导地位，不断推进实践基础上的理论创新；必须坚持走中国特色社会主义道路，不断坚持和发展中国特色社会主义；必须坚持完善和发展中国特色社会主义制度，不断发挥和增强我国制度优势；必须坚持以发展为第一要务，不断增强我国综合国力；必须坚持扩大开放，不断推动共建人类命运共同体；必须坚持全面从严治党，不断提高党的创造力、凝聚力、战斗力；必须坚持辩证唯物主义和历史唯物主义世界观和方法论，正确处理改革发展稳定关系。

习近平总书记在经济社会领域专家座谈会上的重要讲话中强调："新时代改革开放和社会主义现代化建设的丰富实践是理论和政策研究的'富矿'"。以中国社会科学院研究人员为主体的一批作者，深入学习习近平总书记关于改革开放宝贵经验讲话精神，从不同的领域回顾了改革的历程，尝试对改革的经验做出专业角度的解释，不仅讲述改革过程中重要事件和具体举措，也尝试探索相关改革背后的逻辑和规律,把讲述改革的故事、总结改革的经验与提升改革过程中蕴含的中国智慧和中国方案结合起来。摆在读者面前以《中国改革开放:实践历程与理论探索》为题的这本专著,就是这些研究成果的结晶。

三 构建新发展格局与推动高质量发展

准确把握构建新发展格局的
核心要义与丰富内涵[*]

2020年上半年以来，习近平总书记多次强调，要"加快构建以国内大循环为主体、国内国际双循环相互促进的新发展格局。"[①] 这是以习近平同志为核心的党中央根据我国发展阶段、环境、条件变化，特别是基于我国比较优势变化，审时度势作出的重大决策。我们要站在全局高度，深入学习和准确把握加快构建新发展格局的核心要义和丰富内涵，牢牢把握"十四五"时期的逻辑主线，统一思想、同心协力，为全面建设社会主义现代化国家开好局、起好步。

一 构建新发展格局是把握发展主动权的先手棋

当前，世界百年未有之大变局进入加速演变期，新一轮科技革

---

[*] 原文刊载于《经济日报》2021年3月28日第1版。
[①] 《〈中共中央关于制定国民经济和社会发展第十四个五年规划和二〇三五年远景目标的建议〉辅导读本》，人民出版社2020年版，第45页。

命和产业变革前沿领域的竞争加剧,经济全球化遭遇逆流,民粹主义、排外主义抬头,保护主义、单边主义、霸权主义对世界和平与发展构成威胁,国际格局发生深刻复杂调整。新冠肺炎疫情大流行影响广泛深远,对世界经济造成了严重冲击,商品和服务跨区域流通不畅,各国内顾倾向上升,全球产业链供应链出现本地化、周边化和分散化趋势。当前及未来一个时期,我国发展面临的不稳定性和不确定性增加。在全面建设社会主义现代化国家的历史进程中,我们不仅要在正常的国际环境下参与国际竞争,而且要在风云变幻的情况下维护国家安全、防范化解外部风险。

面对日益错综复杂的外部环境,习近平总书记鲜明提出加快构建新发展格局,就是要坚持底线思维谋发展,使国内供给和需求对经济循环起主要支撑作用,通过强大的国内经济循环体系和稳固的基本盘,形成对全球要素资源的强大吸引力,增强在激烈国际竞争中的核心竞争力,提升在全球资源配置中的强大推动力,化解外部冲击和外需下降带来的风险,在极端情况下保证我国经济基本正常运行和社会大局总体稳定,确保中华民族伟大复兴进程不断推进。

二 构建新发展格局是全面实现中国式现代化的必然选择

为人民谋幸福、为民族谋复兴,是我们党领导现代化的出发点和落脚点。在党中央坚强领导下,经过几代人接续奋斗,到"十三五"规划收官之时,我国经济实力、科技实力、综合国力跃上新的台阶,特别是打赢脱贫攻坚战,全面建成小康社会取得伟大历史成果,解决了困扰中华民族几千年的绝对贫困问题,这一历史性成就在我国社会主义现代化建设进程中具有里程碑意义,为朝着第二个百年奋斗目标进军奠定了坚实基础。

进入新发展阶段，人民对美好生活的向往更加强烈，已经从"有没有"转向"好不好"，需求呈现多样化、多层次、多方面的趋势，对发展提出了新的更高要求。同时，我国创新能力还不适应高质量发展要求，农业基础还不稳固，土地、自然资源存在瓶颈制约，地区差距、城乡差距、收入差距问题亟待解决，环境保护生态建设任务艰巨，社会治理仍然存在不少弱项，全面建设社会主义现代化国家新征程并不平坦，任重而道远。

我国的现代化是人口规模巨大、全体人民共同富裕、物质文明和精神文明相协调、人与自然和谐共生、走和平发展道路的现代化，既体现现代化的一般规律，更有基于国情的中国特色，是一条有别于西方的社会主义现代化道路。构建新发展格局，明确了全面推进中国式现代化的路径选择，也就是要坚持以人民为中心的发展思想，坚持问题导向，全面贯彻创新、协调、绿色、开放、共享的新发展理念，切实解决好发展不平衡不充分的问题，以务实有效的举措推动高质量发展，让发展成果更多更公平惠及全体人民，更好满足人民对美好生活的向往。

三 构建新发展格局必须把实现高水平的自立自强作为重中之重

我国经济要转到依靠自主创新和内需主导的高质量发展道路上来，就要看到，在发展核心技术方面，我们同发达国家总体差距在缩小，但基础科学研究短板依然突出，同国际先进水平的差距还比较明显，科技创新链条上还存在不少卡点和堵点，对现代化国家建设的引领作用仍然有待增强。实践一再证明，核心技术是要不来、买不来、讨不来的。特别是随着我国综合国力的显著增强，个别经济、科技大国明显加大对我国的规锁，力图阻滞我国发展，只有依靠自主创新,才能赢得主动、赢得优势、赢得未来。

构建新发展格局,必须坚持创新在我国现代化建设全局中的核心地位,坚定不移实施创新驱动发展战略,把科技自立自强作为国家发展的战略支撑和重中之重,加快解决制约科技发展的关键问题,推动创新成果不断涌现。通过强化国家战略科技力量,加强基础研究和原始创新,发挥新型举国体制优势,集中力量在那些有被"卡脖子"风险和被"脱钩"的可能领域建立和提升自立自强能力,在极端情况和关键时候能够做到自我循环。

科技自立自强绝不是搞自我封闭、自我隔绝。越是面临封锁打压,越要实施更加开放包容、互惠共享的国际科技合作战略,更加主动地融入全球创新网络,在开放合作中提升自身科技创新能力,更好维护"我中有你,你中有我"的局面,在国际合作和竞争中赢得主动,站上制高点,掌握主动权。

四 构建新发展格局必须以强大的国内大循环推动国内国际双循环

从国际比较看,大国经济的特征都是内需为主导、内部可循环。国内大循环为国内国际双循环提供坚实基础,国内大循环越畅通,资源要素配置效率越高,越能形成吸引国际商品和要素资源的巨大引力场,推动国内国际双循环相互促进。

构建新发展格局,必须坚持把握扩大内需这个战略基点,增强国内大循环在双循环中的主导作用。我国是全球最大最有潜力的消费市场。从趋势看,我国消费水平和品质还有很大提升空间,居民消费升级同科技、生产方式相结合,蕴含着巨大的增长空间。作为世界上最大的发展中国家,我国在基础设施、民生、科技创新体系和防灾备灾体系等方面还有很大的投资空间。加快培育完整内需体系，充分发挥超大规模国内市场优势，将为构建新发展格局提供雄厚支撑。

构建新发展格局，关键在于采用改革的办法，使经济循环畅通无阻。通过把实施扩大内需战略同深化供给侧结构性改革有机结合起来，改善供给质量，着力提升供给体系对国内需求的适配性，形成需求牵引供给、供给创造需求的更高水平动态平衡。通过打通制约生产、分配、流通、消费良性循环的堵点，形成高效规范、公平竞争、充分开放的国内统一大市场，破除各类妨碍生产要素市场化配置和商品服务跨区域流动的制度、观念和利益羁绊，消除或明或暗的地方保护主义，以更高效率的国内大循环增强对全球资源要素的吸引力，为构建新发展格局提供强大动力。

新发展格局不是封闭的国内循环，而是开放的国内国际双循环，必须坚定不移推动高水平对外开放，重视以国际循环提升国内循环效率和水平，塑造我国参与国际合作和竞争新优势。通过实施更大范围、更宽领域、更深层次对外开放，推动贸易和投资自由化便利化，建立更高水平开放型经济体制，更深度地融入经济全球化，更高水平利用国内国际两个市场、两种资源，改善我国生产要素质量和配置水平。通过推动共建"一带一路"高质量发展，积极参与全球经济治理体系改革，推动构建人类命运共同体，形成更加紧密稳定的全球经济循环体系，促进各国共享全球化深入发展的机遇和成果。

加快构建新发展格局
推动经济高质量发展[*]

党的十九届五中全会审议通过《中共中央关于制定国民经济和社会发展第十四个五年规划和二〇三五年远景目标的建议》，提出加快构建以国内大循环为主体、国内国际双循环相互促进的新发展格局，是党中央根据我国发展阶段、环境、条件变化，特别是基于中国比较优势变化，审时度势作出的重大决策。构建新发展格局是事关全局的系统性、深层次变革，是立足当前、着眼长远的战略谋划。我们要从全局和战略的高度准确把握加快构建新发展格局的战略构想。

一 构建新发展格局是应对国内外形势发展变化的战略选择

构建新发展格局是适应中国国际地位变化的客观要求。党的十八大以来，中国经济实力、科技实力、综合国力跃上新的台阶，世

[*] 原文刊载于《经济研究》2020年第12期。

界第二大经济体地位愈加巩固。2019年，我国人均国内生产总值（GDP）首次突破1万美元，GDP总规模达到99.1万亿元，对世界经济增长的贡献率持续保持在30%左右。2020年以来，中国应对新冠肺炎疫情取得重大战略成果，预计GDP将突破100万亿元，综合国力和国际影响力实现更快跃升。构建人类命运共同体、共建"一带一路"等倡议得到国际社会广泛认同和积极响应，中国正从全球治理的参与者变成了建设者和贡献者。中美两国力量正在并将继续发生深刻变化，两国在新一轮科技革命和产业变革前沿领域的竞争加剧。2015年至2019年，中美经济总量比值从61%增长至67%，2020年可能达到70%，差距持续缩小。总体上，中国已经成为一个经济大国，基本特征是内需为主导、内部可循环。构建新发展格局，是我国主动顺应已经是全球第二大经济体、制造业第一大国的内在要求和战略抉择。

构建新发展格局是新发展阶段我国发展战略目标的新定位。"十四五"时期是我国全面建成小康社会、实现第一个百年奋斗目标之后，乘势而上开启全面建设社会主义现代化国家新征程、向第二个百年奋斗目标进军的第一个五年，我国将进入新发展阶段。进入新发展阶段，人民对美好生活的向往更加强烈，同时我国发展不平衡不充分问题仍然突出，发展中的矛盾和问题集中体现在发展质量上。发展仍然是我们党执政兴国的第一要务。面向未来，我国继续发展具有多方面优势和条件，也面临不少困难和挑战，必须贯彻新发展理念，以推动高质量发展为主题，以供给侧结构性改革为主线，更好满足人民对美好生活的多层次、多样化需要。构建新发展格局，把满足国内需求作为发展的出发点和落脚点，能更有针对性、更加系统化地解决我国社会主要矛盾。

构建新发展格局是应对后疫情时代风险挑战的现实要求。2020年以来，新冠肺炎疫情大流行对世界经济造成了严重冲击。根据国际机构预测，2020年上半年全球外国直接投资流量比上年同期下降49%，新建项目数量下降37%，跨境并购下降15%，跨境投资融资交易下降25%，全年全球货物贸易因新冠肺炎疫情影响或下降9.2%。新冠肺炎疫情影响深远，还可能对全球产业链供应链和治理体系带来深层次影响，对我国发展和安全带来重大冲击。构建新发展格局，通过立足国内、依托国内大循环，支撑并带动外循环，有利于化解外部冲击和外需下降带来的影响，也有利于在极端情况下保证我国经济基本正常运行和社会大局总体稳定。

构建新发展格局是应对逆全球化的重大战略部署。从国际看，世界百年未有之大变局进入加速演变期，新一轮科技革命和产业变革深入发展，国际形势日趋错综复杂。经济全球化遭遇逆流，民粹主义、排外主义抬头，保护主义、单边主义、霸权主义对世界和平与发展构成威胁，国际经济、科技、文化、安全、政治等格局都在发生深刻调整。新冠肺炎疫情加剧逆全球化趋势，我国发展面临的不稳定性不确定性明显增加。展望未来，经济全球化会继续发生深刻变化，但根本方向不会改变，我国仍处于重要的战略机遇期。构建新发展格局，是我国顺势而为调整经济发展路径的先手棋，是更好参与和引领经济全球化的主动作为。

二 构建新发展格局，必须坚持扩大内需这个战略基点，加快培育完整内需体系

改革开放前，我国经济以国内循环为主，进出口占国民经济的比重很小。改革开放以来，尤其是加入世界贸易组织后，我国通过发挥要素低成本的优势参与国际经济大循环，形成市场和资源"两头在外"的发展模式，对快速提升经济实力、改善人民生活发挥了重要作用。2008年国际金融危机后，我国积极调整发展方式，推动

经济发展向内需主导转变，国内循环的重要性和地位显著上升。2006年我国进出口贸易依存度为64.2%，2019年已降到31.8%；经常项目顺差同国内生产总值的比率，由最高时的10%降至现在的1%左右。2019年，国内需求对我国国内生产总值增长的贡献率达到89%，其中最终消费需求的贡献率为57.8%；当年社会消费品零售总额超过41万亿元，增长8%，高出GDP增速1.9个百分点。因此，内需特别是最终消费需求已经是我国经济增长的根本支撑。

在全面建成小康社会的基础上，需求升级是大趋势。构建新发展格局，必须把握扩大内需这个战略基点，加快培育完整内需体系，把实施扩大内需战略同深化供给侧结构性改革有机结合起来，利用好大国经济超大市场规模，释放巨大而持久的动力，稳住经济中高速增长"基本盘"，不断增强人民群众获得感幸福感安全感。

扩大有效需求的关键点之一是消费。我国有14亿人口，其中有4亿中等收入群体，人均国内生产总值已经突破1万美元，是全球最大最有潜力的消费市场。从趋势看，我国消费水平和品质还有很大的提升空间，居民消费优化升级同现代科技、生产方式相结合，蕴含着巨大的增长空间。要顺应消费升级趋势，从提升传统消费，培育新型消费，发展服务消费，适当增加公共消费，开拓城乡消费市场等方面发力，进一步增强消费对经济发展的基础性作用。

投资是扩大有效需求的另一个关键点。作为世界上最大的发展中国家，我国在基础设施、民生等领域的投资积累还有不小空间。中美经贸摩擦和新冠肺炎疫情也暴露了我国在科技创新体系和防灾备灾体系等方面存在短板。总体而言，发挥投资对优化供给结构的关键作用还有可拓展的空间，关键是要优化投资结构、提高投资效益、保持投资合理增强，不搞低水平重复建设，防止出现新的产能过剩。要进一步发挥有效投资对促进城乡区域协调发展、改善民生等方面的支撑作用，鼓励企业加大设备更新和技术改造投资，扩大战略性新兴产业投资，加大一批跨区域协调保障生态安全等重大工程和重大项目建设投资，使投资在促消费、惠民生、调结构、增功能、强后劲、促协调等方面持续发挥效益。

三 构建新发展格局，必须坚持创新驱动、供给侧引领、坚定不移深化改革

创新是引领发展的第一动力，是畅通国内大循环、塑造我国在国际大循环中主动地位的关键。"十四五"时期以及未来更长时期，我国经济社会发展比过去任何时候更需要科学技术的解决方案，更需要增强创新这个第一动力。历史多次证明，"核心技术是要不来、买不来、讨不来的"，科技自立自强是我国从大国走向强国的必然要求和关键所在。

构建新发展格局，必须坚持创新在我国现代化建设全局中的核心地位，坚定不移实施创新驱动发展战略，推动科技创新在畅通循环中发挥关键作用，为推动经济高质量发展培育新动能、提升新势能、塑造新优势。要强化国家战略科技力量，将加强基础研究、注重原始创新摆在更加突出的位置，强化企业创新主体地位，加强科技创新和技术攻关，打好关键核心技术攻坚战，加快攻克重要领域"卡脖子"技术，提高关键环节、关键领域、关键产品保障能力，推动科技成果转化为现实生产力。

构建新发展格局，是供给侧结构性改革的深化。进入新时代，我国经济发展存在的主要矛盾，在于供给质量、服务难以有效满足广大人民日益增长、不断升级和多样化的物质文化和生态环境需要。构建新发展格局，必须贯彻新发展理念，坚持以供给侧结构性改革为主线，着力培育新技术、新产品、新模式，提升供给体系对国内需求的适配性，用高质量的供给引领和创造新需求，形成需求

牵引供给、供给创造需求的更高水平动态平衡。

构建新发展格局，产业是根基。长期以来，我国积极参与国际循环，但在国际分工中总体上处于全球产业链的中低端，向全球价值链高端攀升是建设制造强国的客观要求。我国是一个经济大国，产业链供应链在关键时刻不能掉链子。构建新发展格局，必须增强产业链韧性和竞争力。要实施产业基础再造和产业链提升工程，巩固传统产业优势，锻造全产业链优势，抓紧布局数字经济、生命健康、新材料等战略性新兴产业。要发展先进制造业集群，增大规模经济效应和产业配套效应，进一步放大完备产业体系的配套优势，提高企业的根植性。

构建新发展格局，必须坚定不移深化改革。国内大循环畅通与否，市场体系的完善程度与运行效率至关重要。要更多采用改革的办法，打通制约生产、分配、流通、消费良性循环的堵点，使各项改革有利于激发整体效应，为构建新发展格局提供强大动力。要加快建设现代流通体系，降低社会交易成本，形成高效规范、公平竞争、充分开放的国内统一大市场，形成高标准的市场化、法治化、国际化营商环境，破除各类妨碍生产要素市场化配置和商品服务跨区域流动的制度、观念和利益羁绊，消除或明或暗的地方保护主义，增强公平竞争审查制度的刚性，以更高效率的国内大循环增强对全球资源要素的吸引力。重点推进能源、铁路、电信、公用事业等行业竞争性环节市场化改革，优化民营经济发展环境，构建金融有效支持实体经济的体制机制，为畅通国内国际大循环提供有力支撑。

四　构建新发展格局，必须统筹发展与安全，毫不动摇地推动更高水平开放

发展和安全，相辅相成、相互支撑。构建新发展格局，要通过更高水平开放和更高层次合作化解潜在安全风险，避免受制于人。

40多年的发展实践充分证明，改革开放是决定当代中国命运的关键一招，也是决定实现"两个一百年"奋斗目标、实现中华民族伟大复兴的关键一招。经济全球化使各国经济形成了"你中有我，我中有你"的相互依存关系。我国在世界经济中的地位持续上升，同世界经济的联系会更加紧密，为其他国家提供的市场机会将更加广阔，对国际商品和要素资源的吸引力更强。构建新发展格局，仍然要站在历史正确的一边，坚定不移推进更高水平对外开放。

新发展格局不是封闭的国内循环，而是开放的国内国际双循环。在能够国际循环的领域要更积极地参与国际循环，更高水平利用国内国际两个市场、两种资源。要坚持实施更大范围、更宽领域、更深层次对外开放，推动贸易和投资自由化便利化，率先建立更高水平开放型经济体制，依托我国超大规模市场优势，促进世界经济强劲、平衡、可持续、包容增长。推动共建"一带一路"高质量发展，积极参与全球经济治理体系改革，推动构建人类命运共同体，形成更加紧密稳定的全球经济循环体系，促进各国共享全球化深入发展的机遇和成果。

努力提升科技自立自强的能力。国际金融危机以来，我国与发达国家的差距大幅缩小，但在部分高端领域仍面临被"卡脖子"的风险。我们不仅要能在正常的国际环境下参与国际竞争，也要在风云突变的情况下维护国家安全，防范化解外部风险。要梳理重点行业产业链供应链情况，摸清薄弱环节，找准风险点，分行业做好战

略设计和精准施测。要发挥新型举国体制优势，集中力量在那些有被"卡脖子"、被脱钩风险的领域建立和提升自立自强、自力更生的能力，在关系国家发展与安全的领域和节点构建自主可控、安全可靠的国内生产供应体系，在关键时候能够做到自我循环。要在新一轮科技革命和产业变革可能产生重大突破的领域持续发力，增强我国前沿科技的制衡力。

国际科技合作是大趋势，自立自强、自力更生也不是搞自我封闭、自给自足，越是面临封锁打压，越要实施更加开放包容、互惠共享的国际科技合作战略，更加主动地融入全球创新网络，在开放合作中提升自身科技创新能力。人才是第一资源，要培养造就一批具有国际水平的战略科技人才、科技领军人才、创新团队，面向世界汇聚一流人才，吸引海外高端人才，为海外科学家在华工作提供具有国际竞争力和吸引力的环境条件，激发人才创新活力，使他们人尽其才、才尽其用、为国效力。

未来一段时期，我国国内市场主导经济循环的特征会更加明显，经济增长的内需潜力会不断释放。只要顺势而为、精准施策，我们完全有条件构建新发展格局，实现高质量发展，更好满足人民对美好生活的需要。

加快培育完整内需体系[*]

加快培育完整内需体系，是党中央深刻洞悉国内国际发展大势作出的重大科学判断和战略选择，凸显了坚持扩大内需在国家中长期发展中的重要性和紧迫性，是一项关乎发展新格局的重大战略任务。深入学习领会、全面准确理解、认真贯彻落实《中共中央关于制定国民经济和社会发展第十四个五年规划和二〇三五年远景目标的建议》（以下简称《建议》）关于加快培育完整内需体系的重要新论述和重大决策部署，对我国应对国内外风险挑战、支撑我国经济高质量发展、满足人民美好生活需要意义重大。

一　培育完整内需体系的重大意义

"十四五"及未来更长时期，将内需体系培育好、完善好、发展好，使之更加体系化，具有重大意义。

应对国内外风险挑战的战略举措。改革开放以来，在经济全球化深入发展的外部环境下，市场和资源"两头在外""世界工厂"

---

[*] 原文刊载于《人民日报》2021年1月20日第9版。

的发展模式，对我国抓住经济全球化机遇、快速提升经济实力、改善人民生活发挥了重要作用。当前及今后一个时期，我国发展仍然处于重要战略机遇期，但国际形势日趋复杂，不稳定性不确定性明显增加，新冠肺炎疫情影响广泛深远，经济全球化遭遇逆流，世界经济低迷，全球市场萎缩。我国已转向高质量发展阶段，继续发展具有多方面优势和条件，同时发展不平衡不充分问题仍然突出。我国发展环境面临深刻复杂变化，要求我们必须统筹发展和安全。坚持扩大内需这个战略基点，加快培育完整内需体系，有利于防范化解内外部风险挑战，牢牢把握发展主动权，培育新形势下我国参与国际经济合作和竞争新优势。

支撑我国经济中高速增长的必然选择。保持中高速增长是我国经济增长的客观现实。同时，我国仍处于并将长期处于社会主义初级阶段，仍然是世界上最大的发展中国家，发展是解决我国一切问题的基础和关键。在全面建成小康社会的基础上，实现2035年远景目标仍要保持中高速增长。2019年，内需对我国国内生产总值增长的贡献率达到89%，已经是我国经济增长的根本支撑。培育完整内需体系，有利于把我国超大规模市场优势和内需潜力充分激发出来，稳住保持经济中高速增长的"基本盘"。

满足人民美好生活需要的必由之路。我国是社会主义国家，始终坚持发展为了人民、发展依靠人民、发展成果由人民共享。包括商品和服务在内的消费需求，体现了人民对美好生活的向往。2019年，我国最终消费需求支出对国内生产总值增长的贡献率为57.8%，社会消费品零售总额增长高出国内生产总值增速1.9个百分点。在全面建成小康社会的基础上，人民对美好生活的向往更加强烈，需求升级是大势所趋。培育完整内需体系，有利于充分发挥需求对供给的牵引作用，更好满足人民对美好生活的需要。

二　加快培育完整内需体系要把握的方向

加快培育完整内需体系，必须牢牢把握加快构建以国内大循环为主体、国内国际双循环相互促进的新发展格局这一大方向。《建议》从三个方面作出了部署。

把实施扩大内需战略同深化供给侧结构性改革有机结合起来。供给和需求是市场经济内在关系的两个基本方面，既相互作用又相互制约。进入新时代，我国经济发展中供需矛盾的主要方面，在于供给质量、服务难以有效满足人民群众日益增长、不断升级和个性化的物质文化和生态环境需要。培育完整内需体系，必须更加重视对接消费需求，通过不断发展新模式、新业态、新技术、新产品，优化供给结构，改善供给质量，把被抑制的市场需求释放出来，形成需求牵引供给、供给创造需求的更高水平动态平衡。

把培育完整内需体系与充分发挥市场在资源配置中的决定性作用结合起来。市场决定资源配置是市场经济的一般规律，市场效率越高，有效需求越强。当前，一些制约全国统一要素市场建设、妨碍商品服务跨区域城乡流通的体制机制障碍仍然没有得到根本性消除。培育完整内需体系，必须进一步强化国内统一市场建设，破除妨碍生产要素市场化配置和商品服务流通的体制机制障碍，依托强大国内市场，使生产、分配、流通、消费各环节更加畅通，形成国民经济良性循环。

把扩大国内需求和推动产业协调发展结合起来。实体经济是我国经济发展的根基，是财富创造的源泉。实体经济发展得越好，对其他产业的带动作用越强。要把做实做强做优实体经济，推动金融、房地产同实体经济均衡发展，促进农业、制造业、服务业、能源资源等产业门类关系协调作为扩大国内需求的主战场，更好发挥国内需求升级在加快发展现代产业体系中的牵引作用。

三 加快培育完整内需体系的重点任务

《建议》从增强消费对经济发展的基础性作用、发挥投资对优化供给结构的关键作用两个方面，系统部署了培育完整内需体系的重点任务。

全面促进消费。消费是我国经济增长的重要引擎。我国有14亿人口，人均国内生产总值已经突破1万美元，是全球最大、最有潜力的消费市场。我国约有4亿中等收入人口，绝对规模世界最大。从趋势看，我国消费水平和品质还有很大提升空间，居民消费优化升级同现代科技、生产方式相结合，蕴含着巨大的增长空间。培育完整内需体系，必须顺应消费升级趋势，增强消费对经济发展的基础性作用。

一是提升传统消费。汽车、住房等传统消费在居民消费结构中占比较大。截至2020年6月，全国机动车保有量达3.6亿辆。巨大的汽车保有量使汽车消费量的扩张空间缩小，质的提升需求扩大。新能源汽车、中高档汽车需求持续增加，汽车更新换代速度也在加快，为汽车产业发展拓展了新空间。我国深入推进以人为核心的新型城镇化，加快农业转移人口市民化，解决新市民和年轻人的住房问题，每年还有一定的新增住房消费需求。加大城镇老旧小区、棚户区改造和农村危房改造力度，将释放更多的改善性更新需求。这些新增需求都是更高水平、更高质量的需求，对提升传统消费有很大促进作用。提升传统消费，关键是要以质量品牌为核心，朝着绿色、健康、安全的方向发展。

二是培育新型消费。新型消费增长是生活水平提高和科技进步的必然结果。应对新冠肺炎疫情以来，"云经济"、"云消费"、无接触交易服务发展较快，表明发展消费新模式新业态、促进服务业线上线下融合、拓展服务内容、扩大服务覆盖面具有广阔发展空间，是提升消费的新增长点。

三是发展服务消费。居民消费从商品消费向服务消费转变提升是客观规律。2019年，我国人均服务业消费支出接近1万元，占居民人均消费支出的比重为45.9%。受体制机制和相关政策影响，我国健康、养老、育幼、文旅、体育等服务业准入门槛较高、开放程度不够，服务供给规模和质量还不高，标准化、品牌化建设不足，一些服务消费需求潜力尚未被充分激发出来。这要求放宽服务消费领域市场准入，推动生活性服务业向高品质和多样化升级。

四是适当增加公共消费。公共消费是内需的重要组成部分，必须在财政承受能力支持和可持续前提下，适度增加公共消费，发挥其杠杆作用。《建议》把公共消费作为全面促进消费的重要内容，提出适当增加公共消费。这有利于居民激发消费意愿、增强消费能力。

五是开拓城乡消费市场。2019年全国城镇和农村居民人均消费支出分别为28063元和13328元，城乡差距较大。在开拓城乡消费市场的基础上，更好发挥中心城市和城市群等优势地区带动作用，加快构建国内统一市场，健全现代流通体系，提高城乡配送效率，丰富适合农村消费者的商品供给，加强农产品供应链体系建设，促进工业品下乡和农产品进城双向流通。

拓展投资空间。投资需求是培育完整内需体系的重要组成部分。作为世界上最大的发展中国家，我国在基础设施、民生等领域的投资积累还不够，中美经贸摩擦和新冠肺炎疫情也暴露了我国在科技创新体系和防灾备灾体系等方面的投资强度还不高。总体而言，发挥投资对优化供给结构的关键作用还有可拓展空间，关键是优化投资结构，提高投资效益，保持投资合理增长，使投资在促消费、惠民生、调结构、增功能、强后劲、促协调等方面持续发挥支撑作用，不搞低水平重复建设，防止出现新的产能过剩。

《建议》重点部署了四个投资领域。一是聚焦基础设施、农业农村和民生保障等既有需求又有空间的短板领域，进一步发挥有效投资对促进城乡区域协调发展、改善民生等方面的支撑作用。二是着眼于提高传统产业创新能力和水平，鼓励企业加大设备更新和技术改造投资力度，推动传统产业高端化、智能化、绿色化。三是着眼于加快培育新增长点，扩大战略性新兴产业投资，推动先进制造业集群化发展，增强新产业新业态顺应新需求新模式的能力。四是着眼于增强基础支撑能力、提升跨区域协同水平和保障生态安全等，加大一批重大工程和重大项目建设投资。

四　加快培育完整内需体系的政策支持

培育完整内需体系，根本要靠扩大需求的内生动力，必须发挥政策引领作用，形成有利于培育完整内需体系的政策支持体系。

完善消费政策。培育完整内需体系，必须加快完善"想消费""敢消费""能消费"的政策环境。提高居民收入水平，改善收入和财富分配格局，增强人民消费能力。完善节假日制度，落实带薪休假制度，扩大节假日消费。对于汽车等消费品，要由购买管理向使用管理转变。针对住房消费，坚持"房子是用来住的，不是用来炒的"定位，因城施策，完善机制，促进房地产市场平稳健康发展，有效控制住房消费对其他消费的"挤出效应"。针对我国消费者权益保护不力、维权成本高、侵权成本低这一老大难问题，改善消费环境，强化消费者权益保护。

改革投融资体制机制。拓展投资空间，根本要靠体制机制改革，必须健全市场化投融资机制。在投资方面，重点推进能源、铁路、电信、公用事业等行业竞争性环节市场化改革，优化民营经济发展环境，破除制约民营企业发展的壁垒，形成市场主导的投资内生增长机制。在融资方面，创新融资机制，畅通投资项目的融资渠道，健全金融支持体系，构建金融有效支持实体经济的体制机制，优化政策性金融，提高直接融资比重，等等。

完善内外贸一体化调控体系。构建国内国际双循环相互促进新格局，必须推动"两头在外""世界工厂"的发展模式向立足国内大循环发挥比较优势转变。完善内外贸一体化调控体系，充分利用国内国际两个市场两种资源，积极促进内需和外需、进口和出口、引进外资和对外投资协调发展。促进内外贸法律法规、监管体制、经营资质、质量标准、检验检疫、认证认可等相衔接，推进同线同标同质，全面提升我国商品和服务质量，增强出口竞争力，增加优质产品进口。

完善宏观政策支持体系。内需是国民经济的重要组成部分，培育完整内需体系需要平稳健康的宏观经济环境。必须重视预期管理，搞好跨周期政策设计，提高逆周期调节能力，促进经济总量平衡、结构优化、内外均衡。

百年变局下的中国经济新发展格局*

当今世界正在经历新一轮大发展大变革大调整，在国际金融危机影响、新工业革命的挑战和新冠肺炎疫情冲击等诸多因素作用下，全球经济面临不确定性和风险加剧，全球治理体系和国际秩序变革加速推进，世界经济格局正在发生深刻变化。中国特色社会主义进入新时代，我们党领导人民创造了世所罕见的经济快速发展奇迹和社会长期稳定的奇迹，中华民族迎来了从站起来、富起来到强起来的伟大飞跃，中国日益走近世界舞台的中央。正如习近平总书记指出："当前，我国处于近代以来最好的发展时期，世界处于百年未有之大变局，两者同步交织、相互激荡。"[①]

放眼全球，经济逐步陷入长期增长乏力困局。国际金融危机之后，世界几大发达经济体同时陷入了经济衰退的泥潭。尽管各国普遍采用了非常规货币政策并大幅度提高政府杠杆率以刺激经济，但复苏的进程仍较为缓慢。根据国际清算银行的统计，发达国家广义

---

* 本文系《中国经济报告2020：大变局下的高质量发展》（中国社会科学出版社2020年版）的序言。
① 《习近平谈治国理政》第3卷，外文出版社2020年版，第428页。

政府部门杠杆率从 2007 年末的 71.7% 上升至 2019 年末的 109.3%，其中美国广义政府部门的杠杆率从 2007 年末的 60.7% 上升至 2019 年末的 103.9%。[①] 十余年间，政府杠杆率上升超过 40 个百分点，政府债务规模超过了 GDP 规模。几轮量化宽松后，美联储资产负债表中总资产的规模由 2007 年的 0.95 万亿美元扩张到 2019 年末的 4.38 万亿美元；2020 年受新冠肺炎疫情影响，进一步扩张到第三季度末的 7.14 万亿美元。[②] 天量的政府债务和货币投放没能如愿拉动美国经济的复苏，2009—2019 年美国实际 GDP 年均增长 2.3%，仍低于国际金融危机前的平均水平（1997—2007 年美国实际 GDP 年均增长 3.1%）。2020 年受新冠肺炎疫情的影响，美国经济增长受到更大的冲击，前两个季度的实际 GDP 同比增速分别为 0.32% 和 −9.14%，走出泥潭的前景黯淡。[③] 根据美国国会预算办公室 2020 年 9 月的长期预算展望报告，如果基于当前的税收和支出法律，到 2050 年公众持有的联邦债务总额将达到 GDP 的 195%，新冠病毒大流行给美国未来 30 年的长期财政前景蒙上了巨大阴影。[④] 可以说，肇始于 2008 年的国际金融危机对西方资本主义发达国家造成了第二次世界大战以来最为严重的冲击，这些国家的经济增长潜力趋势性下移，世界经济陷入"低投资、低贸易、低资本流动、低通胀、低利率"的陷阱。基于对未来经济增长的黯淡预期，美国前财政部长萨默斯教授提出了所谓"长期停滞"假说，认为全球经济将长期陷入增长乏力的"新常态"。[⑤] 尽管空前的逆周期调节政策措施被广泛采用，但政策的有效性日益下降。老一辈凯恩斯主义经济学家罗伯

---

① 数据取自国际清算银行，https://www.bis.org。
② 数据取自美国联邦储备局，https://www.federalreserve.gov。
③ 数据取自美国经济分析局，https://www.bea.gov。
④ 数据取自美国国会预算办公室，https://www.cbo.gov。
⑤ Summers, L. A., "Demand Side Secular Stagnation", *American Economic Review: Papers and Proceedings*, Vol. 105, No. 5, 2015.

特·索洛教授在2012年曾发文反思传统凯恩斯主义的货币政策和财政政策有效性问题，并建议应慎重考虑财政乘数的效果。[①] 总之，始于2008年国际金融危机的全球经济大调整不断深化，全球债务不断积累和贫富差距不断拉大，全球经济增长和经济治理模式已经越来越不可持续。新冠肺炎疫情的暴发使得这一全球经济调整趋势愈发明显，全球经济变局在不断深化演进：基于全球价值链的已有分工体系和利益格局已经无法持续，全球产业链和供应链正在经历重要的调整和重组；高杠杆、低利率和不平等的国际金融困局愈演愈烈，政府债务再创新高已成定局；金融危机和疫情冲击下贫富差距扩大趋势不仅没有得到逆转，反而呈现继续扩大趋势，由此而引发的社会问题日益严重。

聚焦中国，经济持续快速发展大大提升了全球地位。在新中国成立70多年尤其是改革开放以来的40多年中，中国经济发展取得了辉煌的成绩，创造了"当惊世界殊"的发展成就。1952—2019年，我国GDP从679亿元增长到99万亿元，年均增长11.5%，创造了经济长期增长的奇迹。中国GDP占美国GDP的比例从1995年的9.7%上升至2019年的66.3%，全球占比也从1960年的4.4%上升到2019年的16.4%，经济总量稳居世界第二位。2019年，我国人均GDP突破1万美元，全国居民人均收入也达到4500美元，由低收入国家成功跨入中等偏上收入国家行列。当前中国是世界上唯一拥有联合国产业分类中全部工业门类的国家，2019年中国工业增加值达4.5万亿美元；其中制造业增加值3.9万亿美元，是美国的163.5%，已连续多年居世界第一。[②] 2020年

---

① Solow R. "Fiscal Policy" Blanchard, O. - Romer, D. - Spence, M. - Stiglitz, J., *In the Wake of the Crisis*: *Leading Economists Reassess Economic Policy*, The MIT Press, Cambridge, Massachusetts, 2012, pp. 73 – 78.

② 数据取自中国国家统计局，http://www.stats.gov.cn；美国经济分析局，https://www.bea.gov。

受新冠肺炎疫情的影响，美国经济出现了深度衰退，而中国成功统筹疫情防控与经济社会发展，经济全年仍有望保持一定程度的正增长。国际货币基金组织在2020年6月的《世界经济展望》报告中预计2020年和2021年两年，全球发达国家的经济增速分别为-8.0%和4.8%，其中美国的经济增速为-8.0%和4.5%，而中国经济增速将达到1.0%和8.2%。中国是唯一在2020年还能保持经济正增长的大国。[①] 根据这一预测，中国GDP在2020年将达到美国的73%，2021年进一步提升到75%。世界银行和国际货币基金组织都认为中国经济总量将在2024年超过美国，成为世界第一大经济体。后疫情时代各国都将在世界百年未有之大变局中重新定位。

于变局中开新局，在世界百年未有大变局中塑造中国经济新发展格局。习近平总书记明确指出：努力在危机中育先机、于变局中开新局。这个大变局，给中华民族伟大复兴带来了重大机遇，也必然会带来诸多风险和挑战，中国需要积极进行战略调整以抢抓机遇、迎接挑战，形成顺应世界百年未有之大变局的中国新发展格局。过去几十年中，中国经济积极融入全球经济体系，从设立经济特区和沿海开放城市，到加入世界贸易组织，中国成为全球化的积极参与者和推动者。通过全方位、多领域、深层次的开放，中国也有力推动了国内市场经济体制改革，促进了经济高速发展。但是，随着中国从高速增长转向高质量发展，以市场和资源"两头在外"为主要特征的经济发展模式难以继续，中国经济发展之路很难再长久依靠外部的原材料供给和消费需求，传统外向型经济已经达到"边际效应"递减的阶段。而后金融危机时期和疫情冲击下的保护主义上升、世界经济低迷、全球市场萎缩等全球大变局的关键"变

---

① 数据取自国际货币基金组织《世界经济展望》报告2020年6月，https：//www.imf.org/en/Publications/WEO/Issues/2020/06/24/WEOUpdateJune2020。

量",更是强化中国经济战略转型的必要性。"加快形成以国内大循环为主体、国内国际双循环相互促进的新发展格局",正是立足于深刻理解当前世界体系百年未有之大变局,基于中华民族伟大复兴的战略全局,在变局中开新局,提出的中国未来中长期发展要求和重大战略部署。新发展格局要求依靠国内大循环为主体、国内国际双循环相互促进来构建出新时代中国特色社会主义经济发展新格局,并以此带动世界经济的发展,进而形成全球经济发展新格局、全球经济治理新框架和全球经济运行新秩序。这是一个具有"革命性"意义的"新局",新发展格局下中国的经济供给体系、经济需求体系、收入分配体系和宏观调控体系都将面临重大调整。

首先,从供给体系看,新发展格局要求中国突破全球价值链分工格局、进行产业基础再造以加快形成创新引领、协同发展、高效安全的现代化产业体系。具体而言,这需要在以下几方面着力:一是深化科技、教育和产业创新体制改革,加强和完善创新体系建设,提升产业基础能力和产业链水平,努力打破长期以来低成本出口导向工业化战略形成的国际生产分工地位,再塑新优势,不断促进中国产业全球价值链地位攀升,逐步攻克"卡脖子"技术问题。二是深化金融供给侧结构性改革,切实解决"脱实向虚"结构失衡,畅通金融和实体经济之间循环,着力加快建设实体经济、科技创新、现代金融、人力资源协同发展的产业体系。三是持续推进制造强国建设,实现制造业向着智能化、高级化、绿色化和服务化方向转型升级,提高新产业、新业态、新模式在经济中占比,加速新旧动能转换。四是重视经济安全,既要保证粮食和能源等大宗商品的稳定供给,又要保证产业链供应链的安全可控。五是积极探索生产要素市场化配置的体制机制,积极推进土地要素市场化配置、引导劳动力要素合理畅通有序流动、推进资本要素市场化配置、加快发展技术要素市场、加快培育数据要素市场、推动要素价格市场化改革。六是加快建设现代化流通体系,完善国内统一大市场,形成商品和资源有效集散、高效配置、价值增值统一开放的交通运输市场,实现分工深化、交易扩大、供需互促、产销并进、效率提升的经济良性循环。

其次,从需求体系看,新发展格局要求以扩大内需为战略基点,构建和完善内需和外需互相促进的统一开放、竞争有序的市场体系和新型消费体系。这需要积极推进以下改革并完善相关政策:一是围绕公平竞争建立市场体系高效运行的基础规则,保证市场主体之间公平竞争,充分发挥竞争政策的基础性作用,产业政策要以竞争政策为基础,营造各类所有制主体依法平等使用资源要素、公开公平公正参与竞争、同等受法律保护的市场环境。二是通过更大范围、更高水平的对外开放、加强知识产权保护、强化竞争政策作用等积极融入新的多边贸易投资规则,持续放开市场准入,努力营造国际一流营商环境,使国外更加依赖中国的产品消费市场和要素供给市场,以实现国内国际互相促进"双循环"新发展格局。三是积极推进新型城镇化进程,在新型城镇化中加快消费转型升级、塑造现代化新型消费体系,多措并举大力促进消费数字化转型,促进网上购物等新型消费业态的发展和不断开发新的网络消费形态和服务场景。四是构建政府自身消费与社会性消费、公共消费与居民消费、公共消费与公共投资三方面平衡的消费体系,合理增加公共消费,重视增加在教育、医疗、社保和就业等方面的公共支出,提升民生公共服务的质量,从而为持续释放居民消费需求创造条件。五是持续扩大有效投资,重点是加快"两新一重"(新基建、新型城镇化和重大工程建设)的投资,围绕通信网络基础设施、智能交通基础设施、智慧能源基础设施、重大科技基础设施、科教基础设施、产业技术创新基础设施、新型消费基础设施,为建设现代化经济体系奠定现代化基础设施。六是为消费者营造放心消费、敢于消费的制度环境，积极推进消费领域的信用体系建设，提升市场监管效能，实现信息共融共享，降低维权成本，抑制房价和居民杠杆率的继续上涨。

再次，从收入分配体系看，与新发展格局相适应的是基于社会主义收入分配制度的科学合理公平公正的收入分配体系。收入分配已经成为当前诸多国内国际问题的潜在影响因素。近几十年来，全球主要发达国家的收入不平等现象都在不断恶化，这导致了消费需求不足、创新供给不足、金融体系不稳定性上升等后果，同时还引发一系列社会问题，包括一些国家的民族主义、民粹主义抬头、社会撕裂等。对于中国而言，中国收入分配领域存在的突出问题主要表现为国内居民收入水平提升速度与经济增速并不匹配，居民收入差距较大，特别是城乡居民收入差距大，劳动报酬在初次分配中的比重还亟待提高。这些问题都是深化收入分配制度改革的重要任务，也是完善内需体系、畅通经济循环、形成新发展格局在收入分配领域的重要要求。为此，一是进一步提高劳动报酬在国民收入分配中的比例，通过财政改革降低生产税占比，通过大力发展民营企业增加就业和居民收入。二是坚持就业优先的政策导向，将"稳就业"作为政府头等重要的工作积极落实，积极拓展就业渠道，鼓励创新创业，切实提高居民就业水平和就业质量。三是加大再分配力度，健全以税收、社会保障、转移支付等为主要手段的再分配机制，大幅度提高基本公共服务水平和均等化水平。

最后，从宏观调控看，新发展格局要求建立财政金融外汇政策相协调、充分利用两个市场和两种资源的开放型宏观经济调控体系。围绕形成与新发展格局相适应的宏观调控体系，当前尤其需要重视以下两方面问题。

一方面，通过金融供给侧结构性改革，推进人民币国际化，增强中国金融体系在国际竞争中的"实力"，避免美元脱钩的风险。

我国金融体系虽然也经历了几十年较快的发展过程,但金融体系结构和国际影响力均没有实现与我国经济实力相匹配的水平。在金融体系结构方面,资本市场和长期投资者发展不足,不能为企业发展提供长期稳定的资金来源。中国的保险和养老金市场发展不足,总规模尚不足美国的 10%。在美国金融体系中,居民大量持有保险和养老金资产,保险和养老金再投资于资本市场,长期持有企业股票和债券,并根据市场收益率在股权和债权市场中均衡配置。这一体系具有自身稳定性,且为企业解决了长期低成本的资金来源。中国当前的金融体系结构存在缺陷,仍是以银行为主体,不能适应国内经济大循环的要求。在国际影响力方面,人民币在全球外汇交易、支付清算、外汇储备中都排在美元、欧元、英镑和日元之后,仅为全球第五大货币,只能在周边国家及"一带一路"沿线国家具有一定影响力,仍处于边缘地位。[①] 在全球金融基础设施、全球金融话语权、对他国金融体系的影响,以及国际金融产品定价权等方面,中国仍是"被动接受者",对外影响较小。我们必须在"大变局"中发现新机遇,提高中国货币金融体系的质量和全球影响力。为此,我国要积极研究全球金融体系的运行逻辑,完善人民币汇率体系。同时,我们还应该以数字货币走在世界前列为契机,积极发展国际通用的电子货币体系,率先引导国际化的数字货币应用。

另一方面,在宏观调控体系中应坚持以供给侧结构性改革为主线,保持定力,保持政策空间,降低逆周期调节政策的负面影响。国际金融危机爆发以来,各国纷纷采取非常规货币政策和极度宽松的财政政策来刺激经济,试图快速实现经济复苏。货币政策利率一降再降,甚至在某些央行已经达到负利率水平,财政当局大量发行国债,央行大量购买债券为经济注入流动性。非常规的宏观调控政

[①] 数据取自国际清算银行,https://www.bis.org。

策虽然在短期内部分恢复了通胀水平，但经济增长和就业依然乏力，菲利普斯曲线已然失效。[①] 大量非常规货币政策被滥用，已失去了逆周期调节的效果。大量的流动性和过低的利率不仅扩大了债务规模，同时催生了资本市场泡沫，再次引发系统性危机的风险很大。我国宏观经济调控始终保持着政策主动权和政策空间，没有实行非常规的逆周期调节政策。2015年以来，我国供给侧结构性改革取得了显著成效，尤其是宏观杠杆率止住了2008年以来快速增长的势头，实现了杠杆率基本稳定的目标。过去几年的主动去杠杆为当前我们应对世纪性疫情冲击创造了大量的政策空间，2020年上半年尽管宏观杠杆率大幅攀升，但仍低于几个主要发达国家水平，仍具有较大的政策操作空间。[②] 在构建国内循环为主、国内国际双循环相互促进的新发展格局的大战略下，我们应继续完善宏观调控框架，探索建立符合中国经济特点的宏观调控体系。

总之，面对世界百年未有之大变局，中国要"于变局中开新局"，加快形成国内循环为主体、国内国际双循环互相促进的新发展格局。这是把握百年未有之大变局、站在中华民族伟大复兴的战略全局的战略思考。即将到来的"十四五"时期是中国全面建设社会主义现代化国家新征程的开局起步期，也是开"国内循环为主体、国内国际双循环互相促进的新发展格局"这个"新局"的关键时期。"十四五"规划需要为如何开"新发展格局"这个"新局"进行科学筹划，将对实现第二个百年目标——中华民族伟大复兴具有重大意义。

[①] Brainard, L., Bringing the Statement on Longer-Run Goals and Monetary Policy Strategy into Alignment with Longer-Run Changes in the Economy, September 1, 2020.

[②] 数据取自国家金融与发展实验室，http://www.nifd.cn/。

加快构建"双循环"新发展格局 努力实现"十四五"良好开局[*]

2020年,面对错综复杂的国际形势、艰巨繁重的国内改革发展稳定任务特别是新冠肺炎疫情严重冲击,以习近平同志为核心的党中央团结带领全党全国各族人民砥砺前行、开拓创新,各项事业取得新的重大成就。2021年是实施"十四五"规划的开局之年,也是开启基本实现社会主义现代化新征程的开局之年,做好经济工作至关重要。要加快构建以国内大循环为主体、国内国际双循环相互促进的新发展格局,努力实现"十四五"时期经济社会发展的良好开局。

一 中国疫情防控和经济社会发展 取得新的重大成就

2020年,面对新冠肺炎疫情严重冲击,党中央、国务院统筹新

---

[*] 本文系《经济蓝皮书:2020年中国经济形势分析与预测》(社会科学文献出版社2019年版)的序言。

冠肺炎疫情防控和经济社会发展工作，把人民生命安全和身体健康放在第一位，加大宏观政策应对力度，扎实做好"六稳"工作、全面落实"六保"任务，疫情防控工作取得重大战略成果，三大攻坚战扎实推进，经济增长好于预期，人民生活得到有力保障，社会大局保持稳定。

这次新冠肺炎疫情，是新中国成立以来我国遭遇的传播速度最快、感染范围最广、防控难度最大的重大突发公共卫生事件。面对突如其来的严重疫情，党中央坚持统筹兼顾和协调推进的原则，一手抓疫情防控，一手抓经济社会恢复发展，我国率先在全球范围内取得了疫情防控和经济社会发展的双胜利。

在疫情防控方面，党中央以果断的决策力迅速在全国范围内打响了疫情防控人民战争、总体战、阻击战，我国仅用一个多月时间就初步遏制住了疫情蔓延势头，用两个月左右时间将本土每日新增病例控制在个位数，最大限度保护了人民生命安全，为经济社会恢复和大局稳定奠定了基础。与此同时，我国积极履行国际义务，及时分享疫情信息和诊疗防控方案，先后多次向150多个国家和世界卫生组织援助或出口抗疫物资，有力地支持了全球疫情防控。

在经济社会发展方面，我国在准确把握疫情形势变化的前提下，推动分区分级精准复工复产、复商复市，同时显著加大宏观政策应对力度，围绕"六稳"和"六保"先后出台了一系列纾困救助措施和促进供需恢复政策。国内生产总值同比增速在第二季度由负转正，第三季度进一步加速恢复，前三季度累计实现了0.7%的增长。在国际货币基金组织发布的预测报告中，我国将成为2020年全球唯一一个能够实现正增长的主要经济体，GDP增速将超出世界平均水平6.3个百分点。其他主要经济指标也持续恢复向好：产业链供应链基本稳定，产品和行业增长面扩大，新经济动能加速成长，物价走势总体平稳，稳就业保民生举措成效明显，城镇新增就业将提前达到年初预期目标。在疫情冲击下，扶贫产业和贫困劳动力务工就业受到更大程度的重视和优先支持，脱贫攻坚战坚实推进，进入扫尾阶段，全面建成小康社会胜利在望。

二 加快构建"双循环"新发展格局

"十四五"时期是我国全面建成小康社会、实现第一个百年奋斗目标之后，乘势而上开启全面建设社会主义现代化国家新征程、向第二个百年奋斗目标进军的第一个五年，我国将进入新发展阶段。我们要辩证认识和把握国内外大势，统筹中华民族伟大复兴战略全局和世界百年未有之大变局，深刻认识我国社会主要矛盾发展变化带来的新特征新要求，深刻认识错综复杂的国际环境带来的新矛盾新挑战，加快构建以国内大循环为主体、国内国际双循环相互促进的新发展格局。

第一，畅通和壮大国民经济循环，实现国内国际双循环相互促进。畅通和壮大国民经济循环是一项系统工程，需要从生产、分配、流通、消费等国民经济运行的各个环节全面诊断和统筹改善。

一是在生产环节，要着力增强创新能力。加快补齐核心关键技术的"卡脖子"短板，提高产业链和创新链各环节之间衔接效率，提升增加值创造能力，不断巩固我国在全球产业分工中的优势地位，确保供应链安全。及时根据需求结构的变化规律相应地调整生产结构，在供需再平衡中释放经济增长动能，提高各类资源配置效率。加快土地、资本、劳动、技术、数据等要素市场化配置改革，为供给结构转型升级创造高效的要素配置环境。当前尤其是要完善技术要素市场，形成产学研相衔接的创新链，优化科技成果收益分享机制，激发企业和科研人员创新活力。

二是在分配环节，要着力优化收入分配结构。在初次分配环节，应引导劳动报酬占GDP比重适度提升，确保城乡居民人均可支配收入增速不低于经济增速，逐步壮大中等收入人群规模。要扩大人力资本投入，使更多普通劳动者通过自身努力进入中等收入群体。在二次分配环节，要综合采用税收、转移支付、社会保险等措施加以调节，防止贫富差距过度拉大，推动城乡之间、区域之间逐步实现基本公共服务均等化。确保机会平等，增强社会流动性，防止阶层板结固化。

三是在流通环节，要着力提高流通效率。新旧基础设施并重，全面提升仓储管理和交通运输能力和效率，系统性降低流通环节费用在国民经济运行中的占比。一方面，要继续加强优化仓库、货运、商品集散、物流配送等传统基础设施；另一方面，要加快推广工业互联网、大数据、云计算、人工智能、物联网在流通环节的产业化运用。

四是在消费环节，要着力扩大内需。把扩大内需作为构建新发展格局的战略基点，围绕人民美好生活需要，满足人民群众对个性化、多样化、高品质消费的需求。推动线下消费加速"触网"，加快培育消费新产品新业态新模式，提升供给品质，释放消费潜力。进一步放开放宽城市落户限制，增加医疗、养老、教育、城乡社会治理等公共服务供给，建立基本公共服务与常住人口挂钩机制。注重平衡好消费和投资的关系，以"两新一重"为主要发力点布局投资建设，保持固定资产投资增速合理稳定。

在畅通和壮大国内经济循环同时，还应重视协调好国内经济循环和国际经济循环的关系，引导国内循环和国际循环相互促进，加快形成新发展格局。发展壮大国内经济循环，并不意味着不重视国际经济循环。当前及未来一段时期，我国仍要积极扩大开放，全面提高对外开放水平，建设更高水平开放型经济新体制，更好地利用国内国外两个市场、两种资源，形成国际合作和竞争新优势。

第二，坚持创新引领，实现科技自立自强。加快科技创新是构建新发展格局的需要，畅通国内国际双循环需要科技实力保障供应链安全稳定。要坚持创新在我国现代化建设全局中的核心地位，把科技自立自强作为国家发展的战略支撑，采取多项措施，完善国家创新体系，加快建设科技强国。

一是发挥新型举国体制优势，着力攻坚"卡脖子"技术。积极应对个别发达国家在原材料、关键零部件、核心设备、基础软件等领域对我国"卡脖子"以及网络攻击的风险，对技术路线较为确定的关键"卡脖子"技术，要充分发挥我国社会主义制度能够集中力量办大事的显著优势，打好关键核心技术攻坚战。充分利用我国在政府采购、国防军工等领域的巨大需求，支持国产化自主工业元器件、高端设备、计算机芯片、软件系统等产品的发展。进一步改进优化国产新产品市场投放程序，打破行业内部技术壁垒，对于全球供应体系依赖程度较小的行业，鼓励自主研发的技术和产品加快投放市场，向国内上下游配套企业推广应用。

二是坚持开放式创新，实施互惠共享的国际科技合作战略。应坚决舍弃"闭门造车"式的封闭式创新，坚持"双循环"模式下的开放式创新。聚焦医疗卫生、气候变化、环境保护等人类共性问题，同全球顶尖科学家、国际科技组织一道，加强重大科学问题研究，加大共性科学技术破解，加深重点战略科学项目协作。鼓励企业和高校科研院所整合国际创新资源，积极拓展国际研发资源边界，加大高端科创人才引进力度，与国外顶级研发团队联合开展研发攻关，加紧突破"卡脖子"的核心技术和关键原材料零部件。加强与世界创新强国、有关国际组织在知识产权保护领域的国际协调，多渠道宣传中国知识产权保护的积极进展和成果，营造良好的国际科技合作环境。加快国内创业园区、创客空间等"双创平台"对外开放，吸引海外优秀创新创业团队加入"双创活动"，不断提高"双创"的开放度和国际影响力,塑造开放有序、充满活力的中国创新生态。

三是建设高水平新型基础设施,为大国科技创新强基赋能。加大5G基站、千兆固网、数据中心、国家实验室等新型基础设施投资力度,创新新型基础设施运营和管理模式,全面提升实体部门智能软硬件水平,自上而下进一步凝聚加快数字转型的共识,为科技创新提供完善的硬件设备与社会氛围。吸引各类资本参与,扩大创新要素供给,打通传统产业与新兴产业之间、供应链各环节之间的数字端口,推进政府数据与社会数据的开放共享,统筹各地区各部门各领域数字化智能化发展进程,强化各领域数据协同,为实体部门科技创新提供数据支撑。探索建立新型基础设施建设运营的技术标准和市场规范,引领相关领域国际规则制定,积极培育数字时代国际科技合作与竞争新优势。

第三,发挥好改革的突破和先导作用,依靠改革开拓新局。在新发展阶段,必须发挥好改革的突破和先导作用,依靠改革应对变局、开拓新局。要把完善产权制度和要素市场化配置作为经济体制改革的重点,畅通要素自由流动,减少资源配置扭曲,形成促进发展和创新的正向激励机制。

一是深化国资国企改革,着力提高国有企业活力和效率。坚持有进有退、有所为有所不为,推动国有资本向关系国家安全、国民经济命脉的重要行业和关键领域集中。积极稳妥深化混合所有制改革,提高国有企业股份划拨社保基金比例,形成以管资本为主的国有资产监管体制。促进国有资本进入新的前瞻性战略性产业,发展规模性数字经济,支持科技进步,以创新为突破口,进行大胆充分的激励,在关键核心技术攻关、高端人才引进、科研成果转化应用等方面实现更大作为,在稳定产业链供应链水平上发挥引领作用。对公益类业务进行分类核算和分类考核,建立健全符合国际惯例的补贴体系。

二是鼓励支持引导非公有制经济发展，激发市场主体发展活力。全面实施内外资统一的市场准入负面清单制度，清理废除妨碍统一市场和公平竞争的各种规定和做法，营造各种所有制主体依法平等使用资源要素、公开公平公正参与竞争、同等受到法律保护的市场环境，充分调动非公有制经济的积极性创造性。完善财产权、知识产权保护制度，深化商事制度改革，打破行政性垄断，防止市场垄断，健全支持民营经济、外商投资企业发展的法治环境，完善构建亲清政商关系的政策体系，健全支持中小企业发展制度，促进非公有制经济健康发展。

三是深化科技体制及技术和资本要素市场化配置改革，加快形成创新促进强大激励机制。构建社会主义市场经济条件下关键核心技术攻关新型举国体制。加大基础研究投入，健全鼓励支持基础研究、原始创新的体制机制。赋予高校、科研机构更大自主权，给予创新人才更大技术路线决定权和经费使用权。改革科研经费管理办法，大幅提高"人头费"比重。创新科技成果转化机制，发挥企业主体作用和政府统筹作用，促进资金、技术、应用、市场等要素对接，打通产学研创新链、价值链。促进技术要素与资本要素有机融合，激发企业和科研人员创新活力，形成"硅谷+华尔街"式的创新促进强大激励机制。对股票发行全面实施注册制，提高上市公司质量。积极探索通过天使投资、创业投资、知识产权证券化、科技保险等方式推动科技成果资本化。

四是推进土地和劳动力要素市场化配置改革，促进以人为核心的新型城镇化发展。加快土地要素市场化配置改革，促进都市圈与城市群发展。建立健全城乡统一的建设用地市场，全面推开农村土地征收制度改革，扩大国有土地有偿使用范围；鼓励盘活存量建设用地，深化农村宅基地制度改革试点，完善城乡建设用地增减挂钩政策；加快探索建立全国性的建设用地、补充耕地指标跨区域交易机制。加快农业转移人口市民化进程，深化户籍制度改革，推动超大、特大城市调整完善积分落户政策。放开放宽除个别超大城市外的城市落户限制，建立城镇教育、就业创业、医疗卫生等基本公共服务与常住人口挂钩机制，推动公共资源按常住人口规模配置；畅通劳动力和人才社会性流动渠道，形成全国城乡统一的劳动力市场。

第四，构建更高水平对外开放体系，增创国际竞争新优势。坚持实施更大范围、更宽领域、更深层次对外开放，促进全球产业链、创新链、价值链协同发力，强化规则等制度型开放水平，兼顾扩大对外开放与主动防范风险，建设更高水平的开放型经济新体制。

一是加快培育国际竞争新优势。依托我国大市场优势，提升全球产业链、创新链、价值链地位，积极围绕产业链布局创新链，构建开放、协同、高效的技术研发平台，推动物联网、大数据、人工智能、工业互联网等赋能制造业，积极融入全球创新网络。鼓励龙头企业在全球范围内配置要素资源、布局市场网络，支持隐形冠军深耕主业，加快构建开放平台型竞争新模式。推动更高水平"引进来""走出去"相结合，鼓励外资积极投资战略性新兴产业和未来产业，持续推进境内企业高水平"走出去"，深化国际产能和装备制造合作，带动技术、标准、认证和服务"走出去"。提升数字经济国际化水平，加快推动开放经济数字化、网络化、智能化发展，抢占全球数字经济制高点。

二是积极推动国际合作新体系。深化"一带一路"沿线国家经贸合作，不断拓宽合作领域，推动农产品、制成品和服务贸易进出口，强化中欧班列、海上丝绸之路等陆海新通道互联互通，加强贸易和投资领域规则标准的共商共建，促进区域贸易投资自由化便利化，为区域贸易投资制度体系构建提供中国倡议、中国方案，实现互利共赢。维护以世界贸易组织为核心的多边贸易体制，力争《区域全面经济伙伴关系协定》（RCEP）和《中欧投资协定》尽早签署，加快《中日韩自贸协定》谈判，主动对接《全面与进步跨太平洋伙伴关系协定》（CPTPP），积极参与全球经济治理体系改革。加快构建立足周边、辐射"一带一路"沿线、覆盖全球的高标准自由贸易区网络，全面提升对外开放水平。

三是着力打造内外联动开放新格局。更高水平建设自由贸易试验区，优化中国特色自由贸易港功能，推动以规则等制度开放为核心，以法治化国际化便利化国际化为方向的体制机制创新，促进自由贸易试验区建设与城市群都市圈功能相结合，构建差别化、特色化和首创性的国内开放高地，推动高端要素与商品自由流动，打造国内国际大循环重要枢纽。加快跨境电子商务综合试验区建设，积极复制推广前期成熟经验做法，全面推广电子世界贸易平台（eWTP），强化中国在全球数字经济、数字贸易领域中规则、技术、标准等领先地位，创建国内国际数字经济大循环中心点。

四是主动防范对外开放风险。促进贸易投资市场多元化，强化二十国集团、金砖国家、亚太经合组织等多边和区域合作机制，鼓励和支持外向型企业拓展海外市场。增强企业自主创新能力，依托国内外产学研用体系构筑平台型创新能力，加快突破关键领域和核心环节"卡脖子"技术，兼顾全球产业链、创新链、价值链效率与安全。建立健全服务业开放风险防控体系，依托负面清单和世界贸易组织相关规则指引，渐进有序开放服务业相关领域与经营范围，优化事前、事中、事后综合风险评估，守住不发生系统性经济风险底线。优化实施《外商投资法》《出口管制法》等涉外法律法规，建立健全国家安全审查和监管的制度和机制，积极维护国家安全和利益。

三 2021年的宏观政策选择

做好2021年的经济工作，要以习近平新时代中国特色社会主义思想为指导，全面贯彻党的十九大和十九届二中、三中、四中、五中全会精神，坚定不移贯彻新发展理念，坚持稳中求进工作总基调，以推动高质量发展为主题，以深化供给侧结构性改革为主线，以改革创新为根本动力，以满足人民日益增长的美好生活需要为根本目的，统筹发展和安全，加快建设现代化经济体系，加快构建以国内大循环为主体、国内国际双循环相互促进的新发展格局，推进国家治理体系和治理能力现代化，紧扣"十四五规划"目标任务，统筹做好稳增长、促改革、调结构、惠民生、防风险、保稳定工作，扎实做好"六稳"工作，全面落实"六保"任务，努力实现更高质量、更有效率、更加公平、更可持续、更为安全的发展，努力实现"十四五"时期经济社会发展的良好开局。

第一，积极的财政政策要提质增效，更加注重可持续性。2021年要继续实施积极的财政政策，仍需保持必要的财政支出规模，以支持扩大国内有效需求、调整经济结构，促进高质量发展。一是在有效控制疫情的前提下，仍需保持一定的财政赤字规模，继续发行专项债券，不再发行抗疫特别国债。二是积极的财政政策要更加注重提质增效。显著增加基础研究投入，加强对"卡脖子"项目的有效支持。综合运用税收优惠等方式，提升产业链水平，推动制造业高质量发展，引导资本、资源向战略关键领域聚焦，鼓励金融机构加大对民营企业和中小企业的支持。细化疫情期间财政直达资金分配管理办法，提高财政资金使用绩效。三是继续优化财政支出结构，优化投资方向和结构，提高投资效益，防止项目资金过于分散造成资金闲置，支持"两新一重"建设，支持扩大教育、文化、体育、养老、医疗等服务供给，支持新能源汽车产业发展，支持扩大农村消费，培育新的消费增长点。四是推动基本公共服务均等化，提高与民生相关的教育、社会保障和就业、城乡社区、医疗卫生、住房保障、节能环保、文化体育与传媒等重点支出占总支出比重，推动完善地方政府专项债券相关领域的支出政策和机制设计，提高保障和改善民生水平。

第二，稳健的货币政策要灵活适度，更加注重前瞻性、精准性和时效性。当前，海外疫情仍在蔓延，国内外经济形势依然复杂多变。货币政策既要立足国内、以我为主，也要加强国际宏观政策协调。一是随着国内疫情防控形势基本稳定、经济社会发展较快恢复，货币政策应适时逐步退出疫情期间稳健偏宽松的状态，回归稳健中性，实现广义货币量和社会融资规模增长速度与名义 GDP 增速基本同步。二是我国经济在 2021 年第一、第二季度大概率将出现疫后恢复性反弹，与此同时疫情冲击导致的基期翘尾效应还会进一步放大主要经济指标的反弹力度，对此货币政策部门要前瞻性地预判和甄别，警惕基期翘尾效应导致的误判。三是有效发挥结构性货币政策工具的精准滴灌作用，做到流动性有收有放、结构优化。落实好直达货币政策工具，适度增加普惠性再贷款再贴现额度，加大对小微企业和个体工商户的信贷支持力度。四是在 LPR 报价利率和贷款平均利率降低的基础上，增强利率定价弹性，通过价格机制引导信贷资源配置结构走向优化。五是及时研判国际收支变化，警惕资本项目下的资本流出，避免人民币汇率短期内急剧波动。密切关注美欧等主要发达国家央行货币政策调整，防止内外利差和流动性松紧差大幅变动对我国经济金融体系造成负面冲击。

第三，坚持就业优先政策，做到稳存量、扩增量和提质量有机结合。一是进一步减轻企业负担、增强各类市场主体运转活力。协助暂时性经营困难企业加快夯实自身发展能力，纾解中小民营企业获得金融和优质人力资源等要素的困难，促进初创企业健康壮大，完善灵活就业和新业态就业支持体系，确保就业机会得到持续创造。二是紧密关注重点群体就业，提供多元化、有针对性的公共服务。建立高校毕业生就业服务实名清单，重在畅通毕业生与用人方之间的信息流和增加匹配机会，利用线上线下两种通道，增加毕业生专场招聘场次，面向基层和相对落后地区提供更多公共就业岗位，强化对低收入家庭毕业生的就业帮扶。畅通高校毕业生继续深造、参军入伍、自主创业等就业通道。保障外出农民工公平享受就业服务，全面清理部分城市对于灵活就业人员的不合理限制，降低农民工在务工地的住房、医疗、子女照料等方面的成本，加大力度完善返乡入乡农民工就业创业的政策帮扶。以鼓励市场化就业为主、定向招录为辅，妥善解决退役军人就业，鼓励职业院校扩大对军转、农民工、失业群体的招生。用足用好失业保险基金，确保失业人群基本民生，完善再就业服务。三是加大职业技能提升力度。重点针对农民工、产业结构调整溢出的非熟练工人、就业困难群体等劳动力群体，实施大规模的公共就业培训，确保培训技能真管用，确保年底实现技能劳动者占就业人群比重达到 1/4 以上，鼓励企业实施师带徒技能提升模式。四是促进市场性人力资源服务行业发展，将其作为现代服务业的重要领域，给予必要的政策性支持，推动人工智能、大数据、云计算等现代技术在人力资源服务业中的应用，以此推动就业匹配质量提升。

充分发挥金融在构建新发展格局中的关键作用[*]

2020年，面对新冠肺炎疫情冲击、世界经济陷入深度衰退、国际秩序和国际格局加速演变的"三重冲击"，以习近平同志为核心的党中央观大势、谋大局，统筹推进疫情防控和经济社会发展，交出了一份人民满意、世界瞩目、可载入史册的答卷：率先控制疫情、率先复工复产、率先实现经济增长由负转正，全年GDP增长2.3%，是全球唯一保持正增长的主要经济体；农村贫困人口全部脱贫，贫困县全部摘帽；污染防治攻坚战阶段性目标任务圆满完成，金融风险处置取得重要阶段性成果，宏观杠杆率增幅逐季收窄；科技创新取得重大进展，改革向纵深推进，对外开放在逆境中取得新突破；民生改善，社会大局和谐稳定。

未来一段时期，国内外环境的复杂性与不确定性加大，中国金融发展要树立底线思维，加强党对金融工作的领导，紧紧围绕建设具有高度适应性、竞争力、普惠性的现代金融体系这一目标，大力

---

[*] 本文系《中国金融报告2020：新发展格局下的金融变革》（中国社会科学出版社2021年版）的序言。

推进金融供给侧结构性改革,切实提升金融服务实体经济能力,维护金融稳定,保障金融安全,充分发挥金融在构建新发展格局中的关键作用。

一 深化金融改革 维护金融稳定

我国金融改革发展各项工作要继续坚持"稳中求进"工作总基调,处理好深化金融改革与维护金融稳定的关系;在做好"六稳"工作,实现"六保"任务的前提下,围绕金融服务实体经济的痛点难点和堵点断点,推进金融供给侧结构性改革,促进血脉畅通,激发肌体活力,迈好构建新发展格局的第一步。

(一)深化金融供给侧结构性改革

习近平总书记2019年2月22日发表的有关金融供给侧结构性改革的重要讲话,是我国当前和今后一个时期内金融改革发展的总纲。金融供给侧结构性改革的要义,是通过金融结构的调整,金融产品和金融服务的创新,激发市场主体的活力和创造力,从而发挥市场在资源配置中的决定性作用,提高资源配置效率,推动经济高质量发展。

推进要素价格市场化改革,是金融供给侧结构性改革的关键抓手,关乎市场能否在资源配置中发挥决定性作用。市场化的利率、汇率、收益率等一系列价格指标,有助于引导市场参与者将金融资源配置到最能发挥效力的领域或用途中去,进而提升实体经济的资源配置效率。进一步看,利率的市场化有利于市场主体将有限的资源配置到效率更高的领域;汇率的市场化有助于我们高效利用国内国际两个市场、两种资源;国债收益率曲线的进一步完善则有助于提升我国金融产品定价的自主性、合理性和科学性。三者都是金融资源配置效率提升的重要支撑。因此,要把健全基准利率和市场化利率体系，完善人民币汇率市场化形成机制，更好发挥国债收益率曲线定价基准作用作为深化金融供给侧结构性改革的"牛鼻子"，以定价机制改革带动市场体系的优化和市场功能的完善，从而畅通国民经济循环，提升资源配置效率。

优化金融体系结构，提升金融服务供给的有效性和针对性，是深化金融供给侧结构性改革的主攻方向。首先，要优化金融市场体系，加强资本市场基础性制度建设，稳步推进股票发行注册制改革，建立常态化退市机制，完善强制退市和主动退市制度，提高上市公司质量。其次，要优化我国金融机构体系，构建与实体经济结构和融资需求相适应、多层次、广覆盖、有差异的银行体系，大力发展保险、养老金等拥有长期资金来源的金融机构，积极发展信托、证券、基金等非银行金融机构，进而形成商业性金融、开发性金融、政策性金融、合作性金融等多种业态分工合理，相互补充的金融机构体系。

在金融与科技加速融合发展的新形势下，金融数据资源呈现爆发式增长态势，其在金融发展中的重要性日益凸显。在保障数据安全的前提下提升数据资源的配置效率，也将成为金融供给侧结构性改革的新维度。这包括：加快培育发展数据要素市场，建立数据资源清单管理机制，推动完善数据流转和价格形成机制，发挥社会数据资源价值；对数据权属进行确认及分类界定，从法治化角度进行数据保护，维护国家、公民的数据安全，调解和规范数据交易活动；推进数字政府建设，加强数据有序共享，依法保障各交易主体利益；完善反垄断立法，扎牢制度的笼子，打破数据垄断，促进数据要素有效流动。

（二）提升金融服务实体经济能力

金融的使命是服务实体经济。构建金融有效支持实体经济的体制机制是我国金融改革发展的迫切任务。

首先，推动不同市场主体公平竞争，大力发展普惠金融。一要加大向中小企业的金融服务供给，支持发展民营银行、社区银行等中小金融机构。二要完善各类企业融资增信支持体系。在此基础上，还可鼓励金融机构在信贷活动中扩大抵押物的范围，并按照企业不同产品的生命周期来确定贷款的期限，以更好地满足各类企业不同的融资需求。三要健全直接融资支持制度。特别是为中小型科技企业的上市、发债等直接融资活动创造更加便利、更加顺畅的体制机制。

其次，围绕碳达峰与碳中和目标，大力发展绿色金融。"十三五"时期，我国成为全球绿色金融的倡导者和引领者，绿色金融蓬勃发展。2020年上半年，我国绿色信贷余额超过11万亿元，位居世界第一；绿色债券的存量规模1.2万亿元，位居世界第二。我国提出碳达峰与碳中和目标，为绿色金融发展带来巨大机遇。为此，需要进一步完善绿色金融体系：一是完善绿色金融标准；二是完善绿色金融激励机制；三是强化碳市场在碳减排和配置绿色金融资源中的作用，发展碳金融产品和碳排放权抵质押融资。

最后，把科技创新置于现代金融体系建设的核心地位，不断提升我国金融科技的发展水平和竞争力。近年来，我国在以人力资本投资为主、研发周期较短的若干金融科技产业领域（如移动支付等）实现了弯道超车，金融机构数字化转型深入推进，在提高金融服务效率和普惠性方面发挥了重要作用，金融科技整体水平已进入世界前列。但也要看到，我国金融科技发展还存在不少短板，例如基础研发投入不足，关键领域原始创新能力较弱，金融信息基础设施自主可控程度亟待增强，金融标准化建设尚不能适应金融科技大发展的要求，金融科技领域的资本无序扩张与行业垄断问题不容忽视，金融科技监管制度建设仍处于摸着石头过河的探索阶段等。要在防范系统性风险的前提下鼓励金融科技创新，把科技自立自强作为我国金融发展的战略支撑，加强金融科技发展的顶层设计；完善金融科技领域共性基础技术供给体系，实现关键技术自主可控；发挥企业家在金融科技创新中的重要作用，培养具有国际竞争力的青年金融科技人才后备军；加快金融基础设施领域的智能化运用，增强我国金融科技企业在全球的核心竞争力。

（三）创新完善金融宏观调控

货币政策的功能在于通过调节利率、货币和信用，熨平经济波动，为经济长期增长和创新发展创造稳定的宏观环境。2021年全球新冠肺炎疫情走势依然存在不确定性，世界经济形势仍然复杂严峻，复苏不稳定、不平衡。在晦暗不明的外部环境之中，我国货币政策的主基调是"稳"。只有稳住了经济金融基本盘，才能为金融改革顺利推进创造宽松环境。

首先，按照2020年中央经济工作会议的总体部署，努力保持宏观政策的连续性、稳定性、可持续性。在货币政策操作上，要更加精准有效，注重直达性，不急转弯，把握好稳增长与防风险之间的平衡。要保持货币供应量和社会融资规模增速与反映潜在产出的名义经济增速基本匹配，既为实体经济的复苏和高质量发展提供合理充裕的流动性，又保持宏观杠杆率基本稳定。要用好已有的货币政策直达工具，并根据实体经济需要继续设计新的结构性货币政策工具，以支持小微、民营、涉农等领域企业发展。

其次，加强货币政策与财政政策的协调配合。货币与财政政策的协调配合程度高低直接影响资金配置效率和宏观调控效果。为此，货币与财政两大部门之间要建立多层面的政策沟通协调机制，统筹进行重大政策调整的综合评估和协调，既要避免单项政策各自为政，也要避免政策之间效力相互抵消或过度叠加。同时，要吸取发达经济体财政赤字货币化的教训，在财政部和中央银行之间建立"隔离网"，实施独立的中央银行财务预算管理制度，保持中央银行资产负债表的健康，维护人民币币值稳定。

最后，继续有效防范重大金融风险，努力实现稳增长与防风险的长期均衡，从更"强"的监管转向更"好"的监管。一是精准处置重点领域金融风险，多渠道补充中小银行资本金，积极稳妥化解地方政府债务风险。二是加强薄弱环节金融监管制度建设，消除监管空白，强化地方政府属地金融监管职责和风险处置责任，形成风险处置合力。三是强化综合监管，突出功能监管和行为监管，制定交叉性金融产品监管规则，补齐监管制度短板。四是建立健全金融消费者保护基本制度。

二 统筹金融开放与金融安全

在双循环新发展格局中，金融高水平双向开放更加重要且急迫，是内外两个市场统筹和内外两个循环相互促进的必然要求和必要保障。金融开放加速推进，使得金融稳定和金融安全面临的不确定性更大。金融安全是国家安全的重要组成部分，统筹金融开放与金融安全是构建双循环新发展格局的基本遵循。金融开放并不必然引致金融安全冲击，但要行稳致远，稳中求进。我国要在经济金融决策自主性、货币稳定、金融基础设施安全、数据安全等方面进行有效部署，维护金融安全。

（一）更加重视金融高水平双向开放

2018年以来，我国先后推出了一系列重大的金融开放举措，金融开放呈现加速推进的状态。一是基本取消银行、证券、基金、期货、人身保险以及评级机构等领域的外资持股比例限制；二是实质扩大外资金融机构业务范围；三是着力提高资本市场双向开放互动水平；四是探索实施准入前国民待遇加负面清单管理制度。

加快构建新发展格局要求进一步扩大金融高水平双向开放。在国内大循环为主、国内国际双循环相互促进的新发展格局下，为了进一步发挥市场在资源配置中的决定性作用，金融开放是必然要求。虽然在全球新冠肺炎疫情肆虐和个别国家试图"硬脱钩"背景下，全球产业链加快重构，我国部分高科技企业面临冲击，但全球经济一体化和内外市场互动持续深化仍是不可逆转的历史潮流。只有实施更大范围的金融开放，实现更深层次的内外市场互动，才能加快构建新发展格局，并通过国际循环提升国内大循环效率和水平，改善我国生产要素质量和配置水平，推动经济高质量发展。

（二）切实保障国家金融安全

金融安全是国家安全的重要组成部分，维护金融安全，是关系到我国经济社会发展全局和现代化国家建设的战略性考量。金融安全是在国家主权基础之上货币资金融通的安全和整个金融体系的稳定，以保障资金顺畅融通、市场平稳运行和资源有效配置的动态均衡。一般地，金融安全涉及金融政策主权、国家货币稳定、金融基础设施、市场体系稳定、金融数据安全以及国际金融治理等领域。这些领域是我国在国内国际双循环相互促进以及金融开放加快推进过程中所需要重点关注的。

2005年以来，我国以人民币汇率形成机制为代表的改革为金融政策主权、币值稳定以及国际金融治理等领域的安全问题提供了重要的支撑。迄今为止，我国已建立以市场供求为基础的管理浮动汇率制度，且市场供求的作用持续上升。十多年来，人民币整体处于稳步升值状态，是国际金融危机以来二十国集团中最为强势的货币之一。2015年人民币进入国际货币基金组织特别提款权货币篮，并成为其中第三大货币。2019年特朗普政府违背评判标准将我国贴上"汇率操纵国"标签，仅数月后就悄然取消。这些事件表明我国金融开放取得积极进展，同时金融安全得到了更为扎实的保障。

(三) 把握金融安全的重点领域

在双循环新发展格局构建中，金融开放更加深入，外部不确定性也在增强，统筹金融开放与金融安全将面临更多挑战。

一是金融基础设施安全。以支付清算为代表的全球金融基础设施仍是一个以美元为核心的系统。通过 SWIFT 报文信息以及 CHIPS 美元支付清算系统，美国政府可以通盘掌握国际资金调拨与流动状况。更为重要的是，美国可以通过各种类型的金融制裁将所谓各类"实体"纳入到名目繁多的"清单"之中，要求美国或他国的机构及个人不得与被制裁"实体"发生交易，部分制裁还直接禁止相关"实体"使用美元结算系统。这本质上就是对一国金融基础设施安全的挑战。从 2015 年起，美国致力于构建一个更加现代化的支付清算体系，其本质目标是进一步强化其在全球金融基础设施的地位。

二是币值稳定与资本项目开放。2020 年 8 月，美联储实行了"平均通胀目标制"，通过跨期、超调和平均的思维来实现经济增长。平均通胀目标制将使得美国非常规宽松政策持续时间更长，美元指数不确定性更高，国际资本流动更加不稳定。包括人民币在内的"外围"经济体，将承担美联储政策调整、美元指数波动和国际资本流动变化的主要成本，人民币币值稳定、国家金融安全以及双循环发展格局的外部冲击将十分严峻。人民币币值稳定与金融开放特别是资本项目开放进程紧密相关。一直以来，我国金融开放整体采用循序渐进、稳步推进的策略，同时还保留必要的资本项目管制，这保证了人民币币值的稳定以及人民币资产的安全。金融开放涉及金融服务业的开放，同时也涉及资本项目开放，这两个方面是紧密关联但又需要区别对待的。如果资本项目完全自由化，那么国际资本流动就更加自由，也更加考验金融管理当局应对风险的能力。更为本质的是，这与我国是否要取消资本项目管制这一"最后防火墙"直接相关。虽然更加开放、更加多元、更加市场化的金融系统具有内在的风险缓释能力，但在一个不平等、不均衡和不稳定的美元本位国际货币体系之中，特别是中美博弈日益深化的情形下，"最后防火墙"不能轻言取消。过往经验表明，资本项目开放大多是一个不可逆的过程，它对我国金融安全的潜在影响需要得到更加全面系统的评估。

三是数据安全。数据是未来金融体系的最核心资产，数据也是未来金融国际竞争力的核心，谁占有数据谁就可能具有主导权。数字化系统具有更强的要素集聚功能、跨界网络效应以及"赢者通吃"效应，这就使得数据采集、存储、分析和应用等的安全从技术层面提高到国家层面。这是数字化时代给我们带来的新课题、新挑战，但也可能是我国金融竞争力弯道超车的新机遇。

四是谨防内外风险与安全因素共振。新发展格局中的金融安全必定是内外统筹的金融安全。进入新发展阶段，应重点防范内外风险与安全因素共振引发系统性金融风险或全局性金融安全问题。习近平总书记强调，"防止发生系统性金融风险是金融工作的永恒主题"[1]。金融开放、金融稳定和金融安全的有效统筹是构建新发展格局的应有之义。中国金融开放的基本逻辑是以我国国情为基础，以开放推动改革为目标，同时充分考虑到我国金融市场的承受能力，并与我国金融监管能力相匹配，避免为追求开放而开放，最终实现金融改革开放促进国内经济发展的目的。金融安全是更高程度上的金融稳定，是主权维度下的金融稳定。我们既要推进高水平金融开放，又要坚守金融安全底线。金融稳定是金融安全的基础，金融安全是国家安全的重要组成部分，把握好金融改革、金融稳定与金融安全的平衡，对于构建双循环新发展格局至关重要。

在世界百年未有之大变局加速演进，我国经济发展进入新阶段

---

[1] 《习近平谈治国理政》第2卷，外文出版社2017年版，第280页。

的关键时期，加强党对金融工作的集中统一领导是推动金融高质量发展、服务新发展格局构建的组织保障。必须深刻认识党对金融工作领导的理论逻辑，遵循金融发展规律，完善党对金融工作领导的实现机制，确保金融改革发展保持正确方向，促进经济和金融良性循环、均衡发展。

中国经济社会中长期发展面临的形势、任务、机遇和挑战[*]

党的十九大，以习近平同志为核心的党中央擘画了未来30年我国发展的宏伟蓝图，制定了两阶段发展的战略安排。即：从2020年到2035年，基本实现社会主义现代化；从2035年到2050年，把我国建成富强民主文明和谐美丽的社会主义现代化强国。这是实现中华民族伟大复兴中国梦的必然要求，也是当代中国人的历史使命。到建党100周年，我国将全面建成小康社会，踏上全面建设社会主义现代化国家的新征程。

一场突如其来的全球范围的新冠肺炎疫情大流行，正在改变人们的生产和生活方式，也可能历史性地影响和改变世界政治经济格局。对中国经济社会发展进行中长期研究，必须深入分析、牢牢把握世界百年未有之大变局和中华民族伟大复兴的战略全局，正确分析形势，科学研判机遇和挑战，前瞻性地制定战略和政策。

从国际上看，未来5—15年，甚至更长时段，国际力量对比将深度演化，世界发展的不稳定性不确定性将显著上升，新一轮科技

---

[*] 本文系《迈上新征程的中国经济社会发展》（中国社会科学出版社2020年版）的序言。

革命将深刻影响全球发展格局。

首先,世界百年未有之大变局加速演化。世界上主要国家之间的力量对比是百年变局中最为关键的变量之一。从这个意义上来看,大变局主要表现为国际力量对比的"东升西降"。一方面,冷战后以美国为首的西方国家沉湎于"历史终结"的幻象,个别大国对外肆无忌惮地耀武扬威、消耗国力,对内受"大缓和"(Great Moderation)一叶障目,轻忽收入差距,放任阶层撕裂、族群对立,已显现出西方世界大厦倾颓的草蛇灰线。冷战结束以来,美西方以高负债和过度金融创新的方式,让金融食利阶层大肆汲取普通大众在实体经济活动中创造的剩余价值,以致贫富悬殊、阶层固化的现象日益突出,并以美国次贷危机、欧洲主权债务危机、国际金融危机等方式集中爆发,在直接减缓本国经济增长和人民福祉的同时,也为西方国家单边主义、保护主义、民族主义、民粹主义提供了温床,从而把影响外溢到世界各国。另一方面,以中国为代表的新兴市场和发展中经济体通过体制机制改革创新,在经济全球化浪潮中优化配置资源,加强科技创新,发展开放型经济,融入世界经济体系,经济社会发展取得长足进步,人民生活水平稳步提升,在全球生产网络中的重要性及在世界经济中的比重不断增加。2020年以来,新冠肺炎疫情对国际格局产生的深刻影响,将进一步加速百年未有之大变局"东升西降"的演化态势。

其次,和平与发展仍是时代主题,但国际社会中的不稳定性不确定性因素显著增加。和平与发展是全世界人心所向,符合世界历史发展潮流。随着世界多极化、经济全球化、社会信息化、文化多样化的深入发展,世界各国相互联系的深度与广度不断拓展,国家利益相互交织,人类从未像今天这样命运与共。与此同时,国际环境的动荡性、竞争性或对抗性却在显著上升,世界经济社会发展面临的各种问题日益凸显。在和平问题上,全球发展面临的安全威胁始终存在，地区冲突和局部战争持续不断，不少国家及其民众特别是儿童饱受战火摧残；在发展问题上，国家间发展不平衡，不同群体收入分配不公平，财富差距扩大等问题更加突出且尚无有效解决方案；在信任问题上，国家之间的竞争更趋激烈，地缘政治博弈色彩明显加重，国际合作受到严重侵蚀；在治理问题上，气候变化、网络安全、难民危机、重大传染性疾病等全球性问题日益凸显，保护主义、单边主义抬头，全球治理体系和多边机制受到冲击。

最后，新一轮科技革命重塑全球经济结构与发展格局。新一轮科技革命是一场技术经济范式的协同转变过程，是全球经济结构演进的重要推动力，也是一柄具有高度复杂性和不确定性的"双刃剑"。一方面，包括中国在内的具有一定工业基础的广大发展中国家，抓住科技革命的历史机遇，不断提升本土创新能力和培育创新主体，形成独立的产品平台、研发体系和实验体系，催生出新业态、新模式、新产业，在一些新兴产业领域同发达国家并跑，还可通过新技术与传统技术和产业的融合，在成熟产业领域利用其独特市场优势和资源优势实现赶超。在此过程中，大国竞争将越来越集中体现为科技创新能力的较量，大国之间针对关键技术的博弈将更加激烈。另一方面，人工智能、网络信息、生物技术等新技术的突破，将对经济、社会和人类生产生活方式带来难以估量的重大影响。科技创新在提高劳动生产率的同时加大了收入差距，在创造就业的同时也会引起失业，在保障人类安全的同时也可能引发灾害性后果。

从国内看，我国已进入高质量发展阶段，发展具有多方面优势和有利条件，但发展不平衡不充分问题仍然突出。

第一，我国发展具有较大的潜力。党的十九大报告明确指出，我国仍处于并将长期处于社会主义初级阶段的基本国情没有变，我国是世界上最大的发展中国家的国际地位没有变。当前，我国社会主要矛盾是人民日益增长的美好生活需要和不平衡不充分的发展之间的矛盾。我国现代化总体水平与世界发达国家相比还有较大差距，仍有巨大的投资潜力、广阔的消费空间、良好的外需前景。同时，经过 40 多年的改革开放和快速发展，我国宏观调控能力明显增强，经济体制逐步完善，物质基础不断夯实，科技创新能力显著提高，抗风险能力和国际竞争力明显增强。

第二，我国超大规模市场优势凸显。我国是世界上唯一一个拥有联合国产业分类中全部工业门类的国家，产业体系涵盖了 41 个工业大类、207 个工业中类和 666 个工业小类。随着城乡收入水平的持续提高和中等收入群体的壮大，国内消费市场规模扩大，我国在总量意义上正成为世界第一消费大国。完备的工业体系和超大规模内需市场共同带来了集成创新优势，让新技术、新产品能够以较快的速度从实验室走向大规模商业化运用，创新驱动经济发展的内生动力更加充足。这些因素为充分发挥国内超大规模市场优势，逐步形成以国内大循环为主体、国内国际双循环相互促进的新发展格局创造了条件。

第三，新一轮科技革命与产业变革为后来居上提供了可能。以新能源汽车、移动互联网、大数据、云计算、人工智能、物联网、区块链为代表的新技术将进入大规模产业化应用的加速阶段。新科技为制造业和服务业赋能成为"新工业革命"的突出特征，并深刻改变生产组织方式，朝着智能化、定制化的方向发展，专业化分工将进一步细化，劳动生产率进一步提升。作为最大的新兴经济体，紧紧抓住新一轮科技革命与产业变革带来的机遇，我国社会生产力水平可能迎来飞跃。

第四，我国国家治理体系和治理能力现代化水平明显提高，政治稳定，社会安定，人心思进。党的十八大以来，党把方向、谋大局、定政策、促改革的能力和定力不断增强，党总揽全局、协调各方的领导核心作用更加巩固,党中央权威和集中统一领导明显加强。党的十九届四中全会审议通过的《决定》描绘了中国特色社会主义制度"图谱",使党和国家长治久安有了"四梁八柱"的制度支撑。我国全面深化改革取得全方位、开创性的重大突破,全面依法治国取得明显成效,中国特色社会主义法治体系日益完善,营商环境持续优化,全社会发展活力和创新活力空前增强。

当然,我国经济社会发展中也还存在不少深层次的矛盾和挑战,有的是经济发展阶段难以避免的,有的是体制性、结构性的,有的是国际环境变化带来的。

一是人均GDP超过1万美元,对跨越中等收入陷阱提出了更紧迫的要求。历史上,各国在人均GDP达到1万美元之后普遍出现了矛盾暴露、挑战加剧的问题。一个经济体从中等收入向高收入迈进的过程中,需要摆脱体制机制、增长动力和发展方式的路径依赖,在这些方面实现质的飞跃。否则,很容易出现经济增长的停滞和徘徊,或难以突破高收入国家门槛,或跨入高收入国家行列后长期徘徊。这主要是由于经济快速发展时期积累的矛盾未能消除,增长减速后原有发展模式和体制机制无法适应,缺乏有效应对系统性风险的办法。一旦经济增长出现大幅波动或陷入停滞,蛋糕不能做大,就有可能引发社会问题和更大的经济问题,使经济和社会发展出现停滞或倒退。国际上,这方面的教训十分深刻。

二是经济增速下降,对创新驱动发展提出了更紧迫的要求。我国劳动年龄人口数量已经开始下降,固定资产投资增速明显放缓,简单依靠技术学习引进的后发追赶模式的空间显著收窄,一些地区土地约束、环境约束增强。总体来看,劳动、资本、技术引进、土地等要素资源对经济增长的贡献在边际上趋弱。当前我国创新驱动经济增长的能力还不够强,一些核心关键技术领域还面临卡脖子问题,未来经济增长对更多依靠全要素生产率提升和自主技术创新提出了更紧迫的要求。

三是工业化进入后半程，对产业转型升级提出了更紧迫的要求。传统制造业竞争力不强，各类经营主体面临的困难明显加剧，转型升级的压力越来越大，部分外资企业和民营企业向外迁移意向增强。我国关键核心技术卡脖子问题凸显，产业链供应链安全问题更加突出。服务业在经济中占比继续上升，高端制造业和现代服务业融合发展成为新趋势，制造业占比下降的隐忧上升。经济增长的需求结构继续变化，投资拉动效应降低而消费拉动效应增大。这些变化对产业转型升级提出了更紧迫的要求。

四是城镇化进入后半程，对城乡一体化治理提出了更紧迫的要求。新一代农民工对举家在城市安居乐业抱有更强烈的愿望，就业城镇化与居住城镇化之间的张力将增大，城镇人口和潜在新市民对享受均等化城市基本公共服务提出更高要求。农村人口结构和生产组织方式正在发生深刻变化，乡村社会治理面临新挑战。这些都对实施以人为核心的新型城镇化、乡村振兴战略和加快城乡社会一体化治理提出了更紧迫的要求。

五是消费升级加快，对公共服务供给提出了更紧迫的要求。随着全面建成小康社会目标的实现，居民人均收入水平进一步提升，人们传统物质消费需求占比趋稳或下降，而新型服务消费和公共品消费需求将以更高的弹性增长。一方面，对医疗、养老、幼儿教育、家政服务、休闲旅游、文体娱乐等领域的消费需求，不论从数量上还是从品质上，都提出了更高的要求。另一方面，对生态环境、公共卫生、小区物业服务、城乡软硬件基础设施等公共和准公共产品的需求增强，对各级政府提供公共服务的意识和能力提出了更高要求。

六是人口老龄化加快，对经济社会发展提出了更紧迫的要求。我国人口出生率处于低位，育龄妇女总和生育率仅为1.719（2017

年），未来几年人口总量将达到峰值，但老年人口规模持续扩大。就业年龄人口总量持续减少，人口抚养比明显提高，将从供给侧继续降低经济潜在增长率和实际增长速度。人口老龄化程度的不断攀升还给社会治理、财政、社保、金融、医疗等领域带来一系列新的挑战，对生育、退休、育幼养老等政策提出许多新的重大课题。

基于中国经济社会中长期发展面临的形势、任务、机遇和挑战，中国社会科学院汇聚了相关领域的研究人员，分别对20多个重大专题进行了深入研究并形成了本书。这些专题广泛涉及乡村振兴与反贫困、工业化与制造业转型、服务业升级、财税体制与财政可持续性、重大金融改革、产业及竞争政策、所有制结构、对外开放新格局、数字经济、创新驱动、金融稳定、宏观调控、新型城镇化、区域发展、生态环境、人口老龄化、劳动力市场、收入分配、社会治理、民生短板、社会保障、法治建设、文化强国等一系列重大问题。

2020年突如其来的新冠肺炎疫情冲击，是对国家治理体系和治理能力的一次大考，也为中国的中长期发展提出新的课题。本书立足中长期发展，聚焦中长期问题，突出中长期重大战略和政策，但并未涵盖中长期发展的所有问题和方面。希望本书的出版，能够为社会各界更好地理解和把握未来一段时期中国经济社会发展的新趋势、新机遇和新挑战，对思考中国中长期发展战略和发展路径提供有益参考。书中如有疏漏或错误之处，敬请读者批评指正。

准确把握"十四五"规划的几个重大问题[*]

2020年中央召开了党的十九届五中全会,对"十四五"时期的发展提出了重要建议,2021年全国两会通过了国家"十四五"发展规划纲要。这是我国进入新发展阶段后的第一个五年计划,对于实现"两步走"战略目标,到2035年基本建成社会主义现代化国家,到2050年实现第二个百年奋斗目标具有重大意义。

我主要讲三个方面的内容。第一,"十四五"时期中国经济社会发展的国内外环境和条件;第二,"十四五"时期中国经济的新发展格局;第三,关于发展战略的几个重大问题。

一 "十四五"时期面临的国内外环境和条件

首先,讲一下"十四五"时期面临的国内外环境。习近平总书记多次讲到,当今世界正面临百年未有之大变局,这是具有深刻内

---

[*] 节选自作者2021年5月13日在清华大学长安论坛上的演讲。

涵的。从国际方面来看,主要表现就是"东升西降",特别是中国的崛起。目前来看,国际环境有五个突出特点。

第一个特点,经济全球化遭遇逆流,国际贸易和国际投资下降。20世纪80年代初,撒切尔夫人实行新自由主义政策,即所谓的"撒切尔革命";接着里根政府推行供给学派经济学,从那个时候开始,新自由主义经济学在西方成为主流。在这之后发生了几件大事:一是苏联解体、东欧剧变;二是"9·11"事件,之后美国的战略重点转向反恐;三是2001年中国加入世界贸易组织;四是21世纪初发生的互联网产业革命。这些在很大程度上推进了经济全球化快速发展。在这种情况下,世界经济格局也在发生变化。随着中国加入国际贸易体系,不断融入世界经济,中国的劳动力同日本、中东一些国家的资本,加上美国的市场和技术,形成一个环流,使整个世界经济在这一时期实现较快发展。但由于资本和技术流动快于人才流动,所以资本在全球配置的同时,欧美国家出现产业空心化,美国中产白人失业率增加、收入停滞,国家之间出现南北分化,人群之间收入分配趋于恶化,这导致了在政治上民粹主义兴起,经济上则是逆全球化抬头,全球化遭遇逆流。

2007年美国出现次贷危机,2008年9月雷曼兄弟公司宣布破产,引发国际金融危机,由此形成了全球化的转折点。有人说,2008年中国举办了一场美轮美奂、盛况空前的奥运会,而美国则遭遇了国际金融危机。正是从那个时候起,整个国际力量对比发生变化,经济逆全球化开始出现,一个突出的表现就是国际贸易和国际投资出现下降趋势。从图1和图2可以看出,全球出口额在1998—2008年的年均增长率是10.4%,2009—2020年的年均增长率仅为1.5%。从全球外商直接投资来看,1997—2007年的年均增长率为20.1%,2008—2020年的年均增长率是-3.8%,2020年下降42.3%。

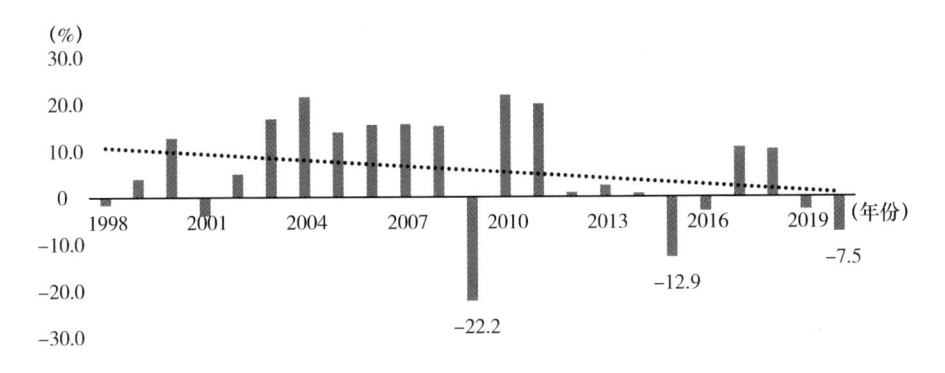

图1　1998—2020 年全球出口额增长率

资料来源：UNCTAD，2021 年 3 月。

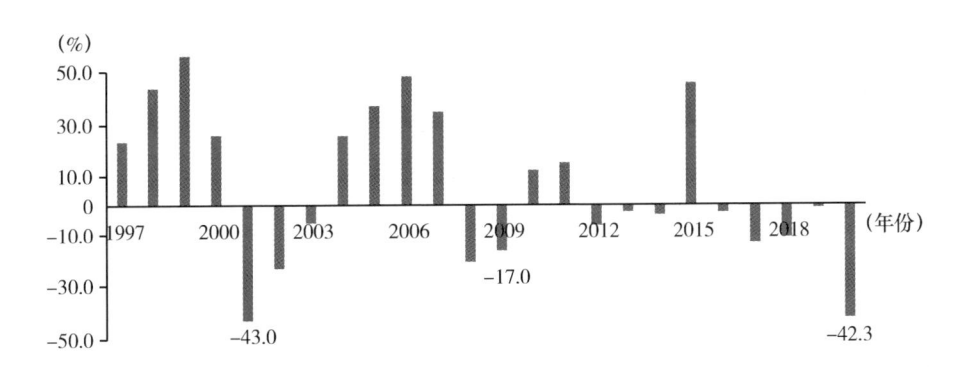

图2　1997—2020 年全球吸引外商直接投资额增长率

注：2020 年数据为估计值。

资料来源：UNCTAD，2021 年 3 月。

第二个特点，新一轮科技革命和产业变革正在重塑经济增长新动能。大国在战略性新兴技术经济领域的竞争加剧，全球经济竞争的焦点集中体现在科技制高点的竞争上，包括信息技术、生物技术的发展等。新一轮科技革命推动了产业变革，促进了平台经济的兴起、数字经济的蓬勃发展等。可以说，以信息技术为核心的科技革命，对整个世界经济发展的影响十分深远。在人工智能、5G 通信和物联网等领域，包括中国在内的过去落后的国家都在大踏步赶上，但是有一些老牌西方国家却没有赶上或者对这个领域重视不够，比如说欧洲整体上在信息技术、数字经济领域滞后于大趋势，现在主要是美国和中国在这方面的引领作用不断增强。

第三个特点，新冠肺炎疫情影响深远。这也是对"十四五"规划影响比较大的全球性问题。在习近平总书记亲自指挥、亲自部署下，通过发挥我国制度优势，中国在比较短的时间内控制住疫情的蔓延。但美国、印度、巴西等国家的疫情仍在继续，到目前为止还没有完全得到控制。这场疫情导致了人流、物流的阻碍，包括产业链、供应链的中断，所有接触性行业面临停产停业，各国经济都遭受到前所未有的冲击。2020年世界经济萎缩3.3%，较2019年下降6个百分点；在G20国家中，只有中国和土耳其实现了正增长。很多专家认为，疫情正在深刻改变整个世界，也正在改变人类的生产方式和生活方式。由于疫情冲击，各个国家基本上都采取了规模空前的刺激政策，特别典型的如美国，在2020年推出了五轮财政刺激政策，总额达到3.8万亿美元；拜登总统上台之后又推出了第六轮救助法案，达到1.9万亿美元的规模。中国社会科学院有专家认为，疫情冲击下世界经济呈现"三低两高"的局面，所谓"三低"就是低增长、低利率、低通胀（但近期通胀有抬头的趋势），这是一种趋势性变化还是短期变化，现在还很难讲清楚；"两高"主要指高政府债务和高收入分配失衡，这是疫情冲击所带来的影响。

长期来看，疫情给世界经济发展带来了挑战，也蕴藏着一些机遇。挑战主要两个方面：一方面，主要经济体实施大规模宽松政策，推动债务水平大幅度攀升，以及超低利率的负面效应凸显，导致未来各国宏观经济政策的协调以及本国经济政策的空间缩小。如果疫情得不到有效控制，或者病毒变异影响疫苗接种效果，下一步的经济复苏将难以预料。另一方面，疫情带来脱钩风险，美国在特朗普上台之后，从2018年3月开始频繁制造中美经贸摩擦，直到现在采取了很多脱钩政策,而且疫情影响加剧了这种趋势。越来越多的国家实行"内顾"政策,产业链、供应链出现了本土化、区域化趋势。当前中国面临的脱钩问题,在科技领域或者部分产业领域的脱钩是个什么局面呢?一方面,为了防止脱钩带来的冲击,我国必须有所应对;但另一方面,当培育形成自己的产业链、供应链的时候,就使脱钩成为现实。本来希望避免脱钩,却造成了事实上的脱钩,我称之为"脱钩悖论"。这对下一步的宏观政策而言,既是机遇也是挑战,但主要是挑战。从机遇上来讲,疫情让大家突然感觉到,虽然人流不能动,但是网上的视频会议、线上会议比过去更方便了,数字经济等很多过去想不到的领域现在也开始发展,像线上教育培训发展的速度比过去快得多,所以既是挑战也是机遇。

第四个特点,世界经济东升西降,大国力量对比深刻调整。大国力量对比变化主要表现在两个方面:一是主要发达经济体和新兴经济体之间经济总量的相对变化。总体来讲,新兴市场和发展中经济体占世界经济总量的比重明显提高,发达经济体在相应降低,无论是按照市场汇率还是按照购买力平价,这种趋势都比较明显。按市场汇率,2020年新兴市场与发展中经济体经济总量占比达到40.2%,IMF预计到2025年将达到42.9%;按PPP计算,到2025年预计达到60.2%。第二个方面是中美经济实力差距在缩小,按照现价美元计算,2020年底中国GDP占美国GDP的比重超过70%,由于中美两国经济总量日益接近,在美国的草根和精英阶层中,对中国的警惕明显增加,增强了斗争、遏制的一面,合作的一面则在减弱。在"十四五"时期甚至更长时间内,随着中美经济差距不断缩小,这种情况还会加剧,这也是中国面临的大背景。

第五个特点,全球治理体系变革势在必行。特朗普上台之后,实行单边主义、保护主义等政策,使现存的国际治理体系效能减弱。多边机制在某种程度上不能适应新形势需要，很多国际组织的作用没有得到有效发挥。比如，世界贸易组织的仲裁机构法官人数不够，很多本来应该通过国际组织裁定的事情，最后都无法解决，因此整个全球治理体系变革势在必行。从治理对象来看，传统领域需要改革和完善，在贸易、投资、货币和金融等传统领域，新技术的应用带来了一系列新的议题，尤其是数字贸易、数字货币和科技金融的监管和治理体系；新兴领域需要填补空白，比如太空、深海、极地和气候等领域的治理规则。

讲完了国际环境，我们再分析一下国内目前的有利条件和风险挑战。从有利条件来看，主要有以下几个方面。

第一，中国的经济实力、科技实力和综合国力明显增强，具备了比较雄厚的物质基础。2020年，中国的GDP已经超过100万亿元的规模，换算成美元是14万亿多美元，人均GDP连续两年超过1万美元大关。中国GDP占世界总量的比重，从1978年的1.7%提高到现在的17%，经济总量和经济实力都在明显提升。中国的一些基础设施，比如说高速铁路的运营里程已经达到35000多千米，高铁发展水平在世界上首屈一指。高速公路的通车里程差不多有15万千米，大家出行比过去方便了许多。有人讲，现在是城货下乡、山货进城、电商入村、快递入户。总体上，"十四五"时期中国发展的基础夯得比较实。

第二，中国具有完备的产业体系。无论是从三次产业结构看，还是从整个工业体系来看，中国整体水平都比较高。从三次产业结构来看，第一产业降到了10%以下，只有7.7%；工业是37.8%；服务业提高到了54.5%。中国是全球唯一拥有联合国产业分类当中全部工业门类的国家，其中涵盖41个工业大类，207个工业中类和666个工业小类。在这次抗击新冠肺炎疫情的过程中，中国的产业链、供应链优势得到充分彰显。

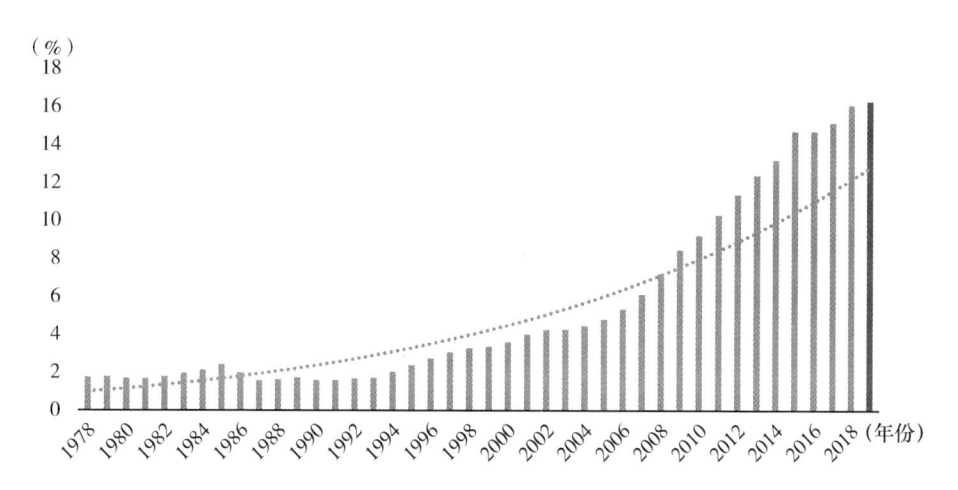

图3　1978—2020年中国占全世界GDP总量比例

资料来源：根据世界银行数据计算。

第三，我国具备超大规模的市场优势。现在可以说，中国正在成为总量意义上的世界第一消费大国。我国在不少门类或者产品的消费上都是全球第一大市场，比如汽车、酒类和奢侈品。中国的手机销量占全球的40%，电动汽车占全球市场的64%，半导体占全球市场的46%，光伏面板占全球市场的50%，高铁、数字支付系统本土市场占有率超过90%。我国在不少新兴产业比如数字经济产业、平台经济产业等方面具有超大规模的市场优势，这也是一些小市场、小国家和小经济体所不具备的。

第四，我国日益提升的创新能力。从研发投入来讲，自2013年起我国就成为世界第二大研发投入国，2020年我国研发支出占GDP比重为2.4%，与欧盟平均水平大体相当。研发人员总量稳居世界第一，专利申请和授权数连续9年位居世界第一。根据世界知识产权组织2019年公布的数据，中国的创新指数位居世界第14名，是唯一进入前20名的中等收入经济体。另外，大家熟知的载人航天、探月工程、深海工程、超级计算和量子信息等领域，从过去属于跟跑到现在有的领域已经进入领跑行列。还有航空航天、人工智能、5G通信和移动支付，我国在这些领域均居于领先地位，为经济发展注入了新动能。

第五，我国有独特的体制优势和政治优势。首先就是有党中央的坚强领导，特别是以习近平同志为核心的党中央从党的十八大以来推进全面深化改革，使我国的社会主义体制不断完善，法治不断健全完备。总之，通过全面深化改革、全面依法治国、全面从严治党，构筑了有别于其他国家的政治优势。

第六，我国国际竞争力不断提高。中国是世界第一贸易大国，货物进出口贸易额2020年达到32.2万亿元。新冠肺炎疫情期间，在国际市场上中国出口的份额不仅没有下降反而在提升，在不少领域都有新的进步。中国社会科学院有专家专门就2020年疫情以来的产业链变化和不同市场占有率进行了详尽分析，结论认为我国不少领域的产业竞争力都在提高。

以上是"十四五"时期我国发展的有利条件。当然，我国也面临着一些困难和挑战。

第一，中美关系变化及其引起的整个国际环境变化。这是在"十四五"时期，我国需要处理好的最重要的国际关系，可能也是我国面临的最大挑战。从特朗普时代开始，美国发起对华战略的调整。就目前来看，拜登政府部分继承了特朗普的"遗产"，在一些领域还有新的发展。比如与特朗普不同，拜登政府不断拉拢日本，拉拢澳大利亚等"五眼联盟"国家，拉拢欧洲所谓的"民主"国家。以意识形态和社会制度划线，这一点拜登明显不同于特朗普，但总的对华战略是继承了原有路线。美国及其他西方国家在涉港、涉台、涉疆、涉藏、涉海等各个方面不断给我国制造麻烦，而且不会就此结束。例如，美国挑起新疆所谓的"人权"问题，意在阻挠中国的现代化进程。今后一段时期，在国际关系问题的处理上，我国面临的挑战比以往任何时候都严峻。

第二，应对人口老龄化与经济增长关系。准确地讲，是少子老龄化问题，这需要妥善处理。我国现在不仅是老龄化在加速，同时出生率在下降，这对我国下一步的经济增长有明显的制约。中国社会科学院的蔡昉教授和其他研究人员长期跟踪研究这一问题，他们深入分析了人口变化、人口总量和结构变化对经济增长的影响，特别是对潜在增长率的影响。总体而言，老龄化对潜在增长率的提升有负面影响，如果我们不深化改革、不从制度方面挖掘新潜力，潜在增长率还会进一步下降。

第三，潜在增长率下降将对国家安全包括粮食安全、能源安全、金融安全等造成深刻影响。过去经济高速增长时期，很多风险都可以在高增长的情况下消化，也就是以时间换空间。但是如果经济增速下降，而且是持续下降的话，很多在过去能解决的问题就会凸显出来。比如高债务问题、高杠杆率的问题，等等。

第四，缩小收入差距与保持经济增长的权衡，也就是效率与公平的关系。实现共同富裕，需要调整分配领域的一些政策，无论是初次分配还是再分配都需要进行调整，这是需要处理好的一对重要关系。

第五，经济发展与资源环境的关系。按照2030年碳达峰和2060年碳中和的目标，我国减排压力很大。如果我国不改变过去的发展模式，就很难实现减排目标，所以如何把绿色发展真正变成经济发展的新动力，而不是变成一个包袱就显得至关重要。

总之，"十四五"时期我国仍然处于重要的战略机遇期，但是机遇和挑战的内涵都有新变化。习近平总书记指出，统筹中华民族伟大复兴战略全局和世界百年未有之大变局，深刻认识我国社会主要矛盾变化带来的新特征新要求，深刻认识错综复杂的国际环境带来的新矛盾新挑战。增强机遇意识和风险意识，立足社会主义初级阶段基本国情，保持战略定力，办好自己的事，认识和把握发展规律，发扬斗争精神，增强斗争本领，树立底线思维，准确识变、科学应变、主动求变，善于在危机中育先机，于变局中开新局，抓住机遇，应对挑战，趋利避害，奋勇前进。

二 "十四五"时期的新发展格局

这一部分内容，我着重谈谈"三新"之间的关系，也就是进入新发展阶段，必须贯彻新发展理念，构建新发展格局，走高质量发展之路。

第一，什么是新发展阶段？它是指全面建成小康社会实现第一个百年奋斗目标之后，全面建设社会主义现代化国家向第二个百年奋斗目标进军的发展阶段。习近平总书记强调，新发展阶段是社会主义初级阶段中的一个阶段，同时是其中经过几十年积累、站到了新的起点上的一个阶段。对此，我们需要深入理解。

进入新发展阶段，我国确定的目标是两阶段目标。第一阶段的目标是到2035年，要基本实现社会主义现代化，这就比党的十八大提出的目标提前了，原来我国要在2050年基本实现社会主义现代化，现在提前到了2035年。第二阶段的目标是，从2035年到本世纪中叶，在基本实现现代化的基础上再奋斗15年，把我国建设成富强、民主、文明、和谐、美丽的社会主义现代化强国。按照现在的要求，大体上到2035年，人均GDP翻一番，达到2万美元多一点；到2050年要达到中等发达国家的水平。中国社会科学院几个课题组的研究表明，我国大体上到2023年进入到高收入国家行列，人均GDP为12535美元，按照2019年的不变价计算，目前看应该说是有把握的。现在不少专家预测，到2030年我国的GDP总量会超过美国。

这两个阶段都跟现代化有关。在"十四五"规划中,包括习近平总书记在规划的说明中明确讲的,建设社会主义现代化,我国和西方国家是不一样的。从世界范围来讲,葡萄牙、西班牙、荷兰这些国家先后在世界上崛起成为头号发达国家,但不久之后都降为二流国家。18世纪工业革命以后,英国和美国先后成为世界头号大国,他们走上现代化道路基本上是靠殖民掠夺,但社会主义国家的现代化不可能走西方国家的老路。习近平总书记强调,我国所实现的社会主义现代化是人口规模巨大的现代化(人口普查最新结果是14.1亿人),是全体人民共同富裕的现代化,是物质文明和精神文明相协调的现代化,是人与自然和谐共生的现代化,是走和平发展道路的现代化。按照这样的要求,实现现代化就必须贯彻新发展理念、构建新发展格局、走高质量的发展之路。

第二,从现在起到"十四五"期末或更长时间内,中国仍然要把发展作为解决一切问题的基础和关键。

首先,从发展水平来看,我国仍然是世界上最大的发展中国家。当然,国际上也有一些国家不承认,包括一些非洲国家、友好国家,他们说:"中国是发展中国家,那我们算什么?"但是,按照联合国开发计划署发布的人类发展指数,中国从1990年的0.502提高到2020年的0.761,在189个成员当中排名第85位,从人均水平来看和发达国家还有比较大的差距。到目前为止,一些国际组织,包括IMF、WTO、UNCTAD、UNS、ISO等还是将我国列为发展中国家或者新兴市场国家,这个提法依然没有变,但内涵却发生了变化。

其次,我国的产业链处在全球产业链中端,很多地方都没有达到高端水平,还是发展中国家的水平。从发展目标看,我国要继续把发展作为第一要务,但这个发展必须是贯彻新发展理念、构建新发展格局、高质量的发展。从发展环境看,国际环境和国内环境都非常复杂，充满不确定性和不稳定性，这就要求我们必须要立足发展，绝不能有任何动摇。邓小平同志讲，我国还处在社会主义初级阶段，巩固和发展社会主义制度需要我们几代人、十几代人，甚至几十代人坚持不懈地努力奋斗……发展才是硬道理，必须抓住时机，发展自己。这个说法随着我们的观念和发展的变化会有所调整，但总体而言现在还是要聚焦发展。要清醒地认识到，传统的发展模式不能继续了，比如，过去主要是采取出口导向和投资拉动，现在国际市场变了，延续过去那样大进大出的国际循环会有困难；投资空间也在缩小，前面讲到城镇居民的住房，高铁、高速公路、机场等基础设施，城市建设等领域，除了地下那部分的差距比较大以外，表面光鲜的部分都做得差不多了，靠投资拉动的增长模式，无论是环境还是资源都不能持续支撑，所以必须要走高质量发展之路。从人口总量、结构变化和潜在增长率变化看，我国都不可能保持像过去那么高的增长速度，必须依靠全要素生产率的提升打造新动能。要把新发展理念贯穿到发展的全过程和全领域，真正实现更高质量、更有效率、更加公平、更可持续、更为安全的发展。关于发展和安全的关系，在"十四五"规划中专门用了一节的内容来讲。

第三，新发展阶段要加快构建新发展格局，这是适应我国经济发展阶段性变化的主动选择。所谓新发展格局，就是以国内大循环为主体、国内国际双循环相互促进的新发展格局。习近平总书记2020年在新冠肺炎疫情期间提出这一概念，并多次强调。它确实是中国经济发展到现阶段，面对这一阶段性变化，党中央做出的主动选择，也是应对国际环境复杂变化的战略举措。前面讲到国际环境的复杂变化，特别是以美国为首的一些西方国家对我国的高科技领域在"卡脖子"环节进行封锁，我们如果不调整发展格局就会陷入被动。这也是发挥我国超大规模市场优势的内在要求。那么，如何构建新发展格局？我认为最重要的有三点。

一是坚持把自己的事情办好。我国在应对国内国际所面临的困难和矛盾的过程中，最关键的就是要把自己的事情办好。比如，2020年新冠肺炎疫情暴发初期，最开始在武汉发现病毒，春节前后武汉封城，湖北加强管控之后，西方社会对我国一片攻击之声，等到4月疫情得到控制之后舆论风向大变。为什么？控制住了疫情你就有发言权，美国那时候感染人数、死亡人数不断增加，包括其他一些发达国家，它们有那么好的医疗条件，最后还是控制不住疫情。把自己的事情办好，这是我们在构建新发展格局中首先要把握的一点。构建新发展格局，要把扩大内需作为战略基点，因为大国经济有别于小国经济，中国有庞大的国内需求。立足国内大循环为主体，并不是说我国没有其他办法，而是我国必须要走的路。实际上，扩大内需也是应对现阶段主要矛盾变化的要求。我国社会的主要矛盾是人民日益增长的美好生活需要和不平衡不充分的发展之间的矛盾，只有扩大内需，畅通国内循环，才能真正把增长潜力发挥出来。另外，畅通国内大循环，就要打通堵点，使我国经济循环畅通无阻，其中有一些短板需要补，有一些缺项需要补，有些西方"卡脖子"的领域需要自己攻关，否则就会影响经济社会发展。

二是突出创新驱动发展。构建新发展格局并不是不要国际循环了，在能够国际循环的领域仍要继续做好循环，但问题是在那些人家不给你、"卡脖子"而不和你循环的领域，必须自主创新。例如，现在的集成电路，包括基础软件和生产设备有很多元器件遭遇"卡脖子"，如果没有芯片，很多企业都要停产，所以科技创新和自主创新必须立足于能够补齐这个产业链和供应链的短板，一定要把经济发展转到依靠自主创新和内需主导的高质量发展道路上。构建新发展格局，很重要的一点就是要自立自强，也就是面对核心技术被"卡脖子"，花多少钱人家都不卖给你的时候，那么我们就必须自己干。

三是坚持高水平对外开放。对外开放除了传统意义上的贸易自由化、便利化之外，还有一个制度开放的问题，就是要在制度方面实行更高水平的开放。在高水平对外开放上，不仅仅是传统意义上的走出去、引进来，贸易出口的便利化、投资便利化，更重要的是参与全球治理。我国要提升在全球治理上的话语权，要能参与进去，能够在全球治理过程当中提升我国的开放度。

总之，构建新发展格局是党中央明确提出的大政方针。进入新发展阶段，就必须要贯彻新发展理念；只有贯彻新发展理念，才能有效构建新发展格局；只有构建新发展格局，实现高质量发展，才能使我国在实现"两步走"奋斗目标的过程中走得更顺畅。

三 几个重大发展战略问题

第一部分最后讲到我国面临的几个挑战。这里我着重讲几个重大发展战略，大体上回答如何应对这些挑战。当然，这不是"十四五"时期的全部问题。

（一）坚持加快实施创新驱动的发展战略

为什么要坚持创新驱动？一方面，以创新引领发展不仅有助于提高潜在增长率，而且有助于实现高水平的自立自强。另一方面，以创新引领发展不仅是应对国际竞争新格局的关键之举，也是破解"卡脖子"问题的内在要求。再一方面，以创新引领发展不仅是两个阶段的重大战略，也是构建新发展格局的必然选择。从措施来讲，推动科技创新和自立自强主要有四个方面。

一是强化国家的战略科技力量。包括：（1）选准攻关方向。重大科技的前沿必须摸清楚，明确攻关方向。"十四五"规划明确提出把下面这些领域列为重大创新攻关方向：人工智能、量子科技、集成电路、生命健康、生物医药、航天科技。瞄准了这些科技前沿之后，一方面靠企业，另一方面靠政府。政府应该做什么？最根本的还是要搞好教育，因为创新不是一天能做到的，从小学、初中、高中到大学的每个层级，用传统的教育理念和教育方法培养创新型人才都是不够的，所以我们需要把很大的力气用在人才培养上，而人才培养要从基础抓起。在培养人才的过程中，推进科技创新要更多注重高校建设，特别是研究型大学，要把高水平大学的力量充分发挥出来，这是国家和政府要加强的。（2）建设国家重点实验室。在大学和研究机构、在相关领域布局一批国家重点实验室。（3）建立国家自主创新示范区。改革开放以来，国家审批了很多高新区，还有像粤港澳大湾区、长三角、京津冀这些传统的科技人才比较集中、研究基础比较好的地区，如何把这些地方打造成创新高地，是要考虑的重点问题。（4）加强对基础研究的政府投入力度。过去讲，对于数学、物理的基础研究要靠政府，现在也有一些有远见的企业在延展培养这方面的人才，但基础研究更多的要靠政府加大投入，强化国家战略科技力量。

二是提升企业技术创新能力。（1）企业是科技创新的主体。强化企业的创新主体地位，促进创新要素向企业集聚，这不是靠管理部门坐在办公室就能想出来的。什么技术该发展，什么技术发展不了，什么是前沿、超前多少，这些问题企业都比我们要清楚得多。举例来说，华为是一家企业，现在的科研力量和研发投入都是相当大的。要真正把国有企业、民营企业，特别是一些中小科技创新企业的创新主体地位发挥出来，这样才能最终促成我国的创新和市场真正有效地结合起来。（2）推动产学研深度融合。企业、高校、研究机构要真正把产学研深度融合的大文章做好。过去有很多高校的研究成果就是锁在保险柜，这种情况已经有了很大改善。现在的问题是研究不出市场认可的技术，只要有技术，市场上很多创投公司就会投资，所以推动产学研深度融合是发挥企业基础创新能力的关键因素。（3）发挥企业家在技术创新中的主体作用。企业家很重要，很多创新来自人，只有企业家认识到创新的重要性，舍得投入，并有意识地把世界上的最好的人才吸引到企业中去，创新才能促成。（4）鼓励企业加大研发投入。主要是像加计扣除、减免税，我们对高科技企业所得税有别于普通企业，普通企业为25%，高科技企业是15%，研发投入加计扣除在不断提高，但目前从企业反映的情况来看还是不够。（5）发挥中小型科技企业的作用。现在很多大型平台企业基本上是由中小科技型企业闯天下打出来的，所以要鼓励科技型中小企业发挥作用。

三是完善科技创新的体制机制。（1）要健全组织体系。现在科技部、中国科学院的机构体系能达到省一级，主要是政府推动，这是一种模式；企业自身、企业联盟通过资本串联，也是一种模式。各种模式都需要去探索。（2）健全激励机制。包括知识产权保护、科研成果参与分配、科研评价机制引导。这个指挥棒，光看论文不行。很多企业机制都非常灵活，真正的创新主体应该给股份、给期权等，必须要让知识参与财富分配。（3）构建科研、产业、金融协同互促合作机制。为什么有些发达国家的创新活动那么活跃，创新企业那么多，成果也很多？我们不少科研人员的成果出来之后没有钱，不能被一步步地转化。随着资本市场上创业板、中小板的发展，在一定程度上缓解了这方面的问题，但还要继续推动改革，健全多层次资本市场体系。我们现在的考核机制对于创新来讲有很大困难，只许成功，不许失败。创新性企业有可能成功，也有可能失败，所以我们要鼓励创新、宽容失败。金融支持非常重要，需要有科研机构、产业企业和金融机构在其中发挥作用，这样才能真正使得我们的科技创新取得实效。

四是激发人才创新活力。科技创新要靠人，一方面是要自己培养人才，另一方面要引进人才。现在真正顶尖的创新人才都是世界性的，知识没有国界，只要把真正有用的人才、顶尖人才和领军人才引进来，我们的企业就能有大的发展。生物医药领域的很多人才都是在国外留学的华人，他们可能在某个领域的研发能力很突出，比如基因、生物制药等，他们回来之后很快就能把一个小企业做起来。第三个方面就是用好人才。要加强国际合作。虽然我们把科技创新叫自主创新，但一定是开放性的，如果是封闭性的，就很难达到我们预想的目的。

（二）坚持扩大内需战略基点

为什么现在这么强调内需？

一是应对国内外风险。疫情对我们最大的警示就是必须要有完整的产业链和供应链，必须坚持把内需作为战略基点。从货物和服务净流出占 GDP 的比重来看，我们已经由 2007 年的 8.7% 下降到 2019 年的 1.2%，内需的重要性更加凸显。

二是支撑我国经济中高速增长。这些年，内需在 GDP 增长当中的贡献率比较高，事实上是内需主导的，最终消费需求在整个 GDP 增长当中的贡献率也在逐步提高。2019 年，我国内需对 GDP 增长的贡献率达到 89%，最终消费需求支出对 GDP 增长的贡献率为 57.8%。不过与其他国家相比，这个比重还略低一些。扩大内需有利于把我们的超大规模市场优势和内需潜力挖掘出来，稳住保持经济中高速增长的"基本盘"。

三是更好满足人民对美好生活的需要。例如，现在从产品类消费来讲，我国城市住房面积已达到人均 37 平方米，这并不算少，但是很多质量不行，尤其是在一些中小城市房子质量还是比较差的。有的几口之家只有一个卫生间，对于三四个人的家庭一个卫生间就不太够用；有的是管道老化，有的是互联网进不去。提升质量是我们扩大内需的一个重要方面。再比如汽车，我国现在的汽车保有量相对来讲是比较低的，千人保有量是 204 辆，比韩国、欧美国家低很多；当然，这也涉及碳达峰、碳中和问题，涉及城市交通拥堵问题，需要综合施策。再比如教育、幼儿、养老、文化和旅游这些领域的相关服务消费，也有很大的需求潜力，还要深入挖掘。

《中华人民共和国国民经济和社会发展第十四个五年规划和二〇三五年远景目标纲要》（以下简称《规划纲要》）就扩大内需做出两方面部署。

第一个方面，改善收入分配，增强消费能力。贫富差距越大，收入越高的人，财富越多的人，边际消费倾向越低，即所谓有钱人无处花，没钱的人想花却没有钱。因此，要改善收入分配，增加中低收入群体收入，形成一种橄榄型的社会，扩大中等收入群体，这是扩大内需的重要着力点。要提升传统消费，比如衣食住行之类的；培育新型消费，比如通信、网络等方面的消费。我在地方工作时注意到，想提高一点水价，一家一户一个月几十块钱水价也就再提高一点，大家都很难接受，但基本上家家都有手机，最低消费一个月也得花上个几十块钱，这个却没有人吝惜，这是他自己的选择，从这里也能看出新型消费潜力非常大。再有就是服务消费，刚才讲了，包括教育、医疗统统属于服务类消费。还有，可以适当增加公共消费和政府支出性消费，开拓城乡消费市场。总体上，扩大消费还是中低收入群体的潜力最大，但是现实能力不足，如果我们能够通过乡村振兴，通过农村劳动力进一步向城市转移来提高他们的收入水平，这块最大的消费潜力就能释放出来，这是扩大内需的重要举措。

第二个方面，发挥投资对优化供给结构的关键作用。投资潜力和过去相比在下降，但依然还有空间。在《规划纲要》当中所提到的基础设施，尤其是城市地下管网等"看不见"的基础设施，还有很大空间。在河南工作的时候，我曾经在郑州的航空港区搞了几千米这类设施，那是要花钱的，没钱根本做不到，实际上这个潜力非常大。再比如，一些地方被戏称给马路"装拉链"。为什么？今天挖、明天埋，后天还有新的施工单位。今天是燃气，明天是电缆，没完没了，很多地方的电线跟蜘蛛网一样在空中挂着，这些方面都有很大的潜力。再有就是民生领域。这次应对新冠肺炎疫情，大家所看到的如科技创新体系、防灾备灾体系等也有很大的空间。我们强调扩大内需，并不是不要外需，还要继续发挥外需的重要作用。

（三）实施积极应对人口老龄化战略

应对人口老龄化上升为国家战略并写到文件的标题当中，是经过了几番努力的。

首先，要明确我国人口老龄化的现状。一是这次人口普查的结果，为什么说不仅仅是人口老龄化，而且是少子老龄化。从这次人口普查的结果来看，我们是14.1亿人口，占世界人口的18.11%，十年来一直呈下降趋势，过去常常讲我们用世界1/20的耕地养活了世界1/5的人口，这就意味着我们过去一直占世界人口的20%，现在只有18.11%。当然，我国还是人口第一大国。二是人口的年均增长率下降到了0.53%，这是很低的，比世界平均增速低0.6个百分点。三是总和生育率只有1.3，低于代际更替生育水平的2.1，虽然比2019年略微提高（2019年总和生育率只有1.2），大概是两孩政策之后稍微有了一点回升，但总体还是很低。四是劳动年龄人口比2010年下降了6.8个百分点。所以，我们面临的人口形势比较严峻。关于这个问题，蔡昉教授做了专门研究，提出了两个拐点，一个是劳动年龄人口拐点，即劳动人口绝对规模下降引发供给侧的问题；另一个是人口总量拐点，在2025—2030年之间（大概率是2027年），我们的总人口规模开始下降，到那个时候就会引发需求侧的问题。

为什么这么强调这个问题？因为我国的人口老龄化呈现出几个特征：一是未富先老。在表1中，大家可以看到我们现在人均GDP

是 10371 美元，相当于其他进入中度老龄化社会国家人均 GDP 的 1/3。二是人口老龄化的速度加快，联合国世界人口展望预测，2020—2050 年中国 65 岁及以上人口比重将提高 14.1 个百分点，是 10 个主要国家中提高最快的，这是一个判断。另外，2020—2035 年我们国家 60 岁及以上人口的比重、65 岁及以上人口的比重将分别提高 11.94 个百分点和 9.36 个百分点，也都高于同期其他中高收入国家水平。三是老年人口的绝对规模巨大，2019 年中国 65 岁及以上老龄人口达到 1.76 亿人，占世界同年龄组人口的 1/4，刚才讲我们的总人口是占到 18.11%，而老龄人口占到 1/4，明显高于世界同年龄组人口。预计到"十四五"末期，中国 80 岁高龄人口将达到 3376 万人，比"十三五"末期增加 446 万人。随着我们人均期望寿命的提高，老龄人口的绝对数还在提高。

表1　　　　　　　进入中度老龄化的年份和发展水平

国家	进入中度老龄化的年份	中度老龄化时的人均 GDP（2010 年不变价美元）
德国	1972	21031
瑞典	1972	27255
英国	1975	19609
意大利	1988	29325
法国	1990	32524
葡萄牙	1992	17640
西班牙	1992	23128
日本	1995	40369
荷兰	2004	47576
加拿大	2010	47448
澳大利亚	2013	54130
美国	2014	51066
俄罗斯	2017	11551

续表

国家	进入中度老龄化的年份	中度老龄化时的人均 GDP（2010 年不变价美元）
韩国	2018	28158
平均值	—	32200
中国（预测值）	2023	10371

资料来源：中国的老龄化和人均 GDP 数据根据中国社会科学院人口与劳动经济研究所课题组预测数据，其他国家的人口数据来源于"联合国世界人口展望 2019 年数据库"，人均 GDP 数据来源于世界银行发展数据库。

表 2　　　　　　　　　不同类型国家的老龄化进程

年份	中国	中收入和高收入国家（不含中国）			
		平均	慢速组	中速组	快速组
60 岁及以上人口占总人口的比重（%）					
2020	18.17	13.57（7.55）	8.35（5.64）	16.78（7.45）	21.21（7.10）
2025	21.86	14.81（8.01）	9.42（6.03）	18.46（7.85）	23.63（7.29）
2030	26.37	15.92（8.40）	10.56（6.43）	20.02（8.14）	25.71（7.47）
2035	30.11	16.99（8.78）	11.81（6.84）	21.58（8.43）	27.68（7.77）
2020—2035	11.94	3.42	3.46	4.80	6.47
65 岁及以上人口占总人口的比重（%）					
2020	12.86	9.46（6.11）	5.52（4.39）	12.06（5.95）	15.38（6.00）
2025	14.80	10.48（6.55）	6.25（4.74）	13.49（6.36）	17.51（6.18）
2030	18.19	11.52（7.01）	7.18（5.14）	14.99（6.81）	19.68（6.45）
65 岁及以上人口占总人口的比重（%）					
2035	22.22	12.44（7.41）	8.14（5.53）	16.34（7.14）	21.51（6.70）
2020—2035	9.36	2.98	2.62	4.28	6.13

资料来源：括号中的数据为标准差；各个国家的数据按照人口加权。中国的数据根据中国社会科学院人口与劳动经济研究所"分年龄人口数据预测数据库"计算，其他国家根据"联合国世界人口展望 2019 年数据库"计算。

人口老龄化将带来三重影响。一是对经济增长产生冲击。二是

造成储蓄行为和消费行为发生结构性变化。老年人花钱跟年轻人不一样，基本上是医疗、养老和雇保姆，会造成整个国家的消费和储蓄行为发生变化。三是抚养比提高。赡养老年人口的社会负担急剧增加，上到国家下到家庭的负担都会加重。

应对人口老龄化，《规划纲要》提出了一些措施：（1）增强生育政策包容性，减轻家庭生育、养育、教育负担。放开两孩政策之后有两年出生人口数增加，后面又回到了原来的状况。为什么？养育成本是一个重要的影响因素。如果不采取切实有效的政策，估计生育率还是很难提高，即使给了鼓励性政策，要明显提高总和生育率恐怕也有一定困难。发达国家走过来的路大家都看到了，包括欧洲国家，像俄罗斯这些地方出生率都是极低的，都不愿意生孩子，有的不仅不愿意生，连结婚都不愿意，结了婚离婚率也会大幅度提高。生了孩子，就可能影响工作，影响个人发展，有的家里生了两个孩子雇个保姆连住的地方都没有，确实会增加很多负担，这是个比较大的问题。（2）推动养老事业和养老产业协同发展。重要的就是多种养老模式，比如说居家养老、社区养老和商业性养老相结合。（3）从发展普惠托育服务体系、支持婴幼儿照护服务的角度，出台一系列健全婴幼儿发展的政策，鼓励发展多种形式的婴幼儿照护服务机构。这是我们东亚社会普遍存在的问题，养的孩子都想上好学校，从幼儿园、小学到初中、高中，再到大学，能上本科不上专科，不得已都不愿意上职业学校，能上大学的都瞄着清华北大，可是大学就招那么多人。所以大家会有一种焦虑感，这也是造成低生育率的原因，这些政策都要做出相应调整。

（四）扎实推动共同富裕

习近平总书记强调，推动共同富裕"不仅是经济问题，而且是关系党的执政基础的重大政治问题"。共同富裕是社会主义的本质要求，是人民群众的共同期盼，是党始终不渝的奋斗目标。中央明确提出,浙江要率先在全国建设高质量发展共同富裕示范区,中国社会科学院组织了一个课题组正在研究。

实现共同富裕,难度还不小,特别是现在的三大差距并没有明显缩小。一是地区差距。例如,虽然东西部人均GDP之比稳中有降,但人均可支配收入之比下降并不明显。尤其是像东北地区那些人口大幅度向外流动的地方,经济发展不景气。除了少数地方,像浙江的地区差距是小的,浙江省的市与市之间的差距很小,从全国来讲,西北和西南地区像甘肃、宁夏和贵州等地方的部分地市州,还有像新疆喀什、四川凉山这些地区的差距还是非常大的。二是收入差距。我们对家庭人均可支配收入做了五等分组统计,最高的20%收入组和最低的20%收入组的收入比大概是10:1,可见收入差距还是比较大的。三是城乡差距。2020年,城乡居民人均可支配收入之比约为2.56,仍处于较高水平;东部地区城镇与西部地区农村的居民人均可支配收入之比超出3.8。

要解决共同富裕问题,《规划纲要》中有一些措施安排:(1)缩小收入差距。包括提高人民收入,强化就业优先政策。过去我在地方工作时就深切感受到,一个农村家庭即便是贫困户,只要有人在外面打工,这个家庭就会脱贫,所以扩大就业是解决收入差距的重要举措。政府要做好二次分配,完善转移支付制度。在初次分配领域是效率优先,但在提供基本公共服务方面,政府要加大转移支付力度。现在提到的包括财产税和房地产税等税收政策的调整,对于调节贫富差距有积极作用,但在短期内恐怕很难推行。此外还要履行社会责任,鼓励慈善发展。慈善可以看作是第三次分配,对于缓解收入差距有积极意义。(2)缩小地区差距。我们出台了很多区域性发展政策,要把这些政策落实到位。要推进区域协调发展,更好促进发达地区和欠发达地区、东中西部地区和东北地区共同发展,完善转移支付制度,加大对欠发达地区财力支持,逐步实现基本公共服务均等化。（3）缩小城乡差距。推进以人为核心的新型城镇化，全面实施乡村振兴战略，强化以工补农、以城带乡，推进形成工农互促、城乡互补、协调发展的新型工农城乡关系。让能够向外转移的人更多地转移出去，提高农村劳动年龄人口的劳动生产率，这是下一步缩小城乡差距的重要因素。另外，政府要加大对农村基础设施的投入，像道路、通信、医院和养老院等，也可以给贫困地区一些补助，提高他们的基本公共服务水平。

（五）实现碳达峰和碳中和

这个问题对我们来说很严峻。我参加过哥本哈根气候变化会议，对当时情景印象很深。《京都议定书》还是讲共同但有区别责任原则，与中国分歧最大的地方在于我们是自主减排，但是欧洲人提出来要对我们可量化、可核查的减排。当时的中国代表团跟他们产生激烈争论，主要在于现时排放规模和累计排放规模这两个方面，中国的累计排放规模不是世界最大，但现时排放规模却是世界最大，那次会议最后没有取得成果，后来才在《巴黎协定》上达成一致。我国是一个有14亿人口的大国，要全面建设社会主义现代化，延续过去发达国家高耗能、高排放的老路是行不通的。中国在减排方面、应对气候变化方面是自主选择的，不是谁强加给我们的。因为我们转变发展方式是对人类负责，我们是自己给自己加压。与美国、日本这些国家相比，我们到达碳达峰和实现碳中和年限都要短得多，所以我们压力很大。中国和美国不一样，美国换一任总统可能就不认账，我们中国共产党什么时候说话都是言必行、行必果，既然承诺了就一定要兑现。

要实现这样两个目标，我们还存在一些困难：一是工业能耗占比较大。2018年，我国工业能耗占比约66%；在能源消费结构中，2019年我国原煤消费占57.8%。二是我国能源效率相对偏低。2019年，中国与OECD国家的能效之比为0.6，单位GDP的能耗之比是

1.82，这是我们跟他们的差距。三是时间窗口偏紧。从实现碳达峰到距离碳中和的时间来看，欧盟用了 70 年，美国用了 40 年，日本用了 40 年，我们距离碳达峰已不足 10 年时间，碳达峰距离碳中和是 30 年，任务非常重，但是我们的能源消费仍会刚性增长，到 2050 年，用电量还要增长 1 倍以上。

《规划纲要》提出，一是落实 2030 年应对气候变化国家自主贡献目标；二是锚定努力争取 2060 年前实现碳中和。具体部署包括：（1）完善能源消费总量和强度双控制度，重点控制化石能源消费。（2）实施以碳强度控制为主，碳排放总量控制为辅的制度，支持有条件的地区、行业和企业率先达到碳排放峰值。现在有一种误区，好像说达到峰值是不是就没有问题了，我们最终的目的是要碳中和，如果以一个很高的标准达到碳达峰之后，后面的 30 年碳中和就会很难，所以要在一个相对较低的峰值水平上达峰，才能为后面的 30 年创造有利条件。（3）推动清洁能源低碳安全高效利用，提升生态系统碳汇能力。（4）加强全球气候变暖对我国承受力脆弱地区影响的观测和评估，提升城乡建设、农业生产和基础设施适应气候变化的能力。（5）建设性地参与和引领应对气候变化领域的国际合作，推动落实联合国气候变化框架公约和我国 2060 年实现碳中和的承诺，积极开展气候变化南南合作。

总结起来，今天主要讲了三点：第一，迈入"十四五"，我国发展环境面临着深刻复杂的变化，但仍然处于重要战略机遇期，不过机遇和挑战都有新的深刻变化。第二，进入新发展阶段，必须贯彻新发展理念，加快构建新发展格局，走高质量发展之路。第三，最后讲了几个重大问题，当然不是全部，但是相对比较重要的。

四 脱贫、全面小康与共同富裕

全面建成小康社会是中华民族发展史上的重要里程碑[*]

全面建成小康社会是实现中华民族伟大复兴中国梦的关键一步。党的十八大以来，以习近平同志为核心的党中央团结带领全国各族人民，为实现中华民族伟大复兴不懈奋斗，全面建成小康社会取得伟大成就，充分彰显中国共产党领导的巨大政治优势、中国特色社会主义制度和国家治理体系的显著优势，极大增强全国各族人民的自信心和自豪感，为实现中华民族伟大复兴奠定了坚实基础。全面建成小康社会是中华民族伟大复兴征程上的一座重要里程碑，是中国人民对人类文明做出的重大贡献。

全面建成小康社会，是我们党向人民、向历史作出的庄严承诺。党的十八大以来，在以习近平同志为核心的党中央坚强领导下，我国全面建成小康社会的宏伟蓝图正在变成现实。这是中华民族伟大复兴征程上的一座重要里程碑，是中国人民对人类文明做出的重大贡献。

---

[*] 原文刊载于《人民日报》2020年7月15日第9版。

一 全面建成小康社会是实现中华民族伟大复兴中国梦的关键一步

小康是中华民族自古以来追求的理想。早在《诗经·大雅·民劳》中，就有"民亦劳止，汔于小康"的诗句，表达出我国老百姓向往幸福安康的朴素愿望。《礼记·礼运》将"小康"描述为仅次于"大同"的理想社会状态。在古代生产力落后和私有制条件下，劳动人民的"小康"愿望难以实现，但中华民族从未放弃对美好梦想的向往和追求。

实现中华民族伟大复兴的中国梦，是近代以来中华民族的夙愿。中国共产党一经成立，就义无反顾地肩负起实现中华民族伟大复兴的历史使命，在领导中国人民完成新民主主义革命和社会主义革命、建立中华人民共和国和社会主义基本制度以后，迅速确定了实现国家现代化的目标。1964年，根据毛泽东同志的建议，周恩来同志在第三届全国人民代表大会第一次会议所作的《政府工作报告》中，正式完整地提出了"四个现代化"的建设目标。全国各族人民在党的领导下艰苦奋斗，逐步建立起独立的、比较完整的工业体系和国民经济体系，取得了令人鼓舞的伟大成就。

党的十一届三中全会以后，党中央充分认识现代化建设的长期性和艰巨性，在科学分析国际国内形势、深刻总结历史经验教训和充分吸收中华优秀传统文化精髓的基础上，创造性地提出了"小康"目标。1979年，邓小平同志在会见日本首相大平正芳时首次提出"小康"目标。1980年，邓小平同志在中央工作会议上指出："只要全国上下团结一致地、有秩序有步骤地前进，我们就能够更有信心经过二十年的时间，使我国现代化经济建设的发展达到小康水平，然后继续前进，逐步达到更高程度的现代化。"使用"小康"

这个概念确立中国的发展目标，既符合中国发展实际，也容易得到广大人民群众的理解和支持。邓小平同志明确提出我国现代化建设"三步走"发展战略，其中第二步就是在20世纪末使我国进入小康社会。党的十五大提出到2010年、建党一百年和新中国成立一百年的发展目标，要求在21世纪头10年使人民的小康生活更加宽裕。党的十六大进一步提出要在21世纪头20年全面建设惠及十几亿人口的更高水平的小康社会。党的十八大提出到2020年实现全面建成小康社会奋斗目标，并在党的十六大、十七大确立的全面建设小康社会目标的基础上提出了一系列新要求。

党的十八大以来，以习近平同志为核心的党中央顺应我国经济社会新发展和广大人民群众新期待，将全面建成小康社会作为"四个全面"战略布局中的战略目标置于引领地位，赋予其更丰富的内涵。全面建成小康社会，强调的不仅是"小康"，更重要的也更难做到的是"全面"。"小康"讲的是发展水平，"全面"讲的是发展的平衡性、协调性、可持续性。全面小康是"五位一体"全面进步，是惠及全体人民的小康，是城乡区域共同的小康。党的十九大报告作出中国特色社会主义进入新时代的重大判断，提出我国社会主要矛盾已经转化为人民日益增长的美好生活需要和不平衡不充分的发展之间的矛盾。我们要在继续推动发展的基础上，着力解决好发展不平衡不充分问题，大力提升发展质量和效益，更好满足人民在经济、政治、文化、社会、生态等方面日益增长的需要，更好推动人的全面发展、社会全面进步。党的十九大报告清晰擘画全面建成社会主义现代化强国的时间表、路线图，提出在全面建成小康社会的基础上，分两步走全面建成富强民主文明和谐美丽的社会主义现代化强国。习近平总书记指出："中国已经进入全面建成小康社会的决定性阶段。实现这个目标是实现中华民族伟大复兴中国梦的关键一步。"① 习近平总书记关于全面建成小康社会的重要论述，是习近平新时代中国特色社会主义思想的重要组成部分，为全面建成小康社会提供了根本遵循。

二 中国全面建成小康社会取得伟大成就

党的十八大以来，以习近平同志为核心的党中央紧扣全面建成小康社会目标任务，提出并贯彻落实新发展理念，统筹推进"五位一体"总体布局，协调推进"四个全面"战略布局，坚决打赢防范化解重大风险、精准脱贫、污染防治三大攻坚战，我国经济更加发展、民主更加健全、科教更加进步、文化更加繁荣、社会更加和谐、人民生活更加殷实，全面建成小康社会取得了历史性成就。

历史性地解决绝对贫困问题。作为全面建成小康社会的基本标志，脱贫攻坚目标任务即将完成，这是中华民族发展史上的重要里程碑。改革开放以来，我国农村贫困人口减少7亿多人，是全世界第一个实现联合国千年发展目标中减贫目标的发展中国家。党的十八大以来，现行标准下农村贫困人口累计减少9348万人，贫困发生率从10.2%下降至0.6%，区域性整体贫困基本得到解决。贫困群众收入水平大幅度提高，自主脱贫能力稳步增强，贫困群众"两不愁"质量水平明显提升，"三保障"突出问题总体解决。面对新冠肺炎疫情带来的冲击，各级党委和政府采取有效措施，持续加大脱贫攻坚项目开工复工进度，多措并举帮助贫困劳动力返岗就业，及时落实帮扶措施，脱贫攻坚进入冲刺阶段。我们坚信，有中国共产党领导和中国特色社会主义制度的政治优势和制度优势，有强有力

---

① 中共中央文献研究室编：《习近平关于全面建设小康社会论述摘编》，中央文献出版社2016年版，第4页。

的政策支持、充足的资金保障、强劲的工作力度，我们有条件、有能力如期完成脱贫攻坚目标任务。

经济社会实现跨越式发展。党的十八大以来，以习近平同志为核心的党中央团结带领全国各族人民，为实现中华民族伟大复兴不懈奋斗，我国经济社会发展取得历史性成就、发生历史性变革。2019年，国内生产总值接近100万亿元人民币，占世界经济的比重超过16%，经济总量稳居世界第二位；人均国内生产总值突破1万美元，我国正在从中高收入国家向高收入国家迈进；全国居民人均可支配收入突破3万元，居民消费水平显著提升，消费层次由温饱型向全面小康型转变。现代化经济体系基本建立，实现了从传统农业社会向现代工业社会的跃升，是世界上唯一拥有联合国产业分类中全部工业门类的国家，制造业增加值稳居世界第一位。科技水平全面落后的局面得到彻底改变，我国研究与试验发展经费跃居世界第二位，天宫、蛟龙、天眼、悟空、墨子、大飞机等重大科技成果相继问世，高铁、人工智能、移动支付、第五代移动通信网络、金融科技等处于世界领先地位。近年来，农村居民人均可支配收入和消费支出增长超过城镇居民，乡村消费品零售额增长超过城镇，中部地区和西部地区生产总值和固定资产投资超过东部地区，城乡区域差距不断缩小。我国发展不平衡、不充分的问题正在稳步得到解决。

基本公共服务水平显著提高。教育总体发展水平跃居世界中上行列，义务教育普及程度达到世界高收入国家水平，建成世界最大规模的高等教育体系，城乡义务教育差距逐渐缩小，困难学生平等受教育权利得到保障，贫困地区与农村地区学生接受优质高等教育机会显著增加。2018年，我国城镇人均住房建筑面积达39平方米，农村人均住房建筑面积达47.3平方米。累计建设各类保障性住房和棚改安置住房8000多万套，帮助2亿多群众解决了住房困难。实施就业优先政策，城镇登记失业率、调查失业率长期保持在较低水平，确保广大人民群众安居乐业。人民身体素质日益改善，居民预期寿命提高到77岁。我国初步构建起世界上规模最大、覆盖人口最多，包括养老、医疗、低保、住房、教育等民生领域的社会保障体系，在幼有所育、学有所教、劳有所得、病有所医、老有所养、住有所居、弱有所扶上不断取得新进展。人民群众的获得感、幸福感、安全感不断提升。

生态环境质量明显改善。人民群众日益增长的优美生态环境需要不断得到满足。践行绿水青山就是金山银山的理念，不断推动形成绿色生产方式和生活方式，坚决打好污染防治攻坚战。森林覆盖率持续提高，万元国内生产总值用水量、能耗明显下降，清洁能源占一次性能源消费比重进一步提高。337个地级及以上城市空气质量平均优良天数比例提高到82%，主要污染物排放总量和碳排放强度继续下降。推进美丽乡村建设，村容村貌明显提升，推进农村垃圾、污水治理，农村人居环境不断改善。我国已经成为全球生态文明建设的重要参与者、贡献者、引领者。

国民素质和社会文明程度显著提高。公共图书馆、博物馆、文化馆、纪念馆、美术馆等免费开放，科技馆、工人文化宫、妇女儿童活动中心以及青少年校外活动场所免费提供基本公共文化服务，城乡基本公共文化服务体系基本建成。主旋律更加响亮，正能量更加强劲，文化自信不断增强。中华优秀传统文化广泛弘扬，社会主义核心价值观深入人心，国家文化软实力和中华文化影响力大幅提升。中国人民的精神面貌发生深刻变化，全党全社会思想上的团结统一更加巩固。

全面建成小康社会的制度体系更加成熟、更加定型。我国全面深化改革，全面推进依法治国，加快建设法治政府，坚持公正司法，社会公平正义的法治保障制度不断完善。党的十九届四中全会明确了坚持和完善中国特色社会主义制度、推进国家治理体系和治理能力现代化的总体要求、总体目标和重点任务，全面建成小康社会、全面建设社会主义现代化强国的制度保障不断增强。

随着全面建成小康社会目标任务的实现，我国将在新的历史起点上开启全面建设社会主义现代化国家新征程。

三 深入认识全面建成小康社会的重大意义

全面建成小康社会，无论在中华民族发展史上，还是在世界发展史上、在社会主义发展史上，都具有重大意义。

充分彰显中国共产党领导的巨大政治优势。全面建成小康社会，是在中国共产党领导下逐步实现的。我们党始终秉持以人民为中心的发展思想，始终把人民利益摆在至高无上的地位，从群众最关心的问题入手，推动发展成果更多更公平惠及全体人民，不断满足人民群众日益增长的美好生活需要。如期完成全面建成小康社会的宏伟目标，将使中华民族几千年来的梦想成为现实，14亿多人民全面过上幸福美好的小康生活。中国共产党的领导，是这一切得以实现的根本政治保证。习近平总书记指出："我们党的执政水平和执政成效都不是由自己说了算，必须而且只能由人民来评判。"[1] 如期全面建成小康社会，以人民得到实实在在的利益兑现党对人民的庄严承诺，赢得人民的信任和支持，极大增强全党全国人民的凝聚力和向心力，必将进一步巩固我们党的领导地位和执政地位。

充分彰显中国特色社会主义制度和国家治理体系的显著优势。全面建成小康社会，是在中国特色社会主义制度框架下逐步实现

---

[1]《习近平谈治国理政》第1卷，外文出版社2018年版，第28页。

的。新中国成立以来特别是改革开放 40 多年来，中国共产党团结带领全国各族人民艰苦奋斗，创造了世所罕见的经济快速发展奇迹和社会长期稳定奇迹，中华民族迎来了从站起来、富起来到强起来的伟大飞跃，充分彰显了我国国家制度和国家治理体系的显著优势。习近平总书记指出："中国人民的成功实践昭示世人，通向现代化的道路不止一条，只要找准正确方向、驰而不息，条条大路通罗马。"① 我们坚信，随着中国特色社会主义不断发展，我们的制度和国家治理体系也将越来越成熟，我国社会主义制度和国家治理体系的优越性必将进一步显现，我们的道路会越走越宽广。

极大增强全国各族人民的自信心和自豪感。全面建成小康社会，是在党的领导下，全体中国人民靠自己的双手和智慧逐步实现的。如期全面建成小康社会，以经得起历史检验的成就表明，实现中华民族伟大复兴并不是遥不可及的。这将极大增强全国人民的道路自信、理论自信、制度自信、文化自信。习近平总书记指出："现在我们比历史上任何时期都更接近中华民族伟大复兴的目标，比历史上任何时期都更有信心、有能力实现这个目标。"② 全面建成小康社会，将进一步调动广大人民群众投身社会主义建设事业的积极性、主动性、创造性，汇聚实现中华民族伟大复兴中国梦的磅礴力量。

为实现中华民族伟大复兴奠定坚实基础。作为世界上最大的发展中国家，我国全面建成小康社会是对人类文明的重大贡献。把我国现代化建设的长期性与发展的阶段性相结合，科学划分发展阶段，始终做到分阶段、有步骤地推进社会主义现代化建设，这是我

---

① 中共中央宣传部：《习近平新时代中国特色社会主义思想学习纲要》，学习出版社、人民出版社 2019 年版，第 60 页。
② 《习近平谈治国理政》第 1 卷，外文出版社 2018 年版，第 167 页。

们党推进社会主义现代化建设的一条成功经验。习近平总书记指出:"建成社会主义现代化强国,实现中华民族伟大复兴,是一场接力跑,我们要一棒接着一棒跑下去,每一代人都要为下一代人跑出一个好成绩。"① 全面建成小康社会是实现中华民族伟大复兴征程中的重要一棒,将为实现中华民族伟大复兴奠定更加坚实的基础。

---

① 习近平:《在庆祝改革开放40周年大会上的讲话》,人民出版社2018年版,第43页。

设置过渡期
推动贫困治理顺利转型*

党的十九届四中全会明确提出，要"坚决打赢脱贫攻坚战，巩固脱贫攻坚成果，建立解决相对贫困的长效机制"。根据党中央决策部署，我国的脱贫攻坚及后续工作面临着三个时段的三重目标任务：到2020年末打赢脱贫攻坚战；从现在起到未来若干年巩固脱贫成果和提高脱贫质量；2020年后更长的时期建立并实施常态化的帮扶相对贫困人口的长效机制。着眼于中华民族伟大复兴的战略全局，统筹考虑新冠肺炎疫情冲击和上述三重目标任务，建议在"十四五"时期设置过渡期，巩固脱贫成果，提高脱贫质量，并为建立帮扶相对贫困人口的长效机制做好准备。

一 以应急和兜底思维高质量
打赢脱贫攻坚战

当前，我国脱贫攻坚进入冲刺阶段，取得全面胜利还面临诸多

---

* 节选自作者在政协第十三届全国委员会常务委员会第12次会议上的书面发言。

困难和挑战。全国还有 52 个贫困县、2707 个贫困村、551 万建档立卡贫困人口未实现脱贫退出。虽然同过去相比总量不大，但都是贫中之贫、困中之困，是最难啃的硬骨头。"三保障"问题基本解决了，但稳得住、巩固好还不是一件容易的事情。突如其来的新冠肺炎疫情又给打赢脱贫攻坚战带来新的挑战。此外，脱贫人口还存在一定的返贫风险。一是部分建档立卡脱贫户虽然达到脱贫标准，但是超过标准不多，分红和补贴性收入占比高，脱贫还不稳定；二是住户调查数据表明，农村居民还有较高的动态返贫率和边缘人口规模；三是疫情冲击的长期影响存在很大不确定性，未来经济增长和新增就业能力难以估计，可能会导致一部分家庭返贫。

为确保高质量打赢脱贫攻坚战，建议以疫情动态变化为依据，在合力攻坚的超常规治理基础上，增加应急和兜底两项举措。应急主要包括两方面：一是以农村社区为单元，以脱贫标准为基准，加强社区返贫和新致贫动态监测，简化边缘户识别、建档立卡、帮扶等程序，适当扩大监测范围和频率，应测尽测，随时将这部分人纳入动态帮扶范围；二是根据各地实际情况，酌情增加应急性帮扶措施，例如扩大消费扶贫，新增以工代赈、扶贫公益性岗位等。兜底是指将保障脱贫的范围从无力脱贫户扩大到疫情冲击户，综合利用好低保、社会救助机制，应兜尽兜。

二 设置巩固提升缓冲期，巩固脱贫成果，提高脱贫质量

打赢现行贫困标准下的脱贫攻坚战，并不意味着消除绝对贫困画上了句号。还要不断增强脱贫支撑条件的可持续性，使建档立卡户和原贫困地区能够稳定脱贫。考虑到疫情冲击对经济社会发展的综合影响及其对脱贫工作的直接间接影响，为了巩固脱贫成果，提

高脱贫质量，建议将"十四五"时期前两年定为脱贫巩固提升缓冲期。

在缓冲期内，重点做好以下四个方面的工作。一是全面加强扶贫资产的清查和监管。摸清扶贫资产规模、结构、权属、经营效益等情况，加强扶贫资产后续管理，制定全国扶贫资产管理指导办法，探索多元化的扶贫资产管理模式。二是继续优化农村劳动力转移就业扶持措施，为建档立卡户和受疫情冲击失业的贫困户就业提供有针对性的政策支持，包括职业教育和劳动技能培训。三是继续开展易地扶贫搬迁社区的后续建设和管理工作，并对近1000万扶贫搬迁户继续实施后续帮扶。四是对少数不稳定脱贫户以及可能出现的少数返贫户或边缘户开展动态监测，跟踪帮扶。

要强调的是，在脱贫巩固提升缓冲期内，应合理区分扶贫资产、资源、社区建设方面的措施与到户支持措施。前者以资产保值增值、能力建设为主要目标，权益和收益归属于其所有者，可优先惠及建档立卡户，但不再仅仅是惠及建档立卡户，重点用于失能、重病及突生家庭变故的少数困难户。采取常规到户支持措施脱贫的继续予以支持。

三 以整个"十四五"时期为准备期，推动贫困治理重点从绝对贫困顺利转向相对贫困

从"十四五"时期开始，中国将在整体上消除绝对贫困并进入扶持相对贫困的历史阶段。根据发达国家和地区的经验，扶持相对贫困对整个社会经济体系提出了更高的要求，也需要经历相当长的历史时期。目前，国内对于相对贫困的认识、政策准备还相当有限，地区、城乡差距较大，如何扶持相对贫困还缺乏顶层设计。建

议"十四五"时期多做一些研究和试验,鼓励地方先行探索,作为建立扶持相对贫困人口长效机制的准备期。具体来说,可以开展以下五个方面的基础性工作。

一是建立符合我国国情的"三支柱"减贫战略。世界银行提出的"三支柱"减贫战略,即"劳动密集型经济增长+人力资本投资+社会保障",主要是针对欠发达国家减贫的,但与发达国家减缓相对贫困战略在很大程度上也存在一致性。我国过去以经济增长和开发式扶贫为主的减贫战略实质上隐含着"三支柱"的原理。2020年以后,我国应该在现有制度和政策框架基础上通过优化配置,建立起一个针对相对贫困人口、更加符合我国国情的新型"三支柱"减贫战略,可考虑由包容性增长、基本公共服务均等化、社会保护构成。

二是推动农村反贫困与乡村振兴战略的衔接,主要是将过去以精准扶贫为目的的区域开发、产业扶贫、易地搬迁、转移就业等方面的接续性工作融入到乡村振兴战略中。

三是探索建立城乡统一的多元贫困标准和监测体系。可以考虑的贫困标准有兜底型贫困标准、数值型相对贫困标准、比例型相对贫困标准、多维贫困标准以及共享繁荣指标等。对多元贫困标准进行探索,可以比较不同贫困标准的优劣和适用性,以便未来更好地选择指标、阈值以及对应的政策设计。

四是根据现有扶贫开发建档立卡系统的优势和缺点,研究探索基于新的技术手段以及适应相对贫困治理需要的识别、登记和管理信息系统。

五是稳妥推动扶贫工作体制转型。相对贫困属性决定其不再适用超常规治理,而是需要实现国家治理现代化进程中的相对贫困治理常态化和现代化。精准扶贫格局的优点应该保留,但是要加强地方政府、社会力量的作用。农村扶贫开发体制要向城乡统一的体制转型，最有可能的是把扶贫机构设在主管社会福利的民政部门。未来的贫困治理必须追求制度化、法制化，对政府、贫困家庭的权利和义务进行规定和约束。最后，非常重要的是要增强基层社会服务能力，培育对相对贫困的发现和干预的响应性和集成性能力。

深化新时代中国脱贫攻坚研究[*]

到 2020 年底，中国将历史性解决绝对贫困问题，成就世所罕见。2016 年，中国社会科学院设立"精准扶贫精准脱贫百村调研"国情调研特大项目。5 年来，104 个调研团队 500 多名科研人员，深入贫困地区开展调研，真实记录了我国百余个贫困村的巨大变化。"精准扶贫精准脱贫百村调研丛书"就是调研成果的集中展示。

记叙好脱贫攻坚伟业，总结好脱贫攻坚经验，对我们增强"四个意识"，坚定"四个自信"，做到"两个维护"具有重要意义，也必将进一步增强广大科研人员的责任感使命感，为全面建设社会主义现代化国家而努力奋斗。

一 深刻认识新时代脱贫攻坚的重大意义

新时代脱贫攻坚，成就显著，意义重大。
一是破解了困扰中华民族几千年的绝对贫困问题，创造了中华

---

[*] 节选自作者 2020 年 11 月 20 日在中国减贫经验学术研讨会暨"精准扶贫精准脱贫百村调研丛书"发布会上的演讲。

民族发展史的奇迹。摆脱贫困是中华民族千百年来的美好愿望。在生产力落后和私有制条件下,古代劳动人民的"小康"愿望无法实现。新中国成立后,我们党坚持以人民为中心的发展思想,带领全国人民持续向贫困宣战,取得显著成效。改革开放以来,特别是党的十八大以来,以习近平同志为核心的党中央把脱贫攻坚摆到更加突出的位置,实施精准扶贫精准脱贫基本方略,全面打响脱贫攻坚战。2013年至2019年,我国现行标准下农村贫困人口累计减少9348万人,贫困发生率从10.2%下降至0.6%,区域性整体贫困基本解决。农村贫困人口"两不愁"质量水平明显提升,"三保障"突出问题得到总体解决。2020年底,我国将如期实现现行标准下农村贫困人口脱贫、贫困县全部摘帽、解决区域性整体贫困的目标,首次消除绝对贫困现象,这在中华民族几千年发展史上是绝无仅有的,在世界发展史上也是非常罕见的!

二是为世界解决贫困问题提供了中国经验、中国智慧和中国方案,为世界减贫做出卓越贡献。减少饥饿,消除贫困,缩小贫富差距,是世界许多国家与地区所面临的共同难题。1981年至2012年,我国减少的贫困人口占全球减少贫困人口的71.82%,是第一个完成联合国千年发展目标减贫目标的发展中国家。在新冠肺炎疫情全球大流行,更多国家和地区重返贫困线的大背景下,我国将如期完成整体消灭贫困的历史性任务,提前10年完成联合国《2030年可持续发展议程》目标。联合国粮农组织认为,由于拥有相似的发展环境,中国的减贫经验对于其他发展中国家十分宝贵,许多国家对借鉴中国减贫经验表示出强烈兴趣。联合国2015年制定《2030年可持续发展议程》时,充分吸收了中国减贫方案的有关内容,"在全世界消除一切形式的贫困"的具体目标中,对中国解决农村贫困问题的三条路径都有充分的体现。中国的减贫经验为全球减贫事业贡献了中国智慧和中国方案。

中国还积极参与全球贫困治理。在"一带一路"和"人类命运共同体"框架下，达成多边或双边协议，积极进行国际减贫合作。在南南合作的框架下，推动建立以合作共赢为核心的新型国际减贫交流合作关系，落实《中国与非洲联盟加强减贫合作纲要》《东亚减贫合作倡议》等文件，发挥中国国际扶贫中心等国际减贫交流平台作用，为国际减贫事业注入了有效资源和强劲动力。到2020年，我国已与100多个亚洲、非洲和拉丁美洲国家合作开展了100个减贫项目和100个农业合作项目。我国还和许多国际组织共同设立了南南合作信托基金，建立了20多个农业技术示范中心，派出了3万多名中国专家和技术人员，培训了5万多名发展中国家的学员，为全球减贫事业做出重要贡献。

三是充分彰显了中国特色社会主义制度的优越性，为开启全面建设社会主义现代化国家新征程奠定了坚实基础。消除贫困、改善民生、逐步实现共同富裕，是社会主义的本质要求。实现农村贫困人口全部脱贫，全面建成小康社会，是我们党向人民作出的庄严承诺。中国共产党领导人民开展大规模的反贫困工作，使贫困地区的群众得到实实在在的福祉和利益，用实际行动兑现了这个庄严的承诺，赢得人民的信任和支持，充分彰显了中国共产党领导的巨大政治优势和中国特色社会主义制度的显著优势。脱贫攻坚取得的巨大成就，必将极大增强全国人民的道路自信、理论自信、制度自信、文化自信，极大增强全党全国人民的凝聚力和向心力，进一步巩固我们党的领导地位和执政地位。

新时代脱贫攻坚的成就，为全面建设社会主义现代化国家奠定了坚实基础。新时代脱贫攻坚使贫困地区农村基础条件明显改善，特色优势产业迅速发展，基层治理能力和管理水平明显提高，教育、医疗、文化等方面的公共服务水平不断提升，生态扶贫、易地搬迁扶贫、退耕还林等明显改善了贫困地区生态环境，这些为农民安居乐业，为农村高质量发展奠定了坚实基础。新时代脱贫攻坚广泛动员企业、社会组织、公民个人参与其中，彰显了社会主义实现共同富裕的价值取向，营造了社会各方力量共同支持农村地区发展的良好社会氛围。新时代脱贫攻坚还锤炼了干部和人才，培养了一批对乡村有感情、懂农村、懂农民的国家治理骨干，为国家建设和发展储备了人才。

二 深入总结新时代脱贫攻坚的宝贵经验

党的十八大以来，在以习近平同志为核心的党中央坚强领导下，中国不断加大脱贫攻坚力度，从打好扶贫攻坚战，到打赢脱贫攻坚战，再到决胜脱贫攻坚等，推动了一系列伟大实践，积累了许多宝贵经验。

一是坚持党的集中统一领导，强化组织保障。脱贫攻坚，加强领导是根本。习近平总书记强调，越是进行脱贫攻坚战，越是要加强和改善党的领导。在脱贫攻坚实践中，党中央充分发挥各级党委总揽全局、协调各方的作用，严格执行脱贫攻坚一把手负责制，形成了省市县乡村五级书记抓扶贫、全党动员促攻坚的局面。各地积极抓好党建促脱贫攻坚，发挥基层党组织的战斗堡垒作用，广大党员干部以"不破楼兰终不还"的坚定决心和坚强意志投入脱贫攻坚，把党中央提出的脱贫攻坚重大任务转化为基层的具体工作，抓牢、抓实脱贫攻坚各项工作，为脱贫攻坚提供了坚强的政治保证和组织保证。

二是坚持精准方略，提高脱贫实效。精准是脱贫攻坚的鲜明特征，是夺取脱贫攻坚战全面胜利的关键举措。习近平总书记强调，治病要找病根，扶贫也要找"贫根"。对不同原因、不同类型的贫困，采取不同的脱贫措施，对症下药、精准滴灌、靶向治疗。在脱贫攻坚实践中，坚持精准扶贫、精准脱贫，坚持扶贫对象精准、项目安排精准、资金使用精准、措施到户精准、因村派人（第一书记）精准、脱贫成效精准，把"精准"贯穿脱贫攻坚每一个环节，不搞花拳绣腿，不摆花架子，搞"精准滴灌"绣花式扶贫，确保真扶贫、扶真贫、真脱贫，脱贫成效得到群众认可。

三是坚持加大投入，强化资金支持。坚持发挥政府投入主体和主导作用，增加金融资金对脱贫攻坚的投放，发挥资本市场支持贫困地区发展作用，吸引社会资金广泛参与脱贫攻坚，形成脱贫攻坚资金多渠道、多样化投入。

四是坚持全国一盘棋，凝聚各方力量。脱贫攻坚是全党全社会的共同责任，需要动员和凝聚全社会力量广泛参与。习近平总书记强调，调动各方力量，加快形成全社会参与的大扶贫格局。"人心齐，泰山移。"在脱贫攻坚实践中，充分发挥社会主义制度集中力量办大事的优势，调动政府和社会两方面的积极性，弘扬中华民族守望相助、扶危济困的传统美德，构建起专项扶贫、行业扶贫、社会扶贫有机结合的"三位一体"大扶贫格局，深入推进东西部协作、党政机关定点扶贫，军队和武警部队扶贫机制，形成了社会各界力量共同参与脱贫攻坚的格局。

五是坚持群众主体，激发内生动力。贫困群众既是脱贫的对象，更是脱贫致富的主体。习近平总书记强调，要激发内生动力，调动贫困地区和贫困人口积极性。在脱贫攻坚实践中，坚持依靠人民群众，坚持扶贫同扶志、扶智相结合，充分调动贫困群众积极性和主动性，充分引导贫困群众树立主体意识，发扬自力更生精神，激发他们改变贫困面貌的干劲和决心，培育他们依靠自力更生实现脱贫的意识，培养他们发展生产和务工经商技能，组织、引导、支持他们靠自己的努力改变命运，人民群众脱贫致富积极性不断高涨，在脱贫攻坚中的主体作用日益突出。

三 加强新发展阶段中国脱贫攻坚研究

随着全面脱贫、全面建成小康社会宏伟目标的实现，我国将进入全面建设社会主义现代化国家、向第二个百年奋斗目标进军的新发展阶段。我国反贫困事业即将进入新阶段，扶贫工作的重心将转向解决相对贫困问题。

时代课题是理论创新的驱动力。理论研究和理论创新最深厚的源泉和动力来自亿万人民的社会实践。哲学社会科学界要倍感珍惜和充分挖掘脱贫攻坚的丰富实践这座"富矿"。一方面，要深刻总结脱贫攻坚经验，着力推出对党和国家决策切实管用的研究成果，为更好地发挥脱贫攻坚体制机制作用，巩固脱贫成果提供智力支持。同时，要结合哲学社会科学的特点进行理论升华，努力提炼出有学理性的新理论，概括出有规律的新路径，使理论和政策创新符合中国实际、具有中国特色，为加快构建中国特色哲学社会科学做出积极贡献。另一方面，要针对解决相对贫困问题开展理论和政策研究。理论创新只能从问题开始。理论创新的过程就是发现问题、筛选问题、研究问题、解决问题的过程。按照国际经验，解决相对贫困对整个社会经济体系提出了更高的要求，也需要经历相当长的历史时期；而且贫困属性和贫困群体特征也发生了转变，减贫的思路需要作出针对性调整，这给哲学社会科学提出了一系列亟待研究的问题。如何做好脱贫攻坚与乡村振兴战略的有效衔接？如何认识新发展阶段的相对贫困？解决相对贫困问题需要划定一个贫困标准，如何确定一个适合我国国情的贫困标准？进入新发展阶段，如何打破现在城乡分割的扶贫格局，建立城乡一体的扶贫机制？城乡、地区和群体间的差距依然存在，如何建立健全促进包容性增长的财税金融体制，给予欠发达地区和低收入群体更多的支持？解决贫困问题是促进全体人民共同富裕的关键举措,党的十九届五中全会提出的 2035 年远景目标明确要求,全体人民共同富裕取得更为明显的实质性进展,应采取哪些措施实现这一鼓舞人心的目标?如此等等,都需要哲学社会科学工作者坚持马克思主义立场观点方法,坚持以习近平新时代中国特色社会主义思想为指导,深入调查研究,深刻认识中国国情,找到发展规律,形成一批对党和国家决策有参考价值,在理论上有所创新的研究成果,努力为实现中华民族伟大复兴的中国梦做出应有贡献!

弘扬脱贫攻坚精神
全面推进乡村振兴[*]

习近平总书记在全国脱贫攻坚总结表彰大会上庄严宣告，经过全党全国各族人民共同努力，我国脱贫攻坚战取得了全面胜利，完成了消除绝对贫困的艰巨任务，创造了彪炳史册的人间奇迹。脱贫攻坚伟大斗争，锻造形成了"上下同心、尽锐出战、精准务实、开拓创新、攻坚克难、不负人民"的脱贫攻坚精神。

一 脱贫攻坚精神铸就伟大成就

习近平总书记指出，脱贫攻坚取得举世瞩目的成就，靠的是党的坚强领导，靠的是中华民族自力更生、艰苦奋斗的精神品质，靠的是新中国成立以来特别是改革开放以来积累的坚实物质基础，靠的是一任接着一任干的坚守执着，靠的是全党全国各族人民的团结奋斗。

在脱贫攻坚伟大斗争中，我们党坚持上下同心。党的十八大以

---

[*] 节选自作者2021年7月30日在"弘扬脱贫攻坚精神　全面推进乡村振兴"理论与实践研讨会上的演讲。

来，习近平总书记高度重视脱贫攻坚工作，亲自指挥、亲自部署、亲自督战，召开7次脱贫攻坚座谈会，考察调研全国所有集中连片特困地区，以钉钉子精神一抓到底。党中央充分发挥总揽全局、协调各方的作用，各级党委严格执行脱贫攻坚一把手负责制，形成了省市县乡村五级书记抓扶贫、全党动员促攻坚的局面。充分发挥社会主义制度集中力量办大事的优势，调动政府和社会两方面的积极性，构建起专项扶贫、行业扶贫、社会扶贫有机结合的大扶贫格局，深入推进东西部协作、党政机关定点扶贫、军队和武警部队扶贫、社会力量参与扶贫，构筑起全社会扶贫的强大合力。正是在党中央的坚强领导下，举国同心，合力攻坚，汇聚起排山倒海的磅礴力量，形成了脱贫攻坚的共同意志、共同行动，才创造出彪炳史册的人间奇迹。

为夺取脱贫攻坚战全面胜利，中国社会科学院也做出了应有贡献。围绕脱贫攻坚报送对策研究成果170多篇，其中4篇得到习近平总书记重要批示，出版专著34部，发表各类学术论文研究报告近500篇。组织实施精准扶贫精准脱贫百村调研、百县调研，连续参与贫困县退出评估检查、抽查工作，等等。在陕西丹凤和江西上犹累计投入帮扶资金3477万元，实施扶贫项目118个，选派挂职干部和第一书记14人，助力两县脱贫摘帽。中国社会科学院离休干部夏森获"全国脱贫攻坚楷模"荣誉称号，农村发展研究所获"脱贫攻坚先进集体"称号。

在脱贫攻坚伟大斗争中，我们党坚持尽锐出战。习近平总书记把脱贫攻坚摆到治国理政重要位置，提升到事关全面建成小康社会、实现第一个百年奋斗目标的战略高度，激励广大党员干部以昂扬斗志向贫困开战。党中央把精锐力量投向脱贫攻坚主战场，全国累计选派25.5万个驻村工作队、300多万名第一书记和驻村干部，同近200万名乡镇干部和数百万名村干部一道奋战在扶贫一线，推动农村贫困人口全部脱贫，脱贫地区经济社会发展大踏步赶上来，脱贫攻坚取得重大历史性成就。

在脱贫攻坚伟大斗争中，我们党坚持精准务实。习近平总书记强调，治病要找病根，扶贫也要找"贫根"。对不同原因、不同类型的贫困，采取不同的脱贫措施，对症下药、精准滴灌、靶向治疗。脱贫攻坚实践中，坚持精准扶贫、精准脱贫，坚持扶贫对象精准、项目安排精准、资金使用精准、措施到户精准、因村派人精准、脱贫成效精准，把"精准"贯穿脱贫攻坚每一个环节，不搞花拳绣腿，不摆花架子，确保真扶贫、扶真贫、真脱贫，真正让脱贫成效经得起历史和人民检验。

在脱贫攻坚伟大斗争中，我们党坚持开拓创新。习近平总书记提出一系列新思想新观点，作出一系列新决策新部署，为打赢脱贫攻坚战提供了根本遵循。党中央立足我国国情，把握减贫规律，出台一系列超常规政策举措，构建了一整套行之有效的政策体系、工作体系、制度体系，走出了一条中国特色减贫道路，形成了中国特色反贫困理论。在开拓创新精神的引领下，党的十八大以来，我国平均每年1000多万人脱贫，相当于一个中等国家的人口脱贫。贫困地区发展步伐显著加快，行路难、吃水难、用电难、通信难、上学难、就医难等问题得到历史性解决。我国提前10年实现联合国《2030年可持续发展议程》减贫目标，为推动构建人类命运共同体贡献了中国力量！

在脱贫攻坚伟大斗争中，我们党坚持攻坚克难。党中央带领人民披荆斩棘、栉风沐雨，发扬钉钉子精神，敢于啃硬骨头，攻克了一个又一个贫中之贫、坚中之坚。广大党员和扶贫干部以"不破楼兰终不还"的坚定决心和坚强意志投入脱贫攻坚，舍小家为大家，同贫困群众结对子、认亲戚，常年加班加点、任劳任怨，困难面前豁得出，关键时候顶得上，把心血和汗水洒遍千山万水、千家万户，抓牢、抓实脱贫攻坚各项工作。攻坚克难精神为脱贫工作注入了强大的精神力量，经过埋头苦干，现行标准下9899万农村贫困人口全部脱贫，832个贫困县全部摘帽，12.8万个贫困村全部出列，区域性整体贫困得到解决。

在脱贫攻坚伟大斗争中，我们党坚持不负人民。党中央始终坚定人民立场，强调消除贫困、改善民生、实现共同富裕是社会主义的本质要求，是全心全意为人民服务根本宗旨的重要体现，是党和政府的重大责任。坚持扶贫为了人民，扶贫依靠人民，脱贫成效由人民检验。8年来，中央、省、市县财政专项扶贫资金累计投入近1.6万亿元，让改革发展成果更多更公平惠及全体人民。将扶贫同扶志、扶智相结合，充分调动贫困群众积极性和主动性，引导贫困群众树立主体意识，发扬自力更生精神，不断激发他们改变贫困面貌的干劲和决心，人民群众脱贫致富积极性不断高涨，在脱贫攻坚中的主体作用日益突出。

二　弘扬脱贫攻坚精神，全面推进乡村振兴

习近平总书记指出："脱贫攻坚精神，是中国共产党性质宗旨、中国人民意志品质、中华民族精神的生动写照，是爱国主义、集体主义、社会主义思想的集中体现，是中国精神、中国价值、中国力量的充分彰显，赓续传承了伟大民族精神和时代精神。"[1] 绝对贫困问题已经在中华大地彻底消除，但是脱贫攻坚精神将永远流淌在中华民族的血脉当中，成为推动国家发展进步、战胜一切风险挑战的重要精神动力。

---

[1] 习近平：《在全国脱贫攻坚总结表彰大会上的讲话》（2021年2月25日），人民出版社2021年版，第19页。

乡村振兴是实现中华民族伟大复兴的一项重大任务。脱贫摘帽不是终点，而是新生活、新奋斗的起点。脱贫攻坚取得胜利后，全面推进乡村振兴是"三农"工作重心的历史性转移。民族要复兴，乡村必振兴，民族复兴最艰巨最繁重的任务在农村。解决好发展不平衡不充分问题，重点难点在"三农"。构建新发展格局的短板和后劲在"三农"，应对国内外风险挑战的基础支撑也在"三农"。我们要充分认识到乡村振兴任务的艰巨性和复杂性，认识到现状和目标的差距，认识到不能将规划和愿景当作唾手可得之物，全面实施乡村振兴战略任重道远。这就要求我们弘扬脱贫攻坚精神，坚定信心，不等不靠，迎难而上，久久为功，咬定青山不放松，一年接着一年干，一件事情接着一件事情办，这样才能成就全面乡村振兴的宏伟蓝图。

三　深入研究重大理论和现实问题，为全面推进乡村振兴贡献力量

巩固拓展脱贫攻坚成果，全面推进乡村振兴，面临着一系列重大理论和现实问题。哲学社会科学的一项重要功能，就是准确回答时代发展中的重大理论和现实问题，及时总结新的生动实践，不断推进理论创新，并在这一过程中体现自身的价值。广大哲学社会科学工作者要抓住机遇，胸怀"国之大者"，强化问题意识，围绕巩固拓展脱贫攻坚成果和全面推进乡村振兴，扎实调查、深入研究，着力推出对党和国家决策切实管用的研究成果，为巩固脱贫成果提供智力支持。要把基础理论研究和应用对策研究紧密结合起来，以基础理论研究带动应用对策研究，切实提升应用对策研究的层次和水平；要重视和善于将应用对策研究成果提炼升华，形成在理论上有所创新的研究成果，为加快构建中国特色哲学社会科学做出积极贡献，更好地为党和人民服务。

全面建设小康社会的理论与实践[*]

全面建成小康社会是中华民族伟大复兴征程上的一座重要里程碑，是中国人民对人类文明做出的重大贡献。适值"两个一百年"奋斗目标的历史交汇点，回顾和总结全面建成小康社会的理论成果和实践成果，对坚持和完善中国特色社会主义制度，推进国家治理体系和治理能力现代化，开启全面建设社会主义现代化国家新征程，具有深远的历史意义和十分重要的现实意义。

一 全面建成小康社会的理论渊源及含义

"小康"是中华民族几千年来孜孜以求的社会理想，表达了人们对美好生活的向往和憧憬。但是，长期以来，受生产力落后和私有制历史条件的制约，中国古代劳动人民的"小康"愿望始终无法实现。新中国成立后，特别是改革开放以来，中国共产党领导全国各族人民，坚持和发展中国特色社会主义，取得了改革开放和社会主义现代化建设的历史性成就，确保了全面建成小康社会奋斗目标

---

[*] 原文刊载于《中国社会科学》2020 年第 12 期。

即将如期实现。

（一）中华传统文化中的小康思想

"小康"是中国特有的一个概念，具有深厚的历史渊源。早在《诗经·大雅·民劳》中就有"民亦劳止，汔可小康"的诗句。"康"意为"安"，"小康"即"小安"，原意为召穆公劝周厉王"小省赋役而安息之"，即减少赋税徭役可以使人民得以喘息，生活安定。[①] 这里的"小康"主要指百姓的生活状态。

至汉代，"小康"从百姓的生活状态演变为儒家提出的社会状态。《礼记·礼运》描述了孔子心中的"大同"社会和"小康"社会。"大道之行也，与三代之英，丘未之逮也，而有志焉。大道之行也，天下为公。选贤与能，讲信修睦，故人不独亲其亲，不独子其子，使老有所终，壮有所用，幼有所长，矜寡孤独废疾者，皆有所养。男有分，女有归。货恶其弃于地也，不必藏于己；力恶其不出于身也，不必为己。是故谋闭而不兴，盗窃乱贼而不作，故外户而不闭，是谓大同。今大道既隐，天下为家。各亲其亲，各子其子，货力为己，大人世及以为礼。城郭沟池以为固，礼义以为纪。以正君臣，以笃父子，以睦兄弟，以和夫妇，以设制度，以立田里，以贤勇知，以功为己。故谋用是作，而兵由此起。禹、汤、文、武、成王、周公，由此其选也。此六君子者，未有不谨于礼者也。以着其义，以考其信，着有过，刑仁讲让，示民有常。如有不由此者，在埶者去，众以为殃，是谓小康。"[②]

此后的典籍中也出现过"小康"一词，如《三国志·吴书·赵达传》裴松之注曰："自中原酷乱，至于建安，数十年间生民殆尽。

[①] 参见阮元校刻《十三经注疏》第 1 册，中华书局 2009 年版，第 1180—1181 页。
[②] 阮元校刻：《十三经注疏》第 3 册，中华书局 2009 年版，第 3061—3063 页。

比至小康，皆百死之余耳。"① 唐代《大历八年夏至大赦文》记载："关辅之内，农祥荐臻，嘉谷丰衍，宿麦滋殖。闾阎之间，仓廪皆实，百价低贱，实曰小康。"② 《旧唐书·牛僧孺传》中有奏曰："臣等待罪辅弼，无能康济，然臣思太平亦无象。今四夷不至交侵，百姓不至流散；上无淫虐，下无怨讟；私室无强家，公议无壅滞。虽未及至理，亦谓小康。"③ 明成祖朱棣重视发展经济，勤政爱民，善用人才，振兴文化，曾言："如得斯民小康，朕之愿也。"④ 这些史料中出现的"小康"基本延续了上述两个层面的含义。而且，无论是理论上还是实践上，这两个层面都不矛盾：只有经济社会取得较好发展，百姓才能生活安定。

"小康"描述社会的一个特定发展阶段。在这个阶段，经济平稳发展，政治较为清明，社会相对安定，文化受到重视，百姓能够安居乐业。古人对"小康"的构想还包含了"安民""保民""利民""富民"等重视民生的思想，为当代中国坚持以人民为中心，紧紧依靠人民决胜全面建成小康社会，提供了宝贵的思想素材。我国传统文化中的"小康"并非终极目标，而是阶段性目标，它为追求更高的"大同"世界创造条件。但由于生产力水平低下和私有制的历史条件限制，无论是"小康"还是"大同"世界，在中国历史上从未出现过，更多体现为人们的美好愿望。

（二）新中国成立后小康概念的提出及其内涵

新中国成立后，中国共产党面对整个国家"一穷二白"、百废待兴的局面，迅速将工作重心转移到生产建设上来，在短期内完成

---

① 陈寿撰，裴松之注：《三国志》卷63《吴范刘惇赵达传》，中华书局1982年版，第1426页。
② 宋敏求编：《唐大诏令集》，商务印书馆1959年版，第485页。
③ 刘昫等撰：《旧唐书》卷172《牛僧孺传》，中华书局1975年版，第4472页。
④ 《明太宗实录》卷23，永乐元年九月庚子，台北：台湾"中研院"历史语言研究所，1962年，第427页。

了土地革命和生产资料所有制的社会主义改造，国民经济很快得到恢复。在1954年召开的第一届全国人民代表大会上，毛泽东同志明确提出了建设现代化国家的目标。1964年，根据毛泽东同志的提议，周恩来同志在第三届全国人民代表大会一次会议的政府工作报告中，正式完整地提出了"四个现代化"建设目标和"两步走"战略，在20世纪内把我国建设成为一个具有现代农业、现代工业、现代国防和现代科学技术的社会主义强国。在党的领导下，全国各族人民自力更生、艰苦奋斗，逐步建立起独立的比较完整的工业体系和国民经济体系，并从零开始建立了社会主义劳动保护、合作医疗和住房保障等惠民制度，民生保障事业得以建立和发展，社会主义建设取得了前所未有的成就。

党的十一届三中全会后，党中央充分意识到现代化建设任务的长期性和艰巨性，在科学分析国际国内形势、深刻总结正反两方面经验，以及充分吸收中华优秀传统文化的基础上，创造性地提出了"小康"目标，开启了全面建设小康社会的征程。

1979年，邓小平同志在会见日本首相大平正芳时，首次提出了"小康"概念。"我们的四个现代化的概念，不是像你们那样的现代化的概念，而是'小康之家'。"[1] 1980年，邓小平同志在中央经济工作会议上正式提出，"经过二十年的时间，使我国现代化经济建设的发展达到小康水平，然后继续前进，逐步达到更高程度的现代化"。[2] 1982年，邓小平同志在会见联合国秘书长德奎利亚尔时谈道，"我们摆在第一位的任务是在本世纪末实现现代化的一个初步目标，这就是达到小康的水平"，"再花三十年到五十年的时间，接

---

[1] 中共中央文献研究室编：《邓小平年谱（1975—1997）》上册，中央文献出版社2004年版，第582页。

[2] 《邓小平文选》第2卷，人民出版社1994年版，第356页。

近发达国家的水平"。① 1984年，邓小平同志会见日本首相中曾根康弘时说："翻两番，国民生产总值人均达到八百美元，就是到本世纪末在中国建立一个小康社会。这个小康社会，叫做中国式的现代化。"② 将"小康"作为国家现代化发展目标，是对"四个现代化"和"两步走"战略的创新性继承，更符合我国发展实际，也易得到最广大人民的认同和支持。党的十二大正式将"小康"目标确定为党的行动纲领。党的十三大确立了"三步走"战略构想：第一步，实现国民生产总值比1980年翻一番，解决人民的温饱问题；第二步，到20世纪末，使国民生产总值再增长一倍，人民生活达到小康水平；第三步，到21世纪中叶，"人均国民生产总值达到中等发达国家水平，人民生活比较富裕，基本实现现代化"。③ 到1990年底，在我国基本解决了温饱问题的基础上，党的十三届七中全会对小康水平进行了更加明确的定义。"所谓小康水平，是指在温饱的基础上，生活质量进一步提高，达到丰衣足食。这个要求既包括物质生活的改善，也包括精神生活的充实；既包括居民个人消费水平的提高，也包括社会福利和劳动环境的改善。"④ 自此，小康社会建设的目标更加明确，思路更加清晰，可操作性也越来越强。在中国共产党的领导下，在"三步走"战略的指引下，我国于2000年超额完成人均国民生产总值比1980年翻两番的任务，人民生活实现了总体小康。

然而，此时的总体小康"还是低水平的、不全面的、发展很不平衡的小康"，"巩固和提高目前达到的小康水平，还需要进行长时

---

① 《邓小平文选》第2卷，人民出版社1994年版，第416—417、417页。
② 《邓小平文选》第3卷，人民出版社1993年版，第54页。
③ 中共中央文献研究室编：《十三大以来重要文献选编》（上），人民出版社1991年版，第16页。
④ 中共中央文献研究室编：《十三大以来重要文献选编》（中），人民出版社1991年版，第1401页。

期的艰苦奋斗"。① 为此，党的十六大提出了全面建设小康社会的目标，这是中国特色社会主义经济、政治、文化全面发展的目标。党的十七大赋予了全面建设小康目标新的时代内涵。"到二〇二〇年全面建设小康社会目标实现之时，我们这个历史悠久的文明古国和发展中社会主义大国，将成为工业化基本实现、综合国力显著增强、国内市场总体规模位居世界前列的国家，成为人民富裕程度普遍提高、生活质量明显改善、生态环境良好的国家，成为人民享有更加充分民主权利、具有更高文明素质和精神追求的国家，成为各方面制度更加完善、社会更加充满活力而又安定团结的国家，成为对外更加开放、更加具有亲和力、为人类文明做出更大贡献的国家。"②

（三）党的十八大以来全面建成小康社会的理论创新

党的十八大以来，以习近平同志为核心的党中央顺应我国经济社会新发展和广大人民群众新期待，在我国发展不断取得新成就的基础上，提出全面建成小康社会新的目标要求，赋予"小康"更高的标准、更丰富的内涵。党的十八大报告明确提出，"确保到二〇二〇年实现全面建成小康社会宏伟目标"。③ 党的十九大对新时代全面建成小康社会作出进一步战略部署。"从现在到二〇二〇年，是全面建成小康社会决胜期。要按照十六大、十七大、十八大提出的全面建成小康社会各项要求，紧扣我国社会主要矛盾变化，统筹推进经济建设、政治建设、文化建设、社会建设、生态文明建设"，"使全面建成小康社会得到人民认可、经得起历史检验"。"我们既要全面建成小康社会、实现第一个百年奋斗目标，又要乘势而上开

---

① 《江泽民文选》第 3 卷，人民出版社 2006 年版，第 542 页。
② 中共中央文献研究室编：《十七大以来重要文献选编》（上），中央文献出版社 2009 年版，第 16 页。
③ 《胡锦涛文选》第 3 卷，人民出版社 2016 年版，第 625 页。

启全面建设社会主义现代化国家新征程,向第二个百年奋斗目标进军。"①

"全面建设"与"全面建成"虽一字之差,却蕴含着内涵的深刻变化。"建设"体现为过程,"建成"则体现为结果。改革开放以来,我国人民生活水平发生了翻天覆地的变化,党的十九大作出中国特色社会主义进入新时代的重大判断,提出解决人民温饱问题、人民生活总体上达到小康水平这两个目标已提前实现,我国社会主要矛盾已经转化为人民日益增长的美好生活需要和不平衡不充分的发展之间的矛盾,清晰擘画了决胜全面建成小康社会和全面建成社会主义现代化强国的时间表、路线图。"到建党一百年时建成经济更加发展、民主更加健全、科教更加进步、文化更加繁荣、社会更加和谐、人民生活更加殷实的小康社会,然后再奋斗三十年,到新中国成立一百年时,基本实现现代化,把我国建成社会主义现代化国家"。② "两个一百年"奋斗目标和新时代"两步走"战略安排,为全面建成小康社会及其之后党和国家的发展明确了方向。党的十九届四中全会提出,坚持和完善中国特色社会主义制度、推进国家治理体系和治理能力现代化,并从坚持和完善人民当家作主制度体系、统筹城乡民生保障制度、共建共治共享的社会治理制度等方面,为在更高水平上增强人民群众的获得感和幸福感提供了坚强的制度保障。2020 年 10 月,党的十九届五中全会审议通过的《中共中央关于制定国民经济和社会发展第十四个五年规划和二〇三五年远景目标的建议》(以下简称《建议》),擘画了未来五年乃至更长时期的中国发展新蓝图。《建议》积极回应亿万人民群众的诉求和期盼,首次提出把全体人民共同富裕取得更为明显的实质性进展作

---

① 习近平:《习近平谈治国理政》第 3 卷,外文出版社 2020 年版,第 22 页。
② 习近平:《习近平谈治国理政》第 3 卷,外文出版社 2020 年版,第 21 页。

为远景目标,从改善收入分配结构、增进民生福祉、改善人民生活品质等方面,提出了重要要求和重大举措,为扎实推动共同富裕提供了行动指南。

全面小康的核心要义是"全面",体现为"五位一体"的全方位进步。习近平总书记指出,"全面建成小康社会,强调的不仅是'小康',而且更重要的也是更难做到的是'全面'。'小康'讲的是发展水平,'全面'讲的是发展的平衡性、协调性、可持续性。""要在坚持以经济建设为中心的同时,全面推进经济建设、政治建设、文化建设、社会建设、生态文明建设,促进现代化建设各个环节、各个方面协调发展,不能长的很长、短的很短"。[1] 全面小康,是惠及全体人民的小康。全面建成小康社会,一个都不能少;共同富裕的道路上,一个都不能掉队。全面小康,是城乡区域共建共享的小康。我国农村特别是贫困地区,是全面建成小康社会最突出的短板。没有农村和贫困地区的全面小康,就没有全国的全面小康。打赢脱贫攻坚战,是全面建成小康社会的难点和关键点。全面建成小康社会要着力转方式、补短板。一方面,要着力解决好发展质量和效益问题,尽快形成适应经济发展新常态的经济发展方式;另一方面,要尽力补齐生态文明建设和民生领域等突出短板。习近平总书记还特别强调,全面建成小康社会,必须要把防风险摆在突出位置,力争不出现重大风险或在出现重大风险时扛得住、过得去。[2] 面对突如其来的新冠肺炎疫情,这一点更具现实意义。

综上,改革开放以来我们党对小康社会建设规律的认识,是在实践中不断深化、不断丰富的。从"实现温饱"到进入"小康生

---

[1] 习近平:《习近平谈治国理政》第 2 卷,外文出版社 2017 年版,第 78、79 页。
[2] 参见习近平《在党的十八届五中全会第二次全体会议上的讲话(节选)》,《求是》2016 年第 1 期。

活",到"全面建设",再到"全面建成",建设小康社会思想不断发展,目标越来越明确,内涵越来越丰富,要求也越来越高。实践证明,建设小康社会思想符合我国经济社会发展阶段的实际变化,符合人民最关心最直接最现实的利益诉求,深刻体现了中国共产党人的政治智慧和远见卓识,深刻反映对社会主义现代化发展规律的深邃认识和准确把握,是中国共产党人对科学社会主义的重大贡献。

二 全面建成小康社会的辉煌成就

党的十八大以来,以习近平同志为核心的党中央紧扣全面建成小康社会的目标任务,统筹推进"五位一体"总体布局,协调推进"四个全面"战略布局,以新发展理念引领高质量发展,坚决打赢防范化解重大风险、精准脱贫、污染防治三大攻坚战,我国经济更加发展,民主更加健全,科教更加进步,文化更加繁荣,社会更加和谐,人民生活更加殷实,全面建成小康社会取得辉煌成就。

(一)历史性解决绝对贫困问题

贫困人口大幅减少,脱贫攻坚目标任务即将完成。消除贫困是全面建成小康社会的基本标志,也是社会主义的本质要求。按照当年价现行农村贫困标准衡量,1978年末我国农村贫困人口约7.7亿人,贫困发生率高达97.5%,[①]占当时世界贫困人口近四成。[②]改革开放特别是党的十八大以来,我国通过大规模扶贫开发和精准扶

[①] 参见国家统计局《扶贫开发成就举世瞩目脱贫攻坚取得决定性进展——改革开放40年经济社会发展成就系列报告之五》,2018年9月3日,http://www.stats.gov.cn/ztjc/ztfx/ggkf40n/201809/t20180903_1620407.html。

[②] 1981年,中国农村贫困人口占世界贫困人口的比重约为38.29%。参见魏后凯、潘晨光编《中国农村发展报告:聚焦农村全面建成小康社会2016》,中国社会科学出版社2016年版,第107页。

贫，使7亿多农村贫困人口彻底摆脱贫困。2019年末，农村贫困人口已减少至551万人，贫困发生率降至0.6%；"三区三州"深度贫困地区贫困人口减少至43万人，贫困发生率下降至2%，区域性整体贫困问题得到基本解决。至2020年11月23日，全国832个贫困县已全部脱贫。1981—2012年，我国减少的贫困人口占全球减少贫困人口的71.82%，[①] 是率先完成联合国千年发展目标的发展中国家，为全球减贫事业做出巨大贡献，脱贫成效和经验赢得世界广泛认可。

贫困地区农民收入大幅提高，生产生活条件明显改善。2013—2019年，我国832个贫困县农民人均可支配收入由6079元增加到11567元，年均增长9.7%，高出同期全国农民人均可支配收入年均增幅2.2个百分点。全国建档立卡贫困户人均纯收入由2015年的3416元增加到2019年的9808元，年均增幅达30.2%。农村贫困人口收入结构趋于优化，劳动收入占比稳步提高，自主脱贫能力显著增强。农村贫困人口"两不愁"质量水平明显提升，"三保障"突出问题总体得到解决。截至2019年底，我国贫困地区具备条件的乡镇和建制村全部实现通硬化路，村村有卫生室和村医，10.8万所义务教育薄弱学校的办学条件得到改善，农网供电可靠率达到99%，深度贫困地区贫困村通宽带比例达到98%。[②]

（二）经济社会实现跨越式发展

综合国力和国际影响力大幅提升。改革开放以来，我国坚持以经济建设为中心，不断解放和发展生产力，创造了经济长期快速发展的奇迹，国内生产总值（GDP）不断迈上新台阶，为全面建成小

[①] 参见李培林、魏后凯主编《扶贫蓝皮书：中国扶贫开发报告（2016）》，社会科学文献出版社2017年版，第54页。

[②] 参见习近平《在决战决胜脱贫攻坚座谈会上的讲话（2020年3月6日）》，《人民日报》2020年3月7日第2版。

康社会奠定了坚实的物质基础。1978 年，我国 GDP 约为 3679 亿元，仅相当于同期美国 GDP 的 6.3%，约占世界经济总量的 1.8%。2019 年，我国 GDP 接近 100 万亿元，达到同期美国 GDP 的 67%，占世界经济总量的比重超过 16%，稳居世界第二位。① 自 2013 年以来，我国连续多年对世界经济增长贡献率超过 30%。1978 年，我国人均 GDP 约为 156 美元，不仅大大低于同期世界平均水平，甚至不到撒哈拉沙漠以南非洲国家平均水平的 1/3，居全球第 134 位，是世界上最贫穷的国家之一。2019 年，我国人均 GDP 突破 1 万美元，稳居中上等收入国家行列，大踏步地赶上了世界发展的步伐。②

经济社会结构发生深刻变化。城镇化进程突飞猛进，常住人口城镇化率从 1978 年的 17.9%，提高到 2019 年的 60.6%，数以亿计的农民进入城镇。③ 现代化经济体系基本建成，三次产业结构从 1981 年的 33.4∶44.8∶21.8，转变为 2019 年的 7.1∶39.0∶53.9，④ 实现了从传统农业社会向现代工业社会的跃升，是世界上唯一拥有联合国产业分类中全部工业门类的国家，制造业增加值稳居世界第一位。科技实力显著提升，一些领域从跟跑向领跑转变，彻底改变了科技水平全面落后的局面。自 2013 年起，我国已成为世界第二大研发经费投入国，研发人员总量稳居世界第一位。⑤ 专利申请数和授权数连续 9 年居世界首位，2019 年科技进步贡献率达到 59.5%。⑥

---

① 参见世界银行数据库，www.databank.shihang.org。
② 参见林兆木《穿越风雨，中国信心更足（口述历史——40 年，中国更精彩（12））》，《人民日报》（海外版）2019 年 1 月 24 日第 3 版；宁吉喆：《全面建成小康社会取得决定性进展决战决胜实现目标必须加快补短板》，《人民日报》2020 年 7 月 24 日第 11 版。
③ 参见《农业农村部：我国城镇化水平已超 60% 到了把土地增值收益更多地用于"三农"的时候》，2020 年 9 月 24 日，https://news.cnstock.com/news,bwkx-202009-4597069.htm。
④ 参见国家统计局网站，https://data.stats.gov.cn/easyquery.htm。
⑤ 参见国家统计局《科技发展大跨越创新引领谱新篇——新中国成立 70 周年经济社会发展成就系列报告之七》，2019 年 7 月 23 日，http://www.stats.gov.cn/tjsj/zxfb/201907/t20190723_1680979.html。
⑥ 参见《我国创新指数居世界第十四位》，《人民日报》2020 年 5 月 20 日第 12 版。

中国基础设施实现跨越式发展,"信息畅通,公路成网,铁路密布,高坝矗立,西气东输,南水北调,高铁飞驰,巨轮远航,飞机翱翔,天堑变通途。"① 我国已基本建成现代综合交通体系,高铁营业总里程、高速公路总里程均居世界第一位。亿万农民"出门水泥路、抬脚上客车"的梦想变为现实,开始享受"城货下乡、山货进城、电商进村、快递入户"的双向运输服务。

人民生活显著改善。国家财政实力极大增强,1978 年全国一般公共预算收入首次突破千亿元,到 2019 年已超 19 万亿元,为改善人民生活提供了强大资金保障。城乡居民收入持续快速增长,2019年全国居民人均可支配收入达到 30733 元,收入来源更加多元。② 党的十八大以来,居民收入在宏观收入分配中的比重稳步提高,城乡、区域和居民之间收入差距持续缩小。城乡居民消费质量明显提高,2019 年全国居民人均消费支出达到 21559 元,恩格尔系数降至 28.2%,消费结构从温饱型、小康型向富裕型、享受型转变。③ 城乡居民居住条件和质量显著提升,2018 年城镇人均住房建筑面积达 39 平方米,农村人均住房建筑面积达 47.3 平方米,累计建设各类保障性住房和棚改安置住房 8000 多万套,帮助 2 亿多群众解决了住房困难。④ 坚持把就业作为最大的民生,实施就业优先政策,城镇登记失业率、调查失业率长期保持在较低水平,确保广大人民群众安居乐业。

(三) 制度体系更加成熟定型

新中国成立后,特别是改革开放以来,中国共产党领导人民建

---

① 习近平:《在庆祝改革开放 40 周年大会上的讲话》,《人民日报》2018 年 12 月 19 日第 2 版。
② 参见国家统计局网站,https://data.stats.gov.cn/easyquery.htm。
③ 参见国家统计局《2019 年居民收入和消费支出情况》,2020 年 1 月 17 日,http://www.stats.gov.cn/tjsj/zxfb/202001/t20200117_1723396.html。
④ 参见《住建部:已帮助 2 亿多群众解决住房困难》,2019 年 10 月 8 日,https://www.sohu.com/a/345618868_99904074。

立和完善中国特色社会主义制度，形成和发展了党的领导和经济、政治、文化、社会、生态文明、军事、外事等各方面制度，不断加强和完善国家治理，为我国创造世所罕见的经济快速发展奇迹和社会长期稳定奇迹，提供了根本保障。

党的十八大以来，我国不断推进实践基础上的制度创新，坚持和完善中国特色社会主义制度，从实际出发及时制定新的制度，构建了系统完备、科学规范、运行有效的制度体系，各方面制度更加成熟定型。社会主义民主政治取得重大进展，成功开辟和坚持中国特色社会主义政治发展道路，为实现最广泛的人民民主确立了正确方向。党的领导、人民当家作主、依法治国有机统一的制度建设全面加强。不断健全党总揽全局、协调各方的领导制度体系，坚持为人民执政、靠人民执政，坚持全面从严治党，科学执政、民主执政、依法执政的水平显著提高。坚持人民主体地位，不断健全民主制度，丰富民主形式，拓宽民主渠道，支持和保证人民通过人民代表大会行使国家权力的制度更加完善，人民依法享有和行使民主权利的内容更加丰富、渠道更加便捷、形式更加多样；程序合理、环节完整的协商民主体系更加完备，社会主义协商民主的独特优势得到充分体现；最广泛的爱国统一战线不断巩固和发展，政党关系、民族关系、宗教关系、阶层关系、海内外同胞关系更加和谐；坚持各民族一律平等，坚持共同团结奋斗、共同繁荣发展，民族区域自治制度更加完善，民族地区加快发展，各民族生活水平显著提高；基层群众自治制度充满活力，广大群众充分发挥在城乡社区治理、基层公共事务和公益事业中的自我管理、自我服务、自我教育、自我监督作用。全面推进依法治国、依法执政、依法行政，加快建设法治国家、法治政府、法治社会，坚持科学立法、严格执法、公正司法、全民守法，科学的法律法规体系、高效的法治实施体系、严密的法治监督体系、有力的法治保障体系不断完善。以宪法为核心的社会主义法律体系日趋完善,《民法典》经全国人大审议通过即将正式实施,使国家和社会生活各方面总体实现有法可依。

党的十九届四中全会通过的《中共中央关于坚持和完善中国特色社会主义制度、推进国家治理体系和治理能力现代化若干重大问题的决定》,系统擘画了坚持和完善中国特色社会主义制度的根本制度、基本制度、重要制度等制度体系,为决胜全面建成小康社会、全面建设社会主义现代化国家、实现中华民族伟大复兴的中国梦,提供了强有力的保障。

(四) 国民素质和社会文明程度显著提高

国民综合素质显著提升。国民主要健康指标优于世界平均水平,居民人均预期寿命由1981年的67.8岁提高到2019年的77.3岁。2019年,全国孕产妇死亡率降至17.8/10万,婴儿死亡率降至5.6‰,5岁以下儿童死亡率降至7.8‰,均提前实现联合国千年发展目标。[1] 国民文化素质持续提升,文盲率从新中国成立之初的超过80%降至目前的4%以下。2018年,大专及以上受教育程度人口占比达13%,6岁及以上人口平均受教育年限达到9.26年。[2] 我国人类发展指数(HDI)从1990年的0.501跃升到2018年的0.758,增幅超过51%,是同期世界上唯一从"低人类发展水平"跃升到"高人类发展水平"的国家。[3] 党的十八大以来,我国精神文明建设取得积极进展和明显成效。中国社会状况综合调查显示,我国居民

---

[1] 参见国家卫生健康委员会《2019年我国卫生健康事业发展统计公报》,2020年6月6日,http://www.nhc.gov.cn/guihuaxxs/s10748/202006/ebfe31f24cc145b198dd730603ec4442.shtml。

[2] 参见国家统计局《人口总量平稳增长人口素质显著提升——新中国成立70周年经济社会发展成就系列报告之二十》,2019年8月22日,http://www.stats.gov.cn/tjsj/zxfb/201908/t20190822_1692898.html。

[3] 参见United Nations Development Programme, Human Development Report 2019: BeyondIncome, Beyond Averages, Beyond Today: Inequalities in Human Development in the 21st Century, New York: United Nations, 2019.

的幸福感从 2013 年的 75.3% 上升到 2019 年的 83.9%。①

社会文明程度全面提升。主旋律更加响亮，正能量更加强劲，文化自信不断增强。中华优秀传统文化广泛弘扬，社会主义核心价值观深入人心，国家文化软实力和中华文化影响力大幅提升。中国人民的精神面貌发生深刻变化，全党全社会思想上的团结统一更加巩固。公共文化服务体系和服务设施日趋完善。1978—2019 年，全国公共图书馆从 1218 个增至 3196 个，流通人次从 7787 万人次②增至 9.01 亿人次，群众文化机构从 6893 个增至 44073 个，博物馆从 349 个增至 5132 个，分别增长 1.6 倍、10.6 倍、5.4 倍和 13.7 倍。③公共图书馆、博物馆（非文物建筑及遗址类）、文化馆（站）、纪念馆、美术馆等公共文化设施免费开放，科技馆、工人文化宫、妇女儿童活动中心以及青少年校外活动场所免费提供基本公共文化服务项目。我国互联网网民数量从 2000 年的 0.23 亿增至 2020 年 6 月的 9.4 亿，增长近 40 倍，人民群众充分享受到互联网带来的便利。④

（五）基本公共服务水平稳步提升

我国已初步建成世界上规模最大、覆盖人口最多，涵盖养老、医疗、低保、住房、教育等多民生领域的社会保障体系，建立了"幼有所育、学有所教、劳有所得、病有所医、老有所养、住有所居、弱有所扶"⑤的国家基本公共服务制度体系，基本公共服务水

---

① 中国社会状况综合调查（Chinese Social Survey，CSS），是中国社会科学院社会学研究所于 2005 年发起的一项全国范围的大型连续性抽样调查项目。
② 参见文化和旅游部党组《迈向社会主义文化强国》，《求是》2018 年第 21 期。
③ 参见《中华人民共和国文化和旅游部 2019 年文化和旅游发展统计公报》，2020 年 6 月 20 日，https：//www.mct.gov.cn/whzx/ggtz/202006/t20200620_ 872735. htm。
④ 参见中国互联网络信息中心《第 46 次中国互联网络发展状况统计报告》，2020 年 9 月 29 日，http：//www.cac.gov.cn/2020-09/29/c_ 1602939918747816. htm。
⑤ 《习近平谈治国理政》第 3 卷，外文出版社 2020 年版，第 18 页。

平显著提高。

教育总体发展水平跃居世界中上行列。1978年我国开始基本普及小学教育。2019年小学净入学率已达99.94%，初中阶段毛入学率达102.6%，九年义务教育巩固率达94.8%，义务教育普及程度已经达到高收入国家水平。城乡义务教育差距逐渐缩小，困难学生平等受教育权利得到保障，贫困地区与农村地区学生接受优质高等教育机会显著扩大。建成世界最大规模的高等教育体系，1978—2019年，我国高等教育毛入学率从2.7%增至51.6%，普通本专科在校学生增长35.4倍，达3031.53万人。职业教育获得长足发展，1978年全国中等职业教育在校学生人数仅有212万人，占高中阶段教育在校生总数的12%左右；2019年中等职业教育的在校生规模已高达1576.47万人，占高中阶段教育在校生总数的39.46%。[1]

现代化医疗和公共卫生服务体系初步建成。国家在医疗卫生领域投入持续增加。1978—2019年，医疗卫生支出占GDP的比重从3%跃升至6.6%，全国医疗卫生机构总数从17.0万个增至100.8万个。1986年全国有卫生防疫站3516个，2019年全国已设立34997个社区卫生服务中心（站），覆盖城乡的公共卫生体系初步建成。[2]

多元化多层次全民医保和社保体系加快构建。改革开放之初，我国城乡医疗和社保体系是完全隔离的两套制度体系。1998年建立城镇职工基本医疗保险制度，2002年建立新型农村合作医疗制度，

---

[1] 参见相关年份的中华人民共和国教育部编《中国教育统计年鉴》，中国统计出版社2019年版；数据参见教育部《2019年全国教育事业发展统计公报》，2020年5月20日，http://www.moe.gov.cn/jyb_sjzl/sjzl_fztjgb/202005/t20200520_456751.html。

[2] 1978年数据参见《病有所医，从"看上病"到"保健康"》，《人民日报》2018年9月4日第11版；1986年数据参见《被"整合"的疾控中心》，《中国经营报》2020年6月1日第T10版；2019年数据参见国家卫生健康委员会《2019年我国卫生健康事业发展统计公报》，2020年6月6日，http://www.nhc.gov.cn/guihuaxxs/s10748/202006/ebfe31f24c145b198dd730603ec4442.shtml。

2007年开展城镇居民基本医疗保险试点，2019年全面启动实施全国统一的城乡居民医保制度。截至2019年底，全口径基本医疗保险参保人数13.5亿人，参保覆盖率近年来稳定在95%以上。[1] 城乡居民大病保险制度已覆盖10.5亿人。[2] 基本养老保险从2000年仅覆盖1亿城镇职工，发展到目前超过9亿城乡居民，我国已构建起世界最大的全民基本医疗保障体系和社会保障网。

（六）生态环境质量明显改善

践行绿水青山就是金山银山的理念，不断推动形成绿色发展方式和生活方式，坚决打好污染防治攻坚战，生态文明建设取得显著成就。

资源能源利用效率持续提升。20世纪80年代末以来，我国森林面积和森林蓄积连续30年实现"双增长"，成为全球森林资源增长最多的国家。2019年，我国万元GDP用水量、万元工业增加值用水量，分别比2015年下降23.8%、27.5%。[3] 清洁能源占比迅速提高，产业规模稳居世界第一。2019年，清洁能源占我国能源消费的比重达23.4%，煤炭消费占比下降至57.7%；单位GDP二氧化碳排放较2005年降低48.1%，提前完成2020年下降40%—45%的目标。[4]

水土资源和空气质量改善明显。实施化肥农药"双零增长"行动方案，2015—2018年，我国农用化肥使用折纯量从6022.60万吨持续降至5653.42万吨，农药使用量从178.30万吨持续降至150.36

---

[1] 参见国家医疗保障局《2019年医疗保障事业发展统计快报》，2020年3月30日，http://www.nhsa.gov.cn/art/2020/3/30/art_7_2930.html。

[2] 参见《大病保险覆盖10.5亿城乡居民基本实现全覆盖》，2016年10月20日，http://www.xinhuanet.com/politics/2016-10/20/c_129331117.htm。

[3] 参见《"十三五"以来我国用水效率明显提升》，《人民日报》2020年9月17日第15版。

[4] 参见生态环境部党组《以习近平生态文明思想引领美丽中国建设——深入学习〈习近平谈治国理政〉第三卷》，《人民日报》2020年8月14日第9版。

万吨,提前实现于2020年化肥、农药使用量零增长的目标。[1] 2019年,细颗粒物（PM2.5）未达标地级及以上城市的年均浓度下降23.1%,全国337座地级及以上城市的平均优良天数比例达到82%。[2]

农村人居环境不断改善。推进美丽乡村建设,村容村貌明显提升。农村厕所革命、生活垃圾和污水处理取得显著进展。截至2019年底,全国90%的村庄开展了清洁行动,农村卫生厕所普及率超过60%,生活垃圾收运处置体系覆盖84%的行政村,近30%的农户生活污水得到管控。[3]

三　全面建成小康社会的重大意义

全面建成小康社会,在中华民族发展史、社会主义发展史和人类发展史上,具有重大意义。

（一）在中华民族发展史上的意义

中华民族创造了辉煌灿烂的文明,为人类文明进步做出了重大贡献。中国历史上一些王朝出现过"治世"和"盛世",如"文景之治""贞观之治""开元盛世""康乾盛世"等。但这些"治世"和"盛世"只是相较于乱世,国力相对强盛、经济相对繁荣、民生相对安定的景象。单从经济层面看,据美国学者麦迪森研究,公元元年中国GDP占世界GDP总量的26.2%,公元1000年占22.7%,

---

[1] 参见国家统计局《农业生产跃上新台阶现代农业擘画新蓝图——新中国成立70周年经济社会发展成就系列报告之十二》,2019年8月5日,http://www.stats.gov.cn/tjsj/zxfb/201908/t20190805_1689117.htm。

[2] 参见生态环境部党组《以习近平生态文明思想引领美丽中国建设——深入学习〈习近平谈治国理政〉第三卷》,《人民日报》2020年8月14日第9版。

[3] 参见《美丽乡村新图景——农村人居环境整治成效综述》,2020年1月9日,http://www.xinhuanet.com/politics/2020-01/09/c_1125441271.htm。

公元1500年占25.0%，公元1600年占29.2%，公元1700年占22.3%，公元1820年占32.9%，[1] 经济总量长期位居世界前列。一些研究表明，中国明清时期，生产、消费和人口都出现了大规模增长，15—19世纪中期的世界经济秩序名副其实地是以中国为中心的。[2] 虽然GDP占比的具体数字存在争议，但学界普遍认为，19世纪以前的中国，人口在世界居首，外贸长期处于出超地位，经济总量位居世界前列，是当时世界最为强大和富裕的国家。尽管如此，广大人民并未真正实现温饱，丰衣足食的小康生活只是梦想，小康社会更无从谈起。可见，"小康"并非经济总量的概念，而是涉及经济社会发展和人的发展的方方面面。在私有制和剥削制度下，经济社会发展成果主要由统治阶级占有，不可能惠及广大人民群众，即使在被称为"盛唐"的唐朝开元、天宝年间，依然出现"朱门酒肉臭，路有冻死骨"的现象。由于长期受封建专制统治，缺少先进阶级和先进政党领导，古代中国始终走不出"治乱兴衰"的周期律，兴盛时期的发展成果在乱世被消磨殆尽，社会演进只有量的积累而无质的飞跃。由于没有科学的思想做指导，无法通过科学的世界观认识世界，无法用宽广视野吸收借鉴人类文明一切优秀成果，无法不断守正出新、不断超越自己，只能闭关锁国、妄自尊大，最终落后于时代和先进国家。总之，中国历史上的封建社会在政治、制度、思想、社会治理等方面的全面落后，使小康社会注定难以实现。

近代以来，僵化落后的封建制度明显不能适应时代发展潮流，加之帝国主义列强的侵略压迫，中国逐步沦为半殖民地半封建社

---

[1] 参见刘逖《前近代中国总量经济研究（1600—1840）：兼论安格斯·麦迪森对明清GDP的估算》，上海人民出版社2010年版，"序言"，第4页。

[2] 参见贡德·弗兰克《白银资本：重视经济全球化中的东方》，刘北成译，中央编译出版社2008年版，第110页。

会，内忧外患，民不聊生，中华民族濒临"被开除球籍的危险"。虽然康有为和孙中山等有志之士对大同理想和小康社会思想进行了探索，但均未能取得成功。

中国共产党自诞生之日起，就肩负起为中国人民谋幸福、为中华民族谋复兴的历史重任，领导中国人民经过长期的革命斗争，取得了新民主主义革命的胜利，建立了新中国，中国人民从此站了起来，争取民族独立和人民解放的任务胜利完成。新中国成立后，我们党领导人民，正式开启了实现国家富强和人民幸福的伟大征程，进行社会主义革命，消灭剥削制度，确立了社会主义基本制度，实现了中华民族有史以来最为广泛而深刻的社会变革，为建设小康社会奠定了坚实基础。

1978年以来，我们党领导人民进行改革开放新的伟大革命，成功开辟了中国特色社会主义道路，极大地解放和发展了生产力，人民生活显著改善，综合国力显著增强，国际地位显著提高，使中国大踏步赶上时代，实现了中华民族从站起来到富起来的伟大飞跃。在这一过程中，邓小平同志提出的小康社会构想，被确定为全党全国人民的长期奋斗目标。"这将为国家长治久安打下新的基础，为更加有力地推进社会主义现代化创造新的起点"。[①] 按照社会主义现代化"三步走"的战略部署，党领导人民，向国家富强和人民幸福的目标稳步迈进。

党的十八大以来，以习近平同志为核心的党中央领导全国各族人民，推动党和国家事业取得了全方位的、开创性的历史成就，发生了深层次、根本性的历史变革，中国特色社会主义进入新时代，中华民族迎来了从富起来到强起来的伟大飞跃。在这一过程中，

---

① 中共中央文献研究室编：《改革开放三十年重要文献选编》（下），中央文献出版社2008年版，第918页。

习近平总书记提出要实现中华民族伟大复兴的中国梦，并创造性地提出"两步走"的新战略构想。经过几代人一以贯之的接续奋斗，我国即将实现全面建成小康社会目标，踏上全面建设社会主义现代化国家的伟大征程，迎来了实现中华民族伟大复兴的光明前景。

全面建成小康社会在中华民族发展史上具有划时代的意义。今天的小康社会是一个经济发展、民主健全、文化繁荣、社会和谐、环境优美、人民生活殷实的全面发展的社会，完全超越了中国历史上的种种"治世"和"盛世"。中国人民实现了数千年来丰衣足食的愿望，当今中国已经站在新的历史起点上。

全面建成小康社会，既是改革开放和中国特色社会主义新时代的奋斗成果，又与基本实现现代化紧密联系、前后相继。正如习近平总书记所深刻指出的，全面建成小康社会是我们现阶段战略目标，也是实现中华民族伟大复兴中国梦的关键一步。[1] 全面建成小康社会，以人民获得的实实在在的福祉利益，兑现党对人民的庄严承诺，赢得人民的信任和支持，将极大增强全党全国人民的凝聚力和向心力，必将进一步巩固我们党的领导地位和执政地位。

习近平总书记指出，建成社会主义现代化强国，实现中华民族伟大复兴，是一场接力跑，我们要一棒接着一棒跑下去，每一代人都要为下一代人跑出一个好成绩。[2] 当今世界正经历百年未有之大变局，和平与发展仍然是时代主题，我国发展仍然处于重要战略机遇期，但机遇和挑战都有新的发展变化。全面建成小康社会是第一个百年奋斗目标，为实现第二个百年奋斗目标积累了宝贵经验，为我们应对危机变局、抗击风险挑战奠定坚实的基础，对于顺利开启

---

[1] 参见中共中央文献研究室编《习近平关于协调推进"四个全面"战略布局论述摘编》，中央文献出版社 2015 年版，第 19 页。

[2] 参见习近平《在庆祝改革开放 40 周年大会上的讲话》，《人民日报》2018 年 12 月 19 日第 2 版。

全面建设社会主义现代化国家新征程，具有承上启下的重大意义。这一目标即将胜利完成，中华民族伟大复兴向前迈出了新的一大步，充分彰显中华民族虽历经磨难，但始终不屈不挠、团结奋斗的创造伟力，必将进一步激发广大人民群众投身社会主义现代化建设的积极性、主动性和创造性，为实现中华民族伟大复兴的中国梦汇聚磅礴力量。

（二）在社会主义发展史上的意义

中国的小康思想和西方的乌托邦思想，都包含人民安居乐业、共同富裕的理想。但直到马克思主义诞生，这一理想才从空想变为科学。马克思主义揭示了人类社会发展的一般规律，揭示了资本主义必然灭亡、共产主义必然胜利的客观规律，揭示了实现人民共同富裕的历史条件和现实基础。但由于时代条件的限制，马克思、恩格斯生前未能将共同富裕的理想付诸实践。

十月革命使社会主义从理想变为现实，进而从一国走向多国。苏联、东欧等国积极开展社会主义建设，但由于种种原因，在优先发展重工业的同时，未处理好农轻重以及积累消费的比例关系，人民生活水平提高缓慢，不仅难以充分彰显社会主义制度的优越性，还因社会公仆蜕变为社会主人，使人民逐渐对国家失去信心，最终导致东欧剧变和苏联解体，世界社会主义运动遭受重大挫折。

纵观500多年的社会主义发展史，从早期的空想社会主义思想，到科学社会主义理论的全球传播，再到后来苏联东欧国家的社会主义实践，没有哪个社会主义国家探索过全面建成小康社会的理论，也没有哪个社会主义国家成功且全面地建成小康社会。如何在中国这样一个人口众多、经济文化相对落后的东方农业大国建设小康社会，没有任何先例可循。改革开放以来，中国共产党在总结社会主义建设正反两方面经验的基础上，把社会主义制度的一般原则同中国的具体国情相结合，探索出了一条中国特色社会主义道路，极大地激发了我国社会主义制度的生机活力,极大地解放和发展了社会生产力,为全面建成小康社会提供了坚强制度保障。

改革开放40多年来,我们党经受住苏联解体和东欧剧变的严重冲击,以及其他各种风险考验,带领全国各族人民成功坚持和发展了中国特色社会主义。鞋子合不合脚,自己穿了才知道。全面建成小康社会胜利在望,再次用实践证明,只有社会主义才能救中国,只有中国特色社会主义才能发展中国,只有坚持和发展中国特色社会主义才能实现中华民族伟大复兴。作为世界上最大的社会主义国家,小康社会的全面建成,昭示了科学社会主义在21世纪的中国焕发出强大生机活力,在世界上高高举起中国特色社会主义伟大旗帜,宣告了"历史终结论"的破产,重振了人们对社会主义的信心,对其他社会主义国家的发展形成示范效应,对社会主义制度在世界范围内的创新发展做出重大贡献。

(三) 在人类社会发展史上的意义

全面建成小康社会是中国式现代化的关键一步。世界上既不存在定于一尊的现代化模式,也不存在放之四海而皆准的现代化标准。中国式现代化走着一条与西方现代化迥异的道路。西方列强实现现代化,靠巧取豪夺、强权占领、殖民扩张,到第一次世界大战前基本完成了对世界的瓜分,世界各地区各民族都被卷入了资本主义世界体系。拓展海外殖民地和奴役其他民族,使欧洲国家完成了资本原始积累,也为工业革命开辟了原料产地和海外市场。中国全面建成小康社会,靠的不是对外军事扩张和殖民掠夺,而是中国共产党领导人民进行独立自主、自力更生的艰苦奋斗。社会主义中国全面建成小康社会的成功实践说明,经济、文化相对落后的发展中国家,可以跨越资本主义的"卡夫丁峡谷",走出一条非资本主义的中国式现代化之路。这大大拓展了发展中国家走向现代化的途径,给世界上那些既希望加快发展又希望保持自身独立性的国家和民族，提供了全新选择。

西方发达国家的现代化过程经久历远。这些国家经历了"串联式"演进，工业化、城镇化、农业现代化、信息化阶梯式发展，用了两百多年的时间达到当前水平。新中国成立后，特别是改革开放以来，我国仅用几十年的时间，以工业化、城镇化、农业现代化、信息化"并联式"同步发展，在很多方面走过了发达国家上百年甚至数百年的发展历程。例如，新中国成功开启并快速推进的社会主义工业化，用几十年时间走完了发达国家几百年时间走过的工业化进程。又如，我国在中等收入水平上，基本公共服务制度体系已基本实现应保尽保。这一成就不仅在发展中国家中处于领先水平，在一些方面甚至超过部分发达国家，在世界发展史上亦是史无前例，为解决人类发展面临的普遍问题，贡献了中国智慧和中国方案。

工业革命以来，引领世界经济发展的基本都是发达国家，广大发展中国家多为依附者、跟跑者。改革开放以来，特别是党的十八大以来，中国经济持续快速增长，成为世界经济发展的重要动力源。尤其在新冠肺炎疫情冲击致全球经济持续低迷的情况下，中国经济率先恢复增长，成为世界经济震荡的稳定器。纵观世界历史，一个发展中大国能成为世界经济的发动机和稳定器，能为建设持久和平、普遍安全、共同繁荣、开放包容的人类命运共同体做出如此巨大的贡献，是绝无仅有的。

全面建成小康社会为全面建设社会主义现代化国家奠定了坚实基础。14亿人口全面进入小康社会进而整体迈入现代化，其规模超过现有发达国家的总和，将彻底改写现代化的世界版图，在人类发展史上是一个有深远影响的重大事件。贫困是贯穿人类发展史的世界性难题，消除贫困是人类的共同使命。在新冠肺炎疫情全球大流行、更多国家和地区重返贫困线的大背景下，我国如期完成整体消灭绝对贫困的历史性任务，提前10年实现了联合国2030年可持续发展议程目标。这些脱贫减贫的巨大成就，不仅在中国历史上绝无前例，在世界历史上也实属罕见。对于占世界近五分之一人口的中国来说，全面建成小康社会是人类减贫史上的巨大奇迹，为促进全球人类福祉的整体性提升做出了重大贡献。中国的扶贫减贫实践，已成为联合国构建消除农村贫困问题的基本政策框架，以及落实2030年可持续发展议程的基础和思路来源，为其他发展中国家减少绝对贫困提供了丰富的中国经验。

全面建成小康社会为实现人的全面发展提供了启示。马克思主义认为，人的自由而全面的发展是社会发展的根本目标。全面建设小康社会贯穿了以人民为中心的发展思想，尊重人民群众的主体地位和首创精神，将促进人的全面发展作为社会发展的重要目标，强调人民的发展不应只关注经济层面，还包括政治、社会、文化、生态环境等各个方面的追求，注重每一个人的发展。全面建成小康社会为实现人的全面发展奠定了重要基础，为实现人类自由而全面的发展提供了中国启示。

四　全面建成小康社会的实践经验

中国共产党领导人民在全面建成小康社会的伟大实践中，深化了对共产党执政规律、社会主义建设规律、人类社会发展规律的认识，积累了弥足珍贵的历史经验。

（一）坚持中国共产党的领导，充分发挥中国特色社会主义制度优势

始终坚持党的集中统一领导，是全面建成小康社会的根本政治保证。习近平总书记指出，办好中国的事情，关键在党。中国特色社会主义最本质的特征是中国共产党领导，中国特色社会主义制度的最大优势是中国共产党领导。①

始终坚持党的集中统一领导，确保了全面建成小康社会沿着正确方向前进。自"小康"构想提出以来，我们党一以贯之地扭住这个战略目标，并根据我国经济社会的发展实际，赋予小康社会更丰富的内涵、更高的实践标准，通过制定和实施长期发展战略，使之逐步得以实现。

始终坚持党的集中统一领导，确保了如期高质量地全面建成小康社会。我国幅员辽阔，人口众多，地区发展差距较大。因此，在这样一个发展不平衡不充分的国家，全面建成小康社会必须因地制宜。我们党充分发挥统揽全局、协调各方的领导核心作用，从群众中来再到群众中去，注重顶层设计和统筹兼顾，更好地满足了多方面的建设任务和多样化的民众需求，大大提高了全面建成小康社会的质量。

始终坚持党的集中统一领导，确保了中国特色社会主义制度优势的充分发挥。全面建成小康社会是统筹推进经济、政治、文化、社会、生态文明等各领域协调发展的整体性小康，是一项庞大的系统工程，必须动员各方力量共同参与。唯有在党的集中统一领导下，才能做到全国一盘棋，充分发挥社会主义制度集中力量办大事的优势，确保打好打赢决胜全面小康的攻坚战。

全面建成小康社会的成功实践证明，只要党的组织领导坚强有力，同人民保持血肉联系，国家就繁荣稳定，人们就幸福安康。在全面建成小康社会、实现第一个百年奋斗目标的基础上，乘势而上开启全面建设社会主义现代化国家新征程，向第二个百年奋斗目标进军，必须始终坚持党的集中统一领导，发挥中国特色社会主义制度显著优势。

---

① 参见习近平《中国共产党领导是中国特色社会主义最本质的特征》，《求是》2020年第14期。

（二）坚持以人民为中心的发展思想，不断满足人民群众日益增长的美好生活需要

为人民谋幸福、为民族谋复兴是我们党的初心和使命，实现共同富裕是社会主义的本质要求。全面建成小康社会的成功实践，其中一条宝贵的经验，就是我们党始终坚持以人民为中心的发展思想，坚持发展为了人民，发展依靠人民，发展成果人民共享，致力于实现共同富裕。

中国共产党来自人民、扎根人民、造福人民，全心全意为人民服务是党的根本宗旨，始终坚持把最广大人民的根本利益作为党一切工作的根本出发点和落脚点，坚持把人民拥护不拥护、赞成不赞成、高兴不高兴作为制定政策的依据，顺应民心、尊重民意、关注民情、致力民生，既善于通过提出并贯彻正确的理论和路线方针政策带领人民前进，又从人民的实践创造和发展要求中获得前进动力，让人民在全面建设小康社会的实践中不断增强获得感、幸福感、安全感，激励人民更加自觉地投身于创造美好生活的时代洪流中。从"总体小康"到"全面建设小康"再到"全面建成小康"，体现了党始终把解决人民群众最关心、最直接、最现实的利益问题作为首要任务。全面建成小康社会，全体人民在幼有所育、学有所教、劳有所得、病有所医、老有所养、住有所居、弱有所扶上实实在在地共享发展成果，展现了亿万人民的实践和智慧。全面建设社会主义现代化国家，必须始终坚持以人民为中心的发展思想，把人民对美好生活的向往当作奋斗目标。

（三）坚持统筹推进"五位一体"总体布局和协调推进"四个全面"战略布局，推动经济社会全面发展

在革命、建设、改革各个历史时期，我们党都根据人民意愿和社会主义事业发展需要，提出符合时代特点的奋斗目标，制定实施相应的战略布局和战略举措。党的十八大以来，党中央根据国内外形势变化和我国各项事业发展特点，提出全面建成小康社会的目标任务和"五位一体"总体布局，形成了"四个全面"战略布局和创新、协调、绿色、开放、共享的新发展理念，使得全面建成小康社会真正实现了"全面"。

全面建成小康社会的成功实践证明，"五位一体"总体布局是党对社会主义建设规律，在实践和认识上不断深化的重要成果，"四个全面"战略布局是新时代条件下，推进改革开放和社会主义现代化建设、坚持中国特色社会主义的战略选择。"五位一体"总体布局和"四个全面"战略布局相互促进、统筹联动，从全局上确立了新时代坚持和发展中国特色社会主义的根本方向和战略规划及其部署，是我国全面建设社会主义现代化国家的前提和基础。

（四）全面深化体制机制改革，不断夯实社会发展基础

全面建成小康社会胜利在望，得益于持续全面深化体制机制改革，不断完善和发展中国特色社会主义制度，推进国家治理体系和治理能力现代化。

新中国成立后的前30年，我国确立了社会主义基本制度及与之适应的经济等方面体制，为当今中国发展进步奠定了根本政治前提和制度基础。改革开放40多年来，我们党从我国社会主义初级阶段的基本国情出发，坚持社会主义市场经济的改革方向，推动我国经济体制发生深刻而重大变化，在实践中形成和确立了中国特色社会主义基本经济制度，极大地解放和发展了生产力，为创造世所罕见的中国奇迹提供了重要的制度保证，为全面建成小康社会奠定了坚实基础。党的十八大以来，以习近平同志为核心的党中央坚持和完善社会主义基本经济制度，党的十八届三中全会对全面深化改革作出总体部署，十九届四中全会对社会主义基本经济制度作出新概括，从广度和深度上推进社会主义市场经济改革，为全面建成小康社会和全面建设社会主义现代化国家不断激发发展活力。

开放带来进步，封闭必然落后。全面建成小康社会的成功实践证明，顺应经济全球化潮流，不断提高对外开放水平，有利于推动经济高质量发展，有利于满足人民对美好生活的向往，有利于世界和平、稳定和发展。全面建成小康社会是我国在开放条件下取得的，全面建设社会主义现代化国家也必须在更大范围、更宽领域、更深层次的开放型经济条件下进行，以更高水平对外开放推动高质量发展。

（五）坚持物质文明与精神文明协调发展，不断增强中国人民的文化自信

全面建成小康社会的成功实践证明，全面建成小康社会不仅是人民群众物质生活显著改善的过程，还是人民群众精神生活显著提升的过程，是中国人民的道路自信、理论自信、制度自信，特别是文化自信显著增强的过程。习近平总书记强调，只有物质文明建设和精神文明建设都搞好，国家物质力量和精神力量都增强，全国各族人民物质生活和精神生活都改善，中国特色社会主义事业才能顺利向前推进。[①]

改革开放初期，我们党就提出物质文明和精神文明"两手都要抓，两手都要硬"。"十三五"规划进一步提出，要"推动物质文明和精神文明协调发展，建设社会主义文化强国"。[②] 党的十八大首次把"加强社会主义核心价值体系建设"作为文化强国建设的首要任务，明确社会主义核心价值观内容，提出积极培育和践行社会主义核心价值观是全面建成小康社会的重要内容。习近平总书记多次强调："坚定中国特色社会主义道路自信、理论自信、制度自信，说

---

① 参见习近平《胸怀大局把握大势着眼大事努力把宣传思想工作做得更好》，《人民日报》2013年8月21日第1版。

② 《中华人民共和国国民经济和社会发展第十三个五年规划纲要》，《人民日报》2016年3月18日第1版。

到底是要坚定文化自信。"文化自信,是更基础、更广泛、更深厚的自信,是更基本、更深沉、更持久的力量。①

文化是一个国家、一个民族的灵魂与血脉。全面建成小康社会的成功经验昭示,坚持物质文明与精神文明协调发展,树立文化自觉,增强文化自信,是实现"两个一百年"奋斗目标、实现中华民族伟大复兴和推动构建人类命运共同体的深厚力量。

(六)坚持"绿水青山就是金山银山"理念,扎实推进生态文明建设

全面建成小康社会的成功实践证明,推动经济发展、保护和改善环境与提高人民生活水平相辅相成、相互促进,不可偏废。纵观人类文明发展史,一些国家在谋求物质财富的进程中,对资源环境造成了难以弥补的生态创伤,日趋盛行的消费主义为地球家园增添了沉重负担。全面建成小康社会,为推动形成绿色发展方式和生活方式,实现中华民族永续发展积累了宝贵经验。

改革开放以来,我们党对生态环境保护与经济社会发展关系的认识逐步深化,科学地扬弃了"先污染后治理、以牺牲环境换取经济增长、注重末端治理"的传统发展模式,将保护环境和节约资源确立为基本国策。党的十六大提出"科学发展观",坚持人与自然和谐发展。党的十七大首次把建设生态文明作为一项战略任务确定下来。

党的十八大以来,以习近平同志为核心的党中央把生态文明建设纳入"五位一体"总体布局,树立人与自然和谐共生的环境观,坚持绿水青山就是金山银山的理念,形成了习近平生态文明思想。党的十八大首次把"美丽中国"作为生态文明建设的宏伟目标。党

---

① 参见《习近平谈治国理政》第 2 卷,第 339、36 页。

的十八届五中全会将绿色发展作为新发展理念的重要组成部分。以习近平生态文明思想为指引,我国生态环境保护发生了历史性、转折性、全局性变化。良好生态环境是最公平的公共产品,是最普惠的民生福祉。习近平总书记指出,"小康全面不全面,生态环境质量很关键","必须坚持节约优先、保护优先、自然恢复为主的基本方针"。[①] 良好的生态环境应成为全面建成小康社会的底色。

五 结语

全面建成小康社会是实现中华民族伟大复兴中国梦的关键一步。党的十八大以来,以习近平同志为核心的党中央团结带领全国各族人民,决胜全面建成小康社会取得辉煌成就,充分彰显了中国共产党领导的巨大政治优势、中国特色社会主义制度和国家治理体系的显著优势,极大增强了全国各族人民的自信心和自豪感、凝聚力和向心力。

全面建成小康社会为实现中华民族伟大复兴中国梦,奠定了坚实的物质基础。更为重要的是,这一伟大实践证明,只有坚持和发展中国特色社会主义道路才能实现中华民族伟大复兴,习近平新时代中国特色社会主义思想,是全党全国人民为实现中华民族伟大复兴中国梦而奋斗的行动指南,必须长期坚持并不断发展。在全面建成小康社会以及全面建设社会主义现代化国家的历史进程中,必须坚持系统观念。正如习近平总书记指出的,"系统观念是具有基础性的思想和工作方法"。"全面建成小康社会后,我们将开启全面建设社会主义现代化国家新征程,我国发展环境面临深刻复杂变化,

---

① 中共中央文献研究室编:《习近平关于社会主义生态文明建设论述摘编》,中央文献出版社2017年版,第8、9页。

发展不平衡不充分问题仍然突出,经济社会发展中矛盾错综复杂,必须从系统观念出发加以谋划和解决,全面协调推动各领域工作和社会主义现代化建设。"①

---

① 习近平:《关于〈中共中央关于制定国民经济和社会发展第十四个五年规划和二〇三五年远景目标的建议〉的说明》,《人民日报》2020年11月4日第2版。

扎实推进全体人民共同富裕*

习近平总书记强调，实现共同富裕，不仅是经济问题，而且是关系党的执政基础的重大政治问题。党的十九届五中全会首次提出，到2035年，全体人民共同富裕取得更为明显的实质性进展。我谈三点认识。

第一，实现共同富裕是社会主义的本质要求，是人民群众的共同期盼，是中国共产党始终不渝的奋斗目标。新中国成立以来特别是改革开放以来，我们党团结带领人民向着实现共同富裕的目标不懈努力，人民生活质量和社会共享水平显著提升。党的十八大以来，以习近平同志为核心的党中央，对共同富裕道路做了新的探索，对共同富裕理论做了新的阐释，对共同富裕目标做了新的部署，把脱贫攻坚作为重中之重，坚持以人民为中心，开展精准扶贫精准脱贫，实现了现行标准下农村人口全部脱贫，向着全体人民共同富裕的目标迈进一大步。进入新发展阶段，党中央把扎实推进全体人民共同富裕摆在更加重要的位置，体现了对共同富裕一以贯之的强调和努力。

---

* 节选自作者在政协第十三届全国委员会第4次会议第2次全体会议上的大会发言。

第二，推进全体人民共同富裕是一项长期任务，要始终坚持发展这个第一要务。习近平总书记指出，实现社会公平正义是由多种因素决定的，最主要的还是经济社会发展水平。我国正处于并将长期处于社会主义初级阶段，发展是解决我国一切问题的基础和关键。没有发展，没有扎扎实实的发展成果，共同富裕就无从谈起。扎实推进共同富裕，必须始终坚持以经济建设为中心，不断解放和发展生产力，为实现全体人民共同富裕打好坚实的物质基础。发展必须是贯彻新发展理念、构建新发展格局的高质量发展，要坚持创新驱动发展，加快建立现代产业体系，不断提高我国经济的科技的整体实力和国际竞争力。必须毫不动摇地巩固和发展公有制经济，毫不动摇地鼓励、支持、引导非公有制经济发展，夯实实现共同富裕的经济制度基础。必须不断破除制约发展的体制机制障碍，充分发挥市场在资源配置中的决定性作用，更好发挥政府作用，强化有利于调动全社会积极性的重大改革开放举措，持续增强发展动力和活力。

第三，推进全体人民共同富裕是一项现实任务，必须摆在更加重要的位置。实现全体人民共同富裕是一个长期的历史过程，不可能毕其功于一役，急不得也等不得。要根据现有条件及早采取有力措施，把能做的事情尽快着手做起来，向着这个目标作出更加积极有为的努力。一是加强薄弱环节，更加注重向农村、基层、欠发达地区倾斜，向困难群众倾斜。二是突出工作重点，聚焦地区差距、城乡差距、收入差距等问题，把着力点放在统筹做好就业、收入分配、教育、社保、医疗、住房、养老、扶幼等关系民生、关乎社会公平正义的事情上，推动在幼有所育、学有所教、劳有所得、病有所医、老有所养、住有所居、弱有所扶上持续取得新进展。三是用好"看得见的手"，履行好政府再分配调节职能，加大税收、社保、转移支付等调节力度和精准性，调节过高收入，取缔非法收入。发挥慈善等社会公益事业的第三次分配作用,调动全社会力量济困扶弱。四是坚持尽力而为、量力而行,既让改革发展成果更多更公平地惠及全体人民,又不能超越发展阶段和水平吊高"胃口"。要健全基本公共服务体系,完善共建共治共享的社会治理制度,让人民群众真真切切感受到共同富裕。

站在新的历史起点上,我国已经具备多方面优势和基础条件。我们坚信,有以习近平同志为核心的党中央的坚强领导,有习近平新时代中国特色社会主义思想的正确指导,有中国特色社会主义制度的巨大优势,只要脚踏实地、久久为功,积小胜为大胜,就一定能够实现全体人民共同富裕的宏伟目标!

如何理解促进共同富裕的重大意义[*]

习近平总书记指出，共同富裕是社会主义的本质要求，是中国式现代化的重要特征。我们要充分认识促进共同富裕的重大意义，推动共同富裕持续取得新进展，为全面建设社会主义现代化国家奠定坚实基础。

一 共同富裕是我们党矢志不渝的奋斗目标

让人民过上好日子、实现共同富裕，是中国共产党矢志不渝的奋斗目标。新中国成立以来特别是改革开放以来，我们党团结带领人民朝着实现共同富裕的目标不懈努力。改革开放后，我们党深刻总结正反两方面历史经验，认识到贫穷不是社会主义，允许一部分人、一部分地区先富起来，并确立"小康"目标接续推进，人民生活质量和社会共享水平显著提升。党的十八大以来，以习近平同志为核心的党中央，把逐步实现全体人民共同富裕摆在更加重要位置，对共同富裕道路作了新的探索，对共同富裕理论作了新的阐

---

[*] 原文刊载于《人民日报》2021年10月8日第10版。

释，对共同富裕目标作了新的部署，坚持以人民为中心的发展思想，采取有力措施保障和改善民生，打赢脱贫攻坚战，全面建成小康社会，朝着全体人民共同富裕的目标迈进了一大步。

在此基础上，党中央根据我国社会主要矛盾的新变化，针对人民对美好生活的新向往，提出促进全体人民共同富裕的目标要求和战略部署："十四五"时期，全体人民共同富裕迈出坚实步伐；到2035年，全体人民共同富裕取得更为明显的实质性进展；到本世纪中叶，全体人民共同富裕基本实现。党中央的重大战略部署，完整勾画了促进全体人民共同富裕的时间表、路线图，既体现了历史发展的延续性，又顺应了新时代发展的要求和方向，符合全体人民的共同利益和根本利益，反映了社会主义的本质特征，彰显了党的初心使命，必将凝聚起全党全国各族人民的智慧和力量，为建成富强民主文明和谐美丽的社会主义现代化强国、创造更加幸福美好的生活而不懈奋斗。

二　促进共同富裕丰富了人类现代化的内涵

我们党在带领人民创造美好生活、逐步实现全体人民共同富裕的实践中，不断深化对促进共同富裕规律的认识，共同富裕思想不断发展，内涵也越来越丰富。把共同富裕作为中国式现代化的重要特征和重要目标，表明我们党对共同富裕的认识达到了新的理论高度，深刻反映了我们党对社会主义现代化建设规律的深邃认识和准确把握，开拓了马克思主义中国化新境界，是中国共产党人对科学社会主义的重大贡献。

纵观500多年社会主义发展史，还没有哪个社会主义国家成功实现共同富裕。作为世界上最大的社会主义国家，全面建成小康社会彰显了社会主义的强大生机活力，宣告了"历史终结论"的破产；逐步实现全体人民共同富裕，将进一步增强人们对社会主义的信心，也将为其他社会主义国家发展提供借鉴和示范，对社会主义制度在全世界的创新发展做出重大贡献。

富裕是各国现代化追求的目标。一些发达国家搞了几百年工业化和现代化，把人民生活总体上提高到相当高的水平，但由于社会制度原因，到现在不仅没有解决共同富裕问题，贫富差距问题反而越来越严重。我国有14亿多人口，如此巨大的人口体量整体迈入现代化进而逐步实现共同富裕，在世界发展史上是前所未有的，将彻底改写人类社会高收入国家的版图，在整体上极大提升人类福祉，为维护世界和平与安全做出积极贡献。我国实现共同富裕，也将为其他发展中国家推动共同富裕、实现现代化提供全新选择。促进全体人民共同富裕，体现了以人民为中心的发展思想，将促进共同富裕与实现人的全面发展高度统一起来，不断筑牢实现人的全面发展的基础，为人类社会实现人的自由而全面发展做出中国贡献、提供中国启示。

三 准确把握促进共同富裕具有特殊重要意义

我国仍是世界上最大的发展中国家，仍处于并将长期处于社会主义初级阶段。促进共同富裕，必须立足于社会主义初级阶段这一最大国情，牢牢把握正确方向，把党中央决策部署贯彻落实好。

坚持在贯彻新发展理念、构建新发展格局、实现高质量发展的基础上，推动共同富裕取得更为明显的实质性进展。我国人均国内生产总值已经越过1万美元大关，但仍远低于中等发达国家水平，发展仍然是解决中国一切问题的基础和关键。没有高质量发展，实现共同富裕就无从谈起。共同富裕也是高质量发展的题中应有之义。只有让人民群众共享发展成果，才能更广泛地激发全社会推动发展的动力和活力，才能更有效地提高人民群众的获得感幸福感安全感，才能更持久地保持社会和谐稳定，为发展创造良好环境。

坚持尽力而为与量力而行。要在人民群众最关心、最直接最现实的利益问题上，拿出更大的力度、更实的举措，一个时间节点一个时间节点往前推进，一步步实现党中央提出的目标要求和战略部署。同时，也要深刻吸取一些国家超出发展水平搞过度福利化、导致公平效率不能兼顾、影响经济发展和公平分配的深刻教训。要始终坚持在经济发展和财力状况具备的条件下，逐步提高人民生活水平，把那些有能力和条件办的、关系群众切身利益的事情扎扎实实地办好，循序渐进、脚踏实地、久久为功，不吊高胃口、不搞"过头事"。

坚持物质富裕与精神富裕一体推进。人民对美好生活的向往，涵盖了经济、政治、文化、社会、生态环境等各方面。共同富裕是全体人民的富裕，是人民群众物质生活和精神生活都富裕。要在缩小城乡、区域、居民收入差距、提高城乡居民收入的同时，不断满足人民群众多样化、多层次、多方面的精神文化需求，树立文化自觉，增强文化自信。

坚持及早着手，有序推进。共同富裕是一个长期目标，需要一个过程，不可能一蹴而就，对其长期性、艰巨性、复杂性要有充分估计。办好这件事，等不得，也急不得。要把总目标分解为阶段性目标，把每个阶段的任务分解成一项项具体任务，根据现有条件把能做的事情尽快做起来，积小胜为大胜。促进共同富裕，不可能毕其功于一役，既要打攻坚战，更要打持久战。

推动共同富裕取得更为
明显的实质性进展[*]

党的十九届五中全会首次提出，到2035年，全体人民共同富裕取得更为明显的实质性进展。这是以习近平同志为核心的党中央向全党全社会发出的动员令，是中国向国际社会做出的郑重宣示，充分展示了党和政府的信心与决心。对此，我谈两点认识。

一 中国为推进共同富裕做出了积极探索，取得了明显成效，但仍然任重道远

消除贫困，逐步实现共同富裕是社会主义的本质特征，也是中国共产党矢志不渝的奋斗目标。改革开放以来，中国推进共同富裕的进程，大致可以划分为两个阶段。

第一个阶段是从改革开放之初到20世纪末，最显著的特征是让一部分地区、一部分人先富裕起来，先富带后富。采取的主要措施

---

[*] 节选自作者2021年3月20日在"中国发展高层论坛2021年会——迈上现代化新征程的中国"上的演讲。

是，通过探索建立社会主义市场经济的基本框架，发挥市场在资源配置中的基础性作用，解放和发展生产力，推动经济持续快速发展，全面提高人民收入水平。

第二个阶段从 21 世纪初开始，最显著的特征是在重视发展经济的同时，注重防止城乡差距、地区差距和收入差距的扩大。党的十八大以来，习近平总书记反复强调要坚定不移走共同富裕道路，把促进全体人民共同富裕摆在更加重要的位置，坚持在发展中保障和改善民生，不断深化全方位、深层次改革，扩大高水平对外开放，完善社会主义市场经济体制，推动经济高质量发展，持续提高全体人民收入；同时，着力解决农村贫困地区、贫困人口的脱贫问题，加强基本公共服务体系建设，提高基本公共服务水平。

一是加大统筹城乡发展力度，增加政府对农业农村的直接投入，通过农村税费改革、农村社会事业改革、农业支持保护制度、农民权利保护等一系列举措，推动农业生产、农村建设、民生事业、减缓贫困等全面发展，农民收入持续快速增长。党的十八大以来，中国把脱贫攻坚作为重中之重，开展精准扶贫、精准脱贫，现行标准下 9899 万农村贫困人口全部脱贫，832 个贫困县全部摘帽，历史性解决绝对贫困问题和区域性整体贫困，贫困人口收入水平显著提高，全部实现"两不愁三保障"，城乡差距持续缩小。

二是实施西部大开发、东北等老工业基地振兴和中部地区崛起等区域发展战略，推进"一带一路"建设、京津冀协同发展、长江经济带发展、粤港澳大湾区建设等重大战略，有效改善区域发展不平衡的状况。加大中央财政对地方转移支付的力度，中央财政对中西部转移支付占全国的比重从 2015 年的 54% 提高到 2019 年的 76%，特别是对老少边穷地区给予重点倾斜，区域间公共服务均等化水平大幅提升。

三是取消农民进城就业的各种限制，推进城乡劳动力市场一体化，农村外出劳动力规模迅速扩大，收入水平大幅提高。努力拓宽居民劳动收入和财产性收入渠道，在坚持居民收入增长和经济增长同步、劳动报酬提高和劳动生产率提高同步的条件下，通过"扩中、提低、调高、打非"，促进收入分配更合理、更有序。城乡居民人均可支配收入比从2012年的3.1下降到2019年的2.64。党的十八大以来，中国着力促进教育公平，加大教育资源向中西部和农村倾斜的力度，支持中西部地区提升学校硬件设施和办学能力，完善城乡弱势群体子女奖、助学金资助体系，增加重点高校专项招收农村和贫困地区学生人数，自2012年以来累计招生近60万人，建档立卡贫困家庭普通高校毕业生人数从2015年的27.5万人，增加到2019年的50.9万人，困难学生平等受教育权利得到保障，贫困地区与农村地区学生接受优质高等教育机会显著扩大，为阻断贫困代际传递奠定了坚实基础。

四是构建功能完备的社会保障体系，统一城乡居民基本养老保险制度，整合城乡居民基本医疗保险制度，全面实施城乡居民大病保险，积极发展养老、托幼、助残等福利事业，构建多元化住房保障体系，加快保障房建设。截至2020年底，中国基本养老、失业、工伤保险参保人数分别达到9.99亿人、2.17亿人、2.68亿人，基本医疗保险覆盖超过13亿人；累计建设各类保障性住房和棚改安置住房8000多万套，帮助2亿多群众解决住房困难，建成世界上最大的社会保障和住房保障体系，为低收入人群建立起坚固的兜底保障。

中国全面建成小康社会取得历史性成就，使推进共同富裕具备了多方面的条件，但是发展不平衡不充分问题仍然比较突出。城乡区域发展和收入分配差距较大，农民持续增收面临挑战，经济增速"南快北慢"的态势持续，各区域内部也出现明显分化。城乡之间、地区之间在就业、教育、医疗、居住、养老等方面的发展也存在差距。此外,中国在实现现行标准下农村人口全部脱贫之后,乡村振兴任务依然艰巨,这些都是实现共同富裕必须要解决的突出问题。

二 "十四五"推进共同富裕将采取的主要措施

实现全体人民共同富裕是一项艰巨任务,必须及早采取有力举措,把能做的事先做起来。对此,"十四五"规划做出了一系列部署。

第一,把坚持高质量发展作为推动共同富裕的关键。发展是解决当代中国一切问题的基础和关键。推动共同富裕取得更为明显的进展,归根到底要靠贯彻新发展理念,构建新发展格局,实现高质量发展。"十四五"时期,中国将坚持创新驱动发展,加快建立现代产业体系,提高中国经济的科技的整体实力和国际竞争力,不断夯实实现共同富裕的物质基础。将加快培育完整内需体系,不断发展新模式、新业态、新技术、新产品,优化供给结构,推动产业协调发展,形成需求牵引供给、供给创造需求的更高水平动态平衡,更好满足人民对美好生活的向往。中国还将把高质量发展的要求体现在现代化建设的方方面面,推动各领域在质的大幅提升中实现量的有效增长,不断增强人民群众的获得感、幸福感、安全感。

第二,把巩固拓展脱贫攻坚成果作为推动共同富裕的重中之重。脱贫摘帽不是终点,而是新生活、新奋斗的起点。只有建立完善农村低收入人口和欠发达地区帮扶机制,保持主要帮扶政策和财政投入力度总体稳定,接续推进脱贫地区发展,才能让贫困地区人民过上更加美好的生活。"十四五"时期,中国将在这方面重点采取3项措施。一是巩固提升脱贫攻坚成果。健全防止返贫动态监测和精准帮扶机制,对易返贫致贫人口实施常态化监测,建立健全快速发现和响应机制，及时纳入帮扶政策范围。做好易地扶贫搬迁后续帮扶，加强扶贫项目资金资产管理和监督，推动特色产业可持续发展。二是提升脱贫地区整体发展水平。继续对脱贫地区实施城乡建设用地增减挂钩节余指标省内交易政策、调整完善跨省域交易政策。在西部地区脱贫县中集中支持一批乡村振兴重点帮扶县。坚持先富带动后富，完善东西部协作和对口支援、中央单位定点帮扶、社会力量参与帮扶等机制，进一步调整优化东西部协作结对帮扶关系和帮扶方式。三是对农村低收入人口进行分类帮扶。完善农村社会保障和救助制度，健全农村低收入人口常态化帮扶机制。推广以工代赈方式，带动低收入人口就地就近就业。

第三，把解决地区差距城乡差距收入差距作为推动共同富裕的坚中之坚。在缩小城乡差距方面，重点将转向全面推进乡村振兴，加快农业农村现代化。一是深化农业供给侧结构性改革，推动乡村产业振兴，完善利益联结机制，提高农民收入。二是实施乡村建设行动，推进县域城乡融合发展，提升乡村基础设施和公共服务水平。三是健全农业农村投入保障制度，提高农民土地增值收益分享比例，促进要素更多向乡村流动，增强农业农村发展活力。与此同时，继续深化户籍制度改革，强化基本公共服务保障，加快农业转移人口市民化。

在解决地区差距方面，重点是建立健全区域战略统筹、市场一体化发展、区域合作互助、区际利益补偿等机制，促进发达地区和欠发达地区、东中西部地区和东北地区共同发展；支持特殊类型地区发展，加大对欠发达地区财力支持，逐步实现基本公共服务均等化。

在解决收入差距方面，将更加重视发挥政府的作用。在初次分配领域，政府将着眼于创造良好的政策环境，健全工资合理增长机制，完善最低工作标准和工资指导线形成机制，完善按要素分配政策制度，探索通过土地、资本等要素使用权、收益权增加中低收入群体要素收入。在再分配领域，将加大税收、社保、转移支付等调节力度和精准性；规范收入分配秩序，保护合法收入，合理调节过高收入，取缔非法收入，遏制以垄断和不正当竞争行为获取收入。与此同时，政府还将为慈善等社会公益事业发挥好第三次分配作用创造条件，调动全社会力量济困扶弱，缩小收入分配差距。

第四，把完善制度体系作为推动共同富裕的根本举措。实现共同富裕，任何单一的政策措施都难以有效发挥作用，需要形成一套系统完备的制度体系。"十四五"时期，中国将在强化就业优先政策，建设高质量教育体系，健全多层次社会保障体系，全面推进健康中国建设，实施积极应对人口老龄化国家战略，加强和创新社会治理等方面作出更有效的制度安排，推动幼有所育、学有所教、劳有所得、病有所医、老有所养、住有所居、弱有所扶不断取得新进展。还将着力构建社会治理新格局，完善共建共治共享的社会治理制度，建设人人有责、人人尽责、人人享有的社会治理共同体，让人民群众真真切切感受到共同富裕。

我们相信，只要落实好"十四五"规划提出的这些举措，尽力而为、量力而行，脚踏实地、久久为功，积小胜为大胜，就一定能够实现全体人民共同富裕的宏伟目标！

激发高质量发展新动能
扎实有序推进共同富裕[*]

2021年是"十四五"开局之年,面对复杂多变的外部环境和疫情点状散发的新形势,以习近平同志为核心的党中央坚持稳中求进工作总基调,科学统筹疫情防控和经济社会发展,我国经济总体上表现出较好的复苏态势,经济高质量发展和结构转型升级取得了新的成效,为整个"十四五"时期经济社会发展主要预期目标的实现打下了良好基础。2022年将召开中国共产党第二十次全国代表大会,是党和国家事业发展中具有重大意义的一年,做好经济工作至关重要。正确认识当前经济形势,对于把握新发展阶段,贯彻新发展理念,构建新发展格局,统筹制定落实好各项政策,持续推动经济高质量发展具有重要意义。2022年也是我国在全面建成小康社会基础上向全体人民共同富裕更高目标迈进的具有里程碑意义的年份,要着力激发高质量发展新动能,为扎实有序推进共同富裕起好步,以优异成绩迎接党的二十大胜利召开。

---

[*] 节选自《经济蓝皮书:2021年中国经济形势分析与预测》(社会科学文献出版社2020年版)的序言。

一　正确认识当前经济形势

2021年，全球经济在经历了新冠肺炎疫情的历史性冲击之后开始走出衰退，主要发达国家和新兴市场经济体均呈现出不同程度的复苏态势。然而，新冠肺炎疫情这片笼罩在全球经济上空的阴霾仍未散去，病毒变异导致传染力更强、传播路径更加隐秘不定，部分中低收入国家疫苗供给短缺、接种进度缓慢，一些地区确诊感染人数再创新高。加之大宗商品价格上涨、海运运力不足、芯片等关键零部件供应链紧张、国际宏观政策协调困难加大等问题，也进一步加剧了世界经济复苏前景的不确定性。

面对复杂多变的外部环境和疫情点状散发的新形势，以习近平同志为核心的党中央坚持稳中求进工作总基调，科学统筹疫情防控和经济社会发展，一方面有序做好点状疫情防控，有效推进疫苗接种进度，逐步优化疫情防控策略，为经济社会发展营造平稳安定的大环境；另一方面促进经济朝着更加稳固、更加平衡的方向持续恢复，并在确保经济短期运行在合理区间的同时，着力通过改革、开放、创新等手段激发新动能，助力中长期经济持续健康高质量发展。

2021年，中国经济总体上表现出较好的复苏态势，经济增速在全球主要经济体中继续位于前列，经济高质量发展和结构转型升级取得了新的成效，这些成绩为整个"十四五"时期经济社会发展主要预期目标的实现打下了良好基础：一是经济增速在主要经济体中继续保持领先地位。2020年，在主要国家经济普遍负增长的情况下，我国实现了2.3%的增速，可谓一枝独秀；2021年我国GDP实际增速预计达到8%左右，根据国际货币基金组织（IMF）的预测，仍将高于世界其他绝大部分主要经济体。受益于制造业较强的韧性，2021年中国出口继续保持较高增速，工业生产持续增长，制造业在GDP中所占比重有所提升，其中高技术制造业增长更为突出。信息传输、软件和信息技术、科学研究和技术服务等现代服务业的增长势头也较为亮眼。二是就业形势在市场力量拉动下整体平稳。全年城镇新增就业目标提前实现，调查失业率保持在预期目标值以内。灵活就业人群保障范围和力度加大、农民工欠薪基本清零、劳动纠纷化解效率提高，各类劳动者合法权益得到更好保障。三是科技创新支撑引领作用得到增强。我国在世界知识产权组织"全球创新指数"排名中的位次提升至第12位，实现了自2013年以来连续九年稳步提升。科技创新对产业升级和消费升级的带动作用有所增强。在新技术的带动下，先进制造业和现代服务业呈现出良好的发展势头，电子信息制造等数字经济核心产业继续保持高增速；消费结构升级步伐加快，商品消费逐步从低端迈向高端，新能源汽车、智能家电等消费较为旺盛。四是营商环境改善激发市场主体活力。市场主体活力既是经济高质量发展的一种外在表现，也是持续推进高质量发展的重要前提。近年来，我国先后推出市场准入负面清单制度、减税降费、商事登记制度改革、优化营商环境等多项改革举措，2021年在此基础上又推出了金融让利、阶段性税收缓缴等政策，持续激发和保护市场主体活力。多个省市积极制定并实施"链长制"方案，靶向瞄准产业链供应链上的断点、堵点、难点，贯通产业链上下游关键环节，也有助于稳定产业链上相关市场主体的信心和预期。五是多措并举推动经济社会发展全面绿色转型。在经济恢复的特殊时期，我国体现出了高度的定力，坚决遏制"两高"项目盲目发展，大力推动重点行业领域节能降碳，扎实推进绿色低碳循环经济体系建设。2021年10月，中共中央、国务院印发了《关于完整准确全面贯彻新发展理念做好碳达峰碳中和工作的意见》，对碳达峰碳中和工作进行了全面系统部署；国务院印发《2030年前碳达峰行动方案》，为下一步推出分行业分领域碳达峰实施方案、加快形成碳达峰碳中和"1+N"政策体系奠定了基础。

在保持经济平稳运行和高质量发展的同时，2021年以来一系列深化改革和扩大开放的举措落地生效，改革开放持续推进。在深化改革方面，全国碳排放权交易市场上线，北京证券交易所注册成立，防止资本无序扩张和反垄断力度加强，教育"双减"得到人民群众普遍好评，科研经费自主权提升改革为科技创新释放活力，《农村土地经营权流转管理办法》发布实施。在扩大对外开放方面，2021年我国完成了RCEP协定的核准程序，并正式提出申请加入CPTPP；拓展了服务业扩大开放综合试点的范围，加快落实海南贸易港贸易便利化。我国在能力允许的范围内积极向有需要的国家供应疫苗、捐助抗疫物资，支持国际社会抗击疫情。

与此同时，也要清醒地认识到，当前我国经济运行中也面临一些问题和挑战。从短期来看，2021年第三季度以来我国经济下行压力加大，中青年群体就业不足问题较为凸显；居民收入增速慢于GDP增速，消费恢复乏力；国际大宗商品价格上涨造成工业领域结构性通胀，显著抬升了中下游行业特别是中小微企业的生产成本；芯片短缺、电力不足对产业链供应链安全稳定运行造成了阶段性冲击。新冠肺炎疫情形势的发展变化仍然构成当前我国经济发展的最大不确定因素，而宏观政策国际协调的复杂度和难度上升也进一步增加了宏观经济管理的难度。从中长期来看，我国经济中存在的一些深层次矛盾尚未得到根本化解：创新驱动经济发展的能力仍然不强，全要素生产率对经济增长的贡献仍有待提升；基础科技、关键零部件和产业链短板仍亟待加强；居民可支配收入在GDP中占比仍然偏低，扩大内需尤其是提振消费的基础仍不坚实；缩小城乡差距、区域差距、收入差距的道路仍然任重道远；一些领域防范化解重大风险的任务依然突出。当前，在谋划促进经济高质量发展和扎实推进共同富裕的过程中，对于如何加快补齐这些短板、夯实这些薄弱环节，亟须加以重点研究和应对。

二　激发高质量发展新动能

"十四五"时期，我国发展环境将面临更加深刻复杂变化，经济将处于从高速增长向高质量发展转换的关键时期。推动"十四五"时期经济社会实现高质量发展，需要激发和蓄积更多新动能，应充分发挥科技创新支撑引领作用，加快推动数字经济与实体经济融合发展，加快推进绿色低碳循环发展经济体系建设，持续优化提升营商环境。

第一，充分发挥科技创新支撑引领作用，持续释放科技发展新动能。科技创新是提高社会生产力、增强综合国力、提升抵御风险能力的战略支撑，在党和国家事业发展全局中具有十分重要的地位和作用。一是要加快构建和发挥新型举国体制优势，推进国家战略科技力量体系建设，聚焦关系国家安全和发展的重大科学问题、工程技术难题和产业链瓶颈问题，推动集成电路、5G网络、量子计算机等关键领域核心技术实现重大突破，全力提升产业链供应链韧性、安全性和稳定性，加快实现高水平科技自立自强。二是要加快完善科技管理体制机制，深化科研经费管理制度改革。优化基础研究和基础应用研究支持体系，加大对战略性、引领性、探索性强的原创性基础研究支持力度，持续推进政产学研用深度融合。健全科技人才培养与激励机制，积极有序推进"揭榜挂帅"，全面提升科技人才的创新活力、动力、潜力。三是加快推进北京等国际科技创新中心和怀柔等国家科学中心建设，推动形成支撑引领高质量发展的增长极和动力源。加快推进国家重大科技基础设施建设与运行，推动一批战略意义深、引领带动强、影响范围大的当前急需项目尽快落地。加快构建高能级、多层次、宽领域的科技创新平台体系，切实增强创新策源能力和高端产业引领功能。

第二，加快推动数字经济与实体经济融合发展，赋能传统产业数字化智能化升级。数字经济事关国家发展大局，做强做优做大数字经济是推动经济高质量发展的重要路径。一是要做好数字经济发展顶层设计和体制机制建设，紧抓全球数字技术革命新机遇，全面增强发展数字经济本领，充分发挥数字经济的动力引擎作用，为经济高质量发展增添新动能、注入新活力、塑造新优势。加快数字基础设施建设步伐，适度超前部署5G网络、数据中心等数字基建，稳步推进传统基建数字化改造升级，夯实数字经济发展底座。二是要加快推进数字经济领域关键核心技术攻坚，牢牢掌握数字经济发展自主权。加快推动数字技术与实体经济深度融合，充分发挥数字经济高创新性、强渗透性、广覆盖性等独特优势，推动数字经济向相关上下游产业链延伸，培育新兴产业、赋能传统产业，促进新旧发展动能和生产体系转换，加快推进现代产业体系建设。三是要推动数字经济健康有序发展，坚持促进发展与规范监管并重，加快构建面向数字经济业态的新型监管体系，增强数字经济发展的规范性、有序性。加强价值引导，鼓励数字经济相关企业在追求利润目标的同时，要以更高站位、更广视野积极承担国家责任和社会责任。

第三，加快推进绿色低碳循环发展经济体系建设，不断增强绿色发展内生动力。绿色低碳发展是实现高质量发展的必由之路。一是要加快建立健全绿色低碳循环发展经济体系，推动新一代信息技术与绿色低碳产业加速融合，稳步推进绿色发展的生产体系、流通体系、消费体系建设。大力发展绿色低碳产业，打造绿色产业高地、提升绿色产业比重，加快培育高质量发展绿色增长点。二是要加快推动减污降碳协同增效，加快基础设施绿色改造升级，促进经济社会发展全面绿色转型，持续推进产业结构、能源结构、交通运输结构、用地结构优化升级。发挥政府调控与市场调节的合力作用，加快重点行业、重要领域绿色低碳改造，增强传统产业绿色转型原动力，激发绿色发展新动能。三是要把碳达峰、碳中和纳入经济社会发展全局，加快构建碳达峰碳中和"1＋N"政策体系，加速探索建设碳达峰碳中和先行示范区，积极稳妥推进实现碳达峰碳中和目标。坚决遏制"两高"项目盲目发展，严控增量项目、强化用能预警，有序稳步推进落后产能淘汰出清。加快完善绿色技术创新体系，强化绿色低碳前沿技术研发，稳步提高能源资源利用效率。

第四，持续优化提升营商环境，蓄积壮大高质量发展势能。高质量发展需要高质量的营商环境。良好的营商环境，能够增强企业发展动力、激发国内市场活力、提升国际市场竞争力，是推动经济社会高质量发展的重要支撑。一是要继续深化"放管服"改革，进一步厘清政府和市场的作用边界，持续激发市场主体的积极性、能动性、创造性。加快完善营商环境法规政策体系，继续强化对各类市场主体合法权益的保护，积极推进法治化营商环境建设。对标国际先进经贸规则，强化标准对接、固化交流机制、深化开放创新、降低融资成本，努力打造国际一流营商环境。二是要做好大宗商品保供稳价工作，积极推进大宗商品进口多元化和贸易渠道稳定化，构建应对大宗商品价格上涨的长效机制，增强芯片等关键商品供给能力，加快提高应对 PPI 高位运行的能力水平。加强政府各部门沟通协调，提高电力供应保障能力，推动金融等优质资源更多流向实体经济，降本增效、挖潜提质，加快把实体经济特别是制造业做实做强做优。三是要不断增强市场主体活力，鼓励和引导中小微企业，聚力技术改造、坚持专业深化、努力开拓创新，加快培育一批"专精特新"企业。加快构建亲清政商关系的政策体系，营造有利于企业家健康成长的良好社会氛围。聚焦市场主体关切和诉求，加快构建企业和社会个体参与营商环境建设的体制机制。

三 扎实有序推进共同富裕

实现共同富裕是社会主义的本质要求，是人民群众的共同期盼，是中国共产党始终不渝的奋斗目标，要始终坚持发展这个第一要务，在高质量发展中扎实有序推进共同富裕。实现全体人民共同富裕是一个长期的历史过程，等不得，也急不得，要抓紧制定促进共同富裕行动纲要，坚持尽力而为、量力而行，根据现有条件及早采取有力措施，让改革发展成果更多更公平地惠及全体人民。要突出工作重点，聚焦地区差距、城乡差距、收入差距等问题，把着力点放在统筹做好就业、收入分配等关系民生、关乎社会公平正义的事情上。要加强薄弱环节，更加注重向农村、基层、欠发达地区倾斜，向困难群众倾斜。要用好市场看不见的手、政府看得见的手和社会第三只手，发挥市场初次分配主导作用，履行好政府再分配调节职能，发挥慈善等社会公益事业的第三次分配补充作用。

推进共同富裕等不得也急不得，要坚持及早着手，循序渐进，有序推进。共同富裕是一个长期目标，不可能一蹴而就，也不可能毕其功于一役，既要打攻坚战，更要打持久战，对其长期性、艰巨性、复杂性要有充分估计，等不得，但也急不得。要把总目标分解为阶段性目标，把每个阶段的任务分解成一项项具体任务，根据现有条件把能做的事情尽快做起来，积小胜为大胜。要坚持尽力而为与量力而行。在人民群众最关心、最直接、最现实的利益问题上，拿出更大的力度、更实的举措，加强基础性、普惠性、兜底性民生保障建设；同时，也要深刻吸取一些国家超出发展水平搞过度福利化导致公平效率不能兼顾、影响经济发展和公平分配的深刻教训，坚决防止落入"福利主义"养懒汉的陷阱。要始终坚持在经济发展和财力状况具备的条件下，逐步提高人民生活水平，把那些有能力和条件办的、关系群众切身利益的事情扎扎实实地办好，循序渐进、脚踏实地、久久为功，不吊高胃口、不搞"过头事"。

一是深化收入分配制度改革，持续优化收入分配格局。加快形成中间大、两头小的橄榄形社会是优化收入分配格局、促进收入分配公平、实现共同富裕的核心任务。持续深化收入分配制度改革，构建初次分配、再分配、三次分配协调配套的基础性制度安排，是调节收入分配、构建橄榄形社会的底层制度保障。既要发挥市场这一"看不见的手"在初次分配中的主导地位，根据劳动、资本、技术、管理、数据等要素贡献进行合法、合理分配，也要发挥政府这一"看得见的手"的再分配作用，加大税收、社保、转移支付等调节力度并提高精准性，保障社会公平，还要重视三次分配这一社会"第三只手"的有效补充作用，完善慈善法律、发展慈善组织，通过自愿捐赠、慈善事业、志愿行为优化社会分配格局，最终实现三手并用、三管齐下、并行不悖。重点任务是不断完善"提低、扩中、限高"的有效路径，增加低收入群体收入，合理调节高收入，着力扩大中等收入群体。提高低收入人群收入是难点，要遵循先易后难的原则，从提高城市最低工资水平以及城市、农村低保收入、生活补贴方面寻求突破，不断探索通过土地、资本等要素使用权、收益权增加低收入群体要素收入的路径。扩大中等收入群体是重点，要聚焦高学历毕业生、技能劳动者、个体工商户与中小企业主、进城务工人员、基层公务员等重点人群，多措并举提高收入。合理调节高收入是敏感点，要健全有关法律规定、依法调节不合理收入，避免出现一些不利于社会稳定的错误认识。

二是增强城乡区域发展平衡性，不断缩小城乡区域差距。一方面，促进共同富裕，最艰巨的任务依旧在农村，难点在于千方百计增加农民收入，不断缩小城乡收入差距，促进城乡公共服务均等化。这就要求深入推进以人为核心的新型城镇化，加快促进城乡融合发展。以深化户籍制度改革为突破口，有序放开放宽城市落户限制，促进农业转移人口有序有效融入城市，确保新市民不仅在户籍上得到身份认同，而且能够享受到城市基本公共服务，过上体面的生活。要做好巩固拓展脱贫攻坚成果同乡村振兴有效衔接持工作，加强防止返贫监测和帮扶工作，以盘活农村资产、促进产业发展和增加就业为主攻方向，不断增强内生发展动力，绝不能有喘口气、歇歇脚的想法。加强农村基础设施和公共服务体系建设，改善农村人居环境。另一方面，要着力增强区域发展协调性与平衡性。深入实施区域重大战略和区域协调发展战略，健全转移支付制度，缩小区域人均财政支出差异，加大对欠发达地区与民族地区的支持力度。不断创新区域协调发展制度，建立健全区域战略统筹、市场一体化发展、区域合作互助、区际利益补偿等机制，促进区域间融合互动、融通补充、平衡发展。

三是多措并举兜底线保民生，着力推进基本公共服务均等化。推动共同富裕，要把率先实现基本公共服务均等化作为重要使命，把着力点放在统筹做好就业、收入分配、教育、社保、医疗、住房、养老、扶幼等关系民生、关乎社会公平正义的事情上，推动在幼有所育、学有所教、劳有所得、病有所医、老有所养、住有所居、弱有所扶上持续取得新进展。加快落实国家基本公共服务标准相关要求，明确中央与地方提供基本公共服务的质量水平和支出责任，各地区可探索出台因地制宜、符合地方发展实际的公共服务保障标准，以标准化促进基本公共服务均等化、普惠化、便捷化。健全农业转移人口市民化长效机制，完善养老与医疗保障体系，不断缩小城市与农村的筹资和保障待遇差距，还要切实保障农民工随迁子女平等接受义务教育的权利。着力完善住房保障体系，坚持房住不炒、租购并举的原则不动摇，积极扩大保障性租赁住房供给，解决城市新市民的住房问题。健全兜底救助体系，加快缩小社会救助的城乡标准差异，逐步提高城乡最低生活保障水平，兜住基本生活底线。

四 2022年的宏观政策选择

2022年将召开中国共产党第二十次全国代表大会，是党和国家事业发展中具有重大意义的一年。做好经济工作，要以习近平新时代中国特色社会主义思想为指导，全面贯彻党的十九大和十九届三中、四中、五中、六中全会精神，坚持稳中求进工作总基调，立足新发展阶段，贯彻新发展理念，构建新发展格局，以推动高质量发展为主题，以深化供给侧结构性改革为主线，以改革创新为根本动力，以满足人民日益增长的美好生活需要为根本目的，坚持系统观念，更好统筹发展和安全，统筹推进稳增长、促改革、调结构、惠民生、防风险等各项工作，增强产业链供应链韧性，科学精准实施疫情防控和宏观政策，坚持扩大内需战略，稳步推进经济绿色转型，强化科技战略支撑，持续为经济高质量发展激发新动能，扩大高水平对外开放，保持社会和谐稳定，以优异成绩迎接党的二十大胜利召开。

在对未来一段时期经济形势进行分析研判的基础上，综合短期宏观调控和中长期经济高质量发展需要考虑，为促进我国经济恢复更加稳固和平衡，并为高质量发展激发新动能，2022年应适度加大宏观政策逆周期调节力度，注重做好跨周期调节，加强各项政策之间的统筹协调。

第一，积极的财政政策要加力提效，保持一定财政支出强度，注重优化支出结构，促进产业转型升级和居民就业增收。2021年受益于上游行业价格上涨、盈利能力增强，全国财政收入实现预期增长，相较而言，财政支出的进度和强度则有所不足。在经济增速放缓压力加大的背景下，应保持一定财政支出强度，有效对冲私人部门下行压力。积极财政政策应优化财政支出结构，一是加大对"两新一重"建设、技术改造、产能绿化等领域的支持力度，加快推进"十四五"规划重大工程项目建设，引导企业加大技术改造投资，通过财政支出助力供给侧固本培元；二是扩大教育、文化、体育、养老、医疗等公共服务供给，提高公共服务品质，促进以人为核心的城镇化；三是在保市场主体的基础上，更加注重促进居民就业增收，突出普惠性，加大对低收入困难家庭支持力度，带动和激发有效最终需求合理增长。

第二，稳健的货币政策要注重稳量降负，增强信贷总量增长的稳定性，引导平均融资利率下行，降低实体部门利息负担。当前我国 PPI 涨幅偏高、CPI 较为温和，这种工业领域结构性通胀格局主要是受国际大宗商品价格上涨推动所致，不宜采取紧缩性货币政策来应对，而应主要做好重点领域保供稳价工作。一是应高度重视当前企业信贷意愿不足和社会融资规模增速放缓的情况，缓解信贷需求端的不合理约束，适度提高市场化高效能主体的信贷意愿，避免信贷增速和社会融资规模增速过快下滑。增强对商业银行尤其是中小银行发行永续债的支持力度，提高银行体系信贷投放能力。二是合理引导实际贷款利率进一步降低，有效降低实体经济存量债务利息负担，缓解大宗商品价格上涨、劳动力市场结构性错配等因素对实体经济尤其是中小微企业造成的成本上升压力。三是有序推进碳减排支持工具落地生效，为生产和使用清洁能源、促进节能环保、开发运用碳减排技术等经济活动提供适宜的低成本资金，助力实现碳达峰碳中和目标。四是坚持"以我为主"实施国内货币政策，灵活应对美联储货币政策调整的外溢效应。

第三，坚持就业优先政策，加快破除劳动力市场结构性矛盾，促进就业扩容提质。就业是民生之本，在宏观调控各项政策中要更加突出就业导向，并以就业为优先目标促进各类政策更好协调。当前，我国劳动力市场仍然存在劳动力技能结构与市场需求结构不匹配、部分制造业企业招工难与部分青年群体就业难矛盾并存、青年大学生就业质量不高和隐性失业等问题。应着力扩大劳动力市场的就业容纳能力，在产业升级过程中增强创造高质量就业岗位的能力。促进制造业与高等教育、职业教育、技能培训的互动融合，增强制造业就业机会对青年劳动者的吸引力，缓解制造业招工难问题。在公共就业服务方面，应增进政策的普惠性和精准性，一是将高校毕业生、农民工、退转军人、失业群体、就业困难人群等作为就业政策关照的重点，注重提升劳动技能和激发就业积极性，避免养懒人；二是加快消除各种就业歧视，把吸纳已育妇女就业情况纳入履行社会责任的考察；三是优化失业保险基金支出结构，更好发挥各类公共资金的就业促进作用。

当前在进行宏观经济治理的过程中，除了做好各项政策自身的研究设计之外，还应特别注重加强财政政策、货币政策与行业政策、竞争政策等的统筹协调。宏观经济管理部门一方面应在总体层面把握各项政策出台节奏节点，避免一段时期内多项可能产生紧缩效应的政策过于密集地推出；另一方面应充分研判与其他相关政策的联系以及可能产生的交互作用，既要防止相互掣肘，也要避免政策叠加共振。

ง 城镇化、区域、产业与金融

以高水平城镇化推动中国经济高质量发展[*]

城镇化是现代化的必由之路。城镇化与工业化互融共进，构成现代化的两大引擎。推进城镇化是解决"三农"问题的重要途径，是推动区域协调发展的重要支撑，是扩大内需和促进产业升级的重要抓手，对全面建成小康社会、全面建设社会主义现代化国家具有重要的现实意义和深远的历史意义。党的十八大以来，以习近平同志为核心的党中央站在我国城镇化发展新的起点上，从促进中国特色新型工业化、信息化、城镇化、农业现代化同步发展的高度，从战略和全局上作出部署，推动我国城镇化沿着正确的方向发展。

一　城镇化仍然是经济发展的重要推动力

改革开放不断深入，体制机制的不断完善，极大解放和发展了生产力。改革开放40多年来，我国经历了人类历史上规模最大、速度最快的城镇化进程。40多年来，我国经济能够保持9.5%以上的

---

[*] 节选自作者2019年6月2日在"中国城市百人论坛2019年会"上的演讲。

年均增长率，总量跃居全球第二位，离不开城镇化的支撑作用。1978年至2018年，我国城镇人口从1.7亿人增加到8.3亿人，城镇化率从17.9%快速增长至59.58%，已经超过了世界平均水平。城市数量从193个增加到657个，建制镇增加约10倍。城镇化、工业化快速发展，吸纳了数亿农村剩余劳动力进城就业，极大提高了城乡居民收入和生活水平，促进了农村剩余劳动力的流动，促进了人力资本的积累。一大批新型城市崛起，京津冀、长三角、珠三角等大城市群更是成为带动我国经济快速发展的增长极，也是我国参与国际经济合作与竞争的主要力量。城镇化还通过推动城市工业由弱到强，服务业从小到大，创造了三次产业结构红利，提高了潜在经济增长率。我国用短短40多年时间完成了西方国家200年才完成的城镇化进程，走出了具有中国特色的城镇化之路，这是人类发展史上的奇迹！未来中国的城镇化还有多大空间，对中国经济发展的拉动力还有多大，是许多人关心的问题。

按照2035年基本建成富强民主文明和谐美丽的社会主义现代化国家的战略目标，按城镇化年均提高0.6个百分点计算，届时中国城镇化率大体达到70%的水平，也就是说，大体上还将有1.5亿人口从农村进入城镇生活和就业。考虑到城镇已有基础设施提高和完善以及新增基础设施的新需要，考虑到城镇无户籍常住人口同城待遇和教育、医疗、养老等基本公共服务均等化，考虑到居民收入增长带来消费需求总量增加及消费升级对第二、第三产业的拉动效应，未来15年城镇化仍将是中国经济发展的重要力量。

中国特色社会主义进入新时代，社会主要矛盾发生深刻变化，开启了全面建设社会主义现代化强国的新征程。党的十九大报告明确指出，我国经济已由高速增长阶段转向高质量发展阶段，正处在转变发展方式、优化经济结构、转换增长动力的攻关期。发展阶段的转变，对城镇化发展提出了更高的要求。在我们这样一个拥有14

亿多人口的发展中大国实现城镇化,决不能走粗放扩张、人地失衡、过度举债、破坏环境的路子。城镇化发展必须坚持创新、协调、绿色、开放、共享的新发展理念,必须坚持以人为核心,必须坚持从规模扩张转向质量提升,释放出巨大潜力,为新时代我国经济高质量发展注入新动能。

与过去40多年的城镇化有所不同,今后的城镇化是高水平城镇化,其内涵包括:以人为本,提高城镇人口素质和居民生活质量;优化布局,促进大中小城市和小城镇合理分工、功能互补、协同发展;生态文明,着力推进绿色发展、循环发展、低碳发展;传承文化,建设有历史记忆、地域特色、民族特色的美丽城镇。今后更高质量、更有效率、更加公平、更可持续的高水平城镇化,将释放出巨大的经济增长潜力,将为全面建成小康社会,实现两个一百年奋斗目标提供重要支撑。

二 高水平城镇化的关键是"四化"协同联动

习近平总书记指出,作为一个后发国家,我们实现现代化要后来居上,不能走西方发达国家那样工业化、城镇化、农业现代化、信息化顺序发展"串联式"老路子,必须走一条中国特色新型工业化、信息化、城镇化、农业现代化同步发展的"并联式"新路子。"四化"协同联动既是我国社会主义现代化建设的战略任务,也是加快发展方式转变、促进我国经济持续健康发展的动力。新型工业化是主动力,信息化是融合器,城镇化是大平台,农业现代化是根本支撑。"四化"密切联系、不可分割、相互促进。

随着我国信息化与工业化深度融合、工业化与城镇化良性互动、城镇化与农业现代化相互协调的步伐明显加快,在城镇化快速推进过程中积累的突出矛盾和问题日益凸显。正如习近平总书记所指出的,两亿多进城农民工和其他常住人口还没有完全融入城市,没有享受到同城市居民完全平等的公共服务和市民权利,"玻璃门"现象较为普遍;一些地方城镇建设规模扩张过快、占地过多,盲目"摊大饼"问题突出,对保护耕地和保障粮食安全构成威胁;许多城市资源环境承载能力减弱,水土资源和能源不足、环境污染等问题凸显;相当一部分城市建设规模和速度超出财力,城市政府财政和金融风险不断累积;城市社会治理体制和水平滞后于人口流动、社会结构变化、利益诉求多样化的趋势,一些地方城市病的兆头比较明显,社会稳定面临许多挑战。造成这些问题的原因既有体制机制方面的,也有管理方式方面的,主要还是由于偏离了新发展理念的根本要求,偏离了以人为本这个核心,偏离了正确的城镇化发展方向,没有实现新型工业化、信息化、城镇化、农业现代化同步发展。

高水平城镇化必须坚持产城融合,城镇建设为产业发展夯实基础,为人口流入创造条件,各具特色的城市产业体系为增加就业提供机会,从根本上解决有城无产的问题,解决房地产一业独木支撑的问题。高水平城镇化必须坚持城乡统筹,城镇发展为农村发展提供动力,不断提高农业现代化水平为城镇化提供基础保障,从根本上破解城乡二元分割,解决城市建设占地与农业用地数量和质量保证之间的冲突问题。高水平城镇化必须不断提高信息化水平,城镇建设为信息化创造应用空间,推动先进生产力与经济社会深度融合,信息化为城市管理和治理提供新的手段,从根本上解决城市社会治理体制和水平滞后于人口流动、社会结构变化、利益诉求多样化的问题。

三 深化改革为高水平城镇化提供制度保障

推进高水平城镇化，实现四化协调联动，推动我国经济高质量发展，关键是深化改革。一是全面深化户籍制度及配套改革。坚持以人为本，推进以人为核心的城镇化，提高城镇人口素质和居民生活质量，把推进农业转移人口市民化作为首要任务，关键是继续加大户籍制度改革力度，完善城乡建设用地增减挂钩、人地钱挂钩机制及相关配套政策，积极推动已在城镇就业的农业转移人口落户。加快城乡基本公共服务均等化步伐，扩大居住证享受公共服务的范围，并逐步与户籍制度并轨，实现基本公共服务城镇常住人口全覆盖，最终实现市民化与城镇化同步。二是建立多元可持续的资金保障机制。财力是城市发展的生命线，推进城镇化必须解决好资金保障问题。要完善财政转移支付制度，合理分配农业转移人口市民化成本，建立健全城镇基本公共服务支出分担机制。建立财政转移支付同农业转移人口市民化挂钩机制。完善地方税体系，充实地方政府自有财力，增强地方政府提供基本公共服务能力。继续深化政府和社会资本合作，强化金融支持，多渠道保障城镇化资金需求。三是完善城乡融合发展体制机制。城镇化是城乡协调发展的过程。没有农村发展，城镇化就会缺乏根基。以深入实施乡村振兴战略和新型城镇化战略为抓手，以缩小城乡发展差距和居民生活水平差距为目标，建立健全城乡融合发展体制机制和政策体系，切实推进城乡要素自由流动、平等交换和公共资源合理配置，重塑新型城乡关系。

推进中国特色城镇化是史无前例的伟大创举。我国是一个发展中大国，不仅人口多，而且发展不平衡、不充分的问题突出，城镇化进程中面临的问题和挑战会更多，需要深入的研究探索。中国社会科学院将与中国科学院、中国工程院加强合作与交流，坚定不移地以习近平新时代中国特色社会主义思想为指导，以城镇化进程中重大理论和实践问题为主攻方向，不断推出高水平成果，为推动城镇化高质量发展提供学理支撑，为实现"两个一百年"奋斗目标、实现中华民族伟大复兴的中国梦做出应有的贡献。

推动新型城镇化高质量发展*

一 推动新型城镇化高质量发展是
构建新发展格局的重要举措

2020年以来，以习近平同志为核心的党中央，深刻把握我国发展阶段、环境、条件变化，作出加快构建以国内大循环为主体、国内国际双循环相互促进的新发展格局的重大战略部署。这是事关全局的系统性深层次变革。

推动新型城镇化高质量发展，是扩大内需的有效途径，是构建新发展格局中的重要举措。2019年，我国常住人口城镇化率达到60.6%，但户籍人口城镇化率仅有44.38%，存在十几个百分点的差距；常住人口城镇化率仍在以每年一个百分点的增幅提高，这个趋势还将延续一段时间；全国城镇化水平呈现东中西梯度降低格局，不平衡不充分的问题仍然突出。未来15年，推动城镇化高质量发展，打通制约国内大循环的堵点断点，建设现代化经济体系，促进生产要素市场化配置和商品服务跨区域流动，有利于把大规模市

---

* 节选自作者2020年10月25日在"中国城市百人论坛2020年会"上的演讲。

场和内需潜力释放出来，有利于防范重大风险挑战，为构建新发展格局提供战略支撑。

二 人文、智慧与生态是推动新型城镇化高质量发展的方向和重点

改革开放以来，我国创造了世所罕见的经济快速发展奇迹和社会长期稳定奇迹，经历了人类历史上规模最大、速度最快的城镇化进程，走出了一条具有中国特色的城镇化道路。随着经济规模的扩张和潜在增长率的回落，我国已经从高速增长转向高质量发展阶段，新型城镇化也进入了高质量发展阶段。"十四五"时期及未来一个时期，新型城镇化呈现新趋势。

一是将更具包容和人文关怀。在新发展阶段，进城务工人员将成为新型城镇化的主体，平等分享公共服务的进程将明显加快。高校毕业生成为城镇新增人口的主体，城镇人口的知识文化水平将持续提升，对精神文化消费的需求不断增长。如果说城镇化上半程的主题是"人们来到城市是为了生活"，那么下半程的主题就是"人们居住在城市是为了生活得更好"。在这种趋势下，人民安居乐业、安全健康成为城市发展的基础目标，推进以人为核心的城镇化，解决住房、就业等基本问题，加快建设优质的教育、文化、康养等人文环境，提高柔性化治理和精细化服务水平，让新老市民共享健康、安全、宜居的高品质生活，是推动新型城镇化高质量发展的努力方向。

二是将更加集约和智慧。在新发展阶段，都市圈和城市群发展格局日益明显，继续增强中心城市和城市群等优势区域的经济和人口承载能力，是符合客观规律的。但是，城市单体规模不能无限扩张，密度提升、结构优化、盘活存量将成为主流。同时，数字化、

智慧化已经成为城镇化的新方向,公共服务、社会治理等领域的数字化,将提高城市的智能管理水平,带动社会性和技术性基础设施建设投资。这些都是扩大内需的重要支撑。

三是将更加生态和安全。在新发展阶段,不断满足人民对美好生活的需要,还必须建立高质量的城市生态系统和安全系统。城镇绿化、污水处理、垃圾无害化处理等需求将得到逐渐满足;绿色建筑、低碳出行、生态城区将得到普遍加强;天更蓝、地更绿、水更清的生态城镇化将加快步伐;城乡的自然景观、特色风貌和历史文化将得以修复和保持;自然格局、山水脉络、气象条件得到尊重和保护。城镇居民在享受现代化公共服务的同时,能够"望得见山,看得见水,记得住乡愁"的愿望得到逐步实现。重视对各种自然灾害和事故灾难的应对,健康、安全和韧性的城镇化将显著加强。

三 推动新型城镇化高质量发展必须以改革创新为根本动力

要更多通过改革的办法,破除制约新型城镇化高质量发展的体制机制障碍,激发发展新动能。一要处理好政府与市场关系。要建立完善各类交易平台,发挥中介机构作用,真正使市场在资源配置中起决定性作用。在加强顶层设计、提供公共物品方面,不断提高行政效率和服务质量,做好城市布局规划、社会公平、保护环境、基础设施建设等方面,更好发挥政府作用。二要加快构建新型城乡关系。以协调推进新型城镇化战略和乡村振兴战略为抓手,建立健全城乡融合发展的体制机制和政策体系,切实推进城乡要素自由流动、平等交换和公共资源合理配置。三要深化重点领域改革。全面深化户籍制度及配套改革,放开放宽除个别超大城市外的城市落户限制；完善配套政策，取消落户的各种无形门槛；建立基本公共服务与常住人口挂钩机制。改革土地管理制度，完善进城落户人口与建设用地供应挂钩机制，深化农村宅基地制度改革试点。

新型城镇化战略优化应重点关注的几个问题[*]

习近平总书记指出，战略问题是一个政党、一个国家的根本性问题。党的十八大以来，以习近平同志为核心的党中央，对城镇化工作作出一系列战略部署，推动我国城镇化沿着正确方向发展，取得历史性成就。2020年4月，习近平总书记强调要完善城市化战略，更好推进以人为核心的城镇化，使城市更健康、更安全、更宜居，成为人民群众高品质生活的空间。我们要深入学习贯彻习近平总书记的重要论述精神，深刻把握我国城镇化发展规律，优化新型城镇化战略，推动城镇化高质量发展。

一 关于人口流出地可持续发展的问题

城镇化是人口由农村到城市，由小城镇到大城市流动的过程。经过40多年发展，我国常住人口城镇化率已经提高到60%以上。几亿规模的人口流动，在推动流入地产业转型升级和经济结构优

---

[*] 节选自作者2021年11月6日在"中国城市百人论坛2021年会"上的演讲。

化，进而提高国家整体经济发展质量的同时，也给人口流出地的发展带来一些负面影响。农村大量青壮年劳动力外出务工，留下的主要是老人、妇女和儿童，人口老龄化和村庄"空心化"问题日益严重，对农村产业发展和结构优化形成制约，农业农村发展难以跟上工业化、城市化的步伐。城镇化是解决城乡差距的根本途径，但在我国拥有14亿人口的国情下，城乡将长期共生并存，这决定了必须推动新型城镇化与乡村振兴协调发展。乡村振兴的关键是人才。从第七次全国人口普查数据反映的情况来看，农村人口外流的趋势仍在延续，人口老龄化速度大幅快于城市。在这样的情形下，乡村振兴如何发展？这是摆在我们面前的一道难题。

近年来，东北地区人口大幅减少，引起全社会广泛关注。2010—2020年，东北地区常住人口减少了1100多万。由于人口外流和老龄化加剧，东北地区出现了有效劳动供给不足、社会保障负担加重、房价跌落、就业困难等一系列问题，给当地经济社会发展造成负面影响。党中央高度重视东北振兴问题，出台了一系列政策措施。但在一定程度上来讲，学术和政策层面对东北人口流出问题的研究和认识还相对不足。我们要深入研究东北地区人口外流问题，抓住本质，摸清规律，研判走势，为党中央国务院决策提供学术支撑。

二 关于大中小城市协调发展的问题

进入21世纪以来，党中央明确提出促进大中小城市和小城镇协调发展。然而，在多种因素的共同作用下，我国的城镇化格局还不够科学合理，出现了超大、特大城市过度膨胀，部分中小城市特别是小城镇萎缩，城市发展两极分化加剧的现象。2010—2020年，我国超大、特大城市数量从12个增加到21个；常住人口规模从

16284万增长到29255万，占全国人口的比重从12.15%提高到20.72%。同期，小城市数量从493个减少到466个；常住人口规模从35126万下降到32429万，占全国人口的比重从26.22%下降到23.16%；建制镇镇区人口规模减小更为显著，从21187万下降到18275万，降幅超过15%。2010—2019年，超大、特大城市和中小城市的建成区面积均有所增长，但前者相对后者增长更为迅速；超大、特大城市建成区面积占全国设市城市建成区面积的比重从21.39%增长到28.65%，小城市的这一比重则从34.51%降到25.74%。超大、特大城市规模过大，部分城市已经超出其资源环境承载力和治理能力，加大了医疗、教育、住房等公共服务的供需矛盾，引发了一系列城市病。同时，人口和经济活动向超大、特大城市过度集聚，对中小城市形成了竞争，在一定程度上挤压了部分中小城市的发展机会，加剧了地区和城镇间的不平等。

更好推进以人为核心的城镇化，必须因地制宜推进城市空间布局形态多元化，努力形成大中小城市协调发展的新格局。东部地区应优化城市群内部空间结构，合理控制大城市规模，推动城市组团式发展，形成多中心、多层级、多节点的网络型城市群结构。中西部有条件的省区，可以培育多个中心城市，避免"一市独大"的弊端。大城市应高度重视人口和社会可持续发展，不断增强辐射和带动作用，通过建设一批产城融合、职住平衡、生态宜居、交通便利的郊区新城，推动多中心、郊区化发展，逐步解决中心城区人口过密和功能不协调的问题；中小城市应特别重视基础设施、产业支撑、公共服务和就业保障；县域应努力提高基本公共服务均等化水平，推动以县城为中心的城镇化发展，助力解决中小城市萎缩问题。

三 关于城市更健康更安全更宜居的问题

城镇化是人类走向更加智慧与文明的过程，也是自然环境和人文环境从冲突到和谐的过程。过去四十多年，我们通过大规模物的城镇化创造了人类发展奇迹，同时也暴露出粗放扩张、人地失衡、过度举债、破坏环境等问题，对生态环境和历史文脉造成了一些不利影响。

要使城市成为人民群众高品质生活的空间，就必须坚持以人民为中心的发展思想，把生态和安全放在更加突出的位置，统筹城市布局的经济需要、生活需要、生态需要、安全需要，实施人文、生态和智慧三位一体的城市发展战略。要重视人文关怀，保护历史文化遗产，传承历史文化基因，提升现代文化素质，塑造现代人文精神，探索现代治理体系。要突出生态优先，把生态文明融入城镇化的全过程，坚持绿色发展和低碳发展，保护生物多样性，修复生态环境，建设生态基础设施，促进产业生态化发展。要实施智慧驱动，利用智慧技术对城市的软件与硬件进行重塑，对城市化的各行各业进行再造，以智慧技术倒逼城市持续创新和不断发展。要以人文城镇化引领生态与智慧城镇化，以智慧城镇化提升生态和人文城镇化，以生态城镇化支撑人文与智慧城镇化。

抓住战略机遇
推进粤港澳大湾区高质量发展*

推进粤港澳大湾区建设，是习近平总书记亲自谋划、亲自部署、亲自推动的国家重大发展战略。2021年全国"两会"审议通过了国家"十四五"规划和2035年远景目标纲要，明确了我国未来5年乃至15年发展的宏伟蓝图。我们要从全局和战略的高度，准确把握"十四五"规划要点，分析粤港澳大湾区发展面临的新机遇，推动粤港澳大湾区实现高质量发展。

一 准确把握"十四五"时期的大变局

习近平总书记强调，当今世界正经历百年未有之大变局，新冠肺炎疫情全球大流行使这个大变局加速演进。"十四五"时期我国发展面临的环境，大变局是关键变量。

第一，大变局的主要方向是国际力量对比深刻调整。突出表现在三个方面：一是东西实力渐趋平衡。根据国际货币基金组织预

---

* 节选自作者2021年3月27日在"'十四五规划'与粤港澳大湾区发展新机遇论坛"上的演讲。

测，未来5年，以中国为代表的新兴经济体的经济增速，将高于发达经济体2个百分点以上，经济总量将继续以较快速度逼近发达经济体。二是政治格局更趋多极。近年来，美国的全球领导力大幅下降，越来越多国家包括美国的传统盟友，纷纷走上战略自主道路。未来一个时期，大国竞争明显强化、合作总体弱化、关系加速分化，由美西方主导国际政治的旧格局正在发生深度调整。三是中美竞争日趋激烈。2020年我国GDP总量已达到美国的70%以上，超过日本高速增长时期曾经达到的高度。"十四五"时期，假定我国GDP以年均5%的增速增长，将有可能在2023年后跨入高收入国家行列。相比之下，美国经济减速、政治动荡、社会撕裂更趋明显，必然向外转移矛盾。我国在政治、经济、科技等方面的压力不会减弱。

第二，大变局的重要动力是新一轮科技革命。大国崛起的历史经验表明，谁能抓住科技革命先机，谁就能占据大国竞争的制高点。新一轮科技革命正处于重大突破的历史关口，为争夺新一轮科技竞争的制高点和主导权，各国普遍加大科技创新力度，主要大国在新一代信息通信技术、量子计算、人工智能和生物技术等领域的竞争将更加激烈，成为推动未来全球格局变化的重要因素。

近年来，我国在高科技领域话语权逐渐上升。尽管个别发达国家以"国家安全"为名，不惜以"全政府"手段打压我国科技领军企业，但我国具有技术代际跨越和超大规模市场的独特优势，在部分科技领域和主要发达国家的差距已大幅缩小，5G、高铁、输变电等战略性新兴技术领域更是站在全球前沿。新兴技术与完备的产业体系、广阔的国内市场深度融合，正在促进我国经济发展方式发生巨变，为全面建设现代化国家带来历史性机遇。

第三，大变局的催化因素是新冠肺炎疫情全球大流行。为控制疫情，各国采取旅行禁令、居家隔离、封城甚至封国等措施，致使全球经济社会活动失序甚至陷入停摆。面对疫情冲击，各国更加重视产业链供应链安全，生产网络呈现区域化、本地化、分散化趋势，助推单边主义、保护主义和民粹主义进一步抬头，经济全球化阻力增加。各国推行的扩张性政策，带来债务激增、通胀飙升和国际货币体系失衡等一系列问题，加剧全球经济金融体系的脆弱性。在抗击疫情中，全球多边机制以及国际组织的影响力、效力面临严峻挑战，全球治理失序、失焦、失灵等问题反复出现。

疫情使世界科技发展进程明显加快。为抗击疫情，机器人、物联网、人工智能、生物技术等新技术应用不断涌现，云经济、云消费、云办公迅猛发展，给人们的工作方式和生活习惯带来不可逆转的改变。展望未来，数字技术仍将持续驱动新业态、新模式和新产业加速成长。

面对疫情，我国坚持人民至上、生命至上，尊重科学，统筹推进疫情防控和经济社会发展，取得抗击疫情的重大战略成果，率先实现生产和生活的正常化，中国之治与西方之乱形成鲜明对比，显著提高了我国国际影响力、感召力、塑造力。

第四，大变局的基本特征是全球治理体系变革。在由西方国家主导的现行全球治理体系中，广大新兴和发展中国家话语权明显不足，更加难以适应时代变化。全球治理体系将进入破、立并存的调整期。发展中国家要求全球治理体系能够及时反映和确认各国相对实力的变化。一些发达国家则认为现行全球治理体系已经不能持续地维护其自身相对优势，转而以退促变、以压促变。未来一个时期，发达经济体和新兴经济体在稳定世界经济、完善多边体系和改善全球治理等方面的博弈将更加激烈。

积极参与全球治理体系改革是时代赋予我国的历史使命。作为世界第二大经济体，我国在维护自身利益的同时，也将承担起相应的国际责任，继续为实现更加包容开放的世界经济提供动力，为推动构建人类命运共同体提供机会。

二 深刻理解"十四五"规划的战略要点

"十四五"规划开启了我国现代化国家建设的新征程，其战略要点是，科学把握新发展阶段，深入贯彻新发展理念，加快构建新发展格局。

第一，准确理解新发展阶段的深刻含义。我国进入新发展阶段，是指经过改革开放40多年的不懈奋斗，特别是党的十八大以来的大变革、大发展，我国取得了全面建成小康社会、实现第一个百年奋斗目标之后，乘势而上开启全面建设社会主义现代化国家新征程、向第二个百年奋斗目标迈进的历史时期。新发展阶段之所以新，就在于这个阶段更加注重高质量发展、全体人民共同富裕、人的全面发展、人与自然和谐共生。这对我们开展工作提出了新的更高要求。

第二，系统把握新发展理念的丰富内涵。新发展理念是习近平总书记在深刻总结国内外发展经验教训、深入分析国内外发展大势的基础上提出的，是确保我国高质量发展，管根本、管全局、管长远的理论指导和实践指南。必须坚持以人民为中心的发展思想，坚持问题导向，把新发展理念贯穿到发展的全过程和各领域，切实转变发展方式，推动质量变革、效率变革、动力变革，实现更高质量、更有效率、更加公平、更可持续、更为安全的发展，让发展成果更多更公平惠及全体人民。

第三，加快构建以国内大循环为主体、国内国际双循环相互促进的新发展格局。加快构建新发展格局，是"十四五"乃至更长时期内我国经济发展的顶层设计，是我国把握发展主动权的先手棋，是全面实现中国式现代化的必然选择。必须坚持创新在我国现代化建设全局中的核心地位,坚定不移实施创新驱动发展战略,把科技自立自强作为国家发展的战略支撑和重中之重,加快解决制约科技发展的关键问题,推动创新引领发展。必须牢牢把握扩大内需这个战略基点,采用改革的办法,使经济循环畅通无阻,增强国内大循环在双循环中的主导作用,提高对全球资源要素的吸引力。必须坚定不移推动高水平对外开放,重视以国际循环提升国内循环的效率和水平,塑造我国参与国际合作与竞争的新优势。

三 把握"十四五"时期粤港澳大湾区的发展机遇与战略重点

粤港澳大湾区作为中国改革开放的最前沿、经济发展的核心区、坚守"一国"之本、善用"两制"之利的优势区,是我国经济国内大循环和国际大循环的重要接合部,是国家规划建设的丝绸之路经济带和21世纪海上丝绸之路对接融汇的重要支撑区。进入新发展阶段,推动粤港澳大湾区高质量发展,是我国加快构建新发展格局、实现现代化国家建设宏伟蓝图的重大举措。"十四五"时期,大湾区面临诸多机遇,应抓住战略重点,实现高质量发展。

第一,加快建设形成具有全球影响力的国际科技创新中心。珠三角地区市场化程度高,产业链条完整,具有科技成果转移转化的显著优势,但国际顶尖高校资源不足,基础研究、原始创新相对薄弱。香港不少高校在部分基础研究领域具有一定优势,但由于空间狭小,产业结构以服务业为主,产学研结合、科技成果转移转化依托不够。因此,大湾区在科技创新方面既有互补需求,也有较好的合作基础。

"十四五"时期,我国坚持创新驱动发展,把科技自立自强作为国家发展的战略支撑,强化国家战略科技力量,完善科技创新体制机制，适度超前布局国家重大科技基础设施，提升重点区域的创新策源能力和全球资源配置能力，人才、资金等创新要素将加速向粤港澳大湾区集聚，为大湾区建设国际科技创新中心带来新机遇。《粤港澳大湾区发展规划纲要》明确提出，将大湾区建设成为"具有全球影响力的国际科技创新中心"。国家"十四五"规划进一步提出，支持"粤港澳大湾区形成国际科技创新中心"。从"建设"到"形成"，两字之差充分体现了党中央对大湾区的殷切期待，应将国际科技创新中心建设作为新发展阶段大湾区高质量发展的首要战略重点。

一是共建世界级区域创新共同体。进入新发展阶段，通过科学把握建设国际科技创新中心对利用大湾区本土资源和市场的要求，深入推动科技设施开放共享，促进各类创新要素集聚，激发人才创新活力，积极争取国家战略科技力量在大湾区布局。通过健全区域创新协同制度，让区域科技创新资源要素循环畅通起来，全流程打造基础研究、技术开发、成果转移转化和产业创新的完整创新链，加快形成优势互补、合作共赢的世界级区域创新共同体。

二是营造以大湾区为中心的国内国际双循环科技创新网络。具有全球影响力的国际科技创新中心，本质上是要成为国内国际双循环的科技创新结合中心。按照党中央的战略部署，大湾区形成国际科技创新中心应在做好区内科技创新循环的基础上，自觉打破自家"一亩三分地"，以国内国际双循环的大格局积极探索国际科技创新合作、标准对接、规则对接、资格互认等制度创新，寻求更高水平的创新合作和更高效的科技资源配置，营造以大湾区为中心节点的国内国际双循环科技创新网络。

第二，加快建设具有更高国际竞争力的先进制造业基地。制造业是立国之本，强国之基。粤港澳大湾区是全球制造业基础最雄厚、门类最齐全、产业链最完整的地区，特别是在通信设备、计算机、电子信息、高端装备制造等领域具有很强的产业基础,产业集群化发展特征明显。"十四五"规划提出坚持把发展的着力点放在实体经济上,加快发展现代产业体系,坚定不移建设制造强国,将为大湾区提升产业链供应链现代化水平,发展战略性新兴产业、统筹推进基础设施建设和加快数字化建设,形成具有更高国际竞争力的先进制造业基地带来新机遇。

一是以智能化发展推动制造业结构升级。通过深入实施工业强基工程,培育一批具有系统集成能力、研发能力和生产能力的智能制造骨干企业。通过推进数字技术与制造业深入融合,加快推进工业互联网平台建设,推动工业数据创新应用,全面提升产业数字化网络化智能化水平,为传统产业转型升级赋能。通过促进现代服务业与先进制造业融合发展,精准强化服务实体经济的能力,支持汽车、石化、家用电器、装备制造、电子信息等优势产业做精做强。

二是加快形成具有自主可控、安全高效的现代产业链供应链。充分发挥大湾区在技术创新、电子信息制造等方面的综合优势,进一步向服务器、存储设备、关键芯片等高端领域延伸,建立涵盖信息技术产业各环节的整体优势。紧抓前沿技术创新机会窗口,在物联网、区块链、人工智能等新技术领域,发挥大湾区不同城市在基础研究、产业化创新、应用市场等方面的互补优势,打通创新链、产业链和价值链,打造全球领先的数字产业集群和创新策源地。以珠海、佛山为龙头建设珠江西岸先进装备制造产业带,以深圳、东莞为核心在珠江东岸打造电子信息等世界级先进制造业产业集群。对于部分确实缺乏竞争力的产业,应在抓住产业链、供应链关键环节的前提下,引导产业有序向外转移,逐步形成以我为主的全球生产网络。

第三,加快构建具有更高标准的现代国际金融枢纽。粤港澳大湾区具有全国一流的金融资源,香港、深圳、广州现代金融业加速发展，正在成为全球重要的金融资源集聚高地。"十四五"时期，国家全面深化改革，建立现代金融体制，扩大服务业对内对外开放，推动生产性服务业融合发展，为大湾区推动金融等生产性服务业向专业化和价值链高端延伸，推动供应链金融、信息数据、人力资源等服务创新发展，破解合作发展中的制度差异问题带来新机遇。

一是加快金融体制改革，促进粤港澳金融深度融合发展。继续推进粤港澳三地人民币跨境结算便利化，逐步实现人民币在大湾区的自由流动、自由兑换，为国家稳慎推进人民币国际化形成可复制可推广的经验。推动大湾区跨境贸易和投融资便利化，建立粤港澳金融风险共同防范机制，推动粤港澳市场标准、行业标准与管理规则对接，加快推进区域金融市场一体化进程。

二是强化金融集聚效应，促进大湾区有序竞合发展。进一步促进金融资源向广深等中心城市集聚，推动大湾区战略性新兴产业发展。提升香港国际金融中心地位，发挥香港金融服务对大湾区产业升级的支持力度。发展澳门特色金融产业，鼓励资金向内地多元化投资。建设相互连接的大湾区金融市场体系，形成错位互补发展、有序竞合的新格局。

三是积极发展新业态新模式，不断增强金融服务实体经济能力。大力发展科技金融，通过完善多层次资本市场体系，强化政府扶持、科技贷款、科技担保、科技保险、科技租赁的作用，鼓励金融渗透到产学研用各个环节，全面提高大湾区科技创新和成果转化水平。加快发展绿色金融，推动大湾区可持续发展。探索建立大湾区统一的碳金融市场，促进与国际碳市场对接，为实现国家碳达峰、碳中和目标发挥积极作用。

四是坚持向国际最优最高最开放规则标准看齐，以制度型开放创造国际竞合新优势。率先在金融、投资、贸易、技术、服务等领域面向全球和港澳开展更高水平的合作，实施极简负面清单，推行极简审批制度，实行最大限度的投资贸易自由化、便利化，全面提升金融市场一体化水平，营造国际一流营商环境，打造新发展格局下我国对外开放新高地。

第四，加快建设多中心网络化的世界级城市群。粤港澳大湾区是我国中心城市聚集程度最高的城市群。加快建设世界级城市群，既是大湾区发展的客观要求，也是支撑形成新发展格局的战略需要。"十四五"时期，国家优化国土空间布局，建设现代化都市圈，完善大中城市宜居宜业功能，推进以人为核心的新型城镇化，将为大湾区提升全球资源配置能力、加快建成国际一流湾区和世界级城市群带来新机遇。多中心网络化发展是世界级城市群发展的规律。新发展格局下，粤港澳大湾区建设成为充满活力的世界级都市圈，可遵循多中心网络化思路。

一是加快世界级都市圈建设。全球城市本质上是全球性都市圈。为充分发挥香港、澳门、广州、深圳四大中心城市的核心引擎作用，应加快推进香港—深圳、广州—佛山、澳门—珠海强强联合，加快建设通勤高效、一体发展的港深、广佛、澳珠三大现代化全球性大都市圈，形成强大的极点，支撑引领高质量发展。

二是加快构建现代化高速综合交通网络。通过积极承担亚洲高速交通枢纽的作用，进一步发挥国际港口和国际机场功能，加强世界海运、空运枢纽作用，以中国香港、中国澳门、广州、深圳为门户，加快形成周边国家2天送达、全球主要城市3天送达的"快货物流圈"，着力打造出行交通"全球主要城市一日圈""亚洲一日往返圈"。通过积极承担国内高速交通枢纽的作用，加快形成大湾区国内高速综合交通体系建设。

三是着力促进湾区东西两岸协同发展。探索珠海澳门跨制度融合发展模式，培育珠江口西岸核心城市。更好发挥港珠澳大桥作用，加快深圳—中山通道、深圳—茂名铁路等重要交通设施建设。支持珠江西岸城市与深、港等开展多种形式的合作共建，有序引导人口、产业、科创等要素向珠江口西岸集聚，不断提高区域协调发展水平。

推动长江经济带高质量发展[*]

实施长江经济带发展战略，是以习近平同志为核心的党中央作出的重大决策，是关系国家发展全局的重大部署，对实现"两个一百年"奋斗目标、实现中华民族伟大复兴的中国梦具有重要意义。习近平总书记高度重视长江经济带发展，于2016年1月5日和2018年4月26日两次专门主持召开推动长江经济带发展座谈会并发表重要讲话，为长江经济带发展提供了科学指引和重要遵循。

一 深刻把握习近平总书记关于推动长江经济带高质量发展的重要论述

习近平总书记站在时代和全局的高度，坚持问题导向，运用辩证思想和系统思维方法，创造性地提出了一系列新的重要思想、重要观点、重大举措，深刻回答了为什么干、干什么、怎么干等事关长江经济带发展的重大理论和实践问题，为新时代深入推进长江经济带发展指明了前进方向。

---

[*] 节选自作者2019年4月23日在"长江高端智库对话"上的演讲。

长江经济带发展必须放在国家发展全局的重大战略中把握。新时期，坚持新发展理念，建设现代化经济体系，实现高质量发展是做好经济工作的根本要求。长江经济带以共抓大保护、不搞大开发为导向，以生态优先、绿色发展为引领，依托长江黄金水道，推动长江上中下游地区协调发展和沿江地区高质量发展，是与"一带一路"建设、京津冀协同发展共同推进的区域发展三大战略之一，对新时代我国经济社会发展具有全局性重大意义。新中国成立70年特别是改革开放40年来，长江流域经济社会迅猛发展，综合实力快速提升，是我国经济中心所在、活力所在。长江经济带以占全国21%的国土面积承载着全国超过40%的人口和接近45%的经济总量，在国家发展总体格局中具有举足轻重的地位，长江经济带高质量发展决定着我国高质量发展的进程和成色。新时代，我们要将思想统一到习近平总书记重要讲话精神上来，统一到党中央的重大决策部署上来，加大长江经济带发展战略的实施力度，着力提高在长江经济带生态修复和生态环境保护上的主动性、创造性，使长江经济带成为我国经济高质量发展的样本，为实现中华民族伟大复兴的中国梦做出应有的贡献。

　　长江经济带发展必须坚持"共抓大保护、不搞大开发"的导向。习近平总书记指出，要把修复长江生态环境摆在压倒性位置，共抓大保护，不搞大开发。这是总书记推动长江经济带发展重要讲话精神的高度凝练，是对促进长江经济带实现科学发展、有序发展、高质量发展的战略考量和深谋远虑，深化了对自然规律、经济规律和社会规律的认识，是对区域发展理念的重大创新。共抓大保护强调必须将生态保护放在首要位置。长江是中华民族的战略水源地、重要的生态宝库和生态安全屏障区，从中华民族永续发展考虑，生态保护是压倒一切的。必须通过运用系统论的方法，发挥全流域、各部门协同作用，统筹长江山水林田湖草系统治理，切实保护好中华民族的母亲河。不搞大开发不是不要开发,而是不能搞破坏性开发,要坚决摒弃以牺牲环境换取一时经济发展的做法,不走先污染后治理、先破坏后修复的老路,长江经济带的开发一定要有底线,要有序有度有限地开发,坚持走生态优先、绿色发展的新路子,深入探索把绿水青山转化为金山银山的路径和方法,使绿水青山产生巨大的生态效益、经济效益、社会效益,把长江经济带建设成为我国生态文明建设的先行示范带,在全国率先实现高质量发展。

长江经济带发展必须正确把握"五大关系"。习近平总书记指出,推动长江经济带发展,关键是要正确把握整体推进和重点突破、生态环境保护和经济发展、总体谋划和久久为功、破除旧动能和培育新动能、自身发展和协同发展等关系。正确把握"五大关系",贯彻新发展理念,就要重点围绕全面做好长江生态环境保护修复工作,探索协同推进生态优先和绿色发展新路子,建设现代化经济体系,探索长江经济带实现社会主义现代化的路径和方法。

长江经济带发展必须牢固树立"一盘棋"的思想。习近平总书记指出,长江经济带作为流域经济,涉及水、路、港、岸、产、城等多个方面,要运用系统论的方法,正确把握自身发展和协同发展的关系。长江经济带的各个地区、每个城市在各自发展过程中一定要从整体出发,树立"一盘棋"思想,实现错位发展、协调发展、有机融合,形成整体合力。当前,长江经济带发展存在的无序低效竞争、产业同构,地区间圈地盘、抢资源、条块分割等突出问题,根源就在于很多地区将自身发展置于整体发展之上,破坏了整体效应的发挥。推动好长江经济带这样一个庞大集合体的发展,就必须要破除各自为政的思想,通过体制机制和政策举措的创新,做好区域协调发展"一盘棋"的大文章,从而实现有机融合、高效发展的目标。

长江经济带发展必须一张蓝图干到底。习近平总书记指出，推动长江经济带发展涉及经济社会发展各领域，是一个系统工程，不可能毕其功于一役。一方面要着力加强顶层设计，做好总体谋划；另一方面要以"功成不必在我"的精神境界和"功成必定有我"的历史担当，不驰于空想、不骛于虚声，一步一个脚印，踏踏实实干好工作，久久为功，把蓝图变为现实。各地要按照设定好的目标，制定明确的时间表、路线图，稳扎稳打，分步推进，以钉钉子精神，脚踏实地抓出成效，积小胜为大胜。

习近平总书记关于推动长江经济带高质量发展的重要论述立意深远、内容丰富、思想深邃、可操作性强，为推进长江经济带高质量发展指明了前进方向，提供了重要遵循，我们要认真学习领会，坚决贯彻落实，努力使长江经济带成为引领我国经济高质量发展的生力军。

二　以习近平总书记重要讲话精神为指引，推动长江经济带高质量发展

习近平总书记两次主持召开推动长江经济带发展座谈会并发表重要讲话以来，长江经济带发展取得显著成效。规划政策体系不断完善，共抓大保护格局基本确立，生态修复效果显著，生态环境持续向好，综合立体交通走廊建设加快推进，产业转型升级取得积极进展，新型城镇化持续推进，对外开放水平大幅提升，经济保持稳定增长势头，人民生活水平明显提高、获得感显著增强，长江经济带迈向高质量发展的基础更加坚实。但是，与总书记和党中央的期望相比，与高质量发展的要求相比，还任重道远，有很大的提升空间。

（一）推动长江经济带高质量发展要加快生态文明体系建设

保护生态环境就是保护自然价值，增值自然资本，就是保护经济社会发展潜力和后劲，使绿水青山持续发挥生态效益和经济社会效益。长江沿岸分布着40余万家化工企业，五大钢铁基地、七大炼油厂、三大石油化工基地，污染排放总量大、强度高。长江经济带废水排放总量占全国的40%以上，单位面积化学需氧量、氨氮、二氧化硫、氮氧化物、挥发性有机物排放强度超过全国平均水平1.5—2倍。要把长江经济带建设成为绿色生态廊道和生态文明建设的先行示范带，确保生态功能不退化、水土资源不超载、排放总量不突破、准入门槛不降低、环境安全不失控，就要加快长江生态文明体系建设。

一是努力构建以生态价值观念为准则的生态文化体系。树立尊重自然、顺应自然、保护自然的生态文明理念，保护长江水生态系统，维护人与自然之间形成的生命共同体，推动科学的文化价值观、可持续的生产方式、健康的消费方式在长江沿岸落地生根。二是努力构建以产业生态化和生态产业化为主体的生态经济体系。通过供给侧结构性改革和污染治理不断改善长江生态，为高质量发展拓展空间。积极探索绿水青山转化为金山银山的具体路径，不断创新生态产品价值实现机制和路径。三是努力构建以改善生态环境质量为核心的目标责任体系。按照生态文明建设先行示范带的战略定位以及和谐长江、健康长江、清洁长江、优美长江、安全长江"五江共治"的总要求，细化任务分解和进度目标，压实责任。四是努力构建以治理体系和治理能力现代化为保障的生态文明制度体系。划定生态红线，确立资源利用上线、环境质量底线，强化生态环境硬约束，确保长江生态环境质量只能更好、不能变坏。完善负面清单管理制度，明确长江沿线限制开发和禁止开发的岸线、河段、区域、产业以及相关管理措施。五是努力构建以生态系统良性循环和环境风险有效防控为重点的生态安全体系。开展资源环境承载能力监测预警评估，设置预警控制线和响应线，对用水总量、污染物排放超过或接近承载能力的地区，实行预警提醒和限制性措施。

（二）推动长江经济带高质量发展要强化东中西协同发展

长江经济带横跨东中西部，地区发展差异大。强化东中西协同发展，推动沿江省市实现错位发展、协调发展、有机融合，既是国家战略要求，也是推动共抓大保护、不搞大开发的应有之义。

一是加快交通基础设施互联互通，统筹推进水运、铁路、公路、航空、管道建设，大力发展多式联运，加快率先建成网络化、标准化、智能化的综合立体交通走廊。二是处理好产业转移升级的关系，加大对"飞地经济"发展的支持力度，鼓励和引导长三角、粤港澳大湾区等区域的资金、技术、人才和产业向长江中上游地区有序转移，强化高科技产业、绿色产业在长江经济带内陆地区的布局和发展，建设长江科技和绿色经济走廊。三是进一步简政放权，清理阻碍要素合理流动的地方性政策法规，清除市场壁垒，实施统一的市场准入制度和标准，加快实现基本公共服务均等化步伐，加快教育合作发展、公共文化协同发展、医疗卫生联动协作，完善区域社会保障体系，建立健全流域协调发展新机制。四是适应长三角区域一体化发展上升为国家战略的新形势和国家经济核心区由沿海向内陆拓展的内在要求，大力培育发展现代化都市圈，加快把长江中游城市群、成渝城市群建设成为国家核心城市群，形成新时代长江经济带东中西部协同发展新格局。

（三）推动长江经济带高质量发展要进一步提升规划引领作用

长江经济带发展从一开始就高度重视顶层设计和规划引领，从国务院到相关部委、沿江省市出台实施了一系列政策文件、规划、规划实施方案、行动计划等，为长江经济带健康发展做出了积极贡献。在实践中还需要加强规划衔接，提升规划引领作用。

一是进一步摸清长江经济带"家底"。总书记形象地比喻说，治好"长江病"，首先必须对母亲河进行一次"大体检"，开展长江生态环境大普查，系统梳理和掌握各类生态隐患和环境风险，做好资源环境承载能力评价。在"大体检"基础上开出好"药方"，编制好规划，才能做到明确重点、分类施策、系统提升。二是加强长江经济带相关规划与沿江省市各类规划之间的衔接，重点是把《长江经济带生态环境保护规划》中的要求贯彻到相关城市的空间规划、土地利用规划当中去。三是对已经取得的治理成效，要建立长效机制，坚决防止反弹。结合实施情况及国内外发展环境新变化，组织开展规划纲要阶段性评估，按照新形势新要求调整完善规划内容。

三 推动长江经济带高质量发展，要高度重视依靠体制机制创新激发内生动力

长江经济带高质量发展是一场攻坚战，也是持久战。只有激发内生动力，才能让发展更可持续，关键是要创新建立起一套行之有效的体制机制。体制机制创新应坚持问题导向，针对长江经济带发展协调性不足、管理碎片化等突出问题，加快推进重点领域、关键环节体制机制改革。

一是积极稳妥推进长江管理体制改革。长江经济带发展的新形势，对长江管理体制提出了新的要求。共抓大保护、不搞大开发要求打破部门藩篱，逐步改变政出多门、九龙治水的局面，推动航运、水务、生态环境等部门以及沿江省市统一行动，凝聚起推动高质量发展的强大合力。二是加快生态补偿机制建设。推动长江经济带建设不仅仅是沿江各地党委和政府的责任，也是全社会的共同事业。就目前来看，主要是政府在发力，企业、社会组织的参与度较

低。造成这一局面的根本原因是生态补偿机制没有建立起来，生态产品价值的实现机制尚未形成，难以对企业、社会组织参与长江经济带共抓大保护形成有效激励。因此，必须加快市场化、多元化的生态补偿机制建设，探索生态产品价值实现机制，让更多的企业、社会组织参与到共抓大保护当中来。三是加强依法治江的保障和能力。法治是守住长江生态环境底线的重要保障，也是改变区域协作虚多实少的重要指引。当前，与长江经济带有关的法律法规，立法层级不高，行政部门条例、规章多，而且省市间标准差异大，对流域协调发展形成了制约。应加快推进《长江保护法》立法工作，统一长江治理的法律规范。同时，要加大环境执法监督力度，推进联合执法、区域执法、交叉执法，强化执法监督和责任追究。加强环保、水利、公安、检察等部门协作，健全行政执法与刑事司法衔接配合机制。

持续推动黄河流域生态
保护和高质量发展[*]

党的十八大以来，习近平总书记高度重视黄河流域生态保护和高质量发展，多次深入黄河流域考察，亲自部署、亲自推动将黄河流域生态保护和高质量发展上升为重大国家战略。2021年10月22日，习近平总书记在济南主持召开深入推动黄河流域生态保护和高质量发展座谈会，并发表重要讲话，深刻阐明了推动黄河流域生态保护和高质量发展的一系列重大问题，明确发出了为黄河永远造福中华民族而不懈奋斗的号召。我们要深入学习贯彻习近平总书记重要讲话精神，深刻科学把握黄河流域生态保护和高质量发展的形势、发展战略和重点任务，加强相关重大理论和现实问题研究，为实现黄河永远造福中华民族的奋斗目标做出应有贡献。

第一，从全局高度深刻理解推动黄河流域生态保护和高质量发展的重大意义。黄河流经9个省区，是我国重要的生态屏障和重要的经济地带，黄河流域9省区2020年人口占全国总人口的30%以

---

[*] 节选自作者2021年12月17日在"中国社会科学论坛（2021年·经济学）：黄河生态文明国际论坛"开幕式上的演讲。

上，地区生产总值约占全国1/4，在我国经济社会发展和生态安全方面具有十分重要的地位。"黄河安，天下平。"党的十八大以来，以习近平同志为核心的党中央，将黄河流域生态保护和高质量发展作为事关中华民族伟大复兴的千秋大计和重大国家战略，围绕解决黄河流域存在的矛盾和问题，开展了大量工作，搭建黄河保护治理"四梁八柱"，整治生态环境问题，推进生态保护修复，完善治理体系，高质量发展取得新进步。同时，黄河流域仍面临生态底子差、水资源十分短缺、水土流失严重、资源环境承载能力弱、沿黄各省区发展不平衡不充分等突出矛盾和问题。这就要求，黄河流域必须持之以恒地进行大保护、大治理，持续走生态保护和高质量发展的路子。这对于保障黄河安澜，加快建设美丽中国，扎实推进高质量发展和共同富裕，彰显中华文明、增进民族团结和增强文化自信，为全球大江大河治理贡献中国智慧和中国力量，都具有重大现实意义和深远历史意义。

第二，加快构建人与自然生命共同体，持续推动黄河流域生态保护和高质量发展。习近平总书记指出，人与自然是生命共同体。大自然是包括人在内一切生物的摇篮，是人类赖以生存发展的基本条件，人类必须尊重自然、顺应自然、保护自然。黄河流域最大的问题是生态脆弱。治理黄河，重在生态，要在治理。治理黄河的过程，就是不断修复黄河生态系统，不断调整黄河流域人与自然关系的过程。贯彻"人与自然是生命共同体"重要理念，要求黄河流域必须把生态建设放在更加基础的位置，坚定不移走生态优先、绿色发展的现代化道路。准确把握保护和发展关系，坚决防止先污染后治理、重发展轻保护等思想，把黄河流域大保护作为关键任务，严守生态保护的红线和资源开发利用的上限，加快改善流域生态面貌，不断提高发展质量效益。准确把握全局和局部的关系，增强上中下游、左右岸一盘棋意识，有效统筹山水林田湖草沙系统治理，加快建立共抓大保护的体制机制，努力构建健康稳定高效的自然生态。坚定走绿色低碳发展道路，在经济社会发展全面绿色转型过程中，加快实现更高质量、更有效率、更加公平、更可持续、更为安全的发展。坚决落实好能耗双控措施，严格控制"两高"低水平项目盲目上马。根据水资源和生态环境承载力，优化能源开发布局，合理确定能源行业生产规模。合理控制煤炭开发强度，推动煤炭产业绿色化、智能化发展。推进煤炭清洁高效利用。

第三，从世界大河文明交流互鉴中汲取推动黄河流域生态保护和高质量发展的智慧力量。大江大河治理与人类文明兴衰密切相关，世界各地的大河流域孕育了多姿多彩的大河文明。奔腾不息的黄河同长江一起，哺育着中华民族，孕育了中华文明，塑造了中华民族自强不息的民族品格。在非洲，尼罗河和尼日尔河等滋养了沿线国家的生命万物，孕育了非洲地区的大河文明。人类社会的发展，是一部多元文明共生并进的历史。世界各地的人们在千百年治水实践中，积累了丰富的经验和智慧，这是人类共同的财富。"文明因多样而交流，因交流而互鉴，因互鉴而发展"。我们要积极总结和汲取这些治水的经验和智慧，结合各自特殊的国情水情，找到更加适合自己的大江大河治理之道。长期以来，中国与非洲各国在交流互鉴中，实现了共同进步、共同发展。未来，我们要继续深化世界大河文明交流互鉴，以母亲河保护为着力点、合作点，充分挖掘大河治理的经验和智慧，加强学术交流，开展文明对话，在互学互鉴中实现共同发展，不断增强中非人民的福祉。

推动能源生产和消费变革
加速能源清洁化进程[*]

推动能源生产和消费变革，提高清洁能源利用水平，关乎国家安全和民生福祉，需要体制、机制和技术上的创新，统筹考虑，综合施策，稳步推进。

一 进一步加快能源清洁化的必要性和基本途径

我国能源清洁化已经取得了巨大成就，但与国家战略和人民美好生活的需要相比，仍有很大提升空间，需要进一步加快推进。

（一）能源清洁化是保障能源安全、推进动能转换和国际责任担当的需要

我国能源消费需求仍将保持增长趋势，"以煤为主"的能源结构短期内难以改变，石油对外依存度高，从能源安全和改善环境质量视角，必须加快推进能源清洁化。2017年我国一次能源消费总量

---

[*] 节选自作者在政协第十三届全国委员会常务委员会第3次会议上的书面发言。

达到44.9亿吨标煤，煤炭占一次能源消费的比例高达60.4%。预计2040年我国煤炭占比仍高达36%，高出2017年27.5%的世界平均水平8.5个百分点。煤炭使用是重要的大气污染源，特别是雾霾形成的重要诱因，解决突出环境问题，打赢环境攻坚战，就必须以清洁能源加速替代煤炭。2017年，我国石油和天然气对外依存度分别高达68.9%和38.8%；预计未来还会上升到70%甚至更高，能源安全形势严峻。

可再生能源快速发展，市场前景广阔，有望成为经济增长新旧动能转换的重要推进器，但仍面临技术和体制的瓶颈制约，发展潜能尚未得到充分释放。2017年底，我国可再生能源发电装机达到6.5亿千瓦，发电量1.7万亿千瓦时，装机规模和发电量均列世界第一。2018年，我国纯电动汽车销量有望超过100万辆，2020年达到200万辆，是世界新能源汽车产销量最大、增速最快的国家。我国超超临界发电、特高压输电、可再生能源、电动汽车、高铁等许多能源清洁化技术与国际先进水平同步甚至领先，这些技术优势转化为经济优势，将有力推动新旧动能转换，拉动经济增长。

能源低碳化，体现大国责任担当。《巴黎气候协定》明确在2050年后实现温室气体净零排放。中国引领全球清洁能源革命，意味着不仅煤炭，就是相对低碳的石油天然气也将为零碳的可再生能源取代。

（二）加速能源低碳化的基本路径

推行化石能源尤其是煤炭清洁化利用，提升能源利用效率。短期内化石能源清洁化利用是能源清洁化的最重要途径。例如选煤、洗煤，全面推广洁净煤利用；适时提高并严格执行燃煤锅炉排放标准，依法惩治超标排放；大力推广燃煤电厂、供热锅炉超低排放技术；加强钢铁等高能耗原材料行业的节能改造，淘汰落后产能；严控城镇和重点农村地区的散煤燃烧。2017年，我国万元GDP能源为0.658万元GDP/吨标煤,与2006年的1.37万元GDP/吨标煤相比下降了52%;但高出世界平均水平57%,比发达国家高出一倍以上。差距是潜力,也是机遇所在。

规模利用可再生能源替代化石能源。可再生能源成本下降迅猛。我国公司在中东的光伏发电报价,低至0.16元/千瓦时,青海格尔木光伏发电应用领跑基地投标电价0.31元/千瓦时,比脱硫煤标杆电价(0.3731元/千瓦时)低20%,光伏发电整体电价短期内有望与火电持平,竞争性超过煤电。我国西北荒漠地区面积大、日照强,替代化石能源的潜力巨大,前景广阔。

在交通和建筑领域推进消费侧能源清洁化变革。交通用能清洁化,不仅要提升柴汽油品质,还要淘汰老旧汽车;不仅公共交通逐步全面使用新能源,更要鼓励居民使用新能源汽车,推动货运、航空、航运能源清洁化。推广绿色建筑,强化新建建筑实行绿色建筑标准;加速既有建筑的节能改造;加大可再生能源在建筑中的应用。

二 影响中国能源清洁化的主要问题及改革建议

制约能源清洁利用的因素很多,既有体制性、结构性及技术性因素,也有政策性因素,主要有以下四个方面。

一是能源管理体制上,政出多门,战略规划和宏观调控乏力。涉及能源管理的有发改、能源、工信、生态环境、住建、财政等十几个部门,缺乏统一协调、推进和监管的工作机制。长远战略规划和宏观调控的政府职责或缺位或错位。例如产能过剩的火电,2017年产能利用率仅50%左右,全国弃水、弃风、弃光达到1268亿千瓦时,仍然新增火电装机4578万千瓦。

建议强化宏观战略调控，整体协调推进能源清洁化。加快能源管理体制改革，涉及能源的事务由一个部门统筹协调，总体管理。国家能源主管部门的职责是从战略高度，总体规划能源；实施宏观调控，实现能源安全和清洁化的战略目标；强化监督管理，监督考核；制定相关标准，协调部门关系，确保能源政策的统一性和协调性。

二是能源市场改革不到位，缺乏公平合理的市场竞争机制，制约了能源清洁化进程。能源的生产和贸易，民营企业参与率低，市场竞争性较弱。

建议全面深化能源市场化改革，打破垄断，鼓励非国有资本和企业的进入，发挥市场在资源配置中的决定性作用。实行电网运营与配、售电分开，确保电力市场公平竞争和自由交易，并配套实施可再生能源发电配额交易制度。降低民营资本的准入门槛，鼓励民营企业参与能源清洁化领域的投资、研发和生产销售，提升市场活力。

三是在政策方面，一些政策存在着随意性强、市场信号不连贯及违反市场公平等问题。比如各类"试点"和特殊政策。一些"试点"仅仅停留在"试点"上。"试点"赋予了管理者选谁做"试点"和给谁补贴的权力，这就可能出现"寻租"，滋生腐败；一些企业弄虚作假，骗取补贴资金。拿到财政补贴资金的地区或企业，其生产成本大幅降低，获得额外的竞争优势，影响市场公平竞争。

建议在清洁能源政策方面，减少"摸着石头过河"的政策制定模式，战略导向明确，统一归口，分工协同，科学、权威、连续。一要强化政策的科学性、可操作性和政策效果的可预见性，微观上赋予政策调整一定的灵活性，总体保持政策的相对稳定性和延续性。二要以法治规范取代运动式执法，科学理性代替一刀切。及时修订标准过低、处罚过轻的法规；一旦颁布，党政同责，敬畏法律、依法行政；减少行政干预，保护企业和公民的合法权益。三要严控"试点"和特殊政策，以普惠政策为主。清理、总结现有"试点"，对"取得了成效，积累了经验的试点"，及时出台普惠政策；成效不明显的，及时取消。

四是在技术方面，清洁能源技术的推广普及面临内在挑战与外在阻碍。首先是可再生能源技术路径的多样性、复杂性及不确定性问题。可再生能源的核心竞争方式与传统能源不同，不是资源竞争，而是核心技术竞争；不仅是能源转换技术，还需要储能技术。例如太阳光伏或光热发电、光热直接利用，各种储能技术，多头并进或重点突破，皆有风险和不确定性。其次是一些地方保护主义政策阻碍落后产能的淘汰和新能源技术的推广。有些地方通过弃风弃光来保煤电发电小时数；还有些地方拒绝接收异地输入的风电、光伏发电电量。

建议在清洁能源技术管理方面重视弹性管理，以适应技术路径多样化的需求。在我国政府部门管制及引导较为强势的大环境下，不能押"宝"在某一或少量技术，应鼓励竞争，把技术的选择权更多地交给市场。依靠新能源技术的突破及其带来的成本竞争力，打破地方对化石能源的保护。将能源清洁化纳入地方考核内容。

深化能源体制机制改革
加快构建新型能源体系[*]

加快构建清洁低碳、安全高效的新型能源体系，实现"双碳"目标、确保国家能源安全和促进中国经济高质量发展，必须深化改革，尽快建立一套市场机制有效、政府监管有为、市场主体有活力的新型体制机制。

一 深化能源体制机制改革的必要性和紧迫性

（一）实现"双碳"目标需要新的体制机制为支撑

"双碳"目标是党中央深思熟虑作出的重大战略决策，也是构建清洁低碳、安全高效新型能源体系的必然选择。在未来不到40年时间里，中国碳排放需要从100亿吨左右下降到20亿吨左右，能源格局将发生根本性转变，并带来一系列新问题和新挑战。必须全面改革基于传统化石能源的现行体制机制，加快构建新型能源监管体制、市场机制和投融资体制。

---

[*] 节选自作者在政协第十三届全国委员会常务委员会第22次会议上的书面发言。

第一，未来可再生能源将成为主体能源，能源生产、传输和消费模式将发生根本转变。同时，大量小规模分布式新能源生产模式正在兴起，能源生产者和消费者的边界也将变得模糊。但是，现有根据化石能源特点建立的能源体制机制，难以推动能源体系新变革。

第二，在实现"双碳"目标过程中，化石能源既要逐步退出，又要承担调峰保供的功能。在新旧能源逐步转换过程中，如何同时做到充裕性和经济性，需要建立安全有效的机制。

第三，以可再生能源为主的新能源建设、储能设施建设、新型终端用能设备的生产（如燃料汽车）、基于新能源的制造业装备生产及工艺改造（如氢冶金）等，均需要巨量的新增投资，需要调动各类投资主体的积极性。

（二）能源安全风险呈现多元化、系统化趋势，传统风险犹存，新型风险迭出，需要建立系统的能源安全观和相应的机制保障

传统能源安全主要是能源供应安全。中国新能源的发展，长远有利于能源自给、提高能源安全水平。但随着终端能源电气化和能源绿色化、网络化、智能化的推进，一些新型能源安全风险不断涌现。随着可再生能源占比的快速提高，以及光伏、风电的间歇性、随机性特征，加上极端天气频发，导致电网安全风险显著增加。

另外，可再生能源装备制造对锂、钴、镍、稀土等稀有关键矿产资源需求大幅飙升，潜藏关键矿产资源安全风险。中国氢能与燃料电池所需的质子交换膜、催化剂等关键原材料依赖进口，新能源汽车、风电等领域所需要的高性能IGBT芯片，在设备、材料、芯片设计和晶圆制造依赖国外技术，能源生产供应链也面临风险。这些风险交织叠加，对经济安全和国家安全形成新的挑战，需要在系统安全观的框架下建立新的能源安全保障机制。

（三）国际地缘政治加速演变给中国能源安全带来新变数，需要及早采取应对新策略

当今世界正经历新一轮大变革大调整，世纪疫情对经济全球化形成巨大冲击，俄乌冲突正在影响国际格局调整，地缘政治形势错综复杂，大国战略博弈日趋加剧。作为经济运行基础的能源问题，一直是国际社会关注的焦点，也是不少国际热点问题的导火索。面对新的国际局势，中国急需在油气来源多元化、国际原油期货市场、能源外交多个领域制定应对新策略，保障国家能源安全。

二 当前能源体制机制存在的突出问题

（一）现有能源管理体制不适应统筹能源安全和"双碳"目标的新要求，综合协调能力不强，市场监管有效性不高

能源是支撑人类一切生产活动和消费活动的动力源泉，是国民经济的重要物质基础，是国家安全与发展以及民生福祉的重要依托。在当前保发展、保民生的关键时期，能源安全至关重要。能源体制机制与实现"双碳"目标息息相关，由于当前能源管理与应对气候变化分属不同部门，统筹协调难度大。能源行业内部，宏观调控和综合协调能力与新的能源变革要求不适应，战略管理和决策机制不协调，各种能源规划相互衔接不够，能源信息收集困难，缺乏完整、准确的能源生产和消费基础数据统计，信息失真和缺失问题突出，影响国家能源宏观决策。

（二）能源市场体系不健全、不完善，市场竞争不充分，市场监管不到位

在以化石能源为主体的能源体系下，能源市场主体较为单一，电力、石油、天然气等存在市场竞争不充分、资源垄断、价格僵化等问题，导致资源配置效率偏低，能源价格偏高，增加了工业生产和居民生活的用能成本，影响经济社会发展。现有电网的职能、定价权和裁决权等，均难以满足可再生能源发展的要求。传统能源市场缺乏统一的市场准入规则，非公资本进入存在一定障碍，市场活力不足。民营资本在新能源领域较为活跃，为新能源技术创新和产业发展发挥了重要作用，但市场环境仍有待改善，法律保障难以支撑可再生能源持续快速发展。市场监管不到位、监管职能分散，尚未建立相对独立的、专业性的监管体系，监管能力和水平不高，监管技术手段落后于能源市场发展。

（三）电价形成机制改革不到位，新型电力市场体系尚未建立，未能充分发挥保电力供应和促可再生能源发展的作用

目前，电力市场改革还不到位，在电价形成机制上实行单一制电量电价，上网电价又实行"保量保价"和"保量竞价"双轨制，未能充分发挥保电力供应和促可再生能源发展的作用。一方面，单一电量电价机制不利于发电企业增加有效容量电源建设投资。由于电热价格传导机制不畅，煤电比价关系扭曲，近两年电煤价格大幅上涨，煤电企业全面亏损，导致部分地区拉闸限电，长期也不利于保障电力供应。另一方面，由于常规电源调峰出力的补偿机制不够健全，不利于间歇性、随机性可再生能源的消纳，导致较为严重的弃风、弃光现象。

三　战略思考与建议

要从战略高度充分认识建立清洁低碳、安全高效新型能源体系的重要意义，统筹谋划，分步实施，深入推进能源体制机制改革。

（一）建立权威性的能源综合协调机制，统筹推进能源安全与"双碳"目标的实现

建立超越现有各部门的能源综合协调机制，统筹推进能源法制化进程，综合协调现有各类能源发展规划，总体部署可再生能源发展、化石能源有序退出、能源基础设施建设、能源装备制造及能源科技创新、国际国内能源资源开发与战略储备、能源国企改革和能源市场体系、监管体系建设等，科学制定能源发展阶段性目标，逐步建立起适应构建清洁低碳、安全高效的新型能源体系要求的高层次、高效能、权威性的能源管理体制和制度体系。

（二）加快建立监管有效、竞争有序、市场主体有活力的全国统一的现代能源市场体系

在统筹推进能源安全和"双碳"目标的前提下，有序推进全国统一的现代能源市场建设。建立能源市场准入制度，制定市场准入负面清单制度，支持各类市场主体依法平等进入能源市场；深化国有能源企业改革，分离自然垄断业务和竞争性业务，推进油气领域竞争性业务市场化改革、油气管网建设运营机制改革和电网竞争性业务市场化改革，实行油气管网业务与销售业务分离、电力系统输电网与配电网业务和资产分离，促进国有能源企业与民营企业公平参与市场竞争。推进"政监分离"改革，实行自然垄断业务和竞争性业务分类监管，创新监管方式，完善监管手段，提升监管效能，促进能源市场有效运行。

（三）建立以供求关系为主导、补偿性政策为依托的电价形成机制

随着电气化水平的不断提升，电价形成机制是保障能源供应和促进可再生能源发展的关键环节。要深化电价形成机制改革，改变目前单一制电量电价机制，以市场价格机制为基础，政府补偿性政策托底，构建反映有效容量交易、电量交易、辅助服务交易和绿证交易的有机统一的电价形成机制，逐步建立容量成本补偿机制、绿电现货市场及定价机制、中长期合约交易及其与现货市场风险对冲机制；有效规制燃煤市场，形成电力上下游交易价格风险对冲机制，避免燃料和电力价格大幅波动；有序推动区域电力市场建设，最终建成全国统一电力市场，以区域间的电力资源优化配置，提高全国电力市场韧性、可靠性和经济性，增强电力供应安全保障能力，促进可再生能源发展。

（四）以我为主加快建立能源国际风险应对机制

以上海期货交易所为依托，在原油期货交易的基础上，扩大原油期货交易产品和规模，增加天然气期货交易，逐步把锂、钴、镍、稀土等稀有关键矿产资源纳入期货交易范围，多样化开拓进口渠道；加强油气资源和关键稀有矿产资源战略储备能力建设，增强可再生能源装备、新能源汽车制造等关键核心技术的自主研发能力，有效应对国际地缘政治风险，确保能源资源供应和能源相关产业链供应链安全，尽早建成自主可控、安全高效的能源产业体系。

提升制造企业国际化水平
促进制造业全球价值链攀升[*]

中国从制造业大国迈向制造业强国、从全球价值链中低端迈向中高端,需要由依靠国内低成本要素参与全球产业分工,转向在全球范围内优化要素资源配置、整合关键资源。这也是我国推动全方位对外开放,即由商品和要素流动型开放向规则等制度型开放转变的必然要求。

一 中国制造企业国际化水平和制造业全球价值链地位的差距

中国制造企业国际化水平近年来显著提高,但与发达国家相比仍存在较为明显的差距。根据联合国贸发会议(UNCTAD)的数据,2017年按海外资产排名前100位的非金融跨国公司的海外资产占比、海外销售收入占比、海外雇员数占比的平均值分别为67.8%、69.2%和61.2%,中国大陆入围4家公司三项指标的平均

---

[*] 节选自作者在政协第十三届全国委员会常务委员会第6次会议上的书面发言。

值分别为52.3%、36.6%和35.0%；在海外资产规模前100名的跨国公司中，有美国制造企业14家，英国、德国、法国、日本、瑞士制造企业分别为8家、7家、7家、5家和3家。中国大陆入围的4家企业分别是中远、中海油、腾讯、海航，没有一家属于制造企业。

较低的国际化水平意味着中国制造业企业利用全球关键资源和高端要素的能力较弱，表现在处于全球价值链中低端，对全球价值链的引领性和控制力不足。中国制造业的劳动生产率、增加值率与发达国家仍存在较大差距。2013年，中国制造业增加值（按照2011年PPP美元）是美国的1.6倍，但是从业人数是美国的9.8倍，劳动生产率仅相当于美国的16.5%；中国电子和光学设备产业增加值率不到20%，远低于发达国家30%—50%的水平。中国已经成为全球制造业分工体系的主要参与者，但对高科技产品的进口依赖仍然非常严重，高端装备、核心零部件、先进材料、精密仪器、工业软件等需要大量进口。由于对全球供应链掌控力不足，存在被"卡脖子"的巨大风险。

二 制约中国制造企业国际化水平和全球价值链地位提升的主要因素

第一，企业自身能力尚不适应国际化的要求。中国制造企业在技术、专利、品牌、管理等方面拥有的资源和能力与发展中国家相比优势不突出，与发达国家跨国公司存在较大差距，缺乏国际化人才和海外投资经验，国际投资和经营能力不足。受经营理念、管理水平和资金限制，许多企业对投资目标国的社会政治环境、法律体系、产业基础和要素条件缺乏研究，造成投资决策盲目性，甚至因为东道国政治动荡造成巨大损失。一些制造企业法律和社会责任观念淡薄，规避东道国在专利保护、劳动条件、环境排放等方面的法律要求，不认真履行社会责任，给中国制造业的形象造成不良影响。此外，个别中国制造企业在国外频发恶性竞争，竞相为降低成本削减物料投入，不但造成产品和服务质量下降，市场竞争力削弱，而且留下中国产品"质次价低"的负面形象。

第二，国内政策环境对企业国际化存在制约。中国对制造企业特别是中小企业海外投资的支持力度与企业需求存在差距，包括为企业提供政局状况、社会环境、法律法规、市场环境等投资信息，为企业的海外投资和经营提供金融服务，帮助企业解决在东道国的法律纠纷和摩擦等。近年来，为防止资本异常外流，我国外汇管制趋严，一些企业反映外汇审批周期有所拉长，使企业错失瞬息万变的市场机会，加大了企业海外投资的难度和投资风险。

第三，价值链攀升面临更加恶劣的国际环境。特朗普当选总统后，"逆全球化"思潮暗流涌动，贸易保护主义抬头，对中国经济发展的遏制不断加强。2018年3月22日，美国贸易代表办公室发布《对华301调查报告》，随后对中国向美国出口商品加征高额关税，目标直指建设制造强国的纲领性文件《中国制造2025》，本质上是对中国制造业全球价值链攀升与中国的崛起进行遏制。以华为为代表的中国高科技企业的发展受到美国的围追堵截。美国财政部作为美国外国投资委员会（CFIUS）牵头机构发布的《针对审查涉及外国人士和关键技术的若干交易的试点规定》于2018年11月10日起生效，只要企业涉及与27个高科技行业相关的关键技术设计、测试或开发，都必须提交给CFIUS接受国家安全评估。多起案例表明，中国制造企业在发达国家高科技领域进行直接投资或收购与利用国外技术和人才的难度大大增加。

三 促进中国制造企业国际化和制造业全球价值链升级的建议

中国制造企业在技术上有需求，在资金上有实力，对世界前沿技术有消化吸收再创新能力，具备了在国外包括发达国家进行跨国经营的条件；正在孕育兴起的新一轮科技革命和产业变革为中国企业通过国际化捕捉技术机会、增强创新能力提供了新的机遇。因此，应当为中国制造企业的国际化创造更好的国际、国内环境，提供更多的支持和帮助。

第一，积极推动全球治理体系建设，创造有利的国际化环境。在坚持核心利益和重大原则的前提下，积极推动与美国等发达国家的谈判，为我国制造企业设立研发机构、跨国并购、知识产权转移等创造公平的环境。加强在国际贸易、国际投资领域的多边和双边谈判，积极推动区域性自由贸易区建设，在世界贸易组织谈判中提出中国主张、争取中国利益，为中国企业在海外投资破除各种壁垒。

第二，推动"一带一路"倡议落地，促进中外合作工业园区发展。推动与市场规模大、发展势头好的"一带一路"沿线国家合作共建境外合作产业园区，由两国政府共同出资建设园区基础设施，为企业投资提供基本的条件。支持国内成熟的产业地产开发商承接合作园区的整体产业规划和招商；鼓励国内产业基础好的地方政府与海外园区所在地政府进行对接，推动中资企业组团投资，复制国内产业生态。

第三，实施差别化外汇管理，加强对中国企业国际化的金融支持。利用大数据、人工智能等新一代信息技术加强对企业海外投资活动的监测与评估，实施差别化的外汇政策。对在国外设立研发中心、收购行业领军企业、隐形冠军企业、前沿技术明星企业以及高科技制造业的绿地投资予以大力支持，简化审批手续，加快审批流程。支持亚投行、丝路基金的发展，鼓励政策性银行和商业银行、保险、信托等金融机构"走出去"，在制造业投资比较集中的国家设立分支机构，为制造企业国际化提供贴身金融服务。

第四，搭建公共服务平台，完善中国制造企业海外信息服务机制。建立由发改、工信、商务、外交等政府部门和第三方智库、咨询机构共同组成的国外投资信息平台，及时收集国外政治、经济等方面信息。委托第三方智库或咨询机构对主要国家的经济社会发展情况和产业市场机会进行研究评估，发布投资风险、投资价值评估报告。整合发布国内外国际会展、投资洽谈会、进出口商品交易会等信息，促进我国制造企业与国外机构和企业加强交流合作。

第五，支持建立中国企业海外商会，促进海外企业加强自律。支持在投资较多的国家和地区成立中国企业海外商会，由商会组织成员企业间就东道国投资信息进行交流共享；积极参与在投资国特别是发展中国家的技术、环保、安全生产等方面标准的制定；加强行业自律，督促企业遵守国际通行规则和投资国法律法规，尊重当地风俗习惯，积极履行社会责任，打造中国的企业良好形象。

第六，推进《海外投资法》立法，规范中国企业海外经营活动。积极推动中国《海外投资法》的立法工作，明确中国企业对外投资的基本原则、审查程序，加强对海外中国制造企业在环保、生产安全、能耗、污染物排放、劳动保护等方面的规范。制定中国制造企业海外投资所得利润的征收条件、税率和征管细则，鼓励企业将利润转回国内。

打造非对称依赖优势
更好参与全球产业链重构[*]

后疫情时代，全球产业链步入深度调整期，我国产业链在与以美国为首的西方大国"脱钩"风险加大的同时，也迎来向中高端攀升的新契机。有效化解潜在"脱钩"风险，更好参与全球产业链重构，逐步形成以国内大循环为主、国内国际双循环相互促进的新发展格局，需妥善处理"脱钩悖论"，持续提升我国产业链优势。

一 中国产业链"脱钩"风险加大与面临向中高端攀升新契机并存

2020年以来，新冠肺炎疫情和各国控制疫情的措施严重影响了国际贸易和投资等活动，破坏了现行全球产业链的正常运转。在美国不遗余力推进"去中国化"导致"脱钩"风险加大的同时，中国经济率先从疫情中恢复，外部经济对中国的依赖也在增加，中国产业链迎来向全球产业链中高端攀升的新契机。

---

[*] 节选自作者在政协第十三届全国委员会常务委员会第13次会议上的书面发言。

一方面，中国部分产业链与以美国为首的西方大国"脱钩"风险加大。作为世界第二大经济体、第一工业大国、第一制造大国、第一货物贸易大国，我国是全球产业链中不可或缺的重要环节。但是，疫情使各国意识到在面对重大外部冲击时，国内完整产业链的重要性。以美国为首的西方大国借题发挥，使用经济、行政和法律手段，引导、鼓励和强迫某些产品的全部或者部分生产环节回流国内，或者从我国转移到便于控制的产地。

另一方面，疫情使外部经济对我国的依赖程度进一步上升。疫情暴发以来，精准有序的疫情防控和稳步推进的复工复产，使我国成为疫情"不确定性"程度最低的国家，吸引外资和对外贸易占世界的份额持续上升。联合国贸发会预计2020年全球外商直接投资流入额将下降40%，但我国第二季度实际使用外资却实现了8.4%的逆势增长，显示外商投资对我国的预期和信心稳定趋好；2020年版全国和自由贸易试验区外商投资准入负面清单继续缩减，将为全球投资者创造更多的投资机会。世界贸易组织最新一期《全球贸易数据与展望》报告显示，2020年第一季度全球货物贸易量同比下降3%，预计第二季度降幅约为18.5%；远远高于我国上半年进出口贸易6.6%的降幅；且我上半年出口已经实现正的增长。初估上半年我国占全球贸易的份额，将从2019年的12.0%，上升为12.6%左右。

中国产业链迎来向全球产业链中高端攀升的新契机。虽然中国仍处于由产业链中低端向中高端攀升的阶段，"缺芯少核"问题仍然存在，而且部分产业链的可替代性较强，"未强先转""未强快转"风险较大；但是，面对疫情冲击，我国经济经受住了严峻考验，展现出了强大的韧性和弹性。另外，与我国产业链关联度、互补度较强的其他东亚和东南亚国家，也较快恢复，而我国正是连接东南亚产业链和东亚产业链的枢纽国。未来几年，随着大数据、物联网、云计算等新一代技术的广泛应用,我国产业配套齐全、市场规模巨大、经济增长稳定等蕴含的巨大潜能,会使我国在全球产业链重构中获得更大的优势。

二 防止"脱钩悖论",是更好参与全球产业链重构和形成双循环相互促进新发展格局的关键

为顺应我国国际地位的新变动、抓住产业链升级的新契机,更好参与后疫情时代全球产业链的重构,党中央在全面统筹两个大局基础上,做出了"逐步形成以国内大循环为主体、国内国际双循环相互促进的新发展格局"的重大战略部署。双循环新发展格局,一方面要依托国内循环,充分发挥超大市场规模的优势,克服"缺芯少核"的"卡脖子"问题,将发展的主动权牢牢掌握在自己手里;另一方面也要充分参与国际循环,不断获取开放利益和扩大国际影响力。

强调国内大循环为主体,无论主动还是被动,都是为了降低对外部经济的依赖。但以国内大循环为主体,并不是要打造自成一体的封闭内循环;这既不符合市场经济规律,也不符合我国资源禀赋现状和科技发展所处的阶段特征。我对外部经济的依赖,特别是对外部关键技术、零部件以及能源资源等战略物资的依赖,使我在中美博弈和其他外部冲突中容易受制于人。降低对外部经济的依赖程度,形成相对完整的国内供应链和国内大循环格局,是防止"卡脖子"、避免受制于人的主要手段。

但是,为了降低我国对外部经济的依赖,可能最终出现"脱钩悖论"。随着我国从产业链中低端向全球产业链中高端攀升的步伐加快,以美国为首的西方大国对我国防范和遏制必然加剧,如限制

关键技术、零部件等对我国出口等。出于维护国家安全考虑，避免"卡脖子"问题，我国只能通过自主发展来对冲潜在威胁。不过摆脱外部限制的后果很可能是，我们虽然主观上不想与以美国为首的西方大国"脱钩"，但一旦我国在曾经"卡脖子"环节或领域的比较优势发生变化，必然会导致很多产业关系的重构，客观上可能会使我国产业链与外部经济渐行渐远，从而出现"脱钩悖论"。

只有在降低对外部经济依赖程度的同时，增加外部经济对我国的依赖，提升我与外部经济的非对称依赖优势，才能在逐步形成以国内大循环为主体、国内国际双循环相互促进新发展格局中赢得主动。克服"卡脖子"问题与维持我国产业链和外部经济深度融合，这两个目标存在一定的矛盾，解决矛盾的关键，是在克服"卡脖子"问题的同时，尽量增加外部经济对我国的依赖，即提升我国对外部经济的非对称依赖优势，通过"我中可以无你，但你中必须有我"，来更好维护"我中有你，你中有我"的局面。

三 妥善处理"脱钩悖论"、更好参与全球产业链重构的政策建议

第一，增强我国关键领域的自主力。全面梳理我国尚未掌控的核心技术清单，在那些有被"卡脖子"风险和美国等西方国家主动寻求与我国脱钩的领域，通过产业引导、研发支持、国防和政府采购、储备建设、金融支持等措施加大研发投入和产业投资，精准突破，争取尽早摆脱"受制于人"的困境。

第二，增强我国前沿科技的制衡力。当前，我们正处于世界新一轮科技革命、产业变革同中华民族伟大复兴的历史性交汇期，物联网、人工智能和量子科技等新兴科技前沿的竞争日益激烈，我国需充分发挥举国体制的制度优势，在新一轮科技革命可能产生重大

突破的领域持续发力，争取形成与发达国家互相制衡的局面。

第三，增强我国超大市场规模的吸引力。经过改革开放40多年形成的超大规模人口、市场，是我国经济的韧性和潜力所在，更是任何经济体都无可比拟的巨大优势。在通过持续优化营商环境、不断释放消费潜力等方式，增强吸引力的同时，可提早筹划依托国内超大市场执行经济制裁的体制机制准备。

第四，增强我国完备产业体系的聚合力。我国已拥有41个工业大类、207个中类、666个小类，成为全世界唯一拥有联合国产业分类中所列全部工业门类的国家。在此基础上，需着力发展产业集群，推动高投入、高技术含量、高附加值产业创新发展，增大规模经济效应和产业配套效应；同时，进一步增加我国全球节点的数目和节点辐射能力，加大我国断裂国外产业链的威慑作用。

第五，增强我国舆论宣传的引导力。尽管我国在战略上强调发展非对称依赖优势，但尽可能避免激化与以美国为首的西方大国之间的矛盾。因此，在国内外宣传方面，还是应强调坚持构建开放型世界经济，构建人类命运共同体，形成以国内大循环为主，国内国际相互促进的双循环新发展格局，统筹国内、国际两个大局，为国内发展营造良好的外部环境，更好服务国家发展大局。

人民币汇率形成机制改革：
进程、成效和经验[*]

2018年是改革开放40周年。40年前，我们党在关乎国家前途命运的关键时刻，以巨大的政治勇气和政治魄力，解放思想，拨乱反正，果断将全党工作重心从"以阶级斗争为纲"转到"以经济建设为中心"的轨道上来，开启了改革开放的伟大征程。40年来，我们从中国的实际出发，学习人类文明优秀成果，找到了中国特色社会主义道路，形成了中国特色社会主义理论体系，特别是党的十八大后，实现了我党理论创新的又一次飞跃，形成了习近平新时代中国特色社会主义思想。40年来，我国体制改革不断深化，社会主义市场经济体制基本建成；对外开放不断深化，全方位对外开放格局基本形成；经济持续高速发展，综合国力大幅提高，人民生活水平显著改善，中华民族大踏步赶上时代前进步伐，日益走近世界舞台中央，创造了举世瞩目的伟大奇迹。

中国的改革开放是全方位的，在开放经济条件下，汇率作为两种货币的兑换价格，是宏观经济中一个处于核心地位的经济变量。

---

[*] 原文刊载于《经济学动态》2018年第9期。

汇率制度的选择既受到经济、政治等诸多因素的影响，也与一国开放程度、发展阶段等因素密切相关，同时汇率制度和汇率水平又直接影响经济增长、通货膨胀、经济结构变动甚至人民福祉。因此，深化人民币汇率形成机制改革一直是深化改革的重要课题。

一　人民币汇率形成机制改革的主要进程

汇率形成机制改革过程，在40年当中，经历了一个很漫长的过程。在早期，步伐相对来说比较小，这与我们整个经济体制改革的机制是相适应的。总体上概括起来，大体在40年当中，我们可以说有三次大的机制改革和八次小的调整。

我们国家的汇率制度在改革开放初期是单一的汇率制。1981—1984年开始实行官方汇率与贸易外汇内部结算价并行的双重汇率制。1985—1993年，官方汇率与外汇调剂结算价格并存。为什么这么做？我们回想起来，应该说从我们国家整体的开放程度考虑，同时也与整个市场机制改革的进程相适应。当时外汇是稀缺资源，鼓励创汇，一点一点地放开，对于出口企业具有一些外汇留成，拿到外汇调剂市场进行结算，这个价格就比官方汇率要高一些。随着经济开放度的不断扩大和市场体制机制改革的不断深入，当时的汇率制度已经不能适应开放的需要。

第一，1994年的汇改是在宏观经济过热环境下惊险的一跃。1994年1月1日，中国人民银行结束实施八年的汇率双轨制，实现了汇率并轨，建立了全国统一规范的外汇市场。当时政治上的背景，首先是1992年的邓小平南方谈话，一扫笼罩在改革上空的阴霾，开始建立要素市场，成立沪、深两家证券交易所，开启真正的大踏步改革进程，这是一个很重要的基础。另外从经济层面上讲，当时的宏观经济出现了一个比较特殊的情况。1993年，我国经济增速为 13.9%，宏观经济出现过热迹象，通货膨胀率达到 14.7%，固定资产投资增长高达 61.8%，拉动进口需求激增。1993 年底，中国外贸逆差达到 121 亿美元，同期中国外汇储备仅为 212 亿美元。美元对人民币的平均汇价 5.67。

在这样的背景下，外汇的调剂市场汇率贬值压力急剧上升，外汇调剂价格明显高于官方价格。我记得当时在黑市市场，美元对人民币的兑换价格达到 12 块钱甚至更高，我们的官方汇率是处在一个比较高的状态。在这种情况下，1993 年 2 月，央行在外汇调剂市场开始限价，场外加价交易蔓延。1993 年 7 月，央行首次以抛售外汇储备的方式调控外汇市场，将人民汇率稳定在 8.7 元左右的水平，并一直持续到 1994 年初汇率并轨。

从中央的决策来讲，1993 年 11 月 14 日，有一个很重要的事件，就是党的十四届三中全会。在我们国家的改革历程当中，有几次三中全会是格外值得我们大家重视和学习的。第一个，众所周知，党的十一届三中全会。第二个就是在 1993 年 11 月召开的党的十四届三中全会，第一次全面深化以市场经济为导向的社会主义市场经济体系的改革，在当时形成了《中共中央关于建立社会主义市场经济体制若干问题的决定》，这项《决定》应该说在市场化的改革方面起到了奠基性的作用。同年 12 月，国务院发布了《关于金融体制改革的决定》，这项《决定》也是在金融体制改革历史上起到了非常重要的作用。在这个文件当中，决定了一些很重要的事项，比方说要把中国人民银行办成真正的中央银行，同时建立货币政策委员会，另外就是把政策性金融和商业性金融分开，把国家专业银行办成真正的国有商业银行。再有，建立统一开放、有序竞争、严格管理的金融市场。同时《关于金融体制改革的决定》提出要改革外汇管理体制，协调外汇与货币政策。

这是当时大的背景，一是从政治上，1992 年的南方谈话；二是

1993年之后出现的宏观经济的过热,通货膨胀的加剧;三是中央下决心推动经济市场的改革;四是金融体制改革方面形成一个非常系统的改革意见。

对于外汇管理体制改革,1994年出台的措施,主要包括以下的内容:一是关于汇率并轨。把过去长期实行的双轨制的汇率改成了以市场供求为基础的、单一的、有管理的浮动汇率制度。同时,取消了外汇留成和上缴制度,实行结售汇制度。就是说无论是企业还是个人,拿人民币到银行买汇,出口得到了外汇收益必须卖给银行,拿到人民币。二是建立了全国统一、规范的外汇交易市场,实行经常项目下人民币有条件的兑换。这是这次改革的基本的内容。

从1994年汇改看到的成效应该说是非常明显的。首先是稳定了汇率水平,在改革之初,人们普遍认为美元对人民币汇率8.7是稳不住的,多数认为只要在9以上,但是汇率并轨应该说超出了我们的预期,达到了比较好的效果。1994年末,人民币从年初的8.7升值到了8.5。其次是缓解了资本外流的压力,1993年外商直接投资275亿美元,1994年涨到了337亿美元,扭转了改革前资本流出的趋势,同时增强了贸易竞争力。1994年出口增长31.9%,进口增长11.3%,当年就扭转了贸易逆差,实现了53.9亿美元的顺差。1995年出口增长23%,进口增长14.3%,顺差扩大至167亿美元。外汇储备从1993年底的212亿美元,上升到1994年末的516亿美元,此后的几年分别大幅度增长,到1995年、1997年外汇储备分别是736亿美元、1050亿美元。1994年的汇改应该说总体上是比较成功的。

第二,2005年的汇改综合考虑了市场供求、篮子货币和汇率稳定等多重因素。当时改革的背景,比较值得注意的一个就是2001年中国加入世界贸易组织。在2001年底,经过长期艰苦的谈判,中国终于加入了世界贸易组织。在加入世界贸易组织之前,社会、学术界、产业界普遍认为中国加入世界贸易组织是有很大的风险的，很多产业可能会出现问题。再者 2001 年有两件事，一个就是美国爆发了"9·11"事件，另外一个是互联网泡沫破灭。所以，在 2001 年，美联储当年 11 次调降基准利率，从上年末的 6.5% 调降至当年年底的 1.75%，2002 年和 2003 年继续调降利率，这也为后来的次贷危机，包括 2008 年的国际金融危机埋下了祸根。对我们国家来讲，2000—2005 年出现了很大的变化，首先是经常账户顺差，从 200 亿美元上涨至 1300 亿美元，实际使用的 FDI 从 400 亿美元左右上升至 600 亿美元，资本与金融账户顺差从 20 亿美元增长至 912 亿美元，外汇储备从 1655 亿美元增长到了 8188 亿美元。同时在这一段时间，特别是从 2000 年，PPI 当年是由负转正，经济增长明显加速，到 2003 年、2004 年，连续几年，平均增速都达到了 10% 以上。通货膨胀下降到 2.5%，整体经济进入高速增长的阶段，2005 年 GDP 增长至 11.4%，此后进一步提高。2005 年全年居民和企业的结汇的金额达到了 2800 亿美元，人民币这时候面临比较大的升值压力。

在 2003 年 10 月，党的十六届三中全会通过《中共中央关于完善社会主义市场经济体制若干问题的决定》。这项《决定》也是全面深化以市场为导向的经济体制改革，对一些重大问题做出了决定。涉及金融领域，包括：要深化金融企业改革，夯实我们的金融微观基础；稳步推进利率市场化，建立健全由市场供求决定的利率形成机制，中央银行通过利用货币政策工具引导市场的利率；完善人民币汇率形成机制，保持人民币汇率在合理、均衡水平上的基本稳定；在有效防范风险前提下，有选择、分步骤放宽对跨境资本交易活动的限制，逐步实现资本项目可兑换。

2003 年以后，金融发展基础得到进一步夯实。国有商业银行改革加快，剥离不良资产，补充资本金，提高资本充足率，同时发布股份制改革方案。2005年建行上市，同年工行完成股份制改革，2006年中行、工行上市。与此同时，股份制商业银行快速发展，非银行金融机构规模不断扩大。再有，当时建立起了一行三会的分业监管的监管格局，监管能力也有所提高。

2005年的7月21日，中国人民银行公布人民币汇率形成机制改革方案。改革方案的内容主要包括三个大的方面，改革早先的人民币盯住美元制度，实行以市场供求为基础，参考一篮子货币调节、有管理的浮动汇率制度。人民币美元对汇率一次性升值2.1%，从8.28升至8.11。人民币汇率中间价由参考上日银行间市场加权平均价确定，改为参考上日收盘价，但维持人民币汇率每天的浮动期间正负3‰的幅度不变，这是当时的方案。到2006年的1月4日，央行进一步引入了询价交易制度。

这一次的汇改应该说成效也还是比较明显的。首先，有效应对了中国入世面临的挑战，同时促进了中国的对外开放和经济增长，增强了中国的综合国力。2005年中国经济规模排名全世界第五，2006年超过英国成为第四，2007年超过德国成为第三，2010年超过日本成为第二大经济体。其次，在应对国际金融危机中起到了重要的支撑作用。再次，提升了人民币国际地位。海外离岸市场开展人民币国际化业务，特别是香港离岸市场日益活跃，为人民币"走出去"打下了坚实的基础。

汇改之后，我们的经济增速实际上从2005年的11.4%增长到2007年的14.2%。2008年国际金融危机之后，经济增速开始下降。依赖金融刺激和政府刺激推动增长的模式开始改变。这一时期的汇改也卓有成效，外汇储备大幅增长，从2005年的8188亿美元，到2011年的31811亿美元。后期我们在"走出去"有这么大的实力，与这个阶段外汇储备的快速增长也是密不可分的。另外改革之后，除了2009年国际金融危机，当年出现过进出口下降之外，总体上还是保持进出口比较快的增长。

这是第二次的改革，应该说总体是比较成功的。可以说第一次改革之后，我们渡过了亚洲金融危机带来的冲击。2005年的汇改之后，我们渡过了国际金融危机对我们形成的挑战。

第三，2015年的汇改是向浮动汇率制度转变的一次有益的尝试。这一次汇改大的背景是，2012年党的十八大胜利召开，中国经济国际地位显著提升。具体来讲，中国经济进入新常态，经济增速换挡，经济结构优化，增长动力转化。另外，党的十八届三中全会上明确提出，市场在资源配置中发挥决定性作用。过去叫基础性作用，现在叫决定性作用，这就夯实了我们市场经济改革的重要的基础或者说指明了前进的方向，同时更好发挥政府作用。党的十八大之后，2018年是"一带一路"倡议提出的五周年，同时积极发展与沿线国家的经济合作伙伴关系。国际收支基本平衡。2007年，我国经常账户的顺差占到了GDP的9.7%，接近10%，到2015年，经常账户项目顺差下降为760亿美元，资本与金融项目的逆差为500亿美元，形成了一种经常项目顺差，资本项目逆差搭配的格局。人民币加入SDR货币篮子，中国在IMF有了份额，人民币汇率也处于一个合理的水平，不存在大幅升值和大幅贬值。

在党的十八大报告当中，对深化金融体制改革，促进宏观经济稳定、支持实体经济发展的现代金融体系提出了很明确的要求，在利率和汇率改革方面，明确提出稳定推进利率和市场化改革，逐步实现人民币资本项目可兑换。党的十八届三中全会提出加快推进利率市场化，健全反映市场供求关系的国债收益率曲线。推动资本市场双向开放，有序提高跨境资本和金融交易可兑换程度，建立健全宏观审慎管理框架下的外债和资本流动管理体系。在党的十八大报告当中讲的是逐步实现人民币资本项目可兑换，党的十八届三中全会提出的是加快实现人民币资本项目可兑换，"十三五"规划纲要又有一些调整，叫有序实现人民币资本项目可兑换。提高可兑换、可自由使用程度，稳步推进人民币国际化，推进人民币"走出去"。这是三次关于汇率和资本项目开放的提法和细微的变化。

2015年8月11日，中央银行对中间价报价机制进行改革。人民币对美元汇率中间价报价要参考上日银行间外汇市场收盘汇率。在这个过程当中，为了保持人民币稳定，2015年12月11日，发布了人民币汇率指数，强调要加大参考一篮子货币的力度，以更好地保持人民币对一篮子货币汇率的基本问题。在学术界，很多人讲我们参考的锚经常是调整和变化的，有的时候是盯住美元多一些，有的时候是盯住一篮子货币多一些。后来央行引进了逆周期的调节因子，主要是要对冲市场的顺周期的效应或者羊群效应。

二 人民币汇率形成机制改革的主要成果

接下来，简要探讨人民币汇率形成机制改革的成效。

第一，有效配合和推动了中国经济的对外开放。1978年以来，人民币汇率形成机制改革按照主动性、渐进性、可控性原则以我为主有序推进，总体上对我国实体经济发挥了积极影响，为宏观调控创造了有利条件，也在应对国内外形势变化中起到了重要作用，取得了预期的效果。

在经济全球化的背景下，深化人民币汇率形成机制改革，有利于实现互利共赢、长期合作和共同发展，维护有利于我国经济发展的战略机遇期和国际经贸环境。过去40年，汇率形成机制改革为提高对外开放水平，提供了动力和压力，促进了出口结构优化和外贸发展方式转变，为经济发展方式转变和全面协调可持续发展提供了良好的外部环境。

中国曾经长期存在对外贸"奖出限入"、外汇管理"宽进严出"

和产业"进口替代"的政策倾向。汇改以来，对这些不适应国内经济发展的对外政策进行了规范化改革，并采取了扩大内需、改革生产要素价格、扩大进口等组合政策措施，加快了经济结构调整步伐。对外开放水平显著提高，"引进来""走出去"步伐大大加快，促进中国工业体系加快融入全球产业链，提升了中国整体经济参与全球市场的深度。

第二，对实体经济发挥积极作用，促进宏观经济内外平衡。人民币汇率形成机制改革有助于逐步推动中国改变过度依赖出口的经济增长方式，提高国内消费和服务业比重，保持中国经济"高增长、低通胀"的运行格局，避免经济在遭遇外部冲击时出现大起大落。

在人民币汇率形成机制改革过程中，由于人民币汇率缺乏弹性，中国经济曾经出现内外失衡问题。外部失衡，是指中国经常账户余额占 GDP 的比率过高。2007 年，我国经常账户余额/GDP 高达 10%，显著高于 3%—4% 的国际公认合理区间。内部失衡，是指人民币汇率持续低估压低了国内服务品相对于制造品的价格，造成资源从服务业大量流入制造业，形成制造业发展过度而服务业发展不足的局面。内外失衡的共同原因在于资源过度集中于贸易品部门，出现巨额经常账户顺差，导致制造业产能过剩而服务业发展不足。

随着人民币弹性逐步上升，我国经济内部失衡显著缓解，主要体现在以下两个方面。一是，人民币汇率弹性上升，促进了我国产业结构升级。近年来第三产业对 GDP 增长贡献率不断提高，由 2012 年的 44.90% 上升到 2017 年的 58.80%；而第二产业的贡献率则相应由 49.90% 下降到 36.30%，产业结构趋于优化。二是，从 2012 年至 2017 年，我国最终消费对 GDP 增长贡献率由 54.90% 上升到 58.80%，资本形成对 GDP 增长贡献率则由 43.40% 下降到 32.10%，经济增长模式逐步由投资拉动型转换为消费驱动型。

中国经济外部失衡缓解，主要体现在三个方面：一是国际收支双顺差格局被打破，2014年第一季度至2018年第二季度，我国经常账户顺差和资本账户逆差组合持续出现，而且经常账户顺差占GDP比重近年来也逐步下降，说明我国经济对出口的依赖正在减小，经济结构转型初见成效。二是我国外贸企业积极谋求结构升级，高附加值出口规模显著增加。2017年，我国服务业增加值占GDP比例高达51.6%，服务进出口规模同比增长6.8%。三是我国外汇储备规模从2014年8月的历史高点逐步下降，短期资本流动趋于平衡。

第三，完善国内资本市场，抵御外部金融危机冲击。外汇市场是国内资本市场的重要组成部分。随着人民币汇率弹性上升，企业和金融机构等微观主体开始主动适应汇率浮动。银行间外汇市场报价活跃，掉期和远期等衍生品市场稳步发展，外汇市场资源配置的作用进一步增强。金融机构在适应汇率灵活性的同时，不断加强风险管理，提高自主定价能力，改善金融服务和创新金融产品，夯实了货币政策传导的微观基础和市场基础，增强了货币政策的有效性。

与此同时，中国资本账户开放稳步推进，跨境资本流动趋于稳定。截至2017年末，根据IMF分类的7个大项目和40个小项目的资本项目交易中，中国完全不可兑换的项目有6个，其余34项均实现了全部或部分可兑换。居民对外资产配置渠道增加，中国逐渐由一个资本引进国变成对外投资大国。跨境资本的双向流动日趋显现，国际收支格局开始由"双顺差"向"经常账户顺差，资本账户逆差"转变。在资本账户开放进程中，央行对资本流出的态度相对于资本流入更加谨慎。2014年11月推出的"沪港通"实现了沪港股票市场间资金的双向流动，投资者范围扩展到合格个人投资者。截至2018年8月1日，沪股通累计交易金额5.20万亿元人民币，港股通累计交易金额4.97万亿元人民币。债券类投资项目开放进展较显著，已基本实现可兑换。

另一方面，1997年和2008年，面对东南亚金融危机和国际金融危机，中国政府主动收窄了人民币汇率浮动区间，以应对国际金融危机，这符合我国经济的自身利益，有助于我国经济较快地实现稳定和复苏。在国际金融危机最严重的时候，许多国家货币对美元大幅贬值，而人民币汇率保持了基本稳定，这是我国稳定外需、抵御国际金融危机冲击的需要，也为亚洲乃至全球经济复苏做出了巨大贡献。

第四，人民币国际化程度大幅提升。2009年，跨境贸易人民币结算试点启动推广，人民币在跨境贸易和直接投资中的使用频率和规模稳步增加，离岸市场迅速发展。据SWIFT披露，截至2017年12月末，人民币在国际收支货币中的份额为1.66%，人民币成为全球第五大支付货币、第三大贸易融资货币和第五大外汇交易货币。截至2017年末，人民银行陆续与37个国家和地区央行或货币当局签署了双边本币互换协议，协议金额超过3.3万亿元，互换功能由维护金融稳定为主延伸到维护金融稳定和便利双边贸易投资并重。在香港人民币离岸市场的带动下，境外人民币业务迅速发展。截至2017年末，香港人民币存款总计5591亿元，人民币跨境贸易结算额总计4184亿元。2015年11月30日，IMF正式批准人民币加入SDR货币篮子，人民币国际化取得重大突破。

三 人民币汇率形成机制改革的经验

人民币汇率形成机制改革的经验包括以下几个方面。

第一，坚持市场化的改革方向。发挥市场在汇率形成中的决定作用，有利于我国经济的长远健康发展。从历史经验来看，在人民币汇率形成机制改革过程中，除了海外出现重大金融风险等特殊时期，市场供求对人民币汇率定价机制的影响一直在逐步上升。当中国贸易顺差增长，外汇市场美元供过于求，人民币汇率中间价会相应走强；当贸易顺差不及市场预期时，人民币中间价也会有一定幅度的贬值。

第二，坚持改革的自主性。完善人民币汇率形成机制改革，要始终坚持从我国的根本利益和现实情况出发，决定汇率改革的方式、内容和时机。在人民币形成机制的改革过程当中，我们经常遇到国际组织和以美国为首的西方国家的无理要求，企图迫使我们调整人民币汇率水平，满足他们的经济目标。但是不管在什么时候，遇到什么样的情况，中国政府还是始终坚持改革的自主性。在亚洲金融危机期间，朱镕基总理就宣布，人民币不贬值，实际上对于亚洲经济，对于世界经济做出了贡献。另外包括2008年国际金融危机爆发之后，我们从过去的参考一篮子货币，实施盯住美元，实际上那一段时间的波动也比较小，这也是体现了我们的自主性。

第三，坚持改革的渐进性。我们的改革是循序渐进的，无论是汇率形成机制的改革，还是资本项目的开放，基本上都是按照我们国家的总体的经济基本面和改革的需要来推进的。灵活把握改革的力度与节奏，充分考虑经济主体的适应能力，根据市场变化有步骤推进。

第四，坚持改革的可控性。作为国民经济中最重要的变量之一，汇率改革要强调宏观管理，要能在宏观上控制住汇率改革引起的各项经济变量变化，避免宏观经济金融出现动荡。2005年7月21日汇改后，人民币汇率定价权始终掌握在货币当局手中。货币当局选择人民币对美元的渐进升值，保证了我国经济平稳增长，避免出现价格大起大落的风险。

最后笔者想对整个汇率机制的改革说三点结论：一是我们国家

的人民币汇率形成机制改革始终在党中央坚持领导下进行，为什么前面多次提到了党的十四届三中全会、党的十六届三中全会和党的十八届三中全会，就是因为我们的汇率改革是在中央统筹谋划的部署下推进的。二是人民币汇率形成机制改革的目标始终是朝着市场化的方向在推进的。从我们最开始的双轨制，到后来并轨，从原来的盯住美元到盯住一篮子货币，从3‰左右的波动幅度，到1%—2%的弹性，形成机制改革都是向着市场化的方向推进。三是人民币汇率形成机制改革始终坚持自主性、渐进性、可控性的选择，与我国改革开放的总体进程是相匹配的。

"过度负债"与金融危机[*]

2008年，因美国次贷危机引发的国际金融危机，对世界经济产生了深刻影响。十年过去了，回顾危机发生的原因，评估危机产生的影响，总结危机带来的教训，展望未来，迎接挑战，是一件十分有价值的事情。

导致2008年国际金融危机的原因是多方面的。在这里，我想着重谈谈"过度负债"的问题，这也是今天将要发表演讲的阿代尔·特纳先生在他撰写的《债务和魔鬼》一书中所重点论述的。

麦肯锡公司2015年发布的一项涵盖22个发达经济体和25个发展中经济体的研究发现，2000—2007年的全球债务总额从87万亿美元涨到142万亿美元，年均增长7.3%，是经济活动增长水平的两倍。绝大多数发达国家的债务，都达到了第二次世界大战之后的最高水平。

从2000年到2007年，美国、英国、爱尔兰、西班牙和葡萄牙五国的居民债务占可支配收入的比重上升了1/3甚至更多，全部超过了120%，爱尔兰超过了200%。同期，反映金融机构债务水平的

---

[*] 节选自作者2018年10月15日在"全球金融危机十周年：教训与挑战"论坛上的演讲。

杠杆率指标也快速上涨。如果用总资产比权益资本来衡量杠杆率的话，把表外实体和金融衍生品包括在内，金融危机爆发前，美国、欧洲大陆和英国的大型金融机构的杠杆率分别达到 45 倍、50 倍和 35 倍。正是这些国家的居民高债务和金融机构的高杠杆支撑了高房价。美联储从 2004 年 6 月启动加息进程，在一年半时间内 17 次提高联邦基金利率，导致借款人无力偿还住房贷款，住房贷款违约率上升，金融机构倒闭，引发了国际金融危机和欧债危机。可以说，过度负债是 2008 年国际金融危机以及其后全球经济衰退最重要的原因之一。

危机之后，人们普遍认为，全球将经历一场全面而深刻的去杠杆化过程。然而，十年后的今天，除金融机构去杠杆取得了一定成效外，政府、企业和居民的债务负担再次创历史新高。

根据国际货币基金组织 2018 年 4 月发布的《财政监测报告》，截至 2016 年末，全球公共和私人债务总额已达到 164 万亿美元，相当于当年全球国内生产总值的 225%，这一比例较 2008 年国际金融危机时期的历史高点还高出 12 个百分点。其中，各国公共债务上升是全球债务增长的重要原因。根据 IMF 的测算，2016 年末发达经济体的公共债务平均为 GDP 的 105%，中等收入国家为 50%，低收入国家为 40%。金融危机之后的全球经济，仍然没有摆脱债务驱动的套路。

目前，发达国家经济持续复苏，正是全面减轻债务压力的恰当时机。然而，正如 IMF 在《财政监测报告》中所特别指出的那样，美国是唯一一个没有计划在未来减少债务的发达国家。由于税法的修订和两年期预算协议，美国将促使经济活动水平扩张持续到 2020 年。根据 IMF 的预测，美国政府的这些措施将使今后三年的联邦财政赤字超过 1 万亿美元，高于 GDP 的 5%。这会加剧政府债务的上升趋势，使政府债务在 2023 年达到 GDP 的 117%。

自第二次世界大战结束以后，全球主要经济体还从来没有像今天这样，普遍面临如此严重的债务压力。与2008年国际金融危机爆发之前相比，现在世界各国的利率水平都比较低，这意味着，一旦爆发新的金融风险，各国央行应对危机的政策空间要小于2008年。同时，沉重的公共债务负担又导致各国政府使用财政政策化解危机的能力大幅下降。因此，在高债务压力下如何防范金融风险，成为当今世界面临的严峻挑战。

在全球治理的框架下，通过持续推进国际货币金融体系改革，完善国际金融监管，是后危机时代防范金融风险的重要手段。事实上，我们清楚地看到，2008年国际金融危机的应对，正是以全球治理的模式展开的。危机刚刚爆发之后的一段时间里，二十国集团在应对危机的政策协调上表现出了足够的诚意和高效的行动力，有效控制了危机恶化。此后，旨在加强全球银行业监管的《巴塞尔协议Ⅲ》的出台，二十国集团重启国际金融架构工作组，IMF和世界银行的份额与治理改革，全球金融安全网的建设，人民币纳入SDR货币篮子，这一系列的国际货币金融体系改革都是在全球治理框架下推进的，并取得了令人瞩目的成绩。

但是，正如IMF在2018年10月3日发布的文章中所指出的，"一种新的风险也开始显现：改革疲劳症"。一些政府决策者和金融机构开始对国际货币体系与金融监管的改革感到厌倦，有人甚至提出撤销一些既有的监管法规。产生这一状况的原因，部分在于好了伤疤忘了痛，部分在于一些国家短期国内政治目标的牵制，部分在于某些人对全球治理的怀疑和反对。

实际上，国际货币金融体系和国际金融监管的改革，都还远未完成；同时，一些从未出现过的新挑战已经形成。例如，一方面，以区块链为代表的金融科技的快速发展，已经打造出交易成本更低、运作效率更高、安全性和隐私性更好的支付系统；但另一方面，新系统既增加了国际资本流动监管和反洗钱的难度，又缺乏相对统一的全球技术标准，给各国的金融监管带来了挑战。再如，对金融系统网络风险的防范已经刻不容缓。在国际金融体系全面、深入走向数字化、网络化的时代，针对金融机构的网络攻击会对金融稳定造成严重威胁。这些网络攻击有可能来自一国国内，也有可能来自国外。为了迎接上述这些新的挑战，国际社会应该有更大的紧迫性去加快推进有关改革，在全球层面建立良好的跨境监管合作机制和相对统一的技术标准。

中国经济也受到国际金融危机的严峻挑战。中国政府为应对国际金融危机的冲击做出了巨大努力。过去的十年，中国一直是全球经济增长的重要引擎。当然，不可避免，中国经济也付出了不小代价，债务率上升就是其中之一。近年来，中国政府全面深化改革，坚持新发展理念，重点推进供给侧结构性改革，采取去产能、去杠杆、去库存、降成本、补短板的一系列措施。通过保持总体稳健的货币政策并加强金融监管，中国金融机构去杠杆已经取得了明显成效。中国的 M2 年增速，已经由过去超过 10% 降到 2017 年的 8.2%。中国政府加强了对地方政府融资平台和影子银行体系的监管，加强了对房地产市场的管理，金融杠杆率已回落至 2014 年的水平。金融监管的加强还将促进金融部门持续地去杠杆。与此同时，中国政府、企业和居民的总负债率也已经趋稳。

2008 年国际金融危机已经过去十年了。目前，虽然全球经济的复苏势头尚好，但是世界经济体系的内在脆弱性依然十分显著，金融风险在不断积聚，国际政治的不确定性随时有可能破坏世界经济的发展势头。我们需要深刻反思 2008 年国际金融危机的教训，在全球治理的框架下，以合作共赢的精神，共同应对人类所面临的挑战，而不是以单边主义、民粹主义、零和博弈的模式来寻找解决方案。

稳字当头
科学谋划中国金融发展[*]

2021年是党和国家历史上具有里程碑意义的一年。全国上下隆重庆祝中国共产党成立一百周年，全面建成小康社会实现第一个百年奋斗目标，开启向第二个百年奋斗目标进军新征程。在以习近平同志为核心的党中央坚强领导下，我国沉着应对百年未有之大变局和新冠肺炎疫情，构建新发展格局迈出新步伐，高质量发展取得新成效，实现了"十四五"良好开局。

同时，必须清醒认识到我国经济发展面临需求收缩、供给冲击、预期转弱三重压力，这是党中央针对当前形势作出的新判断，是今后一段时期要解决的突出问题。党中央强调稳字当头，先立后破，要求积极推出有利于经济稳定的政策，慎重出台有收缩效应的政策，政策发力要适当靠前。稳字当头、稳中求进，既是各地区各部门应对三重压力的行动指南，也是科学谋划中国金融发展和政策安排的基本遵循。

---

[*] 本文系《中国金融报告2021：稳字当头擘画金融发展》（中国社会科学出版社2022年版）的序言。

一 "三重压力"对稳定宏观经济的挑战

需求、供给、预期,是稳定宏观经济的三大要素。需求收缩、供给冲击、预期转弱"三重压力"明确指出了当前我国宏观经济稳定面临的挑战。

第一是需求收缩。消费方面,受局部散发疫情持续扰动以及收入增长放缓的影响,居民消费增长乏力,尤其是服务消费受到冲击最大。投资方面,受严控新增地方隐性债务以及专项债对项目收益的要求,基建投资增速大幅下滑;部分房地产企业风险暴露等因素导致房地产投资增速比正常年份有较大幅度回落。作为产业关联度高、带动作用强的产业,房地产投资增速的放缓进一步波及其他相关产业的投资。由于处在新旧动能转换阶段,绿色投资、新基建等规模还无法弥补传统投资下滑带来的缺口。

第二是供给冲击。从短期来看,受疫情及部分国家政策禁令等因素影响,全球供应链受到严重冲击,对我国企业生产经营产生较大负面影响,部分产品(如芯片等)面临严重的供应短缺。主要国家货币政策过度宽松导致通胀压力上升,并产生了较强的外溢效应。大宗商品价格大幅上涨,进一步推高了中下游企业的生产成本,给中下游企业带来较大冲击。从中长期来看,人口老龄化使我国在较长时期内面临劳动力供给不足问题,成为制约我国经济中长期增长的一个基础性因素。

第三是预期转弱。未来一段时期,我国经济发展仍面临较大的不确定性,对生产者和消费者的信心产生影响,导致预期转弱。其中,既有经济方面的因素,也有非经济方面的因素;既有国内因素,也有国际因素。主要表现在:新冠肺炎疫情仍在全球蔓延,变异毒株不断出现,国内外疫情防控形势反复不定,疫情仍是最大的不确定性；世界经济有望实现恢复性增长，但不稳定、不确定、不平衡的特点十分突出；百年未有之大变局加速演进，大国博弈日趋激烈，我国经济社会发展的外部环境更加复杂严峻；部分领域监管趋严、政策叠加效应可能合成谬误，产生收缩效应；我国经济运行中长期存在的一些深层次矛盾未完全消除，经济增长动能转换不及预期；在迈向第二个百年目标的新征程中，部分需要持久发力的长期任务在一些地方、部门被简单理解成突击战后所产生的预期不稳。

二　提高金融支持的精准性，提振需求

扩大需求主要是消费与投资需求。要进一步提高金融支持的精准性，聚焦消费和投资中的重点领域，采取有针对性的金融支持措施，精准发力。

一是规范和促进消费金融发展。消费金融在增加消费需求、促进消费转型升级等方面发挥着重要作用。目前，我国消费信贷占比偏低，仍有较大的提升空间，应进一步增加消费金融资金供给。要引导金融机构资金向消费金融领域倾斜，扩充消费金融公司资金来源，优化消费金融资产证券化相关政策，扩大消费金融业务规模。同时，着力降低消费金融服务成本。对个人消费金融领域中存在的多个市场主体、多头收费等问题进行规范，加强对与融资收费相关的其他市场主体的规范，包括大型互联网平台以及其他一些提供风险缓释措施的市场主体，对其收费设置一定上限，降低消费金融综合服务成本。在增大消费金融资金供给和降低成本的同时，要把握好与防风险的平衡。防范部分消费者群体债务过快增长而产生的风险，防止过度负债；完善征信体系建设，加强不同机构之间的信息共享，防止多头授信、过度授信等情形，减少过度消费。最后，进

一步完善消费金融立法。探索出台专门的消费金融法，并在征信、消费者保护、金融监管等领域进行配套立法，形成完整的法律体系。

二是发展普惠金融释放弱势群体消费潜力。包括农民、城镇低收入人群、老年人等在内的普惠群体在消费方面仍具有较大的潜力，要更好发挥金融在促进普惠群体增收方面的作用。完善收入分配制度，推动更多低收入人群迈入中等收入行列，不断释放普惠群体消费潜力。发挥社会保障体系的兜底作用。保障普惠群体基本生存与生活需要，解决普惠群体的后顾之忧，提高普惠群体的消费意愿。提高消费者金融素养。加大金融知识宣传力度，普及基础金融产品和服务相关知识，提高金融消费者风险意识。大力开展信用镇（村、户）创建活动。做好农户信息收集、建档、评级、授信、公示等基础工作，不断优化地方金融生态环境。加强个人征信系统建设。扩大征信系统客户和数据覆盖范围，将更多普惠群体纳入现有信用体系。

三是为重点领域投资提供金融支持。扎实推进"十四五"规划确定的重大工程项目建设，确保重大工程项目的资金保障，以重大工程项目为牵引，对扩大有效投资起到拉动作用。更好发挥政府投资的引导作用，鼓励和引导社会资本参与市政、交通、物流等重点领域补短板项目建设。适度超前进行基础设施建设，既包括对城市管网、能源、水利、交通等传统基础设施的改造，也包括以数字化基础设施为主的新基建，如数据中心、云计算、人工智能、物联网、区块链等新一代信息通信技术基础设施等。结合我国碳达峰碳中和战略的实施，在减污降碳、新能源等领域持续加大资金投入，既扩大短期投资需求，又增强长期发展动能，支持绿色低碳发展。聚焦当前面临的"卡脖子"问题，扩大战略性新兴产业投资，培育壮大新的增长点，推动战略性新兴产业实现高质量发展，服务国家发展大局。

四是建立房地产金融发展长效机制。与其他行业相比，房地产行业资金规模大、产业链条长、辐射面广，在稳定经济运行、增加地方政府财政收入、吸纳劳动力就业等方面发挥着重要作用，对于经济金融稳定和风险防范具有重要影响。当前，受多种因素影响，我国房地产业发展面临困难，总体风险有所上升。未来一段时期，要继续坚持"房住不炒"的定位，准确把握和执行好房地产金融审慎管理制度，保持房地产信贷平稳有序投放。按照"一城一策、因城施策"的原则，根据实际情况采取有针对性的措施，确保房地产企业和个人住房按揭领域的合理资金需求得到满足，促进房地产业良性循环和健康发展。

五是更好发挥政策性金融的作用。政策性金融具有资金规模大、使用周期长、资金成本低等优势，与基础设施等领域的投资规模大、建设周期长、资金回收慢等特点具有天然的匹配性，能够为基础设施建设提供低成本、稳定的长期资金来源；同时，政策性金融具有跨周期调节作用，能够在一定程度上对冲宏观经济下行所造成的冲击，是加强跨周期政策设计和逆周期调节的有力抓手。完善政策性保险体系和政策性担保体系，发挥政策性金融在风险分担领域中的作用。优化政策性金融资金的投向，集中优势资金投向关键领域，补齐短板，提高金融支持的精准性。引导商业性金融机构与政策性金融机构建立有效的协同机制，实现优势互补。政策性金融机构可以发挥自身在资金成本上的优势，作为批发资金的提供者向商业性金融机构提供资金；而商业性金融机构可以发挥自身在人力、网点渠道等方面的优势，更有效地触达客户。

六是加强金融手段与财政手段的协调配合。根据金融需求的性质确定金融供给的方式。对于基本上不产生收益、依靠项目本身难以实现商业可持续的纯公益类项目，应当以财政资金投入为主；对于可以产生一定收入、依靠项目本身短期内很难实现商业可持续的项目，应当以政策性资金为主，商业性资金为辅；对于依靠自身收益能够在一定程度上实现商业可持续的项目，应当以商业性资金为主。

三 推动金融让利实体经济，缓解供给冲击

现阶段我国金融业总体经营状况良好，为进一步让利实体经济提供了空间。未来一段时期，要进一步推动金融让利实体经济，激发微观主体的内在发展潜力，特别是要在保障产业链供应链安全方面加大金融支持力度，缓解供给冲击对经济运行的负面影响。

一是完善贷款市场报价利率（LPR）形成机制，引导市场利率下行。降低实体经济融资成本对于保障市场主体稳定运行具有重要意义。形成有效的基准利率体系是我国利率市场化改革的主要目标之一。继 2015 年 10 月放开存款利率浮动上限之后，2019 年 8 月人民银行进一步推进贷款市场报价利率（LPR）形成机制改革，通过 LPR 报价利率引导市场利率下行。未来一段时期，应进一步提高利率报价的灵活性，引导市场利率下行，以此降低实体经济融资成本，保持市场主体稳定运行，实现稳增长目标。

二是保持直达实体经济货币政策工具的连续性。合理把握延期还本付息政策退出的节奏。为应对疫情冲击，我国先后多次出台了针对中小微企业的贷款延期还本付息政策。未来一段时期，要把握好延期还本付息政策退出的节奏，适当延长还本付息政策的有效期，根据疫情防控形势确定政策退出时机。对于存在较大困难的借款主体，可以由金融机构采取"一事一议"的方式确定贷款本息还款安排，提高政策的灵活性和针对性。继续对金融机构发放小微信用贷款提供优惠资金支持，加大对受大宗商品价格上涨影响较大的

中下游小微企业的金融支持力度。

三是加快构建具有强大韧性的产业链供应链。围绕基础零部件及元器件、基础软件、基础材料、基础工艺、基础产业技术等现阶段我国产业链供应链中存在的薄弱环节，加大对相关领域投资项目的资金供应。提高对产业链供应链中核心企业的信贷支持力度，支持核心企业提高融资能力，畅通和稳定上下游产业链条。加强金融支持全球产业链协同发展，对进出口经贸合作、"一带一路"和海外重大项目提供金融支持。

四　采取稳健的货币金融政策，扭转预期

尽管现阶段面临预期转弱压力，但我国经济社会发展的大趋势和基本面并未发生变化。稳健的货币金融政策逆周期调节以及深化改革扩大开放，将扭转预期转弱势头。

一是实施稳健的货币金融政策。当前，我国通货膨胀率总体上保持在较低水平。这为未来一段时期实施逆周期宏观经济政策提供了空间。中央经济工作会议强调，要继续实施积极的财政政策和稳健的货币政策，稳健的货币政策要灵活适度，保持流动性合理充裕。未来一段时期，可以结合实际情况灵活采取降准、再贷款、引导利率下行等方式，向金融体系注入流动性，稳定市场预期。要避免出台具有收缩效应的货币金融政策。对于在金融监管、房地产调控等领域已经出台的具有收缩效应的政策进行适度调整，向市场传递积极信号。

二是做好金融风险化解与处置工作。防范化解金融风险、守住不发生系统性金融风险的底线，对于稳定市场预期具有重要意义。要利用好当前金融机构总体业绩良好、抗风险能力较强的窗口期，加大不良资产处置力度，特别是要加强对中小金融机构、地方政府

债务、房地产信贷等重点领域金融风险的防范与处置，避免局部金融风险向金融体系传染或引起恐慌情绪。加强金融机构与公检法等部门的协同，完善信用体系建设，加大对失信行为的惩戒力度，为金融风险化解与处置创造良好的信用环境。进一步完善不良贷款转让制度特别是个人不良贷款转让制度，探索建立统一不良资产转让处置平台，改进业务流程，提高转让效率。更好发挥地方资产管理公司的作用，完善地方资产管理公司制度建设，促进地方资产管理公司回归不良资产处置主业。

三是加强货币金融政策的预期管理。货币金融政策影响面广，与企业和个人的生产生活行为密切相关。在货币金融政策的制定和执行过程中，要注意加强预期管理，通过有效的信息沟通引导公众预期。建立常态化沟通机制，拓宽主管部门与市场沟通的途径，提高货币金融政策透明度；及时回应市场重大关切，对市场普遍关心的重大理论和现实问题进行回应，避免市场出现误判和错误预期。

四是持续推进深层次结构性和体制性改革。要以更大力度的改革提振市场信心。坚持以经济建设为中心，坚定不移地坚持市场化改革方向，着眼于关系到我国经济金融长远发展的体制机制问题，在完善资本市场基础制度、提高上市公司质量、完善资本市场退出机制、省联社改革、金融业对外开放、完善金融基础设施等重点领域扎实推进金融体制改革，久久为功，善作善成。

五是加强货币金融政策与其他政策的协调配合。预期转弱是由多种因素造成的，其中部分因素已经超出了经济金融范畴。因此，扭转预期转弱也需要多管齐下。要做好政策之间的协调配合，如财税政策、产业政策、环境保护政策、收入分配改革，等等，将金融政策作为一种有效的资源配置手段与其他政策相协调，使不同政策形成联动，共同发力。

展望2022年,我们要坚持稳字当头、稳中求进的总基调,科学谋划金融发展,积极应对三重压力,为稳定宏观经济提供更有效的金融支持,以优异成绩迎接党的二十大胜利召开。

国际篇

一 世界经济与全球治理

论新工业革命加速拓展与全球治理变革方向[*]

一　引言

以智能化、网络化、数字化为核心的新一轮工业革命,是未来全球经济增长的重要动能,是影响国家间产业竞争格局的主要因素。经过30年的技术积累和市场探索,当前新一轮工业革命正逐渐由导入期转入拓展期。以新一代信息技术和人工智能为代表的新的通用目的技术和使能技术[①],在市场应用的过程中不断迭代并趋于成熟,加速推进车联网、智能制造、远程医疗等一批先导产业的涌现,同时逐步渗透到纺织服装、能源等传统产业部门,为全球经济增长和包容性发展提供了新动能。

由于新工业革命的重要影响和重大价值,主要工业国家纷纷出台更加积极的产业政策和科技政策,推动新技术和新产业发展,抢

---

[*] 原文刊载于《经济研究》2019年第7期。

[①] Bresnahan, T., "General Purpose Technologies", in Bronwyn, H. H., and Nathan, R., *Handbook of the Economics of Innovation*, Oxford: Elsevier, 2010; Fortune, S., and Zirngibl, M., "Enabling Science and Technology", *Bell Labs Technical Journal*, Vol. 14, No. 3, 2009, pp. 1–5. 通用目的技术和使能技术这两个概念在学术文献或政策文件中被广泛使用,但目前并无被广泛接受的标准定义。本文中的通用目的技术指的是具有广泛应用领域并能够促进经济增长和生产率显著提高的技术,使能技术指的是在特定产业领域能够促进科学和技术大规模工程化和商业化应用的技术。

占新一轮工业革命的制高点。然而，个别国家为了独占新技术和新产业创造的巨大利益，抛弃公平竞争原则，背离包容发展理念，选择了极端的单边主义立场，采取了激进的保护主义手段，对全球化、多边主义和自由贸易秩序造成严重伤害。一方面，新技术和新产业加速突破和发展；另一方面，全球贸易秩序何去何从出现了极大不确定性。在技术范式和经济范式都在加速变革调整的背景下，厘清新工业革命对全球治理规则的深层影响，把握全球治理体系变革的大势，关乎全球能否有效应对新工业革命的挑战，也关乎中国能否作为负责任大国推动国际秩序朝着更加公正合理的方向发展。

二 新工业革命构筑全球经济发展新动能

工业革命是通用目的技术和使能技术的簇群式突破及大规模商业应用的过程，是人类经济发展方式的系统性变革，是经济发展进程中的跳跃式演进。如果说蒸汽机驱动的机械化、电力和钢铁驱动的重工业化、流水线制造驱动的大规模标准化生产、数控技术驱动的柔性制造代表了前几次工业革命的主导技术范式，智能化、网络化、数字化技术的加速突破和应用则是当前蓬勃发展的新一轮工业革命的核心动力。之所以称这一场技术和产业变革是一轮革命，是因为智能技术和数字技术的连锁突破和大规模应用，不仅正在或将要催生一批新的先导产业，而且将与传统技术和产品融合，从根本上改变传统产业的技术基础、组织模式和商业形态，从而最终促进全球经济结构和发展方式的深刻变革以及经济增长潜力的充分释放。

每一轮工业革命既具有随机性和独特性，又遵循某些共同的规律，呈现出特定的周期和结构性特征。从经济史的角度看，每一轮工业革命大致都会经历导入期和拓展期两个阶段，且每个阶段大致都会持续二三十年的时间。① 在导入期，新的通用目的技术和使能技术的创新主要基于基础研究的积累和发展，具有很强的科学推动特征。同时，由于新技术的技术范式和技术路径并不清晰，不同类型的创新主体，特别是初创企业在新技术可能带来的巨大潜在利益的驱动下，通常会积极进行多元化的技术路线和商业模式探索。当通用目的技术和使能技术以及与之相匹配的商业模式逐渐成熟，这些新技术的应用开始催生新的产业，并加速向国民经济的其他部门扩散应用，这时工业革命开始进入第二阶段，即拓展阶段。由于拓展阶段工业革命的主要经济特征是新技术在市场中的加速应用和大规模商业化，因而这个阶段的技术进步表现出很强的需求拉动特征。从20世纪90年代互联网经济的勃兴算起，信息经济已经走过了大约30年历程。当前，智能化、网络化和数字化技术逐渐成熟，并不断与信息通信、新材料和生物医药等通用目的技术融合，一批掌握前沿技术并创造了有效商业模式的平台型企业开始从众多创业企业中涌现出来，产业组织开始由导入期的高度动态性转向更加稳定的市场结构。这些趋势性的技术经济特征，都标志着新一轮工业革命正逐步由导入期转入拓展期。

技术进步和产业变革是人类福祉的重要来源。工业生产带动了科学与技术知识的快速生产和扩散，促进了人的现代化；工业生产的规模经济和范围经济促进了生产要素集聚，加速了人类社会城市化的进程；信息化大大降低了空间对交流的阻碍，有力推动了工业生产的全球分工。从某种意义上讲，当今的工业化社会和以城市化为核心的人类现代生活，都是历次工业革命的成果。当前正在兴起

---

① 佩蕾丝使用"技术革命"概念，但其对于技术革命的阶段性概括同样适用于本文对工业革命的分析。佩蕾丝：《技术革命与金融资本——泡沫与黄金时代的动力学》，中国人民大学出版社2007年版。

的新一轮工业革命,以人、机器和资源间实现智能互联为特征,正在日益模糊物理世界和数字世界、制造和服务之间的边界,为利用现代科技实现更加高效和环境友好的经济增长提供了广阔空间。与历次工业革命一样,这一轮工业革命也必将为全球经济构筑强大的增长动力,深刻改变各国的经济结构和发展方式,并为人类经济社会面临的困境和问题提供新的解决方案,有力推动经济社会的跳跃式发展。随着新一轮工业革命由导入期进入拓展期,这些经济社会效应将逐步显现、强化。

首先,新工业革命将为全球经济提供新的增长动力。2008年国际金融危机以来,全球经济增长速度明显回落,国与国之间,不同行业、地区和人群之间的收入差距扩大,财富向少数人集中。受此影响,保护主义抬头,民粹主义滋生,一些国家为转嫁经济和政治危机,极力推进单边主义,使全球治理面临严峻的挑战,给世界经济增长带来更多不确定性和不稳定性。新一轮工业革命为全球经济重拾升势提供了机遇。历史地看,每一轮工业革命催生的增长部门都基本上由动力产业、先导产业、新基础设施产业和引致性产业四类部门构成。[①] 这一轮工业革命的发展方向是智能化、数字化和网络化,正加快突破和大规模商业应用的人工智能、大数据、云计算等信息技术和产品,构成新一轮工业革命的动力产业。智能制造、车联网、智慧城市、智能电网、远程医疗等智能化、数字化、网络化技术密集应用和深度交叉融合的新兴领域,将成为新一轮工业革命的先导产业。更加高效、安全、可靠、稳定的5G信息网络,是新一轮工业革命的关键基础设施。人工智能等使能技术、5G网络和车联网等丰富的应用场景相互反馈、增强,不断提升这些领域的技

---

① Perez, C., and Luc, S., "Catching up in Technology: Entry Barriers and Windows of Opportunity", in Giovanni, D., et al., *Technical Change and Economic Theory*, London: Francis Pinter, 1988.

术和商业成熟度，促进新模式、新业态和新产业的蓬勃发展，构成未来全球经济增长的主要引擎。与此同时，新兴技术和商业模式也不断向传统的能源行业、消费品行业和装备行业渗透，逐步打开这些行业新的增长空间，使这些产业成为新工业革命中的引致性产业（被现代化产业），并与动力产业、先导产业和新基础设施产业一起，共同构成新经济完整的产业体系。

其次，新工业革命将改变经济体系的要素投入结构。在传统的生产体系中，土地、劳动、原材料和能源是最主要的生产要素，且这些要素的供给约束总体上越来越强：由于主要工业国家的人口老龄化，以及伴随着收入增长出现的人对闲暇时间的边际偏好增长，劳动的有效供给在逐渐减少；由于工业规模扩张和快速发展的城市化，土地的供给越来越紧张；全球消费持续增长和发展中国家大规模开展的重化工业化进程不断强化对资源、原材料和传统能源的需求，而日益严峻的资源和环境问题又对资源和不可再生能源供给形成了持续趋紧的生态约束，要素供需矛盾问题必须通过引入新的生产方式加以解决。新一轮工业革命伴生的技术结构变化将改变要素的相对价格和需求结构，从而最终改变全球生产体系的要素投入结构。在新工业革命的背景下，更加高效和广泛应用的自动化将推动资本有机构成显著提高[1]，大幅减少经济增长对体力劳动的需求，并随着人工智能技术的发展和成熟形成对人类脑力劳动的大规模替代。因此，新一轮工业革命甚至可能在一些国家和部门出现"无就业增长"的现象。与此同时，以智能化、网络化、数字化为核心特征的新一轮工业革命，将大幅提高企业的生产和管理效率，从而减少经济社会对土地、原材料、能源等传统要素投入的需求。最重要的是，由于新一代信息基础设施使得数据生成、存储和传输的成本

---

[1] 马克思：《资本论》第1卷，人民出版社2004年版，第718页。

显著下降，数据开始成为经济系统中的新关键要素。数据资源将逐步成为国家和企业核心的竞争资源，基于数据的技术开发和应用模式成为国家和企业的核心竞争力，数据甚至可能逐步取代传统的投入要素而成为经济系统中新的最重要的经济资源。

再次，新工业革命将改变产业的生产制造方式和研发组织形态。继机械化、大规模生产、柔性制造之后，智能制造将成为新的主导制造范式，并引致新的劳动结构和研发组织方式。[①] 在机械化生产时代，技能型劳动是生产的主要劳动投入，企业的知识主要来自个人（发明家）。在大规模生产时代，企业对操作性劳动的需求激增，规模扩张和现代化管理成为企业的核心能力，企业创新逐渐成为企业竞争的关键，大型企业通过建设专业的内部研发机构来强化技术创新，高度专业化的个体知识通过分工协作共同构成企业的组织知识。20世纪70年代以后，伴随着柔性制造的发展，精益制造和自动化技术开始成为企业的核心竞争力，领先企业通过充分利用全球科技要素、构建全球创新网络来提升技术能力。可以预期，随着人类社会步入智能制造时代，操作性劳动和部分智力劳动将被自动化和智能化所替代，对掌握机器学习、自然语言处理等知识的知识型员工的需求将急剧增长；由于技术创新的动态性越来越强，企业在继续开展高强度内部研发、进一步完善全球创新网络的基础上，还必须基于公司创业等新型研发组织模式，动态保持在全球技术创新体系中的优势地位。

最后，新工业革命将为解决一些全球性问题提供新方案。当今世界面临着全球经济增长放缓、发展不平衡、贫富差距扩大、气候变化和地缘政治紧张等重大全球性问题，新工业革命为解决这些重大全球问题提供新的可能方案。例如，绿色能源的开发和推广，为

---

① 拉让尼克：《创新魔咒：新经济能否带来持续繁荣？》，上海远东出版社2011年版。

人口增长和工业化造成的环境问题提供了更加有效的解决方案；无人驾驶、智慧交通的发展将为解决日益严峻的城市交通问题提供新的技术路线；数字技术所带来的跨境电子商务等新兴业态的发展，以及服务贸易便利性的增加，将有力促进全球贸易增长，世界贸易组织发布的《世界贸易报告2018》预测，2030年之前全球贸易将逐年增加1.8—2.0个百分点；新工业革命将导致全球价值链、供应链和产业链在空间上的重新分解与组合，进一步推动分工深化和交易效率提升，从而推进全球经济加快复苏，等等。全球性问题归根结底还是世界发展不充分、不平衡的问题，新工业革命创造了培育全球经济增长新动能、进一步促进包容性、可持续发展的技术经济条件，为解决全球性问题创造了有利条件。

三　新工业革命将重塑国家间竞争格局

新一轮工业革命将成为全球重筑增长态势、提升人类社会福祉的重要动力。然而，虽然新工业革命的红利足以惠及全球，但是新技术和新产业创造的价值在国家之间的分配却是不均衡的。发达工业国家希望通过加快技术突破和先导产业发展，巩固甚至进一步强化其在全球经济版图中的优势地位；已经具备一定工业基础和技术能力的后发国家也希望利用新工业革命打开的机会窗口，通过开辟独特的技术路径和商业模式实现赶超。[1] 因此，竞争和赶超必然是新工业革命的题中之义。

新工业革命推进的过程，是一个竞争和选择的过程。工业革命的导入期和拓展期，恰恰表现为国家或企业在技术和商业两个层面

---

[1] Perez, C., and Luc, S., "Catching up in Technology: Entry Barriers and Windows of Opportunity", in Giovanni, D., et al., *Technical Change and Economic Theory*, London: Francis Pinter, 1988.

的激烈竞争。首先，在工业革命的导入期，多种技术路线相互竞争，由于技术路线本身的不确定性，以及每一种技术路线都需要承担高额的研发投入，没有任何一个国家能够主导所有的技术路线。虽然一些国家和企业在前沿技术和基础研究方面具有先发优势，但最终是否能够成为主导技术的开发者仍然具有很大的不确定性。加之信息技术发展具有鲜明的短周期特征，如果后发国家能够开展高强度的技术学习，同样有很高的实现技术赶超的概率。[①] 其次，当工业革命进入拓展期，即通用目的技术和使能技术都趋于成熟，从而逐步进入大规模商业化应用的阶段，技术领先国也可能由于国家的体制和战略不能及时适应主导技术的要求，而丧失将技术领先优势转化为产业领先优势的机会。主导技术和主导商业模式是在技术和市场的不断反馈过程中通过反复迭代的市场选择形成的。[②] 技术领先者有可能在商业化阶段的竞争中失败，而技术紧随者有可能利用其市场优势或基础设施优势，成为市场竞争的最终赢家。可以说，新工业革命可能创造的巨大经济红利及其对国家间产业竞争格局的深刻影响，激励着每一个国家积极参与其中，而新工业革命技术经济过程的复杂性又使得竞争结果具有高度的不确定性。

各国在新一轮工业革命进程中的竞争和赶超，最终会体现为国家间竞争能力和利益格局的动态变化。根据以往历次工业革命的经验，在工业革命导入期，通用目的技术和使能技术的主要策源国最先推动基础科学研究成果向技术应用的转化，这些国家从不同的技术路线进行探索，试图成为主导技术的控制者。在这个过程中，这些国家的科学研究和技术水平相互增强促进，成为新一轮工业革命

[①] 李根：《经济赶超的熊彼特分析：知识、路径创新和中等收入陷阱》，清华大学出版社2016年版。

[②] 罗森伯格：《探索黑箱：技术经济学和历史》，商务印书馆2004年版。

的科学和技术高地。随着新工业革命由导入期向拓展期演进，主导技术逐渐形成，相应的工程化和产业化成为国家间竞争的焦点。这时，拥有更强工程化能力和商业模式创造性的国家成为主要的竞争者。由于新工业革命的技术策源主要发生在少数国家，因此这个阶段国家之间的技术水平会出现极化现象，但此时的技术能力并未完全转化为一国的产业竞争力和经济福利。当前，新一轮工业革命正处于由导入期向拓展期发展的阶段，美国、中国、日本、德国等国家是主导技术成熟和应用的主要推动者。随着新一轮工业革命进入拓展期，通用目的技术和使能技术开始逐步扩散应用，那些率先推动主导技术在先导产业和引致性产业扩散应用的国家，其技术能力、生产效率、经济增长、就业水平和国家综合实力提升，将成为新工业革命最大的受益者。由于在新技术产业化的初期，研发和制造高度一体化，并集聚在少数策源国，因此这些国家将对处于新工业革命外围的发展中国家形成贸易顺差，经济增长水平也会进一步分化。而当新工业革命的技术和产业日渐成熟，技术和生产的标准化以及策源国国内市场的饱和，会促使这些国家的企业将生产制造向成本更低、增量市场更大的发展中国家转移，即开始新一轮成熟产业的国家间梯度转移，发达国家与发展中国家的经济增长水平出现一定程度的收敛。这个时期，那些能够更加积极利用外资和国际市场的发展中国家，可能会形成对发达国家和地区的贸易顺差，而那些不能有效降低制造业综合成本的发达国家甚至会出现产业空心化问题。

新一轮工业革命是一场技术经济范式协同转变的复杂过程。科技进步和产业发展嵌入在一国的体制和政策体系中，技术突破和产业变革会因改变既有的利益格局而遭到体制性的抵制。因此，哪些国家和地区能够相对更快地调整体制和政策，使其更有效地支持新的劳动者技能、新兴技术、新创企业、先导产业的发展，从而更好地匹配新工业革命的技术经济要求，谁就能成为新工业革命的主要受益者。在这场体制和政策的竞争中，发达国家试图利用新工业革命窗口进一步增强其产业竞争优势，遏制"产业空心化"趋势，重拾制造业竞争优势。近年来，这些国家或地区纷纷出台了面向智能化、网络化、数字化技术的制造业中长期发展战略，如美国的"先进制造业战略"、德国的"工业4.0"、法国的"新工业法国"、欧盟的"欧洲工业数字化战略"、西班牙的"工业连接4.0"、日本的"机器人新战略"、韩国的"制造业创新3.0"、意大利的"意大利制造业"等，都体现了发达工业国家进一步强化科技和产业竞争优势的宏伟愿景。

过去40年，以中国为代表的发展中国家通过承接产业转移和自主创新，快速建立起比较完备的工业体系和创新体系。包括中国在内的具有一定工业基础的广大发展中国家广泛参与高新技术的突破和应用，是这一轮工业革命相较于之前几轮工业革命最大的特点。按照传统的发展经济学逻辑，发展中国家凭借低成本优势承接发达国家成熟产业的产能转移，是后发国家经济增长的基本模式。基于"雁阵模式"的产业转移虽然能够在经济起飞阶段帮助发展中国家实现高速增长，但长期看，由于跨国公司始终将核心技术保留在母国，仅将成熟技术向发展中东道国转移，在发展中东道国的技术开发基本上是出于满足东道国本国市场需求的适应性改进，因此跨国公司在发展中市场开展的创新多是"利用型"的微小改进。这也意味着，一旦成熟技术转移的红利被收割完毕，而发展中国家本土的企业又不能成功打开技术赶超的空间，其经济增长就会进入长期相对停滞的状态。巴西、智利等拉美国家面临的"中等收入陷阱"问题，在微观上就表现为跨国公司的成熟技术转移完成后，这些国家本土企业的自主创新能力没有形成和跟进，因而进入了技术能力和经济增长的平台期。可以说，"中等收入陷阱"的背后是发展中国家的"技术能力陷阱"。利用新工业革命的历史机遇,培育本土的创新能力和创新主体,形成独立的产品平台、研发体系和实验体系,是后发国家在技术层面跳出"中等收入陷阱"的赶超路径。新工业革命背景下,不仅后发国家在新兴产业领域迎来并跑的机遇,而且由于传统技术和传统产业与新技术的融合,后发国家在成熟产业也迎来利用其独特的市场优势和资源优势实现赶超的窗口期。20世纪70年代,当汽车技术路线由低成本和动力增强向多样化和节能环保转变时,日本企业凭借柔性化生产和精益制造实现对美德汽车产业的赶超,就是这种理论逻辑的现实呈现。过去40年,中国从国情出发,不断推动理论创新和制度创新,更是大大丰富了后发国家经济发展的道路和模式。[①] 中国的制造强国战略、俄罗斯的"国家技术计划"、阿根廷的"国家生产计划"以及印度的"印度制造战略"等,都体现了广大发展中国家广泛参与新一轮工业革命的正当诉求和试图给人类迎接新工业革命做出贡献的理想抱负。

四 多边主义仍是全球治理变革的主导方向

生产力和生产方式革命必然带来生产关系的变革。回顾人类经济发展史,每一轮工业革命的展开,既是突破性技术大量涌现的过程,也是与这些技术相适应的国家政策体系和国家间治理规则调整的过程,是一场技术经济范式的协同转变,是技术和体制共同"创造性毁灭"的过程。可以预期,正在加速拓展的新一轮工业革命在不断催生突破性技术的同时,也必然带来体制、产业政策和全球治理等经济范式的变革。由于新工业革命将对国家技术能力、经济增长、就业、贸易投资甚至国家安全等深层次的国家利益产生系统而

---

① 谢伏瞻:《中国经济发展与发展经济学创新》,《中国社会科学》2018年第11期。

深刻的影响，主要工业国家都把迎接新一轮工业革命上升为国家战略，并通过更加积极和多样化的产业政策促进新技术和新产业的培育发展。国家间的利益冲突，以及相应的战略和政策调整，必将对既有的全球治理体系形成冲击，导致既有的治理规则受到挑战，并在国家竞争中逐步走向新的均衡。国家竞争格局重塑、个体经济利益重配、全球治理规则重整、职业转换与失业冲击、社会伦理道德受到挑战等，都可能成为新工业革命的副产品。但这些挑战并不必然对人类社会发展构成威胁，问题的关键是全球治理体系朝着什么样的方向调整和发展。

面对新工业革命的机遇和挑战，不同国家呈现出不同的全球治理价值取向，采取了不同的全球化战略。目前，多数国家都主张加强对话，深化合作，扩大开放，促进国际合作创新，在竞争与合作的过程中迎接新一轮工业革命，在多边框架下解决全球问题。然而，国际舞台也出现了一些不和谐的声音。个别国家为了抢占新工业革命先机，试图以单边主义、保护主义的方式阻碍其他国家发展，并动用国家力量抹黑和打击别国的技术领先企业，对国际贸易秩序和世界经济稳定造成负面影响，极力将新工业革命的竞争合作关系推向"零和博弈"。这种不负责任的、狭隘的全球治理观不仅不利于深化新工业革命和培育全球经济增长新动能，更是破坏了全球合力应对新工业革命挑战的多边主义框架。面对信息化驱动的新一轮工业革命，多边主义仍然是一国能够更大限度分享工业革命红利的主导制度范式，也是有效应对工业革命挑战的根本出路，是全球治理变革必须坚持的主流方向和主导逻辑。

首先，在多边主义原则下构建更加开放的产业生态和创新生态，才是一国参与新一轮科技和产业竞争的理性策略选择。与以往的工业革命相比，这一轮以智能化、数字化、网络化为核心特征的新工业革命，所涉及的科学技术基础的广度、技术融合的深度和市场应用的复杂性都是空前的。任何一个国家都不可能独自掌握新工业革命产业体系、供应链体系、价值链体系和创新体系的全部环节。仅以智能制造为例，美国的优势是底层技术和产业互联网，德国的优势是数字物理系统集成，日本的优势是精益生产制造管理，而中国的优势则是新技术的大规模工程化和市场应用，任何一国都不可能掌握智能制造的所有关键技术，不可能形成完全自给自足的完整产业链。可以预见，与历次工业革命主要发生在极个别策源国不同，新工业革命需要更多的国家直接参与到基础科学、前沿技术和多样化商业应用的创新中来。新工业革命中最大的受益国，一定是以更加开放的姿态集聚全球科技要素，同时又与别国分享创新价值的国家。谁能够建立更加开放的创新生态，谁就能够在新工业革命的产业体系中占据更加有利的位置。如果有国家试图凭借已经形成的垄断性技术优势，通过推行单边主义和保护主义独占新工业革命的利益，那是对新工业革命科技多元化发展趋势和全球治理体系中多边主义力量的误判。

其次，各国只有在多边主义框架下协调竞争政策，共同解决新技术可能带来的社会和伦理问题，才能更加有效应对新工业革命挑战，引导新工业革命朝着有利于解决全球性重大问题的方向发展。进入互联网时代，范围经济取代规模经济成为产业组织的主导逻辑，平台企业掌握了底层技术和核心数据，成为带动整个产业生态创新发展的领头羊。然而，一旦主导技术和产业生态趋于成熟，操作系统、芯片、社交媒体、搜索引擎等领域的平台企业就会利用其市场地位和资金优势，采取捆绑、侵略性定价等各种形式的垄断行为扼杀创新和市场活力。这时，具有市场势力的平台企业不是引领创新，而是更可能阻碍创新。这就需要国际社会推动建立有效的国家间竞争政策协调机制，共同规制垄断，保障数字经济的技术边界不断拓展和商业模式不断创新。与此同时，构成新工业革命重要内容的人工智能、基因工程等技术，由于涉及信息安全、科技伦理等人类发展的重大问题，需要更加广泛、深入的国家间政策协调。如果不能在多边框架的约束下发展和应用这些技术，新工业革命这把"双刃剑"所产生的负面影响将可能被放大，甚至可能对人类社会进步产生巨大威胁。

再次，只有在符合公平竞争原则、在多边规则约束下的科研竞赛和产业竞争，才有利于新工业革命推动全球经济增长。为了更有效地适应和推动新技术和新产业的发展，各国从自身的体制特征、发展理念和发展阶段等国情出发，对国家创新体系和产业政策进行调整和创新具有合理性和必然性。然而，加强对本国新技术和新产业的支持，不应以破坏多边主义为代价，各国多样化的政策探索和坚持多边主义并不矛盾。越是经济问题泛政治化猖獗，越是保护主义盛行，多边规则和公平竞争就愈加重要。只有在符合公平竞争原则的多边规则约束下，国家间的科研竞赛和产业竞争才有利于全球福祉改善。相反，缺乏大家共同遵守的多边规则，新工业革命背景下的产业政策竞争，有可能演化为一场以邻为壑的无序竞争，最终会损害新工业革命助推全球经济复苏的效能。因此，各国围绕新工业革命开展的政策调整和科技竞争，应该是一场多边规则约束下的公平竞争（competition），而不是一场无规则的恃强凌弱的斗争（rivalry）。

最后，新工业革命可能带来的发展分化问题，必须通过更具包容性的多边规则来遏制和解决。自动化和智能化驱动的资本对体力劳动和脑力劳动的替代，在大大提高经济生产效率的同时，也可能放缓，甚至逆转传统制造业由发达国家向发展中国家梯度转移的趋势，并对广大发展中国家既有的传统产业和就业岗位形成冲击。由于新工业革命短期内难以辐射到多数发展中国家，发展中国家的传统比较优势可能被弱化。从这个角度看，新工业革命造成的"数字鸿沟"有可能引发全球经济发展水平的进一步分化。面对这种情况,一方面,发达国家有责任为解决不平衡发展问题贡献力量——在过去几十年的全球工业化过程中,发展中国家在全球产业和价值链分工中承担了体力劳动最为繁重、生态环境破坏最为严重、附加价值最低的环节;另一方面,由于新一轮工业革命的主要产品不是有形产品,而是边际成本几乎为零的信息产品和服务,因而发达国家也可以通过向发展中国家拓展市场,实现与发展中国家的共赢。基于这样的认识,单边主义与包容性增长和减负背道而驰,通过坚持和完善多边主义解决全球发展不平衡和不平等问题不仅必要,而且可行。只有在多边合作框架下,作为新一轮工业革命主要推手和受益者的国家,才能在为发展中国家开展信息基础设施建设支持、完善成熟技术和适用技术援助体制、提供与新生产方式相适应的劳动者技能培训等方面达成共识,推动全球经济朝着更具包容性的方向发展。信息技术进步与发展大大降低了产业链、价值链和基础设施全球布局的成本,更加强化了规模经济、范围经济和网络经济,由此形成的新一轮工业革命为发达国家帮助广大发展中国家更深入地融入全球生产体系和创新网络提供了难得的机遇。

总之,无论是从国家自身利益更大化、全球福祉最大化,还是包容性发展的角度看,开放和多边主义都是与新工业革命技术范式相适应的主导经济范式,保护主义和单边主义是失道寡助的逆势行为。

五 在多边主义原则下推进对世界贸易组织的必要改革

基于合作、互惠、协商的多边主义仍将是全球治理调整的主导方向。但坚持多边主义原则,并不意味着既有的多边组织和机制完美无缺。以世界贸易组织为例，尽管过去世界贸易组织在完善争端解决机制、改革组织架构、加快多边谈判进程等方面做出了重要贡献，但其体制机制与新的国际竞争环境之间不适应、不契合的矛盾日益凸显。新工业革命背景下复杂多变的国际竞争格局和各成员方的利益分化，导致世界贸易组织在谈议题推进困难，久拖不决，新议题难以凝聚共识，严重损害了世界贸易组织的效率和权威性。因此，迫切需要加快推进对世界贸易组织进行必要的改革，共同推动世界贸易组织朝着更加符合公平竞争原则的方向改革调整，朝着更加有利于全球经济创新发展和包容发展的方向改革调整，进一步强化多边贸易体制在全球贸易自由化、便利化进程中的主渠道地位，推动世界贸易组织在全球经济治理中发挥更大的作用。

一是强化成员国履行职责的约束力，着力提高争端解决机制的有效性。多边贸易体制本质上是成员国之间相互开放市场、开展公平竞争的约束性承诺。然而，由于新经济的战略重要性，各国为促进关键技术突破和新兴产业培育进行政策干预的积极性更高。除了传统的关税壁垒外，近年来各国之间的非关税壁垒纠纷不断涌现。这种情况下，强化世界贸易组织约束力和争端解决能力尤为必要。为此，世界贸易组织应对理事会、下属各委员会及秘书处等机构进行改革，赋予其监督成员国贸易政策透明度与公平性等方面的授权，规范成员国履行通报义务，重新启动上诉机构成员遴选程序，加强多边监督机制，有效遏制个别成员国的单边主义措施，提高世界贸易组织在全球治理领域的公信力。在完善世界贸易组织自身治理结构的基础上提高决策与行政效率，创新争端解决机制，积极、快速、高效地解决贸易分歧。

二是坚持多边治理和贸易自由化大方向，采取有效路径应对排他性的区域主义冲击。由于智能化、网络化和自动化在发展水平接近的区域内部更容易实现，因此新工业革命背景下的全球创新价值链区域化倾向更为明显。在亚太地区和欧盟内部，基于区域分工的供应链体系显现出较高的效率和活跃度。这既是全球价值链深化的结果，也给多边治理和全面贸易自由化的实现增添了难度。对此，在坚持多边治理和贸易自由化的大方向下，可以考虑推动世界贸易组织框架下的诸边谈判，求同存异，尊重成员国各自的发展模式，借助"开放的诸边"这一"折中"的多边主义路径应对世界贸易组织面临的排他性区域主义冲击，进而重建世界贸易组织权威性。切实回应产业发展诉求，加强中小微企业等新议题的多边讨论，确保各国针对新工业革命背景下实施的产业政策符合世界贸易组织的公平竞争原则，推动贸易、投资和知识产权纠纷在世界贸易组织框架下的有效解决。

三是确认发展中国家的特殊身份并保障差别性待遇，扩大发展中国家参与度，保证发展中成员的特殊与差别待遇。努力弥合发展中国家与发达国家之间存在的包括数字鸿沟在内的能力鸿沟，是依托世界贸易组织等多边框架促进全球包容性发展的重要内容。面对新工业革命可能加剧全球不平衡发展的问题，对于发展中国家的"特殊身份和差别化待遇"条款更应予以保障。世界贸易组织改革应充分考虑发展中国家的实际诉求和具体困难，在未来贸易投资规则制定中坚持对发展中国家的差别待遇，鼓励发展中国家更加积极地参与全球治理，承担与其发展水平相符的义务。

四是正确处理知识产权保护与技术扩散的关系，推动全球开放式创新。在新工业革命的国家间竞争中，发达国家为占据全球竞争制高点，对科技创新投入巨大，势必强调对重大研发及其产业化成果的知识产权保护。但对知识产权的过度保护，不仅不利于扩大技术成果商业化以及全球包容性发展，也将限制发展中国家扩大对外开放的积极性。世界贸易组织应充分考虑各方利益，正确处理知识产权保护与技术扩散的关系，避免对所有知识产权争议"一刀切"，采取有效措施分类处理。增加对发展中国家技术援助的针对性，以此促进先进成熟技术在发展中国家的扩散和应用，让新工业革命成果惠及更多国家和世界人民。

五是适应新工业革命的发展趋势，解决数字贸易等新问题。近年来，在新工业革命推动下以电子商务为代表的数字贸易快速发展。根据美国亚马逊2018中国峰会发布的数据，全球B2C跨境电子商务交易额由2014年的2330亿美元大幅提高到2018年的6760亿美元。数字化大大提高了服务跨境交易的便利性，是世界贸易组织所必须重视的发展趋势和重要议题。依托世界贸易组织展开的数字贸易规则谈判进程，在20、21世纪之交曾经占主要地位，但近期却陷入停滞。全球性数字贸易规则体系若要最终形成，很难绕过世界贸易组织等传统多边平台。对此，可先引导各方在基于互联网平台的货物贸易规则这一各方分歧较小、易于取得共识的领域展开重点谈判，加强对欠发达国家的技术援助与能力建设，在技术、商业、安全、主权等各方关注的政策目标之间实现平衡，打破多边体系数字贸易谈判僵局，以此增添各方对多边谈判的信心。

六　结　语

当前，以智能化、网络化、数字化为核心特征的新一轮工业革命正逐步由科技探索为主的导入期转向商业化应用为主的拓展期，新工业革命的巨大经济价值逐步释放，推动全球产业结构和发展方式深刻变革，为全球经济增长提供强大动能。为掌握新工业革命的先机，占领新工业革命的制高点，主要工业国家密集出台产业政策，加速推进新技术和新产业发展。新工业革命背景下的国家间政策竞争，有利于多元化的技术探索和市场试验，是推动新工业革命重要而积极的力量。但是，围绕新工业革命的国家间竞争，不应当是一场损害多边主义和包容性发展的无规则斗争。这种竞争越是激烈，越是需要基于公平竞争原则的多边规则加以约束和引导。与历次工业革命主要发生在极少数策源国不同，这一轮工业革命的技术和产业复杂性决定了需要更多的国家直接参与到基础科学、前沿技术和多样化商业应用的创新中来。那些能够在多边主义原则下构建更加开放的产业生态和创新生态的国家，才是新工业革命竞争中最大的赢家。新工业革命使得各国利益和命运更紧密相连，更深度交融[①]。各国只有在多边主义框架下协调竞争政策和社会政策，共同解决新技术可能带来的垄断、"无就业增长"、社会伦理等经济社会问题，才能更加有效应对新工业革命带来的挑战，引导新工业革命朝着有利于解决全球性重大问题、促进全球包容性发展的方向发展。

新工业革命时代到来和经济全球化是两股相互作用又不可逆转的力量。在新工业革命所驱动的全球化浪潮下，多边主义仍将是全球最大限度分享新工业革命红利的主导经济范式，是人类有效应对新工业革命挑战的根本出路，是全球治理变革的主导逻辑，是任何负责任的国家都应当坚持的基本立场和方向。基于合作、互惠、协商的多边主义仍将是全球治理调整的主导方向。当然，坚持多边主义原则，并不意味着既有的多边组织和机制完美无缺。当前迫切需要加快推进对世界贸易组织进行必要的改革，共同推动世界贸易组织朝着更加符合公平竞争原则、朝着更加有利于全球经济创新发展和包容发展的方向调整，进一步强化多边贸易体制在全球贸易自由化、便利化进程中的主导地位，推动世界贸易组织在全球经济治理中发挥更大作用。

[①] 习近平：《让美好愿景变为现实——在金砖国家领导人约翰内斯堡会晤大范围会议上的讲话》，《人民日报》2018年7月26日第3版。

中国不仅是经济全球化的受益者，也是重要的贡献者和推动者。当今中国正在以更深层次的改革和更高水平的开放推进高质量发展和建设现代化经济体系，一方面我们要积极推进经济全球化迎接新工业革命时代的到来；另一方面我们将坚定支持多边主义和自由贸易，坚决反对违背世界发展大势的单边主义和保护主义。加入世界贸易组织以来，中国积极履行入世承诺，大幅开放市场，实现互惠共赢，为世界经济增长与稳定做出了重要贡献。面对新一轮工业革命和复杂多变的国际形势，中国开放的大门只会越开越大；在多边主义原则下积极推进世界贸易组织的必要改革，推进新工业革命伙伴关系；顺应新工业革命发展趋势，与各国一道共同探索新技术、新业态、新模式，探寻新的增长动能和发展路径，为全球开放发展和包容发展贡献更大力量。

积极推动共建开放型世界经济[*]

当今世界正处于百年未有之大变局,如何在"大变局"中把握机遇、应对挑战、建设开放型世界经济,是我们共同面临的重大课题。在二十国集团大阪峰会前夕,我们就"共建开放型世界经济"这一主题展开深入探讨,具有特别意义。开放型世界经济倡导开放融通、创新引领、包容普惠,是以多边体制为保障的经济形态。

一 开放型世界经济是世界繁荣进步的必由之路

经济全球化以国际分工和市场经济为基础,把经济活力、生产效率和发展机会传导到世界各国,促进了商品和资本流动、科技和文明进步、人员和思想交流,为世界繁荣进步、发展稳定提供了强劲动力。经济全球化的动力源于各国优势互补、互通有无的需要,推动经济全球化朝着更加开放、包容、普惠、平衡、共赢的方向发展,符合世界繁荣进步的实际需要和各国人民的根本利益。经济全

---

[*] 节选自作者2019年6月25日在"共建开放型世界经济国际论坛"上的主旨演讲。

球化是不可逆转的历史大势。我们要适应和引导好经济全球化，积极应对经济全球化进程中出现的各种矛盾和问题，让它更好惠及每个国家、每个民族。

开放带来进步，封闭必然落后。这既是中国改革开放40多年来取得巨大成就的经验总结，也完全符合经济发展的基本理论和逻辑。在全球供应链、产业链、价值链紧密联系的当今世界，各国已逐步形成高度依存的利益共同体、命运共同体。为拓展互利合作空间、推动经济全球化更加健康发展，中国长期秉持自由贸易理念，积极倡导塑造各国发展创新、增长联动、利益融合的世界经济，并将构建开放型经济新体制、推动建设开放型世界经济和构建人类命运共同体作为新时代高水平对外开放的奋斗目标。

二 开放型世界经济受到保护主义和单边主义的严峻挑战

当前，世界经济深刻调整，经济全球化曲折发展，全球治理体系和国际秩序加速变革。在此进程中，作为全球最大的经济体，美国推出了大量以邻为壑的保护主义和单边主义措施，严重冲击多边主义和自由贸易体制，开放型世界经济因此经历前所未有的严峻挑战。根据全球贸易预警数据库的统计，2008年11月以来，美国新增保护主义措施累计1770余项，居全球首位。其中，2018年新增217项，较2017年增长36.5%。为了自己的利益，曾经倡导和推动"自由贸易"的美国，如今正走向全球开放合作的对立面。这既是近年来全球经贸环境急遽恶化的症结，也是当前中美贸易谈判受挫的根本原因之所在。

美国保护主义和单边主义抬头、频繁对外挑起经贸摩擦，给国际贸易和世界经济的稳定健康发展带来了严重损害。根据世界贸易组织统计，2019年第一季度，欧盟、日本、中国和美国等全球主要经济体以美元计算的货物出口同比增速均较上年同期出现大幅回落，其中欧盟下降23.7个百分点、日本下降16.0个百分点、中国下降12.3个百分点、美国下降6.5个百分点。2019年4月，世界贸易组织将2019年国际贸易实际增速由2018年9月的预测值下调1.1个百分点至2.6%；国际货币基金组织将2019年全球经济增长率下调至3.3%，创2010年以来最低水平。这表明，建设开放型世界经济比以往任何时候都更加重要、更为紧迫。

三 中国是共建开放型世界经济的有力推动者

中国是开放型世界经济的建设者、贡献者，也是受益者。1978年改革开放以来，中国经济平均增速达9.5%，占世界经济总量的比重从1.8%提高到15.8%，货物进出口总额从206亿美元增长到4.62万亿美元，累计使用外商直接投资超过2.1万亿美元，对外投资总额达到2万亿美元。2008年国际金融危机爆发后，中国不仅没有关闭对外开放的大门，还将更高层次的对外开放作为应对危机和促进增长的根本途径，让更多国家分享中国发展带来的机遇。多年来，中国对世界经济增长的贡献率稳定在30%左右，是世界经济当之无愧的稳定器和动力源。

近年来，中国推出了新一轮改革开放的重大战略举措，着眼加强制度性、结构性安排，不断推动更高水平对外开放。2018年4月，习近平主席在博鳌亚洲论坛年会开幕式上宣布了大幅度放宽市场准入、创造更有吸引力的投资环境、加强知识产权保护、主动扩大进口四项扩大开放的重大举措；2018年11月，习近平主席在首届中国国际进口博览会开幕式上宣布了激发进口潜力、持续放宽市场准入、营造国际一流营商环境、打造对外开放新高地、推动多边和双边合作深入发展等进一步扩大开放的新举措。通过深化改革扩大开放,中国经济高质量发展的动能不断增强,并将给世界各国带来更大发展机遇。未来 15 年,中国预计将进口 24 万亿美元商品,吸收 2 万亿美元境外直接投资,对外投资总额将达到 2 万亿美元。

在全球疫情背景下积极探索
国际合作新机遇[*]

2020年是不同寻常的一年。面对突如其来的新冠肺炎疫情，在以习近平同志为核心的党中央坚强领导下，全国人民经过艰苦卓绝努力，取得了武汉保卫战、湖北保卫战的决定性成果和疫情防控阻击战的重大战略成果，统筹推进疫情防控和经济社会发展工作取得积极成效。但是，境外疫情暴发增长态势仍在持续，中国外防输入压力持续加大，内防反弹的风险始终存在。在疫情给中国发展的国际环境带来持续影响和挑战之际，我们发布《中国社会科学院国际形势报告2020》和《中国对外关系（1978—2018）》两本新书，共同探讨当前国际形势与中国外交，具有重要意义。

---

[*] 节选自作者2020年5月13日在"《中国社会科学院国际形势报告2020》《中国对外关系（1978—2018）》发布会暨全球疫情背景下的国际形势与中国外交研讨会"上的演讲。

一 全球疫情背景下，国际形势的不稳定性不确定性更加突出

当前，新冠肺炎疫情走势是我们分析和研判国际形势的最大不确定性因素，疫情已给国际经济、政治和安全等带来深刻影响，国际合作面临严峻挑战。

在疫情推动下，世界经济中的各种风险不断累积和暴露，资本市场大幅动荡，原油价格急剧下挫，世界经济增速大幅下降。2020年4月14日，国际货币基金组织发布《世界经济展望》报告称，2020年世界经济将出现自20世纪30年代大萧条以来最糟糕局面，经济增速将跌至-3%。与该组织1月发布的报告相比，当前预测值下调了6.3个百分点。这是该组织自成立以来在如此短的时间内对世界经济增速作出的最大幅度的调整。疫情不仅使世界经济的短期衰退难以避免，还可能会固化很多国家长期存在的低增长、低通胀、低利率和高债务、高收入差距、高资产价格的"三低三高"问题，从而推升世界经济陷入长期低迷的风险。

在疫情冲击下，国际政治中的大国关系面临新的不稳定因素。为了推卸疫情防控不力的责任和维护个别或少数人的政治利益，一些国家的政客将新冠肺炎疫情污名化、将抗击疫情政治化，发表的一些言论违背人类社会普遍认可的道德准则和基本科学常识，制造谣言、恐慌、歧视和偏见，给国际关系的稳定发展蒙上新的阴影。同时，地缘政治格局加速演进，国际政治体系深度变革。疫情发生后，中美俄欧和日印等力量调整、分化和组合呈现出新的动向，大国在中东、北非等热点地区事务上的竞争与博弈有所加剧。

在疫情影响下，传统安全和非传统安全威胁相互交织，各国安全面临前所未有的挑战。当前，个别大国仍抱守冷战思维、零和博

弈的旧思维，动辄使用武力或以武力相威胁，导致世界局势动荡不安，地缘冲突和局部战争持续不断。同时，很多国家正处于发展转型、调整变革的矛盾多发期，各种社会思潮相互激荡，党派政治走向极化，导致政坛乱象丛生，社会骚乱此起彼伏。新冠肺炎疫情在全球扩散蔓延，不仅直接对全球公共卫生安全构成严重威胁，还成为加剧部分国家和地区社会矛盾与国际冲突的"导火索"，国际安全形势更加错综复杂。

二 加强全球抗疫合作和宏观经济政策协调刻不容缓

新冠肺炎疫情在全球多点暴发、快速蔓延，给各国人民生命安全和身体健康带来巨大威胁，对全球人员往来和世界经济造成严重冲击。新冠病毒是全人类的敌人，而不应成为树立敌人、制造各种敌对关系的工具。当前，全球疫情扩散蔓延势头尚未得到有效遏制，各国境外输入风险仍在上升，疫情走势及其对经济社会的影响还存在很大不确定性，国际合作与协调的重要性和紧迫性显著上升。

一方面，在疫情防控处于常态化新阶段，各国战胜疫情离不开真诚、持续、有效的抗疫合作。面对前所未有的新冠肺炎大流行，各国都不同程度地暴露了疫情防控的一些短板。例如，政府和民众公共卫生安全意识普遍不强，公共卫生应急管理体系和基础设施建设相对滞后，医疗专家和抗疫物资的战略储备严重不足，抗病毒药物和疫苗研发能力还很薄弱等。这说明，任何国家和地区都难以仅凭一己之力有效遏制疫情和战胜新冠病毒。在中国抗疫处于非常困难的阶段，国际社会许多成员给予了真诚帮助和支持，有力助推了国内疫情防控形势持续向好和生产生活秩序加快恢复。同时，中国积极、及时同各国分享防控信息和有益做法，开展药物和疫苗联合研发，向一些国家提供力所能及的援助，为全球抗疫做出了巨大贡献。

另一方面，只有加强国际宏观经济政策协调才能将疫情给经济社会带来的负面影响降到最低。面对疫情对全球生产和需求造成的全面冲击，很多国家都出台了大规模刺激性财政和货币政策等应对措施。但是，少数大国为了逃避责任和转嫁危机，推出了大量以邻为壑的单边主义和保护主义政策，推升了全球经济"脱钩"风险。目前，一些国家宏观经济政策的负面溢出效应已经开始显现，全球主要大国经济政策各自为政的现状尚未得到根本改变，各国联手加大宏观政策对冲力度，共同维护全球供应链、产业链、服务链、价值链稳定，比以往任何时候都更为重要、更为紧迫。

三 排除干扰，推动共建"一带一路"高质量发展

近7年来，"一带一路"倡议从夯基垒台、立柱架梁到落地生根、扎实推进，从"大写意"到"工笔画"，已步入高质量发展的新阶段。但是，突如其来的疫情给国际社会共建"一带一路"建设造成了不少干扰。一方面，疫情在全球持续扩散，在客观上阻碍了"一带一路"沿线人员、商品和服务的跨境流动，推升了"一带一路"重大项目建设和运行成本；另一方面，一些境外媒体和政客公开诋毁中国政府和公民形象，煽动"一带一路"沿线国家和地区的反华排华情绪，给"一带一路"顺利推进增加了新的障碍。

尽管受到疫情干扰，"一带一路"国际合作仍然展现出很强的韧劲，中方同沿线国家和地区的贸易和投资逆势增长。商务部数据显示，2020年第一季度中国企业在"一带一路"沿线对52个国家

非金融类直接投资42亿美元,同比增长11.7%,比同期中国对外直接投资增速高12.3个百分点;占同期投资总额的17.3%,较上年提升2.4个百分点。海关数据显示,2020年1—4月,中国对"一带一路"沿线国家进出口总额达人民币2.76万亿元,同比增长0.9%,比同期中国进出口增速高5.8个百分点。其中,东盟成为中国第一大贸易伙伴,双边贸易总值高达人民币1.35万亿元,同比增长5.7%。这充分表明,"一带一路"国际合作的动力依然强劲,发展前景十分广阔。

疫情也给"一带一路"高质量发展带来了机遇。一方面,疫情为高质量推进"健康丝绸之路"建设提供了契机。公共卫生安全是人类面临的共同挑战,是推进"一带一路"国际合作可以依托的重点领域之一。同沿线国家紧密的抗疫合作,有助于"一带一路"沿线公共卫生治理及政策沟通和民心相通,从而推动"健康丝绸之路"建设走深走实。另一方面,疫情为高质量推进"创新丝绸之路"建设提供了契机。此次疫情给传统产业带来较大冲击,但推动了在线科技、人工智能、5G、大数据等新技术的加快运用,给很多创新型新兴产业向"一带一路"沿线国家和地区拓展创造了机遇。

团结合作　开放合作
共同提振世界经济[*]

当前，新冠肺炎疫情仍在全球扩散蔓延，各国人民生命健康受到严重威胁，世界经济陷入严重衰退。在此背景下，我们在一起就"国际抗疫合作与提振世界经济"展开深入讨论，意义重大。

一　团结合作是战胜疫情的唯一正确选择

新冠肺炎病毒没有国界，是全人类的共同敌人。这场疫情让我们深刻认识到，人类是一个休戚与共、紧密相连的命运共同体。国际社会抗疫实践表明："甩锅""推责"遏制不了疫情扩散蔓延，更挽救不了生命；在全球疫情持续扩散蔓延之时，只有团结合作才是战胜疫情的最有力武器。在中国抗疫处于非常困难的阶段，国际社会许多成员给予中方真诚帮助和宝贵支持，中国人民对此始终铭记在心。在全球疫情扩散蔓延时，中方也向国际社会提供了力所能及的医疗物资援助，并为很多国家在华采购急需物资提供了便利。但

---

[*] 节选自作者2020年7月29日在"国际抗疫合作与提振世界经济"云论坛上的演讲。

是，面对日益严峻的全球疫情形势，国际社会仍有不少阻碍和破坏合作的杂音，一些国家任由"污名化"的"政治病毒"肆意传播，让新冠病毒攻击人类有了可乘之机。截至今日，全球累计确诊病例达一千六百多万人，六十多万人被新冠病毒无情夺去宝贵生命。人类为此付出的巨大代价足以警醒各国政府，唯有携手合作抗疫才是人间正道。

二 开放合作是提振世界经济的必由之路

近年来，越来越多国家出现了低增长、低通胀、低利率和高债务、高收入差距、高资产价格的"三低三高"问题，世界经济下行压力持续攀升。在新冠肺炎疫情冲击下，各种风险加速累积和暴露，世界经济增速急遽下滑，并陷入自20世纪30年代大萧条以来最为严重的经济衰退。国际社会比以往任何时候都更需要加强经济政策协调和采取有力行动。但是，部分国家滥用国家安全审查干扰正常经贸投资合作，借助疫情推行各种保护主义措施。国际社会正面临开放包容与孤立封闭、合作共赢与零和博弈的激烈较量，世界经济复苏的不稳定性不确定性更加突出。历史经验表明：自我封闭解决不了问题，更实现不了自身发展；在全球供应链、产业链、价值链紧密联系的当今世界，只有共同开放、共享市场才能应对共同挑战、创造更大发展机遇和空间。新冠肺炎疫情给世界经济带来的负面影响，首先表现为疫情对物流链、供应链、产业链的冲击。如果我们不去打通全球市场对接通道，甚至还给各国市场联通设置人为障碍，世界经济复苏之路将更加艰难。

三　中国是支持国际抗疫合作与提振世界经济的重要力量

新冠肺炎疫情发生以来，中国坚持统筹推进疫情防控和经济社会发展工作，最大限度降低疫情对经济社会发展的影响。随着一系列政策举措落地生效，中国疫情形势总体稳定可控，复工复产复商复市加快推进，经济复苏持续向好，对外经贸投资合作稳中有进。

在疫情防控方面，中国依法采取最全面、最严格、最彻底的防控举措，成功遏制住国内疫情的蔓延，并始终本着公开、透明、负责任的态度，及时同国际社会分享防控信息和抗疫经验。中方全力支持联合国系统在协调国际抗疫合作中发挥领导作用，向世界卫生组织捐资5000万美元，向150多个国家和国际组织提供紧急医疗物资援助，为全球抗疫做出了重大贡献。中方愿同世界各国在诊疗方案和疫苗研发上开展更加广泛深入交流与合作，共同担负起应尽的国际抗疫责任，维护全人类的生命安全与共同利益。

在经济社会发展方面，中国坚持稳中求进工作总基调，推出了更加积极有为的财政政策、更加灵活适度的货币政策和更加全面强化的就业优先政策。2020年，中国计划新增财政赤字规模1万亿元，发行抗疫特别国债1万亿元，新增地方政府专项债券1.6万亿元，通过减税降费为企业再减负超过2.5万亿元，并综合运用降准降息、再贷款等手段降低社会融资成本、满足实体经济融资需求。中国还加强了财政、金融、投资、产业、贸易等经济政策同就业政策的衔接配套、协调联动，努力实现经济发展与扩大就业良性互动。

在推动国际经贸投资合作方面，中国坚定不移扩大对外开放，积极推动贸易和投资自由化便利化。2020年，中方大幅缩减外资准入负面清单，并明确提出年内出台跨境服务贸易负面清单。自7月23日起开始施行的2020年版外商投资准入负面清单条目已减至33条，较2017年版的95条下降了65%。目前，中方正积极筹办第三届进博会，积极扩大进口，发展更高水平面向世界的大市场。中方还同国际社会一道致力于高质量共建"一带一路"，深化互惠互利合作，为世界经济复苏持续注入新动力。

共克时艰　推动世界经济复苏[*]

2020年是极不平凡的一年，突如其来的新冠肺炎疫情肆虐全球，各国人民生命和健康面临严重威胁，世界经济陷入深度衰退，人类经历了史上罕见的多重危机。面对百年未遇的疫情大流行，以习近平同志为核心的党中央团结带领全国人民，以人民至上、生命至上诠释了人间大爱，用众志成城、坚忍不拔书写了抗疫史诗。世界各国人民也以巨大的决心和勇气，同毒魔展开殊死搏斗，依靠科学理性的力量，弘扬人道主义精神，全球抗疫取得初步成效。这样的背景下，我们也才能够如期举行《中国社会科学院国际形势报告（2021）》发布会，共同探讨国际形势、研判风险挑战。

一　2021年世界经济启动恢复性增长，但风险不容忽视

在经历新冠肺炎疫情冲击的经济下挫之后，2021年世界经济将

---

[*] 节选自作者2021年2月24日在"中国社会科学院国际研究学部2021年度国际问题研讨会暨《中国社会科学院国际形势报告（2021）》发布会"上的演讲。

在此前较低的基数上重启增长。2021年1月，国际货币基金组织发布《世界经济展望》，把对2021年世界经济增速的预测值由2020年10月的5.2%上调至5.5%，与2020年的实际增长率相比，大幅回升9个百分点。支持世界经济恢复性增长的因素包括疫情随着疫苗的普及逐渐平复而带来的供给恢复、疫情期间被迫压缩或延期的需求释放、追加的支持性宏观经济政策效果开始显现等。尽管世界经济有望重启增长，但可能阻挠甚至中断经济复苏的风险挑战仍然存在，需要我们高度重视。

一方面，世界经济复苏的基础较为脆弱，并且面临各国宏观经济政策持续性不够和协调不畅的潜在威胁。2020年的世界经济衰退，是自第二次世界大战结束以来经历的最严重的经济衰退，各大经济板块历史上首次同时遭受重创，全球产业链供应链运行受阻，贸易和投资活动持续低迷。为应对疫情，各国出台了大规模救助及刺激措施。截至2020年12月底，各国推出总规模约14万亿美元的财政救助措施，约占全球GDP的16%。与此同时，2020年世界各经济体央行共降息207次，各主要发达经济体央行继续维持超低利率政策。这些措施在2021年能否持续，能否形成合力，还存在不确定性。一旦因协调不畅而出现相互掣肘、以邻为壑的状况，世界经济复苏动能可能将被大大削弱。

另一方面，疫情走向不确定性也给经济复苏带来挑战。随着疫苗研发的不断推进，新冠肺炎疫情得到有效控制的前景正在显现，但病毒变异会不会令疫苗全面或较大程度失效？有效疫苗的分配会不会因为强权争夺而失序？这些都存在不确定性，也会为世界经济复苏蒙上阴影。疫情之前世界银行预测2020—2029年全球潜在产出增长率由上一个十年的年均2.5%回落至2.1%，疫情发生后进一步调低至1.9%。此外，一些国家对新冠疫苗的无序抢购，发展中国家用于购买疫苗的财力不足，有关疫苗需要超低温冷链运输的基础设施薄弱等因素，以及疫苗产量不足、接种失序等也可能严重冲击世界疫苗的生产分配使用的公平和效率，进而影响或延误疫情防控和经济复苏大局。

二 直面挑战，坚定共克时艰的合作信心

当前，抗击新冠肺炎疫情仍然是世界各国最紧迫的任务，世界经济的稳定复苏也有赖于全球疫情的有效控制。为此，我们要凝聚合作共识，增强合作信心，在危机中育新机、于变局中开新局。

一是坚持人民至上、生命至上的理念，完成好抗击新冠肺炎疫情这一当前最紧迫的任务。世界各国应在抗疫问题上团结协作、合力应对，加强联防联控和疫情防治经验交流，探讨开展传统医药合作，提升卫生医疗合作水平，特别是要加强疫苗研发、生产、分配合作，让疫苗真正成为各国人民用得上、用得起的公共产品。中国方面已经向150多个国家和13个国际组织提供抗疫援助，为有需要的国家派出36个医疗专家组，积极支持并参与疫苗国际合作。中方还明确宣示，将继续同各国分享疫情防控有益经验，向应对疫情能力薄弱的国家和地区提供力所能及的帮助，继续在力所能及范围内向有关国家提供疫苗，促进疫苗在发展中国家的可及性和可负担性，为推动疫苗作为全球公共产品、促进疫苗在全球公平分配和使用做出贡献。

二是坚持开放合作，为世界经济复苏和增长注入强大动能。各国特别是主要大国需要加强宏观经济政策协调，共同推动世界经济强劲、可持续、平衡、包容增长。短期来看，应统筹疫情防控和经济发展，加强宏观经济政策支持，稳妥有序恢复人员往来、推动复工复产，维护产业链供应链稳定，为恢复经济提供保障。中长期看，更要下决心共同推动世界经济动力转换、方式转变、结构调

整，使世界经济走上长期健康稳定发展的轨道。尤其要注重经济复苏的公平性。当前，各国经济复苏表现分化，南北发展差距面临扩大甚至固化风险。应该看到，发展中国家发展起来了，整个世界繁荣稳定就会有更加坚实的基础，发达国家也将从中受益。为此，中国将更加积极参与双边、多边和区域合作，同世界各国实现更高水平的互利共赢。中国将继续促进贸易和投资自由化便利化，推进高质量共建"一带一路"，大力推动规则、规制、管理、标准等制度型开放，持续营造市场化、法治化、国际化营商环境，发挥超大市场优势和内需潜力，为各国合作提供更多机遇，为世界经济复苏和增长注入强大动能。

三是坚持携手应对全球性挑战，共同缔造人类美好未来。人类面临的所有全球性问题，任何一国想单打独斗都无法解决，必须开展全球行动、全球应对、全球合作。在经济全球化时代，类似新冠肺炎疫情的突发公共卫生事件绝不会是最后一次，合作应对全球性挑战的机制亟待加强。只要主要大国在全球抗击疫情的战役中，以人类命运共同体意识为标尺，秉持对全世界遭受病毒侵袭人民的悲悯之心，竭尽全力守护好本国脆弱群体以及其他脆弱国家的卫生安全防线，向全世界传递人间大爱和善意，世界范围内就有望以合作抗疫为契机，建立更加广泛强韧的合作机制或信任网络。这样国际社会不仅能更好发挥世界卫生组织作用，推动构建人类卫生健康共同体，还可能更有效推进世界贸易组织和国际金融货币体系等方面的改革，进一步探讨制定全球数字治理规则，更好落实应对气候变化《巴黎协定》和联合国2030年可持续发展议程，携手应对能源资源安全、网络安全、重大自然灾害等日益增多的全球性问题，共同呵护并建设好人类赖以生存的地球家园。

顺应时代发展潮流
共建开放型世界经济*

当前，世界百年变局和世纪疫情交织，单边主义、保护主义抬头，开放型世界经济面临前所未有的挑战。我们要顺应时代发展潮流，直面风险挑战，找准问题症结，探求发展方向，为世界经济复苏和完善全球治理提供有益思路和举措。

一 共建开放型世界经济必须切实加强全球宏观经济政策协调

2021年以来，得益于全球抗疫合作成果和各国宽松宏观经济政策，世界经济出现大幅反弹。2021年10月，国际货币基金组织（IMF）《世界经济展望》报告估计，2021年世界经济增长率为5.9%，较2020年增加9.0个百分点，创1929—1933年大萧条以来最高增长水平。

---

* 节选自作者2021年12月20日在"全球战略对话2021：开放型世界经济"国际研讨会上的演讲。

但是，当前全球疫情形势依然严峻，世界经济仍在脆弱中艰难前行，影响世界经济平稳运行的各种风险挑战依然存在，突出表现在相互联系的三个方面：一是全球通胀水平持续攀升。IMF 预计，2021 年末全球通胀率为 4.8%，创 2008 年以来最高水平。其中，发达经济体通胀率为 3.5%，新兴市场与发展中经济体通胀率为 5.8%，很多国家和地区的通胀率创过去数十年来的新高。2021 年 11 月，美国消费者价格指数（CPI）同比上涨 6.8%，创近 40 年以来最高涨幅；同月，欧元区 CPI 同比上涨 4.9%，创欧元区成立以来最高涨幅。二是全球供应链陷入困局。由于疫情冲击和保护主义盛行，脱钩、断供、制裁等乱象丛生，全球生产、运输、交换和服务等各个环节的正常运行都受到严重阻碍，大宗商品价格大幅波动，严重干扰全球经济复苏进程。三是一些国家经济政策内倾化趋势有所加剧。近年来，一些国家出于短期利益考虑，推出了许多加速世界走向分裂的"本土化"政策，世界开放水平明显下降。中国社会科学院世界经济与政治研究所等机构发布的《世界开放报告》显示，10 年来"世界开放指数"不断下滑，全球开放共识明显弱化。

为此，全球主要经济体要加强全球宏观经济政策协调，采取更负责任的宏观经济政策，促进全球经济开放发展和稳定复苏。在制定和调整宏观经济政策时，应充分考虑可能对他国造成的负面溢出效应，共同营造开放包容的合作环境。同时，要充分发挥二十国集团等全球治理机制的作用，共同反对转嫁风险和危机的不负责任行为，推动经济全球化朝着更加开放、包容、普惠、平衡、共赢的方向发展。

二 共建开放型世界经济必须坚定维护以世界贸易组织为核心的多边贸易体制

近年来，世界经济深刻调整，经济全球化遭遇逆流，全球经济治理体系和国际经济秩序加速变革。在此进程中，个别大国奉行本国利益优先的单边主义，热衷于在国际上搞"小圈子"，将世界经济逐步推向相互隔离、混乱无序的危险境地。坚持多边主义、维护自由贸易体制的重要性和紧迫性比以往任何时候都更加凸显。

以世界贸易组织为核心的多边贸易体制，是国际贸易的基石，始终为全球贸易发展和开放型世界经济保驾护航。近期，我们欣喜地看到，世界贸易组织推动贸易和投资自由化便利化取得了一系列新的进展。2021年12月2日，中国、欧盟、美国等67个世界贸易组织成员正式宣布成功完成服务贸易国内规制谈判，为改善全球商业环境、降低全球贸易成本、促进全球服务贸易迈出了重要一步。世界贸易组织和经合组织研究表明，新规实施后每年可在全球范围内减少1500亿美元的贸易成本。2021年12月10日，中国、欧盟、俄罗斯、日本等112个世界贸易组织成员共同签署《投资便利化联合声明》。这是2016年二十国集团杭州峰会达成的《G20全球投资指导原则》的重要成果转化，为推动最终达成投资便利化多边协定奠定了重要基础。这些进展表明，开放合作是世界民心所向，经济全球化是不可逆转的时代潮流。

2021年是中国加入世界贸易组织20周年。20年来，中国全面履行入世承诺，始终做多边贸易体制的积极参与者、坚定维护者和重要贡献者。目前，中国关税总水平已由入世时的15.3%降至7.4%，低于9.8%的入世承诺。中国将继续扩大高水平对外开放，积极构建面向全球的高标准自由贸易区网络，为各国企业投资发展创造开放、透明和非歧视性的营商环境。中国将同各方一道，积极参与世界贸易组织改革，共同维护以世界贸易组织为核心的多边贸易体制。

三 共建开放型世界经济必须推动形成各尽所能的气候治理新体系

气候变化是全人类的共同挑战，是全球可持续发展面临的最大威胁之一。过去数十年间，全球气候变暖迅速加剧，自然生态系统遭受了历史上前所未有的严重破坏，重大自然灾害事件发生频率日益增加。国际科学界普遍认为，随着大气中的温室气体持续高位累积，极端天气等重大自然灾害发生的频率和强度还将大幅增加，并成为未来世界的常态。应对气候变化，既是实现全球可持续发展的必由之路，也是保护人类赖以生存的地球家园的必然选择。

面对气候变化等全球重大挑战，世界各国付出艰辛努力，国际社会已成为你中有我、我中有你的命运共同体。在2021年11月举行的《联合国气候变化框架公约》第二十六次缔约方大会上，197个与会国家达成了加快气候行动的《格拉斯哥气候公约》，并就《巴黎协定》实施细则达成共识。但是，即使各国政府实现目前的承诺，到21世纪末，全球平均气温较前工业化时期上升幅度仍将高于《巴黎协定》提出的2摄氏度以内的控制升温目标。为此，我们需要共同践行绿色发展理念，倡导低碳生活方式，大力发展绿色经济，各尽所能做出减排贡献，不断增强世界经济增长活力和韧性。

作为负责任的发展中大国，中国高度重视应对气候变化，以最大努力提高应对气候变化力度，推动经济社会发展全面绿色转型，为开放型世界经济注入新的动力。2020年9月22日，中国国家主席习近平在第七十五届联合国大会一般性辩论上郑重宣告：中国将提高国家自主贡献力度，采取更加有力的政策和措施，二氧化碳排放力争于 2030 年前达到峰值，努力争取 2060 年前实现碳中和。中国承诺实现从碳达峰到碳中和的时间，远远短于发达国家所用时间，充分展现出中方推动实现全球经济绿色转型和引领全球气候治理的责任担当。

开放带来进步，封闭必然落后。这是中国改革开放 40 多年来的经验总结，也是中国共产党百年奋斗光辉历程的真实写照。中国将同各国一道，坚持真正的多边主义和共商共建共享原则，积极推动建设更有活力、更加包容、更可持续的开放型世界经济。

积极应对更趋复杂严峻的国际环境[*]

为打造中国国际问题研究精品年度报告，中国社会科学院集中国际研究学部和相关部门力量，自2020年起每年出版一本国际形势报告。在2021年发布的报告中，我们提出了世界经济、国际政治、国际安全和全球治理等领域面临的十大风险和十大趋势，受到社会广泛关注，也发挥了较好的资政作用。一年来，国际形势发展演进的主要特征与变化，与我们2021年的判断总体相符，但也涌现出一些新现象和新问题。展望未来，国际形势仍存在很多不稳定性、不确定性因素，形势更趋复杂严峻。

一 世界经济强劲复苏，下行压力有所增加

2021年，受基数效应和政策因素推动，世界经济大幅反弹，创造了近半个世纪以来的最高增长水平。国际货币基金组织估计，2021年世界经济增速为5.9%，较上年提高了9个百分点。作为全球经济复苏的引领者，中国沉着应对百年未有之大变局和新冠肺炎

---

[*] 节选自作者2022年2月24日在"《中国社会科学院国际形势报告2022》发布会"上的演讲。

疫情，经济增速达8.1%，对世界经济增长的贡献率约为30%；人均GDP达1.25万美元，全面建成小康社会实现第一个百年奋斗目标，高质量发展取得新成效，实现了"十四五"良好开局。

但是，全球经济发展呈现显著的不平衡性。从空间维度看，不同国家和区域的经济复苏严重分化。其中，七国集团成员之间的经济增速最高相差5.6个百分点，金砖国家成员之间的经济增速最高相差4.5个百分点。从时间维度看，世界经济总体呈现前高后低增长态势，下半年全球主要经济体的经济增速明显下降，经济下行压力明显增加。

当前，新冠肺炎疫情走势仍是直接影响全球经济的主要因素之一，特别是病毒频繁变异增加了疫情防控成效和世界经济复苏的不确定性。即便疫情冲击逐渐消退，短期内世界经济复苏仍将面临不少影响重大的潜在风险。例如，主要发达经济体货币政策调整产生负面溢出效应，部分国家债务水平高位攀升出现债务违约，大国博弈导致全球供应链定向脱钩，资源民族主义抬头引起关键初级产品供给短缺，地缘政治冲突加剧破坏国际合作等。这些风险如果得不到有效防范，将在很大程度上挫伤全球经济增长的动能。

与此同时，许多掣肘全球经济强劲、可持续和平衡增长的中长期因素也在日益凸显。例如，各国结构性改革进展缓慢、主要经济体人口老龄化趋势加剧、科技进步对全要素生产率提升的作用减弱等。在这些因素的共同作用下，未来几年世界经济将回归中低速增长轨道。

二 大国博弈更趋复杂，竞合关系持续深化

当今世界，百年变局和世纪疫情交织叠加，国际力量对比持续演变。2021年，新兴市场和发展中经济体同发达经济体保持"双速

增长"态势，国际经济实力对比继续朝着有利于新兴市场和发展中国家的方向发展，"东升西降"仍是当今世界的主要发展趋势之一。其中，作为全球最大的发达国家和发展中国家，美中两国的经济实力对比更加接近。初步估计，2021年中国按市场汇率计算的经济总量占美国经济总量的比重达到77%，再创新高。

同时，全球主要大国或国家集团之间的竞合关系处于深度调整期，各方都在积极推进或调整对外战略以应对新的国际局势。拜登政府上台后，美国开始注重力量整合以聚焦主要战略对手，对外战略手段呈现意识形态化、同盟化、外部竞争内生化等显著特征。欧盟在巩固传统盟友关系和强化战略自主之间努力寻求动态平衡，俄罗斯在欧亚大陆地缘政治关键地区努力提升影响力，诸多中等强国或国家集团也在动态变化的国际体系中努力维护自身安全和发展利益。

更值得关注的是，大国关系的组合和调整正在推动构筑分化世界的平行体系。近年来，美国加紧实施印太战略，对外挑起意识形态竞争，肆意推行脱钩、断供和制裁，极力打压其他国家发展势头和空间，将世界逐步推向中美各居一方、涉及领域广泛、交往相对受限的平行体系。这些征兆与苗头，将把世界推向失序和分裂，各国都要携手加以防范，积极构建人类命运共同体，共同推动国际体系演进回到合作共赢的正确轨道上来。

三 国际安全形势日趋严峻，传统安全风险更加凸显

一些西方国家固守冷战思维，热衷于在国际社会制造矛盾和分歧，挑起军事对抗，传统安全压力和风险逐步上升。尤其是在东欧、中亚、中东、北非等地缘政治热点地区，暴力事件频发，军事

冲突有所升级，严重危及地区安全稳定。在乌克兰问题上，相关各方的军事对峙持续加剧，爆发武装冲突的风险处于高位。同时，随着无人机、人工智能等新技术日益广泛应用于军事领域，国际冲突的门槛大大降低，管控传统安全风险、危机和冲突的难度日益提升。

在大国安全博弈中，美国仍是威胁全球和平与地区安全的最大不稳定因素。一年来，美国霸权主义和强权政治愈加突出，在国际安全领域大搞对立对抗。美国的霸权行径严重破坏了全球安全体系，也加剧了大国安全竞争。拜登政府上台后，美国在大中东地区进行战略收缩的同时，将战略重心加速转向新兴大国，将战略资源日益集中于印太地区。拜登政府升级美日印澳"四方安全对话"（QUAD）机制，建立美英澳三边安全伙伴关系（AUKUS），给国际安全带来了新的威胁。

在非传统安全领域，重大气候灾害的发生频率有所增高，负面影响持续扩大。由于全球气候变化，重大自然灾害频发日益成为当今世界的常态。气候变化给人类健康生命安全及经济、社会造成了前所未有的冲击，成为制约全球可持续发展的重要瓶颈。同时，网络安全风险也已成为影响重大的新型重大风险来源之一。各国关键基础设施遭受黑客攻击的事件大幅增加，因此造成的损失也大幅攀升。此外，恐怖主义有所抬头，难民问题也在一定范围内持续发酵，给相关国家和地区带来了动荡和不安。

四　全球治理取得进展，消除赤字任重道远

在一些领域和区域，国际合作涌现了一些难得的积极因素，推动全球治理取得了重要进展。例如，参加《联合国气候变化框架公约》第二十六次缔约方大会（COP26）的197个成员达成旨在加强

气候行动的《格拉斯哥气候公约》，并就《巴黎协定》实施细则达成共识；二十国集团（G20）成员就更稳定、更公平的国际税收框架达成历史性协议；67个世界贸易组织成员正式宣布成功完成服务贸易国内规制谈判，影响范围覆盖全球服务贸易总额的90%，为改善全球商业环境、降低全球贸易成本和促进全球服务贸易迈出了重要一步；112个世界贸易组织成员共同签署《投资便利化联合声明》，为推动最终达成投资便利化多边协定奠定了重要基础。

作为全球治理的重要参与者、建设者和贡献者，中国积极推动共建"一带一路"高质量发展逆势前行，为改善全球治理体系和促进全球共同发展持续注入新动能。商务部统计数据显示，2021年中国同"一带一路"沿线国家货物贸易额为人民币11.6万亿元，创八年来新高，较2020年增长23.6%；中国企业在"一带一路"沿线对57个国家非金融类直接投资额为人民币1309.7亿元，较2020年增长6.7%。中国等15个经济体共同参与的《区域全面经济伙伴关系协定》生效实施，标志着世界上覆盖人口最多、经贸规模最大、最具发展潜力的自由贸易区正式启航。

但是，在大国博弈背景下，全球治理的工具化和武器化倾向日益凸显，一些领域的治理进程仍未取得实质性进展。在世界贸易组织现代化改革、国际货币基金组织和世界银行治理结构改革等方面，由于少数大国的阻碍和干扰，相关各方之间的分歧和矛盾仍难以调和。在气候变化领域，国际社会在如何处理好减排与发展、能源转型与经济正常运转之间的合理衔接、如何平衡减少化石燃料依赖和不损害自身经济发展之间的关系等问题上，仍难以找到各方满意的答案。在数据安全、生物工程、人工智能等新兴领域，普遍存在机制和规则缺失问题。如何防范和应对相关领域的风险，还需国际社会进一步加强协调、消除分歧和争取共识。

为破解全球治理赤字难题贡献智慧和力量[*]

一

当前,百年变局和世纪疫情交织叠加,大国竞合关系持续深化,新一轮科技革命产生复杂外溢效应,世界面临新的不稳定性与不确定性,全球治理也因此处在何去何从的十字路口。

首先,新冠肺炎疫情加剧全球治理困境。在疫情冲击下,全球经济出现自20世纪30年代大萧条以来的最严重衰退。随着疫情扩散和防控的常态化,全球经济政治秩序发生了深刻复杂变化。一方面,疫情在客观和主观两个维度加快了全球经济的脱钩进程。在客观维度,疫情使全球生产中断和物流受阻,全球供应链陷入困局,产业链和价值链被迫重构。在主观维度,疫情使经济民族主义卷土重来,越来越多国家的政策内顾倾向加重,加速了供应链产业链价值链的本土化、区域化趋势。此外,一些积极倡导开放的国家,采取的应对脱钩冲击的政策措施却推动脱钩成为现实,从而出现了不

---

[*] 本文系《新时代全球治理:理念与路径》(中国社会科学出版社2022年版)的序言。

希望脱钩但最终造成事实上脱钩的"脱钩悖论"。另一方面，疫情在国际和国内两个层面增加了政治不稳定性因素。在国际层面，疫情凸显了不同文化和不同社会治理模式之间的差异，某些国家由此鼓动意识形态和价值观之间的对立或对抗；在国内层面，疫情使各种社会矛盾加速累积，种族、宗教、难民等问题加速涌现，引发了部分国家的政治动荡。后疫情时代的全球治理面临更多复杂难题。

其次，大国博弈激化全球治理竞争。过去数十年来，新兴市场和发展中经济体同发达经济体保持"双速增长"态势，新兴市场和发展中国家的经济地位持续提升，国际力量对比更趋平衡。但是，为了打压其他国家发展势头和片面追求自身利益最大化，少数大国仍然固守冷战思维、零和博弈的旧观念，奉行弱肉强食的丛林法则，在国际上拉帮结伙搞"小圈子""小集团"，肆意挥舞制裁大棒，到处制造矛盾和分歧，把世界推向失序、分裂甚至对抗。在此背景下，全球主要大国或国家集团之间的竞合关系深度调整，全球治理的竞争性和武器化倾向日益突出。在很多问题领域，一些大国将全球治理作为谋取自身利益和迫使他国承担更多义务的工具，使全球治理日益背离国际协调与合作的初衷。在世界贸易组织现代化改革、国际货币基金组织和世界银行治理结构改革等方面，由于少数大国的阻碍和干扰，相关各方之间的分歧和矛盾不断加大；在气候变化、网络安全、人工智能等领域，一些大国已将其作为国际博弈的前哨阵地。

最后，新一轮科技革命引发全球治理难题。新一轮科技革命是一场技术经济范式的协同转变过程，是推动全球治理结构演进的重要动力，也是一柄具有高度复杂性和不确定性的"双刃剑"。科技进步在促进经济增长、推动产业革新和提升社会福利的同时，也对全球政治经济秩序产生诸多溢出性影响，并引发新的全球治理难题。当前，科技领域已成为大国竞争的战略要地，能源科技创新正在引发地缘政治格局的深度调整，信息技术和网络空间逐渐成为国家利益的交汇点和国际冲突新的策源地。同时，科技进步将改变战争形态，使世界和平面临前所未有的挑战。随着数字技术在军事领域的广泛运用，与实体战线并行的数字战线被开辟出来。尤其是"致命性自主武器"（LAWS）等人工智能系统的研发与大规模部署，将可能在没有人类干预的情况下发动战争。与科技创新快速发展不相适应的是，科技治理仍存在机制不健全、规则不完善、领域发展不均衡等问题，国际社会对科技进步引发的全球治理新问题和新挑战还缺乏系统有效的应对措施。

二

人类生活在同一个地球村，世界各国高度相互依存，国际社会日益成为一个你中有我、我中有你的命运共同体。面对日趋严峻的全球性挑战和有增无减的全球治理赤字，包括中俄在内的世界各国都要做全球治理的行动派和贡献者，为建设人类美好家园贡献智慧和力量。

一是践行真正多边主义。全球性挑战需要强有力的全球性应对，这是国际社会的基本共识。在日益凸显的全球性问题面前，任何国家都不可能独善其身，也不可能仅凭一己之力维护自身安全和利益，世界各国需要以负责任的精神同舟共济、协调行动。多边主义是应对全球治理赤字和推动全球治理变革必须坚持的方向和主导逻辑。面对信息化驱动的新一轮工业革命，多边主义的价值更加凸显。多边合作既是一国能够更大限度分享工业革命红利的制度范式，也是有效应对工业革命挑战的根本出路。要让多边主义成为应对全球性挑战的利器，就必须坚定维护和践行真正多边主义，而不是以多边主义之名行霸权主义和单边主义之实。所谓真正多边主义，就是坚持开放包容，不搞封闭排他；坚持以国际法则为基础，不搞唯我独尊；坚持协商合作，不搞冲突对抗；坚持与时俱进，不搞故步自封。践行真正多边主义，就是要维护好以《联合国宪章》宗旨和原则为基石的国际关系基本准则，维护好以世界贸易组织为核心的多边贸易体制，推动建设更有活力、更加包容、更可持续的开放型世界经济。

二是促进全球共同发展。当今世界面临的问题很多，唯有发展才是解决诸多问题的"总钥匙"。只有秉持全球共同发展的理念，才能从源头找到化解矛盾的空间。在人类共同居住的星球上，有200多个国家和地区、2500多个民族、70多亿人口。应当开展平等对话与合作，共同分享经济全球化和世界经济增长成果，实现共同发展、进步和繁荣。为此，世界各国要同舟共济，促进贸易和投资自由化便利化，推动经济全球化朝着更加开放、包容、普惠、平衡、共赢的方向发展；要尊重世界文明多样性，以文明交流超越文明隔阂、文明互鉴超越文明冲突、文明共存超越文明优越。作为全球最大的发展中国家，中国在实现自身发展的同时，也为全球共同发展做出了巨大贡献。中国对世界经济增长的贡献率多年来稳居首位，成为全球增长的主要发动机。2021年9月21日，习近平主席在第76届联合国大会一般性辩论期间提出全球发展倡议，系统阐述了实现普惠包容发展的政策和行动框架。这是继"一带一路"倡议后中国为国际社会贡献的又一重要公共产品和合作平台，推动全球发展迈向平衡协调包容的新阶段。

三是完善全球治理体系。长期以来，很多全球性问题得不到有效解决，很多领域的治理赤字得不到实质性缩小，现有全球治理体系不能适应时代发展的潮流，改革全球治理体系的必要性和紧迫性日益上升。全球治理体系的走向，关乎各国发展空间，关乎世界繁荣稳定，关乎人类共同命运，携手完善全球治理体系是每个国家义不容辞的责任和义务。在完善全球治理体系的过程中，世界各国都要坚持共商共建共享，倡导集思广益、各施所长，各尽所能、成果共享，不搞你输我赢、赢者通吃的零和游戏，遇到分歧应通过协商解决，不能由个别国家和国家集团来决定；要坚持公平正义，体现平等、开放、透明、包容精神，不能把一己之利凌驾于人类利益之上，不能将自己的意志强加于人；要坚持规则导向，共同制定、共同遵守国际规则，任何国家都不能例外，更不能合则用、不合则弃；要坚持"共同但有区别的责任"，为解决全球性问题做出各自应有的贡献，承担与自身实力与权利相适应的国际责任。作为现行全球治理体系的参与者、建设者和贡献者，中国始终致力于同各国探索合作思路和创新合作模式，推动全球治理体系朝着更加公正合理方向发展。

四是推进全球治理理论创新。在全球治理进程中，正确的理论思维能够增强人们遵循和把握规律的能力，错误的思维会将世界引入歧路甚至深渊。随着全球化的深入发展和全球性挑战日益增多，全球治理理论对实践的指导作用愈发明显。当前，全球治理挑战和全球治理赤字凸显，西方中心主义的全球治理理论范式陷入困境，提升发展中国家全球治理话语权和推进全球治理理论创新的紧迫性更加突出。中俄两国都拥有悠久的历史和优秀的文化传统，产生了一大批推动人类文明进步的理论家和思想家。两国参与全球治理改革与建设的实践中蕴含着理论创新的动力与潜力。作为中国哲学社会科学研究的最高学术机构，中国社会科学院愿同包括俄方在内的各国学界一道，以研究回答全球治理重大理论和现实问题为主攻方向，深入总结全球治理领域正反两方面的经验教训，不断推动全球治理理念、观点和学术思想创新，为破解全球治理赤字难题提供理论支撑和智力支持。

人类正处在一个特殊的历史时期。面对"世界怎么了、我们怎么办"的时代之问,习近平主席在联合国日内瓦总部的演讲中发出了共同构建人类命运共同体的时代强音,为解决人类面临的共同挑战提供了中国方案。中方将继续弘扬和平、发展、公平、正义、民主、自由的全人类共同价值,践行真正多边主义,推动全球共同发展,积极参与全球治理体系改革和建设,为破解全球治理赤字难题和开创全球治理新局面贡献智慧和力量。

加强智库国际合作
推动解决全球性问题[*]

一

当今世界，互联网、大数据、云计算、量子卫星、人工智能迅猛发展，人类生活的关联和密切程度前所未有，同时人类面临的全球性问题数量之多、规模之大、程度之深也前所未有。2020年初暴发的新冠肺炎疫情，就是当前人类社会面临全球性问题的典型例证，不但造成严重的全球公共卫生危机，而且扩散至政治、经济、社会等方方面面。世界各国无论面积大小、人口多寡、位置远近、经济发展水平高低，都无一例外受到疫情大流行的冲击。除此之外，地区争端和恐怖主义、能源资源安全、气候变化、网络安全、重大自然灾害等全球性问题也摆在全人类面前，对人类前途和命运构成严峻挑战。

全球性问题需要全球性的解决方案，这要求加强包括智库合作

---

[*] 节选自作者2020年11月7日在"清华大学公共管理学院全球学术顾问委员会2020年年会"上的演讲。

在内的国际合作。全球性问题超越国家和地区界限，任何一个国家都难以仅凭自身力量解决所有难题，加强国际合作才是破解全球性问题的必由之路。作为各国思想界、理论界、政策界精英和才智之士荟萃聚集之所，智库之间的国际合作，在全球性问题解决方案的提出和实施过程中发挥着重要而特殊的作用，加强智库国际合作具有重大意义。

一是有利于促进全球文明交流互鉴，而文明间的交流是解决全球性问题的基础和前提。智库国际合作是不同文明互学互鉴的重要桥梁。当前，文明冲突、文明优越等论调不时沉渣泛起，但文明多样性是人类进步的不竭动力，不同文明交流互鉴符合各国人民的根本长远利益。作为世界文明不同领域、层次交流互鉴中的理性力量，各国智库之间的合作交流具有很强的引领性、示范性、带动性效应，有利于各国解除遮蔽于狭隘利益、霸权主义、冷战思维之下的文明隔阂或对立，并对不同文明互鉴产生积极影响。2019 年 5 月，习近平主席在亚洲文明对话大会开幕式上的主旨演讲中指出，"深化人文交流互鉴是消除隔阂和误解、促进民心相知相通的重要途径"，习近平主席提出的"打造智库交流合作网络"的倡议为发挥智库功能、推动文明交流互鉴指明了方向、提供了平台、创造了条件。

二是有利于为政府间外交解决全球性问题提供有益补充。随着智库事业的蓬勃发展，智库外交已经成为各国公共外交的重要组成部分。智库的专业性和灵活性为各国在政府间外交之外寻找了一条合作和对话的新道路。这种"一轨半"或"二轨"外交在某些领域甚至会取得相较于政府间外交更好的效果。特别是在那些比较敏感、需要探索、尚未达成全面共识的全球性问题上，政府官员在官方场合囿于身份限制，难以充分表达、坦率沟通，此时在智库层面先行磋商，广泛汲取各方智慧，在辨明真伪、认清利弊的过程中逐渐建构凝聚共识、寻求最优方案,可以为政府层面的正式解决提供转圜空间和讨论基础。

三是有利于推动不同主体间的对话与交流,为全球性问题的解决构建共识。全球性问题的解决需要在国际层面进行广泛的政策对话和沟通交流。作为重要的社会组织,智库可以起到增进理解、凝聚共识的独特作用。2019年4月,习近平主席在致"一带一路"国际智库合作委员会成立大会的贺信中就表示,"开展智库交流合作,有助于深化互信、凝聚共识"。从实践来看,智库的国际交流与合作已成为完善全球治理的重要手段。智库通过搭建平台,将政府官员、专家学者、国际组织代表等聚集在一起,就全球性问题进行讨论,为凝聚国家间共识起到桥梁作用。

四是有利于提供知识型的全球公共产品,为全球性问题寻找解决方案。随着资政辅政能力建设的不断提升,智库在全球政策制定和实施过程中的作用日益受到重视。智库是重要的知识生产者,其凭借自身长期积累的研究和分析能力,对外提供专业知识,一方面塑造政府决策观念与范式,另一方面提升社会大众对政策的认知水平。加强智库的国际合作,形成全球或区域性的知识共同体,通过共同开展公正、客观、全面的分析研究,可以提高或深化各国政府和普通民众对于全球性问题及其解决方案的认识,将智库的知识研究和政策解释能力,转变为解决全球性问题的效能。

二

不断深化国际合作交流是中国新型智库发展的重要方向。当今世界正经历百年未有之大变局,新冠肺炎疫情全球大流行使这个大变局加速演进,在此背景下,智库之间通过国际合作化解全球性问题的需求日益突出,智库之间通过国际交流合作谋求国际影响力和国际话语权的竞争也在不断加剧，这要求必须重视智库的对外合作与交流，构建全球影响力，不断提升解决全球性重大问题的能力。

第一，合作应聚焦重大紧要问题。全球性问题林林总总、纷繁复杂、层出不穷，必须以发展变化的眼光，抓主要矛盾和矛盾主要方面。在智力及相关资源投入和分配上，应优先处置那些既重大又紧迫的问题，如新冠肺炎疫情等；着力应对那些重大艰巨但尚无迫在眉睫风险的问题，特别要避免让这些问题转化为既重大又紧迫的问题，如气候变化等；对紧迫但相对不够重大的问题，应持续关注及时解决，避免其在演变发展中趋于严重化或变得更具破坏性；尽量避免在既不重要也不紧迫的问题上浪费时间和资源，杜绝智库国际合作成为徒具形式的"清谈馆"。

第二，合作应注重构建长效机制。构建智库国际合作交流的长效机制，有利于形成智库间的合作品牌，有利于提升各自智库的全球影响力。长效机制的建立包括定期化，例如智库之间可以通过访问学者的形式建立人员定期互访制度，也包括机制化，例如智库之间签订合作备忘录（MOU），在共同感兴趣的领域进行共同研究或联合举办活动等。智库应根据自己的专业优势和机构特点，建立具有自身特色的国际交流合作长效机制，避免内容千篇一律、合作流于形式。

第三，合作应不断适应现实需求进行手段创新。智库之间的交流合作形式灵活多样，包括人员互访、联合研究、共同举办活动等多种有效途径。这次疫情的暴发给以上合作形式带来不同程度的冲击，但是也推动了智库合作的手段创新。通过借助现代信息技术，智库间的国际合作交流并没有中断，反而在某些领域更为高效、便捷、频繁，与此同时也节约了大量的时间和经济成本。后疫情时代，线上经济成为潮流，智库国际合作的"线上化"及与线下合作交流的交融，也将成为未来的重要方向。

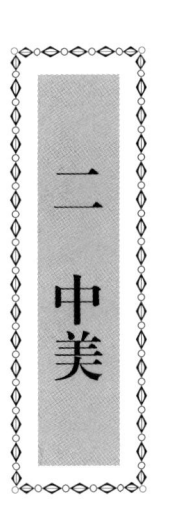

二 中美

中美应共同维护好双边经贸关系[*]

当前中美经贸关系面临严峻挑战，两国一些有识之士都感到忧心忡忡。中美两国作为最大的发展中国家和最大的发达国家，是世界前两大经济体，在维护世界稳定、促进全球繁荣方面肩负重要责任。经贸是中美关系的压舱石，攸关两国人民的福祉，也直接影响世界各国人民的利益。中国社会科学院和彼得森国际经济研究所作为两国的重要智库，有责任为发展两国互利共赢的经贸关系献策出力。

一 中美经贸关系是当今世界最重要的双边经贸关系，也是彼此最重要的双边经贸关系

中美两国 GDP 约占世界 GDP 的 40%，货物出口约占世界的 1/4，对外直接投资和吸引外国直接投资占世界的比重均接近 30%。中美经贸关系的发展，关系到世界经济的繁荣与稳定。中美正式建

---

[*] 节选自作者 2018 年 9 月 17 日在"全球经济中的中美经贸关系"研讨会上的演讲。

交近40年来，尤其是中国入世以来，双方在贸易和投资等领域的合作取得巨大成就。2001年至2017年，中美货物进出口额增长超过6倍。目前，中美贸易占两国外贸的比重都超过14%，中美互为第一大贸易伙伴国。中国对美国长期保持货物贸易顺差，美国对中国长期保持服务贸易顺差。中美双向投资累计超过2000亿美元。两国经贸关系健康发展为两国人民带来实实在在的利益。

美国金融危机之后，两国经济"脱钩"的观点开始冒头。近期，更是有观点认为中美经济可以人为实现"脱钩"。但事实上，在经济全球化程度如此之高、中美经贸联系如此紧密的今天，两国经济根本不可能"脱钩"。放眼世界，双方都找不到可以替代彼此的经贸伙伴。"脱钩"不符合中美双方乃至整个世界的利益。兰德公司最近的研究报告也认为，"脱钩"对美国意味着更大的麻烦。人为"脱钩"将扭曲资源在全球的配置，极大损害中美两国企业和人民乃至世界人民的利益，因此不符合历史前进的方向。

二 中美经贸关系应该坚持合作，走向良性竞争

2017年底，美国白宫发布《国家安全战略报告》，将中国视为"竞争对手"。作为世界第一大和第二大经济体，美中之间在不少领域确实存在竞争，这是不可回避的事实。但仅从经济领域而言，互补仍然大于竞争。在当今世界，大国之间应该良性竞争。白宫的《国家安全战略报告》也提道，"竞争并不总是意味着敌对，也不一定会导致冲突"，"竞争是预防冲突的最好方式"。

良性竞争意味着双方尊重竞争规则，在规则范围内竞争；意味着双方通过增强自身实力去赢得竞争，而不是杀敌一千、自损八百的"双杀式"竞争；意味着在竞争中合作，在合作中竞争，通过竞

争与合作提升彼此的实力。这样的良性竞争不仅有利于中美双方，还会给整个世界带来正向的外溢效应。

三 中美经贸摩擦不是良性竞争，不符合两国人民的根本利益，美国也不可能实现发起经贸摩擦的目的

美国挑起中美经贸摩擦是非理性行为。

如果美国的目的是缩小贸易逆差，那么经贸摩擦只会适得其反。美国贸易差额是美国经济失衡的外在表现，也是美元的特殊地位使然。中美贸易差额还是全球产业链和价值链分工的必然结果。事实上，2017年美国与100多个经济体存在贸易逆差，即使削减与中国的贸易逆差，也必然会增加与其他国家的逆差。美国生产者和消费者失去中国这一进口来源地，只会以更高的成本增加从其他地区的进口；美国产品失去中国市场，没有其他市场可以弥补。互征关税在降低美中贸易逆差的同时，必然会扩大美国总体的贸易逆差。

如果经贸摩擦是为了实现国内政治目的，那么当经贸摩擦的损害显现以后，这一如意算盘必然会落空。对进口加征关税，不仅损害出口国的利益，同样也会损害美国生产者和消费者的利益。征税规模越大、范围越广、关税水平越高，则误伤本国生产者和消费者的范围和程度也会越大，而且不可避免的中国贸易报复也将相应加大。随着经贸摩擦升级，利益受损者和政治对立面必然会形成反对经贸摩擦的同盟并发出反对经贸摩擦的声音，那些误判形势的人和不明真相的人就会改变立场，舆论和风向必然会逆转。最终无疑会削弱特朗普政府的国内政治基础。

如果美国的目的是削弱中国经济增长潜力、遏制中国经济发

展，则经贸摩擦绝不可能实现其目的。中国是个有13亿多人口的超大市场，有改革开放40年建立起来的体制优势和物质基础，有工业化和城镇化的巨大潜力，有政治稳定、社会和谐的内部环境，任何外来干扰都不可能动摇我们的意志和决心。特朗普政府绝不要误判形势，更不要低估中国的应对能力。中美两个大国最好的选择是通过谈判缩小分歧，求同存异，终止经贸摩擦。通过协商、合作与良性竞争来发展两国经贸关系，促进世界经济健康稳定发展。

四 美国对中国的种种指责不符合客观实际，也不应作为发起经贸摩擦的口实

美国对华"301调查"报告对中国的指责大多是主观臆断、道听途说、以偏概全的不实之词。

中国没有强制技术转让的法律，这一点就连"301调查"报告也予以承认。外企对中方的技术转让是正常的、自愿的企业间商业行为，符合国际规则和国际惯例。反倒是美国强制自己的企业不转让技术、不出口高科技产品。中国企业对美国高技术企业的并购也并非来自中国政府的推动，而是企业之间互利互惠的正当交易。

"中国制造2025"主要是为提高经济发展质量、促进产业升级出台的指导性文件，既适用于国有企业，也适用于非公企业。中国对高技术产业发展的支持政策是借鉴发达国家的，主要包括加强知识产权保护，建立创业投资体系，以及对企业的研发投入进行税前扣除等。事实上，一些发达国家都曾制定过类似的政策。以美国为例，就制定和实施过大量技术和产业政策。如2009年12月，美国总统行政办公室发布了《重振美国制造业框架》，2011年美国开始实施《先进制造伙伴计划》，2012年美国国家科学技术委员会公布《国家先进制造战略计划》，2014年出台了《国家创新网络计划》。

欧盟、德国、日本等在不同时期都出台过类似的战略、规划和计划。

中国的产能过剩也不是补贴和产业政策的结果。美国金融危机以后，为了应对国际金融危机冲击，中国和美国以及世界其他国家普遍实行了宏观刺激政策。在那场突如其来的金融风暴来临时，没有人能预见到其危害程度和持续时间，各国的刺激政策都有程度不同的后遗症。对中国而言，后遗症表现为经济增速下降时出现了钢铁、水泥、煤炭等能源原材料工业的产能过剩。所以，产能过剩的真正根源是美国金融危机的深层次和持续性影响，中国是最大的受害者。中国正采取积极措施化解过剩产能。2016年计划五年内削减钢铁产能1亿吨至1.5亿吨，两年来削减的钢铁产能已经达到1.2亿吨。

中国实行社会主义市场经济体制，建立了以公有制经济为主体，多种所有制成分共同发展的所有制结构。国有企业是市场经济的主体之一，重要但并不唯一，民营企业和外资企业也占据十分重要的地位。把国有企业当作非市场导向主体是没有道理的。中国改革开放40年一个很重要的成就，就是按照市场化原则在国有企业中建立了现代企业制度，国有企业成为独立的市场主体。党的十八届三中全会以来，中国正在积极推进新一轮国有企业改革，并已经见到成效。

五　中国的改革开放将有助于中美经贸关系走向健康发展轨道，希望美国也采取开放而不是保护的措施来发展中美经贸关系

党的十八届三中全会确定的全面深化改革方案正在全面实施，2018年又有新的举措。2018年4月，中国决定在海南全岛建设自由

贸易试验区，探索完善贸易、投资、产权等相关法律法规，为推广改善投资环境措施积累经验。中国承诺加强知识产权保护，今年重新组建了国家知识产权局，完善执法力量，加大执法力度。中国还鼓励中外企业开展正常的技术交流合作，保护在华外资企业合法知识产权。中国大幅放宽外资在中国的市场准入。2018 年 6 月底，中国公布《外商投资准入特别管理措施（负面清单）》（2018 年版），在 22 个领域推出一系列重大开放措施。中国的改革开放是自身经济发展的客观需要，有利于中国经济更加平衡地增长，有利于进一步降低中国整体贸易差额和对美贸易差额；当然，也有利于美国从中国经济发展中获得更大的利益。

中美经贸关系是中美关系的重要组成部分，但不是全部。中美两国同为联合国安理会常任理事国，在重大国际和地区事务上发挥着重要作用，中美双方有一千条理由把中美关系搞好，没有一条理由把中美关系搞坏。当前，最重要的是双方避免战略误判，要对话而不是对抗，就经贸领域存在的分歧进行谈判，寻求解决问题的出路，以合作和良性竞争代替经贸摩擦。希望美国能做出正确的判断。虽然中美经贸合作和良性竞争很难一帆风顺，但只要双方坦诚沟通，定能化解分歧。

中国改革开放成就及对世界经济的贡献[*]

2018年正值中国改革开放40周年。40年弹指一挥间。中国经济社会发生了历史巨变,一个日益开放的、充满活力的、生机勃勃的中国呈现在世人面前!

一 中国经济发展的突出成就

一是经济实现持续高速增长。1978年中国国内生产总值仅有2200亿美元,2017年已达12.2万亿美元。40年年均实际增长9.6%,这在世界经济史上是绝无仅有的。伴随经济增长,中国经济结构也从传统的低效率农业国,向工业化和城市化快速转变。2011年中国城市化率首次超过50%,2012年服务业增加值超过工业增加值,服务业成为经济发展的新支柱。今天,中国经济增长已逐步从高速增长转向高质量发展。作为改革开放的亲历者,我认为,中国还将在世界经济史上书写更多浓墨重彩的篇章。

---

[*] 节选自作者2018年9月19日在"美国中国总商会芝加哥商会2018年年会"上的演讲。

二是人民生活水平显著提高。1978年，中国居民人均可支配收入仅为171元人民币，大部分人的温饱问题都没有解决。2017年，中国居民人均可支配收入已达2.6万元人民币，一个13亿多人口的国家解决了人民的温饱问题，并且即将全面建成小康社会。40年来中国减少了7亿多贫困人口，成为世界上减贫人口最多的国家。中国还提前完成了普及初级教育等联合国制定的千年发展目标；建成了世界上最大的高速公路网、高铁运营网和移动宽带网；形成了世界上人口最多的中等收入群体。中国居民日常生活的现代化程度也越来越高，现代通信工具和家用电器在居民中已经高度普及。所有的这一切，不仅是中国人民生活的巨大变化，也是人类文明的巨大进步。

三是着力推动绿色发展。伴随中国经济快速发展，中国的资源环境承载力逼近极限。在转向更加重视高质量发展的新时代，中国已充分认识到，建设生态文明是中华民族永续发展的千年大计，必须树立和践行"绿水青山就是金山银山"的理念；像对待生命一样对待生态环境，建设美丽中国，为人民创造良好生产生活环境。2017年中国首次公布了2016年度各省份绿色发展指数，拉开了对各省区市实行年度评价、五年考核的序幕，这一考核结果是党政领导综合考核评价、干部奖惩任免的重要依据。截至2017年底，中国共建立各种类型、不同级别的自然保护区2750个；其中，陆地面积约占全国陆地总面积的14.9%。中国还积极推进联合国2030年可持续发展议程和气候变化《巴黎协定》生效落实，把应对气候变化融入国家经济社会发展中长期规划，为全球生态安全做出了重大贡献。目前，中国是全球最大的可再生能源投资国，在水电、风电、太阳能发电装机规模和核电在建规模上，中国均居世界第一位；中国也是全球最大的新能源汽车生产和消费国。

四是科学技术水平大幅提升。科技是现代社会发展的不竭动力。1978年，中国召开全国科学大会，发出了"向科学技术现代化进军"的号召。40年来，我们把人才作为第一资源，科技作为第一动力，致力于建设创新型国家。今天，中国的科技实力明显增强。高新技术产业和新兴产业规模不断壮大，重大科技产品、重大技术装备的自主开发能力以及系统成套水平明显提高，有力地支撑了三峡工程、青藏铁路、西气东输、南水北调等重大工程建设。在不少竞争激烈的科技领域，中国正在由"跟跑者"变为"并跑者"，在通信技术、量子技术和人工智能等领域甚至处于"领跑者"地位。中国的科技进步，离不开人数居世界第一位的科技工作者孜孜以求的工作；也离不开总额居世界第二位的研发投入，其中77.5%是企业自主投入；更离不开中国在保护知识产权、维护公平竞争市场秩序等方面的努力。如果中国不具备良好的知识产权保护环境和良好的市场秩序，中国的企业尤其是民营企业不会有那么巨大的研发投入。

二 中国对世界经济发展做的重要贡献

首先，中国成为世界经济增长的重要引擎。世界银行的数据显示，1978年中国对世界经济增长的贡献率只有3.1%，2017年上升为26.8%。中国还通过对外贸易、对外投资以及居民出境旅游等方式拉动世界各国经济增长。2017年中国进出口贸易额达4.1万亿美元，是1978年的195倍。中国的出口产品价值中，包含42%左右的国外中间品，因此中国出口的快速增长拉动了原材料和零部件出口国的经济增长。中国还通过各种措施主动扩大进口，包括近期主动降低汽车、药品等进口品关税，以及2018年11月拟举办国际进口博览会等。中国扩大进口的措施不仅促进了世界各国更好地分享中国发展机遇，也显著缩小了中国贸易顺差。中国经常账户余额与国内生产总值之比从2007年的9.9%下降到了2017年的1.4%。美国金融危机后的十年，国际直接投资处于低迷过程中，中国对外直接投资快速增长，为世界经济复苏注入了活力。2017年中国居民出境旅游1.3亿人次，在世界各国花费1150亿美元，成为拉动世界需求增长的一支生力军。

其次，中国成为多边贸易体系的坚定支持者。中国不折不扣地履行了入世承诺。自2001年加入世界贸易组织后，中国清理修订了19万多件中央和地方法律法规，覆盖贸易、投资和知识产权保护等各个方面，中国国内经济管理规则与世贸组织规则全面接轨。截至2005年，中国已按承诺全部取消进口配额等非关税措施，2007年中国服务贸易领域开放承诺全部履行完毕，2010年中国货物降税承诺全部履行完毕，关税总水平由2001年的15.3%降至9.8%。从2006年到2018年，世界贸易组织对中国贸易政策进行了七次审议，均对中国履行市场开放承诺和遵守多边规则给予充分肯定。

同时，中国全面参与多哈回合各项议题谈判，在2016年担任二十国集团主席国期间，推动多国完成《贸易便利化协定》的国内批准程序。中国积极维护世界贸易组织争端解决机制有效运转，主张通过世界贸易组织争端解决机制妥善解决贸易争端。中国通过主动起诉遏制了少数世界贸易组织成员的不公正做法，也积极应对被诉案件，尊重并认真执行世界贸易组织裁决，作出符合世界贸易组织规则的调整。

当前，世界贸易组织面临严峻挑战。中国愿意与美国等世界各国一道，推进世界贸易组织的改革和现代化。

最后，中国成为国际公共产品的提供者。中国是世界上最大的发展中国家，还处于中等收入国家的发展阶段，但中国积极发挥负责任大国的作用，努力参与全球治理和提供国际公共产品。

针对"一带一路"沿线国家基础设施投资不足和经济社会发展

不充分的情况，中国提出并大力推动"一带一路"倡议，搭建了平等互利与共商、共建、共享的全球发展合作新平台。亚投行、金砖国家开发银行的设立，为国际基础设施投资提供了新的融资渠道。中国还设立了南南合作援助基金，首期提供20亿美元，支持发展中国家落实联合国2030年可持续发展议程。中国已逐渐从受援国走向对外援助国。为了解决现有对外发展援助体制中存在的职能重叠和相互不协调的问题，中国在2018年组建了国家国际发展合作署，统筹协调中国的对外援助工作，未来将更好地利用官方发展援助促进发展中国家的发展。

三 中国改革开放的重要启示

第一，中国的发展源于坚定不移地走中国特色发展道路。中国找到了一条适合自己国情的道路，也就是以经济建设为中心，坚持四项基本原则，坚持改革开放，解放生产力，发展生产力，逐步实现共同富裕的中国特色社会主义道路。这条道路来源于实践、来源于人民的选择；这条道路集中代表着中国最广大人民的利益和愿望，具有最大的包容性，因而也具有最大的发展潜力。

第二，中国的发展源于坚定不移地深化改革。40年改革历程，是市场作为资源配置手段地位不断提高的过程，也是中国经济从计划经济体制向社会主义市场经济体制逐渐转型与完善的过程。市场化改革将中国经济所有制结构从单一的公有制经济转变成以公有制为主体、多种所有制经济共同发展的体制。目前中国正在探索国有经济从管企业向管资本转变，并对国有经济和民营经济、内资企业和外资企业实行同等国民待遇的管理模式。产品市场、劳动市场、资本市场与外汇市场等各类市场机制的发展与完善，极大地提高了中国经济活力和资源配置效率，削除了各种扭曲，降低了各种不平衡，为中国经济的持续快速发展奠定了制度基础。

第三，中国的发展源于坚定不移地扩大对外开放。中国充分认识到，一个国家能不能富强，一个民族能不能振兴，最关键的就是看这个国家、这个民族能不能顺应时代潮流，掌握历史前进的主动权。经济全球化就是当今世界要面对的、不可逆转的时代潮流。因此，中国自改革开放以来，一直主动顺应经济全球化潮流，坚持对外开放，坚持在开放中谋求改革和发展。历经沿海开放和加入世界贸易组织后全面开放，中国抓住经济全球化和国际产业转移的重要机遇，在开放的、以规则为基础的多边贸易体系下，积极引进外资，发挥比较优势，深度融入全球产业链、价值链，推动经济、社会实现了持续快速发展。

当今世界正面临经济增长动能不足、治理滞后、发展失衡、保护主义和单边主义日益突出等问题，中国国内人口、资源、环境的硬约束也在不断强化，劳动力、土地、能源等传统竞争优势减弱，经济发展进入增速换挡、结构优化、动力转换的新常态，调整经济结构、转变经济发展方式的任务更为迫切，这些都对中国对外开放提出了更高的要求。

为此，中国做出了构建开放型经济新体制，推动形成全面开放新格局的部署。在国际上，中国力推"一带一路"倡议和贸易投资自由化便利化。在国内，中国主动推出了一系列扩大开放的举措。包括全面取消非行政许可审批；全面改革工商登记、注册资本等商事制度，推行注册资本认缴登记制，企业开办时间缩短 1/3 以上；在市场准入方面推行"法无禁止即可为"，并持续缩短负面清单，大幅度放宽市场准入，放宽银行、证券、保险、汽车等行业在机构设立、经营范围、外资股比等方面的限制；加强同国际经贸规则对接，增强透明度，坚持依法办事，鼓励竞争，反对垄断，创造更有吸引力的营商环境等。对外开放在未来将继续推动中国经济健康发展。

第四，中国的发展源于坚定不移地走互利共赢、和平发展道路。改革开放初期，中国认识到和平与发展是时代的主题，因而充分利用与创造和平的国际环境，抓住机遇促进国内发展，也实现与世界其他地区的共同发展。

40年来，世界多极化、经济全球化、社会信息化、文化多样化深入发展，各国相互联系和依存日益加深，和平、发展、合作、共赢的大势不可逆转。中国一直在积极探索实现中华民族伟大复兴中国梦与实现和平繁荣世界梦的可行路径。中国在和平共处五项原则的前提下广交朋友，同100多个国家建立了不同形式的伙伴关系，形成遍布全球的伙伴关系网络，突破了非友即敌、结盟或对抗的冷战思维，为当今世界处理国与国关系做出了新的示范。

中国始终认为，世界好中国才能好，中国好世界才更好。中国强调通过维护世界和平发展自己，又通过自身发展维护世界和平。中国不仅将"坚持和平发展道路"和"坚持互利共赢开放战略"写入了中国共产党最近三届党代会的报告，更写入了宪法和中国共产党党章，体现了中国始终不渝奉行互利共赢的开放战略、积极参与全球治理、加强同各国的友好往来，以及同各国人民一道推动构建新型国际关系、推动形成人类命运共同体和利益共同体的坚定决心。

我坚信，未来的中国，会在改革开放的道路上越走越好，最终建立起全面开放的、完善的社会主义市场经济体制，并为世界发展、稳定、和平与繁荣做出更大的贡献。

推动中美关系继续向前发展[*]

40年前，中美两国签署《中美建交公报》，翻开中美关系历史的一页。2018年12月1日，习近平主席与特朗普总统在二十国领导人峰会期间成功举行会晤，就两国关系和共同关心的国际问题交换意见，达成重要共识，为中美关系发展起到关键性引领作用。

今天，中国社会科学院美国研究所在此举办"机遇与挑战：中美关系40年"国际研讨会，邀请来自两国的知名学者、前大使和各界有识之士汇聚一堂，回顾和总结中美关系来之不易的成就与经验，就双方共同面对的挑战与机遇展开对话，交流意见。借此机会，我对发展中美关系谈几点看法。

第一，维护中美关系的稳定发展关乎两国人民的切身利益。40年前，中美货物贸易总额不到25亿美元，到2017年已高达5837亿美元，是40年前的233倍。截至2017年底，美国对华直接投资累计超过830亿美元，在华美资企业约为6.8万家，而中国对美投资存量也多达约670亿美元。日益密切的经贸合作，不仅增加了两国的就业、改善了消费者生活质量、拓展了市场规模、促进了产业竞

---

[*] 节选自作者2018年12月11日在"机遇与挑战：中美关系40年"国际研讨会上的演讲。

争和技术创新，还极大增进了两国人民的友谊。40年前，中美之间人员互访量只有每年几千人次，如今每年已有超过500万人次。40年前，中美地方层面的联系几乎为零，现在双方有超过46对友好省州、212对友好城市，其交流合作内容相当丰富，充满活力。我曾在中国人口最多的河南省工作多年，河南省先后与美国堪萨斯州、阿肯色州建立友好省州关系。苹果公司全球最大的生产基地就设在河南，我也曾多次到那里调研，对中美产业合作的密切程度感受深刻。习近平总书记说，"人民对美好生活的向往就是我们的奋斗目标"。今天中美人民、企业和社会之间的紧密联系反映了双方不断增长的共同利益，也是我们两国相向而行，扩大合作的强大民意基础。无视这一基础的任何政策，终究是无法持续的，注定是短命的。

第二，维护中美关系的稳定发展不仅利在两国，而且惠及世界。40年来，在两国领导人和人民的共同努力下，中美关系已成为当今世界上最重要的双边关系，两国在地区和全球安全、治理、可持续发展领域的诸多议题上有共同的利益关切。作为当今世界两大经济体，又同为联合国安理会常任理事国，中美共同负有"为世界和平与繁荣承担更大责任"的使命，双方的一举一动、一言一行都会对全球秩序产生重要影响。美国是战后国际多边治理体系的创始者、主导者，中国是坚定维护这一体系的参与者、建设者，双方应在涉及全球发展和安全的重大问题上保持战略协作，相互尊重、平等协商，为推动人类和平、稳定、发展发挥积极的建设性作用。

第三，客观看待中美关系发生的变化，积极面对和解决问题，共同推动中美关系继续向前发展。改革开放40年来，中国人民通过辛勤劳动和巨大付出，历史性地改变了国家的面貌，也深刻地影响着世界格局，包括中美关系的变迁。

首先，中国经济规模比40年前增长近230倍。尽管中美经济实力仍有较大差距，但差距在缩小。随着这一变化，两国经贸互动的竞争面有所上升，但互补性仍是主流。同时，两国在经贸、金融、科技、人文和国际安全等领域相互依存，利益攸关，仍旧密不可分。其次，中国在40年改革开放过程中探索出一条符合自身发展实际的道路，它被证明符合中国国情和历史文化特性，得到人民大众的广泛认同和衷心拥护，但美方对此理解偏颇，疑虑增多。最后，针对全球治理中公共产品供给相对不足，中国力尽所能，承担与自身地位相符的国际责任，推出包括"一带一路"国际合作倡议在内的新举措，有关国家积极支持、广泛参与，但美方却百般阻挠横加指责。

中美之间在物质、能力、观念上的变化与竞争，一方面反映出两国关系向更高层面演进的必然规律，另一方面则表明双方对其结构调整、形态转换、认知错位均未适应，中美关系的不确定性和风险由此而增大。这就需要两国政府和有识之士冷静思考，妥善应对，避免激化矛盾，加剧冲突。

人类正处于百年未有之大变局，中美两个大国都在努力作出回应和调整，同时也要承受内外政策变革的压力和风险。在一定程度上，当前中美关系出现的复杂性和困难都与此相关，也使得我们以往的经验、知识和能力尽显不足。面对这一困境，两国学者要有"冷思考"，既要以史为鉴，看到中美关系所具有的历史韧性，而不致陷于盲目和悲观；同时，也要创新思维方式，"立时代之潮头，通古今之变化，发思想之先声"，提出解决中美关系迫切难题的办法。

经济全球化时代的中美关系[*]

40年前,中美两国领导人以非凡的政治智慧和战略远见做出中美建交的历史性决定,不仅深刻地改变了中美两国,也对世界发展产生了深远影响。过去40年里,中美关系总体保持健康稳定发展,为两国人民乃至世界各国人民带来了巨大福祉。在经济全球化深入发展的今天,中美关系再次来到关键的历史当口。

一 经济全球化是新时代中美关系发展的奠基石

经济全球化是人类历史发展到一定阶段的必然结果,是不以人的意志为转移的历史大势。经济全球化以国际分工和市场经济为基础,把经济活力、生产效率和发展机会传导到世界各地,大大促进了商品和资本流动,推动了科技创新和文明进步,深化了各国人民交流和交往,为世界经济增长提供了强劲动力。随着冷战结束,东西方两个平行的市场不复存在,全球相互依存大幅提升,人类社会

---

[*] 节选自作者2019年5月3日在"中美知名学者系列对话"会议上的演讲。

由此真正进入了经济全球化时代。冷战结束以来，全球贸易总额远远超过此前历史上有数据统计的全球贸易总额，资本和人员的跨境流动更是如此。

在经济全球化进程中，国家之间的竞争日益激烈，经济的联动性日益增强，新的风险和挑战也不断积累。一国内部的经济风险与危机甚至会迅速传导和扩散到世界各地，演变成全球性的经济危机。2008 年，美国次贷危机引发的国际金融危机给世界经济带来了前所未有的巨大冲击。这场危机给我们的重要启示是，引导经济全球化健康发展，需要加强协调、完善治理，推动建设一个开放、包容、普惠、平衡、共赢的经济全球化。

经济全球化是中美关系发展不可回避的时代背景。过去数十年中，中美两国抓住了经济全球化给两国关系发展带来的历史机遇。1972 年尼克松总统对中国进行的"破冰之旅"，让中美两国及时搭上了经济全球化的快车，两国经贸关系日益增强。中国商务部数据显示，1979 年中美货物贸易额不足 25 亿美元，2018 年达到 6335 亿美元，39 年间增长了 250 多倍。同时，中美双向投资从无到有，到 2018 年累计超过 2400 亿美元。经过几十年来的发展和合作，中美已形成了"你中有我、我中有你"的利益交融格局。

中美关系的跨越式发展得益于经济全球化，两国关系中出现的各种问题也必须放在经济全球化的大背景中加以妥善解决。随着双边经贸联系日趋密切，中美两国之间的竞争有所加剧，一些矛盾和分歧逐步显现出来。这是经济全球化进程中国家之间关系发展的正常现象，完全可以通过对话、协商和合作加以解决。但是，有少数人将困扰两国关系的许多问题简单归咎于经济全球化，极力推崇保护主义和单边主义，想人为推动两国经济"脱钩"，不仅不符合经济全球化发展的历史潮流，更有损两国人民甚至世界各国人民的切身利益。

二 中美关系是影响经济全球化进程的重要因素

当今世界正在面临百年未有之大变局，经济全球化进程也在经历深刻转变，在理念上应更加注重开放包容，方向上更加注重互惠平衡，效应上更加注重公正共赢。经济全球化的深入发展，对全球经济治理体系提出了更高要求。面对治理赤字、信任赤字、和平赤字、发展赤字四大挑战，全球经济治理需要与时俱进、因时而变。坚持多边主义，谋求共商共建共享，建立紧密伙伴关系，构建人类命运共同体，是新形势下世界各国推进经济全球化和参与全球经济治理的必然趋势。

在世界经济机遇和挑战并存、世界正发生快速而深刻变化的历史时期，大国肩上都承担着义不容辞的特殊责任和历史使命。大国的经济体量和全球影响力，决定了大国关系事关全球经济发展和稳定。作为世界上最大的两个经济体，中美两国在世界经济中具有举足轻重的地位。2018年，中美两国对世界经济增长的贡献率超过46%。按市场汇率换算，中美两国的经济总量占世界的比重超过42%；按购买力平价换算，这一比重接近34%。这表明，中美两国经济的繁荣和衰退都会对世界经济产生强大的溢出效应，两国在国际社会中的一举一动都会牵动世界各国的神经。

作为世界上最重要的双边关系之一，中美关系是决定世界经济能否稳定发展、经济全球化能否顺利推进的重要因素。过去数十年中，中美关系的良性互动为世界经济带来了积极效应，为经济全球化提供了重要保障。即便在全球经济遭受金融危机冲击的情况下，两国仍实现了双边贸易与投资额的迅速回升，并在近年屡创新高，为世界经济复苏注入了强劲动力。在二十国集团等多边框架下，中美通力合作，共同助力国际社会克服金融危机带来的重大困难和挑战，推进全球经济治理取得实质性进展。

然而，过去一年来，两国关系的健康稳定发展被一些消极因素所困扰，国际社会对此感到担忧和关切，对世界经济增长和经济全球化的信心也因此受挫。在2018年中美经贸摩擦升级时，世界银行、国际货币基金组织、经合组织等国际机构及摩根士丹利、高盛等全球知名投行均下调了两国及世界经济增长的预期。考虑到中美经贸摩擦等因素，世贸组织也下调了全球贸易增长的预测值。十多天前，我刚刚结束对欧洲三国的访问。我切身感受到，很多欧洲专家学者和政府官员非常关注中美关系发展走向，对中美贸易摩擦给自由贸易和多边主义带来的不确定性深感忧虑。

从中美关系的历史来看，每当中美关系处于低潮时，两国政府和两国人民总能在关键时刻推动两国关系重回正轨。我很高兴地看到，中美经贸磋商已取得实质性进展，有望按照两国领导人重要共识精神达成一份互利共赢的协议，为充满不确定性的世界经济与全球化发展增加更多的确定性。

三　在经济全球化进程中牢牢把握中美关系航向

1978年12月，几乎在中美宣布建交的同时，中国宣布了实行改革开放政策。中国由此逐步融入世界经济体系，成为经济全球化的重要贡献者和推动者，也成为经济全球化的受益者之一。40年来，中国经济实现了快速增长，成为仅次于美国的世界第二大经济体，在国际贸易、国际投资、国际金融和货币等领域的地位大幅提升，人民生活水平得到明显改善。

但是，我们也清醒地认识到，中国仍是发展中国家，发展不平衡不充分的问题还十分突出。目前中国的城镇化率不足60%，与发达国家80%左右的平均水平相比还有很大差距；中国的人类发展指数在全球仅排在第86位。作为发展中国家，中国的主要任务是实现自身发展，无意去改变谁、领导谁，更无意去取代谁；作为世界第二大经济体，中国愿意承担与自身实力相适应的国际责任，进一步推动经济全球化和促进世界经济增长。我们积极倡导并践行共商共建共享的原则，主张世界上的事情应该由各国共同商量，国际规则应该由各国共同制定。

开放带来进步，封闭必然落后。这不仅是中国改革开放的经验总结，也是经济全球化时代国家谋求经济发展和处理对外关系的重要启示。当今世界正在经历深刻复杂变化，并不断涌现新的全球性问题和挑战，经济全球化来到新的十字路口。相比以往任何时候，当今世界更需要中美加强合作，相向而行。2018年12月，习近平主席同特朗普总统在二十国集团阿根廷峰会期间成功举行会晤，双方同意共同推进以协调、合作、稳定为基调的中美关系，为中美关系未来发展指明了方向。

当今中国正在以更深层次的改革和更高水平的开放推进高质量发展，迎接新一轮经济全球化浪潮的到来。在几天前举行的第二届"一带一路"国际合作高峰论坛开幕式上，习近平主席宣布，中国将在更广领域扩大外资市场准入，更大力度加强知识产权保护国际合作，更大规模增加商品和服务进口，更加有效实施国际宏观经济政策协调，更加重视对外开放政策贯彻落实。这一系列重大改革开放举措的提出，彰显出中国推进更高水平开放、维护经济全球化向前发展的坚定决心、大国担当和世界情怀，将为包括中美两国在内的世界各国经济发展创造新的机遇，为经济全球化注入新的强劲动力。

美国制造经贸摩擦无理无据[*]

2018年3月以来，美国一些人蓄意挑起中美经贸摩擦，极力鼓吹"美国吃亏论"，指责中国"不公平贸易""强制技术转让""窃取美国技术""不履行加入世贸组织承诺"等。这些指责无理无据，根本站不住脚。正如英国《金融时报》首席经济评论员马丁·沃尔夫近日在《金融时报》撰文所言：美国抓住中美双边贸易失衡大做文章，从经济学角度看，属于文盲行为；美国认为中国盗窃知识产权给美国造成巨大损失，这个观点也很成问题；指责中国严重违反加入世贸组织承诺，也言过其实。面对美国一些人在中美经贸磋商中歪曲事实、极限施压的种种表现，有必要揭示事实真相，认清美国推行单边主义、保护主义的本质。

一 中美贸易顺差在中国、利益在双方

美国对华贸易逆差是全球价值链分工以及由此形成的供应链和产业链布局的反映。全球价值链分工以及相应的供应链和产业链布

---

[*] 原文刊载于《人民日报》2019年6月20日第9版。

局，是在经济全球化进程中形成的。在此背景下讨论双边贸易不平衡，需要理解其背后的多边因素，仅从双边角度谈贸易不平衡显然是片面的。世界贸易组织发布的《2019年全球价值链发展报告》指出，在当前以全球价值链为特征的分工时代，双边贸易不平衡不是分析贸易伙伴国对本国经济影响的可信指标。中国加入世贸组织后，美国对中国在制造业方面的贸易逆差大部分是加工制造业从亚洲其他国家和地区向中国转移的结果。1990年，美国对日本和"亚洲四小龙"的制造业贸易逆差占美国制造业贸易逆差总额的75%，2017年下降到不足12%；而美国对中国的制造业贸易逆差所占比重则从1990年的10%提升到2013年的约73%，之后开始下降。可见，美国对华贸易逆差是亚太地区产业分工的结果。全球价值链分工是经过长期市场竞争形成的一种高效生产方式。目前，通过全球价值链实现的贸易增加值已经占到全球贸易总额的60%以上。作为"世界工厂"的中国，被重复计算的增加值自然较多。如果剔除重复计算的加工贸易中间品增加值，美国对华贸易逆差会减少1000亿美元以上。

中美经贸合作本质上是互利双赢的，所谓"美国吃亏论"不符合实际。对美国来说，中美经贸合作不仅有助于其取得贸易和投资增长等静态收益，还会带来经济增长和产业升级的动态收益。首先，中国出口到美国的质优价廉的商品给美国消费者特别是中低收入群体带来了切实的福利，有助于美国维持较低的通货膨胀水平。根据美中贸易全国委员会联合英国牛津经济研究院形成的报告，出口到美国的中国商品在2015年帮助美国降低消费物价水平1%—1.5%。可见，破坏中美正常贸易关系有损美国宏观经济稳定。2019年5月，纽约联储主席约翰·威廉姆斯说，尽管美国经济目前处于"良好状态"，但美国的关税已经开始推高通货膨胀率，并且随着关税上调将产生更大影响。其次，中美贸易促进了美国产业升级和经济增长。第三次科技革命浪潮后，美国的产业结构发生巨大变化，中国承接了部分产业转移，使美国能专注发展现代农业、高端制造业和现代服务业，占据全球产业链最高端，成为国际分工的最大受益者。美国众多优势产业高度依赖对中国的出口。根据中国商务部的数据，在2018年中美经贸摩擦出现之前，中国每年进口美国约62%的大豆、17%的汽车、15%的集成电路、14%的棉花、25%的波音飞机。在中美服务贸易中，美国一直处于顺差状态，根据中国商务部数据，2017年的美国对华服务贸易顺差达541亿美元。最后，美国从中美经贸合作中获益巨大。中国商务部数据显示，2017年美国对华销售收入总额约为9400亿美元；截至2017年底，美国自华获得的资金流入总额达1.37万亿美元。还应看到，美国长期保持贸易逆差，实际上是用几乎无成本的美元或低成本的国债来换取其他国家的商品。所以说，所谓"美国吃亏论"根本站不住脚。

美国贸易失衡的根源在于其宏观经济政策失衡。美国一些人无视中国为平衡国际收支所作出的巨大努力，将贸易不平衡的原因嫁祸给中国，想以此转嫁国内矛盾，显然无益于其国内问题的解决。自20世纪70年代以来，美国寅吃卯粮，储蓄率呈逐年下降之势，形成严重的储蓄投资缺口。通俗地说，就是美国人的消费水平超过其国内产出水平，需要更多的外国商品来弥补国内产出不足，以满足其消费和投资需要，这是造成美国国际贸易逆差的根本原因。但美国不从自身找原因，更不愿意为恢复经济平衡而调整自身宏观经济政策，却将责任甩给其他国家。事实上，近年来，中国通过增加进口、维护汇率稳定、推进供给侧结构性改革等措施，为平衡国际收支作出了巨大努力，经常账户顺差大幅减少。2018年，中国经常账户顺差占GDP的比例仅为0.36%，基本实现平衡，远远低于韩国、德国、日本的同口径比例。美国一些人无视中国为平衡国际收支所作出的巨大努力，欺骗国民，拾起关税等保护主义大棒，企图采用关税和汇率等工具迫使中国进行所谓的"结构性调整",是典型的转移国内矛盾、"自己有病让别人吃药"的霸权主义做法。

二 美国对中国技术进步的指责违背事实

中国科技进步主要源于自主创新。中国把创新作为引领发展的第一动力,在科技创新方面取得巨大成就。2011年以来,中国的发明专利申请量连续8年居全球第一。2018年,中国大陆发明专利拥有量共计160.2万件,是2008年的16.8倍。中国发明专利质量呈现稳中向好态势,2018年中国国内有效发明专利平均维持年限达到6.4年。与此同时,中国高新技术产业和新兴产业规模不断扩大。截至2018年底,高新技术企业达到18.1万家,科技型中小企业突破13万家。中国科技、装备的自主研发能力以及系统成套水平有力地支撑起三峡工程、青藏铁路、西气东输、南水北调、特高压等重大工程建设。2018年,中国科技进步对经济发展的贡献率大幅度提升至58.5%,接近发达国家60%的水平。中国把人才作为创新的第一资源。2018年中国研发人员总数达到418万人,已连续5年稳居世界第一。中国的科技进步还源于快速增长的研发投入,2018年中国的研发经费达19657亿元人民币,是1978年的317倍,40年年均增幅达到16.6%,为科技创新提供了有力资金保证。可见,美国一些人对中国的所谓"强制技术转让""窃取美国技术"的指责根本站不住脚。

中国保护知识产权、维护公平竞争市场秩序的成绩有目共睹。在深入推进创新发展的同时,中国不断加大知识产权保护力度,相继出台或修订商标法、专利法、著作权法、促进科技成果转化法、物权法等法律法规,并加入了几乎所有主要的知识产权国际公约。同时,不断强化互联网领域、各级市场和交易环节治理,严厉查处侵犯商标权、著作权和专利权等知识产权违法行为。2018 年，国外在华发明专利申请量为 14.8 万件，达到"十三五"时期以来最高水平。这也表明，外国企业对中国的知识产权保护是充分认可的。

美国一些人对中国高科技企业的打压严重破坏全球开放合作的创新生态。全球创新生态系统是深化国际科技交流合作的重要保障，也是世界经济增长的重要源泉。人类社会发展到今天，激发创新活力、提高创新效率、推动技术进步和世界经济发展，必须在全球形成一个分工合理、体系完善的创新生态系统，以实现创新要素在各国之间开放、持续、高效流动，形成优势互补的创新格局。当今世界的科技进步，离不开中国的参与和贡献。在不少科技领域，中国正在由"跟跑者"变为"并跑者"，在通信技术、量子技术和人工智能等领域处于"领跑者"位置。中国在高铁、5G 和移动支付等领域，开展国际科技合作的空间非常大。美国一些人打着维护"国家安全"的幌子打压中国高科技企业，实行技术保护主义，其本质是推行科技霸权、打压中国发展。这将严重破坏全球开放合作的创新生态，不利于人类社会共同迎接新一轮科技革命的到来，损害世界经济增长。

三　中国是世界贸易组织成员中的优等生

本届美国政府基于政治需要对中国加入世贸组织的评价并不客观。世贸组织前总干事拉米曾说，中国在世贸组织中的表现是 A+。中国在 2010 年就已全部履行了加入世贸组织承诺。那时的美国政府总体肯定中国加入世贸组织后的表现，美国贸易代表办公室在 2010 年后提交的报告也认可中国已履行承诺的事实。本届美国政府上台后，却突然转变话风，推翻往届美国政府的评估结果，指责中国不履行加入世贸组织承诺。在中国已经履行加入世贸组织承诺数年之后，又来讨论中国是否履行承诺的问题，实在是无稽之谈。本届美国政府对中国加入世贸组织作出的评价罔顾事实、毫无依据，根本不是客观评估，而是基于某种政治需要。

美国一些人偷梁换柱，借对中国加入世贸组织评价的外衣攻击中国经济体制，试图削弱中国的体制优势。美国贸易代表办公室在报告中宣称，中国仍保持非市场经济体制，政府主导，并实行重商主义；还宣称中国以自身仍是发展中国家的借口拒绝进一步实施贸易自由化。此外，美国政府还在世贸组织指责中国的经济模式。很显然，本届美国政府无法找到中国不遵守世贸组织规则的证据，其捏造事实是出于不能容忍中国的体制优势。美国一些人指责中国经济模式损害了其他世贸组织成员的利益，事实却是，中国加入世贸组织以来，对世界经济增长的平均贡献率接近30%，是拉动世界经济增长的重要引擎。中国还通过对外贸易、引进外资、对外投资等途径让众多世贸组织成员受益。

美国才是世贸组织规则的破坏者。世贸组织具有审议和争端解决机制，以监督、促使各成员遵守世贸组织规则。世贸组织一直认可中国加入世贸组织后的表现。中国政府2018年6月发布的《中国与世界贸易组织》白皮书已清楚表明，中国切实履行了加入世贸组织承诺。在世贸组织和世贸组织其他成员都认可中国加入世贸组织后表现的情况下，美国为得出中国不遵守世贸组织规则的预设结论，只能基于其自身设定的高于世贸组织规则的标准以及美国是否获益最大来判定中国的表现。这显然是无理的。同为世贸组织成员，美国被其他世贸组织成员起诉的案件是中国的两倍多。而且，中国严格执行世贸组织裁决，美国败诉后却经常拒不执行世贸组织裁决。美国还动辄以其国内法为依据，对他国采用关税和非关税手段进行惩罚。事实证明，美国的行为才是对世贸组织规则的公然蔑视和肆意破坏。

四　美国挑起经贸摩擦违背时代潮流

和平、发展、合作、共赢是时代潮流，美国挑起经贸摩擦是违背时代潮流之举，遭到中美两国人民以及世界各国人民的坚决反对。近日，美国纽约市前市长、彭博新闻社创始人迈克尔·布隆伯格批评美国政府贸易政策损人不利己，呼吁美国国会采取行动限制总统制定贸易政策的权力。许多美国企业家和普通民众也反对美国挑起经贸摩擦。国际上的有识之士普遍反对美国制造经贸摩擦的行为。新加坡总理李显龙认为，中美两大经济体之间互相竞争是很自然的，但竞争不应演变成冲突，而应该走向合作、致力双赢。

美国曾大力推动自由贸易和市场开放，这是其长期保持世界领先地位的重要原因。如今的美国正在走向时代潮流的对立面，这将从根本上削弱和动摇美国的优势地位。奉行保护主义、动辄挥舞关税大棒，不会让美国再次伟大。

改革开放以来，中国顺应时代潮流，创造了中国奇迹，成为世界共同发展的重要参与者和主要贡献者。加入世贸组织以来，中国为世界经济贸易发展带来了重要机遇、做出了重大贡献。未来，中国将进一步拓展开放领域、优化开放布局，以高水平开放促进全面深化改革；进一步放宽市场准入，缩减外资准入负面清单，允许更多领域实行外资独资经营；进一步推动完善多边贸易体制、多边合作机制和区域合作机制。当今世界，和平、发展、合作、共赢的时代潮流不可阻挡，单边主义、保护主义害人害己，只能是死路一条。美国一些人应放弃错误做法，同中国相向而行，共同推进以协调、合作、稳定为基调的中美关系，增进两国和世界人民福祉。

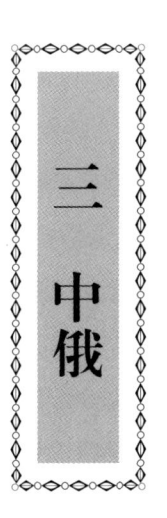

三 中俄

世界大格局的变化与中俄战略合作[*]

一

2008年国际金融危机以来，世界政治经济安全格局发生了许多变化，逐渐成长起来的新兴市场国家和发展中国家正在成为影响国际格局的重要力量。正如中国国家主席习近平所言，"当今世界正面临百年未有之大变局"。从新兴市场国家和发展中国家的角度来看，主要表现在以下三个方面。

一是世界经济进入新旧动能转换的关键期，为新兴市场国家和发展中国家提供了实现跨越式发展的重大机遇。人工智能、大数据、量子信息、生物技术等新一轮科技革命正在蓄势待发。以新技术突破为基础的全球产业变革呈现加速态势。在培育和发展高精尖产业、推动发展方式转变、优化经济结构等方面，新兴经济体和发展中国家如果能够深化改革和全面提高竞争力，就能在新技术革命和全球产业发展中占据一席之地。

二是国际格局和力量对比加速演变，新兴市场国家和发展中国

---

* 节选自作者2019年5月29日在"中国和俄罗斯：新时代的合作"高端论坛上的演讲。

家群体性崛起势不可当。当前，新兴市场国家和发展中国家对世界经济增长的贡献率达到80%。如果继续保持现在的发展速度，10年后其经济总量将接近世界经济总量的一半。新兴市场国家和发展中国家的快速增长推动了国际力量均衡化、国际关系民主化的进程，将使世界和平的基础更加坚实稳固。

三是全球治理体系深刻重塑，各国特别是新兴市场国家和发展中国家的发展空间受到直接影响。世界经济深层次、结构性问题尚未解决，世界多极化、经济全球化曲折前行，地缘政治热点频发，恐怖主义、武装冲突威胁犹在。单边主义、保护主义愈演愈烈，多边主义和多边贸易体制受到严重冲击。世界呼唤公平正义、相互尊重的全球治理和国际合作新体系，呼唤健康稳定的发展新环境。

二

和平发展、开放合作、创新共赢仍然是人心所向的世界潮流。中国与俄罗斯同为发展中大国和联合国安理会常任理事国，具有很强的世界影响力，也都面临着国家发展的繁重任务。在当今世界大发展大变革大调整的背景下，中俄关系正处在历史最好时期，并超越了双边范畴，为构建新型国际关系和创新全球治理贡献着智慧与方案，在风险挑战面前展现着中俄共同的责任担当。推动中俄全面战略协作伙伴关系更上一层楼，双方可以进一步加强合作。

第一，深化战略和政治互信，继续发挥大国外交的示范作用，共筑命运共同体。当前，中俄两国都处在民族复兴的重要时期，面临着国际社会对力量增长及其相应权力诉求的焦虑，面临着维护国家独立、主权和领土完整的重任。但是，中俄两国在全面战略协作伙伴关系的建设中超越了零和博弈、冷战思维等旧框架，为世界展现了两个大国求同存异的睦邻友好合作精神。这种精神如果在完善国际秩序和体系的过程中发扬光大,各国之间的对立和摩擦势必大大减少。中俄是友好邻邦,利益与命运紧密相连。我们应把两个国家的事情办好,继续促进高层交往、人文交流和相互理解,树立同舟共济、权责共担的命运共同体意识,以自身和平发展带动世界的和平与发展,形成良性互动、协调发展、安全稳定的格局,并以此改善民生、惠及各方、造福子孙。

第二,加强在国际和地区事务中密切有效的协调配合,完善全球治理体系,成为促进国际和平稳定的建设性力量。在国际社会中发挥负责的大国作用和担当,是中俄两国无法回避的历史使命。任凭世界形势风云变幻,大国维护世界和平发展的方寸与初心不能乱。中俄虽然都是发展中国家,但对于国际公共产品的供给也负有一定责任。中国提出的"一带一路"倡议,已成为当今世界广泛参与和广受欢迎的国际合作平台和国际公共产品。中俄两国应继续共同推动国际和地区热点问题的政治解决进程,坚定不移维护《联合国宪章》的宗旨和原则,在二十国集团、金砖国家、上海合作组织、亚欧会议、亚太经合组织等重要全球和地区机制中密切沟通,协调各成员国立场,支持多边贸易体制,反对单边主义和保护主义,推动构建新型全球治理体系和国际关系。

第三,促进经济利益融合,努力为新技术革命的实现创造条件,为世界市场扩展和全球经济稳定增长注入新动力。当前经济全球化仍然在持续发展,主要新兴经济体增长势头较好,但是美国的保护主义不断升级,经济政策存在较大不确定性,加之各种地缘政治风险因素,都在不同程度地侵蚀经济稳定复苏的根基。中俄两国经济优势互补,具有广泛的合作前景。中国经济正从高速增长转向高质量发展,经济增长速度虽有些放缓,但内需仍然旺盛并日益增长,对能源资源以及其他高品质产品的需求不会减少,进口市场将不断扩大。在此背景下,中俄双方应继续积极构建能源战略伙伴关系，深化经贸、科技、航天、农业、互联互通等领域合作；通过"一带一路"与欧亚经济联盟的对接，推动市场扩大和制度创新；加强宏观经济政策与金融风险防范机制的协调；深化技术创新与区域产业分工合作，加强全球价值链建设，共享资源优化配置的收益。

中俄携手共同维护世界
反法西斯战争的胜利成果[*]

75年前，世界反法西斯战争取得了伟大胜利，这是正义战胜邪恶、光明战胜黑暗、进步战胜反动的胜利。世界反法西斯战争的胜利，彻底粉碎了法西斯主义和军国主义通过战争称霸世界的野心，彻底结束了列强通过争夺殖民地瓜分世界的历史，彻底瓦解了在世界上存在了几百年的殖民体系，对维护世界和平、促进共同发展产生了重大而深远的影响。

伟大卫国战争为世界反法西斯战争胜利做出了不可磨灭的贡献。作为世界反法西斯战争的东方主战场和欧洲主战场，中俄两国为世界反法西斯战争的胜利付出了巨大牺牲。俄罗斯人民和其他兄弟民族为赢得卫国战争胜利，付出了伤亡2700万人的惨重代价，几乎每个家庭都有人员伤亡。一大批英雄儿女为捍卫祖国独立和尊严，为捍卫世界和平和正义，前赴后继、视死如归。俄罗斯人民对中国人民抗日战争给予宝贵的政治和道义支持，并支援了大批物

---

[*] 节选自作者2020年5月7日在"纪念伟大卫国战争暨世界反法西斯战争胜利75周年"线上研讨会上的演讲。

资、装备。中俄两国人民在患难与共、并肩御敌、浴血奋战中结下了深厚友谊。这是中俄两国人民值得珍视的共同历史记忆。中国人民永远怀念那些为中华民族独立解放事业而英勇捐躯的俄罗斯军民。

今天，我们纪念卫国战争和世界反法西斯战争的胜利，既是为了不让历史悲剧重演，也是为了维护人类的良知与正义。中俄两国人民要携手共同维护世界反法西斯战争的胜利成果，促进世界的和平与繁荣。

75年前，我们经历了战火纷飞的年代，当前，新冠肺炎疫情有如一场没有硝烟的战争，给世界各国人民生命安全和身体健康造成巨大威胁，给全球公共卫生安全带来巨大挑战。

面对突如其来的新冠肺炎疫情，中国打响了一场疫情防控的人民战争、总体战、阻击战。在习近平总书记亲自指挥、亲自部署下，中国人民众志成城抗击疫情，目前中国抗击新冠肺炎疫情取得了阶段性胜利，国内疫情防控形势持续向好，生产生活秩序加快恢复。在这场抗疫斗争中，中方秉持人类命运共同体理念，同各国分享防控有益做法，开展药物和疫苗联合研发，并向出现疫情扩散的国家提供力所能及的援助。

疫情发生以来，中俄两国始终团结合作，相互支持。俄方在中方抗击疫情最艰难时刻鼎力相助，中方向俄方派遣医疗组并提供大量防疫物资，体现了新时代中俄关系的高水平。在此，我祝愿俄罗斯在普京总统领导下早日战胜疫情，俄罗斯人民能尽快恢复正常的生活生产。

病毒无国界，疫情是各国共同的敌人。人类面对公共卫生严峻挑战，团结合作是最有力的武器。75年前战胜人类公敌的历史经验昭示我们，以公平正义为原则，筑起协力战斗的阵线，就没有打不赢的战争，就没有克服不了的困难。面对疫情，应以人类福祉为根本，坚持科学理性，加强协同合作，推进多边协调，才能战而胜之，方能向历史交出正确的答卷。

共同抗疫　增进中俄双方战略协作[*]

中俄是山水相连的好邻居，是风雨同舟的全面战略协作伙伴。新冠肺炎疫情发生以来，中俄相互支持、守望相助，两国关系经受住了新冠肺炎疫情的严峻考验。中俄合作不仅没有因为疫情而停滞，还拓宽了新领域和新方式。

一　中俄共同抗疫经历正转化为增进双方战略协作的新动力

重大传染性疾病是全人类的敌人。一场突如其来的新冠肺炎疫情让我们深刻认识到，各国人民的生命健康从来没有像今天这样休戚与共、紧密相连；人类本是同处地球村你中有我、我中有你的命运共同体。在病毒向全人类发起的挑战面前，世界各国都是受害者，也是抗击疫情的贡献者，唯有团结合作才是战胜疫情的最有力武器。

疫情发生以来，习近平主席同普京总统多次通话，就更好开展

---

[*] 节选自作者 2020 年 7 月 2 日在中俄联合智库报告发布会上的演讲。

疫情防控合作交流协调，体现了中俄高水平的战略沟通和战略协作。在中国抗击疫情处于非常困难的阶段，俄方给予我们真诚帮助和宝贵支持。面对疫情在全球扩散蔓延，中方也在力所能及范围内向俄方提供了医疗物资援助，并为俄方在华采购急需物资提供了便利。特别是，面对个别国家罔顾事实的无理攻击与抹黑、肆无忌惮制造和传播"政治病毒"，中俄双方相互支持，彼此仗义执言，构筑了抗击各种病毒的坚强堡垒。

由此可见，中俄共同抗疫的经历，正转化为推进中俄全面战略协作伙伴关系高水平向前发展的新动力。当前，俄方正全力防控国内疫情发展，中方也面临疫情反弹压力。我们要继续相互交流和借鉴有益经验，开展疫情信息共享、药物和疫苗研发合作，以抗疫合作为契机携手打造中俄卫生健康共同体，不断推动中俄全面战略协作伙伴关系走深走实。

二 共建"一带一路"同欧亚经济联盟对接正成为地区经济发展与合作的新引擎

"一带一路"倡议提出以来，从夯基垒台、立柱架梁到落地生根、扎实推进，已步入高质量发展的新阶段。尽管受到疫情干扰，"一带一路"倡议仍展现出强大的生命力，中方同沿线国家和地区的贸易和投资持续快速增长。"一带一路"国际合作的动力十分强劲，发展前景十分广阔。

作为"一带一路"建设重要合作伙伴，欧亚经济联盟及其五个成员国为国际社会共建"一带一路"树立了典范。自 2015 年习近平主席和普京总统共同签署《关于丝绸之路经济带建设与欧亚经济联盟建设对接合作的联合声明》以来，"一带一路"同欧亚经济联盟对接合作不断深化，双方在经贸、能源、农业、运输、通信、数字经济、金融等重点领域合作取得了丰硕成果，为欧亚大陆建立高水平的经济伙伴关系奠定了坚实基础。尤其是 2019 年 10 月《中国与欧亚经济联盟经贸合作协定》正式生效，为双方在经贸领域开展互利合作和建设性对话提供了重要的制度性保障。

目前，中国是欧亚经济联盟第一大贸易伙伴，是该地区经济增长的重要推动力量。在"一带一盟"对接合作联合声明签署五周年之际，我们要以此为契机，积极推进共建"一带一路"同欧亚经济联盟深度对接，不断为促进地区一体化和区域经济融合发展提供新的动力。

在全球贸易受疫情冲击出现大幅度萎缩的背景下，中俄经贸合作保持良好发展态势。中国海关数据显示，2020 年前 4 个月，中俄进出口贸易额同比增长 2.9%。其中，中方从俄方进口同比增长 10.1%。俄方已连续 4 个月占据中国同"一带一路"沿线国家贸易额的前三位。中方愿同俄方继续加强全方位合作，携手化危为机，为常态化疫情防控中的两国经济发展塑造新的动能，为区域经贸合作创造更多互利共赢的发展机会，为世界经济复苏打造新的增长点。

进一步深化中俄关系发展[*]

"远亲不如近邻",中俄两国是搬不走的好邻居,拆不散的真伙伴。2001年7月,两国领导人在深刻总结历史经验基础上概括了中俄关系的主要原则、精神和成果,在《中俄睦邻友好合作条约》(以下简称《条约》)中将"世代友好、永不为敌"的思想用法律形式确定下来,为两国关系发展奠定了坚实基础、开辟了广阔空间。2019年,两国元首共同宣布发展中俄新时代全面战略协作伙伴关系,确立了以"守望相助、深度融通、开拓创新、普惠共赢"为核心的双边关系发展目标和方向。面对新冠肺炎疫情大流行和世界百年未有之大变局,中俄相互坚定支持、紧密合作,生动诠释了新时代全面战略协作伙伴关系的深刻内涵,树立了国家间关系的典范。20年来,《条约》确立的世代友好理念和新型国际关系原则,在中俄关系发展中得到忠实践行和充分彰显。

当今世界正在发生深刻复杂变化,国际格局加速演变。个别大国的单边主义、保护主义、霸凌主义行径,正在国际上制造对抗和

---

[*] 节选自作者2021年6月1日在"中国与俄罗斯:新时代合作暨庆祝《中俄睦邻友好合作条约》签署20周年"中俄智库高端论坛上的演讲。

分裂，阻碍合作与交流，危及和平与安全。中俄两国始终坚定维护以联合国为核心的国际体系，坚定维护以国际法为基础的国际秩序，成为推动国际关系民主化、维护世界和平稳定和发展繁荣的中坚力量。

2021年是中国共产党成立100周年。中国共产党立志于中华民族千秋伟业，百年恰是风华正茂。在中国共产党的领导下，全国各族人民正在为建设富强民主文明和谐美丽的社会主义现代化强国而不懈奋斗。借此机会，我就新时代进一步深化中俄关系发展，同大家分享几点看法。

一是持续增进政治互信。中俄两国都处在民族复兴的关键时期，都致力于推动落实新的国家发展战略规划，同时，两国发展的外部环境面临深刻变化，阻碍和干扰因素有所增加。中俄比以往任何时候都更加需要加强战略协作，增进战略互信，筑牢两国关系发展政治根基。在《条约》签署20周年之际，双方已商定将条约延期，并赋予其新的时代内涵。这是双边关系发展的重要里程碑，必将为新时代中俄合作行稳致远提供坚实政治保障。

二是全面深化务实合作。中俄在资源禀赋、产业发展等方面各有特色和优势，两国经济互补性强、利益契合度高，各领域务实合作前景十分广阔。双方应把握新一轮科技革命给全球发展带来的历史性机遇，推动"一带一路"倡议与欧亚经济联盟对接合作，不断创造传统领域和新兴领域合作新动能。新冠肺炎疫情发生以来，中俄双方守望相助，共克时艰，第一时间驰援抗疫物资，毫无保留分享抗疫经验，联合开展疫苗和特效药研发，有力保障两国人民生命安全，为推动国际抗疫合作贡献中俄智慧，为构建人类卫生健康共同体注入中俄力量。就在十多天前，中俄两国元首共同见证两国核能合作项目——田湾核电站和徐大堡核电站正式开工，将两国核能合作推向新的更高水平，成为推动双方务实合作提质升级的崭新范例。

三是携手完善全球治理。在国际力量对比深刻调整，大国战略博弈更趋激烈的背景下，全球治理短板愈加凸显。2021年3月，中俄外长关于当前全球治理若干问题的联合声明强调，国际社会应坚持践行开放、平等、非意识形态化的多边主义原则，共同应对全球性挑战和威胁，完善全球治理体系，促进人类文明发展。中俄两国作为负责任大国，肩负维护世界和平与发展的时代使命。中俄携手致力于全球治理体系改革和完善，将有力推动国际秩序朝着更加公正合理的方向发展。

推动中俄共同发展与现代化[*]

中俄友好、和平与发展委员会在两国元首倡议下于1997年成立，并被确定为促进两国民间交往的主渠道。"国之交在于民相亲"，民间交往对两国关系的影响"润物细无声"，是两国人民世代友好的重要支撑。委员会自成立以来，积极践行自身宗旨，推动中俄社会各界代表广泛参与委员会工作，为加深两国人民相互了解、夯实中俄关系民意基础、推动各领域友好和务实合作做出重要贡献。

中国社会科学院是中俄友好、和平与发展委员会专家理事会中方主席单位。多年来，中国社会科学院与俄方伙伴共同努力，开展多种形式的学术交流，推动双方学术界和智库建立密切合作机制，为增进两国人民相互理解和民心相通，促进中俄新时代全面战略伙伴关系提质升级贡献智慧和力量。

本次研讨会是在庆祝委员会成立25周年活动框架下，由委员会、中国社会科学院与俄罗斯科学院共同举办的首场交流活动，

---

[*] 节选自作者2022年3月29日在"第二届'中国与俄罗斯：共同发展与现代化'暨庆祝中俄友好、和平与发展委员会成立25周年研讨会"上的演讲。

旨在推动两国专家学者探讨中国与俄罗斯共同发展和现代化问题。中国和俄罗斯都是新兴经济体国家，在探索发展和现代化道路上，也都经历了艰难的转型历程。当前，两国都以建设现代化强国、实现经济社会全面发展和民族振兴为目标，在探索符合自身国情的发展道路上迈出坚实步伐。借此机会，我就会议主题谈几点看法。

第一，国家发展和现代化建设中最为核心的是道路选择问题。在迈向现代化的道路上，不只有一种选项、一个模式，各国只有找到适合自己国情的政治制度和发展道路，才能实现真正的繁荣富强。制度没有高低之分，中国人历来反对把自己的发展模式强加于人，正如一句中国俗语所言："鞋子合不合脚，自己穿了才知道。"俄国哲学家伊林也曾说过："国家制度不是衣服，可以在任何时候脱掉，这是'身体的结构'，只有见识肤浅的政治家认为仿佛存在唯一对任何民族、任何时候都是最好的国家形态。"新中国成立后，中国一直在寻找符合自身特点的发展道路，在一个人口规模巨大、发展极不平衡的国家探索社会主义现代化之路。中国用70多年时间，走完了发达国家200多年走过的工业化历程，历史性消除绝对贫困，全面建成小康社会，正在向着全面建成社会主义现代化国家迈进。我们有信心，在本世纪中叶实现这一宏伟目标。

第二，优秀历史文化和文明交流互鉴可以为现代化提供有益滋养。从优秀传统文化中挖掘具有当代价值的思想和智慧，是实现国家发展与民族复兴的血脉和灵魂。人类社会的发展，是一部多元文明共生并进的历史。世界各地的人们在数千年发展实践中，积累了丰富的经验和智慧，这是人类共同的财富。"文明因多样而交流，因交流而互鉴，因互鉴而发展。"我们要积极总结和汲取这些经验和智慧，结合自身国情，更好建设社会主义现代化国家。长期以来，中国与俄罗斯人民在文明交流、互学互鉴中，实现了共同进步、共同发展。未来，我们要继续以开放的心态看待其他文明的发展进步，以共赢的理念开展文明间交流对话，在互学互鉴中实现共同发展，不断为自身发展增添新的动力与活力。

第三，促进和保障民主是国际社会共同事业，应共同捍卫民主、人权等全人类共同价值。民主是全人类的共同价值，是国际社会共同的努力方向和奋斗目标，是公民参与管理本国事务的途径，旨在增进民生福祉，实现人民当家做主。民主应是全过程的、面向全体人民的，体现全体人民的利益和意志，保障人民权利，满足人民需求，维护人民利益。民主植根于一国的基本国情，各国国情和经济社会发展水平千差万别，这就决定了必须坚持人权普遍性与各国实际相结合的原则，承认民主实现形式的多样性，承认各国探索自身民主发展道路的合理性和正当性。任何国家都不应该滥用民主价值，借口维护民主、人权干涉别国内政，挑动世界分裂对抗。我们要大力弘扬民主精神，在民主议题上平等相待，共同改善全球治理体系，促进世界人民福祉。

第四，实现共同发展是对新时代全面战略协作伙伴关系的最好诠释。新冠肺炎疫情持续蔓延对世界经济造成严重冲击，给全球落实联合国2030年可持续发展议程带来严峻挑战。这场世纪大疫情充分说明，没有哪个国家能够单枪匹马应对人类面临的共同挑战，也没有哪个国家能够在挑战中独善其身，只有坚持开放合作，实现共同发展，才能获得更多发展机遇和更大发展空间。这就要求我们，必须充分把握新一轮科技革命和产业变革带来的机遇，特别是要加强在疫苗研发生产、科技创新、数字经济、新能源、互联互通等领域的合作，共同开发新技术、新产业、新业态、新模式、新动能，促进经济实现更高质量发展。实现共同发展，还要求我们，必须超越差异和分歧，发挥各自优势，推动包容发展，持续推进共建"一带一路"与欧亚经济联盟对接合作，在二十国集团、上海合作组织、金砖国家等多边框架内发挥重要引领作用，推动区域和全球经济尽快实现疫后复苏，让各国人民共享经济发展成果。

四 中欧

亚欧携手合作　共同应对挑战[*]

当前，世界经济正处于国际金融危机以来最好的时期，但潜藏的风险还在积累，经济增长不平衡，特别是一些重要经济体增长并不强劲，国际经济秩序面临重大威胁，经济领域的问题正在向社会、政治以及安全战略领域延伸，并危及世界和平、发展与稳定。

一　世界经济面临的挑战

第一，支撑长期经济增长的因素还不稳固。世界经济增速回升，在很大程度上是主要国家长期实行宽松货币政策的结果，但是这些政策的短期效应正在递减，且无法提高长期经济增长率。

长期经济增长率下降，主要是因为全要素生产率增速下降。对于发达经济体来说，全要素生产率的增长主要来自研发产生的技术进步。然而，历史上最高的研发支出水平，却伴随着第二次世界大战以来最低的长期经济增长率。问题不在于研发没有产生技术进步，而在于快速的技术进步没有形成快速的经济增长。技术进步有

---

[*] 节选自作者2018年10月18日在第15届亚欧经济论坛（布鲁塞尔）上的讲话。

创造性的一面，也有破坏性的一面。发达经济体在通用型技术进步方面的研发投入比例下降，由企业完成的专用型技术进步研发投入比例上升，降低了技术进步在更大范围内使用所带来的创造性效应，放大了技术进步对原有产业的破坏性后果。同时，过于严格的知识产权保护，在鼓励了技术进步的同时，也限制了技术扩散所带来的创造性效应。因此，要提高全要素生产率和长期经济增长率，需要反思和调整当前的创新政策和知识产权保护政策。

第二，全球经济稳定面临的风险上升。2018年美国经济增长相对强劲，欧洲、日本和中国等主要经济体均出现了经济增速下行。美国经济增速上升和美联储加息，其他国家经济增速下行和货币宽松，导致资本回流美国、美元升值以及其他国家货币贬值，部分新兴市场国家出现货币危机。国际金融市场动荡是以美元为主的国际货币体系的固有缺陷。当前的国际货币体系，缺乏自动调整国际收支失衡和维护国际货币稳定的功能。

2019年，美国经济出现增速下行的可能性较大，世界经济整体上将出现增速回落。这对于还没有退出负利率和量宽政策的欧元区和日本来说，是非常不利的。同时，美国股票市场和房地产市场价格存在快速下跌风险，并可能引发新一轮全球金融市场的不稳定。

美国还采取了以邻为壑的贸易投资政策，其加征关税的行为和引发的贸易报复，以及限制投资的行为，已经对国际贸易和投资产生了不利影响，并成为未来影响全球经济稳定的重要负面因素。

第三，收入不平等问题没有得到有效解决。法国经济学家皮凯蒂等学者发布的《2018年世界不平等报告》指出，全球收入不平等问题仍然非常严重。收入不平等引发的民粹主义，已经对世界经济与政治的健康稳定造成了很大困扰。

收入不平等，在一定程度上是因为财富越来越集中于少数人，富者愈富；同时，也是工资收入差距拉大的结果。全球化和技术进步确实会使一些人受益，一些人受损。一个良好的经济体系应该使受益的部门和人群尽可能地扩大，并使受损人群通过市场机制和政府帮助流向受益部门，从而使全球化和技术进步的利益惠及尽可能多的人群。因此，收入差距拉大不是全球化和技术进步的必然结果，而是因为不当的政策，比如过于严格的知识产权保护限制了受益部门的扩大，与地域挂钩的福利政策限制了受损人群的流动。试图用反全球化的政策来纠正收入差距问题，显然是错误的，也无助于解决收入不平等问题。

第四，多边体系和国际经济规则受到破坏。为商业社会提供安全和可预测的贸易环境，是世界贸易组织的一个重要功能，美国的单边主义行为正在破坏这种有利于全球的贸易环境。美国一方面阻挠世界贸易组织上诉机构法官遴选，使世界贸易组织争端解决机制无法有效运行；另一方面单方面加征关税，破坏世界贸易组织规则，使各国无法通过世界贸易组织来处理与美国的贸易争端，而只能实施贸易报复，从而给世界带来越来越高的贸易壁垒。

美国滥用国家安全名义，对国内产业实施贸易投资保护，依靠国内法对部分国际贸易投资行为进行干预。对于多边规则以及各国与美国达成的双边规则或区域规则，以国家安全的名义进行肆意破坏。

美国还违背自己的承诺，退出气候变化、外交公约等国际社会通过巨大努力达成的多边规则。人类通过建立规则来约束丛林法则、实现世界和平发展与繁荣稳定的努力受到重大威胁。

二 推动亚欧经济合作

亚欧经济繁荣稳定是世界经济繁荣稳定的基石，亚欧国家也是维持世界和平与发展的重要力量。为了应对上述挑战，亚欧国家应该携手合作。当前,应该特别重视以下三个方面的合作。

一是加强技术合作,探索更具包容性的创新体系。技术进步不仅事关长期经济增长能力,也事关收入不平等问题的解决。亚欧国家有良好的技术基础,有巨大的市场规模,也有充足的研发投入,在技术领域有广阔的合作前景。

亚欧国家应该合作探索一种更具包容性的创新体系。这种体系既能为创新活动提供足够的保护和激励,也能使创新收益惠及更多的人群。

更具包容性的创新体系应该鼓励通用型科技进步。通用型科技进步的外部性较大,研发投入的收益不能完全由投入者获得,需要更多公共资金来参与。欧亚国家可以通过政府间合作,推动通用型科技活动的研发投入;也可以探索新的激励制度,鼓励企业和科研机构提高在通用型科技进步方面的研发投入。

更具包容性的创新体系,还应该在知识产权保护和技术扩散之间寻找更好的平衡,防止过度垄断技术,鼓励通过技术扩散扩大技术进步的受益群体。亚欧国家巨大的市场规模,为研发成果在短时期内获得足够的收益提供了基础,可以在缩短知识产权保护时间的同时,对创新活动提供足够激励。亚欧国家应该尽量消除技术壁垒,统一技术标准,建立更加一体化的大市场,为提高创新收益和创新激励,也为更快捷地实现技术扩散提供更好的条件。

二是加强政策对话,建立更具有效性的协调机制。亚欧国家之间应该建立经常性的宏观经济政策协调机制,以应对经济金融波动和风险。宏观经济政策协调范围可以包括财政政策、货币政策、金融监管与金融稳定政策、主权债务处理政策以及金融危机的救助政策与救助机制。

亚欧国家之间应就国际贸易投资政策进行协调,防止民粹主义和外部因素成为亚欧合作的阻力,不断促进亚欧之间的贸易投资便利化和自由化，推动形成亚欧一体化市场。亚欧国家还应就英国脱欧之后的贸易投资安排进行政策协调，尽量降低英国脱欧带来的冲击。

三是坚持多边框架，完善并维护更具权威性的国际经济规则。亚欧国家应该携手坚持和维护多边框架，着手推动世界贸易组织改革，反对美国的单边主义政策，抵制美国在双边和区域协定中针对第三国设定歧视性条款。

中国与欧盟已经建立联合工作组以共同推动世界贸易组织改革。亚欧其他经济体也可以广泛参与世界贸易组织改革议程。亚欧国家应该适应国际贸易投资实践的发展，支持世界贸易组织建立数字贸易、服务贸易和国际投资等领域的国际规则；支持世界贸易组织争端解决机制更加有效地运行，并使其能覆盖更大范围的贸易争端；支持世界贸易组织建立有效机制遏制单边主义行为。

亚欧国家应继续支持国际货币基金组织、世界银行、亚洲基础设施投资银行和亚洲开发银行等多边机构，支持气候变化《巴黎协定》等多边协议和公约，维护和完善已有的多边框架，支持多边机制在应对全球问题中发挥重要作用。

三 "一带一路"倡议与欧盟连接欧亚战略高度吻合

中国国家主席习近平在5年前提出了"一带一路"倡议。"一带一路"倡议以共商共建共享为原则，以互联互通为着力点，致力于推动沿线国家实现发展战略相互对接、优势互补，打造多元合作平台，实现共赢和共享发展。

欧盟最近公布了《连接欧洲和亚洲：对欧盟战略的设想》，就欧亚互联互通提出了全面系统的政策主张。欧盟这份文件积极评价欧亚互联互通的意义和对促进欧亚经济增长的作用，倡导"全面、可持续和以规则为基础的互联互通"。

欧盟连接欧亚的设想和中国"一带一路"倡议高度吻合，两者完全可以实现战略对接。

在基础设施投资方面，中国发展出了一套开发性金融体系来解决基础设施建设融资难的问题，也积累了非常丰富的基础设施建设经验和建设能力；欧洲则具有发达的金融市场和相对完善的基础设施建设规则。中欧合作对于实现连接欧亚的设想和"一带一路"的愿景具有巨大的潜力。只要我们秉持开放、融通、互利、共赢的合作观，连接欧亚的设想和"一带一路"倡议定能实现有效对接，也必将成为亚欧合作应对全球挑战的重要平台。

2018年恰逢中国改革开放40周年。40年来，中国已经深度融入世界经济体系，经济持续快速发展，工业化、城镇化稳步推进，市场化体制机制改革不断深化，全面依法治国深入推进，贫困人口大规模减少，生态文明建设取得明显成效，中国已成为世界经济增长的重要引擎和维护世界和平稳定、推动全球化的重要力量。中国将坚定不移地继续推动全面深化改革和全方位对外开放，并与亚欧国家一起，携手应对全球挑战，共同促进世界和平发展与繁荣稳定。

中国经济发展、中波经贸关系与中波合作[*]

波兰是首批承认新中国的国家之一，2019年是中波建交70周年，我们共同走过了不平凡的经历。近年来，中波关系在相互尊重、平等互利、互不干涉内政的原则基础上稳步发展。2016年6月，习近平主席访问波兰，将两国关系提升为全面战略伙伴关系。

当今世界正处于大发展、大变革、大调整时期，和平与发展仍然是世界的主题，共同应对挑战仍然是各国的共同利益所在和正确的选择。我就中国经济发展与当前形势、中波经贸关系与中波合作谈点个人意见。

一 中国经济发展与当前形势

1978年，中国拨乱反正，把工作重心从阶级斗争为纲转移到以经济建设为中心的轨道上。对内，有序推进改革，不断解放和发展生产力，建立并完善社会主义市场经济体制，使生产关系与生产力

---

[*] 节选自作者2019年4月12日在"中波建交70周年：合作机遇与前景"闭门研讨会上的演讲。

发展水平相适应；对外，全面扩大开放，引进外商投资，学习国外管理经验，扩大出口，增加进口，全面融入全球化进程。特别是2001年加入世界贸易组织，倒逼中国的改革开放进一步深入，使中国对外开放进入全方位、宽领域、深层次的阶段。可以说，改革开放是决定中国命运的关键一招。经过40年的改革发展，到2018年底中国经济总量达到13.6万亿美元，人均GDP约9500美元，年均增速约9.5%，综合国力大幅度提高，国家和人民的面貌发生了根本性改变。

2008年爆发于美国的国际金融危机使世界经济增长进入一个艰难的时期。十年过去了，国际金融危机的影响仍然没有完全消除，还引发了一些新的问题，中国经济也受到极大冲击。党的十八大以来，习近平总书记审时度势，确定了稳中求进的工作总基调和以人民为中心的发展思想，提出创新、协调、绿色、开放、共享的新发展理念，深入推进供给侧结构性改革，主动适应经济增长减速、经济结构调整、增长动力转换的新常态，把发展目标从高速增长调整到高质量发展的轨道上，努力建立现代化经济体系，加大扶贫开发、环境保护和风险防范的力度，使中国经济保持了中高速增长，提高了人民的获得感、幸福感、安全感。

2018年，中国国内生产总值增长6.6%，居民消费价格上涨2.1%，国际收支基本平衡，城镇调查失业率稳定在5%左右的较低水平。中国经济增长对世界经济增长的贡献率接近30%，持续成为世界经济增长最大的贡献者。当前，虽然国际形势风云变幻，世界经济面临下行压力，外界关于中国经济减速与债务风险担心增多。但综合分析，我们对中国经济发展充满信心。

第一，宏观杠杆率得到有效控制，不会发生债务危机。为应对国际金融危机冲击，2008年以来，中国的宏观杠杆率增长较快，十年间年均增长约11个百分点；2015年以来，逐步得到有效控制，

2017年增长不到4个百分点，2018年实现了实体经济部门杠杆率的略有下降。金融去杠杆的力度超过了实体经济部门。总体上，杠杆率风险得到了有效抑制。此外，中国的国民储蓄率仍然很高（2017年为47.4%）；政府拥有较大规模的净资产（2016年中国政府净资产占GDP的比重为159%）。我们完全有能力处置债务风险和金融动荡，确保不发生债务危机。

第二，结构不断优化，经贸摩擦对经济整体冲击有限。2018年以来，中美贸易摩擦对中国经济形成冲击，也引起国际社会的广泛关注，经过九轮谈判，社会预期好转，国内结构调整加快，显露出较为乐观的前景。中国经济内需稳步扩大，消费对经济增长的贡献度提升（2018年实际GDP增长了6.6%，其中超过5个百分点都是来自消费的贡献）。产业结构升级，第三产业占比不断上升。2018年第三产业增加值比重达到52.2%，第三产业对GDP增长的贡献率接近60%。城镇化率继续提升，2018年城镇化率达到59.58%，5年里提高将近6个百分点。结构的优化展现了中国经济增长的稳定性和可持续性，应对外部冲击的能力不断增强。

第三，发展回旋余地大，发展韧性强。中国作为发展中大国，国土面积辽阔，有巨大的空间优势以及腾挪回旋的余地；拥有13亿多人口以及世界上规模最大的中等收入群体，形成强大的国内消费市场；中国是全世界唯一拥有联合国产业分类中全部工业门类的国家，完整的工业体系增强了宏观产业体系的韧性；人力资本丰富，劳动力的比较优势仍然明显；先进制造业快速发展，以知识、技术、信息、数据等新生产要素为支撑的新经济形态快速发展，发展新动能正在形成，成为新的增长动力和竞争优势。

第四，中国的改革不断深化，市场经济活力不断增强。党的十八届三中全会提出使市场在资源配置中起决定性作用，进一步激发了市场内生的活力。一是简政放权，减少市场运行的制度成本。瑞士洛桑国际管理发展学院（IMD）发布的《2018 年世界竞争力报告》中，中国名列第 12 位，其中一个重要原因在于政府规章进一步简化提升了营商效率。二是大规模减税降费。预计今年可减轻企业负担近 2 万亿元，这将进一步激发企业活力。三是鼓励支持民营经济发展。法律上对于私有产权平等保护，保护企业家人身和财产安全。营造公平竞争环境，突出竞争中性。2019 年 2 月中央专门出台了《关于加强金融服务民营企业的若干意见》，4 月又出台了《关于促进中小企业健康发展的指导意见》，民营经济发展将更有信心更具活力。

中国确定 2019 年的经济增长目标为 6%—6.5%，制定了积极的财政政策和稳健的货币政策，采取就业优先政策。同时，进一步拓展开放领域、优化开放布局，以高水平开放带动改革全面深化；进一步放宽市场准入，缩减外资准入负面清单，推动"非禁即入"普遍落实，允许更多领域实行外资独资经营；进一步完善多边贸易体制、多边合作机制和区域合作机制。2019 年第一季度，中国经济增长、就业、物价、国际收支等主要经济指标总体平稳，固定资产投资增速稳步回升，社会消费品零售总额实际增速有所提高，资本市场成交活跃，货币金融环境改善，宏观杠杆率基本稳定。预计 2019 年中国经济走势前低后高，我们有充分信心实现增长目标。

总的来看，中国的发展对世界经济仍将是个机遇。我们愿意与世界、与欧洲、与波兰共同分享这一机遇，携手共进，努力实现全球经济稳定而可持续的增长。当然，中国人口规模巨大，现在还有几千万人口需要按照倒计时来实现 2020 年全部脱贫，并且我们还有城镇的相对贫困和低收入群体，适应流动性越来越高的社会保障和社会福利政策也还在探索之中，人均 GDP 和人均收入水平还没有达到波兰和中东欧国家的平均水平，这也是为什么说中国是发展中国家的原因。

二 中波经贸关系与中波合作

波兰是中国在中东欧地区最大的贸易伙伴。根据波兰中央统计局的数据，2018年中波双边贸易额为334.7亿美元，同比增加了13.3%。关于中波贸易现状，可用两点概括，一是保持快速增长，这是主流；二是贸易不平衡日益凸显。这其中尽管有统计口径不一致的问题，有转口贸易的问题，但贸易不平衡的扩大是我们双方都要重视的问题。

要缓解中波间的贸易不平衡，一是要尽力融入全球产业链，包括大的跨国公司在波兰布局调整；二是要增强波兰产品的竞争力，鼓励波兰企业积极开拓中国市场。关于开拓亚洲市场，波兰制订的"负责任的经济发展计划"中的重点是推广农产品。我认为，发挥农产品比较优势固然重要，但仅此仍无法实质性改变双边贸易不平衡状况。从经济全球化这个大背景来看，国家间贸易不平衡，主要是由于全球产业链布局和国际经济分工造成的，仅从双边难以根本解决问题。同时，也还需要把贸易与投资结合起来。

2017年，中国在波兰一国的投资存量占到中国在中东欧16国投资存量的21.9%，超过了4亿美元，波兰成为中国在中东欧地区的最大投资目的地。当然，中国在波兰的投资水平还不高，波兰和中国两方面的原因都有。一方面，波兰可以作为投资和并购标的的对象不多；另一方面，拥有中高端产品的中国企业在波兰的投资不多，在绿地投资方面技术能力也不足。这种情况，需要中波双方共同努力才能逐步改变。投资与贸易联合推动，有助于解决贸易不平衡，也有利于贸易和经济增长。另外，中波合作要放到更广阔的视野和空间考虑。

第一，中波合作有新的机遇和平台。"一带一路"建设和

"16+1"合作让中波双方合作有进一步拓展的空间。"一带一路"给中波双边关系带来了机遇，"16+1"是一个可以充分利用的平台。随着这两方面的稳步推进，中波合作一定会取得更大进步。

第二，我们充分尊重波兰作为欧盟成员国的地位，充分意识到波兰必须遵守欧盟的相关章程和法规。事实上，正如习近平主席最近访问意大利和法国时多次重申的，中国一贯坚决支持欧洲一体化，一直积极推进中国与欧盟的全面战略伙伴关系建设与发展。所以，"一带一路"倡议、"16+1"合作与中欧总体的战略伙伴关系并不冲突，更不会"分化欧洲"，相反，它们是互补性的创新，是我们之间开展进一步合作的平台与彼此政策和项目对接的机遇。

第三，中波在政策沟通、基础设施互联互通、产业和贸易畅通等诸多领域都已有合作，未来还有更大潜力。我们已于2013年签署了《中波基础设施指导委员会规则》、2015年签署了"一带一路"合作备忘录、2016年签署了"共同编制中波合作规划纲要"谅解备忘录。另外，根据我们的研究，中波产业具有很强的互补性。通过显性比较优势（RCA）指数对28个产业部门进行研究发现，中波双方在最具竞争优势的12个产业中，有9个几乎没有交集，说明双方产业互补性很强，双方进一步扩大贸易和投资具有很好的基础。另外，推进地方与地方、企业与企业之间的合作也十分重要。

中国经济发展与中波合作前景[*]

波兰地处欧亚大陆十字路口,是中东欧地区人口、国土面积、经济体量最大的国家,也是欧盟重要的成员国。新中国成立之初,波兰是最早承认并同新中国建交的国家之一,两国人民友谊源远流长。

今年是新中国成立70周年,也是中波建交70周年。2016年6月,习近平主席对波兰进行历史性访问,两国元首一致决定将中波关系提升为全面战略伙伴关系,开启了两国关系发展史上的新篇章。前不久,波兰驻华大使专门到中国社会科学院交流,我们一致认为,中波之间长期保持着良好的双边关系,各领域务实合作不断深化,给两国人民带来了实实在在的好处。

一 中国经济发展成就不仅造福中国也惠及世界

新中国成立70年特别是改革开放40多年来,中国经济发展取

---

[*] 节选自作者2019年4月12日在"经济全球化与中欧、中波关系"国际会议上的演讲。

得了举世瞩目的成就，中国社会面貌发生了根本性的伟大变革。之所以能够取得如此成就，关键是以下几点。

第一，坚持以经济建设为中心，坚定不移扩大对外开放。中国的经济发展，尤其是改革开放，大大提升了中国人民的获得感和幸福感，近14亿人民实现了从温饱不足到小康富裕的伟大飞跃。新中国成立后，在"一穷二白"的基础上，我们自力更生建立起比较完整的国民经济体系和门类齐全的现代工业体系，为后来的发展打下了坚实基础。改革开放40年来，中国实现了GDP的快速增长和人均国民收入的大幅度提高，国内生产总值从1978年的3679亿元增长到2018年底的90万亿元，增长了近244倍；人均GDP约9500美元，成功地由低收入国家跨入中等偏上收入国家行列；在短时间实现最大规模脱贫和减贫，约7.5亿人口摆脱贫困，为世界减贫事业做出了显著贡献；在相对较短的时间实现从传统农业社会向现代工业社会的跃升，工业化、城镇化、信息化和农业现代化同步发展。

中国的改革是与对外开放同步深入、相互促进的。以开放促改革、促发展是中国现代化建设不断取得新成就的重要法宝。中国坚持对外开放的基本国策，形成了全方位、多层次、宽领域的全面开放新格局，为经济发展创造了良好的国际环境、开拓了广阔的发展空间。改革开放40年来特别是加入世界贸易组织以来，中国深入推动贸易自由化、便利化，货物进出口总额占世界的比重由1978年的0.8%上升为2018年的11.7%，服务贸易进出口总额从世界第34位上升为世界第2位。中国还积极打造国际合作新平台，提出"一带一路"倡议，发起创立了亚洲基础设施投资银行和金砖国家新开发银行，为全球合作发展增添新动力。实践证明，中国的发展离不开世界，世界的繁荣也离不开中国。

第二，坚持使市场在资源配置中起决定性作用，同时更好发挥政府作用。中国经济体制改革的根本目的是解放生产力,发展生产力,是做大蛋糕,分好蛋糕;核心问题是处理好政府和市场的关系。市场配置资源是发展经济的有效方式,是市场经济的内在要求和一般规律,中国的市场经济也不例外。所不同的是,我们是从高度集中的计划经济向社会主义市场经济转型,没有可资借鉴的成熟经验。我们牢牢把握中国国情,坚持中国特色,把顶层设计和摸着石头过河,整体推进和重点突破紧密结合;把坚持社会主义的本质特征与发挥市场经济的积极作用有机结合,改革高度集中僵化的计划经济体制,充分发挥价格、利率、汇率、税率等经济杠杆的调节作用,逐步建立起产品、资本、土地、劳动力、技术等统一开放、竞争有序的市场体系,大幅度简政放权,减税让利,充分调动各市场主体的积极性、主动性和创造性。同时,又对那些市场管不了、管不好的领域和方面,注重更好发挥政府作用,正确处理好改革、发展、稳定的关系,在全面深化改革的进程中,推进经济长期平稳健康发展和社会和谐稳定。

第三,坚持不断完善法治体系,全面推进依法治国。完善的市场经济体制与完善的法治体系是相辅相成的。中国的改革开放,也是不断推进依法治国,建设法治国家、法治社会的过程。改革开放以来,我们的社会主义法治建设取得历史性成就,中国特色社会主义法律体系已经形成;法治政府建设稳步推进,司法体制不断完善,全社会法治观念明显增强,人民当家作主的制度保障和法治保障更加有力。党的十八大以来,我们把全面依法治国提到与全面深化改革同等重要的高度。2019年3月,《外商投资法》正式生效,中国将对所有的外商对华投资,实行准入前国民待遇和负面清单制度,国际上比较关心的知识产权保护、技术转让、企业补偿等在这部法律中都有明确规定。这对于包括波兰在内的所有在华或将来华投资的企业,都是一个基础性的法律保障,将使整个投资环境在开放、透明和可预期方面更加公平、更加规范,将使中国与世界的经济关系更加紧密、更加平衡。

第四,坚持走和平发展道路,为世界共同发展带来机遇。经济全球化为中国的改革开放提供了外部环境,中国既是经济全球化的参与者、受益者,更是它的推动者、贡献者。自2006年以来,中国对世界经济增长的贡献率稳居世界第一位。2018年,中国对世界经济增长的贡献率接近30%,持续成为世界经济增长最大的贡献者。中国经济的高速发展为世界带来了机遇,也给波兰带来了机遇,比如中欧班列就是一个具体的例子。

过去40年,中国经济发展是在开放条件下取得的;未来中国经济要实现高质量发展,也必然在更加开放的条件下进行。中国市场对世界敞开了大门,这是中国融入世界经济并为世界经济做出贡献的机遇之门,不仅没有理由关上,而且只会越开越大,越开越好。

二 中波未来合作前景广阔

当今世界正在经历新一轮大发展大变革大调整,各国经济社会发展联系日益密切,全球治理体系和国际秩序变革加速推进,国际社会日益成为一个你中有我、我中有你的命运共同体,这是人类社会发展的大逻辑。与此同时,世界经济深刻调整,保护主义、单边主义有所抬头,经济全球化出现波折,多边主义和自由贸易体制受到冲击,世界经济整体发展环境面临诸多风险和不确定性。尽管如此,经济全球化仍是不可逆转的历史潮流,历史大势必将浩荡前行,为世界经济发展提供强劲动力。面对新形势新挑战,各国携手合作、共同应对挑战是唯一正确选择。

近年来,中波在双边关系、次区域"16+1"合作和"一带一路"倡议下,开展了多方面合作。在2018年11月上海举办的首届中国进口博览会上，波兰政府设立了欧盟成员国中最大的展馆，并专门派出了政府代表团寻找合作机遇。展望未来，中波两国完全可以在共建"一带一路"和波兰政府"负责任的发展计划"之间寻找深化合作的契机，推动双边关系稳步提升。

第一，深化在基础设施领域的合作。中国在基础设施领域积累了丰富的经验。波兰是欧亚大陆的交通枢纽，在"中央交通港"建设、"国家铁路计划"以及格但斯克港口合作等重大项目上，中国都可以与波兰共享经验，加强合作。

第二，深化在开发性金融领域的合作。中国在开发性金融领域作出了可喜的尝试，积累了宝贵的经验。在波兰"负责任的发展计划"中，中波可以就开发性金融探讨具体的合作方式。中国正在继续推动同欧洲复兴与开发银行等国际金融机构的合作，积极服务于中东欧地区的互联互通建设。亚洲基础设施投资银行、丝路基金也对波兰敞开大门。

第三，深化在科技创新方面的合作。波兰拥有大量高素质人才、扎实的基础研究和有利于创新的商业环境，这与中国企业日益攀升的创新需求高度契合。中波之间完全可以基于务实合作的精神，在科技研发与应用方面优势互补，积极服务于亚欧地区和全球。

第四，深化智库领域的交流与合作。当今世界正面临许多全球性挑战，无论是应对单边主义、贸易保护主义对国际经济的冲击，还是解决贫富差距、移民、难民、气候变化等问题；无论是推进区域经济一体化，还是深化多边体制改革，都需要各国加强合作，都需要智库深化合作，这方面中波和中欧合作都有很大潜力。

中国的改革开放与中意、中欧合作*

2019年正值中意建立全面战略伙伴关系15周年，明年将迎来中意建交50周年。值此重要时刻，习近平主席不久前刚刚成功地对意大利进行了国事访问，两国签署了共同推进"一带一路"建设谅解备忘录和一系列重要合作协议，包括双方决定在传统战略性合作领域推进现有大项目合作，在科技创新、农业、金融等新兴领域加快战略对接和全方位合作，进一步深化两国产业利益融合等，这些都将为中意合作注入新动力，开辟互利共赢的新空间。如今，"一带一路"已正式成为两国合作的新平台，将使得两国合作潜力得到更充分的挖掘和释放。

意大利既是古丝绸之路的终点，也是新时期"丝绸之路经济带"与"21世纪海上丝绸之路"的交汇点，中意是共建"一带一路"的天然伙伴。习近平主席3月20日在意大利《晚邮报》发表的文章中，引用了意大利作家莫拉维亚的名言"友谊不是偶然的选择，而是志同道合的结果"。可以说，这次中意签署共同推进"一带一路"建设谅解备忘录等，是两国基于传统友谊和现实需要做出

---

* 节选自作者2019年4月18日在"全球化的未来与中意/中欧合作"学术研讨会上的演讲。

的理性选择。今天，我们会议的主题之一就是"'一带一路'与中意、中欧合作"，希望中意双方学者畅所欲言、深入对话、热烈讨论，为中意在"一带一路"框架下如何推进务实合作各抒己见。

一

中国和意大利都是世界文明古国，在世界文明史上都有十分重要的地位。意大利也是欧洲最早与中国接触并最先开始汉学研究的国度。今天，置身于这座 16 世纪建成的宫殿式建筑中，我们面对面地开展学术交流与问题探讨，切身感受到意大利厚重的历史与文化气息。

中意建交近 50 年来，两国相互信任、密切合作，树立了不同历史文化背景、不同社会制度、不同经济发展水平的国家间互相帮助、互利共赢的合作典范，培育了互尊互鉴、互信互谅的共通理念。这在当今世界面临大变局和新挑战的情况下，更显得弥足珍贵。

2004 年中意建立全面战略伙伴关系，标志着两国关系进入全面发展的快车道。近年来，中意两国高层互访频繁，政治互信不断增强，在经济、科技、教育、文化、人文与社会科学研究、全球与国际事务等重要领域的协调与合作也朝着更加务实和可持续的方向不断拓展。

二

2018 年是中国改革开放 40 周年，今年是新中国成立 70 周年。70 年来，特别是改革开放以来，中国的经济社会发展所取得的成就是全方位、开创性的，中国发生的变革是深层次、根本性的。

这一切成就，都源于我们始终坚持实事求是，选择了一条符合中国国情的发展道路；始终坚持解放思想，与时俱进，坚定不移推动改革开放；始终坚持走和平发展道路，顺应和平、发展、互利、合作的潮流。

党的十八大以来，我们贯彻创新、协调、绿色、开放、共享的新发展理念，持续深化市场化改革，扩大高水平开放，着力转变发展方式，致力于高质量发展。2018年，中国国内生产总值突破90万亿元，对世界经济增长的贡献率接近30%，对外贸易、对外投资、外汇储备等都稳居世界前列。

改革开放40年来，中国投资环境不断优化，开放型市场经济体制不断健全。3月15日，中国审议通过了《外商投资法》，对外商投资实行准入前国民待遇加负面清单的管理制度。该法对外国投资者普遍关心的征收和补偿、知识产权保护、技术转让等问题作出了明确规定。按照该法律，今后在中国，无论是外资还是中资，合资还是独资，国资还是民资，都将享受同等的国民待遇和同样的法律保护，这将大大提高中国投资环境的开放度、透明度和可预期性，是推动形成全面开放新格局的法律保障。中国对外开放的门会越开越大，投资环境会越来越好，各国企业在华发展机遇会越来越多。

中国过去几十年来的经历和成就，使我们明白了一个道理：开放带来进步，封闭必然落后。中国的大门不会关闭，而只会越开越大，这是中国经济过去取得显著成就的开放之路，更是中国今后实现高质量、可持续发展的必由之路。中国将继续促进更高水平的贸易和投资自由化、便利化，进一步加强中意、中欧合作和多边合作、第三方合作，以"一带一路"为重要平台，秉持共商共建共享的理念，致力于推动实现中国与欧洲乃至世界各国的互利合作、开放包容、携手共赢。

三

当今世界正处于大发展大变革大调整时期,各种不稳定不确定因素增多,欧盟也面临着英国脱欧等带来的新问题。在此背景下,如何维护好中国与欧盟的关系显得尤为重要。我们一直认为,欧洲是现行国际体系的重要发起者、建设者和参与者,当前又是多边主义的积极拥护者。欧洲一体化进程是欧洲国家和人民追求和平、联合自强的产物。60多年来,欧盟没有改变一体化方向,也一直致力于推进改革、应对各种问题和挑战。由于中国和欧盟都是世界多极化、经济全球化进程的重要参与者和塑造者,在维护世界和平稳定、促进全球繁荣与可持续发展、应对气候变化与金融风险等方面拥有广泛共同利益,也是各自改革与发展不可或缺的合作伙伴,中国乐见一个团结、稳定、开放、繁荣的欧洲,也一贯支持欧洲一体化进程,致力于全面均衡地发展和维护同欧盟机构、成员国及欧洲其他国家的伙伴关系。

自2013年习近平主席提出"一带一路"倡议以来,中欧双方合作不断取得重要进展,但也出现了一些认识和理解上的误会。借此机会,我想简单谈一谈我对"一带一路"倡议与欧盟"欧亚互联互通战略"如何对接的看法。

"一带一路"倡议以共商共建共享为原则,以互联互通为着力点,致力于推动相关国家和地区实现发展战略对接、优势互补,实现共赢和共享发展。欧盟去年公布了"欧亚互联互通战略",该战略积极评价欧亚互联互通的意义和对促进欧亚经济增长的作用,倡导"全面、可持续和以规则为基础的互联互通"。

不难看出,欧盟"欧亚互联互通"的设想和中国"一带一路"倡议在很多方面是高度吻合或彼此重叠的,两者完全可以也完全应该实现对接。在基础设施投资方面，中国发展出了一套开发性金融体系来解决基础设施建设融资难的问题，也积累了丰富的基础设施建设经验和建设能力；欧洲具有发达的金融市场和相对完善的基础设施建设规则和法治体系。中欧合作对于实现"欧亚互联互通"设想和"一带一路"倡议具有巨大潜力。我相信，只要我们秉持开放、融通、互利、共赢的合作观，摒弃各种偏见，化解各类误解，本着务实精神彼此加深沟通、寻求共识，"欧亚互联互通战略"和"一带一路"倡议就一定能实现有效对接，也一定能成为亚欧合作实现互利共赢、有效应对全球挑战的重要平台。

四

意大利是欧盟创始成员国，是欧盟第四大经济体，中意合作始终是中国与欧盟合作的重要组成部分。单从投资与经贸方面来看，2018年，在全球贸易整体疲弱的背景下，中意双边贸易额达到542亿美元，与2017年的496亿美元相比增长了9.1%，与2004年两国建立全面战略伙伴关系时的157亿美元相比增长了约2.5倍。截至2018年6月，意大利对中国投资累计达到71.5亿美元，中国对意大利投资超过150亿美元，意大利已成为中国在欧盟的第三大投资目的地国。我相信，随着习近平主席成功访问意大利，随着"一带一路"备忘录的签署，中意两国合作的潜力将得到更充分地释放。

根据前不久意大利国家统计局公布的数据，意大利获得欧盟原产地保护认证（DOP）和地理标志保护认证（IGP）的产品数量在欧盟国家中排名第一。中国希望进口更多意大利优质产品，让"意大利制造"更多地参与到满足中国人民日益增长的美好生活需要和中国不断提质增效的工业化进程中来。我们也鼓励更多有实力的中资企业到意大利投资兴业，尤其鼓励条件成熟的企业到意大利开展绿地投资。这样既能增加意大利本地的就业，也有助于推动两国贸易朝着更加平衡的方向发展。

按照此次中国交通建设集团与意大利签署的合作协议，中方将参与修缮扩建意大利北方的热那亚港和的里雅斯特港，未来这两个港口有望成为"一带一路"在地中海地区的新枢纽，进而大幅提升中意与中欧之间的海运贸易量。意大利参与"一带一路"的区位和经济优势将进一步发挥出来，中意两国及周边国家也将共享"一带一路"建设的成果，这不仅将使共建"一带一路"倡议与意方"北方港口建设""投资意大利计划"对接，深挖中意双方合作潜力，使中意关系得到提升和深化，而且有助于意大利在中欧关系中起到更加显著的推动和示范作用。

塑造更加公正合理的国际新秩序[*]

20多天前，中国国家主席习近平圆满结束对意大利、摩纳哥、法国的国事访问，为中欧关系发展注入了新的强劲动力。在中欧关系发展的新起点上，我们一起探讨中欧关系和国际秩序问题，具有特别意义。

一 当前国际秩序正处于深度调整变革期

2008年国际金融危机以来，国际秩序进入深度调整变革期，国际形势复杂多变，国际格局深刻变动，全球治理体系加速变革，国际秩序演变呈现出新的时代特征。

一是世界经济增长动能渐进转换。近年来，世界经济增速与国际金融危机前相比仍存在较大差距，全球贸易增速持续低迷，国际直接投资增长乏力，刺激经济增长的短期性财政和货币政策空间日益收窄，深层次的结构性改革进展缓慢，传统增长引擎对经济的拉

---

[*] 节选自作者2019年4月17日在意大利国际事务研究所"中欧关系和未来国际秩序"研讨会上的演讲。

动作用明显减弱。新一轮科技革命和产业变革正在催生大量新产业、新业态、新模式，但发展很不平衡，新的经济增长动力尚未形成，世界经济正处于新旧动能转换的艰难时期。

二是国际力量对比加速演进。随着一大批新兴市场国家和发展中国家快速崛起，世界多极化加速发展，国际格局和力量对比加速演进。目前，新兴市场国家和发展中国家对世界经济增长的贡献率已超过78%。按市场汇率换算，这些国家的经济总量占世界的比重超过40%；按购买力平价换算，这一比重接近60%。新兴市场国家和发展中国家群体性崛起的势头仍在继续，国际政治经济格局将更加趋于均衡，世界和平和发展的基础将更为坚实稳固。

三是全球治理体系深刻调整。当今世界，局部冲突和热点问题此起彼伏，气候变化、网络安全、难民危机、恐怖主义等非传统安全威胁持续蔓延，不断给国际社会带来危害。经济全球化在曲折中发展，一些国家的保护主义和单边主义盛行，国际机制和规则封闭化、碎片化问题突出，多边贸易体制和开放型世界经济受到冲击。面对严峻的全球性挑战，现有全球治理体系难以有效应对。全球治理体系变革走到何去何从的十字路口。

总之，当今世界正处于大发展大变革大调整时期。对世界各国而言，国际秩序的变革会充满风险挑战，也会催生新的机遇。只有在国际秩序演变中把握时代脉搏和历史机遇，不断挖掘发展潜力，塑造合作动力，才能趋利避害，实现世界和平、发展和稳定。

二　中国与世界互动关系正经历深刻转变

1978年改革开放以来，中国走过了一段极不平凡的历程，中华民族伟大复兴展现出前所未有的光明前景。中国人民迎来了从站起来、富起来到强起来的伟大飞跃，中国与世界的关系也因此发生了根本性变化。

对外开放是中国发展的动力之源。40年的改革开放和经济社会发展改变了中国的命运，也改变了13亿多中国人的命运。过去40年间，中国经济发展取得了举世瞩目的巨大成就：13亿多人口摆脱了物质短缺，农村贫困发生率已降到1.7%的较低水平；按现行联合国标准，中国7亿多贫困人口成功脱贫，占同期全球减贫人口总数的70%以上。目前，中国虽然已成为世界第二大经济体，但我们也清醒地认识到，中国仍是世界上最大的发展中国家，发展不平衡不充分的问题仍十分突出，满足人民日益增长的美好生活需要的任务还十分艰巨。以高水平开放带动结构性改革，进而推动高质量发展，是中国"以开放塑造发展新动力"的必然逻辑。

改革开放是中国发展的伟大历程，也是中国与世界共同发展进步的伟大历程。在改革开放进程中，中国始终坚持互利共赢的开放原则，为世界发展繁荣和人类文明进步做出了重大贡献。从"引进来""走出去"到全方位对外开放，从出口导向为主到主动扩大进口，实现贸易基本平衡；从共同应对亚洲金融危机、国际金融危机到积极参与全球经济治理，从加入世界贸易组织到提出"一带一路"倡议，中国以切实行动履行了与自身实力相适应的大国责任。近年来，中国对世界经济增长的贡献率保持在30%左右的水平，持续成为世界经济增长的最大贡献者和主要动力源。事实表明，中国的发展离不开世界，世界的繁荣也需要中国，这不以任何人的意志为转移。

总之，开放带来进步，开放带来繁荣，开放带来共赢；摆脱贫困、实现小康靠开放，高质量发展更需要在开放的条件下进行。中国将积极推动建设开放型世界经济、构建人类命运共同体，为世界和平与发展做出积极贡献。

三　中国愿同世界各国一道塑造国际新秩序

随着世界多极化、经济全球化、社会信息化、文化多样化深入发展，世界各国人民的命运从未像今天这样紧密相连。但在构建国际新秩序的过程中，霸权主义、强权政治依然存在，保护主义、单边主义依然盛行，传统安全、非传统安全问题依然复杂交织。面对这些问题和挑战，中国将在国际新秩序的建设中扛起历史责任，展现时代担当。

中国始终是世界和平的建设者。65年前，中国同印度、缅甸一道，共同倡导了体现《联合国宪章》精神的"和平共处五项原则"，并使其成为公认的国际关系准则。中国积极倡导共同、综合、合作、可持续的安全观，反对动辄诉诸武力，摒弃强权政治和零和博弈。作为联合国安理会常任理事国，中国是维护世界和平和地区稳定的坚定力量。目前，中国是安理会常任理事国中派出维和部队最多的国家，先后参加了24项联合国维和行动，累计派出维和军事人员3.5万余人次，被国际社会誉为"维和行动的关键因素和关键力量"。

中国始终是全球发展的贡献者。作为全球最大的发展中国家，中国为占世界总人口80%以上的广大发展中国家走向现代化提供了成功经验。在新的历史时期，为积极参与全球发展治理和推动全球可持续发展，中国提出共建"一带一路"倡议。五年来，中国同沿线国家货物贸易额超过5.5万亿美元，对沿线国家非金融类直接投资超过800亿美元；未来五年，中国将从沿线国家进口2万亿美元商品，对沿线国家投资1500亿美元。随着"一带一路"迈入高质量发展的新阶段，中国同国际合作伙伴共同发展的基础更加牢固，共同发展的动力更加强劲，共同发展的成效更加显著。

中国始终是国际秩序的维护者。75年前，中国直接参与构建了以联合国为核心的战后国际秩序，并成为第一个在《联合国宪章》上签字的国家。今天的中国，已深度融入当代国际体系。目前，中国参加了400多项多边条约和协定，加入了所有联合国专门机构，并且在世界贸易组织、国际货币基金组织、世界银行、二十国集团等重要政府间国际机制中发挥重要作用。为了保障国际社会的和平、安全、稳定、有序运行，中国愿同各国一道，继续维护好以联合国为核心的国际体系，加快推进世界银行和国际货币基金组织份额和治理改革，积极推动世界贸易组织的民主化和现代化。我很高兴地看到，中欧建立了世界贸易组织改革联合工作组，并于2018年11月会同其他成员向世界贸易组织提交了关于争端解决上诉程序改革的两份联合提案，以维护多边贸易体制，保障并完善争端解决机制。

中国始终是共同开放的推动者。为推动全球共同开放，中国不断激发进口潜力、放宽市场准入、营造国际一流营商环境、打造对外开放新高地、推动多边和双边合作深入发展，不断推动由商品和要素流动型开放向规则等制度型开放转变。中国的开放环境得到了世界银行等国际组织的充分认可。在世界银行《2019年营商环境报告》中，中国营商环境排名较2018年上升32位。按照竞争中性原则，中国积极为外资企业搭建公平竞争舞台。中国新批准的《外商投资法》实行准入前国民待遇加负面清单管理制度，对清单之外的领域完全对外开放。这些成效和举措，反映了中国坚定维护开放型世界经济和多边贸易体制的坚定立场和方向。

总之，中国发展不对任何国家构成威胁，中国愿同世界各国携手构建人类命运共同体，发展全球伙伴关系，拓展友好合作。中国将一如既往地做世界和平的建设者、全球发展的贡献者、国际秩序的维护者和共同开放的推动者,并同包括意大利在内的世界各国一道,在开放中合作、以合作求共赢,为塑造更加公正合理的国际新秩序做出更多建设性贡献。

中希携手推进"一带一路"
高质量发展*

  2010年10月2日,我作为中国政府代表团的一员,第一次来到比雷埃夫斯港,考察中远集团正在建设的集装箱码头。九年过去了,比雷埃夫斯港已成为地中海最大的集装箱转运港和国际物流分拨中心,我为中希合作的这一标志性成果由衷感到高兴!

  2019年10月1日,我们隆重举行了庆祝新中国成立70周年大会,向世界展现了中国各族人民同心同德、艰苦奋斗取得的伟大成就,也向世界展现了中国作为一个负责任大国的使命和担当。70年来,中国坚持和平发展道路,奉行互利共赢的开放战略,致力于同世界各国人民一道推动共建人类命运共同体。作为新时代构建人类命运共同体的实践平台,共建"一带一路"倡议已得到包括希腊在内的越来越多国家的积极响应和广泛参与。

---

  * 节选自作者2019年11月8日在"'一带一路'建设高质量发展与中希合作学术研讨会"上的演讲。

一 国际社会共建"一带一路"已进入高质量发展的新阶段

2019年4月，习近平主席在第二届"一带一路"国际合作高峰论坛的演讲中指出，面向未来，我们要聚焦重点、深耕细作，共同绘制精谨细腻的"工笔画"，推动共建"一带一路"沿着高质量发展方向不断前进。这是中国领导人基于国际社会共建"一带一路"成功实践所做出的重大判断，也是"一带一路"合作伙伴的普遍共识。六年来，在国际社会的共同努力下，"一带一路"完成了总体布局，各领域合作取得明显进展，为"一带一路"高质量发展打下深厚根基。

一是共建"一带一路"的理念原则得到广泛认同。共建"一带一路"倡议以共商共建共享为原则，以和平合作、开放包容、互学互鉴、互利共赢的丝绸之路精神为指引，以开放、绿色、廉洁理念为核心。六年来，中国与有关国家和国际组织充分沟通协调，达成了共建"一带一路"的广泛国际合作共识。共建"一带一路"倡议及其核心理念已写入联合国、二十国集团、亚太经合组织以及上海合作组织、拉美和加勒比国家共同体、阿拉伯国家联盟、非洲联盟等国际和区域组织有关文件中。

二是共建"一带一路"的伙伴关系得到拓展深化。在共建"一带一路"框架下，越来越多国家和国际组织就发展政策进行充分交流，协商制定经济合作规划和措施，成为"一带一路"建设的合作伙伴。目前，已有137个国家和30个国际组织同中国签署了197份共建"一带一路"合作文件，共建"一带一路"合作伙伴已由亚欧延伸至非洲、拉美、南太等区域。

三是共建"一带一路"的重点领域得到扎实推进。六年来，共建"一带一路"倡议在政策沟通、设施联通、贸易畅通、资金融通和民心相通等重点领域的合作潜力持续释放，合作成果惠及沿线国家和人民。2013—2018 年，中国与沿线国家货物贸易进出口总额超过 6 万亿美元；中国企业对沿线国家直接投资超过 900 亿美元，在沿线国家完成对外承包工程营业额超过 4000 亿美元。丝路基金、国际多边金融机构以及各类商业银行积极拓宽融资渠道，为共建"一带一路"提供了稳定、透明、高质量的资金支持。

四是共建"一带一路"的合作机制得到夯实完善。目前，共建"一带一路"已形成了以国际合作高峰论坛为引领、现有多边合作机制为依托、新型融资平台为重要支撑的全方位合作架构。通过成功主办两届"一带一路"国际合作高峰论坛，各国政府、地方、企业等达成的一系列合作共识、重要举措及务实成果累计达 562 项，为"一带一路"建设步入高质量发展的新阶段奠定了坚实基础。在相互尊重、相互信任的基础上，现有多边合作机制积极同各国开展共建"一带一路"实质性对接，对"一带一路"建设形成有力支撑。由中国发起建立的亚洲基础设施投资银行、"一带一路"PPP 工作机制和第三方市场合作机制，为共建"一带一路"提供了持续的资金支持。

二　高质量发展是打造"一带一路"升级版的必然选择

共建"一带一路"要保持健康良性发展势头，向落地生根、持久发展的阶段迈进，必须向高质量发展转变。高质量发展是"一带一路"建设走深走实、行稳致远的根本保障，是"一带一路"建设优化升级的必然选择。新的历史阶段，"一带一路"高质量发展要在以下五个方面重点发力。

一是高层次的战略对接。共建"一带一路"倡议提出以来，很多国家都积极推动自身发展战略同"一带一路"建设有效对接，出台了相应的战略对接实施方案，产生了协同增效的积极效果。欧亚经济联盟、《东盟互联互通总体规划2025》、非盟《2063年议程》、联合国2030年可持续发展议程等区域和国际发展议程，也将通过加强同"一带一路"建设对接，实现优势互补和共同发展。这必将在更深层次、更广范围放大"一带一路"的积极效应，促进互利共赢。

二是高起点的发展规划。2015年3月，中国政府制定并发布《推动共建丝绸之路经济带和21世纪海上丝绸之路的愿景与行动》，全面阐述了"一带一路"的共建原则、框架思路、合作重点、合作机制和中国的积极行动，提出以共建"一带一路"为契机，携手推动更大范围、更高水平、更深层次的大开放、大交流、大融合。2019年4月，中国政府发表《共建"一带一路"倡议：进展、贡献与展望》报告，在总结"一带一路"建设进展的基础上，提出将"一带一路"建设成为和平之路、繁荣之路、开放之路、绿色之路、创新之路、文明之路、廉洁之路。

三是高标准的建设要求。六年来，中资企业在参与"一带一路"建设过程中，注重对接国际上普遍认可的规则、标准和最佳实践，以最好的技术、装备及最高水平的管理、服务打造了一大批精品样板工程，为"一带一路"高质量发展树立了典范。今年5月，我到白俄罗斯中白工业园调研时了解到，中白工业园获得了欧盟生态管理与审核计划证书（EMAS）。这是白俄罗斯首次获得这一公认的先进管理体系的认证，也是中外合作高标准推动"一带一路"项目建设的有力例证。

四是高效率的推进机制。"一带一路"建设涉及国家和地区众多、涵盖领域十分广泛。根据不同国家和地区、不同合作领域的特点与需求,"一带一路"建设既注重盘活现有双边和多边合作机制,又创建了很多新的合作机制,形成了总体协调机制同具体功能机制、正式机构同非正式组织相互协调、灵活高效的运行机制体系。新成立的机制遵循精简、便捷、高效原则,设计治理和运行结构,契合了"一带一路"快速发展的需求。例如,亚投行在合规的基础上尽可能缩短投融资项目审批时间,已批准项目的平均审批时间约为3.5个月,而类似国际组织同类项目的前期准备工作则需要2—3年。

五是高水平的开放合作。共建"一带一路"坚持普惠共赢,致力于打造开放型合作平台,推动形成开放型世界经济,只要各国有意愿,都欢迎参与。在共建"一带一路"过程中,中国开放的大门绝不会关闭,只会越开越大。2018年11月,中国开启了全球首个以进口为主题的国家级博览会;就在三天前,又成功主办了第二届进口博览会。今年3月,中国出台了《外商投资法》,实行准入前国民待遇加负面清单的管理制度,对清单之外的领域完全对外开放。这些重大举措,展现了中国推动更高水平开放以及与全世界共同发展的坚定决心与信心。中国将张开双臂,为各国提供更多市场机遇、投资机遇、增长机遇,实现共同发展。

三 "一带一路"高质量发展必将迎来光明前景

六年来,共建"一带一路"倡议从理念转化为行动,从愿景转化为现实,充分展现了这一重大倡议的强大生命力。在迈向高质量发展的新阶段,"一带一路"国际合作将拥有更大的发展空间和潜力,也必将造福更多国家和人民。

第一,"一带一路"高质量发展融入了顺应时代潮流的新发展理念。2015年10月，习近平主席提出创新、协调、绿色、开放、共享的新发展理念，有力推动了中国朝着更高质量、更有效率、更加公平、更可持续的发展方向前进。新发展理念既是指引中国经济高质量发展的智慧结晶，也为"一带一路"高质量发展提供了动力源泉。"一带一路"高质量发展的内涵、目标和要求与新发展理念高度契合，两者在实践中相辅相成。共建"一带一路"中的理念创新、机制创新、策略创新，不同国家之间、政府与企业之间更加紧密的协调，绿色、低碳、循环、可持续的生产生活方式深入人心；开放包容、共同发展，共享发展机会与发展成果的愿景和方向是"一带一路"高质量发展的题中应有之义。

第二，"一带一路"高质量发展契合了全球可持续发展的迫切要求。当前，落实联合国2030年可持续发展议程，减少全球发展不平衡，是世界各国共同奋斗的目标，也是共建"一带一路"倡议肩负的历史使命。一方面，"一带一路"建设以高质量的基础设施为基石，破解了许多国家面临的发展瓶颈，有利于各国充分发挥资源禀赋，更好融入全球供应链、产业链和价值链，实现联动发展。另一方面，"一带一路"建设致力于加强国际合作，为发展中国家创造更多发展机遇，帮助他们实现可持续发展。比如，中国同各方共同成立"一带一路"绿色发展国际联盟和可持续城市联盟，发起"关爱儿童、共享发展，促进可持续发展目标实现"合作倡议等，凝聚了沿线各国政府、企业和公众的可持续发展共识，推进了实现2030年可持续发展目标的具体行动。

第三，"一带一路"高质量发展回应了国际社会共享发展机遇的普遍期待。作为一项以发展为导向的国际合作倡议，共建"一带一路"首先得到广大发展中国家的积极支持和参与。随着"一带一路"高质量发展的持续推进，越来越多发达国家通过直接参与和第三方市场合作，成为共建"一带一路"的合作伙伴。截至

2019年10月，全球3/4以上的新兴市场国家和发展中国家、一半以上的发达国家同中方签署了"一带一路"合作文件，14个发达国家同中方签署第三方市场合作文件并建立相关合作平台。"一带一路"倡议已成为全球广受欢迎的公共产品，将为世界各国创造共同发展繁荣的重大机遇。

四 推动中希合作再上新台阶

中国同希腊虽然分处亚欧大陆两端，但两国友好源远流长，交流合作日益密切。中希建交47年来，双方秉承相互尊重、平等互利的原则发展双边关系，结下历久弥新的传统友谊。作为同中国一样的文明古国，希腊能够从深远的历史视角理解"一带一路"倡议的丰富内涵，从一开始就积极支持并参与这一重大倡议。希腊是第一个与中国签署"一带一路"合作谅解备忘录的欧洲发达国家，是欧洲国家同中国开展互利合作和共建"一带一路"的典范。

近年来，中希两国在"一带一路"框架下的协调和配合不断加强，务实合作持续推进，打造了许多合作的新亮点。2019年4月，希腊正式成为"中国—中东欧国家合作"机制的一员，为这一机制注入了新的发展动力；两国签署了《关于重点领域2020—2022年合作框架计划》，将合作领域从交通、能源、信息通信领域进一步拓展到制造业、科技研发和金融业。特别是中远集团投资的希腊比雷埃夫斯港项目，已成为共建"一带一路"的代表性成果。2018年，比雷埃夫斯港的集装箱吞吐量达490万标准箱，约为2010年的5.6倍；全球排名从2010年的第93位跃升至第32位。比雷埃夫斯港在"一带一路"建设中的重要支点作用正在彰显。

当前，国际形势复杂多变，民粹主义、种族主义、单边主义、保护主义盛行，给"一带一路"高质量发展和人类命运共同体建设带来了巨大挑战。中国和希腊作为文明古国，拥有促进不同文明交流互鉴、推动各国深化互利合作、为全球性问题提供解决方案的责任和智慧。在当前形势下，中希两国应抓住"一带一路"高质量发展的历史机遇，巩固政治互信，夯实民意基础，深化互利合作，不断推动中希、中欧全面战略伙伴关系再上新台阶，为维护世界和平、稳定、发展做出更大贡献。

以战略胆识推进中欧合作取得突破性进展[*]

当前，新冠肺炎疫情仍在全球蔓延，世界经济陷入第二次世界大战以来最严重的衰退。中国和欧盟经济总量约占全球的1/3，中欧经济前景与中欧合作不仅关乎中欧双方，而且对于提振全球经济至关重要。

一 中国将在新发展格局下推进更高水平对外开放

受新冠肺炎疫情冲击，2020年第一季度中国经济经历了改革开放以来的最大的负增长，但随着统筹疫情防控和经济社会发展稳步推进，中国经济形势已经好转。面对国内国际形势的新变化和新趋势，习近平主席提出建设形成以国内大循环为主体、国内国际双循环相互促进的新发展格局，这是因应国际国内发展新形势的重要战略举措，是新时期推进更高水平对外开放的必然选择。

---

[*] 节选自作者2020年9月22日在"疫情背景下的中欧经济与合作"国际研讨会上的演讲。

第一,以国内大循环为主体是大国经济的基本特征。美国、日本等发达国家的增长规律显示,在经济水平发展到一定阶段后,都会形成以内需为主的发展模式。目前中国人均 GDP 超过 1 万美元,中等收入群体超过 4 亿人,比较优势已经从改革开放初期丰富的劳动力,转变为超大的市场规模、完整的产业体系等。随着中国经济体量持续增大,外需对经济增长的边际贡献必然逐步下降;因此,不断增强内需对经济增长的基础性作用,畅通国内生产、分配、流通、消费的各个环节,就成为中国的现实选择。

第二,新发展格局是中国应对保护主义、单边主义以及逆全球化倾向的选择,有利于促进世界经济发展。当今世界正经历百年未有之大变局,突如其来的新冠肺炎疫情使这一大变局加速变化。国际上一些政客罔顾经济规律、国际规则和公平秩序,借机炒作"经济脱钩",强推产业链转移,导致全球化步入崎岖路段,发展的不确定性和不稳定因素进一步增加,对产业链安全形成威胁。面对这些挑战,中国一方面立足自身优势,着力释放内需潜力,努力构建完整的内需体系;另一方面着力加强知识产权保护,提高自主创新能力,强化关键核心技术和设备等的研发。中国在完善内需体系、发挥内需潜能、增强创新能力等方面的努力,会大幅扩大优质商品和服务的进口需求,为经济全球化注入新动能,推动世界经济持续性增长。

第三,在新发展格局下,中国将毫不动摇继续推进更高水平对外开放,着力构建人类命运共同体。改革开放 40 多年来,中国经济已深深嵌入国际产业链分工体系,以开放促改革、促发展,是中国现代化建设不断取得新成就的重要法宝。新冠肺炎疫情全球大流行,进一步凸显了构建人类命运共同体的紧迫性,开放合作、互利共赢是人类应对共同挑战、建设更加美好世界的必由之路。以国内大循环为主体,绝不是关起门来封闭运行,而是开放的国内国际双循环。中国将继续坚持对外开放的基本国策，全面提高对外开放水平，为构建人类命运共同体贡献更大的力量。

二 中欧应以战略胆识推进双方合作取得突破性进展

2020年9月14日，习近平主席在同德国和欧盟领导人会晤中提出，中欧应坚持和平共处、坚持开放合作、坚持多边主义、坚持对话协商，推动双方关系迈向更高水平。当前，无论是恢复经济，还是推动完善国际经济秩序，中国与欧洲都有着坚实的合作基础和比以往更迫切的合作需求。

第一，中欧深化合作利于双方，也利于世界。疫情期间，中欧经贸往来经受住了冲击，展现出强大韧性。2020年上半年，比利时泽布鲁日港和希腊比雷埃夫斯港的业务量未降反升，这主要得益于欧洲同中国和远东地区货物贸易往来的增加；同期，中欧班列逆势增长，累计开行5122列，同比增长36%，运送货物总量达46.1万标箱，同比增长41%，为保障中欧及铁路沿线国家和地区供应链稳定发挥了特殊作用。事实证明，中欧经济高度互补，中欧经贸合作的稳定不仅有益双方、惠及周边地区和国家，还会向国际社会释放出重要的积极信号。

第二，中欧应更多视对方为合作伙伴而非竞争对手。我们高兴地看到，《中欧地理标志协定》上周成功签署。这是中国对外商签的第一个全面、高水平的地理标志保护双边协定，必将有力促进中欧相关产品的贸易往来。中欧投资协定谈判也已取得重大进展，有望在年内完成。但是，近期在欧中国企业对欧盟反垄断审查、外资安全审查和外国补贴审查的担忧有所增加，进而对欧盟营商环境友好度产生疑问，希望中欧投资协定能够积极打消这些担忧和顾虑。

第三，中欧应以各自新一轮中期规划为契机，以战略胆识把握大势，推动双方合作取得突破性进展。目前，中国正在制定"十四五"经济社会发展规划，欧盟国家领导人在7月通过了7500亿欧元的复苏基金和1.1万亿欧元的新一轮欧盟七年期预算框架。中欧双方可尽早商定《中欧合作2025战略规划》，加强在中期发展规划上的对接。特别是绿色经济和数字经济同为中欧未来五年及更长时期的重点发展领域，双方在技术、资金、市场方面高度互补，在推动制定全球标准和规则方面有着诸多共同关切，打造中欧绿色合作伙伴和中欧数字合作伙伴，可以促进双方深挖合作潜力，实现更高水平的互利共赢。

中国经济发展与中欧合作前景[*]

当今世界，百年变局和世纪疫情交织，经济全球化遭遇逆流，传统和非传统安全风险凸显，俄乌冲突使国际形势更趋严峻复杂。面对动荡变化的世界，要有效防范和应对全球性挑战，迫切要求国际社会增进共识、加强协调、汇聚合力。中国和欧洲是维护世界和平的"两大力量"，是促进共同发展的"两大市场"，也是推动人类进步的"两大文明"。过去几十年，中欧关系历经国际风云变幻，始终保持合作共赢主基调。欧盟连续16年是中国第一大贸易伙伴，中国也于2020年成为欧盟第一大货物贸易伙伴。特别是新冠肺炎疫情暴发以来，中欧合作为稳定全球产业链供应链、促进世界经济复苏做出了重大贡献。

一 中国统筹推进疫情防控和经济社会发展，保持良好发展态势

2021年，中国如期打赢脱贫攻坚战，全面建成小康社会。国内

---

[*] 节选自作者2022年3月22日在"变化世界中的中欧关系"国际研讨会上的演讲。

生产总值增长8.1%，对世界经济增长的贡献率达到25%左右；经济总量按年平均汇率折算达17.7万亿美元，预计占世界经济的比重超过18%；人均GDP达12551美元，超过世界人均GDP平均水平。2021年，中国对外贸易量增质升，货物进出口总额增长21.4%，连续5年蝉联全球货物贸易第一位；实际使用外商直接投资增长14.9%，结构不断改善；共建"一带一路"高质量发展，中国对"一带一路"沿线国家进出口额增长23.6%；推动《区域全面经济伙伴关系协定》（RCEP）正式生效。中国的经济发展和对外开放，为世界经济复苏做出了积极贡献。

受疫情影响，中国经济发展也面临需求收缩、供给冲击、预期转弱三重压力，但持续发展仍具有多方面有利条件，经济韧性强、内需潜力足、市场空间广阔、长期向好的基本面没有改变。今年，中国设定的经济增长目标是5.5%左右。这一目标符合现阶段中国潜在增长水平，是高基数上的中高速增长，是经过努力可以实现的。中国确定了坚持稳字当头、稳中求进，保持宏观政策连续性，增强有效性的政策取向。积极的财政政策将更加注重精准、可持续，稳健的货币政策注重灵活适度和保持流动性合理充裕，就业优先政策进一步提质加力。各类政策发力将适当靠前，及时动用储备政策工具，确保经济平稳运行。

二 中欧加强合作具有重要战略意义，国际形势越是复杂严峻越要坚持互利共赢、深化合作

中欧关系具有战略性和全球意义，双方都主张多边主义、自由贸易，维护以联合国为核心的国际秩序和国际体系，维护以世界贸易组织为核心的多边贸易体制，致力于共同建设开放型世界经济，

推动政治解决国际和地区热点问题，共同应对人类社会发展面临的挑战。尽管受到疫情以及其他方面的影响和干扰，中欧经贸关系仍呈现出很强的韧性和高度的互补性，经贸关系已成为中欧关系的压舱石。2021年，中欧经贸合作逆势上扬，中国同欧盟的贸易额首次突破8000亿美元；中欧班列开行1.5万多列，同比增长29%；《中欧地理标志协定》正式生效，环境气候和数字领域高层对话机制正式启动。当前，中欧关系也面临一些挑战，包括：欧盟提出对华关系"伙伴、竞争者和制度对手"三重定位；经过长期艰苦谈判达成的《中欧全面投资协定》被欧洲议会搁置；欧盟不断强化扩充一系列经贸工具箱，导致中国企业对欧盟投资营商环境产生担忧，对欧投资信心受挫，等等。但是，险滩和礁石阻挡不了奔腾入海的河流，问题和挑战也阻挡不了中欧合作的前进之路。

中欧双方优势互补，有广泛共同利益和巨大合作需求，共识远多于分歧，合作远大于竞争。加强对话，坚持合作，符合中欧利益，也有利于世界和平、稳定和发展。两周前，中法德领导人举行视频峰会，从战略高度牢牢把握中欧关系发展大方向。俄乌冲突正在深刻影响着全球格局和世界经济，中欧作为全球两大独立自主的力量，在努力劝和促谈的同时，更需要牢牢把握相互支持、团结合作的大方向，妥善解决彼此合理关切，使中欧关系保持对话与合作共赢的主基调，为动荡变化的世界注入更多稳定性和确定性。积极推动《中欧全面投资协定》尽快落地，有效破除双边投资阻碍，为企业投资提供稳定、开放的法律环境和营商环境，释放投资潜力，进一步促进中欧经贸和投资增长，为中欧合作、全球化发展与世界经济复苏提供更强动力。

积极推动中欧绿色、数字伙伴关系持续深化，进一步拓展中欧经贸合作的空间。在绿色领域，中欧双方的绿色发展理念高度契合，欧洲正积极实施《欧洲绿色新政》，促进绿色经济转型，努力推进2050年碳中和目标；中国坚定不移走生态优先、绿色低碳发展道路，已经将碳达峰碳中和纳入生态文明建设整体布局，力争于2030年前实现二氧化碳排放达到峰值、2060年前实现碳中和。2021年，中国推出了碳中和"1+N"系列政策，各行业、各地区也陆续发布了相关政策文件；"全国碳排放权交易市场"正式上线，全年累计运行114个交易日，碳排放配额累计成交量1.79亿吨；能源结构持续优化、能耗强度下降，天然气、水电、核电、风电、太阳能发电等清洁能源消费占能源消费总量比重同比提高1个百分点，单位GDP能耗同比下降2.7%。中欧在绿色领域互补性强，始终保持对话并不断深化共识，中欧绿色合作正成为中欧合作的重点领域。去年中国召开了联合国《生物多样性公约》第十五次缔约方大会，得到法国总统马克龙等欧洲领导人的积极支持；中法德气候峰会，三国领导人就合作应对气候变化、打造中欧绿色合作伙伴关系达成共识，展现出中欧气候政策对话和绿色发展领域合作的巨大潜力。中欧可利用技术、产业和资金等互补优势，加强新能源、碳市场、碳定价、绿色金融和全球生物多样性框架等方面的合作，把应对气候变化打造成中欧合作的重要支柱。在数字领域，中欧各有优势，具有良好的实现优势互补、展开深度合作的条件。中欧双方已经确立打造中欧数字合作伙伴关系，通过加强在信息通信技术、人工智能、电子商务、大数据、云计算等领域合作，打造中欧数字伙伴，不断为中欧经济发展提供强大动力。

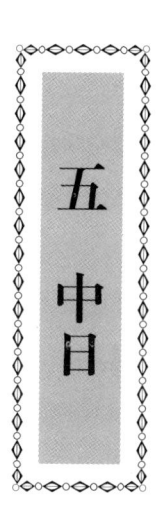

五 中日

弘扬条约精神　深化友好合作
推动中日关系长期健康稳定发展[*]

一

40年前，中日两国老一辈领导人顺应世界大势，排除重重困难，以高超的政治智慧与政治胆略，继实现邦交正常化6年后，缔结《中日和平友好条约》，开启了中日关系的新纪元。

中日两国继1972年实现邦交正常化、1978年缔结和平友好条约后，先后于1998年发表《中日关于建立致力于和平与发展的友好合作伙伴关系的联合宣言》、2008年发表了《中日关于全面推进战略互惠关系的联合声明》。这4份纲领性文件共同构成中日关系的政治基础，成为指导中日关系发展的原则方针。多年来，在4份政治文件基础上，中日双方共同努力，两国关系取得了长足发展。经贸合作日益深化，双边贸易额从缔约时约50亿美元增长到2017年的3000多亿美元，增长了60多倍。截至2017年7月，日本累计

---

[*] 节选自作者2018年8月11日在"纪念《中日和平友好条约》缔结40周年"国际学术研讨会上的演讲。

在华投资企业50745家，实际使用金额1067.6亿美元，占中国吸引外资总额的5.8%，在中国利用外资国别中排名第一。中日两国人员往来迅猛增加，从缔约时一年不足3万人次到2017年突破1000万人次，友好省县和城市增加到250多对。中日合作的累累硕果来之不易，凝聚了两国几代人的心血和智慧，需要倍加珍惜、精心呵护。

二

缔约40年来的中日关系，交流、协商与合作是主流，但困难、干扰与挑战也时隐时现、或大或小，始终存在。特别是进入21世纪以来，随着国际和地区格局的深刻演变、中日两国各自的发展变化，中日关系在合作机遇不断增加的同时，也面临更为严峻复杂的挑战，政治互信不足、国民感情下滑、矛盾分歧凸显，也影响到经贸关系和人文交流。

中国始终视日本为重要邻国，高度重视发展对日关系，坚持牢牢把握中日关系和平、友好、合作大方向。即使在两国关系陷入"自邦交正常化以来最严峻局面"的那段时间，中方依然坚持维护中日关系发展大局。在双方共同努力下，2014年11月中日达成四点原则共识，在四份政治文件基础上，着重明确了新时期发展中日关系、妥善处理矛盾与分歧所必须遵循的基本原则。

2017年以来，中日关系呈现企稳向好势头，各领域交流合作逐步恢复。继实现外长互访、重启经济高层对话后，习近平主席近期应约同安倍晋三首相通电话。李克强总理应邀赴日出席中日韩领导人第七次会议，中国国务院总理在时隔8年后正式访问日本。中日两国签署防务部门海空联络机制备忘录，并于2018年6月8日启用这一机制，在东海危机管控方面迈出了重要一步。

中国古语有云："本立而道生。"缔约40年来，中日关系的发展轨迹生动诠释了一个道理：国家之间"合则两利，斗则俱损"，邻国之间就更是如此。深化友好合作，促进互利共赢，始终是推动中日关系不断向前发展的根本路径。

纵观全球，当今世界正经历着新一轮大发展、大变革、大调整。中日关系处在承前启后的历史节点，面临重大发展机遇。形势要求我们登高望远，深刻认识发展中日合作的重要性比以往任何时候都更为突出，深刻认识恢复中日关系的良好发展不仅造福两国人民，而且惠及亚洲与世界。形势要求我们准确把握时代潮流，相互利用好对方发展的大好机遇，彼此相向而行，共同开启两国关系和平、友好、合作、共赢的新航程。

三

历史和现实都告诉我们，中日两国只有坚持共迎挑战，共负责任，才能为地区合作输入正能量；只有坚持共担使命，顺势而为，才能为世界发展做出新贡献；只有坚持共赢理念，相向而行，才能使双边关系行稳致远。

第一，共迎挑战，共负责任，以加快《区域全面经济伙伴关系协定》（RCEP）谈判、构建多边合作机制为引领，开创地区合作共赢新局面。

东亚地区是世界上最具发展活力与潜力的地区，在过去20年间，我们有效应对亚洲金融危机和国际金融危机冲击，特别是中国加入世贸组织之后，成为对外开放步伐最大，经济发展最快的国家，成为自由贸易的积极参与者和推动者，成为世界经济增长的重要引擎，为包括日本在内的东亚地区乃至世界经济发展提供了重要机遇。2017年，东亚地区对世界经济增长贡献率达到44%。

在各方共同努力下，亚洲区域合作正在稳步向前迈进。2018年5月，中日韩领导人会议时隔两年在日本东京重启，2018年底还将在北京举行第八次会议。RCEP谈判稳步推进。7月27日，第23轮谈判顺利结束，在全部18个合作领域中，已有四个领域达成协议，到年底可望达成一揽子成果。东盟与中日韩"10+3"合作机制不断完善，合作领域日益拓展，成为亚洲地区架构最完善、成效最显著的多边合作机制，对促进地区和平稳定、发展繁荣发挥了重要作用。

当前，世界范围内保护主义、单边主义倾向抬头，对世界经济与全球治理构成重大挑战。中日作为亚洲举足轻重的国家，既是大国，又是近邻，对地区和平、稳定与繁荣有着重要影响，肩负庄严使命。中日有责任共同维护多边贸易体制，推进贸易自由化、便利化，反对保护主义、单边主义与霸凌主义，共同担当亚洲区域合作的"助推器"，加快推进RCEP谈判，构建开放型区域经济，推动全球经济一体化。

第二，共担使命，顺势而为，以开辟中日"一带一路"国际合作新空间为契机，推动构建亚洲命运共同体、人类命运共同体。

"天行有常"，"应之以治则吉"。当今世界，和平合作、开放融通、变革创新的潮流滚滚向前。与此同时，冷战思维、强权政治阴云不散，和平赤字、发展赤字、治理赤字，成为摆在全人类面前的严峻挑战。习近平主席指出，"人类生活在同一个地球村里，生活在历史和现实交汇的同一个时空里，越来越成为你中有我、我中有你的命运共同体"。面对"百年未有之大变局"，没有哪个国家能够置身事外，没有哪个国家能够独善其身。

建设持久和平、普遍安全、共同繁荣、开放包容、清洁美丽的世界，是人类社会的共同价值追求，汇聚了世界各国人民对和平、发展、繁荣向往的最大公约数。"一带一路"倡议以共商、共建、共享为基本原则，致力于打造不同文明和谐共融的利益共同体、责任共同体、命运共同体，是各国实现共同发展的有效合作平台。自2013年起，到2017年，中国与"一带一路"沿线国家和地区货物贸易额累计超过5万亿美元，对外直接投资超过700亿美元。中国企业推进建设了75个经贸合作区，上缴东道国税费22亿美元，创造21万个就业岗位。在国际舞台上，全球140多个国家和地区、80多个国际组织积极支持和参与"一带一路"建设。"一带一路"建设的辉煌成就，推动了全球发展合作机制化，赢得了国际社会的赞誉。

"一带一路"框架下，中日合作空间广阔，前景无限。中日两国互补性强，各有特点、各具优势，可以开展合作的领域众多。比如在产业投资领域，中日民间企业可以共同参与第三方工业园区等大型基础设施建设，如泰国的"东部经济走廊"项目等。在节能环保方面，中国可以借助日本在太阳能和风力发电等清洁能源上的技术和经验优势，日本也可以借助中国在成本、人力等方面的优势，在中国本土或第三方展开密切合作。这都有利于避免中日在第三方展开恶性竞争，同时可以发挥各自优势，降低开发成本，提高运营效率，实现多赢效果。

在物流领域，可以利用中国至欧洲铁路，进一步优化在华日企通关便利化项目。日本出口到欧洲的商品如果通过中欧班列运输，可比海运大幅度提高效率。而实际上，日本大型物流企业——日本通运公司已经从2018年5月开始，利用中欧铁路提供联运服务，从而大大缩短了从日本至欧洲货运所需的时间，节约了运输成本。

从长远看，中日在"一带一路"框架下的合作要实现制度化，保持稳定性，就必须考虑在投融资方面展开深层次合作，比如日本是否可以考虑加入亚投行。在这个问题上，我赞同鸠山前首相曾经提出的观点，亚投行是推进"一带一路"倡议的重要机制性工具，日本可充分发挥在技术和发展经验方面的优势，早日加入亚投行，在"一带一路"建设中发挥更加重要的作用。

第三，相向而行，多措并举，以构建合作共赢的新型国家关系为目标，推动中日关系实现长期健康稳定发展。

"合作共赢"是中国倡导的新型国际关系的核心理念，也是新时期中日关系的总体导向。中日之间和平友好、合作共赢，不仅事关两国人民利益与福祉，也有利于亚洲与世界和平、稳定与繁荣。习近平主席曾多次就中日关系发表重要论述，强调"要保持中日关系长期健康稳定发展，必须着眼大局，把握方向"。

为此，中日之间，政治上要始终遵循四个政治文件的原则精神，信守共识与承诺。4份政治文件是发展中日关系、处理矛盾分歧的总规矩，是确保中日关系行稳致远的"压舱石"，只有忠实恪守、努力践行，中日关系才能走向成熟与理性，中日合作才能在各领域、各层面不断开花结果。两国应保持高层交往，推动各领域对话合作机制全面恢复；增进战略互信，落实好危机管控机制，加强防务部门定期交流，防止波折和反复。

经济上，中日互为主要经济贸易合作伙伴，两国间已形成全方位、多领域、多层次合作格局。要推动中日务实合作上一个新台阶，真正实现互利共赢，共同发展。

人员交往上，要进一步加大力度，夯实中日友好合作的民意基础。2015年5月，习近平主席在中日友好交流大会上曾指出，"中日友好的根基在民间，中日关系前途掌握在两国人民手里"。目前，每天有大约3万人往来于中日两国之间，我们应抓住缔约40周年等时间节点、双方先后主办奥运会等重要契机，进一步加强人员交流，增强合作动能，为中日关系实现长期健康稳定发展增添正能量。

要深化中日两国智库和科研机构间的交流合作。中国社会科学院与日本各界长期保持着友好交往关系，不久前，我会见了日本众议院大岛理森议长一行，双方就共同推动中日学术交流与合作达成一致意见。中国社会科学院是中国哲学社会科学研究的最高学术机构，也是国家级综合型高端智库，建院 41 年来，在经济、政治、文化、社会和生态建设等各个领域发挥着咨政建言、理论创新、社会服务等重要作用。日本在智库建设、政策咨询机制构建方面经验丰富，智库在战后日本各个发展阶段都发挥了重要作用。我们希望未来能进一步加深与日本高校、研究院所、智库机构的交流，通过共同研究、定期互访、联合举办研讨会等多种方式，开展更加丰富、系统、更具实效的学术合作，不断提升两国人文社科领域合作水平。

中国南宋著名词人辛弃疾有云："青山遮不住，毕竟东流去。"历史的发展不以人的意志为转移，和平与发展仍然是当今时代之主题。中日之间一衣带水、一苇可航，坚持和平友好合作是双方唯一正确选择。我深信，只要我们坚守 4 份政治文件所代表的中日关系政治基础不动摇、坚持不断深化互利合作的努力不松劲，中日两国关系就一定能迎来良性互动、互利共赢、和平和谐、健康稳定的光明未来。

抓住时代机遇　开创合作新局谱写中日关系新篇章[*]

习近平主席洞察国际局势的深刻变化，高瞻远瞩，明确指出"当今世界正处于百年未有之大变局"。如何在"大变局"中把握机遇、迎接挑战、推动构建新型国际关系和人类命运共同体，是我们面临的重大课题。进入"令和"年代的日本，也在全球变局中努力探索新的发展道路。如何正确理解、准确把握当前全球变局的特征、方向，对于中日两国顺应历史潮流、推动本国发展，深化两国关系，维护世界和平、发展与稳定具有十分重要的意义。

一

"百年未有之大变局"有着深刻的历史和现实意涵，至少体现在以下几个方面。

第一，世界经济与政治格局深刻变化。自近代国际关系体系建

---

[*] 节选自作者2019年5月12日在"全球变局下的中日关系：务实合作与前景展望"国际学术研讨会上的演讲。

立以来,欧美始终是世界经济和政治的重心。现今,随着发展中国家的发展进步特别是新兴经济体的崛起,国际格局呈现出东升西降的趋势。据预计,至2035年,发展中国家GDP总量将超过发达国家,在全球经济和投资中的比重将接近60%。世界经济增长基础的根本变化,带动了国际政治格局的重大变革,使得冷战结束后的"一超多强",乃至近代国际关系史以来的"西方中心"体系,进一步趋向多极化,并向均衡的方向发展。

第二,全球技术与产业深刻变革。以互联网大数据、人工智能、5G通信、量子技术等为代表的"第四次工业革命"正迅速发展,相比以往工业革命,此次产业技术革命的范围和力度空前,各国也处于更加开放的竞争环境,面临更为重大的战略机遇。人类的生产、生活方式正发生可以预见和难以预见的巨大变化,国家间政治、军事的"宏观博弈",与跨境产品、技术、要素构成的经济社会网络的"微观互动"此消彼长。

第三,国际秩序与规制曲折演进。国际关系格局及互动方式的变化,要求规范国际行为的秩序、规则及保障机制也要同步发展。战后美国主导的国际政治、经济及安全秩序正面临巨大冲击。不仅发展中国家呼吁国际秩序合理化,连美国这样的现行秩序主导者也强烈主张符合自身利益的"新国际秩序",并以退出国际组织及协调机制的方式来表达自身诉求。围绕国际秩序的建构或改革,各国的话语表达日益鲜明,主导权竞争空前激烈。"秩序之辩""规则之争"已成为国际关系的中心议题。

第四,全球化理念及发展路径深度探索。新技术、新机制的发展极大地拓展了人类思想行动的"新边界",但也带来了从未体验的新课题。围绕全球治理的方向、原则和路径,各国间仍有明显分歧,且日益上升为理念、思想乃至文明价值观层面的冲突,同时,民族主义、民粹主义、保护主义等反全球化思潮运动也以更强烈的方式冲击着全球化进程。高度发展的全球化遭遇挫折，所面临的机遇和挑战都是历史空前的。

二

整体变革驱动局部发展，当前全球变局的特征与趋势也充分投射到中日所在的东亚地区。目前，东亚地区已成为世界经济、政治乃至思想力量最为活跃的区域之一。同时，它也处于历史的转型过渡期，体现在大国战略竞争的不断强化，区域力量格局的复杂变化，地区秩序前景的模糊不定，不同文明观、价值观的激烈碰撞等。转型与变革带来巨大的不确定性，孕育更为复杂的机遇与挑战，需要我们谨慎、冷静、充满智慧地加以应对。

从理解全球、区域变局的高度出发，我们才能给予中日关系以更具前瞻性的定位。中日两国同处东亚文明圈，近代以来，中日关系虽历经起伏波折，但联结两国的历史文化、地缘经济政治的共同纽带从未隔断，也无法隔断。而在现今的全球及区域变局中，中日两国有了更为密切的共同利益基础，中日关系具备了更加紧密的相互依存关系。不可否认，中日之间存在诸多历史与现实问题，但超越双边层面，从多边乃至全球层面出发，我们可以进一步研判中日关系的发展趋势。

第一，中日作为世界第二和第三经济大国，面临着把握新技术和产业革命，实现自我转型并引领世界经济发展的共同任务。尽管中日经济发展阶段不同，但均处于推动国内结构改革、经济转型升级的关键时期。充分利用新技术革命的"窗口期"，在市场、产业、技术、金融领域发挥互补优势，展开深度合作，对中日双方均为最优选择。中日合作产生的经济效果外溢，将为区域乃至世界经济注入新的动力，反过来又能为中日经济的持续性增长提供有利的外部环境。

第二，中日作为现行国际秩序的受益者，在维护自由开放、多边主义等国际秩序原则方面拥有广泛利益与共同立场。中国正致力通过深层次改革、推进高水平开放，将中国的发展进一步融入世界发展的潮流。日本同样以对外开放为立国根本，并以东京奥运、大阪世博为契机，努力推进新的国际化发展战略。支持自由贸易秩序、开放经济体制、多边国际协调，符合中日根本利益，中日应在这一领域积极合作，努力承担应有的国际责任与义务。

第三，中日作为新型全球化前景的倡导者，在探索全球治理新模式、应对新问题方面具有相近理解与合作空间。中日倡导的全球化有别于西方传统意义上的全球化方案，为人类社会发展提供了更具多元性的选择；中日作为理性的、开放的全球化进程的支持者，可以在求同存异的基础上，就全球治理的原则、路径进行坦诚探讨，在非传统安全、消除贫富差距、资源环境可持续发展、有关新技术的法律伦理等具体问题上开展深入合作。

第四，中日作为东亚大国，对地区和平、稳定与繁荣负有日益重要的历史性责任。处于历史过渡期的东亚集中反映了全球变局所带来的机遇和挑战、其前景和命运需要区域内国家自主决定。中日作为东亚体量最大、影响最大的利益相关方，对地区经济、政治及安全事务的影响力均在不断提升，对东亚的未来前景负有极为重大的责任。中日在地区事务上的协调与合作，显然有助于地区不安定因素的化解，以及区域一体化发展乃至共同体的构建。

三

面对"百年未有之大变局"，中日双方应积极利用以上有利条件，携手努力前行。过去一年，在中日两国领导人和社会各界共同努力下，中日关系重回正轨，各领域务实合作稳步推进，对中日两国而言，当前最关键的，是抓住关系改善之"势"，积极打造稳定互动模式之"型"，为中日关系培育更为持久、更具深度的内在动力，尽可能减少外部因素的干扰与冲击。

第一，面对问题，知难而上，为中日关系积累更多新共识提供不竭动力。中日关系改善进程还处于起步阶段，双方的战略互信有待加强，这要求我们首先要承认问题和分歧，勇于面对和解决。双方只要以诚相待，开放包容，就没有解决不了的问题。中日邦交正常化至今，两国关系早已过了"不惑之年"，双方有足够的经验与智慧解决问题、增进共识、加强互信。

过去几年，面对中日关系的复杂形势，两国政治家以及社会各界敢于担当，勇于创新，付出了艰辛努力，才换来了今天来之不易的新局面。两国老一辈政治家们更是为改善中日关系不辞辛劳，奔走于两国之间，此次受邀与会的福田康夫前首相、戴秉国前国务委员，近些年都为两国关系鞠躬尽瘁，值得我们尊重和敬佩。因此，我们更应珍惜当下，坚定信心，推动中日关系更上层楼。

第二，持之以恒，排除干扰，为中日关系开创合作新局酝酿良好氛围。目前，国际上的不稳定、不确定因素仍然突出，贸易保护主义的逆风强劲，中日经贸合作必然面临各种形式的干扰和阻力，在此情况下，双方更要坚定维护多边主义、自由贸易的基本原则，加强沟通协调，不断为中日合作注入新能量。

中日经贸合作发展的关键，在于共同营造自由、开放、包容、有序的国际经济环境。为此，双方应着眼长远，在打造第三方市场合作、科技创新合作的基础上，为对方企业提供公平公正、非歧视的营商环境。当前在中国有外商投资企业 96 万家，实际使用外资超过 2.1 万亿美元。就在两个月前，中国通过了《外商投资法》，确立了新时期外商投资法律制度的基本框架，为完善市场化、法治化、便利化的营商环境提供了更可靠的法治保障。

多边层面,要加强二十国集团、世界贸易组织、中日韩、东盟"10+3"等多边机制下的沟通协调,加快中日韩自贸区、《区域全面经济伙伴关系协定》谈判进程,推动完善全球经济治理体系。由习近平主席倡导的"一带一路"倡议,以政策沟通、设施联通、贸易畅通、资金融通、民心相通为基本内容,得到150多个国家和国际组织的积极响应,"一带一路"正成为有关国家经济合作的平台和载体,并收到明显成效。中日在"一带一路"相关的基础设施建设、金融、物流、能源、环保等方面合作前景广阔,希望日方更积极参与共建"一带一路",为地区共同发展创造更大机遇。

第三,创新形式,强化机制,为中日关系不断取得新发展奠定扎实基础。中日关系的改善发展离不开战略沟通形式和合作机制的支撑。政治高级别对话、安全对话和外交当局定期磋商、海洋事务高级别磋商、反恐磋商等沟通机制,经济上的高层对话、创新合作、"第三方市场合作论坛"等合作机制,分别在不同层次、不同节点推动中日关系重回正轨并取得新发展。

巩固并不断创新战略沟通形式与合作机制,目前仍是中日关系发展的关键。在经济层面,双方可以依托世界贸易组织、二十国集团等国际多边机制,探索推动全球经济治理方式,协商探讨贸易投资自由化和便利化、气候变化、海洋环境治理、生物多样性保护等全球议题;在安全层面,双方可以在防务部门海空联络机制基础上,强化落实,完善细节,推动建立多种信任措施,以海上搜索和救助协定为契机,争取在非传统安全上达成更多合作成果。

民间交流是推动中日关系发展的根基,特别是中日知识界、智库间的合作,可以对民间交流产生引领性效果。2018年,我在会见日本国会众议院大岛理森议长一行时,就共同推动中日学术交流与合作达成一致意见,希望中国社会科学院与日本智库之间开展方式多样、层次丰富的学术活动。明天，我们还将与本次论坛的日方嘉宾举行小范围会谈，就深化智库间合作深入交换意见，希望以此为起点，推动中日高端智库对话机制逐步确立，为中日民间交流贡献力量。

以坚强战略定力推进中日关系向好发展[*]

当今世界正经历百年未有之大变局，新冠肺炎疫情大流行使这一变局加速演进。中日互为重要近邻和合作伙伴，在抗击新冠肺炎疫情、促进全球经济复苏、维护世界和平稳定等方面拥有广泛共同利益和广阔合作空间。

一 牢牢把握中日关系发展的正确方向

百年未有之大变局充满挑战，也孕育重大机遇。形势越是复杂，中日双方越需要保持清醒，增强战略定力，越需要把握大局，登高望远。我们要加强沟通、协调、合作，携手应对各种全球性挑战，不断推动中日关系沿着和平、友好、合作的正确方向迈进。

第一，全球疫情防控形势依然严峻，世界经济脆弱复苏，迫切需要中日团结合作。中国和日本都是全球重要的经济体，共同肩负着阻止疫情扩散蔓延、促进经济稳定复苏、保护人类共同家园的重

---

[*] 节选自作者2021年8月28日在"努力构建契合新时代要求的中日关系"研讨会上的演讲。

要责任。面对疫情冲击，我们更加深刻体会到，人类是休戚与共的命运共同体。在刚刚结束的东京奥运会上，各参赛运动员奋勇争先，团结进取，彰显了"更快、更高、更强、更团结"的现代奥林匹克精神，鼓舞了世界各国早日摆脱疫情困扰、共建美好家园的信心和决心。

第二，亚洲地区形势更加复杂，风险挑战日益增加，迫切需要中日共同应对。中国和日本都是亚洲地区的重要成员，两国关系发展对地区和平、稳定和繁荣具有重要意义。近年来，受一些外部因素干扰，亚洲地缘竞争再度升温，安全形势趋于紧张，给区域合作蒙上了阴影。历史证明，搞经济"脱钩"、制度竞争和意识形态对抗，只会破坏亚洲团结，削弱各国抵御风险的韧性和活力，损害亚洲人民的福祉；坚持讲信修睦、合作共赢、守望相助、心心相印、开放包容才是实现地区和平发展的根本路径。

第三，中日关系总体稳定，但不稳定因素有所抬头，迫切需要双方携手防范。中日关系是当今世界最重要的双边关系之一，发展长期稳定、友好合作的中日关系，符合两国人民根本利益。疫情发生后，中日经贸合作逆势增长，展现出强劲韧性和巨大潜力。2020年，中日贸易继续增长，货物贸易总额达3175亿美元；2021年上半年，双方货物贸易额已超过1800亿美元，全年有望创历史新高。但是，一些不稳定因素仍在干扰两国关系正常发展，中日关系再次面临何去何从的紧要关口。这需要中日两国有识之士充分发挥聪明才智，从历史与战略高度开展深入、坦诚对话，共同维护来之不易的中日关系稳定发展局面。

二 积极推动构建契合新时代要求的中日关系

构建契合新时代要求的中日关系，是中日两国领导人的战略共识。面对百年未有之大变局，我们要坚持以全球大视野思考和谋划两国关系，坚持在相互尊重、求同存异基础上加强沟通协调，积极推动构建携手合作、互利双赢的新格局。

一是坚持历史传承，准确把握新时代中日关系本质要求与丰富内涵。持续拓展共同利益、更好造福两国人民，是新时代中日关系发展的本质要求。2022年是中日邦交正常化50周年。近50年来，中日两国和两国所处国际环境都发生了深刻变化，但中日关系和平友好的主旨没有变，互惠合作的本质没有变。在新的历史时代，两国应坚持和平、友好、合作、发展的历史传承，不断丰富中日关系的时代内涵，共同筑牢新时代中日关系发展的根基。

二是维护战略稳定，妥善管控重大敏感问题与双方矛盾分歧。中日关系事关两国利益与地区和平稳定，需要相互恪守政治承诺，保持冷静克制，顾及彼此立场，共同找到出路。中日四个政治文件以及两国领导人达成的政治共识，为处理好历史等敏感问题、管控好东海等方面的矛盾分歧立下了规矩、划定了底线，必须得到严格遵守和执行。

三是顺应时代潮流，不断拓宽双方共同利益与合作领域。中方欢迎日本企业积极扩大对华合作，分享新时代中国全面深化改革开放的机遇。习近平主席提出的共建"一带一路"倡议，为中日互利合作开辟了广阔天地。欢迎日方积极参与，不断拓展中日第三方市场合作，共同推进共建"一带一路"高质量发展。同时，以《区域全面经济伙伴关系协定》签署为契机，加快中日韩自贸协定谈判进程，携手推进亚太区域经济一体化。

四是推动文明互鉴，持续增强中日民意基础与相互信任。中国和日本同属亚洲国家，理应相互理解，友好相处，共同为人类文明进步贡献经验智慧。福田康夫先生从开展文明对话、共建亚洲命运共同体出发，创建了"亚洲共同体文化交流机构"，为深化两国文化交流、拉近彼此民众心与心之间的距离、促进中日和平友好发挥了重要推动作用。我们要进一步加强文化、旅游、教育等人文领域交流，不断夯实两国人民友好的民心基础。

六 中国、非洲与中东

促进中非治国理政经验交流
推动构建更加紧密的中非命运共同体*

2019年10月,中国共产党十九届四中全会胜利召开,全会审议通过了《中共中央关于坚持和完善中国特色社会主义制度 推进国家治理体系和治理能力现代化若干重大问题的决定》,引起国际社会的广泛关注。今天,以"治国理政与中非经济社会发展"为主题进行交流研讨,很有意义。

一

新中国成立70年来,中国共产党领导中国人民独立自主、自力更生、艰苦奋斗,创造了世所罕见的经济快速发展奇迹和社会长期稳定奇迹。中国大踏步赶上时代,用几十年时间走完了发达国家几百年走过的路,跃升为世界第二大经济体、制造业第一大国、货物贸易第一大国、商品消费第二大国、外资流入第二大国、外汇储备第一大国,人民生活从温饱不足到全面小康,即将实现历史性跨

---

* 节选自作者2019年12月3日在"治国理政与中非经济社会发展"研讨会上的演讲。

越，绝对贫困问题在明年将得到总体解决，初步建成世界上规模最大、覆盖人口最多的社会保障体系，人均预期寿命从35岁增长到77岁。中国社会和谐稳定、人民安居乐业，是国际社会公认的最有安全感的国家之一。中国已经成为维护世界和平与稳定，推动世界发展与繁荣的关键力量。当然，我们也清醒地认识到，中国还没有进入高收入国家行列，仍然是世界上最大的发展中国家，2018年人均GDP排在世界第68位，我们仍然处于并将长期处于社会主义初级阶段，建设社会主义现代化强国还要做出艰苦努力。

70年来特别是改革开放40多年来，中国不断扩大开放、坚持走和平发展道路并主动融入世界，既发展了自己，也造福于世界。中国连续多年对世界经济增长的贡献超过30%，成为世界经济增长的主要稳定器和动力源。中国坚定维护开放型世界经济和多边贸易体系，既是经济全球化的参与者、受益者，更是推动者、贡献者。近年来，中国提出推动构建人类命运共同体、新型国际关系、高质量共建"一带一路"合作倡议，发起创办亚投行、丝路基金、南南合作援助基金等，搭建包括中国国际进口博览会在内的多边对话和合作平台，积极参与国际和地区事务，积极开展对外援助，由国际公共产品的受益者，发展成为国际责任的承担者和全球公共产品的提供者。

中华民族迎来从站起来、富起来到强起来的伟大飞跃，最根本的是因为中国共产党领导人民建立和完善了中国特色社会主义制度，形成和发展了党的领导和经济、政治、文化、社会、生态文明等各方面制度，不断加强和完善国家治理。坚持把马克思主义基本原理同中国实际相结合，在古老的东方大国建立起保证亿万人民当家作主的新型国家制度；不断完善人民代表大会制度、社会主义协商民主、基层群众自治制度等政治制度，有效体现人民意志、保障人民权益、激发人民创造力；不断推进全面依法治国，促进社会公平正义、维护社会和谐稳定，确保党和国家长治久安；不断探索和完善社会主义市场经济制度，极大地解放和发展了生产力；不断繁荣发展社会主义先进文化的制度，激发全民族文化创造活力；不断健全完善生态文明制度体系，促进人与自然的和谐共生。70年的实践证明，中国的国家制度和国家治理体系具有多方面的显著优势，为中国持续发展提供了根本保障。世界上越来越多的人开始正视中国制度、中国治理，"中国之治"蕴含的制度价值、治理经验，为世界上那些既希望加快发展又希望保持自身独立性的国家和民族提供了借鉴，为解决人类问题贡献了中国智慧、提供了中国方案，这是中华民族对人类文明进步做出的重大贡献。世界各国由于国情、发展阶段、历史传承、文化传统不同，在长期的发展中形成了不同的发展道路和发展模式，中国历来尊重发展模式的多样性，支持各国选择适合自身条件的发展道路。习近平主席特别强调，我们不"输入"外国模式，也不"输出"中国模式，不会要求别国"复制"中国的做法。中国将以开放的眼光、开阔的胸怀对待世界各国人民的文明创造，分享治国理政经验，开展文明交流互鉴，携手建设更加美好的世界。

二

2019年是中国与非洲国家首次建立外交关系63周年。中非双方基于相似的遭遇和共同使命，在过去的岁月里同心同向、守望相助，走出了一条特色鲜明的合作共赢之路。当今世界正处于百年未有之大变局，世界多极化、经济全球化、文化多样化、社会信息化催生新的机遇，也带来新的风险，治理赤字、信任赤字、和平赤字、发展赤字，成为摆在全人类面前的严峻挑战。面对共同的机遇与挑战，中非加强治国理政和发展经验交流借鉴，对于促进中非经济社会共同繁荣发展、拉紧中非人民命运与共的纽带具有重要的意义。

一是牢固树立中非命运共同体理念。习近平主席站在人类历史发展进程的高度，顺应和平、发展、合作、共赢的时代潮流，高瞻远瞩地提出构建人类命运共同体的重大理念。中国是最大的发展中国家，非洲是发展中国家最集中的大陆，中非早已结成休戚与共的命运共同体。面对新形势新挑战，中非携手合作、互利共赢是唯一正确选择。中非人民应该心往一处想、劲往一处使，共同打造责任共担、合作共赢、幸福共享、文化共兴、安全共铸、和谐共生的更加紧密的中非命运共同体，为推动构建人类命运共同体树立典范。

二是加强中非治国理政经验交流。文明的活力在于交往交流交融。中非人文与经贸交流源远流长。今天，我们要更多向对方汲取智慧和营养。中国在保持经济长期发展、大规模减贫、基础设施建设、科技创新和人力资本发展等方面积累了丰富的经验，正在转向高质量发展，愿意和非洲各国人民交流分享。中国也从来不排斥任何有利于发展进步的他国国家治理经验。非洲国家大都属于新兴市场国家和发展中国家，取得的所有成就都令我们欣喜，积累的经验都值得我们珍视。我们希望更多国家参与到治国理政经验交流中来，让我们的朋友圈越来越大，伙伴网越来越广。

三是深化中非人文智库交流合作。智库是连通世界各国民心的纽带，是推动构建中非命运共同体的重要力量。习近平主席倡议成立的中国非洲研究院，是深化中非人文交流和文明互鉴、实现中非关系全面协调发展的重要平台。我们坚信，随着中国非洲研究院的良好运作，必将成为中非交流治国理政经验，促进文化融通、政策贯通、人心相通的思想平台。中国社会科学院作为中国最大智库和全球知名智库，我们愿意同非洲学界朋友们一道，汇聚中非学术智库资源，增进中非人民相互了解和友谊，为中非和中非同其他各方的合作集思广益、建言献策,为促进中非关系发展、构建中非命运共同体贡献力量。

非洲发展不可限量,非洲未来充满希望,中非友好合作前景广阔。我们坚信,在中非人民的共同努力下,"中国龙"与"非洲狮"共舞,中非关系的明天一定会更加美好!

同心共筑更加紧密的中非命运共同体*

很高兴来到象征中非友好合作的非盟总部会议中心，同大家一起探讨中非发展与合作领域的重大问题，为共筑更加紧密的中非命运共同体建言献策。

一

过去数十年来，非洲各国坚持独立自主、联合自强，积极探索符合自身实际的发展道路，积极推动城市化、工业化和地区一体化进程，在发展进步的道路上取得了一系列重大成就，人民生活水平得到显著改善。今天的非洲已成为全球发展潜力最大的地区之一。从南非到埃塞俄比亚，所到之处都让我深切感受到非洲加快发展的强烈愿望，感受到非洲蓬勃发展的全新景象。

过去数十年来，中国始终秉持真实亲诚理念和正确义利观，同非洲各国团结一心、同舟共济、携手前进，在国际风云变幻和时代

---

* 节选自作者2019年12月6日在"共同促进可持续发展：中国与非洲"国际会议开幕式上的演讲。

变迁的考验中结成了休戚与共的命运共同体。在 2018 年举行的中非合作论坛北京峰会上，中非双方一致决定构建更加紧密的中非命运共同体，共同探索新时代中非责任共担、合作共赢、幸福共享、文化共兴、安全共筑、和谐共生之路，为推动构建人类命运共同体树立了典范。面对变乱交织的国际新形势，中非双方要继续同心同向、守望相助，携手构筑更加紧密的中非命运共同体。

一是加强战略对接，深化中非全面战略合作伙伴关系。2013 年秋天，中国国家主席习近平提出共建"一带一路"倡议，引起国际社会热烈响应。六年多来，共建"一带一路"倡议以政策沟通、设施联通、贸易畅通、资金融通和民心相通为主要内容扎实推进，取得明显成效，成为各国参与全球开放合作、改善全球经济治理体系、促进全球共同发展繁荣、推动构建人类命运共同体的国际公共产品。非洲是共建"一带一路"的重要合作伙伴。在包括非洲在内的国际社会共同努力下，共建"一带一路"已进入高质量发展的新阶段，中非合作也由此进入了战略对接的新阶段。当前，中国同非洲关系处于历史最好时期，已有八成以上的非洲国家同中方签署了"一带一路"合作文件，战略对接带来的积极效应正在逐步显现。我们要抓住中非发展战略对接的机遇，凝心聚力推动"一带一路"建设同落实非洲联盟《2063 年议程》、联合国 2030 年可持续发展议程以及非洲各国发展战略深度对接，全面落实中非合作论坛北京峰会的"八大行动"，深化中非共建"一带一路"合作，不断推动中非全面战略合作伙伴关系迈向新高度。

二是加强务实合作，破解发展难题。近年来，恐怖主义、冲突、贫富差距、贫困、气候变化、土地退化、粮食安全、重大传染性疾病、保护主义等全球性挑战日益突出，治理赤字、发展赤字、和平赤字、信任赤字有增无减，世界经济中不稳定不确定因素明显上升，增长动力明显不足。在非洲地区，不少国家经济下行压力加大，减贫、防灾、提升教育和健康水平等任务更加紧迫和艰巨。根据 2019 年 10 月国际货币基金组织发布的《世界经济展望》报告，2019 年世界经济增速为 3%，创 2010 年来最低水平；同期，撒哈拉以南非洲的经济增速为 3.2%，较 2010 年下降了 3.9 个百分点。中国作为最大的发展中国家，非洲作为发展中国家最集中的大陆，已携手开创了一条卓有成效的共同发展之路。新形势下，中非双方共同肩负应对全球发展挑战、塑造全球发展动力、构建包容联动的全球发展治理格局的历史使命。中国愿同非洲各国继续秉持共同发展、集约发展、绿色发展、安全发展和开放发展五大合作发展理念，共享发展经验，不断推动贸易、投融资、基础设施等领域务实合作取得显著成效，为破解全球发展难题做出新的贡献。

　　三是加强人文交流，深化文明互鉴。中非各自拥有灿烂的文明，都是世界文明多样性的维护者。中非人文交流和文明互鉴，促进了彼此文明复兴、文化进步、文艺繁荣，为中非合作奠定了坚实的民意基础。在中非合作论坛框架下，中非文化聚焦、中非文化人士互访、欢乐春节等 200 多个人文合作项目顺利推进，中非人文交流合作蓬勃发展。2019 年 4 月 9 日，中国非洲研究院在北京宣布成立。作为中非人文交流合作的"新生儿"，中国非洲研究院依托中国社会科学院雄厚研究力量和对非合作良好基础，将充分发挥交流平台、研究基地、人才高地、传播窗口作用，为中非加强人文交流、深化文明互鉴提供有力支撑。本次会议的举行，为中国非洲研究院推动中非发展经验交流和文明互鉴迈出了重要一步。我们要以中国非洲研究院成立为契机，继续扩大文化艺术、教育体育、智库媒体、妇女青年等各界人员交往，进一步夯实中非民心相通的基石。

二

2019年是新中国成立70周年。70年来，在中国共产党领导下，中国人民自力更生、艰苦奋斗，在实践中开辟出中国特色社会主义道路，踏上了中华民族伟大复兴的时代征程。70年来，中国人民敞开胸怀、拥抱世界，坚持打开国门搞建设，从根本上改变了中国贫穷落后面貌，为广大发展中国家树立了榜样。70年来，中国奉行独立自主的和平外交政策，始终不渝走和平发展道路，在和平共处五项原则基础上发展同各国友好合作关系，构建了顺应历史发展大势的伙伴关系网络。

我们也清醒地认识到，同非洲各国一样，中国仍然是发展中国家，满足人民日益增长的美好生活需要、推进国家治理体系和治理能力现代化还需长期艰苦努力。中国将同包括非洲国家在内的世界各国一道，努力实现更高质量、更有效率、更加公平、更可持续的发展。

共商中阿合作抗疫
共谋中阿关系发展*

  中阿两个民族有着悠久的友好交往历史，通过陆上和海上丝绸之路，我们的祖先走在了古代各民族友好交往的前列。伊本·白图泰、郑和、甘英，都是我们熟悉的中阿友好交往使者。丝绸之路把中国的造纸术、火药、印刷术、指南针经阿拉伯地区传播到欧洲，又把阿拉伯的天文历法、医药介绍到中国，在世界文明交流互鉴的历史上书写了重要篇章。

  中阿以丝绸之路为纽带的友好交往，形成了和平合作、开放包容、互学互鉴、互利共赢的"丝路精神"。在这一精神的指引下，中阿人民在维护民族尊严、捍卫国家主权的斗争中相互支持，在探索发展道路、实现民族振兴的道路上相互帮助，在深化人文交流、繁荣民族文化的伟大事业中相互借鉴。

  突如其来的新冠肺炎疫情暴发以来，全球已有1200多万人确诊感染，50多万人失去生命。疫情对世界经济发展和人民生活造成了严重冲击，对各国的发展、稳定和安全构成了前所未有的挑战。疫情的全球蔓延，使各国人民更加深切地感受到世界各国休戚与共、

---

* 节选自作者2020年7月11日在"中国与中东合作论坛"上的演讲。

命运相连，唯有携手抗疫、共克时艰才是正确的选择。那种为了个人一己之私、政党利益和一国狭隘利益，将疫情政治化、病毒标签化、抗疫污名化的卑劣做法完全不得人心。与个别大国元首抗疫不力、谎话连篇、欺世盗名、对外"甩锅"形成鲜明对照的是，习近平主席心系各国人民生命健康安全，三次出席国际抗疫"云会议"，两次向中阿高层论坛致贺信，力倡团结抗疫，共同构建人类卫生健康共同体和人类命运共同体，充分彰显了大国元首的责任担当与领袖风范。

一 中阿团结抗疫创造的新经验，进一步夯实了双方战略合作行稳致远的基础

面对来势汹汹的病毒，我们立足各自国情，采取有力防控措施，积极组织抗疫工作，同时，相互支援、同舟共济、共同抗疫。双方领导人互打电话和互发函电，表达守望相助的关心；双方互相捐赠抗疫急需医疗物资，体现患难与共的决心；双方积极分享疫情防控经验和医疗技术，展现共克时艰的信心。在抗疫中，双方的传统友谊得到维护和升华，合作更加密切、互信更加巩固、友谊更加深厚，以实际行动践行了"共建健康丝路"理念、彰显了"疫情无情人有情"的人间大爱、诠释了人类命运共同体的深刻内涵。

当前，中阿都面临疫情防控和复工复产的双重任务，如何进一步加强合作抗疫和经验交流、积极开展药物和疫苗联合研发、不断推进卫生合作机制和平台建设、更好打造中阿卫生健康共同体，扎实推进中阿合作行稳致远，是摆在我们面前的新时代课题。7月6日，习近平主席对"中阿合作论坛第九届部长级视频会议"致贺信，我们要进一步落实好习近平主席的贺信要求，就如何回答和应对上述时代课题，共同努力、密切配合，努力交出不负时代要求和

中阿传统友谊的答卷。

二 中阿高质量合作"一带一路"的新成就，进一步显示了双方经济合作的光明前景

"一带一路"倡议的提出，让古老的"丝路精神"焕发绽放出了新时代之彩。作为"一带一路"建设的重要合作伙伴，中阿秉持共商共建共享的理念，通力合作、共同发展、互利共赢，成为国际社会共建"一带一路"的典范。目前，阿盟和18个阿拉伯国家分别与中国签署了"一带一路"合作文件，战略对接合作不断深化、经济合作成果丰硕。2019年，中国与阿拉伯国家贸易额达2664亿美元，同比增长9%；中国对阿全行业直接投资14.2亿美元，同比增长18.8%。今年上半年，尽管遭受疫情重大冲击，中阿之间合作仍保持了良好的势头，投资增长11.7%，贸易增长3.2%。

在此次抗疫过程中，中阿高质量共建"一带一路"等成果，展现出了强烈的示范效应，多个基础设施和民生项目为阿拉伯国家抗疫发挥了积极作用，并将对今后的复工复产、经济可持续增长发挥重要作用。今后，我们要继续加强财政、货币、贸易、投资等宏观经济政策协调；继续推进能源、经贸、科技、旅游、人文等传统领域合作；继续挖掘数字经济、清洁能源、5G等新领域合作潜力，使双方经济合作继续上一个新台阶。

三 中国梦和阿拉伯梦的完美结合，进一步凝聚了共同构建中阿命运共同体的共识

在中阿合作论坛第六届部长级会议上，习近平主席讲述了一位阿拉伯商人穆罕奈德在中国成功创业、扎根浙江义乌的故事。以这

一典型事例说明：中阿命运与共，中阿命运共同体，是实实在在造福两个民族人民的必然选择，完全符合我们共同发展、共同进步的时代潮流，完全符合人民追求美好生活的意愿。

中华民族和阿拉伯民族创造了灿烂辉煌的文明，近代以来又都在时代变迁中经历过曲折，实现民族复兴始终是我们双方的追求，我们都十分珍惜和维护全球化机遇和红利，都不愿意向自己的邻居和兄弟关上大门。面对个别国家的逆潮流做法，我们更要携起手来，弘扬"丝路精神"，将构建中阿命运共同体不断推向深入，打造构建人类命运共同体的样板和示范。

深化传统友谊　共促创新发展[*]

一年来，新冠肺炎疫情起伏反复，病毒频繁变异，世界经济脆弱复苏。但是，中国与中东国家交流合作持续深化，双方友谊日益巩固，双方人民福祉和前途命运更加紧密相连，充分展现出双方是患难与共、抗疫与共、命运与共的好兄弟、好伙伴、好朋友。

一　在团结抗疫中深化传统友谊，共同推动构建人类命运共同体

面对疫情冲击，中国与中东国家关系逆势前行，焕发出新的生机与活力。中国与中东国家团结抗疫使传统友谊更加深化，人类命运共同体理念更加深入人心。

中国与中东国家的抗疫合作，充分体现命运与共的理念。疫情发生后，双方相互声援鼓励，互助抗疫物资，共同开展疫苗临床试验，联合灌装生产疫苗，举行60多场研讨会交流抗疫经验。中方还向中东国家派遣了100余人次的抗疫医疗专家组，援建了新冠病毒

---

[*] 节选自作者2021年8月17日在第二届"中国与中东合作论坛"上的演讲。

专门检测实验室,援助和出口疫苗7200多万剂。中国与中东国家人民在团结抗疫中形成了守望相助、同舟共济的命运共同体。

中国与中东国家的抗疫合作,充分诠释敢为人先的理念。疫情发生后,中国与中东国家始终走在国际抗疫合作的前列。沙特国王萨勒曼是第一个致电习近平主席支持中国抗疫的外国元首;阿联酋是第一个接受中国疫苗境外三期临床试验的国家;中国和埃及建成了非洲第一条拥有稳定产能的新冠疫苗联合生产线。这些行动和举措体现了双方患难与共的深厚友谊,提升了双方人民抗击疫情的信心。

中国与中东国家的抗疫合作,充分践行多边主义的理念。多边主义是有效应对新冠肺炎疫情的唯一选择,团结合作是战胜疫情的最有力武器。新冠病毒是全人类的共同敌人,国际社会必须共同应对。我们坚决反对病毒标签化、溯源政治化、抗疫污名化,坚决反对"疫苗民族主义",坚决反对以多边主义之名行单边主义之实的各种行为。在全球疫情防控形势依然严峻的背景下,中国与中东国家团结抗疫为践行真正的多边主义树立了典范,为新时代南南合作注入了强大动力。

二 在应对挑战中加强创新合作,共同推动"一带一路"建设高质量发展

在疫情冲击下,中国与中东国家经贸合作保持良好发展态势,重大投资合作项目持续推进,共建"一带一路"韧劲十足。当前,全球疫情防控和经济复苏进入关键时期,中国与中东国家要继续加强创新合作,更好地促发展、惠民生、保稳定。

创新合作机制,加强顶层设计,引领战略对接。中方愿与中东国家一道,推动"一带一路"倡议同埃及"2030愿景"、沙特

"2030 愿景"、土耳其"中间走廊计划"、伊朗第七个"五年计划"、阿联酋"面向未来 50 年国家发展战略"、阿曼"2040 愿景"、巴林"2030 经济发展愿景"等中东国家规划深度对接，充分发挥中东作为陆海丝绸之路交汇地带的优势，更好实现双方优势互补、互利共赢。

创新合作领域，培育新增长点，打造新增长极。中国和中东国家是彼此重要的经济合作伙伴。2020 年，中阿货物贸易额达到 2400 亿美元，中国稳居阿拉伯国家第一大贸易伙伴地位。在新一轮科技革命和产业变革的历史潮流中，双方要将能源合作向全产业链合作拓展，将传统领域合作向数字经济、绿色经济、5G、人工智能等新兴领域合作拓展，不断推动经济转型升级、创造新的增长动力。

创新合作模式，整合多种资源，推动创新发展。近年来，双方不断深化基础科研、文化、教育等领域的创新合作，联合建立了多个创新园区和创新中心，为双方创新发展提供了有力支撑、创造了广阔前景。当前，双方要继续深化科技创新务实合作，充分利用双方创新资源和国际创新合作平台，共同将"一带一路"建成引领高质量发展的创新之路。

三 在共同发展中谋求普遍安全，共同维护中东地区和平稳定

长期以来，中东地区饱受大国干预和地缘竞争之苦，中国始终心系中东地区和平、稳定和发展。新的历史时代，中国积极倡导共同发展和普遍安全，努力为中东地区和平稳定做出更大贡献。

以共赢观念谋安全。习近平主席提出，我们要在中东摒弃独享安全、绝对安全的想法，不搞你输我赢、唯我独尊，打造共同、综合、合作、可持续的安全架构。我们尊重中东地区国家主权独立和

领土完整，支持各方以和平方式开展广泛对话，以政治途径解决地区争端，坚决反对任何外部势力干涉中东国家内政，反对动辄使用武力或以武力相威胁。

以发展治理保安全。发展是安全的保障，解决中东动荡的根本出路在于发展。只有携手消除贫困、促进共同发展，才能从源头上预防和打击极端思想和恐怖主义。中方愿继续举办中阿改革发展论坛、中东安全论坛，同中东国家加强治国理政经验交流，共同分享发展成果，促进中东长治久安。

以多边合作促安全。促进中东安全稳定，需要各方共同付出努力。中方愿同中东国家一道，践行以对话解决争端、以协商化解分歧的新思路，推动海湾地区国家平等对话协商，相互理解照顾，改善彼此关系；坚决打击恐怖主义，推进去极端化进程；共同举办海湾地区安全多边对话会议，探讨构建中东信任机制。

2021年是中国共产党成立100周年。100年来，中国共产党团结带领全国各族人民找到了实现中华民族伟大复兴的正确道路，实现了民族独立、国家富强、人民幸福，创造了人类社会发展史上的"中国奇迹"。中国共产党百年奋斗实践和70多年执政兴国经验表明，中国的发展给世界带来的是动力不是障碍，是机遇不是威胁。我们将继续高举和平、发展、合作、共赢旗帜，弘扬和平、发展、公平、正义、民主、自由的全人类共同价值，同包括中东国家在内的世界各国人民深化友谊、加强交流，推动建设新型国际关系，推动构建人类命运共同体。

七 周边及其他

于变局中开创中国与周边
关系发展新局面[*]

过去的一年，新冠肺炎疫情全球肆虐，世界经济陷入深度衰退，人类经历了史上罕见的多重危机，中国周边环境也出现了一些新情况新挑战。在习近平外交思想的正确指导下，中国坚持亲、诚、惠、容理念和与邻为善、以邻为伴的周边外交方针，积极同周边国家开展抗疫和务实合作，共同维护地区繁荣发展与和平稳定，推动周边命运共同体建设迈出坚实步伐。

周边在中国发展大局和外交全局中具有极为重要的地位，深化中国与周边国家关系研究，为做好周边外交工作、实现中华民族伟大复兴提供智力支撑，是中国哲学社会科学工作者的职责和使命。

---

* 节选自作者 2021 年 4 月 9 日在《中国与周边国家关系发展报告（2021）》发布会暨"中国与周边关系"学术研讨会上的演讲。

一　周边对于中国开放发展稳定
　　具有重大意义

习近平总书记指出，周边是中国安身立命之所，发展繁荣之基。中国进入新发展阶段，将加快构建以国内大循环为主体、国内国际双循环相互促进的新发展格局。必须坚持对外开放基本国策，通过实施更大范围、更宽领域、更深层次对外开放，促进贸易和投资自由化便利化，建立更高水平开放型经济体制，更深度地融入经济全球化，更高水平利用国内国际两个市场、两种资源，塑造中国参与国际合作和竞争新优势。

重视同周边国家的关系，是中国实施高水平对外开放，构建新发展格局的内在要求。"十四五"规划和2035年远景目标纲要明确提出，要"加强与周边国家互联互通""扩大与周边国家贸易规模，稳定国际市场份额""以沿海经济带为支撑，深化与周边国家涉海合作"，这为新发展阶段中国与周边国家合作发展指明了方向。中国正处于实现中华民族伟大复兴的关键时期，发展仍是第一要务，需要一个稳定的周边环境。尽管和平、发展、合作、共赢依然是我国周边的主流，但威胁稳定的因素依然存在。这就要求不断深化同周边国家关系，坚持睦邻、安邻、富邻，推动与周边国家的安全合作，为中国发展争取良好的周边环境。

二　中国与周边国家开创了共建共享
　　共赢新局面

当今世界正经历百年未有之大变局，面对国际经济政治格局的深刻复杂调整，中国坚持"对话而不对抗，结伴而不结盟"原则，提升与周边国家的伙伴关系，深化同周边国家的互利合作与互联互通，不断开创共建共享共赢新局面。

中国与周边国家安全合作不断深化。无论从地理方位、自然环境还是相互关系看，周边对中国都具有极为重要的战略意义，开展安全合作是共同需要。中国倡导共同、综合、合作、可持续的安全观，与邻国边境安全合作不断规范，与东盟海上安全合作稳步推进，上海合作组织反恐合作也步入法制化轨道。在非传统安全领域，特别是在合作抗疫上，中国与周边国家之间合作取得显著成效。

中国与周边国家共同发展成效显著。2020年，中俄经贸合作经受住了疫情考验，双方合作继续保持长期向好的基本面。中日贸易稳定发展，呈现出新的合作活力。中国成为印度第一大贸易伙伴，再次证明合作共赢才是两国发展的正确方向。中国与东盟互为第一大贸易伙伴，为周边国家恢复和发展经济注入强大动力。《区域全面经济伙伴关系协定》胜利签署，开创了周边经贸合作新局面。澜沧江—湄公河合作也正从快速拓展期进入全面发展期。

中国与周边国家交流互鉴积极推进。在合作抗疫背景下，中国践行周边命运共同体理念，与周边国家密切合作，助力形成地区抗击疫情的最大合力。在中国疫情防控形势最困难的时刻，周边多个国家给予大力支持；中国也本着量力而行、尽力而为的原则，及时向出现疫情扩散的周边国家伸出援手，赢得了周边国家的普遍赞誉。中国与周边国家人民守望相助，相互支持，在共同抗疫中增进了彼此情谊，促进了民心相通，夯实了睦邻友好的民意基础。

中国与周边国家环保合作持续加强。中日韩环保合作走向成熟。《上合组织成员国环保合作构想》及《2019—2021年〈上合组织成员国环保合作构想〉落实措施计划》，明确了成员国开展生态环保合作的目标、原则和具体路径。中国—东盟中心推动"共建生态文明、共享发展成果"理念在东南亚国家落地生根，助力构建中国—东盟蓝色经济伙伴关系和生态友好城市发展伙伴关系。

三 不断深化中国与周边国家关系研究

时代课题是理论创新的驱动力。当前，中国周边疫情防控形势仍十分严峻，巩固稳定祥和的周边环境、推动区域合作仍面临许多挑战，这对中国与周边国家关系研究提出了新的更高的要求，为理论创新提供了动力源泉。

第一，坚持统筹"两个大局"，深化中国与周边国家关系研究。习近平总书记强调，领导干部要胸怀"两个大局"，一个是中华民族伟大复兴的战略全局，一个是世界百年未有之大变局，这是我们谋划工作的基本出发点。中国始终将周边置于外交全局的首要位置。深化中国与周边国家关系研究，必须从新时代党和国家的战略需要出发，察实情、出实招，使中国与周边国家关系的理论和政策研究水平不断提升，更好服务党和国家工作大局。

第二，坚持历史与现实两个维度相结合，深化中国与周边国家关系研究。历史是现实的根源，任何一个国家的今天都来自昨天。只有了解一个国家从哪里来，才能弄懂这个国家今天怎么会是这样而不是那样，也才能搞清楚这个国家未来会往哪里去和不会往哪里去。深化中国与周边国家关系研究，不仅要坚持问题导向，提出解决具体问题的办法，而且要知其然知其所以然，系统地研究周边国家历史、中国与周边国家关系发展史等，深刻把握中国与周边国家关系发展的历史规律，使中国与周边国家关系研究充分体现先进性和科学性。

第三，坚持运用系统思维和系统方法，深化中国与周边国家关系研究。习近平总书记强调，要善于运用系统科学、系统思维、系统方法研究解决问题。深化中国与周边国家关系研究，必须坚持马克思主义立场、观点、方法，透过现象看本质，既要研究中国与周边国家的互动，又要研究这种互动对中国与周边国家关系的影响，还要研究大国介入周边对中国与周边国家关系发展的影响。

引领区域经济合作新实践
深入构建周边命运共同体[*]

　　党的十八大以来，以习近平同志为核心的党中央高度重视周边外交，明确提出周边外交工作的战略目标、基本方针和总体布局，强调"让命运共同体意识在周边国家落地生根"。近年来，中国秉持亲诚惠容的周边外交理念，坚持与邻为善、以邻为伴，坚持睦邻、安邻、富邻，不断深化同周边国家的互利合作和互联互通，引领区域经济合作创新升级，推动周边命运共同体建设取得重要进展。在新征程上，要坚定不移地贯彻落实习近平总书记和党中央战略决策部署，按照构建周边命运共同体的总体目标和战略要求，扎实推进周边外交、对外开放和区域经济合作，持续深入推动与周边国家共同构建包容互惠、均衡发展的利益共同体和命运共同体。

---

[*] 原文刊载于《当代世界》2022年第4期。

一 以区域经济合作为依托，彰显构建周边命运共同体理念的时代价值

习近平总书记指出，周边是中国的安身立命之所、发展繁荣之基。做好新时代周边外交工作，必须统筹国内国际两个大局，将构建周边命运共同体与中华民族伟大复兴的中国梦紧密相连，为实现"两个一百年"奋斗目标营造良好外部环境。周边命运共同体理念系统回答了在大发展大变革大调整背景下，如何推动周边外交、打造区域全方位开放格局以及引领区域合作高质量发展等问题，是习近平外交思想前瞻性、创新性、系统性与全面性的深刻体现。

构建周边命运共同体是构建人类命运共同体的重要组成部分，是践行习近平外交思想的必要途径，是中国与周边地区命运与共的根本要求。党的十八大以来，习近平总书记站在人类历史发展进程的高度，深入思考"建设一个什么样的世界、如何建设这个世界"等关乎人类前途命运的重大课题，高瞻远瞩地提出构建人类命运共同体理念，为人类社会实现共同发展、持续繁荣、长治久安绘制了蓝图。构建人类命运共同体是中国提出的解决人类命运问题的方案，是世界各国人民共同的事业，需要在全球和地区层面深度协作，从局部做起，逐步推进。周边同我国地缘相近、人文相亲、利益相连，是构建人类命运共同体的优先方向。当今世界正经历百年未有之大变局，世界正处于大发展大变革大调整时期，和平与发展仍然是时代主题，同时不稳定性不确定性更加突出，中国及周边国家政通人和、社会稳定，是全球格局中的稳定板块，但同时也面临许多共同挑战。中国周边是多种文明和多民族汇聚之地，既有热点敏感问题，又存在民族宗教矛盾，恐怖主义、极端主义、跨国犯罪、网络安全、重大自然灾害等非传统安全挑战增多。这些共同挑

战将中国与周边国家紧密联系在一起，迫切需要通过构建周边命运共同体，共同去应对和破解。周边命运共同体理念是在人类命运共同体理念框架下产生的，是继承和发扬与邻为善、以邻为伴的周边外交方针的新理念新主张新倡议。构建周边命运共同体是构建人类命运共同体的关键环节和重要区域，通过将中国同周边国家的美好发展愿景联结起来，开辟了世界光明前景和人类美好未来。

推动构建周边命运共同体是一项系统工程，着力深化互利共赢格局是至关重要的方面。中国通过加强区域经济合作，深化互利共赢格局，突出亲诚惠容的周边外交理念，彰显了构建周边命运共同体理念的时代价值。一是坚持与周边国家睦邻友好、守望相助，充分体现了睦邻亲邻的合作观。中国倡导与邻为善、与邻为伴，强调己欲立而立人、己欲达而达人，主张帮助周边国家就是帮助中国自己。对于一些经济发展相对缓慢、国内民众饱受贫穷饥饿困扰的发展中国家，中国总是第一时间为其提供力所能及的支持和帮助，与地区各国一道共克时艰，合作应对各种形式的危机与灾害，拉动地区和世界经济的复苏增长，展现负责任大国的积极形象，凸显了构建周边命运共同体的价值和意义。二是对周边国家诚心诚意、坦诚相待，充分体现了以诚处世的发展观。中国秉持以诚处世、以信立身，倡导共商、共建、共享原则，推动区域内国家平等协商、自主选择、精诚合作，构建灵活多样的区域经济合作与发展路径。三是让中国的发展成果惠及周边国家，充分体现了互惠互利的义利观。习近平总书记强调，要坚持正确义利观，做到义利兼顾，要讲信义、重情义、扬正义、树道义。随着中国与周边国家经济相互依赖程度日益加深，中国与周边各国日益形成你中有我我中有你、相互依赖休戚与共的共同体，推动相关国家共同秉持风雨同舟、荣辱与共、和衷共济、和合共生的理念。中国顺应世界和平发展、合作共赢的历史大势，欢迎他国从中国的快速发展中获益；同时寻找与周边国家的利益共同点和交汇点，编织更加紧密的共同利益网络，从而把双方利益融合提升到更高水平，将中国发展同周边国家发展结合起来，以实现中国人民和周边各国人民对美好生活的向往为本质要求、内在规律和前进方向，彰显了以人民为中心的新时代中国特色大国外交的价值底色。四是以更加宽广的胸襟促进区域经济合作，充分体现了开放包容的责任观。一花独放不是春，百花齐放春满园。不同于某些域外国家构建排他性小集团的做法，中国始终倡导包容的思想，强调亚太之大容得下大家共同发展，在追求本国利益时兼顾他国合理关切，在谋求自身发展中促进各国共同发展，始终从根本上推动均衡的地区发展和有效的地区治理。中国以前所未有的力度提供全方位、全覆盖、高质量的区域公共产品，与周边国家形成了增长联动、利益融合的命运共同体，推动与周边发展中国家的互利互补、包容发展。中国主张区域合作应以发展为导向、以开放为特征，不仅致力于促进各国国内经济发展和国际竞争力提升，同时对世界所有国家和地区平等开放，强调变竞争对抗为和平发展、变零和博弈为互利共赢、变文明冲突为交流互鉴，回应周边和世界各国人民求和平、谋发展、促合作的普遍诉求。

二 以深化互利共赢为契合点，推动区域经济合作的创新实践

习近平总书记在周边外交工作座谈会上强调，要关力深化互利共赢格局。统筹经济、贸易、科技、金融等方面资源，利用好比较优势，找准深化同周边国家互利合作的战略契合点，积极参与区域经济合作，加快基础设施互联互通、构建区域经济一体化新格局，深化区域金融合作。要同有关国家共努力，加快基础设施互联互通，建设好丝绸之路经济带、21世纪海上丝绸之路。要以周边为基

础加快实施自由贸易区战略，扩大贸易、投资合作空间，构建区域经济一体化新格局。要不断深化区域金融合作，完善区域金融安全网络。要加快沿边地区开放，深化沿边省区同周边国家的互利合作。近年来，在构建周边命运共同体理念引领下，中国立足周边地区对中国的差异化期待，着眼于周边地区面临的具体问题，着力深化互利共赢格局，推动区域经济合作创新升级。

第一，强化项目建设与规则协调相互支撑，推动复合型互联互通。"一带一路"建设是中国推动构建人类命运共同体和周边命运共同体的重要平台。"一带一路"倡议的首要合作伙伴是周边国家，丝绸之路经济带倡议通过6条重要经济合作走廊，21世纪海上丝绸之路分多条线路，把中国与周边国家的利益密切串联起来。中国把基础设施"硬联通"作为重要方向，把规则标准"软联通"作为重要支撑，使周边国家在共建"一带一路"高质量发展中不断获益。在"硬联通"方面，中国高度重视周边地区的铁路、公路、航空、港口、电力和电信建设，完善陆、海、天、网"四位一体"复合型互联互通格局。2021年，多项"一带一路"重大基础设施项目建成完工。中老铁路顺利通车，老挝由"陆锁国"变"陆联国"；中巴经济走廊默拉输电项目正式送电，为当地生产生活提供了坚实保障；雅万高铁、中蒙俄经济走廊等项目建设稳步推进。在"软联通"方面，中国秉持共商、共建、共享的原则，积极同周边国家加强政策沟通和规则协调。2013年以来，"一带一路"倡议已与印度尼西亚提出的"全球海洋支点"构想、东盟发布的《东盟互联互通总体规划2025》、俄罗斯主导的欧亚经济联盟、越南提出的"两廊一圈"建设、蒙古国提出的"草原之路"等周边地区发展规划对接。

第二，加快双边和区域自由贸易协定谈判，推动自贸区战略升级。近年来，随着多边贸易谈判陷入僵持，双边和区域自由贸易协定谈判蓬勃发展,周边成为中国打造和升级自贸区战略的重点区域。在双边层面,中国已与十余个周边国家或地区组织签订自由贸易协定,与新加坡、东盟等签订了双边自由贸易协定升级版。① 在区域层面,中国与东盟等共同推动的《区域全面经济伙伴关系协定》(RCEP)于2022年1月1日正式生效。RCEP是中国加入的第一个真正意义上的区域自由贸易协定,也是对当前国际经贸合作形势的有力回应。2020年,中国与RCEP成员贸易总额约占中国对外贸易总额的1/3,来自RCEP成员的实际投资占中国实际吸引外资总额比重超过10%。② RCEP生效后,缔约成员之间90%以上的货物贸易实现免关税,服务贸易和投资大幅放开外资准入门槛,将对区域经济合作和世界经济复苏产生重大积极影响。

第三,筹建基础设施融资为主的多边机构,推动高水平发展合作。亚投行是首个由中国倡议和筹建的多边发展融资机构,致力于完善基础设施投融资网络,推动亚洲地区基础设施建设和互联互通,推动周边国家、亚洲乃至全球合作发展。习近平总书记指出,亚投行应该成为促进成员共同发展、推动构建人类命运共同体的新平台。经过6年多建设和发展,亚投行的"朋友圈"越来越大、好伙伴越来越多、合作质量越来越高。截至2022年2月,亚投行的成员已发展到105个,共批准168个项目,累计投资总额近340亿美元③,为周边国家和亚洲经济增长提供了强大动力,这一点在新冠肺炎疫情防控期间得到了充分体现。亚投行于2020年4月启动设立新冠肺炎危机恢复基金,旨在为成员提供公共卫生、经济发展等方

---

① 数据来自中华人民共和国商务部中国自由贸易区服务网,http://fta.mofcom.gov.cn/。
② 中华人民共和国商务部《商务部国际司负责同志解读〈区域全面经济伙伴关系协定〉(RCEP)之一》,http://www.mofcom.gov.cn/article/news/202011/20201103015927.shtml。
③ The Asian Infrastructure Investment Bank, "Project Summary", https://www.aiib.org/en/projects/summary/index.html。

面的紧急融资支持。截至2022年3月，在新冠肺炎危机恢复基金框架下，亚投行已批准了46个项目，累计批准融资总额超过115亿美元。①亚投行在全球抗疫中的担当和作为表明，人类是休戚与共、风雨同舟的命运共同体，唯有相互支持、团结合作才是战胜灾难和危机的人间正道。

第四，强调因地制宜精准施策多措并举，积极同周边国家开展次区域合作。在中南半岛，澜湄地区国家提出共建澜湄国家命运共同体，确定"3+5"合作框架，即以政治—安全、经济和可持续发展、社会—人文为三大合作支柱，将互联互通、产能、跨境经济、水资源、农业减贫五个功能领域作为优先方向。在南亚次大陆，中国与巴基斯坦围绕中巴经济走廊建设，以瓜达尔港、能源、基础设施建设、产业合作为重点，形成"1+4"合作布局。在中亚地区，中国在上合组织框架内提出构建"卫生健康共同体""安全共同体""发展共同体""人文共同体"的重大倡议，为上合组织下一阶段的各领域合作擘画了蓝图。

三 以更高水平的区域经济合作为方向，拓展构建周边命运共同体的现实路径

当前，世界百年未有之大变局进入加速演变期，经济全球化遭遇逆流，民粹主义、排外主义、保护主义、单边主义等抬头，国际格局发生深刻复杂调整。在新冠肺炎疫情大流行、多边治理机制陷入停滞的背景下，深化区域经济合作是中国推动制度型开放的必由

---

① The Asian Infrastructure Investment Bank, "AIIB Expands COVID-19 Crisis Recovery Facility to USD20 Billion", https://www.aiib.org/en/news-events/news/2022/AIIB-Expands-COVID-19-Crisis-Recovery-Facility-to-USD20-Billion.html.

之路。

第一，加快构建新发展格局，为构建周边命运共同体奠定战略基点。以习近平同志为核心的党中央根据国家发展阶段、环境、条件变化，特别是基于中国比较优势变化，审时度势作出"加快构建以国内大循环为主体、国内国际循环相互促进的新发展格局"的重大决策。新发展格局不是封闭的国内循环，而是开放的国内国际双循环，必须坚定不移推动高水平对外开放，通过实施更大范围、更宽领域、更深层次的对外开放，推动贸易和投资自由化便利化，建立更高水平开放型经济体制，更深度地融入经济全球化。中国是全球经济增长最快的主要经济体之一，也是绝大多数周边国家的最大贸易伙伴国和贸易顺差来源国。通过构建新发展格局，中国将继续发挥地区和全球经济"稳定器"与"助推器"的作用，有利于与周边国家一道加快推动疫后经济复苏。

第二，绘好"一带一路"工笔画，为构建周边命运共同体注入持续动力。"一带一路"已经走完谋篇布局的"大写意"阶段，正转向精耕细作的"工笔画"阶段，这对以规则和机制为主体的"软件"建设提出更高要求。一方面，要充分利用现有地区制度框架，建立相应的配套机制。可考虑在亚太经合组织、东亚峰会、RCEP、亚信峰会、澜湄合作等区域合作机制下，加强与"一带一路"参与国的沟通联系，建立配套的会前、会中或会后协调与对话机制。这既有利于提升"一带一路"参与国在区域组织中的作用，也能够加强"一带一路"倡议的政策沟通与战略对接。另一方面，要根据区域经济发展需求，做好制度增量建设。由于周边国家的政治、经济、法律制度不尽相同，在"一带一路"建设推进过程中，规则差异导致的风险时有发生。为此，可吸收和整合国内外制度和规则制定的最佳实践，尝试构建双边或区域争端解决机制，弥补当前"一带一路"建设和区域经济合作存在的制度空白。

第三，推动自由贸易协定升级，为构建周边命运共同体提供制度保障。RCEP是中国推动高标准自贸区网络建设的重要举措。与此同时，鉴于《全面与进步跨太平洋伙伴关系协定》（CPTPP）在电子商务、政府采购、知识产权等"边境后"规则方面实施更高水平的一体化合作，中国近年来多次表达加入CPTPP的愿望，将对标CPTPP规则视为推动制度型开放的重要一步。此外，中国还积极推动或申请加入其他自由贸易协定谈判，如在RCEP基础上，推进中日韩自由贸易协定谈判；在中国—东盟自贸区升级版的基础上，推进中国—东盟自贸区3.0版联合可行性研究；申请加入由新加坡、新西兰和智利组成的《数字经济伙伴关系协定》（DEPA），努力营造开放、公平、公正、非歧视的区域和全球数字发展环境等。

第四，维护周边产业链供应链稳定，为构建周边命运共同体夯实物质基础。新冠肺炎疫情放大了产业链供应链安全隐患，推动世界各国寻求构建更加稳定可靠、互惠互利的产业链供应链。中国周边国家之间具有很强经济互补性，可通过产业政策的有机协调，推动产业与产业之间、相同产业上下游企业之间分工合作，充分发挥规模经济效应。针对产业链供应链的收缩趋势，中国与周边国家要积极倡导秉持开放包容理念，旗帜鲜明反对部分发达国家的单边主义、保护主义，维护全球产业链供应链稳定畅通；同时根据形势变化，加强与周边国家沟通和协调，先行解决周边产业链供应链存在的难点、堵点，最大限度实现区域内货物和人员流动便利化。

第五，推动亚洲数字经济共同发展，为构建周边命运共同体拓展合作空间。随着物联网、人工智能、大数据、生物技术等新技术应用持续突破，与之相关的新模式、新业态、新产品层出不穷。中国与周边国家既要把握全球化进程中的网络化、智能化、数字化特征，全力促进地区各国经济的优化、转型和升级，推动区域经济合作高质量发展，也要注意防范"数字鸿沟"可能加剧不平等的问题。[①] 特别是在推动"一带一路"建设的过程中，中国要在充分保护知识产权的前提下，与周边各国积极探索合适的数字技术转移模式和数字经济发展方式，有效弥合各国之间存在的"数字鸿沟"和"科技鸿沟"。

---

① World Economic Forum, "The Global Risks Report 2021", https：//www.weforum.org/reports/the‐global‐risks‐report‐2021.

深化中白合作
推动"一带一路"高质量发展[*]

2013年,中国国家主席习近平提出"一带一路"倡议,体现了中国作为世界第二大经济体和最大发展中国家,推动国际秩序和全球治理体系向着更加公平、公正、合理方向发展的责任担当。"一带一路"倡议既是维护开放型世界经济体系、实现包容性可持续发展的中国方案,也是深化区域合作、加强文明互动交流、维护世界和平稳定的中国主张。

一

六年来,中国与"一带一路"沿线国家的合作取得显著成效。2013—2018年,中国企业对"一带一路"沿线国家直接投资超过900亿美元,年均增长5.2%。在沿线国家新签对外承包工程合同额超过6000亿美元,年均增长11.9%。中国企业在"一带一路"

---

[*] 节选自作者2019年5月27日在"'一带一路'高质量发展与中白工业园建设"研讨会上的演讲。

沿线国家建设了一批境外经贸合作区，累计投资超过300亿美元，成为沿线国家经济增长、产业集聚的重要平台，带动东道国就业近30万人。中国与"一带一路"沿线国家货物贸易总额累计超过6万亿美元，年均增长4%，高于同期中国对外贸易增速，占中国货物贸易总额的比重达到27.4%。

六年来的实践表明，"一带一路"不是中国的地缘政治工具。中国外交一向高度自律，严格奉行"五不"原则，即不干预别国探索符合国情的发展道路，不干涉别国内政，不把自己的意志强加于人，不在援助中附加任何政治条件，不在投资融资中谋取政治私利。在"一带一路"建设中，中国从来没有划定"势力范围"或在合作中针对第三方，更不会输出自己的发展模式。

六年来的事实证明，"一带一路"建设给沿线国家带来的是发展红利，而绝不是所谓的"债务陷阱"。"一带一路"沿线国家大多是发展中国家，面临的资金缺口很大，而发达国家和国际金融机构不愿意发放大额贷款。中国从发展中国家的现实需要出发，应这些国家申请，提供优惠贷款，解决了这些国家发展经济的燃眉之急。中国的贷款不是简单的输血，而是通过投资项目引导和改善受贷国的投资环境，帮助其获得先进技术和管理经验，进而提高造血能力，实现了双赢的结果。迄今为止，还没有一个国家因为中国的贷款而陷入债务危机。

经过六年发展，"一带一路"建设从"大写意"进入"工笔画"，迈向更高质量发展的新阶段。我们将继续秉持共商共建共享的原则，坚持多边主义，把沿线国家的优势和潜能充分发挥出来；坚持开放、绿色、廉洁的理念，不搞封闭排他的小圈子，保护好我们赖以生存的共同家园，坚持一切合作都在阳光下运作；努力实现高标准、惠民生、可持续的目标，推动相关企业在项目建设、运营、采购、招投标等环节按照普遍接受的国际规则标准进行，让共建"一带一路"成果更好惠及全体人民，并确保商业和财政上的可持续性。

"一带一路"首先是经济合作倡议，也为完善全球治理体系提出了中国方案。高质量发展意味着"一带一路"建设将充实更多的时代内涵，取得更多务实成果，提高合作层次与水平，更好体现中国领导人提出的新型合作观、发展观、义利观；中国将继续以相互尊重、合作共赢为基础，与其他国家一道挖掘和拓展共同利益，努力实现使世界各国无论大小、贫富都能受益的全球治理体系。

习近平主席在第二届"一带一路"国际合作高峰论坛上宣布，中国将进一步开放市场，推进贸易投资自由化便利化，搭建更多的贸易合作平台，进口更多沿线国家生产的商品，无疑将为这些国家带来持续增长动力。这里，我想用中国改革开放的实践告诉大家：40年前，中国还是一个封闭落后的国家，正是改革开放给中国带来社会进步、带来繁荣发展、带来人民福祉。20世纪80年代初，中国打开国门拥抱世界，引进国外资金、技术和管理经验，促进了中国的基础设施建设、产业结构升级、科学技术进步和经济社会发展。外来投资没有改变中国特色社会主义的制度，没有增加中国的债务负担，没有造成中国财政的不可持续，而是带来了中国与合作伙伴的双赢和多赢，使中国实现了从"引进来"到"走出去"，再到全方位、多层次、宽领域的对外开放。

二

当前国际经济形势十分复杂，充满不确定性和不稳定性。一方面，2008年爆发于美国的国际金融危机的影响没有完全消除；另一方面，近年来明显抬头的极端民族主义、民粹主义、单边主义、贸易保护主义对世界政治经济的稳定带来新的冲击，给世界经济发展蒙上新的阴影。

中国始终是世界和平的建设者、全球发展的贡献者、国际秩序的维护者和共同开放的推动者。截至2019年第一季度，中国经济增速已经连续14个季度保持在6.4%—6.8%的平稳区间，对世界经济增长的贡献约30%，居民收入同步增长，消费价格基本稳定，城乡劳动者就业充分，社会保持和谐稳定。中国政府坚持稳中求进的经济工作总基调和以人民为中心的发展理念，贯彻创新、协调、绿色、开放、共享的新发展理念，深入推进供给侧结构性改革和高质量发展，我们有充分信心实现预定的发展目标。

白俄罗斯是"一带一路"倡议的坚定支持者和参与者，中白两国在"一带一路"框架下已经取得很多重要成果。2014年，双方签署了共建"丝绸之路经济带"合作议定书；2015年，双方签署了友好合作条约和深化全面战略伙伴关系的联合声明；2016年，两国元首签署《关于建立相互信任、合作共赢的全面战略伙伴关系的联合声明》，并宣布发展全天候友谊，携手打造利益共同体和命运共同体；同年，双方签署共同推进"一带一路"建设的措施清单。白俄罗斯作为内陆国家虽然没有出海口，但由于"一带一路"建设的拉动，凭借中欧班列已成为欧亚大陆交通物流和贸易的枢纽，经过白俄罗斯的铁路集装箱列车数量快速增长。

欧亚地区是世界地缘政治的心脏，是丝绸之路经济带建设的核心，已成为支持"一带一路"建设的中坚力量。中白工业园是"一带一路"倡议背景下，中白两国政府从双方共同利益出发，在白俄罗斯境内建立的经贸合作区，是中国在境外最大的经贸合作园区。基于经贸、产业、科技等方面全领域、多方位的合作，中白工业园将欧亚地区国家有机联系起来，成为维护欧亚地区稳定发展的经济基石。中白工业园是新时期双边或多边经济合作促进区域经济一体化发展的产物，与传统工业园有相似之处，同时也具有自己的创新点，是新时代区域经济合作发展的代表性案例，因此完全可以成为"一带一路"高质量发展的典型范例。

三

白俄罗斯有句谚语，"牢固的友谊利斧难破"。中国和白俄罗斯是可靠的全面战略伙伴，是全天候、亲密无间的好朋友。当今世界局势复杂多变，巩固和发展中白两国相互信任、合作共赢的全面战略伙伴关系，有利于促进欧亚地区乃至世界的和平、稳定与发展，符合两国和两国人民的根本利益。

中国社会科学院是中国哲学社会科学的最高学术机构，也是世界最大的综合性高端智库。2015年，在中白两国元首的见证下，中国社会科学院与白俄罗斯科学院签署合作协议，建立了中白发展分析中心。迄今，双方已举办三届中白学术论坛，开展了多个联合研究课题。我们共同肩负着合作共建"一带一路"的历史使命，双方要有大局意识，坚持以问题为导向，结合重点、难点和痛点问题深化研究。希望以这次会议为新契机，两国智库积极建言献策，为推动中白关系的和谐发展，为促进中白工业园的高质量建设做出新贡献。

加强中印战略合作
增进中印学术智库交流[*]

2015年,在李克强总理与莫迪总理见证下,中国社会科学院与印度外交部签署了《关于设立中印智库论坛合作交流备忘录》。自2016年起,论坛已经成功举办三届,发挥了"促进沟通、深化了解、增信释疑、建言献策"的重要作用。2019年10月,习近平主席和莫迪总理在金奈举行非正式会晤。习近平主席提出,希望两国继续加强人文交流,筑牢友谊根基,双方及时有效开展战略沟通。这些建议得到莫迪总理积极回应。为落实好两国领导人达成的共识,中国社会科学院将一如既往地和印度同行一道推进智库对话,充实两国人文交流内涵,为促进两国民心相通和友好合作不懈努力。

---

[*] 节选自作者2019年11月28日在第四届"中印智库论坛"开幕式上的演讲。

一 加强中印战略合作符合发展中国家整体利益和全球稳定发展需要

当今世界进入大发展大变革大调整的新时期，国际格局和力量对比加速演变。新兴市场国家和发展中国家群体性崛起，对世界经济增长的贡献率达到80%。这一进程改写了世界经济格局，也改变了国际力量对比，推动了国际关系民主化进程。同时，我们也看到，大变局下充满风险和挑战，各种新旧因素和矛盾相互交织叠加，保护主义、单边主义抬头，全球治理体系和多边机制受到冲击，国际局势不稳定性不确定性日益突出。

中国和印度互为邻国，同为发展中国家和新兴市场国家，也是世界上仅有的两个10亿人口级别的大国。在复杂多变国际形势下，中印是世界多极化进程中的重要力量，在维护全球稳定与发展方面肩负着越来越重要的责任。两国应坚定维护以联合国为核心的国际体系和以国际法为基础的国际秩序，维护多边主义，坚定维护以世界贸易组织为核心的多边贸易体制，共同致力于推动投资、贸易自由化和便利化，建立更加开放、平衡、包容、普惠、透明的全球经济运行机制，减少全球经济的不确定性，保障发展中国家的正当发展权益。

在二十国集团、金砖国家等多边框架内中印应加强沟通，协调各成员国立场，贡献更多体现新兴经济体共同利益的方案，展现大国的责任和担当。在上海合作组织、中俄印等地区机制内，中印应加强对话、密切协作，共同探索地区合作的新模式与新路径，持续丰富合作内涵，推动本地区繁荣发展。"中印+"合作未来可期，可逐步向南亚、东南亚、非洲拓展，并共同推进尽早达成《区域全面经济伙伴关系协定》，打造更加畅通的地区互联互通网络。

二 加强中印务实合作符合
两国人民根本利益

中印两国经济总量占全世界的20%，在全球经济复苏依然乏力的大背景下，中印经济呈现良好发展态势，为本地区乃至全球经济增长做出重要贡献。近年来，中印务实合作不断加强，双边贸易额从2000年的29亿美元增长至2018年的950亿美元，双方在产能、医药、旅游、信息技术、电子商务、基础设施建设等领域合作潜力巨大。在2019年第二届中国国际进口博览会上，印度作为主宾国大力推介本国特色产品，成为本届进博会成交额增幅最大的参展国。印度的农业、医药、软件等产品具有竞争优势，中国的电子商务、智能手机等科技产品也深受印度市场青睐。未来中印进一步加强务实合作，将给两国人民带来更多实实在在的好处。

当前，中印都处在各自发展振兴的关键期。中国将继续坚持对外开放的基本国策，坚持以开放促改革、促发展、促创新，持续推进更高水平的对外开放。印度政府也在锐意改革，推进市场开放，简化投资审批程序，提高行政效率，改善营商环境。中印双方要按照两国领导人达成的共识，坚持友好合作的大方向，本着积极、务实、开放的心态看待彼此发展利益，不断打造新的增长点，推动双边经贸合作平衡可持续增长，造福两国人民，惠及周边和世界。

三 传承中印人文交往优良传统，
增进学术智库交流

中国和印度都是历史悠久的文明古国。中华文明和印度文明作为世界两大古文明，源远流长、璀璨夺目，孕育滋养了后世的精神血脉，其中蕴含的智慧为解决当今世界面临的各种挑战提供了启示。

站在中印关系发展新的历史起点上，传承和发扬中印两大文明互学互鉴的优良传统，符合两国人民相互交流与了解的意愿，契合双边关系全面发展和中印实现民族复兴的需要。2018年4月，习近平主席和莫迪总理在会晤中达成建立中印高级别人文交流机制重要共识。同年12月，中印高级别人文交流机制首次会议在新德里举行，确立了文化交流与文物保护、教育合作与语言教学、旅游合作与人员往来、青年互访与体育交流、媒体与学术交流等人文合作八大重点领域。

学术和智库交流是中印人文交流的重要组成部分，是两国互学互鉴发展经验的重要渠道。作为人口众多的发展中大国，中印在经济社会发展、改善民生福祉、提升国家治理能力等方面，面临着相同或相似的问题与挑战。两国学术和智库机构开展深入交流和对话，将促进双方全方位相互沟通与理解，发现两国合作的契合点和新空间，推动实现两国互利共赢和共同发展。

推动建设中柬命运共同体[*]

中柬是铁杆朋友和命运共同体，双边关系长期保持高水平发展。今年是中国共产党成立 100 周年、柬埔寨人民党成立 70 周年，习近平总书记和洪森主席互致贺信，高度评价两党团结带领本国人民在国家建设和发展中取得的成就，强调深化党际和其他各领域交流合作，推动中柬命运共同体建设，造福两国和两国人民。

一 携手抗击疫情是中柬友好合作的生动写照

新冠肺炎疫情发生以来，双方同舟共济、守望相助。在中国抗疫最艰难的时刻，西哈莫尼国王和莫尼列太后发来慰问信，并慷慨提供捐助；洪森首相冒着大雪亲自访华；武汉收到的第一批外国援助抗疫物资就来自柬埔寨。在柬埔寨抗疫斗争中，中方全力伸出援手。向柬埔寨派出全球范围内第一支抗疫医疗专家组，并提供大量抗疫物资；疫苗有条件上市后，最先向柬埔寨提供疫苗援助。截至

---

[*] 节选自作者 2021 年 7 月 28 日在第二届"中柬智库高端论坛"上的演讲。

2021年6月，中国累计向柬埔寨提供疫苗870万剂，其中220万剂属于无偿援助。6月11日，7位中国专家被柬埔寨王国政府授予"友好合作勋章"，以表彰其在参与柬埔寨抗疫中的突出贡献。"患难见真情"，中柬双方用实际行动诠释了牢不可破和历久弥新的深厚友谊。

二 深化经贸关系是中柬友好合作的务实举措

中国与柬埔寨地缘相近、经济互补，既是友好近邻，也是合作伙伴，经贸合作是双边关系不断发展的重要动力。中国是柬埔寨第一大贸易伙伴，尽管受新冠肺炎疫情影响，2020年双边贸易额仍逆势上行，达到95.6亿美元，同比增长1.4%。2021年前5个月，中柬双边贸易额达到39亿美元，同比增长25%，充分反映了双方经贸关系的巨大潜力。

2020年10月12日，中国和柬埔寨正式签署自由贸易协定，这是柬埔寨对外签署的第一个双边自贸协定，也是新冠肺炎疫情暴发后中国签订的第一个自贸协定。在当前国际形势复杂严峻的背景下，充分体现了两国共同维护贸易投资自由化、便利化的鲜明立场，也是两国面对疫情冲击守望相助，努力在危机中育新机、于变局中开新局的有力举措，成为中柬双边经贸关系发展中"新的里程碑"，必将推动双边经贸关系提升到新的水平。

三 构建命运共同体是中柬友好合作的科学指引

2019年4月，在中柬建立全面战略合作伙伴关系10周年之际，双方正式签署《构建中柬命运共同体行动计划》，将中柬全面战略合作伙伴关系推向历史新高度。两年来，中柬战略互信持续加深，互利合作提质增量，经贸关系加深融合，民心相通深入推进。中国一如既往支持柬埔寨走符合本国国情的发展道路，柬方在事关中国核心利益问题上照顾中方关切，双方相互信赖、相互依靠，在构建中柬命运共同体的道路上坚定前行。

当前，全球进入动荡变革期，世界百年未有之大变局加速演变，新冠肺炎疫情全球大流行仍在蔓延，个别大国推行单边主义、保护主义、霸权主义，给多边主义国际体系和国际秩序造成严重冲击。推进构建中柬命运共同体，不仅有助于两国关系行稳致远，还将向世界释放正确信号，对构建周边、亚洲乃至人类命运共同体产生重大示范引领作用。中柬双方应继续致力于维护和践行多边主义，在东亚合作、澜湄合作以及东盟、联合国等多边场合秉持公道、坚守正义、相互支持，坚定维护两国以及广大发展中国家的共同利益。

"不畏浮云遮望眼，只缘身在最高层。"习近平总书记在庆祝中国共产党成立100周年大会上的重要讲话中强调，我们必须高举和平、发展、合作、共赢旗帜，奉行独立自主的和平外交政策，坚持走和平发展道路，推动建设新型国际关系，推动构建人类命运共同体，推动共建"一带一路"高质量发展，以中国的新发展为世界提供新机遇。这是大国领袖的庄严承诺，也是全体中国人民的真诚希望。

推动上合组织为地区和平与发展做出更大贡献[*]

上海合作组织自2001年6月成立至今，已发展成世界上幅员最广、人口最多的综合性区域合作组织。在近20年的发展历程中，在"上海精神"指引下，上合组织积极构建和完善区域合作新模式，地区和国际影响力不断提升，成为促进世界和平与发展、维护国际公平正义不可忽视的重要力量。

一 上合组织为地区治理提供了新理念

上合组织始终保持旺盛生命力和强劲合作动力，根本原因在于它始终践行"上海精神"，在国际和地区治理中创造性提出一系列新理念：一是主张共同、综合、合作、可持续的安全观，摒弃冷战思维、集团对抗，反对以牺牲别国安全换取自身绝对安全的做法，实现普遍安全；二是提倡创新、协调、绿色、开放、共享的发展

---

[*] 节选自作者2020年9月28日在"上海合作组织参与地区治理：新理念、新平台"国际学术研讨会上的演讲。

观，实现各国经济社会协同进步，解决发展不平衡带来的问题，缩小发展差距，促进共同繁荣；三是树立平等、互鉴、对话、包容的文明观，以文明交流超越文明隔阂，以文明互鉴超越文明冲突，以文明共存超越文明优越。

上合组织在国际和地区治理中提出的新理念，超越了冷战思维、零和博弈等陈旧观念，掀开了国际关系史崭新篇章，得到国际社会的广泛认同。

二　上合组织为地区治理注入了新动力

一是着力对接成员国共同安全需求，探索形成地区安全合作新路径。以签署《关于在边境地区加强军事领域信任的协定》和《关于在边境地区相互裁减军事力量的协定》为开端，成员国的军事安全合作取得显著成效。以"和平使命""协作"等命名的联合反恐演习定期举行，形成打击"三股势力"的广泛阵线。深化信息安全、执法安全等领域协作，在区域安全合作治理中扮演日益重要角色。

二是积极推动地区贸易便利化建设，成为"一带一路"与欧亚经济联盟对接的重要平台。目前，上合组织成员国正积极商签《上合组织成员国贸易便利化协定》《上合组织成员国服务贸易框架协定》等文件，为深化成员国间互利合作奠定必备的法律基础。

三是成员国之间人文交流蓬勃开展，培育地区合作的社会根基。通过举办文化节、艺术展、青年节、电视合作论坛、文化研修班等交流活动，加速成员国文化产业合作进程。上合组织在增进了解、拉近民心，深化友好人文交流等方面的价值日趋显现。

三 推动上合组织为地区和平与发展做出更大贡献

一是进一步提升扩员后上合组织凝聚力和共同行动能力。扩员是上合组织发展壮大的必经之路。扩员后面临成员国利益诉求更加多元化等新情况。上合组织应在兼顾成员国利益基础上有效协调立场，不断推进机制化建设，提升决策效率，推动新老成员国在安全、经济、人文等领域深化合作。中俄战略协作是上合组织各领域合作的基石，两国始终秉持平等互信原则，在上合组织发展问题上保持密切战略协调和沟通，有效保证了上合组织在若干重大问题上达成有效共识。中俄在扩员后的上合组织发展中仍要积极发挥双引擎作用，推动上合组织向高质量发展不断迈进。

二是深挖合作潜力，推动后疫情时代区域经济复苏和繁荣发展。面对新冠肺炎疫情全球蔓延严峻态势，在中国和俄罗斯推动下，上合组织在联合抗击疫情方面发挥了重要作用。当前，上合组织需着力减轻疫情带来的负面经济社会影响、维护地区稳定发展。为此，要大力推进《〈上合组织至2025年发展战略〉2021—2025年行动计划》，加强上合组织各国宏观政策协调和发展战略对接，深度挖掘经贸合作的潜力，并把重点放在关键行业生产恢复、保证医疗防护装备与基本生活必需品供应，以及事关就业和民生大局的关键领域。面对疫情冲击，中国—中亚—欧洲铁路国际货运在生活用品和防疫物资运输中发挥了重要作用。未来上合区域应加快运输"绿色通道"建设，进一步发挥上海合作组织实业家委员会和上海合作组织银行联合体作用，有效促进成员国间双边和多边合作，推动释放区域内各领域合作潜力，推动实现地区经济复苏和经济社会长期可持续发展。

"三大体系"建设篇

深入学习习近平新时代中国特色社会主义思想[*]

习近平总书记指出:"马克思主义是不断发展的开放的理论,始终站在时代前沿。"[①] 习近平新时代中国特色社会主义思想,弘扬马克思主义与时俱进的品格,顺应时代发展,回应时代关切,科学回答了"新时代坚持和发展什么样的中国特色社会主义、怎样坚持和发展中国特色社会主义"这个重大时代课题,实现了马克思主义中国化的新飞跃,开辟了马克思主义新境界、中国特色社会主义新境界、治国理政新境界、管党治党新境界,是当代中国马克思主义、21世纪马克思主义,是时代精神的精华、伟大实践的指南。

一 科学回答时代之问、人民之问

马克思说过:"问题是时代的格言,是表现时代自己内心状态

---

[*] 本文系《习近平新时代中国特色社会主义思想学习丛书》(中国社会科学出版社2019年版)的序言,原标题为"时代精神的精华 伟大实践的指南"。

[①] 习近平:《在纪念马克思诞辰200周年大会上的讲话》,《人民日报》2018年5月5日第2版。

的最实际的呼声。"①习近平总书记也深刻指出："只有立足于时代去解决特定的时代问题，才能推动这个时代的社会进步；只有立足于时代去倾听这些特定的时代声音，才能吹响促进社会和谐的时代号角。"②习近平新时代中国特色社会主义思想，科学回答时代之问、人民之问，在回答和解决时代和人民提出的重大理论和现实问题中，形成马克思主义中国化最新成果，成为夺取新时代中国特色社会主义伟大胜利的科学指南。

（一）深入分析当今时代本质和时代特征，科学回答"人类向何处去"的重大问题

习近平总书记指出："尽管我们所处的时代同马克思所处的时代相比发生了巨大而深刻的变化，但从世界社会主义500年的大视野来看，我们依然处在马克思主义所指明的历史时代。"③马克思恩格斯关于资本主义基本矛盾的分析没有过时，关于资本主义必然灭亡、社会主义必然胜利的历史唯物主义观点也没有过时。这是我们对马克思主义保持坚定信心、对社会主义保持必胜信念的科学根据。

虽然时代本质没有改变，但当代资本主义却呈现出新的特点。一方面，资本主义的生产力水平在当今世界依然处于领先地位，其缓和阶级矛盾、进行自我调整和体制修复的能力依然较强，转嫁转化危机的能力和空间依然存在，对世界经济政治秩序的控制力依然强势。另一方面，当前资本主义也发生了许多新变化，出现了许多新问题。正如习近平总书记指出的："许多西方国家经济持续低迷、两极分化加剧、社会矛盾加深，说明资本主义固有的生产社会化和

---

① 《马克思恩格斯全集》第1卷，人民出版社1995年版，第203页。
② 习近平：《问题就是时代的口号》，载习近平《之江新语》，浙江人民出版社2007年版，第235页。
③ 《习近平谈治国理政》第2卷，外文出版社2017年版，第66页。

生产资料私人占有之间的矛盾依然存在，但表现形式、存在特点有所不同。"① 当今时代本质及其阶段性特征，形成了一系列重大的全球性问题。世界范围的贫富分化日益严重，全球经济增长动能严重不足，霸权主义和强权政治依然存在，地区热点问题此起彼伏，恐怖主义、网络安全、重大传染性疾病、气候变化等非传统安全威胁持续蔓延，威胁和影响世界和平与发展。与此同时，随着经济全球化、社会信息化、世界多极化、文化多样化深入发展，反对霸权主义和强权政治的和平力量迅速发展，全球治理体系和国际秩序变革加速推进，不合理的世界经济政治秩序愈益难以为继，世界进入大发展大变革大调整的重要时期，面临"百年未有之大变局"。在新的时代条件下，如何应对人类共同面临的全球性重大挑战，引领人类走向更加光明而不是更加黑暗的前景，成为一个必须科学回答的重大问题，这就是"人类向何处去"的重大时代课题。习近平总书记立足全人类立场，科学回答这个重大问题，提出了一系列新思想新观点，深化了对人类社会发展规律的认识，也具体回答了"世界怎么了，我们怎么办"的迫切现实问题。

（二）深入分析世界社会主义运动的新情况新特点，科学回答"社会主义向何处去"的重大问题

习近平总书记深刻指出，社会主义从产生到现在有着500多年的历史，实现了从空想到科学、从理论到实践、从一国到多国的发展。特别是十月革命的伟大胜利，使科学社会主义从理论走向实践，从理想走向现实，开辟了人类历史发展的新纪元。第二次世界大战以后，世界上出现一批社会主义国家，世界社会主义运动蓬勃发展。但是，20世纪80年代末90年代初发生的东欧剧

---

① 习近平：《在哲学社会科学工作座谈会上的讲话》，载《习近平关于社会主义文化建设论述摘编》，中央文献出版社2017年版，第81页。

变、苏联解体，使世界社会主义运动遭遇严重挫折而进入低潮。

进入 21 世纪，西方资本主义国家出现了严重危机，在世界上的影响力不断下降，而中国特色社会主义则取得了辉煌成就，其他国家和地区的社会主义运动和进步力量也有所发展。但是，两种制度既合作又竞争的状况将长期存在，世界社会主义的发展任重道远。在这样的背景和条件下，世界社会主义运动能否真正走出低谷并发展振兴，"东升西降"势头能否改变"资强社弱"的总体态势，成为一个必须回答的重大问题，这就是"社会主义向何处去"的重大问题。习近平总书记贯通历史、现实和未来，科学回答这个重大问题，深化了对社会主义发展规律的认识，丰富发展了科学社会主义。新时代中国特色社会主义的发展，成为世界社会主义新发展的引领旗帜和中流砥柱。

（三）深入分析当代中国新的历史方位及其新问题，科学回答"中国向何处去"的重大问题

在世界社会主义运动面临严峻挑战、处于低潮之际，中国坚定不移地沿着中国特色社会主义道路开拓前进，经过长期努力，经济、科技、国防等方面实力进入世界前列，国际地位得到空前提升，以崭新姿态屹立于世界民族之林。中国特色社会主义进入新时代，"在中华人民共和国发展史上、中华民族发展史上具有重大意义，在世界社会主义发展史上、人类社会发展史上也具有重大意义"[①]。

中国特色社会主义新时代，中国日益走近世界舞台中央，影响力、感召力和引领力不断增强，使世界上相信马克思主义和社会主义的人多了起来，使两种社会制度力量对比发生了有利于马克思主

---

① 习近平：《决胜全面建成小康社会　夺取新时代中国特色社会主义伟大胜利》，人民出版社 2017 年版，第 12 页。

义、社会主义的深刻转变。为此，西方资本主义国家不断加大对中国的渗透攻击力度，中国遭遇"和平演变""颜色革命"等风险也在不断加大。因此，新时代如何进行具有许多新的历史特点的伟大斗争，在国内解决好新时代的社会主要矛盾，在国际上维护好国家主权、安全和发展利益，推进新时代中国特色社会主义取得新胜利，实现中华民族伟大复兴，成为一个必须科学回答的重大问题，这就是"中国向何处去"的重大问题。习近平总书记立足新的历史方位，科学回答了这个重大问题，深化了对中国特色社会主义建设规律的认识，在马克思主义中国化历史进程中具有里程碑的意义。

（四）深入分析新时代中国共产党面临的风险挑战，科学回答"中国共产党向何处去"的重大问题

中国共产党是中国工人阶级的先锋队，同时是中华民族和中国人民的先锋队，不断推进伟大自我革命和伟大社会革命。中华民族迎来了从站起来、富起来到强起来的伟大飞跃，迎来了中华民族伟大复兴的光明前景。但是在长期执政、改革开放日益深入、外部环境复杂变化的新的历史条件下，党自身状况发生了广泛深刻变化，"四大考验"长期复杂，"四大危险"尖锐严峻，正如习近平总书记指出的："我们党面临的执政环境是复杂的，影响党的先进性、弱化党的纯洁性的因素也是复杂的，党内存在的思想不纯、组织不纯、作风不纯等突出问题尚未得到根本解决。"[①] 中国共产党能否经得住前所未有的风险考验，始终保持自身的先进性和纯洁性，始终走在时代前列，始终成为全国人民的主心骨，始终成为坚强领导核心，成为一个必须科学回答的重大问题，这就是"中国共产党向何处去"的重大问题。习近平总书记勇于应对风险挑战，科学回答了

---

① 习近平：《决胜全面建成小康社会　夺取新时代中国特色社会主义伟大胜利》，人民出版社2017年版，第61页。

这个重大问题，深化了对共产党执政规律的认识，把马克思主义执政党建设推进到一个新境界。

总之，人类向何处去、社会主义向何处去、当代中国向何处去、中国共产党向何处去，这些时代之问、人民之问，这些重大理论和现实问题，集中到一点，就是"新时代坚持和发展什么样的中国特色社会主义、怎样坚持和发展中国特色社会主义"这个重大时代课题。以习近平同志为主要代表的中国共产党人从理论和实践的结合上系统回答了这个重大时代课题，创立了习近平新时代中国特色社会主义思想。这一马克思主义中国化最新成果，既是中国的，也是世界的；既是中国人民的行动指南，也是全人类的共同思想财富。

二 丰富的思想内涵，严整的理论体系

习近平新时代中国特色社会主义思想内涵十分丰富，涵盖改革发展稳定、内政外交国防、治党治国治军等各个领域、各个方面，构成了一个系统完整、逻辑严密、相互贯通的思想理论体系。

（一）坚持和发展新时代中国特色社会主义，是习近平新时代中国特色社会主义思想的核心要义

中国特色社会主义，是我们党紧密联系中国实际、深入探索创新取得的根本成就，是改革开放以来党的全部理论和实践的主题。新中国成立后，以毛泽东同志为核心的第一代中央领导集体，团结带领全党全国人民开始探索适合中国国情的社会主义建设道路。改革开放以来，以邓小平同志为核心的第二代中央领导集体、以江泽民同志为核心的第三代中央领导集体、以胡锦涛同志为总书记的党

中央，紧紧围绕着坚持和发展中国特色社会主义这个主题，深入分析并科学回答了"什么是社会主义、怎样建设社会主义""建设什么样的党、怎样建设党""实现什么样的发展、怎样发展"等重大问题，不断深化对中国特色社会主义建设规律的认识，创立了邓小平理论、"三个代表"重要思想、科学发展观，不断丰富中国特色社会主义理论体系。

党的十八大以来，以习近平同志为核心的党中央一以贯之地坚持这个主题，紧密结合新时代条件和新实践要求，以全新的视野，紧紧抓住并科学回答了"新时代坚持和发展什么样的中国特色社会主义、怎么坚持和发展中国特色社会主义"这一重大时代课题，创立了习近平新时代中国特色社会主义思想，深刻揭示了新时代中国特色社会主义的本质特征、发展规律和建设路径，为新时代坚持和发展中国特色社会主义提供了科学指引和基本遵循。

（二）"八个明确"是习近平新时代中国特色社会主义思想的主要内容

习近平总书记创造性地把马克思主义基本原理同当代中国具体实践有机结合起来，对新时代坚持和发展中国特色社会主义的总目标、总任务、总体布局和战略布局及发展方向、发展方式、发展动力、战略步骤、外部条件、政治保证等一系列基本问题进行了系统阐述，作出了"八个明确"的精辟概括，构成了习近平新时代中国特色社会主义思想的主要内容。其中，第一个明确从国家发展的层面上，阐明了坚持和发展中国特色社会主义的总目标、总任务和战略步骤。第二个明确从人和社会发展的层面上，阐明了新时代中国社会主要矛盾，以及通过解决这个主要矛盾促进人的全面发展、全体人民共同富裕的社会理想。第三个明确从总体布局和战略布局的层面上，阐明了新时代中国特色社会主义事业的发展方向和精神状态。第四至第七个明确分别从改革、法治、军队、外交等方面，阐明了新时代坚持和发展中国特色社会主义的改革动力、法治保障、军事安全保障和外部环境保障等。第八个明确从最本质特征、最大优势和最高政治领导力量角度，阐明了新时代坚持和发展中国特色社会主义的根本政治保证。

"八个明确"涵盖了新时代坚持和发展中国特色社会主义的最核心、最重要的理论和实践问题。既包括中国特色社会主义最本质特征，又包括决定党和国家前途命运的根本力量；既包括中国大踏步赶上时代的法宝，又包括解决中国一切问题的基础和关键；既包括社会主义政治发展的必然要求，又包括中国特色社会主义的本质要求和重要保障；既包括国家和民族发展中更基本、更深沉、更持久的力量，又包括发展的根本目的；既包括中华民族永续发展的千年大计，又包括我们党治国理政的重大原则；既包括实现"两个一百年"奋斗目标的战略支撑，又包括实现中华民族伟大复兴的必然要求；既包括实现中国梦的国际环境和稳定的国际秩序，又包括我们党最鲜明的品格。逻辑上层层递进，内容上相辅相成，集中体现了习近平新时代中国特色社会主义思想的系统性、科学性、创新性。

（三）"十四个坚持"是新时代坚持和发展中国特色社会主义的基本方略

"十四个坚持"是习近平新时代中国特色社会主义思想的重要组成部分，是新时代坚持和发展中国特色社会主义的基本方略。其主要内容就是：坚持党对一切工作的领导，坚持以人民为中心，坚持全面深化改革,坚持新发展理念,坚持人民当家作主,坚持全面依法治国,坚持社会主义核心价值体系,坚持在发展中保障和改善民生,坚持人与自然和谐共生,坚持总体国家安全观,坚持党对人民军队的绝对领导,坚持"一国两制"和推进祖国统一,坚持推动构建人类命运共同体,坚持全面从严治党。

"十四个坚持"基本方略,从新时代中国特色社会主义的实践要求出发,包括中国全方位的发展要求,深化了对共产党执政规律、社会主义建设规律、人类社会发展规律的认识。体现了坚持党对一切工作的领导和坚持全面从严治党的极端重要性,紧紧扭住和高度聚焦中国共产党是当今中国最高政治领导力量。充分体现了坚持以人民为中心的根本立场和坚持全面深化改革的根本方法。包含了中国特色社会主义"五位一体"总体布局和"四个全面"战略布局的基本要求,突出了关键和特殊领域的基本要求,即坚持总体国家安全观体现了国家安全领域的基本要求,坚持党对人民军队的绝对领导体现了军队和国防建设方面的基本要求,坚持"一国两制"和推进祖国统一体现了港澳台工作方面的基本要求,坚持推动构建人类命运共同体体现了外交工作方面的基本要求。总的来看,"十四个坚持"基本方略,从行动纲领和重大对策措施的层面上,对经济、政治、法治、科技、文化、教育、民生、民族、宗教、社会、生态文明、国家安全、国防和军队、"一国两制"和祖国统一、统一战线、外交、党的建设等各方面内容作出了科学回答和战略部署,形成了具有实践性、操作性的根本要求,是实现"两个一百年"奋斗目标、实现中华民族伟大复兴中国梦的"路线图"和"方法论",是科学的行动纲领和实践遵循。

(四) 习近平新时代中国特色社会主义思想是一个严整的理论体系

习近平新时代中国特色社会主义思想坚持马克思主义基本立场、观点和方法，扎根于中国特色社会主义的生动实践，聚焦时代课题、擘画时代蓝图、演奏时代乐章，构建起系统完备、逻辑严密、内在统一的科学理论体系。它有着鲜明的人民立场和科学逻辑，蕴含着丰富的思想方法和工作方法，体现了坚持马克思主义与发展马克思主义的辩证统一，体现了把握事物发展客观规律性与发挥人的主观能动性的辩证统一，体现了立足中国国情与把握世界发展大势的辩证统一，书写了马克思主义发展新篇章。

习近平新时代中国特色社会主义思想内容极其丰富，既是科学的理论指南，又是根本的行动纲领。"八个明确"侧重于回答新时代坚持和发展什么样的中国特色社会主义的问题，科学阐述了新时代中国特色社会主义发展中生产力与生产关系、经济基础与上层建筑、发展目标与实践进程等的辩证关系，涵盖了经济建设、政治建设、文化建设、社会建设、生态文明建设以及国防、外交、党的建设各个领域，是架构这一科学理论体系的四梁八柱。"十四个坚持"侧重于回答新时代怎么坚持和发展中国特色社会主义的问题，根据新时代的实践要求，从领导力量、发展思想、根本路径、发展理念、政治制度、治国理政、思想文化、社会民生、绿色发展、国家安全、军队建设、祖国统一、国际关系、党的建设等方面，作出深刻的理论分析和明确的政策指导，是习近平新时代中国特色社会主义思想的理论精髓和核心要义的具体展开，同党的基本理论、基本路线一起，构成党和人民事业发展的根本遵循。

总之，习近平新时代中国特色社会主义思想贯通历史、现实和未来，是扎根中国大地、反映人民意愿、顺应时代发展进步要求的科学理论体系。它坚持"实事求是，一切从实际出发""坚持问题导向""聆听时代声音"，坚持以我们正在做的事情为中心，以解决人民群众最关心、最直接、最现实的利益问题为着力点，胜利推进中国特色社会主义伟大事业。它始终面向党和国家事业长远发展，形成了从全面建成小康社会到基本实现现代化，再到全面建成社会主义现代化强国的战略安排，发出了实现中华民族伟大复兴中国梦的最强音。

三 为发展马克思主义做出原创性贡献

习近平总书记指出："新中国成立以来特别是改革开放以来，中国发生了深刻变革，置身这一历史巨变之中的中国人更有资格、更有能力揭示这其中所蕴含的历史经验和发展规律，为发展马克思主义作出中国的原创性贡献。"[①] 习近平新时代中国特色社会主义思想，是发展创新马克思主义的典范，贯通马克思主义哲学、政治经济学、科学社会主义，体现了马克思主义基本原理与当代中国具体实际的有机结合，体现了对中华优秀传统文化、人类优秀文明成果的继承发展，赋予了马克思主义鲜明的实践特色、理论特色、民族特色、时代特色，是当代中国马克思主义、21世纪马克思主义，为丰富和发展马克思主义做出了中国的原创性贡献。

（一）赋予辩证唯物主义和历史唯物主义新内涵

习近平总书记强调，辩证唯物主义和历史唯物主义是马克思主义的世界观、方法论，是马克思主义全部理论的基石，马克思主义哲学是共产党人的看家本领，"必须不断接受马克思主义哲学智慧

[①]《习近平谈治国理政》第2卷，外文出版社2017年版，第66页。

的滋养"①。习近平新时代中国特色社会主义思想,创造性地将辩证唯物主义和历史唯物主义运用于党和国家的一切工作中,丰富发展了马克思主义哲学。比如,习近平总书记强调要学习和实践人类社会发展规律的思想,提出共产主义远大理想信念是共产党人的政治灵魂、精神支柱,实现共产主义是由一个一个阶段性目标达成的历史过程,"我们现在的努力以及将来多少代人的持续努力,都是朝着最终实现共产主义这个远大目标前进的"②,把共产主义远大理想同中国特色社会主义共同理想统一起来、同我们正在做的事情统一起来;强调学习和实践坚守人民立场的思想,提出始终把人民立场作为根本立场,把为人民谋幸福作为根本使命,坚持全心全意为人民服务的根本宗旨,贯彻群众路线,尊重人民主体地位和首创精神,始终保持同人民群众的血肉联系,凝聚起众志成城的磅礴力量,团结带领人民共同创造历史伟业,不断促进人的全面发展、社会全面进步;学习和实践生产力和生产关系的思想,提出生产力是推动社会进步的最活跃、最革命的要素,社会主义的根本任务是解放和发展生产力,坚持发展为第一要务,自觉通过调整生产关系激发社会生产力发展活力,自觉通过完善上层建筑适应经济基础发展要求,让中国特色社会主义更加符合规律地向前发展;强调运用社会矛盾运动学说,揭示新时代我国社会主要矛盾是人民日益增长的美好生活需要和不平衡不充分的发展之间的矛盾;强调学习掌握唯物辩证法的根本方法,丰富和发展马克思主义方法论,增强战略思维、历史思维、辩证思维、创新思维、法治思维、底线思维能力,等等。这些新思想新观点新方法,在新的时代条件下赋予了辩证唯

---

① 习近平:《辩证唯物主义是中国共产党人的世界观和方法论》,《求是》2019年第1期。
② 中共中央文献研究室编:《十八大以来重要文献选编》(上),中央文献出版社2014年版,第115页。

物主义和历史唯物主义基本原理和方法论新的时代内涵,光大了马克思主义哲学的实践性品格,将马克思主义哲学的创造性运用提升到一个新的境界,为中国人民认识世界、改造世界提供了强大的精神力量,发挥了改造世界的真理伟力。

(二)谱写马克思主义政治经济学新篇章

习近平总书记指出:"学好马克思主义政治经济学基本原理和方法论,有利于我们掌握科学的经济分析方法,认识经济运动过程,把握经济社会发展规律,提高驾驭社会主义市场经济能力,更好回答我国经济发展的理论和实践问题。"[①] 习近平总书记立足我国国情和发展实践,深入研究世界经济和我国经济面临的新情况新问题,把马克思主义政治经济学基本原理同新时代中国经济社会发展实际相结合,提炼和总结中国经济发展实践的规律性成果,把实践经验上升为系统化的经济学理论,形成习近平新时代中国特色社会主义经济思想。比如,提出坚持发展为了人民的马克思主义政治经济学的根本立场,坚持以人民为中心的发展思想,坚定不移走共同富裕道路,推进全民共享、全面共享、共建共享和渐进共享,最终实现全体人民共同富裕,发展了马克思主义关于社会主义生产本质和目的的理论;创造性提出并贯彻创新、协调、绿色、开放、共享的新发展理念,集中反映了我们党对中国经济社会发展规律认识的深化,创新了马克思主义发展观;坚持和完善中国社会主义基本经济制度和分配制度,提出毫不动摇巩固和发展公有制经济,毫不动摇鼓励、支持、引导非公有制经济的发展,完善按劳分配为主体、多种分配方式并存的分配制度,使改革发展成果更多更公平惠及全体人民,实现效率和公平有机统一,发展了马克思主义所有制理论

---

① 习近平:《不断开拓当代中国马克思主义政治经济学新境界》,载习近平《论坚持全面深化改革》,中央文献出版社2018年版,第187页。

和分配理论；提出完善社会主义市场经济体制，使市场在资源配置中起决定性作用、更好发挥政府作用，实现了我们党对中国特色社会主义建设规律认识的新突破，标志着社会主义市场经济发展进入了一个新阶段；着眼于中国经济由高速增长阶段转向高质量发展阶段的深刻变化，提出积极适应、把握、引领经济发展新常态，坚持质量第一、效益优先，以供给侧结构性改革为主线，推动经济发展质量变革、效率变革、动力变革，建设现代化经济体系，发展了社会主义经济建设理论；站在全面建成小康社会、实现中华民族伟大复兴中国梦的战略高度，把脱贫攻坚摆到治国理政突出位置，提出精准扶贫、精准脱贫等重要思想，推动中国减贫事业取得巨大成就，对世界减贫做出了重大贡献；坚持对外开放基本国策，提出发展更高层次的开放型经济，积极参与全球经济治理，推进"一带一路"建设，深化了社会主义对外开放理论，等等。这一系列新思想新理念新论断，创造性地坚持和发展马克思主义政治经济学基本原理和方法论，实现了中国特色社会主义政治经济学学术体系、话语体系、方法论体系的创新发展，书写了当代中国社会主义政治经济学、21世纪马克思主义政治经济学的最新篇章，打破国际经济学领域许多被奉为教条的西方经济学的理论、概念、方法和话语，为发展马克思主义政治经济学做出重大贡献。

（三）开辟科学社会主义新境界

习近平总书记指出："科学社会主义基本原则不能丢，丢了就不是社会主义。"[①] 对科学社会主义的理论思考、经验总结，对坚持和发展中国特色社会主义的担当和探索，贯穿习近平新时代中国特色社会主义思想形成和发展的全过程。习近平新时代中国特色社会

---

① 中共中央文献研究室编：《十八大以来重要文献选编》（上），中央文献出版社2014年版，第109页。

主义思想贯穿科学社会主义基本原则，推进理论创新、实践创新、制度创新、文化创新以及各方面创新，提出一系列关于科学社会主义的新思想。比如，把科学社会主义基本原则同中国具体实际、历史文化传统、时代要求紧密结合起来，提出"中国特色社会主义是社会主义而不是其他主义"[1]，是科学社会主义理论逻辑和中国社会发展历史逻辑的辩证统一，是根植于中国大地、反映中国人民意愿、适应中国和时代发展进步要求的科学社会主义；中国特色社会主义事业总体布局是"五位一体"、战略布局是"四个全面"，坚定"四个自信"，全面深化改革是坚持和发展中国特色社会主义的根本动力等，丰富发展了马克思主义关于社会主义全面发展的认识；将科学社会主义基本原则运用于解决当代中国实践问题，创造性地提出中国特色社会主义进入新时代、建设社会主义现代化强国的思想，丰富发展了社会主义发展阶段理论；创造性地提出坚持和完善中国特色社会主义制度、不断推进国家治理体系和治理能力现代化的思想，创建了科学社会主义关于国家治理体系和治理能力现代化的崭新理论，丰富发展了马克思主义国家学说和社会治理学说；站在人类历史发展进程的高度，正确把握国际形势的深刻变化，顺应和平、发展、合作、共赢的时代潮流，高瞻远瞩地提出构建人类命运共同体的重大思想，建设持久和平、普遍安全、共同繁荣、开放包容、清洁美好的世界，丰富发展了马克思主义关于未来社会发展的理论；创造性地提出中国特色社会主义最本质的特征和中国特色社会主义制度的最大优势是中国共产党的领导，党是最高政治领导力量，新时代党的建设总要求、新时代党的组织路线，突出政治建设在党的建设中的重要地位，持之以恒全面从严治党等重大思想，

---

[1] 中共中央文献研究室编：《十八大以来重要文献选编》（上），中央文献出版社2014年版，第109页。

科学地解答了马克思主义执政党长期执政面临的一系列重大问题，深化了对共产党执政规律的认识，丰富发展了马克思主义政党建设理论，等等。这些重大理论观点，是习近平总书记总结世界社会主义500多年历史，科学社会主义170多年历史，特别是新中国70年社会主义建设正反经验得出的重要结论，回答了在21世纪如何坚持和发展科学社会主义等重大理论和实践问题，丰富和发展了科学社会主义基本原理，彰显了科学社会主义的鲜活生命力，使社会主义的伟大旗帜始终在中国大地上高高飘扬，把科学社会主义推向一个新的发展阶段。

实践没有止境，理论创新也没有止境。习近平总书记指出："世界每时每刻都在发生变化，中国也每时每刻发生变化，我们必须在理论上跟上时代，不断认识规律，不断推进理论创新、实践创新、制度创新、文化创新以及其他各方面创新。"① 今天，时代变化和我国发展的广度和深度远远超出了马克思主义经典作家当时的想象，这就要求我们坚持用马克思主义观察时代、解读时代、引领时代，用鲜活丰富的当代中国实践来推动马克思主义发展，以更加宽阔的眼界审视马克思主义在当代发展的现实基础和实践需要，继续发展21世纪马克思主义，不断开辟马克思主义发展新境界，使马克思主义放射出更加灿烂的真理光芒。

四 坚持用习近平新时代中国特色社会主义思想统领哲学社会科学工作

习近平总书记指出："坚持以马克思主义为指导，是当代中国

---

① 习近平：《决胜全面建成小康社会　夺取新时代中国特色社会主义伟大胜利》，人民出版社2017年版，第26页。

哲学社会科学区别于其他哲学社会科学的标志，必须旗帜鲜明加以坚持。"① 不坚持以马克思主义为指导，哲学社会科学就会失去灵魂、迷失方向，最终也不能发挥应有作用。习近平新时代中国特色社会主义思想是闪耀真理光辉、凝结时代精华的当代中国马克思主义，是新时代哲学社会科学的最高成果。坚持习近平新时代中国特色社会主义思想，就是真正坚持和发展马克思主义。用习近平新时代中国特色社会主义思想武装头脑、指导实践、推动工作，是做好一切工作的重要前提。坚持以习近平新时代中国特色社会主义思想为统领，我国哲学社会科学就有了定盘星和主心骨，就能保证哲学社会科学研究坚持正确的政治方向、学术导向和价值取向，就能与时代同步伐、与人民齐奋进，实现哲学社会科学的大繁荣大发展。

（一）学懂弄通做实习近平新时代中国特色社会主义思想

学习宣传贯彻习近平新时代中国特色社会主义思想是哲学社会科学界头等政治任务和理论任务。担负起新时代赋予的构建中国特色哲学社会科学崇高使命，必须做到：一要学懂，深入学习领会这一思想蕴含的核心要义、丰富内涵、重大意义，深刻领悟这一思想对丰富发展马克思主义理论宝库做出的原创性贡献，深刻把握这一思想对哲学社会科学工作的指导意义；二要弄通，学习贯穿习近平新时代中国特色社会主义思想的立场观点方法，既要知其然又要知其所以然，体会习近平总书记为什么这么讲，站在什么样的高度来讲；三要落实，全面贯彻习近平总书记在哲学社会科学工作座谈会上的重要讲话和致中国社会科学院建院40周年、中国社会科学院中国历史研究院成立贺信精神，把习近平新时代中国特色社会主义思想落实到哲学社会各个领域、各个方面，切实贯穿到学术研究、课

---

① 习近平：《在哲学社会科学工作座谈会上的讲话》，载《习近平关于社会主义文化建设论述摘编》，中央文献出版社2017年版，第73页。

堂教学、成果评价、人才培养等各个环节，促进党的创新理论与各个学科、概念、范畴之间的融通，使党的重大理论创新成果真正融入到哲学社会科学中去，推出系统性与学理性并重、说理透彻与文风活泼兼备的高水平研究成果，书写研究阐释当代中国马克思主义、21世纪马克思主义的学术经典，为推进马克思主义中国化时代化大众化做出新贡献。

（二）坚持以研究回答新时代重大理论和现实问题为主攻方向

问题是时代的声音。习近平总书记反复强调："当代中国的伟大社会变革，不是简单延续我国历史文化的母版，不是简单套用马克思主义经典作家设想的模板，不是其他国家社会主义实践的再版，也不是国外现代化发展的翻版，不可能找到现成的教科书。"[①]建设具有中国特色、中国风格、中国气派的哲学社会科学，必须立足中国实际，以我们正在做的事情为中心，坚持问题导向，始终着眼党和国家工作大局，聚焦新时代重大理论和现实问题，聚焦人民群众关注的热点和难点问题，聚焦党中央关心的战略和策略问题，特别是习近平总书记提出的一系列重大问题，例如，如何巩固马克思主义在意识形态领域的指导地位，培育和践行社会主义核心价值观，巩固全党全国各族人民团结奋斗的共同思想基础；如何贯彻落实新发展理念、加快推进供给侧结构性改革、转变经济发展方式、提高发展质量和效益；如何更好保障和改善民生、促进社会公平正义；如何提高改革决策水平、推进国家治理体系和治理能力现代化；如何加快建设社会主义文化强国、增强文化软实力、提高我国在国际上的话语权；如何不断提高党的领导水平和执政水平、增强拒腐防变和抵御风险能力等，在研究这些问题上大有作为，推出更

---

① 习近平：《在哲学社会科学工作座谈会上的讲话》，载《习近平关于社会主义文化建设论述摘编》，中央文献出版社2017年版，第88页。

多对中央决策有重要参考价值、对事业发展有重要推动作用的优秀成果，揭示我国社会发展、人类社会发展的大逻辑大趋势，为实现中华民族伟大复兴的中国梦提供智力支持。

（三）加快构建中国特色哲学社会科学学科体系、学术体系、话语体系

哲学社会科学的特色、风格、气派，是发展到一定阶段的产物，是成熟的标志，是实力的象征，也是自信的体现。构建中国特色哲学社会科学，是新时代繁荣发展我国哲学社会科学事业的崇高使命，是广大哲学社会科学工作者的神圣职责。哲学社会科学界要以高度的政治自觉和学术自觉，以强烈的责任感、紧迫感和担当精神，在加快构建"三大体系"上有过硬的举措、实质性进展和更大作为。要按照习近平总书记在哲学社会科学工作座谈会上的重要讲话中提出的指示要求，按照立足中国、借鉴国外，挖掘历史、把握当代，关怀人类、面向未来的思路，体现继承性、民族性，体现原创性、时代性，体现系统性、专业性，构建我国哲学社会科学学科体系、学术体系、话语体系，形成全方位、全领域、全要素的哲学社会科学体系，为建设具有中国特色、中国风格、中国气派的哲学社会科学奠定基础，增强我国哲学社会科学研究的国际影响力，提升国家的文化软实力，让世界知道"学术中的中国""理论中的中国""哲学社会科学中的中国"。

（四）弘扬理论联系实际的马克思主义学风

繁荣发展中国哲学社会科学，必须解决好学风问题，加强学风建设。习近平总书记指出："理论一旦脱离实践，就会成为僵化的教条，失去活力和生命力。"[1]哲学社会科学工作者要理论联系实际，大力弘扬崇尚精品、严谨治学、注重诚信、讲求责任的优良学风，

---

[1] 习近平：《辩证唯物主义是中国共产党人的世界观和方法论》，《求是》2019年第1期。

营造风清气正、互学互鉴、积极向上的学术生态；要树立良好学术道德，自觉遵守学术规范，讲究博学、审问、慎思、明辨、笃行，崇尚"士以弘道"的价值追求，真正把做人、做事、做学问统一起来；要有"板凳要坐十年冷，文章不写一句空"的执着坚守，耐得住寂寞，经得起诱惑，守得住底线，立志做大学问、做真学问；要把社会责任放在首位，严肃对待学术研究的社会效果，自觉践行社会主义核心价值观，做真善美的追求者和传播者，以深厚的学识修养赢得尊重，以高尚的人格魅力引领风气，在为祖国、为人民立德立言中成就自我、实现价值，成为先进思想的倡导者、学术研究的开拓者、社会风尚的引领者、中国共产党执政的坚定支持者。

（五）坚持和加强党对哲学社会科学的全面领导

哲学社会科学事业是党和人民的重要事业，哲学社会科学战线是党和人民的重要战线。加强和改善党对哲学社会科学工作的全面领导，是出高质量成果、出高水平人才，加快构建"三大体系"的根本政治保证。要树牢"四个意识"，坚定"四个自信"，坚决做到"两个维护"，坚定不移地在思想上政治上行动上同以习近平同志为核心的党中央保持高度一致，坚定不移地维护习近平总书记在党中央和全党的核心地位，坚定不移地维护党中央权威和集中统一领导，确保哲学社会科学始终围绕中心、服务大局；要加强政治领导和工作指导，尊重哲学社会科学发展规律，提高领导哲学社会科学工作本领，一手抓繁荣发展、一手抓引导管理；要认真贯彻党的知识分子政策，尊重劳动、尊重知识、尊重人才、尊重创造，做到政治上充分信任、思想上主动引导、工作上创造条件、生活上关心照顾，多为他们办实事、做好事、解难事；要切实贯彻百花齐放、百家争鸣方针，开展平等、健康、活泼和充分说理的学术争鸣，提倡不同学术观点、不同风格学派相互切磋、平等讨论；要正确区分学术问题和政治问题，不要把一般的学术问题当成政治问题，也不要把政治问题当作一般的学术问题，既反对打着学术研究旗号从事违背学术道德、违反宪法法律的假学术行为，也反对把学术问题和政治问题混淆起来、用解决政治问题的办法对待学术问题的简单化做法。

"群才属休明，乘运共跃鳞。"中国特色社会主义进入新时代，也是哲学社会科学繁荣发展的时代，是哲学社会科学工作者大有可为的时代。广大哲学社会科学工作者，要坚持以习近平新时代中国特色社会主义思想为指导，发愤图强，奋力拼搏，书写新时代哲学社会科学发展新篇章，为实现"两个一百年"奋斗目标、实现中国民族伟大复兴的中国梦做出新的更大贡献。

深刻领悟党的十九届六中全会的核心要义[*]

党的十九届六中全会是在我们党成立一百周年的重大历史时刻召开的一次具有里程碑意义的会议。全会审议通过的《中共中央关于党的百年奋斗重大成就和历史经验的决议》（以下简称《决议》），全面总结党的百年奋斗重大成就和历史经验，是我们党的第三个历史决议，通篇闪耀着马克思主义真理光芒。其中，《决议》关于"两个确立"、"两个结合"、三个时代课题等重大历史论断，是我们党对习近平新时代中国特色社会主义思想作出的新的高度凝练和重要阐释，深刻阐明了这一重要思想实现了马克思主义中国化新的飞跃的理论特质、内在机理和时代价值，标志着我们党对共产党执政规律、社会主义建设规律、人类社会发展规律的认识达到了新高度和新境界。要准确把握全会的精神实质和核心要义，学深悟透全会强调的重大历史结论和重要政治论断，为奋力推进马克思主义中国化时代化奠定坚实的思想理论基础。

---

[*] 原文刊载于《中央和国家机关中心组学习文选》2022年第36期。

一 "两个确立"具有充分依据和决定性意义

"两个确立"是党的十八大以来最重要政治成果，是对新时代所取得的最宝贵政治经验的高度概括和集中提炼。2016年10月，党的十八届六中全会首次提出"以习近平同志为核心的党中央"的重大政治命题，号召全党同志紧密团结在以习近平同志为核心的党中央周围，牢固树立政治意识、大局意识、核心意识、看齐意识，坚定不移维护党中央权威和党中央集中统一领导。2017年10月，党的十九大将习近平新时代中国特色社会主义思想确立为党的指导思想并写入党章，将习近平总书记党中央的核心、全党的核心地位写入党章。2021年11月，党的十九届六中全会在全面总结党的百年奋斗重大成就和历史经验基础上，进一步强调指出，党确立习近平同志党中央的核心、全党的核心地位，确立习近平新时代中国特色社会主义思想的指导地位。"两个确立"是时代呼唤、历史选择、民心所向，反映了全党全军全国各族人民的共同心愿。

"两个确立"具有充分的理论依据。坚强的领导核心和科学的理论指导，是关乎党和国家前途命运、党和人民事业成败的根本性问题。指导思想是一个政党的精神旗帜。恩格斯在《卡尔·马克思〈政治经济学批判〉》一文中指出，我们党有个很大的优点，就是有一个新的科学的世界观作为理论的基础。毛泽东同志指出，主义譬如一面旗子，旗子立起了，大家才有所指望，才知所趋赴。

100年来，我们党之所以能够完成其他政治力量不可能完成的艰巨任务，在同各种政治力量和困难挑战的较量中取得一次又一次胜利，根本在于不断推进理论创新，并善于用新的理论指导新的实践。对于一个国家、一个政党来说，领导核心至关重要。马克思指出，每一个社会时代都需要有自己的伟大人物，如果没有这样的人物，它就要创造出这样的人物来。列宁指出，党应该具有严密的组织、统一的意志和行动，只有按照集中制原则建立起来的党才是一个"真正钢铁般的组织"。毛泽东同志曾经形象地说，一个桃子剖开来有几个核心吗？不，只有一个核心。邓小平同志指出，任何一个领导集体都要有一个核心，没有核心的领导是靠不住的。

历史上正反两方面经验，都充分证明确立党的领导核心的极端重要性。苏联解体很重要的一个原因就是在所谓"公开性""民主化"的口号下，苏共放弃了集中统一领导原则，允许党员公开发表与组织决议不同的意见，实行所谓各级党组织自治原则。遵义会议事实上确立了毛泽东同志在党中央和红军的领导地位。延安时期，我们党开展了大规模的整风运动，使全党达到空前的团结和统一，为夺取抗战胜利和全国解放奠定了强大思想政治基础。从我们党领导革命、建设、改革的伟大实践来看，什么时候全党坚定维护党中央权威和集中统一领导，党的事业就不断取得胜利；什么时候离开了党中央权威和集中统一领导，党的领导就必然弱化，党的事业就必然遭受挫折。百年党史充分证明，坚决维护党中央的核心、全党的核心是党在重大时刻凝聚共识、果断抉择的关键，是党团结统一、胜利前进的重要保证。

"两个确立"具有充分的现实依据。党的十八大以来，以习近平同志为核心的党中央，以伟大的历史主动精神、巨大的政治勇气、强烈的责任担当，统筹国内国际两个大局，贯彻党的基本理论、基本路线、基本方略，统揽伟大斗争、伟大工程、伟大事业、伟大梦想，坚持稳中求进工作总基调，出台一系列重大方针政策，推出一系列重大举措，推进一系列重大工作，战胜一系列重大风险挑战，解决了许多长期想解决而没有解决的难题，办成了许多过去想办而没有办成的大事，推动党和国家事业取得历史性成就、发生历史性变革。实践充分证明，习近平总书记是当之无愧的党中央和全党的核心、人民的领袖、时代的领路人；习近平新时代中国特色社会主义思想是全党全国人民的思想旗帜、精神旗帜。

"两个确立"在推动党和国家事业取得历史性成就、发生历史性变革的过程中具有决定性意义。党的十八大以来，习近平总书记以马克思主义政治家、思想家、战略家的非凡理论品质、卓越政治智慧、高超领导能力，以"我将无我，不负人民"的赤子情怀，应时代之变迁、立时代之潮头、发时代之先声，对关系新时代党和国家事业发展的一系列重大理论和实践问题进行了深邃思考和科学判断，提出一系列原创性的治国理政新理念新思想新战略。党的十九大报告用"八个明确"对习近平新时代中国特色社会主义思想的主要内容进行了概括。《决议》在党的十九大报告的基础上，用"十个明确"对习近平新时代中国特色社会主义思想的核心内容作了进一步概括。从"八个明确"到"十个明确"，既一脉相承又与时俱进，既反映出党的理论是连续性与创新性的统一，又表明我们党充分认清了世情国情党情发生的深刻变化，矢志不渝地坚守着中国共产党人的初心和使命。习近平新时代中国特色社会主义思想是当代中国马克思主义、21世纪马克思主义，是中华文化和中国精神的时代精华，是系统全面、逻辑严密、内涵丰富、内在统一的科学理论体系。在习近平总书记掌舵领航下，在习近平新时代中国特色社会主义思想的科学指引下，我们党战疫情、抗洪涝、促改革、推开放，抓脱贫、惠民生、保增长、稳大局，在世界上率先控制住新冠肺炎疫情蔓延，在全球主要经济体中率先实现经济正增长；我们党取得全面建成小康社会的伟大历史性成就，领导中国人民在中国特色社会主义道路上不可逆转地走向中华民族伟大复兴；我们党在革命性锻造中更加坚强，管党治党宽松软状况得到根本扭转，反腐败斗争取得压倒性胜利并全面巩固。

"两个确立"对实现第二个百年奋斗目标具有决定性意义。当前和今后一个时期，我国仍然处于重大战略机遇期，但机遇和挑战都有新的发展变化。我们既要看到我国发展总体态势是好的，我们完全有基础、有条件、有能力取得新的伟大胜利，也要看到许多矛盾叠加、风险挑战显著增多，我国发展面临着前所未有的复杂环境。我们既要看到世界百年未有之大变局进入加速演变期，国际环境日趋错综复杂，也要认清"东升西降"大趋势，在世界格局深刻调整中保持战略定力。进入新发展阶段，面对艰巨而繁重的发展任务，面对错综复杂的国际形势，面对前所未有的发展机遇和风险挑战，治理好我们这个拥有9500万党员的大党、这个拥有14亿多人口的大国，必须坚持党的全面领导特别是党中央集中统一领导。只有坚持"两个确立"，我们才能真正坚持和发展马克思主义，用马克思主义观察时代、把握时代、引领时代，继续发展当代中国马克思主义、21世纪马克思主义；只有坚持"两个确立"，我们才能一以贯之地坚持和发展中国特色社会主义，既不走封闭僵化的老路，也不走改旗易帜的邪路，自觉抵制来自"左"的、右的思潮的干扰，推动中国特色社会主义事业航船劈波斩浪、一往无前；只有坚持"两个确立"，我们才能用宽广视野吸收人类创造的一切优秀文明成果，坚持在改革中守正出新、不断超越自己，在开放中博采众长、不断完善自己，进一步拓宽中国式现代化新道路，丰富发展人类文明新形态，给世界带来全新选择；也只有坚持"两个确立"，我们才能勇敢地面对"四大考验"，坚决战胜"四种危险"，继续推进新时代党的建设新的伟大工程，毫不动摇把党建设得更加坚强有力。

我们坚信，在向第二个百年奋斗目标进军的新征程上，只要有以习近平同志为核心的党中央坚强领导，只要有习近平新时代中国特色社会主义思想指引航向，我们就一定能够战胜任何艰难险阻和风险挑战，夺取全面建成社会主义现代化强国的新胜利，实现中华民族伟大复兴的中国梦。

二 "两个结合"标注了马克思主义发展新高度

党的历史，就是一部不断推进马克思主义中国化，不断推进理论创新、进行理论创造的历史。马克思主义不是教条，而是行动指南，随着时代的进步而不断地丰富发展。100年来，中国共产党坚持把马克思主义基本原理同中国具体实际相结合，不断推进马克思主义中国化时代化，指导党和人民事业不断开创新局面。在革命斗争中，以毛泽东同志为主要代表的中国共产党人，把马克思主义基本原理同中国具体实际相结合，对经过艰苦探索、付出巨大牺牲积累的一系列独创性经验作了理论概括，开辟了农村包围城市、武装夺取政权的正确革命道路，创立了毛泽东思想，为夺取新民主主义革命胜利指明了正确方向，实现了马克思主义中国化的第一次历史性飞跃。在改革开放和社会主义现代化建设新时期，党科学回答了建设中国特色社会主义的发展道路、发展阶段、根本任务、发展动力、发展战略、政治保证、祖国统一、外交和国际战略、领导力量和依靠力量等一系列基本问题，形成中国特色社会主义理论体系，实现了马克思主义中国化新的飞跃。党的十八大以来，以习近平同志为主要代表的中国共产党人，坚持把马克思主义基本原理同中国具体实际相结合、同中华优秀传统文化相结合，创立了习近平新时代中国特色社会主义思想，实现了马克思主义中国化新的飞跃。

习近平总书记高度重视将马克思主义基本原理同中国具体实际相结合。习近平总书记将马克思主义社会矛盾理论与中国特色社会主义的发展实践相结合，深刻指出我国社会主要矛盾发生的变化；

将马克思主义国家学说与中国共产党治国理政的实践经验相结合，提出推进国家治理体系和治理能力现代化；将马克思主义党建理论与我们党执政实践经验相结合，提出坚持和加强党的全面领导、推进党的自我革命的思想；将马克思主义世界历史理论与人类社会发展的现实相结合，提出构建人类命运共同体、建设新型国际关系、共建"一带一路"等新理念新思想新倡议，等等。习近平总书记既坚持了马克思主义的"老祖宗"，又讲了很多新话，升华了马克思主义发展的新境界，续写了中国特色社会主义事业新篇章。

与此同时，习近平总书记善于将马克思主义基本原理同中华优秀传统文化相结合。习近平总书记始终坚持从中华民族最深沉、最深厚精神追求的深度看待优秀传统文化，从国家战略资源的高度继承优秀传统文化，从推动中华民族现代化进程的角度创新发展优秀传统文化。习近平总书记强调，中国共产党人始终是中国优秀传统文化的忠实继承者和弘扬者，从孔夫子到孙中山，我们都注意汲取其中积极的养分。中华文明是马克思主义产生的重要历史文化背景和思想资源，马克思主义与中华优秀传统文化有着内在的契合性，都具有开放性、辩证性和与时俱进的特征。中国古代朴素的唯物主义、辩证思想、知行观、义利观、大同理想、民本主义和马克思主义的基本理念具有一致性，不仅使马克思主义在中国历史文化土壤中长出参天大树，而且为马克思主义与中华优秀传统文化的结合创造了条件。党的百年奋斗突破了近代以来制约中华文明发展的一系列瓶颈，实事求是、小康等中华优秀传统文化的因素通过推陈出新获得新的时代表达，推动中华优秀传统文化创造性转化、创新性发展。习近平新时代中国特色社会主义思想深深植根于中华文化沃土，充分吸收中华优秀传统文化中讲仁爱、重民本、守诚信、崇正义、尚和合、求大同等精华，深刻汲取博大精深的中华优秀传统文化所蕴含的丰富哲学思想、人文精神、道德理念，自觉传承革命文化和社会主义先进文化所展现的我们党的梦想和追求、情怀和担当、牺牲和奉献，把马克思主义的思想精髓与中华优秀传统文化的精神特质融会贯通起来，不仅坚持了马克思主义的立场观点方法，还紧密结合了中国的具体实际，更体现了中华优秀传统文化的鲜明底色。正如习近平总书记所深刻指出的："如果没有中华五千年文明，哪里有什么中国特色？如果不是中国特色，哪有我们今天这么成功的中国特色社会主义道路？"

"两个结合"深刻揭示了马克思主义的理论特质，深刻阐明了马克思主义在中国创新发展的内在机理，从广度和深度上大大深化了我们对马克思主义中国化的规律性认识。习近平新时代中国特色社会主义思想是"两个结合"的典范，赋予马克思主义鲜明的实践特色、民族特色、时代特色，实现了马克思主义中国化新的飞跃。

三 三个时代课题开辟了马克思主义发展新境界

马克思主义中国化的过程，就是中国共产党人通过探索时代发展提出的新课题、回应人类社会面临的新挑战，不断推进理论创新、指导实践突破的过程。党的十八大以来，习近平总书记坚持用马克思主义的立场观点方法观察时代、把握时代、引领时代，从新的实际出发，对关系新时代党和国家事业发展的重大时代课题进行了深邃思考和科学判断，系统回答了新时代坚持和发展什么样的中国特色社会主义、怎样坚持和发展中国特色社会主义，建设什么样的社会主义现代化强国、怎样建设社会主义现代化强国，建设什么样的长期执政的马克思主义政党、怎样建设长期执政的马克思主义政党等重大时代课题，提出一系列原创性的治国理政新理念新思想新战略。这些重大理论创新为党和国家事业发展举旗定向、掌舵领航、谋篇布局，不断注入强大思想和行动力量，为丰富马克思主义做出原创性贡献，实现了马克思主义中国化新的飞跃。

系统回答了坚持和发展什么样的中国特色社会主义、怎样坚持和发展中国特色社会主义。中国特色社会主义是党和人民历经千辛万苦、付出巨大代价取得的根本成就，必须一以贯之地坚持和发展下去。面对如何在新的时代条件下做好坚持和发展中国特色社会主义这篇大文章，习近平总书记深刻指出，中国特色社会主义，是科学社会主义理论逻辑和中国社会发展历史逻辑的辩证统一，是根植于中国大地、反映中国人民意愿、适应中国和时代发展进步要求的科学社会主义，是全面建成小康社会、加快推进社会主义现代化、实现中华民族伟大复兴的必由之路。党的十八大以来，习近平总书记准确把握我国社会主要矛盾的变化，团结带领全国各族人民统筹推进"五位一体"总体布局、协调推进"四个全面"战略布局，全面深化改革和扩大开放，引领党和国家事业取得历史性成就、发生历史性变革，推动中国特色社会主义进入新时代。实践证明，习近平新时代中国特色社会主义思想深刻回答了新时代坚持和发展什么样的中国特色社会主义、怎样坚持和发展中国特色社会主义的重大时代课题，实现了对中国特色社会主义建设规律认识的新跃升，书写了坚持和发展中国特色社会主义新篇章，开辟了科学社会主义新境界。

系统回答了建设什么样的社会主义现代化强国、怎样建设社会主义现代化强国。世界近代以来的历史证明，现代化是强国富民的必然途径，但通向现代化的道路不止一条。在中国这样一个有着悠久历史、超大人口规模、广阔地域的国家探索现代化道路，没有现成的经验可循，必须立足国情和历史文化传统开拓创新、不懈探索。新中国成立后，我们党提出了"四个现代化"建设目标。改革开放后，党充分吸收中华优秀传统文化，用"小康"诠释现代化目标并接续推进，使中国大踏步赶上了时代。进入新时代，习近平总书记系统总结了我们党关于社会主义现代化建设的宝贵经验，科学借鉴了世界其他国家现代化建设的经验教训，深刻回答了建设什么样的社会主义现代化强国、怎样建设社会主义现代化强国的重大时代课题，深化拓展了建设社会主义现代化强国的科学内涵，明确提出了分两步走在本世纪中叶建成富强民主文明和谐美丽的社会主义现代化强国的宏伟蓝图，擘画了中国式现代化道路的新图景。中国式现代化不是西方以资本为中心的现代化、两极分化的现代化、物质主义膨胀的现代化、对外扩张掠夺的现代化，而是人口规模巨大的现代化、全体人民共同富裕的现代化、物质文明和精神文明相协调的现代化、人与自然和谐共生的现代化、走和平发展道路的现代化。中国式现代化的理论和实践，创造了人类文明新形态，拓展了人类走向现代化的途径，给世界上那些既希望加快发展又希望保持自身独立性的国家和民族提供了全新选择，为解决人类重大问题贡献了中国智慧、中国方案、中国力量。

系统回答了建设什么样的长期执政的马克思主义政党、怎样建设长期执政的马克思主义政党。坚持党对一切工作的领导是我们党领导人民长期奋斗得出的历史结论。没有中国共产党，就没有新中国，就没有中华民族伟大复兴。治理好我们这个世界上最大的政党和人口最多的国家，必须坚持党的全面领导特别是党中央集中统一领导，坚持民主集中制，确保党始终总揽全局、协调各方。党如何巩固执政地位，化解在历史演进中出现的各种危险和考验，跳出历史周期率，是新时代党的建设必须面对的重大课题。习近平总书记曾专门提到"窑洞对"：我们党历史这么长、规模这么大、执政这么久，如何跳出治乱兴衰的历史周期率？毛泽东同志在延安窑洞里给出了第一个答案，这就是"只有让人民起来监督政府，政府才不敢松懈"。党的十八大以来，习近平总书记以强烈的忧患意识和自我革命的勇气，深入思考并回答了建设什么样的长期执政的马克思主义政党、怎样建设长期执政的马克思主义政党这一重大课题，明确指出，"我们党又给出了第二个答案，这就是自我革命"。我们党只有以伟大自我革命引领伟大社会革命，以伟大社会革命促进伟大自我革命，才能确保党在新时代坚持和发展中国特色社会主义的历史进程中始终成为坚强领导核心。习近平总书记关于党的建设的一系列重要论述，深刻阐明了新时代党的建设的地位作用、目标任务、职责使命、实践要求，深刻回答了一系列事关方向性、全局性、战略性的重大问题，把党的建设新的伟大工程推进到新阶段，大大增强了从严管党治党的系统性、预见性、创造性、实效性，彰显了中国共产党人彻底的自我革命精神，探索出一条长期执政条件下解决自身问题、跳出历史周期率的成功道路，开辟了管党治党、兴党强党的新境界。

习近平新时代中国特色社会主义思想是内涵丰富、逻辑严密、体系严整、系统完整的科学理论体系，凝结着14亿多中国人民的共同梦想，体现了我们党在理论和实践上的伟大创造。深入学习领会全会精神实质，就必须深刻理解习近平新时代中国特色社会主义思想实现了马克思主义中国化新的飞跃，深刻领悟"两个确立"的决定性意义，树牢"四个意识"、坚定"四个自信"、做到"两个维护"，自觉在思想上政治上行动上同以习近平同志为核心的党中央保持高度一致。在思想上高度信赖核心、感情上衷心爱戴核心、政治上坚决维护核心、组织上自觉服从核心、行动上始终紧跟核心。要自觉做习近平新时代中国特色社会主义思想的坚定信仰者、忠实实践者，坚持不懈用这一伟大思想武装头脑、指导实践，不断推动各项工作取得新的突破，努力为不断推进马克思主义中国化时代化做出应有贡献。

加快构建中国特色哲学社会科学学科体系、学术体系、话语体系[*]

2016年5月17日,习近平总书记主持召开哲学社会科学工作座谈会并发表重要讲话,这在当代中国哲学社会科学发展史上具有里程碑式的重大意义。2017年5月17日,习近平总书记为中国社会科学院建院40周年发来贺信,2019年1月2日、4月9日,又分别为中国社会科学院中国历史研究院和中国非洲研究院成立发来贺信。不到两年的时间内,习近平总书记专门为一个研究单位三次发贺信,这是十分罕见、极其珍贵的,充分体现了习近平总书记和党中央对哲学社会科学事业的高度重视,充分体现了习近平总书记和党中央对中国社会科学院的亲切关怀,我们大家在深受巨大鼓舞的同时,也深为一种庄严的历史责任感所激荡。

2018年7月25日,中共中央政治局常委、中央书记处书记王沪宁同志来中国社会科学院调研并发表讲话。王沪宁同志开门见山地指出,他调研的目的就是,习近平总书记发表"5·17"重要讲话两年多了,讲话中提出的加快构建中国特色哲学社会科学的战略

---

[*] 节选自《中国社会科学》2019年第5期作者的署名文章。

任务和要求,"破题没有?进展如何?"现在,习近平总书记发表"5·17"重要讲话三年了,致中国社会科学院建院40周年贺信两年了,王沪宁同志的这一发问仍然是振聋发聩、发人深思的,习近平总书记和党中央给我们出的题目,我们的考卷答得如何?需要认真总结,更要查找差距,制定措施,继续抓好落实。

学习贯彻习近平总书记重要讲话和贺信精神,很重要的是统一思想,深化认识。这里,我主要就加快构建中国特色哲学社会科学学科体系、学术体系、话语体系的几个重要问题,谈些思考和体会。

一 新中国成立以来党中央关于哲学社会科学方针、政策的历史沿革

新中国的哲学社会科学,是在中国共产党的坚强领导下,创建、发展和繁荣起来的。1949年9月,新中国诞生前夕,毛泽东同志在中国人民政治协商会议第一届全体会议上的开幕词中宣告:"随着经济建设的高潮的到来,不可避免地将要出现一个文化建设的高潮。中国人被人认为不文明的时代已经过去了,我们将以一个具有高度文化的民族出现于世界。"① 在此之前,同年7月,周恩来同志明确提出"我们要把社会科学在中国发展起来",② 强调马列主义是社会科学的指导理论。为发展科学文化,党中央提出"双百"方针。1956年4月,毛泽东同志在中共中央政治局扩大会议上指出,艺术问题上的"百花齐放",学术问题上的"百家争鸣",应该成为我国发展科学、繁荣文学艺术的方针。1957年,毛泽东同志在

---

① 中共中央文献研究室编:《毛泽东文集》第5卷,人民出版社1996年版,第345页。
② 中共中央文献研究室编:《周恩来文化文选》,中央文献出版社1998年版,第490页。

《关于正确处理人民内部矛盾的问题》中指出:"百花齐放、百家争鸣的方针,是促进艺术发展和科学进步的方针,是促进我国的社会主义文化繁荣的方针。艺术上不同的形式和风格可以自由发展,科学上不同的学派可以自由争论。……艺术和科学中的是非问题,应当通过艺术界科学界的自由讨论去解决,通过艺术和科学的实践去解决,而不应当采取简单的方法去解决。"①

党的十一届三中全会以后,哲学社会科学从一片荒芜中迎来了繁荣发展的新时期。1978年3月,邓小平同志在《在全国科学大会开幕式上的讲话》中明确指出:"对于学术上的不同意见,必须坚持百家争鸣的方针,展开自由的讨论。"② 1978年9月,针对哲学社会科学在"文化大革命"时期遭到严重破坏的情况,中国社会科学院和教育部在北京联合召开全国哲学社会科学规划会议预备会,胡乔木同志在会上提出:"我们所有不同单位的目标是一个,就是繁荣中国的社会科学,把马克思列宁主义、毛泽东思想大大地向前推进。"③ 1980年酝酿编制的"六五"计划(1981—1985年)提出,哲学社会科学事业要有相应的发展。1982年10月,中共中央宣传部和中国社会科学院在北京召开全国哲学社会科学规划座谈会。11月22日,中共中央印发《〈全国哲学社会科学规划座谈会纪要〉的通知》,强调"我国哲学社会科学事业今后必须有一个大的发展,没有哲学社会科学的发展,要开创社会主义现代化建设事业的新局面是不可能的。"④ 1991年第七届全国人民代表大会四次会议通过的《中华人民共和国国民经济和社会发展十年规划和第八个五年计划

---

① 中共中央文献研究室编:《毛泽东文集》第7卷,人民出版社1999年版,第229页。
② 《邓小平文选》第2卷,人民出版社1994年版,第98页。
③ 胡乔木:《在全国哲学社会科学规划会议预备会上的讲话》,《经济学动态》1978年第12期。
④ 《中共中央关于转发〈全国哲学社会科学规划座谈会纪要〉的通知》,中国共产党新闻网,1982年11月22日,http://cpc.people.com.cn/GB/64184/64186/66706/4495751.html。

纲要》提出，努力加强哲学、社会科学研究，促进社会科学各个领域的繁荣和发展。1992年党的十四大报告强调，应当高度重视理论建设，保障学术自由，注重理论联系实际，创造性地开展研究，繁荣哲学社会科学，坚持和发展马克思主义。1997年党的十五大报告强调，积极发展哲学社会科学，这对于坚持马克思主义在我国意识形态领域的指导地位，对于探索有中国特色社会主义的发展规律，增强我们认识世界、改造世界的能力，有着重要意义。2002年7月16日，江泽民同志在中国社会科学院建院25周年座谈会上发表重要讲话，强调必须始终重视哲学社会科学，加快发展哲学社会科学。2004年中共中央发布《关于进一步繁荣发展哲学社会科学的意见》，2007年党的十七大报告也使用了"繁荣发展哲学社会科学"的表述。

2016年5月17日，习近平总书记在哲学社会科学工作座谈会上的重要讲话中，首次明确提出了"加快构建中国特色哲学社会科学"的重大论断和战略任务，强调：哲学社会科学的特色、风格、气派，是发展到一定阶段的产物，是成熟的标志，是实力的象征，也是自信的体现。要按照立足中国、借鉴国外，挖掘历史、把握当代，关怀人类、面向未来的思路，着力构建中国特色哲学社会科学，在指导思想、学科体系、学术体系、话语体系等方面充分体现中国特色、中国风格、中国气派。习近平总书记还深刻阐明了加快构建中国特色哲学社会科学的三项原则：体现继承性、民族性；体现原创性、时代性；体现系统性、专业性。"5·17"重要讲话科学地解答了中国哲学社会科学面临的一系列重大理论和实践问题，是闪耀着马克思主义真理光芒、指导新时代哲学社会科学事业长远发展的纲领性文献。

从"繁荣发展哲学社会科学"到"加快构建中国特色哲学社会科学"，不仅是一个重大提法的变化，而且是党中央关于哲学社会科学的使命职责、战略要求的重大发展。

如何理解习近平总书记的这一重要论述？我们不妨从中把握两个关键词。

第一个关键词是"加快构建"。"加快构建"这四个字是有深意的，"加快"阐明了任务的紧迫性，强调中国哲学社会科学必须适应时代发展、党和人民伟大事业发展的迫切要求，奋发有为；"构建"不是恢复重建，更不是推倒重来，而是在繁荣发展的已有成就基础上，着力构建中国特色哲学社会科学学科体系、学术体系、话语体系。正如习近平总书记所深刻指出的，我国是哲学社会科学大国，研究队伍、论文数量、政府投入等在世界上都是排在前面的，但目前在学术命题、学术思想、学术观点、学术标准、学术话语上的能力和水平同我国综合国力和国际地位还不太相称。哲学社会科学发展战略还不十分明确，学科体系、学术体系、话语体系建设水平总体不高，学术原创能力还不强。总的看，我国哲学社会科学还处于有数量缺质量、有专家缺大师的状况，作用没有充分发挥出来。

历史表明，社会大变革的时代，一定是哲学社会科学大发展的时代。我们正身处这样一个伟大的时代。其一，当今世界处于百年未有之大变局，正在经历大发展大变革大调整，政治多极化、经济全球化、社会信息化、文化多样化深入发展，全球治理体系变革深入发展，国际力量对比"东升西降"，中国日益走近世界舞台的中央，中华民族迎来了从站起来、富起来到强起来的伟大飞跃。这个大变局，给中华民族伟大复兴带来重大机遇，也必然带来诸多风险和挑战。随着我国综合国力和国际地位快速上升，深度参与全球治理体系变革，美国等西方国家对我国的猜忌和戒惧明显加深，加紧对我国实施战略上围堵、发展上牵制、理论上歪曲、形象上丑化，我国外部环境发生深刻复杂变化，与此同时，资本主义和社会主义两条道路、两种制度的根本矛盾将长期存在。深入研究世界百年未有之大变局所带来的机遇和挑战，正确认识和用好战略机遇期，给我国哲学社会科学提出了一系列全新的重大理论和现实问题，迫切需要作出有说服力的科学解答。其二，中国特色社会主义进入新时代，中国特色社会主义迎来了从创立、发展到完善的伟大飞跃，中国人民迎来了从温饱不足到小康富裕的伟大飞跃，我国社会主要矛盾的深刻变化，统筹推进"五位一体"总体布局，协调推进"四个全面"战略布局，推进国家治理体系和治理能力现代化，实现"两个一百年"奋斗目标、开启全面建成社会主义现代化强国新征程，提出了一系列全新的重大理论和现实问题，迫切需要哲学社会科学深入研究并作出有说服力的科学解答。其三，实现中华民族伟大复兴的千秋伟业，必须着力防范化解可能迟滞或阻碍伟大复兴进程的重大风险。习近平总书记2018年初讲了8个领域16个方面的风险，2019年初又讲了8个重点风险，如何有效防范化解这些重大风险，给中国哲学社会科学提出了一系列全新的重大理论和现实问题，迫切需要深入研究并作出有针对性的科学解答。总之，时代提出的问题是紧迫的、综合性的、全局性的、战略性的，我们的哲学社会科学研究当然不能无动于衷、按部就班，不能散兵游勇、支离破碎，甚至局部突破都是难以胜任的，必须有一个整体性的大发展、体系化的大突破。

  第二个关键词是"中国特色哲学社会科学"。近代以来，国门大开，"西学东渐"，中国人民备尝"落后就要挨打，贫穷就要挨饿，失语就要挨骂"的痛苦。中国共产党人在为中国人民谋幸福、为中华民族谋复兴的伟大斗争中，从众多思想中找到了救国救民、实现民族复兴的真理——马克思主义，创造性地将马克思主义基本原理同中国的具体实际相结合，不断开辟马克思主义中国化的新境界并产生了重大理论成果。在这个过程中，中国的哲学社会科学做出了独特的贡献,并相应地获得了长足的发展。

但毋庸讳言,从另一个方面来说,狭义或纯粹的哲学社会科学研究,还远不能适应时代发展的要求,不能满足当代中国发展的期望。一是用中国理论、中国学术解读中国实践尚不充分。习近平总书记强调,当代中国的伟大社会变革,不是简单延续我国历史文化的母版,不是简单套用马克思主义经典作家设想的模板,不是其他国家社会主义实践的再版,也不是国外现代化发展的翻版,不可能找到现成的教科书。中国哲学社会科学应该以我们正在做的事情为中心,从中国改革发展的实践中挖掘新材料、发现新问题、提出新观点、构建新理论。这是构建中国特色哲学社会科学的着力点、着重点。一切刻舟求剑、照猫画虎、生搬硬套、依样画葫芦的做法都是无济于事的。对照习近平总书记和党中央的要求和警示,我们应该警醒,应该承认差距很大。至少到目前为止,我们尚未构建并发展出一套成系统、较为完备、较为成熟的解读近代以来中国发展变化、解读当代中国发展奇迹的学科体系、学术体系、话语体系。在相当大的程度上,我们是拿西方的理论、学术、知识、观点、原理、概念、范畴、标准、话语来解读中国的实践,难免出现习近平总书记所指出的刻舟求剑、照猫画虎、生搬硬套、依样画葫芦的问题。例如,中国经济改革已经取得举世公认的巨大成就,但我们目前尚无一套系统地解读中国经济改革的学科体系、学术体系、话语体系。国际经济学界早就有人断言,谁能从经济学上解释清楚中国的改革,谁就会得诺贝尔经济学奖。即便不是为了得诺贝尔奖,我们的学者也应该有这样的雄心壮志和学术担当。二是对民族复兴的学理支撑尚不充分。中国特色社会主义进入新时代,新时代对哲学社会科学提出了更高的要求。中华民族迎来了从站起来、富起来到强起来的伟大飞跃,中国特色社会主义迎来了从创立、发展到完善的伟大飞跃,中国人民迎来了从温饱不足到小康富裕的伟大飞跃,这都迫切需要哲学社会科学为推进国家治理体系和治理能力现代化提供强有力的学理支撑，为繁荣中国学术、发展中国理论、传播中国思想注入学术之源，为丰富中国智慧、凝聚中国力量、彰显中国价值提供智力支持。对照上述职责要求，目前中国哲学社会科学还有不小的差距。明显的例证是，习近平新时代中国特色社会主义思想已经写入党章和宪法，成为全党全国人民共同的指导思想，习近平总书记的著作已经翻译成几十种语言，产生了广泛的世界性影响，但中国理论界尚未出现研究阐释当代中国马克思主义、21世纪马克思主义，并为国际学术界和广大读者公认的学术经典，不少成果在读者那里的反映是："远不如读总书记自己的著作精彩、解渴。"再如，中国特色社会主义道路、理论、制度、文化不断发展，拓展了发展中国家走向现代化的途径，给世界上那些既希望加快发展又希望保持自身独立性的国家和民族提供了全新选择，为解决人类问题贡献了中国智慧和中国方案。但目前，中国学术界尚未构建起能够充分展现中国智慧和中国方案应有价值和力量、具有鲜明中国特色的现代化理论、概念、指标体系。

概括起来说，一个拥有近9000万名党员、高举马克思主义旗帜、不断开辟马克思主义新境界、自信成熟的伟大政党，没有系统完备、特色鲜明的哲学社会科学，是不可想象的；一个拥有近14亿人口、高举中国特色社会主义旗帜、日益走近世界舞台中央、自信成熟的伟大国家，没有系统完备、特色鲜明的哲学社会科学，是不可想象的；一个拥有5000多年灿烂文明、高举和平发展进步的旗帜、屹立于世界民族之林、自信成熟的伟大民族，没有系统完备、特色鲜明的哲学社会科学，是不可想象的。加快构建中国特色哲学社会科学学科体系、学术体系、话语体系，是时代的呼唤，是党和国家的要求，是中华民族的期盼，也是新时代中国社会科学院和所有哲学社会科学工作者担负的崇高使命，这是我们学习领悟习近平总书记重要讲话和贺信精神的必然结论。

二 关于中国特色哲学社会科学学科体系建设

学科体系是加快构建中国特色哲学社会科学的基础。在党中央正确领导下，新中国成立70年特别是改革开放40多年来，经过几代学者筚路蓝缕、潜心耕耘，中国哲学社会科学学科体系已基本确立。就中国社会科学院来说，目前学科设置基本涵盖了马克思主义、哲学、历史学、考古学、文学、语言学、宗教学、经济学、法学、民族学与文化学、社会学、政治学、国际研究、新闻学与传播学、图书馆情报与文献学等哲学社会科学主要一级学科领域，有二三级学科近300个，这为我们推进学科体系建设奠定了坚实的基础。

从新时代加快构建中国特色哲学社会科学学科体系的时代要求出发，应当看到，中国社会科学院的学科建设还存在一些亟待解决的问题。习近平总书记在"5·17"重要讲话中指出的问题，如一些学科设置同社会发展联系不够紧密，学科体系不够健全，新兴学科、交叉学科建设比较薄弱等，在中国社会科学院也是存在的，有的还比较突出。

就中国社会科学院各研究所学科建设的实际情况看，有的研究所这方面工作抓得好一些，有的研究所抓得差一些；有的已经发现了问题，着手调整和解决；有的则还满足于现状，没有发现和意识到问题；还有的不愿意触及矛盾，得过且过，过一天算一天。建议大家认真思考一下我们的学科（研究室）设置哪些是科学合理的，哪些是不那么科学合理的；哪些是真正的优势、特色和重点，哪些是国家社会需要、学科有而不优、亟须加强的；哪些是没有发展潜力和前景、需要淘汰撤并的；还有哪些新兴学科和交叉学科是中国社会科学院欠缺并亟须补上的短板。

综合分析，中国社会科学院学科建设存在的问题及成因：有些学科是从苏联"学来的"，有些学科则带有明显的计划经济时期的痕迹，还有些学科是从西方"拿来的"。这是与我国哲学社会科学学科的历史形成过程紧密相连的。

新中国成立之初，我国确立了科学要为国家建设服务、为人民服务的发展方针。全国科学教育界响应"学习苏联先进科学"的号召，进行全国高等院校和学科调整，将科学和教育纳入了国家计划体系。在这样的大背景下，我国哲学社会科学的学科建设深受苏联体制、苏联专家、苏联教材的影响。这一阶段，我国新建了一批学科，如计划经济学、技术经济学、教育学、文艺学等；也撤销了一批学科，如政治学、社会学、行政学等。这种变化在中国社会科学院的一些"老所"中体现得尤为突出。例如，1955年中国科学院借鉴苏联科学院的学部制度，建立了四个学部。其中，哲学社会科学部下设哲学、经济、文学、历史、考古、法学等14个研究所，在很大程度上是以苏联科学院社会科学学部为摹本的。再如，新中国成立之前，全国没有专门的哲学研究机构。为了适应新中国社会主义建设事业发展的需要，加强对哲学理论研究的组织领导，以苏联科学院哲学研究所为蓝本，成立了中国科学院哲学研究所，就是在苏联科学院哲学研究所各分支学科的基础上加一些中国哲学的学科。其他研究所的学科设置也受到苏联和计划经济的影响，一些学科延续至今。例如，20世纪60年代苏联科学院经济研究所就设有投资、价格、产业布局等方向的研究室，直到现在中国社会科学院还有些研究室与之对应。

党的十一届三中全会以后，为适应新时期需要，探索改革开放和社会主义现代化建设中的理论和实践问题，我国哲学社会科学在研究工作的广度和深度上都有新突破。在学科建设方面，根据形势发展需要和全党工作重心的转变，新建了一大批学科。譬如，中国社会科学院成立后，在经济研究所的基础上，陆续建立了一批分部门和专业的经济学研究所，不仅对推动相关领域的工作做出了重要贡献，而且对工业经济学、农业经济学、财政学、国际贸易学、金融学、区域经济学、劳动经济学、数量经济学、技术经济学、环境经济学等相关学科的发展做出了积极贡献。这一时期还恢复了一批学科，大大充实了国际问题研究学科。我国还从西方引进了一批学科，如宏观经济学、微观经济学、制度经济学、工商管理学、传播学、全球史等。这就构成了今天我国哲学社会科学学科的基本格局。

总体来看，近代以来长期的"西学东渐"，使我国哲学社会科学深受外来哲学社会科学的影响，中国特色哲学社会科学学科体系是不健全、不系统、不完善的。虽然从研究队伍、论文数量、政府投入等数量型指标看，我国已经是世界哲学社会科学大国，但是在引领学科发展方向、创新学科发展内涵等方面，与我国不断增强的综合国力相比，与我国日益走近世界舞台中央的国际地位相比，存在很大差距，从哲学社会科学大国向哲学社会科学强国的转变还任重道远。

中国特色哲学社会科学学科体系不健全、不系统、不完善，是当前我国哲学社会科学事业存在诸多问题和不足的根源。以中国社会科学院经济学学科为例，某些形成于特定历史时期的学科，已经越来越难以跟上社会主义市场经济发展的步伐，大体说来，有四种情形：一是有些学科随着经济社会发展，其学科发展的意义和价值急剧下降，如计划经济时期形成的投资经济学、价格经济学等。二是有些原来的学科划分不能适应经济社会的发展变化和要求，如按照三次产业结构切成"块块"的农业经济、工业经济、服务经济，现在已很难截然分开，难以适应现代经济产业融合发展的趋势；在城乡"二元结构"下形成的农村研究和城市研究，也很难适应城乡一体化发展的需要。三是有些学科低水平重复设置，需要整合、归并和提高，如区域经济研究，工业经济研究所、农村发展研究所、数量经济与技术经济研究所、城市发展与环境研究所都在搞，水平有高有低，且力量分散，形不成集团优势；再如，经济片各所都在搞宏观经济分析，力量也很分散。四是存在不少空白短板，即经济社会发展急需而我们尚缺乏研究的领域，比如，贯彻新发展理念，建设现代化经济体系，什么是创新型发展，用什么指标来衡量？什么是现代化经济体系，如何建设？迫切需要研究。此外，一些新业态如互联网经济，一些新模式如共享经济都是以往不曾有过的，这些领域恰恰是中国近年来大发展的领域，也是中国在世界上发展领先的领域，需要总结和深化研究。还有像人工智能、大数据、区块链等高新技术及其相关产业、政策、社会影响问题的研究。如此等等，这些在中国社会科学院都还是空白。

国际问题研究是中国社会科学院的特色优势学科，有8个研究所（院），在全国处于领先地位。但也应该承认，8个研究所（院）很多学科（研究室）设置是改革开放初期，少部分是21世纪之初，与时代发展、党和国家事业需要、国际著名智库相比，存在一些突出的短板。一是聚焦新时代党和国家事业发展需求不够紧密。如中美贸易摩擦一来，各方面很希望听到中国社会科学院的建议，但我们有些专事国际问题研究的研究所对国内经济并无深入研究，而研究国内经济问题的研究所对国际问题的研究也不强。二是聚焦当今世界发展的全局性、战略性、储备性研究不够。比如，习近平总书记指出，当今世界正处于百年未有之大变局，那么，这个大变局的特点、成因和趋势是什么，对中华民族伟大复兴进程会产生怎样的影响，机遇和挑战是什么？全球治理体系和国际秩序变革加速推进的特点和趋势是什么，对中国推进国家治理体系和治理能力现代化的影响如何？如何应对美国等西方国家对中国加紧实施的战略围堵？如何认识民粹主义在全球范围的蔓延？西方国际关系理论出现了怎样的变化，如何构建起中国特色的国际关系学、国际政治学？等等。当然，我们不是要搞大而全、小而全，而是要有很强的专门学科和很强的集成能力。三是聚焦重点研究领域不够，平均用力，力量较分散。当今世界，中美关系是影响最大的双边关系，而且已经超出双边关系的范围。中美关系大格局的变化，已经并将继续对中欧、中俄、中日、中国与朝韩、中国与东盟、中非、中国与拉美等诸多国际关系产生深刻影响。今天国际上很多对中国不利的因素，背后都有美国的影子。抓住中美关系大格局的变化这个"牛鼻子"，大量国际问题都会有新的认识，而我们不少研究所还不能适应这种变化。

从2018年6月到2019年1月，在习近平总书记亲自倡导、亲切关怀下，王沪宁同志悉心谋划指挥，黄坤明同志直接领导推动，我们组建了中国历史研究院。根据党中央审定批准的组建方案，按照"不是要归大堆，而是要真正打造中国历史研究的精锐"的要求，本着"消除重复、填补空白、理顺关系、体现传承、面向未来"的原则，中国历史研究院整合中国历史、世界历史、边疆、考古等方面研究力量，推动相关历史学科融合发展，在历史学部原有5个研究所基础上新设院部并成立4个内设机构，新设历史理论研究所，调整、优化、新设40个研究室，整合6个科研辅助部门，新设5个非实体性研究中心，学科调整力度之大、范围之广，在中国社会科学院历史上是前所未有的，在全国历史研究领域产生了广泛的影响，也为中国社会科学院其他学科领域的学科体系建设提供了有益的借鉴。

应该看到，随着新时代我国统筹推进"五位一体"总体布局、协调推进"四个全面"战略布局的深入，国家治理体系和治理能力现代化的推进，科学技术的日新月异，产业结构不断升级和演化，一些新的经济社会现象和问题已经不是单一学科能够研究清楚的，必须开展跨学科、跨领域联合攻关。学科体系不健全、不系统、不完善也是造成学术研究"碎片化"的根本原因，而零敲碎打的研究难以回答新时代重大理论和现实问题。

总之，学科体系是加快构建中国特色哲学社会科学的根本依托，学科体系不扎实，学术体系、话语体系就是无源之水；学科体系的中国特色不鲜明，学术体系、话语体系的中国风格和中国气派就是无本之木。我们要突出优势、拓展领域、补齐短板、完善体系，在加快构建学科体系、突出中国特色上下更大功夫。我们要强化全局性、前瞻性、战略性、储备性、基础性研究，坚持问题意识和需求导向，聚焦世界百年未有之大变局，聚焦新时代坚持和发展中国特色社会主义伟大事业，聚焦实现中华民族伟大复兴的历史进程，科学谋划学科布局。我们要通过努力，使基础学科健全扎实、重点学科优势突出、新兴学科和交叉学科创新发展、冷门学科代有传承、基础研究和应用研究相辅相成、学术研究和成果应用相互促进。

专业所限，这里没有对马克思主义学科片、文哲学科片、社会政法学科片的学科体系建设进行具体分析。希望中国社会科学院各研究所都来认真思考、深入研讨、科学谋划学科体系建设问题，这是关系新时代中国社会科学院长远发展的大问题，是一项基本建设。

三 关于中国特色哲学社会科学 学术体系建设

学术体系是加快构建中国特色哲学社会科学的核心，主要包括两个方面：一是思想、理念、原理、观点，理论、学说、知识、学术等；二是研究方法、材料和工具等。学术体系是学科体系、话语体系的内核和支撑，学术体系的水平和属性，决定着学科体系、话语体系的水平和属性。例如，同样是经济学、政治学，中国的经济学、政治学与西方的经济学、政治学就有根本区别，决定这种区别的，不是学科和话语，而是思想观点；同样是哲学，中国哲学与西方哲学就有截然不同的味道，决定这种差异的，也主要不是学科和话语，而是思想观念。

近代以来的学术发展史表明，一种新的理论和研究方法的确立，往往就是一门新学科的诞生。成熟、独特的理论和研究方法，通常是区分学科最重要的标志。例如，马克思创立了剩余价值学说，从而创建了马克思主义政治经济学；新古典经济学以边际分析方法为核心，从而区别于其他经济学流派。

如何加快构建中国特色哲学社会科学学术体系？这是一篇大文章，需要全国社科界、全院同志共同努力。这里，不妨分析几个案例，希望能给大家一些有益的启示。

案例一：实事求是思想路线的创立和发展。

"实事求是"一词最早出自东汉史学家班固所撰《汉书·景十三王传》，书中称赞汉景帝之子刘德时说道："修学好古，实事求是。"[1] 刘德，是汉景帝刘启的儿子，封河间献王。汉景帝时吴楚等七国之乱，内宫储位争夺激烈，刘德深感儒道衰微，便在封地河间王国内大量收集古文先秦旧书，修兴礼乐，以期通过收集并研究儒家典籍振兴儒学。班固所谓"修学好古，实事求是"，指的是刘德潜心收集古文先秦旧书，并招募四方饱学之士夜以继日梳理、校勘收集来的儒家经典，主要是赞扬刘德专注于辨明古代典籍的真假、

---

[1] 《汉书》卷53《景十三王传》，中华书局1962年版，第2410页。

对错、是非的那种求实精神。后来，唐代学者颜师古在对此作注时，将实事求是注释为"务得事实，每求真是也。"① "实"指实际存在的文献。"务得事实"，就是做学问一定要有充分的事实根据，而这个事实根据就是先秦旧书之记载。"真，正也。留其正本。"② "求真"就是在大量的文献中去伪存真，去粗取精。因而，"实事求是"原本是指研究历史文献、典籍、文物时的一种严谨治学、务求真谛的治学方法和治学态度。明清以后，这种治学方法和态度逐渐演变成了考据之学，尤其是清代，这一考据学的治学方法呈一时之盛。梁启超曾说："夫无考证学则是无清学也。"③ 经学家刘师培把清代这种考据学之治学方法总结为："凡治一学、著一书，必参互考验曲证旁通，博征其材，约守其例。复能好学深思，实事求是，会通古说。"④ 概括地说，在中国古代传统文化思想中，"实事求是"主要是一种考据学意义上的治学方法和态度，而不具有哲学认识论的意义。所谓"实事"，主要指文献，而且是古代的文本，并非马克思主义意义上的客观事物；所谓"是"主要指"是非"意义上的"是"，即从古代文本中求得其"是"，并且越"古"越"是"，越"书本"越"是"，也非马克思主义意义上的客观规律。因而，古代的"实事求是"实际上形成了一种埋头书本、脱离现实的学风，只对古不对今，只面向文本而不观照现实。

毛泽东同志在领导中国革命的伟大实践中，创造性地将马克思主义基本原理同中国的具体实际相结合，对"实事求是"这一中国古代的术语进行了一番著名的马克思主义的改造与阐发，不仅使其思想内涵发生了根本性的转变和升华，而且使其思想价值和作用达

---

① 《汉书》卷53《景十三王传》，中华书局1962年版，第2410页。
② 《汉书》卷53《景十三王传》，中华书局1962年版，第2410页。
③ 梁启超：《清代学术概论》，岳麓书社2010年版，第30页。
④ 刘师培：《刘申叔遗书》，江苏古籍出版社1997年版，第1823页。

到了前所未有的高度和境界。下面这段话，是我们都非常熟悉的："'实事'就是客观存在着的一切事物，'是'就是客观事物的内部联系，即规律性，'求'就是我们去研究。我们要从国内外、省内外、县内外、区内外的实际情况出发，从其中引出其固有的而不是臆造的规律性，即找出周围事变的内部联系，作为我们行动的向导。而要这样做，就须不凭主观想象，不凭一时的热情，不凭死的书本，而凭客观存在的事实，详细地占有材料，在马克思列宁主义一般原理的指导下，从这些材料中引出正确的结论。……这种态度，就是党性的表现，就是理论和实际统一的马克思列宁主义的作风。"① 从此以后，实事求是便有了特定的内涵，被作为马克思主义哲学通俗的中国化表达，作为中国共产党的思想路线确立下来。

从毛泽东同志，到邓小平、江泽民、胡锦涛同志，再到习近平总书记，几代中国共产党人都始终不渝地坚持、丰富和发展实事求是的思想路线，党的十九大报告进一步将其明确为"解放思想、实事求是、与时俱进、求真务实"。其基本要义是：第一，一切从实际出发。这就要求我们想问题、出主意、作决策，办任何事情都不能从本本出发，不能从抽象的定义、原则出发，不能从主观愿望和想象出发，必须从客观存在着的基本事实出发，从人民群众的根本利益出发。第二，理论联系实际。强调一切从实际出发，决不意味着可以轻视乃至忽视理论。而我们重视理论，也正是因为它能指导实践，而不是把理论当作教条。什么是理论联系实际？毛泽东同志曾经形象地用"有的放矢"这一古代成语，用箭和靶来说明马列主义理论与中国革命实际的相互联系，并批评了两种错误倾向："有些同志却在那里'无的放矢'，乱放一通，这样的人就容易把革命弄坏。有些同志则仅仅把箭拿在手里搓来搓去，连声赞曰：'好箭！

---

① 《毛泽东选集》第3卷，人民出版社1991年版，第801页。

好箭！'却老是不愿意放出去。这样的人就是古董鉴赏家，几乎和革命不发生关系。马克思列宁主义之箭，必须用了去射中国革命之的。"① 第三，在实践中认识真理、发展真理和检验真理。人们通过社会实践，获得理性认识，进而指导实践，但认识正确与否，又只有通过实践来检验。在实践面前，正确的理论被证实，错误的理论被修正，同时又在新的实践基础上补充、丰富和发展原有的理论。第四，解放思想，勇于探索，研究新情况，解决新问题，总结新经验，开辟新境界。客观实际永远处于变化之中，实践永无止境，这就需要我们不断解放思想，根据变化了的实际，揭示事物发展变化的客观规律性，找出解决新问题的新办法，对实践经验作出新的概括，以推动实践和理论的新发展。第五，实干兴邦，空谈误国。共产党人就要求真务实，说老实话、办老实事、做老实人、察实情、出实招，崇尚实干，反对空谈。

必须指出，实事求是的思想路线，是马克思主义基本原理与中国实际相结合的伟大创造。实践的观点，是马克思主义首要的和基本的观点。马克思主义创始人明确指出："全部社会生活在本质上是实践的。凡是把理论引向神秘主义的神秘东西，都能在人的实践中以及对这种实践的理解中得到合理的解决。"② 唯物主义历史观和唯心主义历史观不同，"不是从观念出发来解释实践，而是从物质实践出发来解释各种观念形态"。③ 正因如此，恩格斯反复申明："我们的理论是发展着的理论，而不是必须背得烂熟并机械地加以重复的教条。"④ 列宁也曾指出："马克思主义的活的灵魂：对具体

---

① 《毛泽东选集》第3卷，人民出版社1991年版，第819—820页。
② 《马克思恩格斯选集》第1卷，人民出版社2012年版，第135—136页。
③ 《马克思恩格斯选集》第1卷，人民出版社2012年版，第172页。
④ 《马克思恩格斯选集》第4卷，人民出版社2012年版，第588页。

情况作具体分析。"① 因此，实事求是的思想路线完全符合马克思主义的基本原理，但无论是马克思、恩格斯，还是列宁，他们都没有明确提出或系统阐述过实事求是的思想观点。从这个意义上说，实事求是的思想路线，是具有鲜明中国特色、中国风格、中国气派的思想、观点和方法，是中国共产党人对马克思主义哲学的重大贡献。

案例二：社会主义市场经济理论的创立和发展。

社会主义应该和能够搞市场经济吗？这个问题相当长时间里，在马克思主义和社会主义阵营中是明确加以否定的。

马克思主义创始人批判地吸收近代英国古典政治经济学的合理成分，通过对资本主义社会中经济关系的深刻剖析，科学地揭示了商品、货币、资本等物的关系对人的关系的奴役性质、虚幻性质，破天荒地第一次揭示了资本的"秘密"，资本家剥削工人的"秘密"——剩余价值，通过唯物史观和剩余价值学说，科学地揭示了人类社会发展规律，揭示了社会主义、共产主义代替资本主义的历史必然性，从而使社会主义由空想变成了科学。这是人类思想史上的伟大革命。当然，社会主义社会中的经济关系怎样？他们只是提出了一般性的设想和原则。列宁由于领导苏联社会主义实践的时间短暂，关于这方面也没有系统成熟的思想。一个明显的事实是：无论是马克思、恩格斯，还是列宁，都主张社会主义只能实行计划经济，不可能搞商品经济，更不可能搞市场经济。这就造成了马克思主义阵营长时间一种根深蒂固的观念，即将市场经济完全等同于资本主义经济，以为只有在资本主义社会中，才能实行市场经济；实行市场经济就是私有制，就是资本主义。这种观念为几代马克思主义者所坚持。在社会主义社会中实行国家计划下的产品经济，排斥

---

① 《列宁选集》第4卷，人民出版社2012年版，第213页。

商品、排斥市场经济，被认为是抵制资本主义影响、克服资本主义生产盲目性和无政府状态，进而避免资本主义经济危机必须采取的方法。

不仅如此，西方资产阶级经济学界和舆论界也同样认为，市场经济就是私有制，就是资本主义，社会主义和市场经济是不可兼容的，从亚当·斯密、李嘉图，到哈耶克等人，直到当代西方主流经济学家，都是这种观念的维护者，在他们看来，没有私有产权就不可能形成反映资源稀缺性的价格信号和充分的激励机制。也正是从这种根深蒂固的教条出发，当代西方学术界和舆论界质疑乃至攻击中国搞的要么不是社会主义，要么不是完全市场经济。

打破对计划经济的迷信，打破对市场经济的禁忌，认为市场和计划都只是手段，资本主义可以用，社会主义也可以用，这是邓小平同志的历史性贡献。

回顾改革开放40多年的发展历程，应该承认，这样一个社会主义理论和实践上的重大突破，是很不容易的，需要巨大的政治勇气和理论勇气。从完全的计划经济到"计划经济为主，市场调节为辅"，再到"有计划的商品经济""计划经济与市场调节相结合"，直到"社会主义市场经济"，改革的每一步深化，都是理论和实践的双重探索，都是对传统观念和体制机制藩篱的冲破，都是对社会主义建设规律性认识的深化。

在继承邓小平同志改革思想的基础上，习近平总书记带领我们党和人民继续坚定不移地全面深化改革，并根据新的时代条件和国情实际，创造性地提出：使市场在资源配置中起决定性作用，更好发挥政府作用；坚持和完善我国社会主义基本经济制度和分配制度，毫不动摇巩固和发展公有制经济，毫不动摇鼓励、支持、引导非公有制经济发展。改革开放40多年来，社会主义与市场经济在我国已经深度融合并逐步发展壮大起来。改革极大地解放和发展了我国的社会生产力，显著改善了人民生活，使中国特色社会主义焕发出勃勃生机。社会主义市场经济理论，是具有鲜明中国特色、中国风格、中国气派的社会主义理论、经济学理论，是中国共产党人对科学社会主义、对马克思主义政治经济学的重大贡献。

案例三：构建人类命运共同体理念的创立。

党的十八大以来，习近平总书记在多个国际场合和国际会议上，倡导性地提出在世界上努力构建人类命运共同体的理念，引起了国际社会的热烈反响并迅速取得广泛共识。联合国2017年2月10日将其写入联合国决议，2017年3月17日又将其载入安理会决议，2017年3月23日再将其载入联合国人权理事会决议。

构建人类命运共同体理念的创立，具有深厚的历史文化底蕴。中国古代的先哲很早就提出了"和而不同"的哲学思想。西周末年，史伯提出了"和实生物""同则不继"的"和而不同"思想。此后的先贤陆续将这一哲学思想运用于国家和社会治理，用来处理国家内部的社会关系以及与其他国家的邦交关系。《礼记·礼运篇》强调"大道之行也，天下为公"；《论语》主张"以和为贵"；《尚书》提出"协和万邦"；《易传》倡导"万国咸宁"。当然，在封建社会里，统治阶级没有也不可能真正贯彻上述思想，但这些体现人民对美好社会向往的思想，成为中国优秀传统文化的重要元素得以传承下来。

构建人类命运共同体理念的创立，是对马克思主义关于人类共同体思想的丰富和发展。马克思主义创始人曾经分析了人类共同体发展的三大历史阶段：第一阶段，"由自然决定"的共同体，如氏族、部落、家庭、民族、国家等，在这些共同体中，共同特点是人的依赖关系占主导地位，分工和交往都局限于共同体内部。第二阶段，"由社会决定"的共同体，如资本、企业、银行、公司等，在这些共同体中，共同特点是以物的依赖关系为基础的人的相对独立性，分工和交往突破了自然共同体的界限，商品经济的充分发展，特别是转化为资本的商品，作为天生的国际派，日益活跃在国际舞台上，开启了历史向世界历史的转变，开启了经济全球化的历史进程。第三阶段，以自由自觉个性为前提的自觉的共同体，即未来的共产主义社会，"代替那存在着阶级和阶级对立的资产阶级旧社会的，将是这样一个联合体，在那里，每个人的自由发展是一切人的自由发展的条件。"① 应该说，构建人类命运共同体理念，同马克思主义经典作家关于人类共同体的思想，基本原理和内在精神是高度一致的，但又有新的内容，马克思、恩格斯在分析人类共同体不同历史形态特别是第二大形态和第三大形态时，都未曾预料到社会主义与资本主义两种不同社会制度、不同意识形态并存的局面，这当然是由于时代条件不同的缘故。

构建人类命运共同体理念的创立，为解决当今全球性"和平赤字""发展赤字""治理赤字"，推进全球治理体系变革提供了中国思想、中国智慧、中国方案。在美国等西方大国极力推行利己主义、单边主义、霸权主义和强权政治的背景下，中国倡导构建人类命运共同体，将激励世界各国人民携手同建一个持久和平、普遍安全、共同繁荣、开放包容、清洁美丽的世界。这一重要理念，揭示了世界各国相互依存、人类命运休戚相关的客观规律，顺应了和平发展合作共赢的时代潮流，准确把握了世界和人类社会发展大势，为解决人类共同面临的种种挑战提供了符合各方利益，并且是在无法解决这些挑战的资本主义体系之外的新方案，体现了主张不同社会制度、不同意识形态、不同历史文化、不同发展水平的国家求同存异、包容发展的新全球观。

由此看来，构建人类命运共同体理念，是具有鲜明中国特色、

---

① 《马克思恩格斯选集》第1卷，人民出版社2012年版，第422页。

中国风格、中国气派的国际关系理论,是中国对人类文明的重大贡献,是中国共产党人对国际政治理论的重大贡献。

从上述三个案例,我们可以得到多方面的有益启迪。新时代加快构建中国特色哲学社会科学学术体系,一要坚持马克思主义的指导地位。坚持以马克思主义为指导,是当代中国哲学社会科学区别于其他哲学社会科学的根本标志。恩格斯说过:"马克思的整个世界观不是教义,而是方法。它提供的不是现成的教条,而是进一步研究的出发点和供这种研究使用的方法。"[①] 因此,对待马克思主义,有一个科学的态度问题。正如习近平总书记所指出的,对待马克思主义,不能采取教条主义的态度,也不能采取实用主义的态度。"什么都用马克思主义经典作家的语录来说话,马克思主义经典作家没有说过的就不能说,这不是马克思主义的态度。同时,根据需要找一大堆语录,什么事都说成是马克思、恩格斯当年说过了,生硬'裁剪'活生生的实践发展和创新,这也不是马克思主义的态度。"[②] 新时代,坚持马克思主义,就是要坚持马克思主义基本原理和贯穿其中的立场、观点、方法,最重要的是坚持以马克思主义中国化的最新成果——习近平新时代中国特色社会主义思想为指导。二要善于融通古今中外各种学术资源。首先是马克思主义的资源,包括马克思主义基本原理,特别是马克思主义中国化的最新成果及其文化形态,这是中国特色哲学社会科学的主体内容,也是中国特色哲学社会科学发展的最大增量。其次是中华优秀传统文化的资源,这是中国特色哲学社会科学发展十分宝贵的资源。再次是国外哲学社会科学的资源,包括世界所有国家哲学社会科学取得的积极成果,这是加快构建中国特色哲学社会科学的有益滋养。要坚持

[①] 《马克思恩格斯选集》第 4 卷,人民出版社 2012 年版,第 664 页。
[②] 习近平:《在哲学社会科学工作座谈会上的讲话》,人民出版社 2016 年版,第 13—14 页。

古为今用、洋为中用，坚持不忘本来、吸收外来、面向未来，融通各种资源，不断推进知识创新、理论创新、方法创新。三要坚持问题导向。科学研究是从问题出发的，科学地提出问题是解决问题的根本前提。而要科学地提出问题，就要把握它是一个真问题而不是个假问题，是一个有意义的真问题而不是一个无意义的问题，最好是一个有重大意义（理论意义和实践意义）的真问题。这就需要我们聆听时代的声音，回应时代的呼唤，认真研究新时代党和国家面临的重大而紧迫的问题，从而真正把握住历史脉络，揭示发展规律，推动理论和学术创新。四要着力提升原创能力和水平。哲学社会科学有没有中国特色，归根到底要看有没有主体性、原创性。"言必称希腊"，跟在别人后面亦步亦趋，不仅难以形成中国特色哲学社会科学，而且解决不了中国的实际问题。只有从我国当代实际出发，以我们正在做的事情为中心，提出具有主体性、原创性的理论观点，我们的哲学社会科学才能形成自己的特色和优势。理论的生命力在于创新。哲学社会科学的理论学术创新可大可小，揭示一条规律是创新，提出一种学说是创新，阐明一个道理是创新，创造一种解决问题的方法也是创新。

四　关于中国特色哲学社会科学话语体系建设

话语体系是学术体系的反映、表达和传播方式，是构成学科体系之网的纽结，主要包括：概念、范畴、命题、判断、术语、语言等。朱光潜先生说过，思想就是使用语言。一种思想、理论、学说、知识、学术，从创立、发展到传播运用，总要通过一定的语言来塑造、成型和表达出来。思想不等于独白，即使是自言自语，也要使用一定的语言。话语既是思想的外在表现形式，又是构成思想的重要元素。当然,话语体系不单纯等同于语言,它是有特定思想指向和价值取向的语言系统。

如何加快构建中国特色哲学社会科学话语体系?我们不妨再分析几个案例。

案例一:马克思主义中国化命题的提出。

1938年4月,艾思奇同志在《哲学的现状和任务》中首次提出"哲学研究的中国化、现实化"的命题,[①]倡导让哲学说中国话,说老百姓的话。1938年10月,毛泽东同志在党的六届中央委员会扩大的第六次全体会议上作的政治报告《论新阶段》中首次明确提出了"马克思主义中国化"的命题,强调离开中国特点来谈马克思主义,只是抽象的空洞的马克思主义,因此,使马克思主义中国化、具体化,"使之在其每一表现中带着必须有的中国的特性,即是说,按照中国的特点去应用它,成为全党亟待了解并亟须解决的问题。洋八股必须废止,空洞抽象的调头必须少唱,教条主义必须休息,而代之以新鲜活泼的、为中国老百姓所喜闻乐见的中国作风和中国气派。"[②]毛泽东同志是把马克思主义基本原理同中国具体实际相结合并取得重大成果的开创者。他在我们党内最早明确反对把马克思主义当成教条,在党的七大口头政治报告中,特别指出:"我们历史上的马克思主义有很多种,有香的马克思主义,有臭的马克思主义,有活的马克思主义,有死的马克思主义,把这些马克思主义堆在一起就多得很。我们所要的是香的马克思主义,不是臭的马克思主义;是活的马克思主义,不是死的马克思主义。"[③]

马克思主义中国化一经提出,迅速在党内外引起强烈反响,

[①] 《艾思奇文集》第1卷,人民出版社1981年版,第387页。
[②] 《毛泽东选集》第2卷,人民出版社1991年版,第534页。
[③] 中共中央文献研究室编:《毛泽东文集》第3卷,人民出版社1996年版,第331—332页。

它以精准独到、洗练晓畅的话语，鲜明地表达了我们党对马克思主义的科学态度，成为激励一代又一代中国共产党人不懈奋斗的旗帜。

案例二：小康社会概念的提出和发展。

小康一词，在中国文化中源远流长。早在西周时期就已出现。《诗经·大雅·民劳》中说："民亦劳止，汔可小康。"这里的"小康"是指生活比较安定。儒家把比"大同"理想较低级的一种社会称为"小康"。

1979年12月6日，邓小平同志在会见日本首相大平正芳时提出，中国现代化所要达到的目标不是你们那个样子，而是小康状态。1984年3月25日，邓小平同志会见日本首相中曾根康弘时指出，"翻两番，国民生产总值人均达到八百美元，就是到本世纪末在中国建立一个小康社会。这个小康社会，叫做中国式的现代化。翻两番、小康社会、中国式的现代化，这些都是我们的新概念"。①这里，小平同志借用中国古代的术语，赋予其新的内涵，作为中国现代化的目标提出来，进而领导我们党制定了"三步走"发展战略。党的十六大、十七大、十八大、十九大对全面建设（成）小康社会均作出系统部署，即到建党一百年时建成经济更加发展、民主更加健全、科教更加进步、文化更加繁荣、社会更加和谐、人民生活更加殷实的小康社会。

小康社会的提出，在全党全国各族人民中迅速引起强烈反响，全面建成小康社会已进入决胜阶段。它创造性地改造了中国古代的话语，赋予其全新的时代内涵，成为中国式现代化的集中表达，成为激励全党全国人民为之奋斗并即将成为现实的宏伟目标。

---

① 《邓小平文选》第3卷，人民出版社1993年版，第54页。

案例三：中国梦概念的提出。

党的十八大闭幕不久，2012年11月29日，习近平总书记在参观《复兴之路》时首次提出实现中华民族伟大复兴的中国梦的概念，此后又在多个重要场合和重要会议上加以阐述，强调实现中华民族伟大复兴的中国梦，是中华民族近代以来最伟大的梦想，就是要实现国家富强、民族振兴、人民幸福。实现中国梦，必须走中国道路，弘扬中国精神，凝聚中国力量。中国梦归根到底是人民的梦，必须紧紧依靠人民来实现，不断为人民造福。实现伟大梦想，必须进行伟大斗争，建设伟大工程，推进伟大事业。

"中国梦"一经提出，迅即在海内外引起强烈反响。它用高度凝练、明白晓畅、特色浓郁的话语，来概括实现社会主义现代化、实现中华民族伟大复兴的宏伟目标，最大限度地反映了海内外中华儿女的共同心声。在这一伟大梦想的感召下，党领导人民取得了全方位、开创性的历史性成就，中国社会实现了深层次、根本性的历史性变革。

最近我还注意到一篇论文，该文考察了近代以来"规律"一词的语义变迁。在古代汉语中，"规律"是指人为制定的"规章律令"。晚清以后，随着科学观念的传入，"规律"一词才有了"客观性""必然性"的转义，但这一义项当时并未得到普及。只是在马克思主义传入中国后，"规律"逐渐成为辩证唯物主义和历史唯物主义中表示"客观性""必然性"含义的正式术语。在马克思主义大众化的过程中，"规律"不仅完成了自身的彻底转义，并在与其他相关词语的比较中取得优势地位，成为表述"客观性""必然性"最常用的术语。也就是说，转义的"规律"是在马克思主义的传播过程中最终得以普及的。[①] 作者对文献的细致梳理是值得称道的。

[①] 参见王士皓《近代以来"规律"的语义变迁——以马克思主义话语体系为重点的考察》，《近代史研究》2019年第1期。

希望有更多研究话语体系以及学科体系、学术体系的成果出现，如此，我们的"三大体系"建设将会结出丰硕的果实。

习近平总书记指出，我国哲学社会科学在国际上的声音还比较小，还处于有理说不出、说了传不开的境地。哲学社会科学要善于提炼标识性概念，打造易于为国际社会所理解和接受的新概念、新范畴、新表述，引导国际学术界展开研究和讨论。如何才能提炼出标识性概念？一要扎扎实实地搞研究，发扬钉钉子精神，严谨治学，决不能投机取巧，标新立异，那样提炼出来的只能是"伪概念"，非但不能推进话语体系建设，反而会起消极作用。二要深入基层，深入一线，向群众学习，向实践学习，接地气，掌握第一手材料，这样提炼出的标识性概念才能合实际、通民心、立得稳、传得开。三要同学科体系、学术体系建设相联系。每个学科都要构建成体系的学科、理论和概念，着力打造反映中国特色社会主义伟大实践和理论创新、易于为国际社会所理解和接受的新概念、新范畴、新表述，做到中国话语、世界表达。要聚焦国际社会关注的问题，积极参与国际规则、标准、法律的制定，提升我国的国际话语权和规则制定权。

建设话语体系要同办好国际学术交流活动结合起来。习近平总书记指出，在解读中国实践、构建中国理论上，我们应该最有发言权。要坚持中国立场、注重中国特色，用中国理论阐释中国实践，用中国实践升华中国理论，更加鲜明地展现中国思想，更加响亮地提出中国主张。要主动设置议题，勇于参与世界范围的"百家争鸣"。

必须指出，"三大体系"是一个有机整体，相互联系，相互作用，相辅相成，一定条件下可以相互转化。例如，有的话语发展到一定程度就可以转化为学术。

加快构建中国特色哲学社会科学学科体系、学术体系、话语体系，是习近平总书记和党中央提出的战略任务和要求，是哲学社会科学工作者的光荣使命。需要一代又一代社科人潜心研究，持续努力，以不负时代，不负人民。

谱写加快构建中国特色哲学社会科学新篇章[*]

2016年5月17日,习近平总书记主持召开哲学社会科学工作座谈会并发表重要讲话(以下简称《讲话》),这在我国哲学社会科学发展史上具有重要里程碑意义。《讲话》从坚持和发展中国特色社会主义的战略高度,深刻阐明了哲学社会科学的地位作用,提出了加快构建中国特色哲学社会科学的战略任务,科学回答了事关我国哲学社会科学长远发展的一系列根本性问题,为新时代哲学社会科学繁荣发展指明了前进方向、提供了根本遵循。5年来,哲学社会科学界不断深化对《讲话》重大指导意义的认识,不断深化对新时代哲学社会科学地位作用和职责使命的认识,不断深化对坚持马克思主义在哲学社会科学领域指导地位的认识,不断深化对加快构建中国特色哲学社会科学战略要求的认识,不断深化对加强和改善党对哲学社会科学工作领导的认识,更加自觉地把思想和行动统一到《讲话》精神上来,把力量凝聚到党中央战略部署上来。广大哲学社会科学工作者坚持繁荣中国学术、发展中国理论、传播中国思

---

[*] 原文刊载于《人民日报》2021年5月20日第13版。

想,与伟大时代同发展、与亿万人民齐奋进,推动哲学社会科学事业不断取得新的成绩。

当代中国正在经历我国历史上最为广泛而深刻的社会变革,也正在进行人类历史上最为宏大而独特的实践创新,这必将为理论创造、学术繁荣提供强大动力和广阔空间。我们要持续深入学习领会《讲话》精神,加快构建中国特色哲学社会科学,为实现中华民族伟大复兴做出新的更大贡献。

一 坚持马克思主义的指导地位

习近平总书记指出:"马克思主义始终是我们党和国家的指导思想,是我们认识世界、把握规律、追求真理、改造世界的强大思想武器。"历史和实践昭示我们,如果不坚持以马克思主义为指导,哲学社会科学就会失去灵魂、迷失方向,最终也不能发挥应有作用。习近平新时代中国特色社会主义思想是马克思主义中国化最新成果,是当代中国马克思主义、21世纪马克思主义。坚持和发展习近平新时代中国特色社会主义思想,就是真正坚持和发展马克思主义。5年来,我们持续深入学习习近平新时代中国特色社会主义思想,自觉把这一重要思想贯穿到哲学社会科学研究和教学各环节,推动党的创新理论进论文、进专著、进教材、进课堂、进头脑,不断转化为清醒的理论自觉、坚定的政治信念、科学的思维方法,不断提高哲学社会科学研究的能力和水平。在这一过程中,我们越来越深切地体会到,理论武装是一个持续推进、不断深入的过程,必须全面准确深入学习领会习近平新时代中国特色社会主义思想,特别是在把握这一重要思想的科学体系上下功夫,领会其在马克思主义发展史上的重大原创性贡献,领会贯穿其中的马克思主义立场观点方法,领会其对党和国家工作提出的新要求、作出的新部署，真正用以武装头脑、指导实践、推动工作。

习近平总书记指出："马克思主义中国化取得了重大成果，但还远未结束。"我国哲学社会科学工作的一项重要任务就是继续推进马克思主义中国化、时代化、大众化，继续发展当代中国马克思主义、21 世纪马克思主义。广大哲学社会科学工作者积极响应号召，把研究阐释习近平新时代中国特色社会主义思想作为首要任务，推出一批系统性与学理性并重、说理透彻与文风活泼兼备的高水平研究成果，为坚持和发展中国特色社会主义做出了重要贡献。实践创新和理论创新永无止境。我们党在领导推进中国特色社会主义的伟大实践中，不断根据新的实践需要推进理论创新。理论创新每前进一步，理论研究和理论武装就要跟进一步。我们要在研究阐释习近平新时代中国特色社会主义思想方面作出更大努力，在拓展研究的广度和深度上下功夫，坚持理论和实践相贯通，注重研究的整体性和系统性，力求思想上有新感悟、政治上有新升华、研究上有新进展，把彻底的理论讲彻底，把鲜活的思想讲鲜活，拿出更多有学理深度和学术厚度的标志性研究成果。

二 坚持以人民为中心的研究导向

习近平总书记指出："为什么人的问题是哲学社会科学研究的根本性、原则性问题。"党和国家一切工作的出发点和落脚点，是实现好、维护好、发展好最广大人民根本利益。这决定了我国哲学社会科学必须坚持以人民为中心的研究导向。人民是创作的源头活水，只有扎根人民，创作才能获得取之不尽、用之不竭的源泉。脱离了人民，哲学社会科学就不会有吸引力、感染力、影响力、生命力。广大哲学社会科学工作者要坚持人民是历史创造者的观点，牢固树立为人民做学问的理念，尊重人民主体地位和首创精神，自觉把个人学术追求同国家和民族发展紧紧联系在一起,努力做大学问、做真学问,在服务人民中实现学术进步。

进入新发展阶段,社会生活的深刻变化、人民群众对美好生活的新期待,对哲学社会科学提出了新的更高要求。我们要坚守人民立场,走出书斋,多到实地调查研究,了解百姓生活状况,把握群众思想脉搏,着眼群众需要解疑释惑、析事明理,不断把人民群众在实践中创造的新鲜经验升华为理论成果,把论文写在祖国大地上,把学问做到群众心坎里。

三 加快学科体系、学术体系、话语体系建设

加快构建中国特色哲学社会科学学科体系、学术体系、话语体系,是《讲话》提出的重大论断和战略任务,是一个极为重要的战略考量,关系我国哲学社会科学长远发展。《讲话》发表以来,我国哲学社会科学界勇担使命,加快"三大体系"建设,取得实质性进展:着力完善基础学科,大力发展优势重点学科,建立一批新兴学科和交叉学科,哲学社会科学学科体系建设迈上新台阶;高质量研究成果不断涌现,哲学社会科学原创能力和水平显著提高;对外学术交流的领域和规模不断扩大,越来越多的哲学社会科学优秀成果走向世界,中国学术国际话语权和中华文化国际影响力显著增强。经过不懈努力,我国哲学社会科学在指导思想和学科体系、学术体系、话语体系等方面的中国特色、中国风格、中国气派愈益彰显。

习近平总书记指出:"我们的哲学社会科学有没有中国特色,归根到底要看有没有主体性、原创性。"原创能力是哲学社会科学的核心竞争力。我国哲学社会科学能不能形成中国特色,能不能影

响世界，归根到底要看有没有这样的原创能力。"言必称希腊"，跟在别人后面亦步亦趋，不仅难以形成中国特色哲学社会科学，而且解决不了中国的实际问题。我国是哲学社会科学大国，但目前在学术命题、学术思想、学术观点、学术标准、学术话语上的能力水平同我国综合国力和国际地位还不相称。这集中表现为理论研究不能很好地解读中国实践、总结中国经验。我们必须强化主体意识，抓住原创这个关键，按照立足中国、借鉴国外，挖掘历史、把握当代，关怀人类、面向未来的思路，体现继承性、民族性，原创性、时代性，系统性、专业性的要求，实现"三大体系"整体性大发展、体系化大突破，努力构建全方位、全领域、全要素的哲学社会科学体系。瞄准"基础学科健全扎实、重点学科优势突出、新兴学科和交叉学科创新发展、冷门学科代有传承、基础研究和应用研究相辅相成、学术研究和成果应用相互促进"的目标，在巩固前期学科建设成果的基础上，继续加大学科体系建设力度，尽快构建起一批反映时代发展趋势、支撑中国特色哲学社会科学学科体系、代表学科发展潮流、具有深厚基础的优势学科。坚持古为今用、洋为中用，融通各种资源，不断推进知识创新、理论创新、方法创新，推出具有时代高度、代表当代中国哲学社会科学发展水平的重大科研成果；立足中国实际，推动重大理论、观点和学术思想创新，在用中国理论解读中国实践方面取得突破性进展。把提高中国哲学社会科学在国际上的声音作为着力点，主动设置议题，推出一批既反映中国立场又为国际学术界所理解和接受的学术命题、学术范畴和标识性概念，推动哲学社会科学"走出去"，让世界更好地了解"学术中的中国""理论中的中国""哲学社会科学中的中国"，让世界更好地了解"发展中的中国""开放中的中国""为人类文明作贡献的中国"。

四 研究回答我国发展和我们党执政面临的重大理论和实践问题

习近平总书记指出:"坚持和发展中国特色社会主义,需要不断在实践和理论上进行探索、用发展着的理论指导发展着的实践。"哲学社会科学的一项重要功能,就是科学回答时代发展中的重大理论和实践问题,及时总结新的生动实践,不断推进理论创新,并在这一过程中体现自身价值。近年来,我国哲学社会科学界围绕推进国家治理体系和治理能力现代化、统筹疫情防控和经济社会发展、决胜全面小康、决战脱贫攻坚、国家"十四五"规划编制等重大问题开展理论和政策研究,推出一大批重要成果,为中央决策提供了学术支持,也使自身获得了长足发展。

当今世界正经历百年未有之大变局,我国正处于实现中华民族伟大复兴关键时期,改革发展稳定任务之重、矛盾风险挑战之多、治国理政考验之大都是前所未有的,迫切需要深入研究并提出有针对性的应对之策。我国进入新发展阶段,开启全面建设社会主义现代化国家新征程,提出了一系列全新的重大理论和实践问题,迫切需要深入研究并作出有说服力的科学解答。时代课题是理论创新的强大驱动力,我国改革发展的伟大实践是哲学社会科学理论创新的不竭源泉。我们要强化问题意识,心系"国之大者",围绕国之大局、国之大要、国之大事、国之大计,不断发现问题、分析问题、解决问题。立足中国实际,始终着眼党和国家事业发展全局,紧贴中央决策需求,推出具有前瞻性、战略性、全局性、储备性的高质量成果。把基础理论研究和应用对策研究紧密结合起来,以基础理论研究带动应用对策研究,切实提升应用对策研究的层次和水平。不断深化智库体制机制改革,把提高研究质量、推动内容创新作为智库建设的重点，加强与决策部门的互动交流，使理论和政策创新更符合中国实际、具有中国特色，充分体现理论的先进性、政策的科学性和可操作性，更好为党和人民服务。

五 坚持党对哲学社会科学工作的全面领导

中国特色社会主义最本质的特征是中国共产党领导，中国特色社会主义制度的最大优势是中国共产党领导。办好中国的事情，关键在党。《讲话》发表以来，我们坚持把党的领导贯穿到哲学社会科学工作的全领域、全过程，不断增强"四个意识"、坚定"四个自信"、做到"两个维护"，始终在思想上政治上行动上同以习近平同志为核心的党中央保持高度一致，哲学社会科学事业发展始终沿着正确方向前进。实践证明，加强和改善党对哲学社会科学工作的领导是繁荣发展我国哲学社会科学事业的根本保证。做好新时代哲学社会科学工作，必须始终坚持党的集中统一领导，不断提升党对哲学社会科学工作的领导和管理水平，发挥好政治领导和工作指导作用，为哲学社会科学发展提供坚强组织保证。

深化管理体制改革，加快形成一套既能把握正确方向又能激发科研活力的体制机制。要在深化对哲学社会科学自身发展规律、特点和趋势认识的基础上，推进科研体系和管理体系现代化。特别是在科研管理体制、学术评价体系、成果考核机制等重点领域和关键环节上实现突破，为"三大体系"建设营造良好制度环境，解放科研生产力，激励学术创新。深入贯彻落实习近平总书记重要指示要求，完善科研诚信体系和惩戒机制，把软约束和硬措施结合起来，建立优良学风建设长效机制，让科研人员自觉遵守学术道德和学术规范，推动形成严谨治学、注重诚信、讲求责任的优良学风，营造风清气正、互学互鉴、积极向上的学术生态。

坚持久久为功，加强人才队伍建设。哲学社会科学领域是知识分子密集的地方。加强和改善党对哲学社会科学工作的领导，归根结底要落实到人才队伍建设上。在党中央关心和支持下，我国哲学社会科学"五路大军"已经成长为政治过硬、本领高强、求实创新、能打胜仗的队伍。面向未来，仍要坚持出高质量成果和出高水平人才并重，深化人才体制机制改革，形成培养哲学社会科学人才的良好激励机制，促进优秀人才茁壮成长。着力发现、培养、集聚一批有深厚马克思主义理论素养、学贯中西的思想家和理论家，一批理论功底扎实、勇于开拓创新的学科带头人，一批年富力强、锐意进取的中青年学术骨干，构建种类齐全、梯队衔接的哲学社会科学人才体系，不断为实现中华民族伟大复兴的中国梦汇聚哲学社会科学力量。

建构中国自主的知识体系[*]

4月25日，习近平总书记在中国人民大学考察时发表重要讲话，系统阐述了加快构建中国特色哲学社会科学的时代背景、原则方向、目标任务和现实要求。这是习近平总书记在2016年5月17日哲学社会科学工作座谈会上发表重要讲话之后，对加快构建中国特色哲学社会科学发表的又一重要讲话，具有很强的政治性、理论性、指导性，为加快构建中国特色哲学社会科学指明了发展方向、提供了根本遵循。习近平总书记强调："加快构建中国特色哲学社会科学，归根结底是建构中国自主的知识体系。"这是习近平总书记结合当前国内国际形势，站在统筹中华民族伟大复兴战略全局和世界百年未有之大变局的高度，对我国哲学社会科学建设作出的科学判断，具有重大理论意义和实践意义。

---

[*] 原文刊载于《人民日报》2022年5月17日第9版。

一 深刻理解建构中国自主的知识体系的丰富内涵

知识是人们在改造世界的过程中所获得的认识与经验的总和，包括经验知识和理论知识，可分为自然科学知识和哲学社会科学知识两大类。知识体系是描述特定专业知识总和的概括性术语。在哲学社会科学领域建构中国自主的知识体系，就是要自主建设中国特有的哲学社会科学认识和经验的系统。这一知识体系的重要特征是中国自主，主要表现在：一是立足中国实际，解决中国问题；二是立足中国经验，繁荣中国学术，发展中国理论，传播中国思想；三是鼓励主动思考，培养自觉行动；四是注重原创成果，倡导开拓创新。

习近平总书记在哲学社会科学工作座谈会上强调："构建具有自身特质的学科体系、学术体系、话语体系。"近年来，我国哲学社会科学"三大体系"建设取得积极进展。同时也应看到，目前我国哲学社会科学仍存在知识分散化、碎片化的突出问题，尚未建构起系统化、自主化的知识体系。综合来看，建构中国自主的知识体系应以"三大体系"建设为理论基础和支撑，"三大体系"建设应以建构中国自主的知识体系为中心内容。

习近平总书记指出："当前，坚持和发展中国特色社会主义理论和实践提出了大量亟待解决的新问题，世界百年未有之大变局加速演进，世界进入新的动荡变革期，迫切需要回答好'世界怎么了'、'人类向何处去'的时代之题。"这深刻揭示了建构中国自主的知识体系的时代背景。加快构建中国特色哲学社会科学，是新时代我国哲学社会科学工作者的崇高使命。建构中国自主的知识体系，是加快构建中国特色哲学社会科学的题中应有之义。这既是一个动态过程，也是一个目标追求；既是构建中国特色哲学社会科学的主要目的，也是构建中国特色哲学社会科学的基本途径。建构中国自主的知识体系是体现哲学社会科学中国特色、中国风格、中国气派的必然要求，是坚定"四个自信"的必然要求，是回答中国之问、世界之问、人民之问、时代之问的必然要求，是使中国特色哲学社会科学真正屹立于世界学术之林的必然要求。

二 准确聚焦新时代中国的重大理论和实践问题

伟大的时代呼唤强大的思想力量，走向伟大复兴的中华民族呼唤丰硕的理论创造。习近平总书记指出："当代中国正在经历人类历史上最为宏大而独特的实践创新，改革发展稳定任务之重、矛盾风险挑战之多、治国理政考验之大都前所未有，世界百年未有之大变局深刻变化前所未有，提出了大量亟待回答的理论和实践课题。"进入新时代新阶段，实现中华民族伟大复兴进入不可逆转的历史进程。统筹中华民族伟大复兴战略全局和世界百年未有之大变局，把握机遇、应对挑战，迫切需要以更加自主的知识体系概括和凝练中国实践、推动和指引未来发展。

哲学社会科学的一项重要功能，就是科学回答时代发展中的重大理论和实践问题，及时总结新的生动实践，不断推进理论创新，并在这一过程中体现自身价值。马克思、恩格斯指出："一切划时代的体系的真正的内容都是由于产生这些体系的那个时期的需要而形成起来的。"近代以来，人类社会围绕现代化这一主题，在回答人类社会和自然界重大问题的基础上，形成了基础性、整体性的知识体系框架，主要包括在特定国家与民族发展历程基础上形成的经验与模式、与各国历史文化和发展道路相适应的国家制度和治理体系等。当代中国的伟大实践为建构中国自主的知识体系奠定了坚实实践基础。党的十八大以来，以习近平同志为核心的党中央对关系新时代党和国家事业发展的一系列重大理论和实践问题进行了深邃思考和科学判断，引领我国经济社会发展取得历史性成就、发生历史性变革。特别是习近平总书记在哲学社会科学工作座谈会上发表重要讲话后，我国哲学社会科学界对中国自主的知识体系的概念、建构中国自主的知识体系的意义、中国自主的知识体系的建构路径等重大问题进行了较为深入的研究探讨，形成了许多重要成果，为全面建设社会主义现代化国家提供了有力思想和智力支持。

新时代建构中国自主的知识体系，一方面需要在遵循生产关系与生产力相适应、上层建筑与经济基础相适应这一人类社会发展规律的基础之上，立足中国实际，解决中国问题，从理论范式、路径选择、指标体系等多角度多层次，更加坚定自觉地建构以中国自主的知识体系为内核的中国特色哲学社会科学学科体系、学术体系、话语体系，进而形成具有中国特色、中国风格、中国气派的知识体系，服务党和国家事业发展大局。另一方面需要随着实践发展推动理论发展与创新。中国特色社会主义事业不断发展，我们面临着各种各样的新情况新问题和风险挑战。这对我国哲学社会科学提出了新的更高要求，迫切需要我们以中国为观照、以时代为观照，把哲学社会科学创新成果融入中国特色社会主义伟大实践中，在不断推进经济社会高质量发展、不断提升国家治理现代化水平、不断创造人民高品质生活的过程中，为建构中国自主的知识体系注入源源不断的活力和动力，不断丰富理论内涵、拓展理论视野，形成解决问题的新观点、新思路、新方法，最终实现知识体系的自主建构、自我更新和发展完善。

三 不断加强中国自主的知识体系的学理化和系统化建设

我国作为哲学社会科学大国,既应有自己的理论学术,更应有学理化和系统化的知识体系。面对新形势新任务新要求,哲学社会科学界迫切需要深入总结中国经验,进一步加强学理化和系统化阐释,建构中国自主的知识体系,更好地服务我国经济社会发展。

习近平总书记指出:"历史表明,社会大变革的时代,一定是哲学社会科学大发展的时代。"当代中国正经历着我国历史上最为广泛而深刻的社会变革,正在进行着人类历史上最为宏大而独特的实践创新。以习近平同志为核心的党中央提出加快构建中国特色哲学社会科学的战略任务,科学回答了事关我国哲学社会科学长远发展的一系列根本性问题。经过不懈努力,中国特色哲学社会科学学科体系、学术体系、话语体系建设取得实质性进展,中国特色、中国风格、中国气派愈益彰显,对中国特色社会主义生动实践的学理化、系统化学术阐释和思想凝练正在深入推进。奋进新征程、建功新时代,需要哲学社会科学工作者坚持把马克思主义基本原理同中国具体实际相结合、同中华优秀传统文化相结合,进一步丰富、发展、完善各个学科的范畴、概念、理论体系,通过量的不断扩展和质的不断提升,将新时代中国发展的伟大成就及时进行学术化提炼、学理化阐释和学科化把握。

马克思主义之所以具有旺盛的生命力,之所以仍然是当代世界最具影响力的伟大思想,就在于它揭示了人类社会发展的基本规律,为人类社会迈向美好未来指明了方向。建构中国自主的知识体系,必须坚持以习近平新时代中国特色社会主义思想这一当代中国马克思主义、21世纪马克思主义为指导,注重理论体系支持要素的完整性、系统性和体系化，既对中国特色社会主义发展的客观规律进行系统化的理论说明，又努力发现和阐发代表全人类共同价值的普遍性知识。加强中国自主的知识体系的学理化和系统化建设，使之成为一个公认的具备系统性、专业性、严谨性的理论体系，是一项基础性、战略性工程，需要哲学社会科学工作者不断增强理论自觉、付出学术努力，持之以恒探索，久久为功推进。

四　在建构中国自主的知识体系中加强国际学术交流与合作

习近平总书记指出："人类社会每一次重大跃进，人类文明每一次重大发展，都离不开哲学社会科学的知识变革和思想先导。"建构中国自主的知识体系的价值和意义，不仅在于系统总结实践经验，服务我国社会主义现代化建设，而且在于通过学理化、系统化的一般性知识体系建构，为世界上那些既希望加快发展又希望保持自身独立性的国家和民族提供中国智慧、中国方案。同时，建构中国自主的知识体系，需要以海纳百川的胸怀广泛吸收借鉴人类文明优秀成果。我们要立足中国特色社会主义伟大实践，在深化国际交流与合作中不断繁荣发展中国特色哲学社会科学，加快建构中国自主的知识体系。

任何能够获得世界性影响的知识，必然具有科学性、思想性、实践性。作为文化软实力的重要组成部分，知识体系建构首先是一种真理性、规律性的探索。进入新时代，我们党领导人民成功走出中国式现代化道路，创造了人类文明新形态，这契合中华民族发展需求、体现各国人民共同心声、促进不同文明共同发展。人类文明新形态的成功创造，说明建构中国自主的知识体系的时机已经成熟。建构中国自主的知识体系，既要植根于中华民族五千多年文明史，从中华文明璀璨成果和人类历史长河的优秀成果中汲取营养；又要深刻总结我国社会主义现代化建设伟大实践，不断拓展和充实中国自主的知识体系的内涵；还要加强文明交流互鉴，博采众长、为我所用，使我们的知识体系更具民族特色和时代特征。要不断推动中华优秀传统文化创造性转化、创新性发展，不断推进知识创新、理论创新、方法创新。通过哲学社会科学研究积极回应外部关切，促进国际交流与合作，融通中外文化、增进文明交流，传播中国声音、中国理论、中国思想，使中国特色哲学社会科学真正屹立于世界学术之林。推动中国特色哲学社会科学走向世界，不仅要讲好中国故事，更要将中国经验上升为认识和改造世界的一般性理论，为人类文明薪火相传、创新发展贡献中国智慧和中国力量。

广大哲学社会科学工作者在加快构建中国特色哲学社会科学、建构中国自主的知识体系中肩负着重大使命任务。习近平总书记强调："哲学社会科学工作者要做到方向明、主义真、学问高、德行正，自觉以回答中国之问、世界之问、人民之问、时代之问为学术己任，以彰显中国之路、中国之治、中国之理为思想追求，在研究解决事关党和国家全局性、根本性、关键性的重大问题上拿出真本事、取得好成果。"这对广大哲学社会科学工作者提出了殷切期望和明确要求。今年是党和国家事业发展中具有特殊重要意义的一年，我们将迎来中国共产党第二十次全国代表大会的召开，我国全面建设社会主义现代化国家将迈出坚实步伐。我们要深刻理解和把握习近平总书记关于建构中国自主的知识体系重要论述的丰富内涵与精神实质，踔厉奋发，勇毅前行，加快构建中国特色哲学社会科学，努力建构中国自主的知识体系，不断开辟新时代中国特色哲学社会科学新境界，为实现中华民族伟大复兴的中国梦、推动构建人类命运共同体贡献智慧和力量，以实际行动迎接党的二十大胜利召开。

推动基础理论研究与应用
对策研究融合发展[*]

一 新时代推动基础理论研究与应用对策研究融合发展的重大意义

党的十八大以来，以习近平同志为核心的党中央高度重视哲学社会科学，就加强基础理论研究和应用对策研究提出一系列重要要求。2015年11月23日，习近平总书记在中央政治局第二十八次集体学习时指出，理论必须同实践相统一。要根据时代变化和实践发展，不断深化认识，不断总结经验，不断实现理论创新和实践创新良性互动，在这种统一和互动中发展21世纪中国的马克思主义。2016年5月17日，习近平总书记主持召开哲学社会科学工作座谈会并发表重要讲话，提出了加快构建中国特色哲学社会科学的战略任务，科学回答了事关我国哲学社会科学长远发展的一系列根本性问题，为新时代哲学社会科学繁荣发展指明了前进方向、提供了根

---

[*] 节选自作者2021年8月25日在中国社会科学院暑期工作会上的发言。

本遵循。习近平总书记强调，要通过努力，使基础研究和应用研究相辅相成、学术研究和成果应用相互促进。2019年3月4日，习近平总书记在参加全国政协文化艺术界、社会科学界委员联组会时指出，哲学社会科学研究要立足中国特色社会主义伟大实践，提出具有自主性、独创性的理论观点。一切有价值、有意义的学术研究，都应该反映现实、观照现实，都应该有利于解决现实问题、回答现实课题。2020年8月24日，习近平总书记在经济社会领域专家座谈会上指出，时代课题是理论创新的驱动力。新时代改革开放和社会主义现代化建设的丰富实践，是理论和政策研究的"富矿"。要从国情出发，从中国实践中来、到中国实践中去，把论文写在祖国大地上，使理论和政策创新符合中国实际、具有中国特色。2021年3月6日，习近平总书记在参加全国政协医药卫生界、教育界联组会时强调，要从我国改革发展实践中提出新观点、构建新理论，努力构建具有中国特色、中国风格、中国气派的学科体系、学术体系、话语体系。我们要把学习总书记这些重要思想、论述和指示，同持续学习贯彻总书记"5·17"重要讲话、三次致中国社会科学院贺信精神紧密结合起来，深刻领悟精神实质，充分认识加强基础理论研究和应用对策研究的重大意义，把思想和行动统一到党中央决策部署上来，切实增强推动两类研究融合发展的思想自觉和行动自觉。

社会大变革的时代，一定是哲学社会科学大发展的时代。当今世界正经历百年未有之大变局，我国正处于中华民族伟大复兴的关键时期，改革发展稳定任务之重、矛盾风险挑战之多、治国理政考验之大，都是前所未有的，这对我国哲学社会科学提出了新的更高要求。特别是我国进入新发展阶段、开启全面建设社会主义现代化国家的新征程，提出了一系列全新的重大理论和现实问题，迫切需要哲学社会科学深入研究并作出有说服力的科学解答。习近平总书记在"七一"重要讲话中提出了许多标志性、引领性的新思想新观点新论断,比如,实现中华民族伟大复兴进入了不可逆转的历史进程,推进马克思主义中国化的"两个结合",和平、发展、公平、正义、民主、自由的全人类共同价值,中国式现代化新道路,人类文明新形态等,都是我们党创新理论的最新发展,同时也给我们提出了一系列需要深入研究的重大理论和现实问题。这些重大命题都是综合性的、全局性的、战略性的,采取散兵游勇的方式,依靠单一学科领域的知识很难作出科学解答。从学科发展趋势来看,跨学科、交叉学科、不同学科融合发展,自20世纪中叶开始就是一大潮流。21世纪以来,这种潮流愈加势不可当。坚持问题导向,开展基础理论和应用对策融合研究,不断出思想出理论出对策,是哲学社会科学顺应新时代要求的必然选择,是广大哲学社会科学工作者的神圣使命。

二 提高基础理论研究水平,促进基础理论研究的应用对策转化

基础理论研究是哲学社会科学研究的根基,也是应用对策研究的源头。唐代魏徵曾说,"求木之长者,必固其根本;欲流之远者,必浚其泉源"。近代以来的学术发展史表明,科学上的重大发现,技术上的重大发明,往往是建立在基础理论变革的基础上。只有在基础理论研究上取得重大突破,才能带来研究范式的转换,创立新思想、新理念、新论断、新概念、新方法,产生原创性标志性成果。基础理论研究的思想深度和学理厚度,决定着应用对策研究的前瞻性、系统性、战略性和精准程度。没有基础理论研究作支撑,对热点问题的跟踪看似热热闹闹,实际上却是"年年岁岁花相似",不断低水平重复。有基础理论研究作支撑,应用对策研究就能够在

"人所共知"之处提出不为常人所知的主张，在"人所不知"之处提出需要高度关注的新变化新特点。基础理论研究得越深，对策研究就越有思想高度，提出的建议就越高明、越管用。中国社会科学院与国家部委的研究机构相比，优势在于有雄厚的基础理论研究作支撑，能够开展建立在基础理论研究之上的应用对策研究。我们的老院长胡乔木同志曾经指出："哪怕是我们在研究一些最实际问题的时候，例如调查某一个地方，写出某一个地方的情况、经验的调查报告，作为社科院派出去的调查组写出来的调查报告，应该和其他的调查组的调查报告至少有一点不同，就是我们要力求对所调查的事实作一种理论上的探讨和解释。"简而言之，有好的基础理论研究，才会有好的应用对策研究。

如何实现基础理论研究的应用对策转化是一篇大文章，需要全院同志共同努力。这里，分析几个典型案例，希望能给大家一些启示。

案例一：马克思的《资本论》。

《资本论》是马克思耗费毕生精力创作的具有划时代意义的巨著。习近平总书记指出，"《资本论》是马克思主义最厚重、最丰富的著作，被誉为'工人阶级的圣经'"。在这部著作中，马克思运用辩证唯物主义和历史唯物主义的世界观和方法论，深刻分析了商品、货币、资本等物的关系对人的关系的奴役性质、虚幻性质，破天荒地揭示了资本的"秘密"，资本家剥削工人的"秘密"，也就是剩余价值，通过唯物史观和剩余价值学说，科学地揭示了人类社会特别是资本主义社会经济运动规律，揭示了社会主义、共产主义代替资本主义的历史必然性。这是人类思想史上的伟大革命。

《资本论》不仅是一部理论著作，也具有重大的现实指导意义。在国际共产主义运动史上，《资本论》对无产阶级革命发展以及世界无产阶级革命意识的形成，产生了不可磨灭的影响。恩格斯指出,"自从世界上有资本家和工人以来,没有一本书像我们这本书那样,对于工人具有如此重要的意义"。剩余价值学说,为工人阶级反抗资产阶级的斗争提供了科学依据,有力清除了国际工人运动中形形色色错误思潮的影响,为工人阶级的内部团结和思想统一奠定了理论基础。随着《资本论》的广泛传播,马克思主义在工人阶级中占据主导地位,各国都相继成立了以马克思主义为指导思想的无产阶级政党和组织,并以马克思的经济学说为依据制定了社会主义革命纲领,社会主义从理论变为现实,打破了资本主义一统天下的世界格局。在马克思主义同中国工人运动的紧密结合中,中国共产党应运而生,深刻改变了中国人民和中华民族的前途和命运,深刻改变了世界格局。马克思主义不是书斋里的学问,而是为了改变人民历史命运而创立的,为人民认识世界、改造世界提供了强大精神力量和思想武器,这是实现基础理论研究向应用对策转化的根本目的。

案例二:毛泽东的《矛盾论》《实践论》和《论持久战》。

毛泽东同志善于理论联系实际,从来反对离开中国社会和中国革命的实际去研究马克思主义。《矛盾论》阐述了唯物辩证法的核心——对立统一规律,强调不仅要研究客观事物的矛盾的普遍性,也要研究它的特殊性,对于不同性质的矛盾,要用不同的方法去解决。《实践论》以社会实践为基础,全面系统论述了辩证唯物主义关于认识的源泉、认识的发展过程、认识的目的、真理的标准,指出正确认识的形成和发展,往往需要经过由实践到认识,由认识到实践多次的反复。《矛盾论》《实践论》形成了具有鲜明中国特色的马克思主义哲学思想。

《矛盾论》《实践论》的基础理论研究,结出了《论持久战》的应用对策硕果。《论持久战》创作于全面抗战爆发之际,不是为了理论而理论,而是要解决现实问题,即如何夺取抗日战争和中国革命的胜利？毛泽东同志明确提出，分析战争要有正确的思想方法，"战争问题中的唯心论和机械论的倾向，是一切错误观点的认识论上的根源"。他依据国内国际现实矛盾的变化，客观全面分析形势，科学预见抗日战争将是一场持久战，中日双方力量对比将在持久战中逐渐发生变化，中国终将战胜日本侵略者。《论持久战》还提出了一整套动员人民群众，在持久战争中不断削弱敌方优势、生长自己的力量以夺取最后胜利的切实可行的办法，提出一系列重要的政策、对策和策略。毛泽东同志把马克思主义哲学的基本原理转化为活生生的对策，为我们党领导抗日战争提供了行之有效的方针和政策。哲学家冯契曾说，"《论持久战》特别使我感受到理论的威力，它以理论的彻底性和严密性来说服人，完整地体现了辩证思维的逻辑进程。可以说，这本书是继《资本论》之后，运用辩证逻辑的典范"。

案例三：习近平生态文明思想。

习近平总书记高度重视生态文明建设，早在浙江工作期间，就提出了"绿水青山就是金山银山"的重要论述。党的十八大以来，以习近平同志为核心的党中央把生态文明建设纳入"五位一体"总体布局中，提出了一系列新理念新思想新战略，树立人与自然和谐共生的环境观，坚持绿水青山就是金山银山的理念，形成了习近平生态文明思想。习近平生态文明思想是习近平新时代中国特色社会主义思想的重要组成部分，科学回答了为什么建设生态文明、建设什么样的生态文明、怎样建设生态文明等重大理论和实践问题。特别是坚持人与自然和谐共生、绿水青山就是金山银山、良好生态环境是最普惠民生福祉、山水林田湖草是生命共同体、用最严格制度最严密法治保护生态环境、共谋全球生态文明建设等重要观点，继承和发展了马克思主义关于人与自然关系的思想，蕴含着科学的自然观，体现了自然辩证法，是立足新时代生态文明建设实践创造形成的重大理论成果,是社会主义生态文明建设的科学指引和强大思想武器。

习近平生态文明思想坚持把成功的实践上升为理论,又以正确的理论指导新的实践。在习近平生态文明思想的指引下,党中央和国务院对生态文明建设作出了一系列重大决策部署,加快转变经济发展方式,加大环境污染综合治理,加快推进生态保护修复,全面促进资源节约集约利用,倡导推广绿色消费,完善生态文明制度体系,不断推动形成绿色发展方式和生活方式,将碳达峰、碳中和纳入生态文明建设总体布局,认真落实生态环境相关多边公约或议定书等,推动我国生态环境保护发生了历史性、转折性、全局性变化。

从上述案例中,我们可以得到多方面的启迪。推动基础理论研究的应用对策转化,一要坚持马克思主义的指导。马克思主义是"伟大的认识工具",是人们观察世界、分析问题的有力思想武器,其关于世界的物质性及其发展规律、人类社会及其发展规律、认识的本质及其发展规律等原理,为我们研究把握哲学社会科学各个学科各个领域提供了基本的世界观、方法论。马克思主义是随着时代、实践、科学发展而不断发展的开放的理论体系,坚持马克思主义,就是要坚持马克思主义基本原理和贯穿其中的立场、观点、方法,新时代坚持以马克思主义为指导,就是要坚持以习近平新时代中国特色社会主义思想为指导。二要提高基础理论研究的能力和水平。基础理论研究是中国社会科学院的传统优势。正是历史上曾经汇聚的一大批学术大师,推出的一系列厚重的学术成果,确立了社科院哲学社会科学最高学术殿堂的地位。近年来,中国社会科学院基础理论研究的优势地位受到挑战,部分基础研究学科下滑严重,我们要采取有力措施,巩固和加强基础理论研究。提高基础理论研究的能力和水平,核心是抓住原创这个关键,着力推动重大理论、观点和学术思想创新，推出具有时代高度、代表当代中国哲学社会科学发展水平的重大科研成果。基础理论研究需要长期积累，必须下大气力、下苦功夫，必须有"板凳要坐十年冷"的执着坚守，以传世之心打造传世之作。三要坚持理论联系实际。下决心改变基础理论研究和应用对策研究脱节的状况。毛泽东同志在《整顿党的作风》中专门谈到什么是理论家，什么是我们所需要的理论家？"我们所要的理论家是什么样的人呢？是要这样的理论家，他们能够依据马克思列宁主义的立场、观点和方法，正确地解释历史中和革命中所发生的实际问题，能够在中国的经济、政治、军事、文化种种问题上给予理论的说明。我们要的是这样的理论家。假如要作这样的理论家，那就要能够真正领会马克思列宁主义的实质，真正领会马克思列宁主义的立场、观点和方法……并且应用了它去深刻地、科学地分析中国的实际问题，找出它的发展规律，这样才是我们真正需要的理论家。"如果整天只是在空洞的概念上转来转去，搞纯粹的理论思辨，"坐而论道"，把生命都耗费在诸如"一个针尖上能站几个天使"之类的经院哲学问题上，那不是党和人民需要的学问。只有聆听时代的声音，回应时代的呼唤，认真研究解决重大而紧迫的问题，才能真正把握住历史脉络、找到发展规律，推动理论创新，促进基础理论研究的应用对策转化。

三　聚焦时代主题，推动应用对策研究实现理论升华

加强对现实问题的研究，是理论本身繁荣发展的根本途径。理论来源于实践，又在社会实践中检验其正确与否，进而推动理论的丰富、发展和完善。邓小平同志指出，"一个新的科学理论的提出，都是总结、概括实践经验的结果"。注重应用对策研究的理论升华，

不仅能够提高对策研究成果的质量，而且有利于实现基础理论的创新。如何推动应用对策研究实现理论升华？这里，我列举两个经济学的案例。

案例一：凯恩斯开创现代宏观经济学。

1929年大萧条是资本主义世界最严重、最广泛、最持久的经济危机。主要资本主义国家都出现了严重的经济衰退和长期失业问题，同时出现了生产过剩和需求不足，并引发了一系列社会和政治冲突。大萧条成为当时最重大、最迫切的现实问题。经济学家纷纷参与到大萧条成因和反危机政策的研究当中，试图提出解决之道。受古典经济学"萨伊定律"（即供给创造自身需求）的影响，当时大多数经济学家信奉"自由放任"，相信市场的供求力量会自动实现充分就业，要么推崇市场自然调节，要么主张减薪、加税、紧缩银根、提高关税等，但这些手段在实践中不仅无效，甚至适得其反。凯恩斯在与美国罗斯福"新政"的紧密互动中，经过深入研究，提出了"有效需求不足"和"乘数原理"等理论。他认为供给并不能自动创造需求，经济危机不可能通过市场机制的自动调节而恢复均衡，主张通过政府政策特别是财政政策干预实现充分就业，从而走出危机。1936年，凯恩斯发表《就业、利息和货币通论》，成为现代宏观经济学的奠基之作。可以说，正是在应对大萧条的对策研究中进行理论升华，造就了"凯恩斯主义革命"和现代宏观经济学。

案例二：张培刚开创农业国工业化理论。

第二次世界大战后，亚非拉广大殖民地和附属国纷纷独立。这些国家大都是贫困落后的农业国，面临的现实问题是，如何迅速实现工业化、摆脱贫困、走向富裕？20世纪30年代，我国著名经济学家张培刚在中央研究院社会科学所工作期间，围绕农家经济、农民生活、粮食生产等，在全国多地开展了6年调研，掌握了大量第一手调查资料，发表了一系列研究成果，同时反复思考中国的现代化问题。20世纪40年代，他在哈佛大学攻读博士学位期间，把自己掌握的中国的现实情况，与当时最前沿的经济理论结合起来，完成了博士学位论文《农业与工业化》，自成体系地提出了完整的工业化理论，指出农业国家要实现经济发展，必须全面实行"工业化"，这与当时很多人主张的"农业立国论"或"乡村建设论"明显不同。张培刚关于农业与工业的关系、基础工业的"先行官"作用、工业化对农业剩余劳动力的影响等学术观点，提出时间远早于舒尔茨、刘易斯、赫希曼等国际著名经济学家，为发展经济学做出了开创性贡献。

这里仅仅列举了经济学中应用对策研究升华为传世经典理论的例子，相信其他学科也有不少成功案例。这些案例，在推动应用对策研究实现理论升华方面，给我们几点启示。一要立足实践。传世经典往往是来自对那个时代实践的提炼概括，并上升为科学的理论。如果脱离鲜活的时代实践，搞所谓的"纯学术"，"两耳不闻窗外事"，"躲进小楼成一统"，是产生不了经得起历史、人民和实践检验的伟大成果的。习近平总书记指出，当代中国的伟大社会变革，不是简单延续我国历史文化的母版，不是简单套用马克思主义经典作家设想的模板，不是其他国家社会主义实践的再版，也不是国外现代化发展的翻版。这种前无古人的伟大实践，在几乎每一个领域，都有不少问题难以用现成的理论、观点、学术思想解释，这就为理论创新提供了广阔空间。二要善于提问。问题是创新的起点，也是创新的动力源。理论创新的过程就是发现问题、筛选问题、研究问题、解决问题的过程。正如马克思所深刻指出的，"主要的困难不是答案，而是问题"，"问题就是时代的口号，是它表现自己精神状态的最实际的呼声"。思想史上一切伟大的创造都是时代的产物，都是思考和研究当时当地社会突出矛盾和问题的结果。

应用对策研究处于把握时代脉搏，聆听时代声音的最前沿，既要关注当前的、短期的问题，也要研究规律性、制度性、长期性问题。三要勇于创新。把坚持和发展马克思主义统一起来，结合新的实践不断作出新的理论创造，这是马克思主义永葆生机活力的奥妙所在。解决中国的问题，提出解决人类问题的中国方案，要坚持马克思主义的世界观、方法论。如果不加分析把国外学术思想和学术方法奉为圭臬，那就不仅没有独创性，而且往往会削足适履甚至南辕北辙，既解释不了中国实践，也解决不了中国的实际问题，更推进不了理论创新。

要聚焦时代主题，立足中国实践，善于从应用对策研究中提炼具有引领时代变革、社会发展和文明进步的重大问题，作为理论创新的主攻方向。在应用对策研究中抽象出理论问题，探索科学规律，要立足马克思主义中国化的最新发展，从全面建设社会主义现代化国家、全面深化改革、全面依法治国、全面从严治党，从构建新发展格局、推动高质量发展、推动共同富裕等应用对策研究中，多学科多维度、系统深入研究习近平新时代中国特色社会主义思想在马克思主义发展史、人类思想发展史上的原创性贡献，书写研究阐发当代中国马克思主义、21世纪马克思主义的学术经典。近年来，中国社会科学院在中美斗争、构建新型大国关系、脱贫攻坚、全面小康、社会治理、"一带一路"建设、防范化解重大风险、国家安全、中华文明溯源等方面，开展了富有成效的应用对策研究，得到中央领导同志高度评价。下一步，要用好应用对策研究成果，深入研究世界百年未有之大变局的深刻内涵，经济全球化的历史演进趋势，中国发展"奇迹"背后的重大理论创新。党领导人民正在深入推进的中国式现代化，包含了经济、社会、生态、文化等许多应用对策问题，都值得深入研究，更要在应用对策研究的基础上，从不同学科、不同视角揭示中国式现代化的理论内涵，为现代化理论的创新发展贡献中国思想、中国智慧和中国理论。在数字经济、人工智能、平台治理等新兴、交叉领域也有诸多理论空白，要在及时准确把握其特征和趋势的前提下，推动应用对策研究的理论升华。

四 心系"国之大者"，推动基础理论研究与应用对策研究融合发展

坚持基础理论研究与应用对策研究并重，是中国社会科学院哲学社会科学研究的根本方针和优良传统。建院40多年来，中国社会科学院在推动基础理论研究和应用对策研究相互促进、融合发展方面积极探索，取得显著成效，为推进马克思主义中国化、繁荣发展我国哲学社会科学做出重要贡献，也充分发挥了为党和国家决策服务的思想库作用。

我这里提几个比较典型的案例。比如，关于包产到户研究。在改革开放之初，面对社会上包产到户是"独木桥"还是"阳关道"的激烈争论，农发所、社会学所的学者们深入农村开展调查研究，撰写了一系列研究报告和论文。这些研究成果运用马克思主义生产关系一定要适应生产力发展的基本原理，结合生动的实例和翔实的数据，回应社会质疑，坚决支持包产到户，在理论界产生很大影响，为党中央推行家庭联产承包制做出重要贡献。再如，关于经济体制改革研究。1979年，对于城市国有经济改革应当从何入手，理论界存在很大分歧。工经所的蒋一苇同志，基于深厚的马克思主义理论功底和在工业企业工作的丰富经验，提出改革应当从企业入手，把充分发挥企业主动性作为基本出发点，形成了企业本位论。其主要观点是，企业是现代经济的基本单位，必须是一个能动的有机体，应当具有独立的经济利益。这些观点对于深化企业改革，构

造社会主义市场经济的微观基础具有重要理论意义。《企业本位论》正式发表后，引起很大反响，1979年的中央工作会议将这篇文章作为文件下发给与会代表参考。又如，关于人口问题研究。早在20多年前，国家还在严格实行一对夫妇只生一个孩子的计划生育政策期间，中国社会科学院学者就对人口问题开展跟踪研究，走在了全国前列，在此后的不同阶段都推出前瞻性研究成果，为党中央调整人口政策提供了重要依据，站到了相关研究领域的学术前沿。又如，关于依法治国基本方略的提出。在党的十五大报告起草前夕，中共中央举办法律知识讲座，法学所王家福同志讲授了《关于依法治国，建设社会主义法制国家的理论和实践问题》。这次法律知识讲座对于依法治国基本方略的提出，起了积极推动作用，是中国社会科学院对国家法治事业做出的最大贡献。以上主要涉及经济学、法学等应用学科，其他一些基础学科也有很多成功案例。比如，2013年，近代史所张海鹏同志从历史的角度阐述了有关钓鱼岛和琉球问题，成果发表后在国内外引起很大关注，并得到中央领导同志的肯定。这两年，文哲学部、历史学部不少研究也得到中央领导同志的重要批示。

以上案例表明，中国社会科学院既能推出高水平基础研究成果，又能拿出高水平应用对策成果，我们要有这个自信。中国社会科学院历史上的优秀学者无不具有强烈的创新精神，在研究工作中始终坚持创新信心和决心，攻坚克难、追求卓越，最终取得骄人的成绩；无不怀有强烈的"家国情怀"，弘扬"为天地立心，为生民立命，为往圣继绝学，为万世开太平"的优良传统，与祖国同行，以实现国家富强、民族振兴、人民幸福为己任，践行着自己的初心和使命。

推动基础理论研究与应用对策研究融合发展，关键是要胸怀"国之大者"，围绕国之大局、国之大要、国之大事、国之大计，全面、系统、深入研究回答其中的重大理论和实践问题。要按照习近平总书记在"5·17"重要讲话中所指明的方向，坚持以我们正在做的事情为中心，从我国改革发展的实践中挖掘新材料、发现新问题、提出新观点、构建新理论，持续加强对改革开放和社会主义现代化建设实践的系统总结，加强对发展社会主义市场经济、民主政治、先进文化、和谐社会、生态文明以及党的执政能力建设等领域的分析研究，提炼出具有学理性的新理论，概括出有规律性的新实践。特别是要时刻关注党中央关心什么、需要什么，始终着眼党和国家事业发展全局，紧贴党中央国务院决策需求，推出更多对政策制定有重要参考价值、对事业发展有重要推动作用的优秀成果。要牢固树立为人民做学问的思想，坚持以人民为中心的研究导向，以满足人民群众对美好生活的需要为目标，以回应人民重大关切、解决人民关心关注的热点难点问题为使命，加强调查研究，不断把人民群众在实践中创造的新鲜经验升华为理论成果。

推动基础理论研究与应用对策研究融合发展，是总体而言的，并不是说所有的科研人员、所有的科研项目都要融合。有的科研人员愿意并擅长做基础研究，也有的有兴趣并擅长做应用研究，这两者都需要；有的人某个阶段可以有这样和那样的侧重，这都是可能的，都应该支持和鼓励。当然，如果善于把两者融合起来，既能做好基础理论研究，又能做好应用对策研究，那就更好了，这样的人才越多越好！